第四届HNC与语言学研究学术研讨会论文集

HNC与语言学研究

（第4辑）

HNC YU YUYANXUE YANJIU

朱小健　张　全　陈小盟　主　编

2009

北京师范大学出版集团
BEIJING NORMAL UNIVERSITY PUBLISHING GROUP
北京师范大学出版社

图书在版编目(CIP)数据

HNC与语言学研究.第四辑／朱小健、张全、陈小盟主编.
—北京：北京师范大学出版社，2010.7
ISBN 978-7-303-10771-1

Ⅰ. ①H… Ⅱ. ①朱… ②张… ③陈… Ⅲ.①语言学－学术会议－文集 ②自然语言理解－学术会议－文集 Ⅳ.①H0－53 ①H087－53

中国版本图书馆CIP数据核字（2010）第014560号

营销中心电话　010-58802181 58808006
北师大出版社高等教育分社网　http://gaojiao.bnup.com.cn
电子信箱　beishida168@126.com

出版发行：北京师范大学出版社 www.bnup.com.cn
北京新街口外大街19号
邮政编码：100875
印　刷：北京京师印务有限公司
经　销：全国新华书店
开　本：184 mm × 260 mm
印　张：29.75
字　数：723千字
版　次：2010年7月第1版
印　次：2010年7月第1次印刷
定　价：66.00元

策划编辑：杨　帆　　责任编辑：杨　帆　郭　瑜
美术编辑：毛　佳　　装帧设计：天泽润
责任校对：李　菡　　责任印制：李　丽

第四届 HNC 与语言学研究学术研讨会

第四届HNC与语言学研究学术研讨会的举行及本书的出版得到“十一五”国家科技支撑计划“中文信息处理应用研究与系统开发”项目（编号：2007BAH05B00）的资助。

会议时间：2009年11月14日至15日

会议地点：北京师范大学

主办单位：北京师范大学中文信息处理研究所
　　　　　中国科学院声学研究所
　　　　　北京大正语言知识处理科技有限公司

名誉主席：许嘉璐

大会主席：朱小健

程序委员会

　主　席：张　全

　委　员：朱小健　陈小盟　晋耀红　苗传江

组织委员会

　主　席：陈小盟

　秘书长：丁紫惠

　委　员：刘智颖　王宏丽　汪　涓　杨素华

前　言

本书是第四届“HNC与语言学研究学术研讨会”的论文集。

HNC是概念层次网络理论的简称，该理论由中国科学院声学研究所黄曾阳先生创立，它的基本特征是通过构建语言概念空间来探索和模拟大脑的语言理解过程。

“HNC与语言学研究学术研讨会”（简称“HNC研讨会”）最早由语言学家邢福义先生和黄曾阳先生倡议，它有三个基本宗旨：一是搭建语言信息处理界的学术交流平台，以碰撞促发展；二是创造有利于原创性新思想发展的学术环境，鼓励和发扬创新；三是理论探索与应用实践并重，促进学术界和产业界的沟通与互动。第一届HNC研讨会于2001年4月在华中师范大学举行，第二届于2003年9月在中国科学院声学研究所举行，第三届于2005年12月在北京师范大学举行。

第四届HNC研讨会于2009年11月14日至15日在北京师范大学举行，本届研讨会留给与会者的感受可以概括为四点：第一，HNC的基础研究和应用开发与四年前相比又取得了很大的进展，HNC团队进一步壮大；第二，学术界和产业界对HNC理论与技术有了更多的关注和了解；第三，中文信息处理的各个方面都在不断向前发展，新的思想、理论和技术不断产生，各个流派之间的交流不断扩大和加深；第四，论文作者大多是年轻的生力军，说明我国语言信息处理的发展后继有人。

前三届HNC研讨会的论文集，书名分别为《HNC与语言学研究》《第二届HNC与语言学研讨会论文集》《中文信息处理的探索与实践》，本届HNC研讨会论文集的书名定为《HNC与语言学研究（第4辑）》，以后将固定采用这一名称，只是改变括号中的数字，以与研讨会的届数对应。

本书收录了第四届HNC研讨会上宣读的74篇论文，分为6个部分：

1. 基础理论和语言本体研究（14篇）
2. 知识库资源建设及其应用（12篇）
3. 基础技术研究与开发（16篇）
4. 应用研发之一：机器翻译（14篇）
5. 应用研发之二：信息检索和抽取（11篇）
6. 其他应用技术和系统研发（7篇）

其中第四部分集中反映了HNC的最新进展，即在机器翻译方面的基础研究和应用实践。

本书出版时间比较仓促，编者水平也有限，如有疏漏和不妥之处，恳请读者和论文作者批评指正。

编　者

2009年12月1日

目　　录

第一部分　基础理论和语言本体研究

第二部分　知识库资源建设及其应用

第三部分 基础技术研究与开发

第四部分 应用研发之一:机器翻译

第五部分 应用研发之二:信息检索和抽取

第六部分 其他应用技术和系统研发

第一部分

基础理论和语言本体研究

把文字数据变成文字记忆

黄曾阳

中国科学院声学研究所　北　京　100190

hy@mail. ioa. ac. cn

摘　要：本文论述了把文字数据变成文字记忆的三点基础性思考。第一点是关于语言记忆与语言理解关系的略说，以记忆公理和理解基因的概念为立足点，仰望了记忆与理解的互动性；第二点是关于记忆模式和记忆样式的略说，以显记忆—隐记忆—动态记忆和共相记忆—殊相记忆等概念为立足点，仰望了语言记忆的两种模式和两种范式；第三点略说了文字记忆技术实现的三大战役——机器翻译、一目千行和智力培育。上述一系列作为立足点的概念是 HNC 理论必然衍生出来的新概念，形成已久。不过，多数是第一次公开出现，但在 HNC 团队内部，曾以相同或不同的名称使用多年了。相对于第三届 HNC 与语言学研讨会而言，这次仰望是悲观一些还是乐观一些？应该是兼而有之吧。

关键词：理解基因，隐记忆，记忆公理

1　引　言

1.1　信息转换的低级与高级形态

在 20 世纪众多的科技明星中，粉丝最多的一位叫“数字化”。数字化就是把各种形态的信息统一转换成数字形式。数字化是一位女明星，数字化是她的艺名，其学名应该是“信息转换的低级形态”或“低级信息形态转换”。

这位女明星尚未出嫁。这里预告一声，其未来夫婿的艺名叫“智力化”(包括智能化)。“智力化”的核心科学问题之一就是把数据变成记忆，这也是信息形态的一种转换。但这一转换的层次显然远高于数字化转换，故名之“信息形态的高级转换”或“高级信息形态转换”。

我们已经看到，“低级信息形态转换”(数字化)已经造就了多么壮丽的信息产业数字化辉煌，那么，“低级信息形态转换”与“高级信息形态转换”(智力化)的结合(结婚)将会造就什么样的信息产业辉煌呢？能不能说，这是两种具有天壤之别的辉煌呢？

1.2　大脑硬件的基本特征

表面上看，似乎大脑的硬件(大脑皮层的生理结构)已经搞得相当清楚了，大脑的软件(大脑皮层的智力运作过程)也有诸多发现①。然而，问题在于大脑之谜的探索需要硬件与软件并举的思考，而这种思考是很欠缺的。

大脑的硬件似乎可以同计算机进行类比，划分为 I/O(接口)、CPU 和 MEM(内存与外存)这三个基本环节。但是，计算机的 CPU 目前根本不存在语言、图像、艺术、科学和情感的范畴区分，而大脑的 CPU 肯定存在着这样的范畴区分，这区分体现了大脑 CPU 的基本特征。这个命题很重要，可惜还没有获得应有的重视。

---

①　主要指酶分泌、神经胶质细胞、传导液等的发现。

1.3　关于大脑软件基本特征的设想

大脑的软件似乎也可以同计算机作某种类比，划分为自我操作和对外服务两个侧面。前者密切联系于 CPU＋MEM，后者密切联系于(I/O，MEM，CPU)。

大脑的操作软件有什么不同于计算机的本质区别？

HNC 的答案是：大脑操作软件存在着智能与智慧的基本差异。这里不介绍智能与智慧的定义及其 HNC 符号表示式，只用一个例子来表明两者之间的巨大不同。柏拉图与孔夫子、恺撒与拿破仑都智力超群，但两位夫子和两位将军的具体智力表现可大不相同，能不能说“两位夫子智慧超群而智能平平，两位将军智能超群而智慧平平”呢？好像是可以这么说的，可见，智力存在着智能与智慧的本质区分。孔夫子正是由于智能平平而于最近引出了“孔子，丧家犬”的命题，这命题受到许多学者的盛赞。但问题不在于盛赞或反对，而在于对先哲的基本态度。柏拉图经历过与孔子极为类似的境遇，但希腊人和西方人绝不会把丧家犬之类的侮辱性描述加到柏拉图身上。尼采先生确实喊出过“上帝死了”，但绝不会超出这个限度而高喊“打倒上帝”。

数据和记忆是两种性质截然不同的信息载体。数据仅涉及信息的量与形式，不涉及信息的质与内容，无关于智能与智慧的差异；记忆则不仅涉及信息的量与形式，更涉及信息的质与内容，有关于智能与智慧的差异。可见，记忆所要求的信息形态转换，其难度必远大于数据。作为一项科技课题，“高级信息形态转换”的命运非常奇特，很像那位出塞前的王昭君。

1.4　准备迎娶“昭君”

可是，命运类似于王昭君的“高级信息形态转换”并不是“昭君”，而是“昭君”的未来夫婿。

上面说到的那位数字化美人才是“昭君”，她还没有找到如意郎君。上帝似乎在刻意安排一场年龄差距破历史纪录的姐弟恋。那位美人的芳龄已经超过了 30 岁，可是那位未来的新郎还没有出世。他以胎儿的形态已经存在多年了，但还没有降生。最近的检查表明，胎儿发育正常，主要问题是母亲营养不良。预产期还没有完全确定，乐观的估计是 2012 年，在座诸君应该都能赶上。不过，能在这个研讨会上想象一下从“昭君出塞”到“迎娶昭君”的历史巨变，已经是足够欣慰的事了。

2　语言记忆与语言理解

2.1　语言记忆公理

记忆公理 1：记忆必须以某种符号形式存在于大脑的某一特定区域(例如海马)，语言记忆使用的符号绝不是语言符号的拷贝，而是语言符号的某种变换形态。

记忆公理 2：语言记忆是语言理解的前提与结果，没有语言理解就没有语言记忆，没有语言记忆也就没有语言理解。故婴儿没有语言记忆，听不懂的话语和看不懂的文字不会形成内容记忆，但可能形成某种对象记忆①。

“理解与记忆”悖论——蛋与鸡的悖论。

---

① HNC 理论对“对象与内容”、“具体概念和抽象概念”都给出了特定的定义，这些特定定义对语言的分析、理解与生成可形成立竿见影的效果。在语句分析阶段(层面)，“对象与内容”密切联系于句类；在语境分析阶段(层面)，对象仅联系于具体概念，内容仅联系于抽象概念。这时，对象记忆是关于特定人与物的记忆，而内容记忆是关于特定事件的记忆。

"语言学与公理1"悖论[①]。

2.2 自然语言符号体系和语言概念空间符号体系——为什么训诂学大师们看不起《马氏文通》

自然语言符号体系的地位和价值被索绪尔先生的崇奉者过分抬高了，因为自然语言符号体系不过是语言概念空间符号体系的殊相表现，而且它只关系到大脑(交际引擎)的接口，根本无关于大脑(交际引擎)的CPU与MEM。

语言概念空间符号体系才是大脑CPU(智力)与MEM(记忆)实际运用的符号体系，承载这个符号体系的硬件(大脑皮层的神经系统)是人类百万年进化的产物，其发育成长过程的基本定型大约要5年左右的时间，运行这个符号体系的软件则需要至少20年的"编程"与"试运行"时间。这一点，奥古斯丁早在1600年前就讲得比较清楚了[②]，理论语言学和心理学的研究似乎都没有充分参照奥古斯丁的重要思考。

训诂学大师们与奥古斯丁"心有灵犀"，他们之所以看不起《马氏文通》，要害就在这里。

让我们把上面的话语从交际的角度重复一下：语言交际绝不是一个单纯运用自然语言符号体系的过程，而是自然语言符号体系和语言概念空间符号体系两者交替运用的过程。这里存在两个基本过程：表达过程和理解过程，表达过程最终必须通过输出接口使用自然语言符号体系，但理解过程仅使用语言概念空间符号体系，自然符号体系的作用仅限于通过输入接口激活理解基因。

语言概念空间符号体系是内在物，是自我的终极载体之一，是交际引擎的中枢；语言符号体系不过是外在物，不是自我的终极载体之一，而只是自我表现的手段之一，仅有关于交际引擎的对外接口。

如果我们只关心语言交际，那么我们也许可以只关注自然语言符号体系，而不必去关心那个看不见、摸不着的语言概念空间符号体系；但是，如果我们要去探索人类思维的奥秘或大脑运作过程的奥秘，那就必须同时关注两个符号体系，而不能只关注一个符号体系了。不仅如此，还必须把探索的重点转移到语言概念空间符号体系，因为这个符号体系才是思维的存在之本。

这个答案是不是一个老掉牙的答案呢？难道科学如此昌明发达的西方专家不知道这个答案吗？难道西方的相关学界没有思考过语言概念空间符号体系吗？人工智能学界没有思考过吗？计算语言学界没有思考过吗？认知心理学界没有思考过吗？语言哲学界没有思考过吗？《皇帝新脑》一书的作者没有思考过吗？乔姆斯基先生以其毕生精力研究过的普适语法UG难道不属于语言概念空间符号体系吗？

这些问题的答案不过是一层窗户纸，但笔者历来采取"走为上"的态度，不去碰它。

---

① 语言学关于"语言与思维的经典陈述"里存在原则性的不妥论断，例如下面的论述："从功用来说，语言又是人类赖以思维的工具，人进行思维，思考问题，都必须依附于某种具体的语言，所以语言一向被认为是思维的物质外壳。"这可视为"语言学与记忆公理1"悖论的典型代表。

② 奥古斯丁在《忏悔录》里有一系列关于思维与语言的精彩论述，这里仅摘录其中的一段："我开始学语了，并不是大人们依照一定程序教我言语，和稍后读书一样；凭仗你，**我的天主赋给我的理智**，用呻吟，用各种声音，用肢体的种种动作，想表达出我内心的思想，……**但不可能表达我要的一切**……为此，听到别人指称一件东西，或看到别人随着某一声音做某一种动作，我便记下来；我记住了这东西叫什么，要指那件东西时，便发出那种声音。……这是各民族的自然语言：用面部表情、用目光和其他肢体动作、用声音表达内心的情感，或为要求，或为保留，或为拒绝，或为逃避。这样一再听到那些语言，按各种句子中的先后次序，我逐渐通解它们的意义，便勉强鼓动唇舌，借以表达我的意愿。"(注：加黑处是笔者加的)

2.3　语言概念空间符号体系与语言理解基因

语言概念空间符号体系是大脑里的五类概念空间符号体系之一，另外四类概念空间符号体系的名称分别是：图像、艺术、科学和情感。

每一个符号体系都拥有自己的理解基因。理解基因主要是智力基因，而不是生理基因。大脑之谜实际上主要是五类理解基因之谜，而不仅仅是生理基因之谜。当然，理解基因与生理基因是相互交织的，但交织度应该存在巨大差异：语言、图像、科学和艺术理解基因的交织度比较弱，情感理解基因的交织度比较强。五类理解基因的迷雾度存在着巨大差异：图像与艺术理解基因的迷雾度最浓，科学次之；情感之谜的迷雾度似明似暗，在那里，理解基因的作用应小于生理基因。

以上论述是为了烘托出这样的命题：语言理解基因的迷雾已基本洞开。

2.4　语言理解基因的自然语言表述

笔者经常思考，什么样的东西可以用来描述语言理解基因的结构与功能呢？神经元显然是不合适的，因为单个神经元不过是理解基因的一个元件，连组件的资格都不具备，而理解基因必然是许多神经元的复杂组合或连接。笔者偶然联想到印度的种姓制度，觉得它是一个非常合适的描述样板。请看下表：

印度的种姓	HNC理解基因的范畴
婆罗门：精神生活(文化、教育)	三类精神生活
刹帝利：政治(军事、法律)	主导性第二类劳动
吠舍：经济、医疗	基础性第二类劳动
首驮罗：体力劳动	第一类劳动
贱民：低级体力劳动	本能活动

此表说明，古老的印度种姓制度最接近于HNC对理解基因的第一级(范畴)划分，这“最”是相对于希腊—罗马文明、古老中华文明而言的。前者有“贵族—平民—奴隶”的划分，后者有“士农工商”的划分，这两种划分也考虑到了社会的结构性和功能性，但并没有将两者融为一体，种姓制度则体现了一种彻底的融合，用哲学的术语来说就是：本体论与认识论的彻底融合。现代印度正在逐步消解这种古老印度式融合的非正义性或非人道性，不过，如果单就融合本身来说，应该说它体现了一种高级的综合与演绎智力，而现代文明则过于强调分析与归纳智力了，20世纪后期的解构主义更是把这种强调推向了极端。笔者对解构主义的浪潮深感恐惧：第一，各学科都由于这一浪潮的推动而走上了置综合与演绎于不顾的可怕地步；第二，任何信念、理念或主义一旦被解构，就会演变出极度畸形的价值观。

理解基因就是智力基因的别称，是智力结构与功能的完美结合，是智力本体论与认识论的完美结合，这种完美结合是全能上帝的创造或“专利”，开普勒的惊叹是有道理的。但人们往往只注意到开普勒惊叹的话语，而忽略了它的实质：原来如此复杂的物理现象竟然可以用一个如此简明的符号体系来加以描述，这一点既是绝大部分科学实际走过的历程，也是所有科学的基本共识。HNC的使命就是对语言概念空间给出一个符号体系的描述，而且顺便把这个符号体系数字化(为了迎娶数据数字化这位“昭君”)。但是，该符号体系只追求康德所说的透彻性和齐备性，也就是说，只追求智力结构与功能的某种融合，而不追求完美性，因为如上所述，完美性是上帝的“专利”。某种者，局限于语言概念空间也。

语言理解基因的基础符号体系就是[HNC-1]，其符号表示式比较复杂，这里就不写了。但是，其总体设计思路十分简明，那就是下面的语言表述：

理解基因：=范畴表示+结构与功能的各级综合表示

范畴与“各级”者，层次也；结构与功能者，网络也，局部网络也，非全局网络也。

这里有一项关键性的技巧，那就是对结构与功能分别赋予不同的约定数字符号。

语言理解基因的全貌也是可以用语言来描述的，那就是下面的六句话：[HNC-1]是语言概念空间符号体系的数字化表示；部分[HNC-1]是语言理解基因的基础结构；[HNC-2]和[HNC-3]是语言理解基因的上层建筑；概念关联式是语言理解基因的主体信息渠道；语言理解基因主要靠词语直接激活，这种激活是大脑输入接口的基本转换功能之一；语言记忆就是从[HNC-3]到[HNC-4]的转换。

2.5 语言记忆贯穿于语言理解过程的始终

这个问题需要从记忆公理 2 谈起。

记忆公理 2 说“语言记忆是语言理解的前提与结果，没有语言理解就没有语言记忆，没有语言记忆也没有语言理解”。这个论断里，记忆和理解都出现了 3 处，3 处理解具有相同的内涵与外延，但 3 处记忆则具有不同的外延。为叙述便利，下文将把这 3 处记忆依次简称记忆 1、记忆 2 和记忆 3。

先说记忆 2。记忆 2 对应于通常所说的记忆，即“从[HNC-3]到[HNC-4]的转换”所形成的记忆，上文曾名之语言记忆，也就是 HNC 命名的语境生成或语境，是语言记忆的可自感(可回忆)部分，可名之显记忆；记忆 3 则由稳定记忆与动态记忆两者构成，稳定记忆包括语言理解基因的基础结构、上层建筑、主体信息渠道和输入接口转换器，是记忆的不可自感(不可回忆)部分，可名之隐记忆。动态记忆大体相当于心理学的工作记忆，它又分为两部分，一是语境生成过程的过渡信息，最终不纳入显记忆，二是从已有显记忆里临时调用的相关记忆片段。

记忆 1 是记忆 2 与记忆 3 的总和，可名之广义记忆，包含显记忆、隐记忆和动态记忆这三种记忆类型。

HNC 给出了显记忆和隐记忆的符号表示式，但尚未给出动态记忆的符号表示式，这属于记忆工程第三战役——智力培育的任务。

记忆力是指显记忆的能力，它强关联于一个人的知识面，弱关联于一个人的智力。智力主要决定于隐记忆和动态记忆的能力，从这个意义说，智商是一个有待改进的概念，因为它既未作显记忆、动态记忆、隐记忆这 3 种记忆类型的区分，也未作智能与智慧的区分。而这样的区分对智力的研究或所谓脑力的开发至关紧要。

隐记忆能力是大脑智力的核心指标，是大脑软件“编程”与“试运行”进度的基本考核指标，对这项指标的研究需要新的思路，HNC 团队有责任推进该思路的酝酿与完善。这些话语实际上已经是“事后诸葛亮”了，可当今的诸葛亮们，在功利主义和解构主义全球浪潮的冲击下，基本处于昏迷不醒的可怜状态。所以，这里不得不说一声：各位同仁要提高警惕啊！

3　语言的记忆模式与记忆样式

3.1　语言记忆两模式：范畴—领域模式和对象—内容模式

HNC理论“三‘无限—有限’说”的第三说是：语境无限而语境单元有限。这里的语境其实就是指显记忆，语境单元其实就是指隐记忆，也就是语言理解基因。请记住下面的两个基本命题吧：

命题1：语境单元有限 =：理解基因有限

命题2：理解基因有限 ≡ 语言概念空间的范畴—领域有限

（“=:”者，等同也，非完全等同也；“≡”者，强关联也，互为因果者也。）

上列命题的推理是：显记忆(语境)是理解基因运作的结果。理解基因是依据范畴与领域排序的，那么，显记忆跟着“如法炮制”就是最自然不过的“理所当然”了。“如法炮制”的学名就是语言记忆的范畴－领域模式。

但是，范畴－领域记忆模式显然不利于动态记忆的形成，动态记忆需针对特定的对象或内容，这些特定信息必然散布在不同的范畴－领域。从大的方面说，人都会有三类精神生活和两类劳动的个人范畴经历，从小的方面说，专业人士不但会有不同专业的个人领域经历，也会有各种精神生活的个人领域经历。因此，必须配置另外一种语言记忆模式以便于针对特定对象或内容的搜寻。这另一种语言记忆模式就是对象－内容模式。[HNC-3]和[HNC-4]分别以范畴－领域(DOM)和对象－内容(BC)为纲，道理就在这里。

范畴—领域模式和对象—内容模式对应于两种索引方式，这有点类似于汉语词典的笔画索引和拼音索引，《现代汉语词典》就配置了这两种索引，但两者有虚实之别。实者，拼音索引也；虚者，笔画索引也。

大脑语言记忆两种模式的存在乃联想逻辑的简明推论，可当作记忆公理3来对待。但HNC还引入了一项基本假设：范畴—领域记忆模式是实模式，拥有相当于《现汉》的拼音索引，对象—内容记忆模式是虚模式，拥有相当于《现汉》的笔画索引。后者与语言输入接口直接连通。

3.2　语言记忆两样式：共相样式和殊相样式

语言记忆两模式只面向显记忆；语言记忆两样式则是面向广义记忆。

广义记忆存在两种样式：共相样式和殊相样式。共相和殊相是一对哲学概念，意思同共性与个性“差不多”，可以说，它就是共性与个性的哲学表述。就语言记忆来说，如果使用共性样式和个性样式的术语也未尝不可，但笔者还是觉得共相样式和殊相样式的表述要传神得多。为什么？这需要从语言记忆公理2说起。

语言记忆公理2的论断之一是“没有语言记忆就没有语言理解”，此论断里的“记忆”不是人们常说的记忆，而是前已指出的隐记忆和动态记忆。这个记忆应该处于大脑皮层的“中央”区，而不应该处于大脑皮层的边缘区——海马。爱因斯坦说过“上帝是奇妙的”，这里也许可以补充说“上帝的第一奇妙就是把隐记忆和动态记忆安置在大脑的中央区，把显记忆安置在大脑的边缘区”。这样的安置或设计才符合智力效率原则，最近有人说，“大脑如同城市”①，此话多少有点形而上的味道，因为智力效率原则的空间特性应该与城市效率原则相类似。

---

①　大脑如同城市的说法见《参考消息》2009年9月9日第7版。

除了与智力效率原则对应的区域差异之外，隐记忆、显记忆和动态记忆还存在个人之间的巨大差异，这一差异可以概括为以下三个要点：

差异1：隐记忆大同而小异，显记忆大异而小同。

差异2：隐记忆可结构齐备，亦可结构残缺。

差异3：动态记忆可功能强大，亦可功能低下。

隐记忆的大同性与显记忆的大异性是不言而喻的，但如何理解隐记忆结构的齐备性与残缺性、动态记忆功能的强大性与低下性呢？也许可以先这么说，隐记忆结构的齐备性与动态记忆功能的强大性是上帝赋予记忆的基本特性，不因人而异。但是，隐记忆结构的残缺性与动态记忆功能的低下性则因人而异，因此，也许还可以这么说："为什么基督文明要强调人类的原罪性？其哲学思考就全在这个'因人而异'里面了"。不因人而异的记忆和因人而异的记忆当然需要加以区分，这就是HNC引入共相记忆和殊相记忆的根据了。简言之，共相记忆是上帝赋予的记忆，对应于隐记忆的基本结构和动态记忆的基本功能。殊相记忆不是上帝赋予的记忆，是原罪之源，其内容首先是指显记忆，其次是指隐记忆结构的残缺性和动态记忆功能的低下性。

所谓社会的进步，本质上就是提高人类共相记忆的水平，丰富人类殊相记忆的内容，如此而已。这似乎很容易成为地球村六个世界[①]的共识，其实不然。当前现代化的实际效果是在降低共相记忆的水平，贫乏殊相记忆的内容。

3.3 大脑硬件的输入接口连接于语言记忆的对象内容模式

这里陈述了一个命题，这个命题将命名为大脑接口公理1。该命题必然存在一个对偶(孪生)性命题，可命名大脑接口公理2，其内容涉及"大脑硬件的输出接口连接于什么类型的记忆"。

本小节回避大脑接口公理2。

大脑接口公理1对交互引擎[②]的重要启示是：语境分析可以而且必须依靠词语的直接激活。为什么人们可以在嘈杂的语音环境里进行交际呢？为什么有人可以轻松地以一目十行的方式进行阅读呢？答案只能从公理1去寻求。在奇妙的上帝看来，并行计算或自适应噪音过滤不过是一种技术，大脑智力处理用不着这些玩意儿。

3.4 关于思维的语言依存性

西方比较语言学曾经把汉语列为自然语言的最低级形态，这个荒谬绝伦的结论早已没有市场了。但其潜在影响依然存在，这就是汉语思维落后说，最近还有人在宣扬这种谬说。此说的依据是思维具有语言依存性，但记忆公理否定了这种依存性，因为思维并不使用自然语言符号体系，而使用语言概念空间符号体系。当然，思维会受到文明因素的制约，但文明因素与语言因素之间是不能画等号的。

① 六个世界分别是：经典文明世界、市场社会主义世界、经典文明模拟世界(以日本、印度和俄罗斯为代表)、伊斯兰世界、部落世界(非伊斯兰的非洲)和征服遗裔世界(美国和加拿大以外的美洲)。

② 交互引擎是"交际引擎(人类的大脑)计算机模拟"的简称，它以文字文本的理解和记忆为其中心目标。语言生成需要加一个输出接口，语音文本需要换一个输入接口。

4　语言记忆工程的三大战役

4.1　三大战役概说

语言记忆工程的三大战役的名称是机器翻译战役、一目千行战役和智力培育战役。语言记忆工程的三大战役也就是交互引擎的三大战役。三大战役胜利之日，就是“迎娶昭君”之时。三大战役需要一些基础性智力，主要是：

智力1：科学、技术、产品、工程(系统)之间的因果链关系；

智力2：玩新与创新之间的量变与质变关系；

智力3：内功与外功之间的根叶关系。

机器翻译战役是智力1之战，以“I/O”为主；一目千行战役是智力2之战，以“MEM”为主；智力培育战役是智力3之战，以“CPU”为主。三类智力之间紧密相关，“之战”的命名是为了突出各自的重点。三类智力也就是三类关系，可统称因果关系。但因果关系只是智力的非分别说，而智力还需要分别说。智力分别说的框架如下：

因　　=＞　　果

作用　=＞　　效应

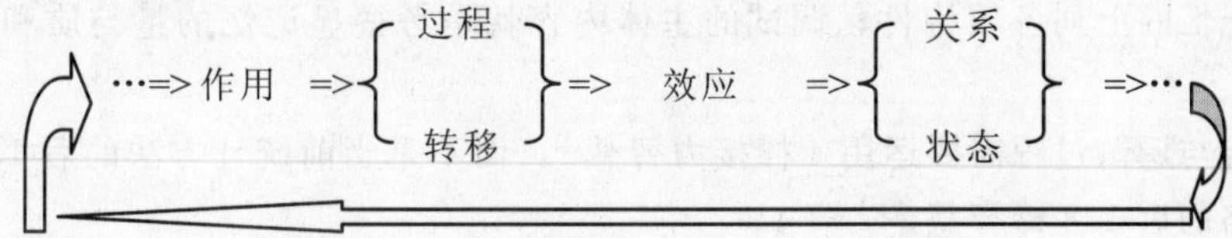

过度迷恋智力非分别说就容易受到功利主义和解构主义的严重误导，特别是下列四项：(1)问果不问因；(2)问流不问源；(3)问外功不问内功；(4)问速效不问远虑。其严重后果必是：“蔽目之叶”流感，而“知秋之叶”濒危。

4.2　机器翻译战役 =：“赤壁之战”

HNC团队为机器翻译进行了多年的准备，现在的状态确乎是“只欠东风”。

机器翻译本身也存在三大战役，它非常类似于解放战争的三大战役——辽沈战役、平津战役和淮海战役。

非常值得回味的是，毛主席最初并未看出淮海战役的战机，但毛主席的英明就在于他还是及时抓住了这一中国整个历史上最为壮观的战机。

对于大正公司和HNC团队来说，没有比机器翻译更好的“赤壁”了。问题是《三国演义》的误导确实仍然在起作用，科技界就是有人在大力宣扬和推销诸葛亮的魔术。于是，有人反而误以为“孙权决策＋周郎挂帅”不是真正的东风了。

4.3　一目千行战役 =：“垓下之战”

一目千行这个短语是“一目十行”的抄袭，一目十行用于才子的描述，一目千行则用于“语言超人”的描述。一目千行的搜索早就做到了，现在的问题是要做到一目千行的“搜索＋理解＋记忆”。其中的“理解＋记忆”是语言超人的“CPU＋MEM”，而“搜索”只是“I/O”。搜索所形成的惊人战果只是数据库(Data Base)，而不是记忆“MEM”。

一目千行战役是记忆工程的关键战线。

赢得了这场战役就必然成为信息产业的第四代霸主，迎娶昭君的婚礼就可以举行了。所以，把它比拟于“垓下之战”是贴切的。

“垓下之战”让韩信们出尽了风头，但该战给后人留下的最大历史教益是：“刘邦的第一流形而上＋萧何的第一流形而下”才是决定性因素。那么，目前的HNC团队具备这两个“第一流”的潜在素质吗？笔者的意见是：刘邦属于天授(这是韩信得以免死于第一次“死罪”的关键词)的范畴，本文仅略说“萧何的第一流形而下”问题，它属于“智力1因果链条”的因端。而因端的研究当前都陷于严重营养不良的困境，这是全球科技战线大环境的整体性危机。我们这个局部环境能够获得“特区”待遇吗？这就需要“刘邦的第一流形而上”了，如果能够获得，那一切就可以迎刃而解，否则就不好说了。

一目千行不能只针对汉语，因此，需要机器翻译战役的配合；一目千行要“千里之行，始于足下”，要从一目一行甚至一目一词做起，因此，需要智力培育战役的协同。

4.4 智力培育战役＝：“图灵之战”

前文说过，大脑硬件的基本定型至少要5年左右的时间，大脑软件的“编程”与“试运行”至少需要20年左右的时间。这个论断可视为记忆公理的推论，也是对交际引擎发育过程的基本描述。这一描述对交互引擎或语言超人研制的指导意义很值得思考。

所谓智力培育战役，略说之，不过就是为交互引擎安装并调试“大脑”软件，安装的主体内容就是隐记忆的上列各项构件；调试的主体内容就是考察显记忆的量与质和动态记忆的功效。

这一安装与调试过程需要运用4棒接力智慧[①]，而不是当前统计方法的后1.2棒智慧和所谓综合策略的后1.8棒智慧。

因此，智力培育战役的内容与图灵检验有天壤之别。那么为什么要用“图灵之战”这个名称呢？这不仅是由于图灵先生当之无愧，更是为了学习他那独特的“深入虎穴”精神。

发明计算机的最初需求不过是为了加快计算速度，但图灵先生的视野却在那个时期就超越了计算本身，而深入到计算的虎穴：思维的本质就是计算吗？为此，他提出了著名的图灵检验，触及理解和记忆的形而上思考。后来，哲学家的批判(如塞尔的《心灵的再发现》)和物理学家的补充(如彭罗斯的《皇帝新脑》)都依然只是理论上的探索，HNC团队应该把这一探索推进到智力3的高水平长征。高水平者，苦练内功也，走根深叶茂之路也。那统计仅仅是外功，派它去搞点侦察活动是可以的，但心里必须明白，它的侦察能力也很差，不可能搞到关键性的情报，那东西，还得靠高级特工和一叶知秋的判断力。

5 结束语

我们已经拥有一个描述文字数据与文字记忆转换的理论体系，这一转换的内因障碍在文字领域已不复存在，我们完全有条件先行一步。既不必等待大脑之谜的探索取得实质性进展，更不要“唯美首是瞻”！笔者深信，大正公司及其强大后盾一定会下定决心迈出数据—记忆转换的第一步——文字数据到文字记忆的转换，这一步将意味着什么，大家肯定理解得很透彻。

高级信息形态转换的探索一直处于被冷落的可悲状态，将简称冷落悲剧。

在科技领域发生这种现象似乎是不可思议的。然而，这恰恰是“美国引领”所必然造成的

---

① 4棒接力智慧的4棒分别是理论、法则、规则与算法。

后果。因为美国是爱迪生、福特和比尔·盖茨的天堂，但并不是康德和爱因斯坦的天堂，而高级信息形态转换的探索却需要康德和爱因斯坦式的情怀与素质；美国没有那种曾风行于前(指半个世纪前)欧洲的那种艺术与科学沙龙，而高级信息形态转换的探索需要这样的学术环境和土壤。

所以，冷落悲剧也可以称为美国引领悲剧，是当代所有专业活动领域的普遍现象，不只是信息科技领域，脑科学的情况也许最为严重。那里只存在游击战或麻雀战，没有战役的思考，更没有战线的思考。所以，我们切不可一切“唯美首是瞻”。

冷落悲剧何时会出现转机呢?《对话》[1]曾素描了一幅悲观的前景，但是这次研讨会的主办单位已经做出了一些漂亮的成绩，可以乐观一些了。所以，笔者很高兴参加这次研讨会，就文字数据—文字记忆的转换问题讲了上面的几点思考。

① 《对话》是笔者向前一届同名研讨会提交的论文，全名是《一位形而上老者和一位形而下智者的对话》。

关于汉语语义概念的一点思考[①]

陆汝占

上海交通大学计算机系　上　海　200240

rzlu@sjtu.edu.cn

摘　要：基于汉语基本特点：义符文字，词语直接显现其内涵语义，词语构造直接对应概念耦合的特点，解析汉语语义概念的方法可遵循汉语解字组词的思路，探讨用内涵概念图表示方法将词语重构概念图，直观解读汉语内涵理据，从而确保词语内涵概念关联的必要的完整性，据此有望提高当前网络检索准确率，为手机检索提供应用前景。

关键词：汉语概念内涵逻辑，解字组词，词语概念图重构，概念关联完整性

祝贺：第四届 HNC 与语言研究学术讨论会召开。HNC 从创建理论、开发技术、培养人才，直到形成体系，成功应用于文本处理、过滤、检索等领域，是国内语言学和信息技术结合最紧密，具有独创精神的典范。

1　现状与困惑

如今学术界人士已普遍认识到当前语言文字处理需要将单纯字符处理提升到加载语义信息，以便适应当今信息社会普遍而且逐渐进入深层次的应用需要。语义泛指词汇、短语、句、语段、篇章的含义，相应的处理尽管有层次和复杂度上的区别，但都基于词汇义基本层，实际上深刻的词汇义及其灵活的结合机制都归结到抽象概念层次上的操作运算。实质上还是反映了“词语、实体、概念”语义三角对应关系(陆汝占，2004)。概念是抽象思维形式，借助词语概括表达实体本质属性，反映了实体的分类、范畴化。一个词语的含义(释义)，可抽象成概念及其关联。就概念这个定义而言，汉语的特点是在概念层次上将实体本质属性表达得贴切、真实有效。汉语关于实体的命名方式，反映了实体类分类标志，直接标识了实体本质属性。实体子类是实体类加上所凸显的必要的区分特征，如“金笔”是“笔”类的一个子类，必要的区分特征是笔的组成：笔头或笔尖的材料是“金”或“合金”，子类“金笔”又继承了“笔”的典型“用途”特征：写字、作画。这种实体命名方式从根本上将汉语与印欧语区分开来。从《牛津高阶英汉双解词典》的彩图 A1 中可清楚地看到关于“面包”例的命名，各种不同面包用不同的音符文字组成，但汉语绝大多数可用“面包”加上前、后缀“切片”“皮”“牛角”“奶酪番茄”等形状、组成材料甚至味道等特征来区分不同种类的面包，构成各种子类。味道、形状、材料这些概念名称，就是本质属性的名称，再加上具体的属性值：片、皮、牛角、番茄等构成确切的本质属性特征，以区分其他不同的种类。由此不难看出，汉语词语具有直接显示实体本质属性的特点，所以属于概念内涵逻辑。相比之下，印欧语用不同的音符文字指称实体子类，如果要将若干实体按属性归成一个实体类时，需要刚性地划定一个范围，这就是本体论、语义网的方法，可称为外延逻辑，分类标记要用概念网络联系表示。语

① 本文得到国家自然科学基金面上项目(No. 60873135)的资助。

言结构上以动词为中心，不同于汉语的名词为中心(郭绍虞，1983)。

当前语言处理中已广泛地应用本体论、语义网、知网这些理论、技术和工具。如何凸显和充分发挥汉语语义的特点，开发适用于当代信息处理的理论和技术是值得考虑的，网络检索中准确率低下，检索结果“要的太少，不要的太多”，在很大程度上可能是没有注意两种不同概念逻辑体系的差异，未充分利用和发挥汉语属于概念内涵逻辑的优势。检索一个用户所需实体的信息，首要的是要认定该实体是什么，是属于哪个大类中的哪个子类，凸显的必要区分特征是否在检索、判别、比较过程中不丢失，将该实体的这些属性(属性名及属性值)重构成一个整体，属性不丢失、不被分割、不掺杂，是保证提高准确率的一个关键。而且能从字面上解读这些内涵属性，恰恰是汉语的独特功能。在理论方法乃至技术实现上尝试将汉语表达式转换、生成为概念图(树形、网形)，为检索提供了一条有希望的有效途径。

有关汉语概念研究大致可分几段：语言本体，概念抽取和形式化，计算技术，最终是从技术到工程，试图走向检索实用。但是从国内教学和科研现状来看，上述几段工作并不能有效地衔接、交叉进行，现状有脱节与局限性。语言学专心关注结构分析，信息技术关心算法，尤其是统计算法，缺少中介、交叉，跨越几个分段的交叉性研究：需要从语言本体及词汇释义跨至概念抽象、可计算形式化。瓶颈在于语言表达式如何提升到概念及其某种形式化。现有的教学与研究的现状没有给青年一代提供一个活跃的学术气氛，培养青年从问题和现象出发，寻求创新的兴趣和能力。

2 汉语概念内涵逻辑研究初衷

从实体命名中解读实体内涵特征的有关概念及其关系，用概念及其关联直接反映汉语解字组词(王力，1986)的特点。例如两个字构成的合成词，其含义可分别从两个字的概念得到必要的解释。需要指出的是合成词的含义，有可能超出其成分字的含义，即不隶属于单独的任何一方，恰恰是两字合成之后凸显的。这种情况在有关人脑信息处理中称为凸显成分(emergency)(例如“女车”，“车”指自行车，“女”指适用对象，缺少前车杠，是一种特定车式，还是为适应女性使用，“车式”是因“女”而改变。)

解字组词尽管是语言学家解读汉语特点提出的方法，实际上完全符合现代模型论思想。如果组合结构 $C=A+B$，那么组合结构 C 的语义对应了相应成分语义的组合，$|C| \sim |A| \cdot |B|$，“+”看成是结构组合运算，“·”就看成语义(概念)相应组合，“～”是对应关系，$|C|=|A| \cdot |B|$ 中“＝”才是同构对应，即一一对应，同构的区别在于有时会增加凸显成分。历史悠久的汉语竟然符合现代逻辑模型论思想是一种对照比较的新认识，其实西方早就提出“没有数理逻辑，就没有语言学”的说法，不过国内未被普遍接受。

模型论思想为我们分析汉语语义概念提供了一个思路，如果能适度运用“语言结构与语言语义概念对应”的思想去构建概念及其关联的表示形式，例如概念图(树形、网形)，除能满足面向中文检索提高准确率的迫切需要之外，对于人直觉上、理性上合理理解汉语内在机制是否可按“结构、语义同构对应”的思路来解读也是有帮助的，说明汉语不仅自身有内在理据，而且形式化程度很高。同构对应恰恰不同于传统的语法上句式变换的理解方式，是将语义计算形式化的方法。

概念图表示方法用于检索是将用户需求(关键词组)、网页摘录、网页标注三者根据关键词重构的概念图匹配结果再分类：准确/近似/噪声。目的在于提高检索准确率并希望为今后手机检索所要求的准确率提供支持。

课题组第一个例题："高科技孵化基地"(2000)，当初检索返回结果中有孵化禽蛋的结果，不符合用户需要。实际上需求表示寻找的实体"基地"是某地区或单位，其功能、职能是扶植培养以"高科技"为其专业的研究、生产单位。其中"孵化"是比喻，"高科技"是以专业借代指称某研究、生产单位，这二者都是修辞表达手法，是语言表达中常见的现象。在图上标引了这些概念的生成及其关联关系、依据。由此可见该复合词是有理据可以图解的。整个图即使是作某些简化也还是构成一个整体，"高科技""孵化""基地"这三者不能割裂成碎片，也不能任意组合成其他关系，因而形成一个整体，检索系统必须确保其整体关系，从而排除了孵化禽蛋之类的噪声、歧义。

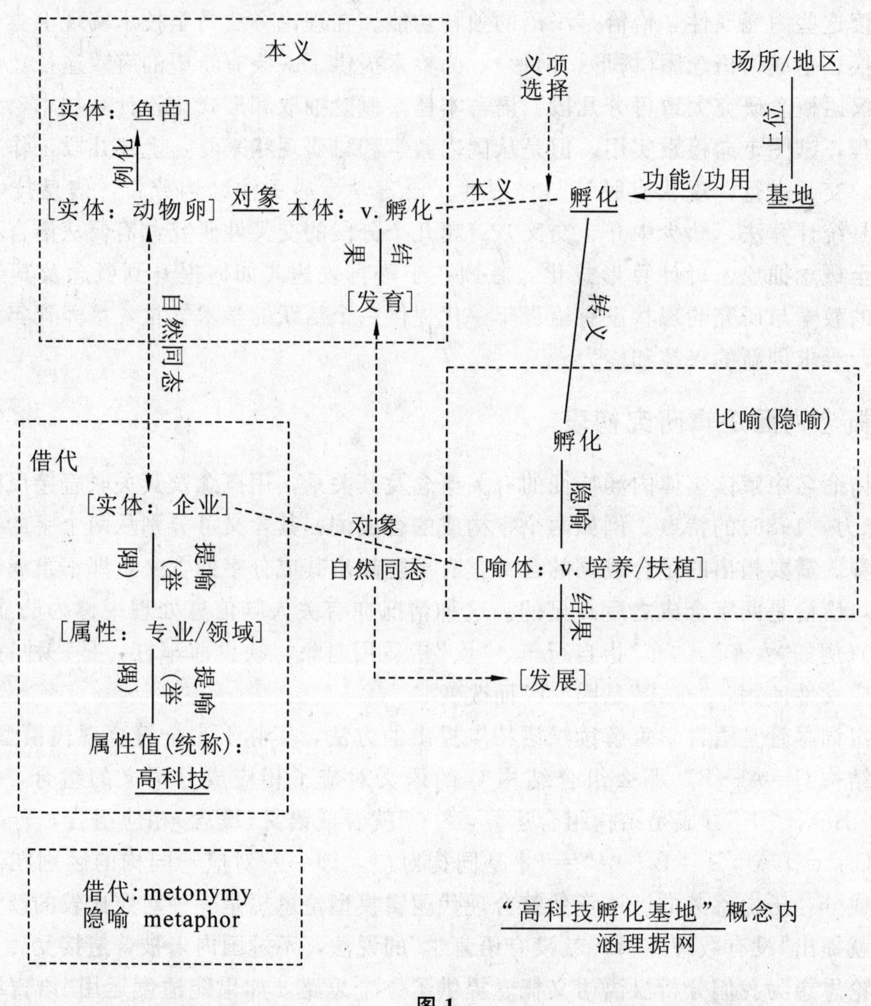

图1

读者不难从实际检索过程中发现异于自己需求的诸多不需要的信息——噪声。除非搜索引擎加以人工干涉纠正。

此外，从语言学角度观察用概念图所表示的实体内涵属性，直观地显示了汉语的意合特点，概念之间关联理据是与修辞原理接近、吻合，明显地区别于结构主义语法，也区别于其他语义概念方法。

3　薄弱环节：词语表达式概念分析

给出一个词语表达式要作出恰当的概念分析，尚有一定的难度，需要知识和经验的积累。例如“教师”，外延指称“人”，具体语境下指具体人。概念上位可以是“职业”，“讲课＋教师”，“教师”与“讲课”之间是“职责”关系，合成的概念是“职位”。例如有讲课教师、辅导教师之分，某单位缺少一位计算语言学讲课教师，即有一个空位，待聘。但指称的人与位不一定一一对应，一个人可能任两门课讲课教师，只要时间、空间上不冲突，但也可以一位有A、B角两人。

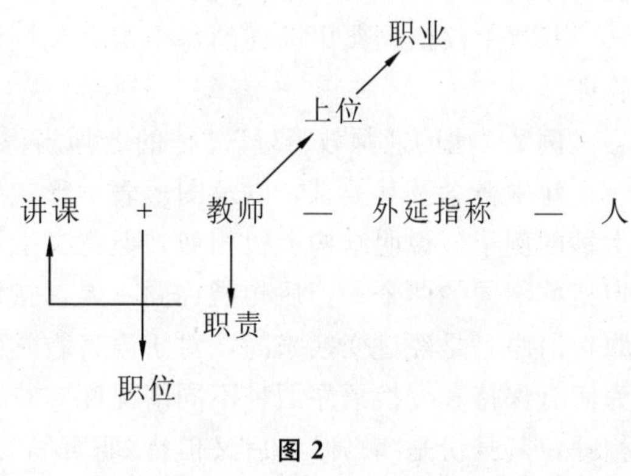

图2

4　概念图标引

常见的已登录词中实体命名的词(单音节、双音节合成词)及其生成的复合词，可根据词汇释义提取、抽象有关本质属性的概念，以及相关的关系，构成概念图，实体E、属性名A、属性值V的组合{＜E，A，V＞}(序偶组集合)。词汇释义主要依赖词典(语言学、专业)释义项的解读、提取，生成概念树、概念网。

词典提取相应概念过程的难点包括：(1)序偶组(概念支)＜E，A，V＞中信息缺省求解，实体名、属性名、属性值三者中缺一，待求解。例如不知实体名，或不知具体值，最困难的常见的是缺省属性名，一般形名结构如“红鸡蛋”不指明蛋壳颜色还是蛋黄颜色，甚至苏丹红污染的颜色，直接影响检索准确率。(2)从词典释义中提取合适概念，如“便车”，释义是“顺便”，其实应指出“路径、时间一致”，否则就不成为顺便了。(3)词典中一个词往往是兼词类、多义项的，在提取概念和生成概念图时，除非人工判定选择，否则是很复杂甚至很难确定义项和概念义的。为此可考虑对义项按概念划分与归纳必要的概念范畴，以简化和对齐相应概念关联，划分的结果可称为子概念范畴，或概念投影范畴，对于多义兼类词是迫切需要概念范畴归约简化的，这不仅减少计算复杂度，提供可计算的途径，而且对于人来解读理解词汇的概念组合是有帮助的。此外，对汉语对外教学也是一个新的启示性参考。本文就动词“得”“给”“造”为例说明。“打”字较复杂，例词较多，另文发表。这几个词例已经历了王力、蒋绍愚、沈家煊等著名语言学家论述，本文从概念范畴的表示和归约简化，从而寻求可计算角度进行探讨。尽管一个动词v有多义项，跨词类，加上不同的动宾、动补组合结构繁多，但经过概念范畴的归约简化后，这些组合概念取决于宾语、补语落在该动词的哪个概念子范畴内。有限几个子范畴不仅比义项数要少得多，而且有理据，易操作计算。

例1.“得”义项概念演化及其子概念范畴

“得”字从动词演化至助词。概念之间有个演化过渡过程，可分为实在和虚化两极，犹如通常的坐标轴。实义子范畴是“操作方法”：获取义；

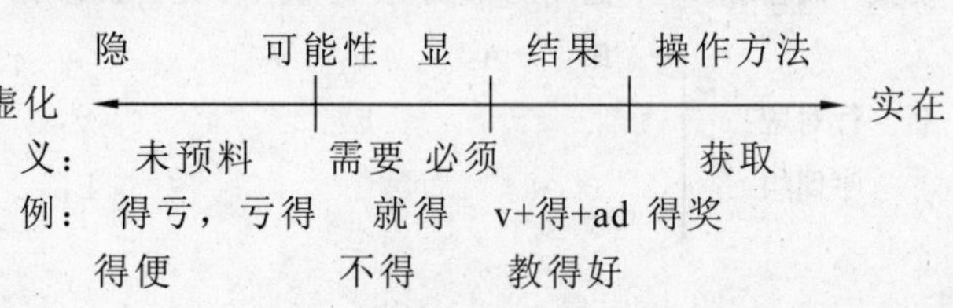

图3

"结果"，由行为导致结果显现客观外在存在性。虚义子范畴是内在的"可能性"，又分为"显现"：需要、必须义；"隐匿"：未预料。这两种可能性，也可看成是刚性和柔性的区别。

基本上汉语词典中动词的每个组合例词都可归入上述四个子范畴。读者如有兴趣可逐个验证。

例 2."他的老师教得好"/"他的老师当得好"概念图表示

句中概念及其关系，以及图形表示形式可与词语结构同构(即一一对应)。这是吕叔湘先生举的例子，说明结构上很相似，但意义上不同，差别在于外延指称实体，"他"与"老师"前句指称不同的两个人，后句指称同一人。按语言学常规解释是"他当老师当得好"，这已改换原句语序，是经过变换来的，对于语言教学来说，人可以理解，但对于计算机来说，这两句为何有保持和变换语序两种不同情况呢？难理解。本文给出概念内涵解释，后句中"老师"是称呼，其身份是"教师"，后又借指"职责"，这才有"担当"义的当得好。其中"得"字表"结果"义。图 4 不仅说明概念内涵分析让概念与词语可以对齐，前提条件是常常要借用修辞中的"借代""比喻"方法作为概念关联依据，而且更彰显了汉语是义符文字的独特性。这个实例充分说明了汉语的特点：(1)结构组合对应概念耦合——同构(求解同构过程有理可据，但初学会有难度)；(2)文法寓于修辞范围内(郭绍虞，1983)；(3)一个有益的启示，创新的起点不是方法论，而在于现象、问题。如吕叔湘先生等老一辈语言学家特别重视汉语现象的具体分析，而不是方法上的套用、移植。

范晓、李临定、王还等语言学家以及青年学者都有相关论证和分析。有兴趣的读者可将诸多组合实例逐个验证，欢迎交流指正。

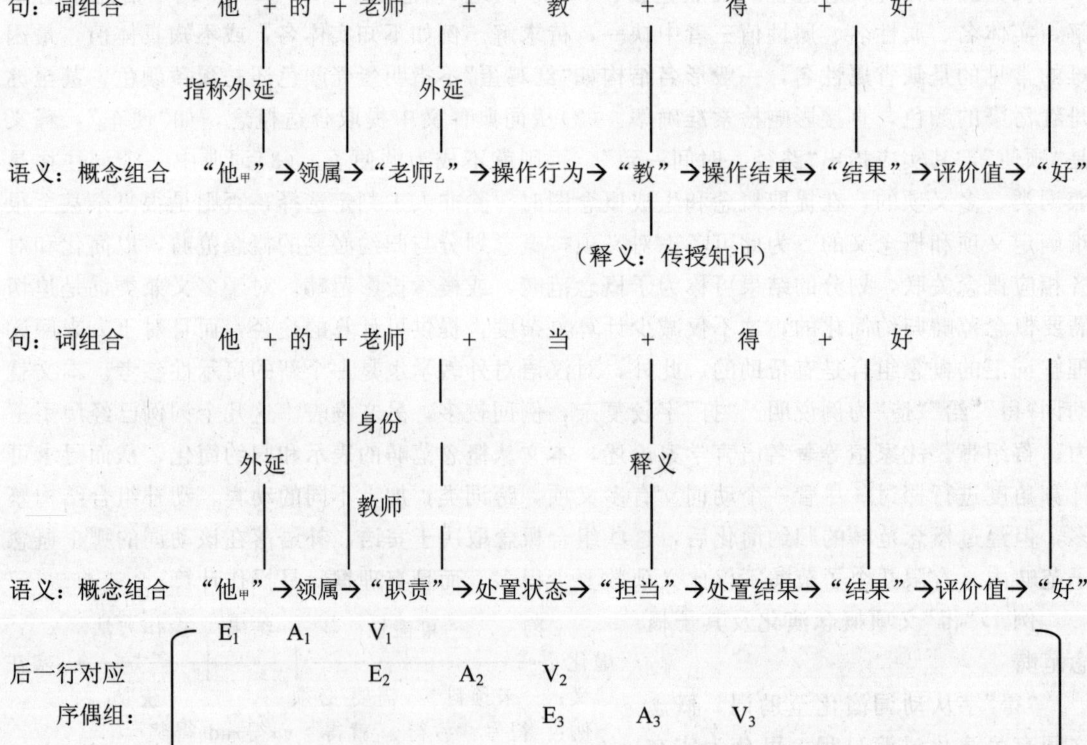

图 4

例 3.“给”义项概念演化

沈家煊(1999)语法化分析了“给”义与“使、让、叫、被、赋予”同义之间的关联。按概念内涵逻辑的想法，尽管一个词可能跨词类(是按词法分类)、多义项(按语义解释分类)，但似乎有一个中心意思或者称为公因子，胡明扬先生指点为“类义”(thesaurus)，即能包含诸义项的。这体现了不同的思维方式及应用，同义词之间关联，对人的语言教学和理解是有效的；类义及其概念范畴归约旨在不让语义分析因同义、多义而增殖、发散，是收敛、简化的思路，从而保证在有限复杂度内的可计算。

“给”＋｛N｝组合概念义：“赋予”＋｛
- 实体　“给我一支笔”
- 可能性/机会　“我给他打了”
- 服务　“你给我开门”
- 状态　“你给我站住”

“给”本义“赋予”义不变，固有的公共因子，所带的宾语粗分为三种结构关系“对象、结果、方式”，概念上可划分为四个子范畴：“实体”，“可能性/机会——不管是潜在的还是直接显现的”，“服务”，“状态”。这四个概念子范畴都指称了动词“给”的主体所赋予的实体：实物、实际行为、客观上的可能性。这些子范畴可用来解释词法上的同义词替换。

例 4.“造”可兼类动词、名词、形容词，也有一个演化过程

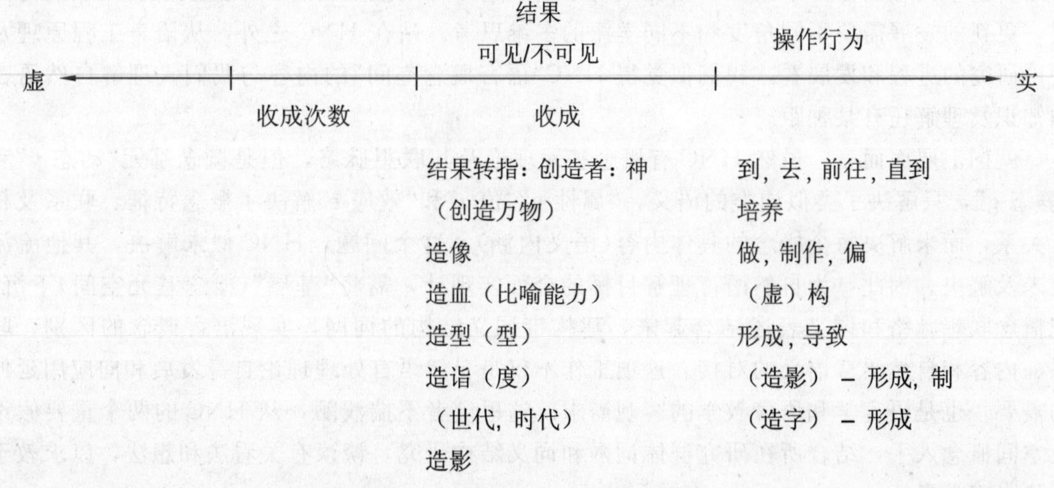

图 5

由于篇幅限制，诸多例词(组合形式：动宾、动补结构)未详列。有关概念图表示可参见陆汝占(2009a)、陆汝占(2009b)。

参考文献

[1]陆汝占，靳光瑾．2004．现代汉语研究的新视角．语言文字应用(2)．

[2]陆汝占．2001．汉语内涵逻辑及其应用．Proceedings of Conference of the 20th Anniversary of CIPSC．

[3]王立．1986．《实用解字组词词典》序．上海：上海辞书出版社．

[4]郭绍虞．1983．《同义词词林》序．上海：上海辞书出版社．

[5]沈家煊．1999．“在”字句和“给”字句．中国语言(2)．

[6]陆汝占．2009a．中文检索与汉语语义概念图表示．中国计算语言学研究前沿进展．北京：清华大学出版社．

[7]陆汝占．2009b．中文检索与汉语语义概念图表示．中文信息学校．

概念基元空间的下沉及与词义结构的语言对接

——HNC联想脉络的词网建设与词义表述①

萧国政

武汉大学文学院/武汉大学语言与信息研究中心 武汉 430072

gzxiao123@yahoo.com.cn

摘　要：本文从HNC的两个重要假设入手，通过"空间"和"概念"的讨论，论述了从语言信息处理理论研究延伸至语言处理研究的意义，阐述了词汇平面的延伸方式，即：将HNC概念表达式与"词群—词位变体"理论的词义结构式的拼接连缀。并认为这种拼接连缀在工程上是面向技术的词网建设，在理论上是"概念基元空间的下沉与跟词义结构的语言对接"。

关键词：语言信息处理理论，理论空间下沉，词义结构的语言对接，主干义素分析，词网建构

随着一届届HNC与语言学研究学术研讨会的召开，HNC从理论、实践到产品，再从产品、技术到理论，多个团队不断探索，不断前进，可谓披荆斩棘，一路凯歌。发展值得庆贺，更新的发展需要不同角度和不同学派的多维思考。站在HNC之外，从语言工程原理及理论研究的进程和发展看，我们似觉得HNC"语言概念空间"的内容与我们人理解自然语言的知识及理解还有某种距离。

就词汇层面而言，虽然HNC有概念基元理论及其联想脉络，但是概念基元"动态v"和"静态g"，只解决了类似词类的语义，"属性u""值z"和"效应r"解决了概念特征、联系及相互关系，而未解决每个概念的具体内容(语义内涵)。这个问题，HNC似未解决，其他流派也未及解决。因此，为自然语言理解目标的全面实现计，需将"基层"(概念基元空间)下沉，把概念联想脉络和词义表述结合起来，建构带词义结构的词网，实现语言概念的区别、联系、内容和自然语言语义的对接。这项工作不仅是自然语言处理理论自身发展和向应用延伸的需要，也是语言学和语言教学的客观需求。这里笔者不揣浅陋，从HNC的两个重要假设及空间概念入手，结合所在研究群体词网和词义结构研究，谈谈有关看法和想法，以求教于各位专家学者。

1　HNC的两个重要假设及空间概念

1.1　HNC的两个重要假设

黄曾阳先生(2004)在《语言概念空间的基本定理和数学物理表示式》(以下简称《定理和表示式》)提出了两个重要假设："全人类的语言概念空间具有同一性"(HNC第一假设)。"语言概念空间是一个四层级的结构体"(HNC第二假设)。第一假设是对人类概念空间内容及其原理共性的断定，第二假设是对截至2004年HNC研究信念、研究结果及研究内容的理论概括，也是第一假设内容的有限实现和展现。两个假设及其基本内容，是我们把握HNC

①　本文的研究得到武汉大学"985工程"二期建设拓展项目"语言科学技术与当代社会建设跨学科创新平台"项目基金的资助。

理论及其知识的一个“纲”。对理解这个纲来说，“空间”一词的所指及其特性的辨析和把握，十分重要。

1.2　“空间”一词的所指与 HNC 的基本内容

从所指看，第一假设中的空间(或“第一类空间”)是总体空间。关于第一类空间，《定理和表示式》(p6－7)“HNC 的两个基本假设与电脑未能理解自然语言的症结——交互引擎的背景说明 2”写道：“自然语言理解是一个自然语言空间到语言概念空间的映射过程，两个空间各有自己的一套符号体系。语言交际过程，即交际引擎的运作过程实质上是这两种符号相互映射的过程。说者/写者将语言概念空间的符号映射成语言空间的符号，这是语言生成过程，听者/读者将语言空间的符号映射成语言空间的符号，这是语言理解过程。”“语言空间符号千差万别，据说当今世界上还存在 6000 种之多，但语言概念符号体系只有一个，全人类的语言概念空间具有同一性。这是一个假设，HNC 理论的第一假设。”

揣摩作者的意思，第一假设的意思是人类语言均存在两个性质不同的空间，两空间之间具有一种相互“映射”的关系。若按照一般理解，这类假设的理论应和乔姆斯基普遍语法的性质一样，其目标不是指向某一语言，而是具有人类语言的普适性或世界意义。除了猜测之外，语言处理的自身要求，如语言处理之一的机器翻译，其语言就不能只是一种语言。

第二假设的“空间”(或称“第二类空间”)，是指语言概念空间的下位子空间或区域空间。这些子空间共有四个层级。即：

第 1 层级：基层——概念基元空间(即 HNC 的基元符号体系)；

第 2 层级：第一介层——句类空间(即句类符号体系)；

第 3 层级：第二介层——语境单元空间(即语境单元符号体系)；

第 4 层级：上层——语境空间(即语境符号体系)。

在该假设中，“空间”对应着相应科学对象的数学描述。空间的内容加上其对应的世界知识，形成其各自的“世界”。即 4 个子空间加上其相对应的世界知识形成其对应的世界：概念基元世界、句类世界、语境单元世界和语境世界。其“世界”对应着其相应对象的物理描述。

1.3　空间下沉与语言映射

如果按语言学和常识的一般理解，第一类空间应为客观空间，并且是一个符号家族及其系统。但是《定理和表示式》(P8)却指出，语言概念空间是 HNC 所说的“概念联想脉络”或“语义网络”。因此，语言概念空间到语言空间的映射，从语言理解角度看，应是 A 载体的语义网络到 B 载体的语义网络的映射。

但是不管怎样表述这些空间，首先其空间应是一种客观存在，并且相对于客观空间而言，HNC 建构的“概念联想脉络”或“语义网络”，是客观空间在研究者头脑中的反映，即是一个主观反映空间。因此，从理论建构方面讲，主观反映空间及其内容都应得到语言客观的验证，需要从模式理论到语言具体事实的延伸。HNC 理论是语言信息处埋埋论，和所有的同类理论一样，其最终目标不能止于理论，必须跨向语言处理实际应用的目标前沿，向具体的语言实体和内容延伸。

由于 HNC 的第一假设的两个空间或第一类空间都是更为抽象的空间，从语言概念空间到语言空间的映射是一种宏观层面的映射，若打个比喻来讲，是发射外空导弹；从语言概念空间到语言各个子空间的映射，是发射大气层内的空空导弹；从概念外延和内涵到词语语义的映射，应是发射空地导弹。但不论是发射哪一种导弹，其性质都是各类各级空间的“下沉”，是从不可知感到相对可知感的运作。限于篇幅，本文阐述仅为部分概念基元空间的下沉及其途径，可能大半属于形而下问题的讨论。

1.4 “顶天立地”的应用研究

从理论到事实的研究，是语言的下向研究。邢福义先生称之“顶天立地”，反之是上向研究，邢先生称之“立地顶天”。[①] HNC(概念层次网络)理论是语言信息处理理论，语言信息处理理论是应用性理论，该理论的灵魂在于其哲学基础和用有限控制无限的基元思想，其生命力在于语言解释力、产品的可实现性及体现的应用价值。作为应用性理论，“灵魂”和“生命力”二者缺一不可。

对于HNC来讲，其理论和模式建构是“立地顶天”，在这个方向上，正如《定理和表示式》(p7)引用康德的观点所言：“在建立自然语言模型这一重大探索中，必须谨记有所为和有所不为”，其特征是“舍弃枝节，抓住要害”，并且“没有舍弃就不会形成任何理论。”但是反过来，在“顶天立地”的方向上，不断地拥抱具体和差异，不仅是应用的精度要求，而且也是理论透彻性的又一种方式。因此，每一个空间的下沉，不论从理论还是实践的角度看，这种努力都是不可或缺的。

2 概念基元空间的下沉及其模式

2.1 概念基元空间

概念基元空间，是语言概念空间的基层。其空间概念基元的组成，HNC表述为8-2-1。这里“8-2-1”的表述，有些类似电影电视片中八路军军人对能结婚条件的幽默概括“三五八团”(30岁，5年以上军龄，八路军，团职干部)。HNC的“8-2-1”是8类抽象概念、2类具体概念、1类两可概念。其抽象概念是指不涉及具体人或物的概念，可简单表述为人物事件的属性和表现，特别典型的是HNC作用效应链中的六个概念：作用、过程、转移、效应、关系、状态。[②]

概念空间与世界知识的结合即概念基元世界，《定理和表示式》(P10)指出：“概念基元世界大致对应于语言空间的词语”。[③] 在HNC中，与词相关的知识主要体现为概念表达式。萧国政(2001)将HNC理论概括为基元本位理论的同时，曾将其概念表达式表述为“类别基元(字母或字母串)+节点基元(数字或数字串)”的模式。例如：

思考 vg80　　思维 g80　　想法 r80　　概念 r800　　观点 z800

在该表达式中，“类别基元”有v(动态)，g(静态)，u(属性)，z(值)，r(效应)。v、g、u、z、r在HNC文献中称为基因五元组，其中v、g、u来源于语法学，z来源于明斯基(Minsky)的框架理论，r来源于HNC的“作用效应链”思想。[④] 按照HNC的观点，“思考”

---

① 关于“顶天立地”“立地顶天”及“上向研究”“下向研究”，参看萧国政(2001)P141—148。

② 黄曾阳先生从哲学的高度发现，世界的一切事物都处在一个由六个节点(或环节)构成的“作用—效应”链上，这个作用效应链及其环节是：作用—过程—转移—效应—关系—状态。“作用存在于一切事物的内部和相互之间，作用必然产生某种效应，在达到最终效应之前，必然伴随着某种过程和转移，在达到最终效应之后，必然出现新的关系或状态。过程、转移、关系和状态也是效应的一种表现形式。新的效应又会诱发新的作用，如此循环往复，以至无穷，这就是宇宙间一切事物存在和发展的基本法则，也是语言表达和概念推理的基本法则。”参看黄曾阳(1998)P29。

③ 除了“空间”一词外，“概念”一词在HNC文献中的用法也不同于一般。各个不同层次和方面的范畴都用概念表达，使得一般读者对内容的把握更加困难。这是否是HNC的整个理论是“概念”理论的缘故之一。

④ 参看黄曾阳(1998)。

“思维”“概念”“想法”“观点”后面的概念表达式中的类别基元代表的意思是：这几个词分别是“同一内涵”的 vg 型概念、g 型概念、r 型概念和 z 型概念。所谓“同一内涵”是指这几个词都表思维，其中“vg 型概念”是说这个概念既是 v 型概念又是 g 型概念(粗略地说，就是“思考”这个词既有动词用法的动态性，又有名词用法的静态性)，“思维”“概念”“想法”“观点”则都是非动态性的，即标 g、r、z 的都是表达静态的名词。其不同的是，它们分别代表着因果两极：“思考”“思维”是起点(“因”)，“概念”“想法”“观点”是思考和思维的终点(“果”)，在结果中，z 又是 r 取值。

“节点基元”(数字或数字串)中“8”是说这些词都是概念网络中“8 行”表心理活动的概念，“80”表示这几个词表述的概念在同一层次上，“800”则表明这几个词比其他几个词所表达的概念比 80 低一个层次，在汉语里“想法”包括“概念”而不是相反。[①]

2.2　概念基元空间的下沉

从第一节已知，本文的“下沉”不是贬义的诅咒，而是指研究延伸和深化的一种方式。在 HNC 的理论构成中，实际上包含了两种类型的下沉：一是从“空间”到“世界”的下沉，即 HNC 的“空间”只是工具或载体的集合，“世界”才是注入了世界知识的范畴，在这个意义上，该类下沉是形而上领域里载体到内容的下沉；二是从 HNC 理论到自然语言空间的下沉，即第二类下沉。第二类下沉是形而下领域的下沉。用 HNC 符号标注词语(写上概念表达式)和句类，就是第二类下沉的工作。第二类下沉用 HNC 的术语，也可表述为从概念空间到语言空间的映射(即语言映射)。

本文的下沉是第三类下沉，是从 HNC 的概念空间和语言认知空间，向自然语言的词义空间下沉或映射。

2.3　概念基元空间下沉的第三类模式

词语概念表达式体现的第二类下沉，虽然涉及词语所代表概念的关系属性、使用属性(类别基元 v、g、u、r、z 表示)和概念类别及层次(阿拉伯数字及数字串表示)，但还只是停留在逻辑概念的外延，没有进入逻辑概念的内涵——词义。再看几类带有概念表达式且分属不同概念类别的词语及其标注：

基本类具体概念	原子 jw41	岩石 jw53aa
挂靠类具体概念	服装 pw65330	教室 pw6554＋va70
主体基元概念	增加 v341	迅速 u1009c22
复合基元概念	记忆 rv6801	法律 gra5
基本概念	饱和 jv61c33	模范 jg730
语言逻辑概念	把 102	除……以外 l57
基本逻辑概念	可能 jlvu12c31	必然 jluv12c33
综合概念	机会 sg314	材料 s42
语法概念	什么 f4209	谁 f426
物性概念	白色 jx111	荒凉 xj2－0＋jgu502

其中的“物性概念”是指表达事物性质或属性的概念，其“荒凉”的概念表达式和“教室”一样，是一种复用组合式。

---

① 可参看萧国政(2001)P311—313。

不论从哪个角度看，上述所有的概念表达式都只是揭示了概念的特性及其所在的网络节点，停留在概念的外延。概念基元空间下沉的第三类模式，就是从逻辑概念的外延，进入到逻辑概念的内涵，从语义网的概念节点延伸到表达概念之词的词义，即要从语言概念空间映射到自然语言空间。

3 第三类空间下沉的语言实现与工程实现

3.1 第三类空间下沉的基本内容

概念基元空间第三类下沉的目的，是为了实现语言映射和语义的智能推理，因此，概念基元空间下沉目标实现的基本内容从目标看，应包括两个方面：(1)语言实现；(2)工程实现。

3.2 第三类空间下沉的语言实现

第三类空间下沉的语言实现，指的不是把词语转换成其义项词义的解释，而是替换成一个词具体义项的词义要素结构式(简称词义结构式)。比如：

"米饭"，《现代汉语词典》第5版的义项解释是："用大米或小米做成的饭。特指用大米做成的饭。"如果换成词义要素结构式就是：

【米饭】[物＋食用＋加工＋大米/小米]

其中括号内的语义需从右往左读，即：(米饭是)用大米或小米加工的食用物。

又比如：

【骨折】(词典释义：)由于外伤或骨组织的病变，骨头折断、变成碎块或发生裂纹。

(词义结构式：)[变化＋病态＋折/断/碎/裂＋骨头]

其词义结构的内容也是从右往左读，即："骨折"是骨头或折、或断、或碎、或裂的病态变化。

词义结构式的构成可表述为"3义"结构，即：[类属义＋核心义＋区别义]。比较"米饭"和"面食"的词义结构，可十分清楚地看到词义结构式的语义构成要素及其类型：

【面食】[物＋食用＋加工＋面粉]

【米饭】[物＋食用＋加工＋大米/小米]

不难看出，"食用物"是二者共有的类属义；"加工(物)"是其共有的核心义；"面粉"和"大米/小米"是其区别义。

词义结构式中的义素是形成该词义的若干义素中的主干义素，因而这种词义分析方法，我们称之为"主干义素分析法"。这种语义分析法是改进的义素分析，它一方面反映了一个词词义的基本心理构成，即是这类义素支撑起了一个词词义的心理大厦，另一方面(从一个方面)解决了"义素分析的义素因其开放性而不具操作性"的问题。[①]

3.3 第三类空间下沉的工程实现

第三类空间的下沉，是语言处理工程的需要，这种下沉的工程比较艰巨。不过，当我们完成了词义要素结构式的研究以后，这种工程实现就变得相当简单了，即只要把HNC词语概念表达式挂在词义结构式前面，进行连写或连缀，就实现了语言概念空间与自然语言空间

---

① 词义主干义素分析法是武汉大学智能语义网智能建构的一部分，其方法的性质、理论我们将专文论述，也可暂时先参看萧国政(2007)。

的对接，就给机器的语义识别铺平了道路。下面可以“思考”和“思维”为例，如：

(1)语义概念表达式：

(思考)vg80　　(思维)g80

(2)词义结构式：

【思考】[活动＋思维＋深刻、周到]

【思维①】[行为＋分析、综合、判断、推理]①

(3)语言概念空间与自然语言空间的对接，即：C ＝ A＋B。如：

思考：vg80 [活动＋思维＋深刻、周到]

思维① ：g80[行为＋分析、综合、判断、推理]

4 结　语

(1)在 HNC 理论中，两个假设是其脊梁和骨架，支撑和架构着其理论和内容的大厦。两个假设对语言信息处理原理、方法、方式和内容构成的揭示是空前的透彻和全面。因此，围绕两个假设讨论语言信息处理方方面面的问题，也就非常方便。只要是语言信息处理的问题，即使不是 HNC 的问题，也可以相当方便地挂在 HNC 上来讨论。

(2)语言信息处理的理论和语言研究，大多是要么构建局部理论，要么建构某种资源(如词网、语义网)，HNC 是双管齐下，一手抓着概念空间及其映射理论，一手抓着概念的 Ontology(层次网)及其联想脉络，使概念及其网络成为人机交互语言描写和理解的工具。并且 HNC 的主体研究是“工具”和“模式”的理论研究，其应用应是向自然语言空间的映射研究。概念映射到语言以及怎么映射到语言，虽然是比较形而下的问题，但其任务并不比其形而上轻松和平庸。因此本文强调的不是概念空间的构成而是语言映射和怎么映射。

(3)HNC 的概念，不是词但不排除逻辑上和词有许多对应关系的概念。并且词汇概念是 HNC 第二假设空间的基本内容之一，舍此，我们的自然语言理解就只有抽象的模式和框架，永远不能进入语言的具体语义内容。本文的论述所指和本人所在团队的一个方面的努力，就是侧重语言理解进入词义的驱动。这种驱动虽然还未具引擎升降飞机那样排山倒海的力量和效应，但它却应是这种力量的源点。

(4)从自然语言理解的模式层面(概念空间)映射到自然语言理解的对象层面(语言空间和世界)，利用 HNC 概念结构表达式非常之方便，只要和“词群—词位变体”理论的主干义素结构拼接，就可大功告成，但每个词不同义项的词义结构式的建构艰难也不用掩饰。因此对于研究和语言教学都十分重要的词义结构的研究及其主干义素分析任重道远。②

参考文献

[1]Donghong Ji, Yanxiang He & Guozheng Xiao. Word Sense Learning based Feature Selection and MDL Principle. Journal of Language Resources and Evaluation.

[2] Guozheng Xiao & Dan Hu. 2008. Semantic Composition and Formal Representation of Synonym Set. Proceedings of International Conference on Asian Language Processing.

① 在《现代汉语词典》中，该词有两个义项：①在表象、概念的基础上进行分析、综合、判断、推理等认识活动的过程。思维是人类特有的一种精神活动，是从社会实践中产生的。②进行思维活动：再三～。‖也作思惟。这里治理出了第一个义项。

② 关于“词群—词位变体”理论参看萧国政(2007)。

[3]黄曾阳．1998. HNC(概念层次网络)理论．北京：清华大学出版社．
[4]黄曾阳．2004. 语言概念空间的基本定理和数学物理表示式．北京：海洋出版社．
[5]苗传江．2001. HNC句类知识研究．中国科学院声学研究所博士学位论文．
[6]萧国政．2001. 汉语语法研究论．武汉：华中师范大学出版社．
[7]萧国政．2007. 动词“打”本义的结构描写及其同义词群建构//萧国政，孙茂松等主编．中文计算技术与语言问题研究．北京：电子工业出版社．
[8]许嘉璐．2000. 现状和设想——试论中文信息处理与现代汉语研究．中国语文(6).
[9]张全，萧国政主编．2001. HNC与语言学研究．武汉：武汉理工大学出版社．

现代汉语空间短语的基本类型[①]

陈传海

北京师范大学中文信息处理研究所　北　京　100875

chinachuanhai@163.com

摘　要：本文讨论了 HNC 理论基本概念短语中空间短语的基本类型。本文主要从空间短语的定义、空间短语的重要性、空间短语构成的复杂性、空间短语识别的激活点类型以及空间短语的基本类型等方面对空间短语进行了分析说明。

关键词：空间短语，基本概念短语，HNC 理论，现代汉语

1　引　言

HNC 把概念分为抽象概念和具体概念，并设计出了抽象概念的三大语义网络，分别是：基本概念、基元概念和逻辑概念。其中基本概念语义网络共有 9 个一级节点。j0(序及广义空间)、j1(时间)、j2(空间)、j3(数)、j4(量与范围)、j5(质与类)、j6(度)、j7(基本属性(客观的))、j8(基本属性(含主观评价))。空间短语属于基本概念短语，主要涉及其中的 j0(序及广义空间)、j2(空间)以及 j4(量与范围)等概念。

2　研究对象：空间短语的定义

jm 是 jgm 的省略，表示基本概念的 g(五元组中的静态)，j0 是序和广义空间，j1 是时间，j2 是空间，j3 是数，j4 是量与范围，空间短语是表示事物方位和事物内部或事物之间相对位置关系的短语类型，是 HNC 理论中基本短语的一种。在现代汉语里，方位词与不同层级的语言单位组合之后，表示时间、处所等意义。但是方位词和其他语法单位结合在一起组成另外的语法单位时，语法学家对定义这种新的结构体是词还是短语出现了分歧，这种分歧关系到现代汉语词和短语的划分标准。

语法学界对于这种结构体主要有以下看法：

(1)认为方位词常附于词、短语之后，构成方位短语；

(2)认为方位词常附于语素、词、短语之后，构成名词、方位短语；

(3)认为方位词常附于词、短语之后，构成名词、短语；

(4)认为方位词常置于名词前后，构成方位词。

3　研究空间短语对汉语理解处理的重要性

研究空间短语对于自然语言处理具有极为重要的意义。第一，人理解语言是以对时间、空间等概念的理解为基础的，要想让机器真正地理解语言，也必须让机器理解时间、空间等

---

①　本文得到国家科技支撑计划项目“中文信息处理应用研究与系统开发”之课题“中文信息处理应用理论研究和知识库资源的开发”(编号为 2007BAH05B01)的资助。

概念，因此研究空间短语对自然语言理解具有重要意义。第二，设立概念类别 jm，目的就是为基本概念短语的识别提供激活信息；第三，黄曾阳先生指出："由基本概念构成的短语，特别是数量、时间和空间短语需要先行处理，不需要也不应该等到句类检验之后。"(黄曾阳《概念层次网络理论》第 202 页)"HNC 的先验规定是：基本概念短语的局部处理不依赖于句子的全局处理结果。"(黄曾阳《句类分析的 20 项难点》)这就是说，空间短语属于局部处理，它可以独立于句类分析之外，不依赖于对句子进行句类分析的全局处理。空间短语在句子中一般是封闭的、自足的，可以根据局部信息而在句类分析之前先行处理，这样做的好处是可以为后续的句类分析等处理提供更加纯净的语言环境。

4 空间短语的复杂性

空间短语主要与 HNC 语义网络的 j2 结点，但是与 j2 节点相关的基本短语并不都是空间短语，其构成也是相当复杂的，可以表示时间短语，如：饭前，饭后。可以表示概数的数量短语；可以表示次序，如：他排在我之前。

可以表示时间的 j2 概念主要是：j214e31 左右，j214e32e21 前，j214e32e22 后，j214e36 前后，j214e36e21 前，j214e36e22 后。

可以表示概数的 j2 概念主要是：j214e33 上下，j214e33e21 上，j214e33e22 下，j214e31 左右。

表示次序的 j2 概念主要是 j21 之中的概念。

j2 概念的具体构成的词语也是复杂的，有单纯词构成的，如：上、下、前、后、东、西、南、北、左、右、里、外、内、中、间、旁；有合成词构成的，在单纯方位词的基础上加"以""之""边""里""头"或以对举的形式构成，如：以上、之上、上面、上头、上下等。

除了 j2 概念，可以构成空间短语后边界的词语对应的 HNC 词义网络还包括：j4 中的 j42(范围)。如：j42e51(内)可以构成如"抽屉内"之内的空间短语，而 j42eb1(起)，j42eb2(止)，j42eb3(经)等概念也可以形成一种类型的空间短语，该种类型的空间短语主要涉及 j22(空间的距离)这一语义网络节点，如：从山东到北京。

j22 概念也可以一定程度上作为识别空间短语的激活信息，出现 j22 概念的词语的语言环境中往往有空间短语出现。

空间短语常与其前的介词捆绑在一起，这为空间短语的识别提供了一定的方便，这些介词可以作为空间短语识别的激活点，常见的介词包括：到，在。如：到张三家，在张三家。但是该种类型的介词和 j2/j4 概念组成的结构不只构成空间短语，也可以构成其他结构，如："韩国队排在中国队之后"。这为识别空间短语制造了障碍，因此要正确地识别空间短语还必须正确分析该种介词和 j2/j4 概念之间的关系。

除了介词和 j2/j4 概念，空间短语的核心部分——处所词也是复杂的，有的由语素构成，有的由词语构成，有的由短语构成。

有些一开始作为空间短语的短语由于长期使用，已经变成了一个固定的词语，用来固定地指称一个地名，如：山东、山西；河北、河南。这种固定下来的词语也为空间短语的识别提出了难题。

5 空间短语识别的激活类型

空间短语可以分为有左边界的空间短语和没有左边界的空间短语。有左边界的空间短语一般是语言逻辑概念中的 l1 类型的介词和具有转移型概念的 v 型动词，这为识别空间短语提供了一定的方便。

6　空间短语的常见类型

从空间短语的组成成分看，主要有以下几种构成类型：

6.1　简单构成的空间短语

6.1.1　语素处所概念＋j2 / j4

如：桌上

屋里

该种类型的空间短语由两部分组成，前半部分由表示处所的语素构成，后半部分由 j2/j4 部分构成，两部分合在一起构成完整的空间短语。

6.1.2　处所词＋j2 / j4

如：桌子上

屋子里

太行山东　　　　　　　wj2 * 6＋j210e31e21

该种类型的空间短语和上一种很相似，唯一不同的是该种类型的短语的前半部分由表示方位概念的词构成而不是由语素构成。

6.1.3　直接由 j2/j4 概念构成的空间短语

如：外头　　　　j214e33e52

里头　　　　j214e33e51

上面，旁边，上下，左右，前后等

直接由 j2/j4 概念构成的空间短语中，由单纯词构成的 j2/j4 概念词语一般不能单独构成空间短语。单纯方位词有东、西、南、北、中、左、右、前、后、内、外、上、下等，不能单独构成方位短语，合成方位词有以东、以上、之东、之上、东面、上面、东边、上头等，一般构成此种类型的方位短语。在这种类型的空间短语中，“上”“下”等本身又是独立的 j2/j4 类型的概念，这种语素类型的 j2/j4 概念又可以组合成新的 j2/j4 类型概念。

6.2　复杂构成的空间短语

6.2.1　一般短语＋j2 /j4

如：北京和上海之间

浓黑的眉毛下

该种类型的短语 j2/j4 概念之前是一般短语，与 j2/j4 概念结合在一起构成空间短语。

6.2.2　介词＋一般短语＋j2 /j4

如：在他的那辆汽车上

在祖国的南方大地上

空间概念短语可以在句类分析之前进行识别，这为句类知识的检验提供了方便，净化了语句环境，简化了语义块识别的步骤。有的基本短语在特定的句类中可以作为 JK，因此基本概念短语也可以为句类知识的检验提供激活信息。

参考文献

[1]黄曾阳 . 1998. HNC(概念层次网络)理论 . 北京：清华大学出版社 .

[2]苗传江 . 2005. HNC(概念层次网络理论)导论 . 北京：清华大学出版社 .

[3]朱美秋 . 1993. 方位结构体的划界标准刍议 . 北方工业大学学报(4).

[4]王艾录 . 2008. 方位短语结构分析 . 汉语学习(6).

[5]高桥弥守彦 . 1993. 处所名词中的两个问题 . 海南师院学报(3).

组织名在主流媒体上的分布信息及其价值[①]

陈 慧

北京外国语大学中文学院 北 京 100089

chenhui@bfsu.edu.cn

摘 要：基于2002—2006年六份中国主流报纸12亿字节的新闻语料，分别从频率分布、领域分布、年度分布三个方面对组织名在主流媒体上的真实分布信息进行分析，为语言动态观测、社会动态观测和语言信息处理提供有价值的词表、统计数据和有益线索。

关键词：组织名，主流媒体，频次分布，历时分布，领域分布

1 研究动机和基础

组织名是组织的专有名称。组织是人与人联合起来按照一定的宗旨和系统建立，以实现特定目标的联合。在当今时代，组织在我们的生活中占据着中心位置。组织包括常设机构、常设团体、临时组织[②]。如：美国国会、联合国教科文组织、中国中文信息学会、北京协和医院、北京奥组委、国务院抗震救灾指挥部。

据《中国语言生活状况报告》2005年至2007年的统计结果，组织名在词语种数中的比例稳定在36％左右，与人名的比例相当，远高于其他词语。词语在不同年度中使用差异最大的也是组织名，分别占到各年词种数的40％－43％。

近年来，语料库语言学已经成为语言研究的主流[③]，人们越来越清晰地意识到了语言是值得开发的资源。美国"全球语言监测(The Global Language Monitor，简称GLM)"、《中国语言生活绿皮书》课题组、中国国家语言资源监测与研究中心、香港城市大学、中科院计算所等研究机构，都基于主流媒体上的大规模语料，运用语言信息处理技术，定期发布语言生活状况、流行语、名人榜、新词语等。和流行语、人名、新词语一样，主流媒体上的组织名，是有待开发且值得研究和利用的重要语言资源。

从语言信息处理的角度看，组织名是分词标注环节的一个关键问题，是文本计算的一个主要内容，是信息搜索的重要目标。当前语言信息处理的对象是大规模真实文本。因此我们需要从大规模真实文本入手，获取识别、计算、搜索所需要的语言知识、分布信息。

从社会需求的角度看，国际国内关于组织的发布活动也越来越频繁。仅2007年末2008年初在我国大陆就出现了"2007十大慈善企业""十大教育集团""十大品牌民办高校" "中国十大酒店集团"等一系列发布活动。但目前从我们所能了解到的资料来看，目前还没有基于信息技术和语料统计的科学的组织发布工作。

基于这样的认识，我们试图为组织名资源开发利用做一些尝试性的基础工作。为保证主

① 本文受国家语言资源监测与研究中心平面媒体分中心规划课题"组织名规范化研究"经费资助，谨致谢忱。

② 安东尼·吉登斯：《社会学》，354页，北京，北京大学出版社，2003。

③ 这是汤姆斯(Thomas)等人1996年为祝贺语料库语言学的主要奠基人和倡导者里奇(Leech)六十诞辰而编撰的语料库语言学研究论文集的开场白。

流媒体语料在流通地域、领域、读者等方面的代表性，我们选取《人民日报》《北京青年报》《法制日报》《北京晚报》《羊城晚报》《环球时报》六份主流报纸2002年至2006年语料作为我们的研究语料库。共计1,360,416个文本16亿字节的语料规模。从中自动提取得到的组织名共计615,681条3,954,716次①，形成了《中文组织名分布数据库》。

2 频次分布特征及其价值

从频次分布上看，一般组织名频率很低。但常用组织名的频次却远远高于整个常用词的一般水平。五年六份报纸中最常见的30个组织名依次为：

人民网 新华社 北京日报报业集团 中国队 国务院 联合国 美军 欧盟 北京日报社 北京电视台 中国政府 中国共产党 中国足协 党中央 公安部 美国政府 韩国队 教育部 中共中央政治局 最高人民法院 人民日报社 中共中央 卫生部 全国人大常委会 北大 安理会 中央电视台 北约 北京队 中国女足

除"人民网、新华社、北京日报报业集团、北京日报社、人民日报社"外，高频组织名全部都是社会生活中最重要的、话语权最大的、社会最关注的组织。如"美军""美国政府"说明美国作为世界第一强国，在国际上的话语权和受关注程度，也说明了美国对于中国的战略地位。而能与美国抗衡的唯一地缘政治组织名，就是"欧盟"了。这也说明了欧洲作为一个集团成立以后，对美国的牵制作用和国际影响力增强。但实际上"北约"作为以美国为首的主要国际地缘政治集团的地位依然难以撼动。

由于一个组织常常有多个名称，所以为客观考察一个组织的"出镜"情况和其名称使用情况，我们生成了一个《组织名一实多名映射表》。在频次统计中，"中央电视台"位列第27位。而在《组织名一实多名映射表》中，实际分布情况如下：

表1 表示"中央电视台"的四种名称的使用情况

组织名	中央电视台	央 视	CCTV	中国中央电视台	总 计
词 频	18706	8270	162	123	27261
比 例	0.686	0.3034	0.006	0.00451194	1

可见其中"中央电视台"的频率最高，其次是"央视"。"中国中央电视台"所占比例最小。这里还不包括"中央电视台新闻部"这种嵌套的组织名中的分布。因此，对组织名的频次分布考察，还可帮助我们了解组织名的一实多名分布情况，为语言使用的规范化和信息搜索服务。

3 历时分布特征及其价值

根据2005年—2007年三年间国家语言资源监测与研究中心对中国主流报纸、广播、电视、门户网站语料的调查统计，年度独用词语约占当年词语的70%—80%。年度独用词语主要是命名实体，独用词语中42%—45%为组织名。根据我们的统计，从种数上看，当年独用组织名种数约占当年组织名种数的2/3；从总数上看，当年独用组织名总数约占当年组织名总数的1/5。年度独用组织名一般是频次为1—2的组织名。不过也出现了一些频次相对较高的独用组织名。

---

① 本章考察数据均基于识别结果，不包含未被召回的部分，并夹带着少部分识别错误。所以数据比例会小于实际比例，因此和真实的组织名分布会有一定差异。

表 2　2002—2006 年最高频的年度独用中文组织名

年 度	独用高频组织名	频 次	文本散布数	刊载报纸名/数	次年的同义名称
2002	黄河队	100	7	1(羊城晚报)	无
2003	中国龙队	74	51	3(人民日报、法制晚报除外)	无
2004	黄河上中游管理局	99	11	1(人民日报)	无
2005	中国国民党大陆访问团	107	66	4(北京晚报除外)	国民党大陆访问团、中国国民党访问团
2006	齐齐哈尔第二制药有限公司	229	86	5	

由表 2 所示，当年独用的较高频组织名反映了当年的一个小热点。如，2003 年，皇马来华，中国足协临时组建了一支“中国龙队”进行足球赛。2006 年，齐齐哈尔第二制药有限公司曝出“假药”丑闻。

4　领域分布

4.1　组织名密度、丰富程度和集中程度

命名实体包括组织名、人名、地名。如表 3 所示，除了某些例外情况，一般而言，地名的领域特征最弱，人名次之，组织名则最鲜明。这是因为“组织是社会生活的中心”，和领域直接相关。所以要观测领域的现状，组织名是十分有利用价值的。

表 3　三种命名实体的领域特征强弱之比较

命名实体类	领域特征强度	强领域特征名
地 名	最 弱	中关村、武汉市东西湖高新技术开发区、可可西里自然保护区
人 名	一 般	姚明、格林斯潘、安南
组织名	最 强	中国队、最高人民检察院、中国科学院

表 4　十类领域文本的组织名总数和种数分布统计

领 域	组织名总数	词语总数	领 域	组织名种数	词语种数	比 例
军 事	158259	3,596,075	法 制	138,695	1,084,210	0.127923
政 治	984184	29,876,242	经 济	105,402	1,143,555	0.0921705
环 境	10294	440,167	教 育	36,975	465,219	0.079479
体 育	546734	23,989,246	环 境	4,413	94,836	0.046533
教 育	132741	6,208,360	军 事	24,899	3,596,075	0.006924
经 济	439839	28,181,427	政 治	162,596	29,876,242	0.005442
法 制	484490	39,628,992	科 技	16,258	4,955,047	0.003281
科 技	54233	4,955,047	生 活	161,458	71,956,057	0.002244

续 表

领 域	组织名总数	词语总数	领 域	组织名种数	词语种数	比 例
生 活	578191	71,956,057	体 育	44,629	23,989,246	0.00186
文 化	287197	38,426,136	文 化	60,266	38,426,136	0.001568
总 计	3926181	247,257,749	总 计	755,591	8,750,105	0.086352221

组织名总数在词语总数种的比值反映了组织名的密度。比值越高，密度越大；比值越低，密度越小。由表4可见，军事领域的组织名密度最大，其次是政治、环境和体育领域。组织名密度最小的是生活、文化领域。这个分布现象是很容易解释的。

组织名种数与词语种数的比值反映的是组织名的丰富程度。由表4可见，法制、经济领域的组织名种数最丰富。生活、体育、文化领域组织名丰富程度最低。这也很容易解释。

表4实际上又能反映领域类中组织名的集中程度。如，军事类领域总数排第一位，种数第5位，可见军事类领域使用的组织名种类并不多，而总数较多，所以军事类领域的组织名相对集中。一小部分组织名在领域类文本中的"出镜率"相当高。如美军、以军、北约、英军、美国国防部、伊拉克政府这六个组织名占军事领域组织名总数17.2824%。

4.2 领域独用组织名和共用组织名

由表5可见：第一，领域独用组织名的比例较高，特别是体育、法制领域。第二，独用组织名的频次低。这也比较容易解释：首先，80%的组织名只出现1—2次，这些组织名必然是领域独用组织名。其次，越是高频组织名，越容易成为领域共用或通用组织名，在多个领域中都有可能出现。

表5 各领域独用的组织名概况

领 域	独用组织名种数	领域独用组织名种数比例	独用组织名总数	领域独用组织名平均频次
体 育	31866	0.714020032	64449	2.022500471
法 制	94559	0.68177656	413476	4.372677376
经 济	67958	0.644750574	102063	1.501854086
生 活	99631	0.617070693	137279	1.377874356
政 治	97650	0.60056828	132686	1.358791603
文 化	31856	0.528589918	45092	1.415494726
教 育	19159	0.51816092	26294	1.372409833
军 事	12371	0.496847263	16241	1.312828389
环 境	1904	0.431452527	2285	1.200105042
科 技	6991	0.43000369	8497	1.215419825
平均比例		0.566324046	平均频次	1.714995571

这启发我们，在领域分类问题上可以适当增加领域特征鲜明的组织名来提高领域分类质量。

前面我们考察了领域内组织名的分布情况，下面我们对领域共用组织名也进行了考察。根据考察，十个领域共用组织名共有 200 个，总频次达 106155，在组织名总数中的比例达 2.8673%。领域共有组织名一般都是高频组织名，但高频组织名并不都是共用组织名。

如最高频的 30 个组织名中，中国队、中国足协、韩国队、最高人民法院、安理会、北京队、中国女足这七个并不是领域共用组织名。

下面我们进行了组织名领域分布实验，了解资源库中的组织名的领域分布特征，并进而探索这些领域分布特征的应用价值。

由于绝大多数组织名的低频特征，加之分词标注系统性能的限制，我们的实验对象应尽可能选取高频组织名。在本实验中，我们选取的是频次大于 1000 的 277 个中文组织名。从数据上看，277 个组织名在所有领域类中均有分布。这说明了两个问题：(1)某一领域的文本中可出现多种组织名，一个组织名可出现在多个领域的文本中。(2)对于组织名的领域特征，只有强和弱的区别，没有有和无的区别。

4.3　组织名的领域表征值

词语从领域专用程度可分为领域通用词语、领域共用词语、领域专用词语和领域独用词语。除了领域独用词语外，一个词语往往会出现在多个领域中。在多个领域中的分布趋向均匀，意味着该词语可能已经进入了通用词语范畴。在某一两个领域的分布越多，越意味着它是领域专用词语。基于此，我们可以用“领域表征值”来反映一个组织名的领域特征。我们将一个组织名在某一领域内分布的频次与其总频次的比值定义为它的领域表征值。领域表征值越接近 1，说明组织名专属于某一领域的领域特征越鲜明。领域表征值越接近 0.1，说明该组织名的领域特征越模糊，之所以是 0.1，是因为我们这里将文本分为了 10 个领域。

这种想法能否付诸实施，用于剥离通用词语和专用词语？我们用实验来论证。以下是我们统计得到的领域表征值最大的 9 个组织名：

表 6　9 个高频中文组织名领域表征值一览

组织名	最高领域表征值所在领域	组织名	最高领域表征值所在领域
广东队	体育	福建东南电视台	生活
上证	经济	以军	军事
民进	政治	复旦大学	教育
北京市第一中级人民法院	法制	美国宇航局	科技
北京人艺	文化		

由表 6 可见，我们的想法是可以付诸实施的。

下面我们试图考察每个领域中所有组织名的领域表征值。我们用 277 个高频组织名为实验对象。

由表 7 可见，表征为政治领域、体育领域的组织名分布最多，环境、科技领域组织名分布最少。体育类组织名的领域特征最鲜明，法制类次之。而教育类组织名从总数和种数看都排第七位，但在各领域中排位的领域特征最模糊。环境领域中出现的组织名由于整体量级小，加之领域特征模糊，所以在最后的“最高领域”统计中自动消失了。

表7 277个高频中文组织名领域表征情况统计表

最高领域	领域表征平均值	组织名种数	最高领域	领域表征平均值	组织名种数
体 育	0.881513695	82	文 化	0.471961857	7
法 制	0.566178	12	军 事	0.4449953	10
经 济	0.551681676	34	科 技	0.419147	1
政 治	0.510799908	98	教 育	0.361405111	9
生 活	0.480331875	24			

下面我们进一步考察领域共用组织名的领域表征情况。我们以277个实验对象中的高校名为例。

表8 高频高校名领域表征值一览

组织名	最高领域	最大领域表征值	次高领域
中国政法大学	法 制	0.4818	政 治
复旦大学	教 育	0.4179	政 治
哈佛大学	政 治	0.3242	教 育
中山大学	生 活	0.3145	政 治
北京师范大学	教 育	0.2986	生 活
清华大学	教 育	0.2660	政 治
中国人民大学	政 治	0.2609	法 制
北京大学	教 育	0.2503	政 治

作为高校，以上组织名天然是教育类组织名。但从领域表征值来看，又值得进一步深究。例如：(1)多个高校名在政治领域、法治领域的表征值也相当高，甚至超过了教育领域表征值。这说明高校在政治、法治和教育领域都扮演着重要角色。(2)尽管多个高校有类同的领域表征，但其表征能力各异。如哈佛大学和清华大学、北京大学都在政治、教育类领域表征能力最强，但哈佛大学在政治领域表征值最高，而清华大学、北京大学则仍是在教育领域表征值最高。

针对领域的组织名分布研究，让我们意识到：(1)组织名可用于文本分类。对组织名的频次、最高领域表征值、次高领域表征值等统计数据设定阈值，选取合适的组织名集合进入表征某一领域的词表，就可以为文本分类服务。(2)组织名对于文本分类的应用价值，随领域的不同而有所不同。如在体育类文本中，组织名的领域特征最鲜明，因此组织名发挥的作用最大。在环境类文本中，组织名的领域特征最模糊，因此组织名就缺乏发挥的空间。(3)对于通用词语研究、领域共有词语研究，应给予组织名一定的关注。过去我们一贯因组织名的专有性，而在词语研究中，对其自动忽略。但实际上，部分组织名已进入通用领域，不再专属于一个领域，而成为两个或两个以上领域的共有词语。

参考文献

[1]2005 中国语言生活状况报告.2006. 北京：商务印书馆.
[2]2006 中国语言生活状况报告.2007. 北京：商务印书馆.
[3]2007 中国语言生活状况报告.2008. 北京：商务印书馆.
[4]安东尼·吉登斯.2003. 社会学. 北京：北京大学出版社.
[5]游汝杰，邹嘉彦.2004. 社会语言学教程. 上海：复旦大学出版社.
[6]侯敏.2006. 语言监测与词语的计量研究//曹右琦，孙茂松主编. 中文信息处理前沿进展——中国中文信息学会二十五周年学术会议论文集. 北京：清华大学出版社.
[7]黄昌宁.1993. 关于处理大规模真实文本的谈话. 语言文字应用(2).
[8]陈慧.2008. 中文组织名的动态监测与发布. 长江学术(1).

从 HNC 看"从……到……"的语义角色及其判定[①]

陈锡华

北京大正语言知识处理科技有限公司　北　京　100081

siwachan@163.com

摘　要：本文从 HNC 的角度出发，结合具体的语料对"从……到……"这一短语结构在 HNC 句类中的语义角色进行了详细地归纳和分析，指出"从……到……"在表示范围时，可以在句子中充当不同的主块和辅块，在表示运动、变化时，则可以分别构成自身转移句和过程状态混合句，并为此提出了初步判断的依据，以期能为 HNC 对这一结构的信息处理提供帮助。

关键词："从……到……"，联合结构，偏正结构，157，l8

"从……到……"是现代汉语常见的组合搭配，根据前人的研究，这一结构可分为联合结构和偏正结构两大类。前者主要用来表示各种范围，比如时间范围(距离)、空间范围(距离)、数量范围、人物范围、事物范围等，是由"从……"和"到……"两个介词结构联合而成的，"到"是介词；后者表示运动和变化，是由介词结构"从……"和动宾结构"到……"结合而成的谓词性偏正结构，"到"是动词。本文把这一结构搭配放在 HNC 的框架下，对其能在句子中所充当的语义块角色进行了详细分析，并为角色的判定提供了初步的依据，以期为计算机更好地理解和处理这一结构提供帮助。

1　联合结构

联合结构的"从……到……"在句子中既可以充当主块，也可以充当辅块。当"从……到……"表示各种时间范围、空间范围和数量范围时，可以出现在换位状态句、存在判断句、是否判断句和简明状态句中充当对象或内容；当"从……到……"表示人、事、物的范围时，可以在句子中直接充当主块或主块的一部分。此时，"从……到……"可以看作是语义块的组合说明符 l57，主要是表明语义块中表达范围的成分。当"从……到……"引导时间范围和空间范围时，可以在句子中充当辅块，主要是方式辅块和条件辅块。此时，"从……到……"可以看作是多功能辅块说明符 l8。

1.1　从(lj5042eb1)……到(lj5042eb2)……

1.1.1　表示时空数范围，在换位状态句(S02)、存在判断句(jD1)、是否判断句(jD)和简明状态句(S04)中作对象或内容，且一般只能采用基本格式。

(1)S02/SC

在酷暑时节，从敞开的门到窗口，流动着干热的风。

从我国的西北直到旧日的波斯，横亘着数千公里的大沙漠！(秦似《幼林》)

只见她身穿一件低胸红色上衣，长裙直拖到脚踝，脚上一双高跟木屐，从嘴唇到脚

① 本文得到国家科技支撑计划项目"中文信息处理应用研究与系统开发"之课题"中文信息处理应用理论研究和知识库资源的开发"(编号为 2007BAH05B01)及北京大正语言知识处理科技有限公司的资助。

趾一律涂着鲜红的颜色。

(2)jD1/DB(存在判断句)

从宿舍到训练房，有一段相当长的路。(鲁光《中国姑娘》)

从南边的帕米尔高原和昆仑山，到北边的准噶尔盆地和阿尔泰山，都有他的足迹。(碧野《将军之歌》)

(3)jD(是否判断句)

地势看来也还平，可是从房顶上看起来，从西到东却是一道斜坡。(《李有才板话》)

从这里到南极，都是一望无际的、碧绿的海洋，中间再没有一片陆地。(刘白羽《日出》)

从上午八时到下午四时是上班时间。

《醒世姻缘》所写的故事的历史背景是从明代英宗正统年间到宪宗成化以后。

入侵时刻……都是从深夜到凌晨这段万籁俱寂的月黑风高夜。(胡雪《惊人相似的一幕》)

(4)S04/SB(简明状态句)

我探出头去，从背后打量她的身体，从脑后到脚跟一片洁白，腿伸得笔直。(《白银时代》)

只见从门口到床上一片狼藉，无人收拾。

当"从……到……"表示时间长度或者空间距离时，后面常跟表示数值的基本概念短语Ph(jy)或者与时间间隔j12、空间距离j22同行的u类概念，如"长、短、远、近"等：

从厨房到阳台，一共十五米。

从北京到深圳，差不多几千公里。

从那个时候到现在，一百天了。

从新石器时代的开始到现在至多不过一万年左右，金属时代的开始到现在不过一百多年……(李四光《人类的出现》)

从开花到果子成熟，大约得三个月，看来我是等不及在这儿吃鲜荔枝了。(杨朔《荔枝蜜》)

从允景洪到葛洲坝并不远。

从南非的德班北部理查德湾到东伦敦长25万米。

当"从……到……"引导数量短语，表示数量范围时，可以作SC：

冰川冰层的厚度从几十米到几百米不等。(《长江日报》1982年5月3日)

这几家公司的规模大小不同，员工人数从五百到两千不等。

中学生的年龄大概从十二岁到十七岁，差别相当大。(吕叔湘《语法体系、语法研究、语法教学》)

每层厚度从十几厘米到1米多。

它的直径从几十万米到1兆多米。

宇宙中的小行星成千上万，直径从几万米到几十万米。

1.1.2　表示人、事、物范围

(1)独立地担当主块

从队员到教练都很紧张。(《北京晚报》1988年9月1日)

从派出所到居委会，都认为他是个好贼，舍不得送他进监狱。

从国家政令到商业产品，无不需要借助广告的方式予以传播。(《狡猾是一种冒险》)

从战士到干部都要苦练。

从群众到干部都拥护党的英明决策。

从古猿到人类，都离不开空气和水。

从少年犯到老教师、从残疾人到大明星，从"业余花脸"到刘宾雁、从普通农民到国家总理……以各种不同的心态从他的镜头里涌现。(《中国青年报》1988年10月4日)

从尼克松因"水门事件"被逐出白宫、盖特因桃色事件被新闻界揭露而败北，到这次奎尔逃避兵役的风波，足以证实个人的品格问题已成为最易被新闻界和竞争敌手击倒的问题。(《中国青年报》1988年10月28日)

(2)与其前后的成分组合为同一个语义块

若句子的位置上已经有JK，这时"从……到……"引导的短语通常以逗号为标志符，与其前后的语义块隔开；但在语义角色的处理上，可以把它与其前后的成分组合为同一个语义块。一般来说，这时"从……到……"引导的成分与JK的核心要素之间有直接的概念上的包含性关系。如下面句子中的"老者、儿童"与"地球人"，"人物"与"大学生、党的最高领袖"。

我想，从老者到儿童，不分国际的千千万万的地球人，都会甘愿地奉献出我们的一部分面包，以及慷慨解囊。(《狡猾是一种冒险》)

小说以广阔的视角，反映了1934年生活的各个方面，从莫斯科到西伯利亚；刻画了各种各样的人物，从普通的大学生到党的最高领袖。(《历史的沉思》)

我们应该深刻地注意解决群众生活的问题，从土地、劳动问题，到柴米油盐问题。(毛泽东《关心群众生活，注意工作方法》)

美国方面，从政府到民间，都对中国有不可小觑的经济打击。(《陪都就事》)

任何事物都是有生命的，从爱情到一种思想到一个政党。(《狡猾是一种冒险》)

大部分西方作家在很大程度上受到了陀思妥耶夫斯基的影响，譬如从卡夫卡到贝尔纳诺斯。(《"天国"和"圣殿"》)

我们中国，则从人民到政府，从共产党到国民党，一律举起了义旗，进行了反侵略的民族革命战争。(《毛泽东选集·论持久战》)

从小学到中学，从中学到大学，从学校到社会；从学生到教师，到领导干部——每个单位，每个人都重视起来……(郎俊章《我谈谈关于大专院校的现代汉语教学问题》)

(3)若"从……到……"引导的短语在句中作宾语，充当广义作用句的对象语义块时，通常采用违例格式！22；或省略的违例格式！3122；以及省略的规范格式！3112a，从而起到强调宾语的作用。

从志愿军的编组、装备、兵员补充，到军工生产、交通运输、后勤保障以及作战指挥，他都亲自过问。(！22)

从内政到外交、内政中的政治、经济、军事、文化等，他无所不管。(！22)

就是这间土房，从屋顶到地面，几乎每一平方寸，都经过她清扫，房里的每一样东西都经过她擦洗。(！22)

从厨房到阳台，都装修了。(！3122)

从内容、文字到标点符号，都要仔细推敲。(《语文教程》)(！3122)

从思想到工作方法、工作作风都要来个转变。(《党章讲话纲要》)(！3122)

从门前的石狮子到相互间的礼让到社会上的"师道尊严"均被打倒了。(中国青年报)

(！3112a)

(4)最后，“从……到……”表示人、事、物范围，作主块或主块一部分时，E块前通常有属于la的“都、均、无不、无所不”等语言逻辑概念修饰，从而强调对象范围的普遍性、广泛性，如以上各例。

1.2　从(lj8042eb1)……到(lj8042eb2)……(多功能辅块说明符)

1.2.1　方式辅块(Ms)：“从……到……”引导的往往是具有对称义的方位概念，如“上下、左右、里外、头尾”等

她想好好地洗洗自己，拼命地，从里到外，脱胎换骨。(《哭泣的色彩》)

他们弯着腰，从右到左，又从左到右不停地摆动上肢。(《灵与肉》)

参谋长把材料从头到尾看了一遍。

1.2.2　条件辅块(Cn)：“从……到……”引导的既可以是表示时间的名词短语，也可以是表示过程、步骤的句子

从清晨到黄昏，母子二人静静地在病室里迎送着时间。(《北方的河》)

我听说有好些同志从昨天到现在，一直还没有合过眼。

从施工准备到初获硕果，三峡工程已经走过了十年的建设历程。(《人民日报》2003年6月2日)

从慈禧17岁被选入宫，到她第一次垂帘听政，这个野心勃勃、阴险狡诈的满清统治者的形象被勾画出来。(王淑瑛《晚清历史的艺术再现》)

农作物从种子发芽、成长到开花、结实，并不是一帆风顺的。(《农作物抗病品种的培育》)

2　偏正结构

2.1　“到”v22eb2

一般形成自身转移句T2b0，表示“转移的起始和终止”，判断依据如下：

(1)全句无其他成分作特征语义块

我父亲是一九四九年初从大陆到台湾的。[①](阎纯德《在法国的日子里》)

我们从德里经孟买、海德拉巴、帮格罗、科钦，到翠泛顿。(刘白羽《日出》)

他们两个人今天晚上坐“湘江”轮七号从馆藏到长沙！(柯蓝、文秋《风满潇湘》)

(2)“到”后有hv“了”“去”“来”，可以看作特征语义块的标志

在一个金色的秋天，他赶着十三四大马，从科尔沁到了省城长春市。

他从重庆出发，到了西北，本拟在鄂尔多斯地区找油。

她十六岁的时候就从乡下到了上海。

从亮处到黑地里去另是一回事。

才叔是他父亲老朋友的儿子，因为时局关系，从南方一个大学里到曼倩的学校来借读。(《纪念》)

(3)在同一个句子中，有另外的表转移义的特征语义块同现，或者是局部的EK，或者是全局的EK

① 此处存在向是否判断句转换的现象。

陈毅同志从武汉到江西，赶上了撤离南昌的南下的起义部队，担任一个团的党代表。

她跟曹慧英一样，从青训队到八队，然后调进了国家队。

护士和护理员们从这一个病室到那一个病室，肩挑着水桶，端着面盆或别的用具，忙碌地来来去去，工作着。(《和最可爱的人相处的日子》)

我于起飞的头一天乘火车从深圳到九龙，是晚间到达的。(《一次难忘的险遇》)

从香榭丽舍，到地下"长街"，仿佛是从一个世界到了另一个世界。(阎纯德《在法国的日子里》)

从此，康伟业和段莉娜开始了频繁的鱼雁传书，每周都有两封信越过长江和汉水，一封从武昌到汉口，一封从汉口到武昌。(《来来往往》)

从东亚去非洲，从西亚或南亚到东亚，新疆都是必经之地。

一九三六年四月，党中央派遣冯雪峰同志从陕北到上海，和上海地下党组织取得联系。(荒煤《回顾与探索》)

2.2 "到" v13

表示"过程的趋向及转化"，一般形成状态过程混合句，SP30＊20。它所表达的意义是事物的演变过程，即"从状态X转向了状态Y"，"X、Y"属于一组对偶概念或者对比概念。判断依据如下：

(1)全句无其他成分作特征语义块，且X，Y构成对比概念或对偶概念，如"弱/强、无/有、小/大"等。

(2)"到"前后有与v13"同行性"的语言逻辑概念修饰或同现，如"渐渐、一直、再、终于"等。

而今重操旧业或新立门户的老板们从以前的偷偷摸摸干到现在的明目张胆，个个拍手称快。

经过学习、锻炼，人们可以从不会到会，从弱到强，从不胜任到胜任。(《从生活到艺术》)

咱们怎么就不能从无到有、从小到大、由弱变强呢……(《文学与人生》)

梅先生听着听着，从摇头到点头，从皱眉到开颜，最后拍案而起说……(《文汇报》1983年3月4日)

外语又[再度]兴起，高考计分，从百分之三十到百分之五十到百分之百。(赵宪初语，见《教育科研》1983年第5期)

对课也渐渐地加字上去，从三言到五言，[终于]到七言。(鲁迅《从百草园到三味书屋》)

周岳坤入伍23载，从炊事员到给养员、司务长；从军需助理到管理处长、主管后勤的仓库副主任，[一直]和钱物打交道。(《人民日报》1996年3月2日)

3 结论

"从……到……"在句子中语义角色的判定主要取决于两点：一是"到"的词性，是介词还是动词，若是动词是表转移义还是表演变义；二是"从……到……"引导的成分，是引导时、空、数还是人、事、物。据此我们可以给出以下处理的流程：

(1)若一个句子中没有其他成分可作特征语义块，则"从……到……"必为特征语义块(S04除外)：

①若此时“从……到……”引导的是地点名词，且主语是具有自身转移能力的 pp、jw62 或 pw22b(交通工具)，则“到”为“v22eb2”，形成自身转移句 T2b0；

②若此时“从……到……”引导的是表示动作或状态的词汇或短语，则“到”为 v13，形成的是状态过程混合句 SP30 * 20；

③若此时“从……到……”引导的是数量短语，则一看“到”前有无与 v13 同行的时态修饰成分，比如“一直、再、终于……；二看“到”后有无 hv；三看相邻分句是否是过程句或 E 块上装有无语言逻辑概念 l6、l7，若能满足以上三者之一，则优先判定此时“到”为 v13，句子为 SP30 * 20；否则可视为“从……到……”引导数量短语整体作 SC，句子视为 S04。

(2)若同一个句子中已有其他词作特征语义块，则“从……到……”可以在句子中充当其他语义角色：

①在 S02、jD1、jD 中，“从……到……”引导的时、空短语表示时间范围和空间范围；在 S04 中，若 SC 为数量短语或者是与 j12、j22 同行的 u 类概念，如“长、短、远、近”等，则此时引导的时空短语表示时间距离和空间距离；

②此外若“从……到……”引导时空短语出现在其他句类中则为辅块。一般来讲，若引导方位短语则为方式辅块，若引导时间与过程的成分则为条件辅块。

③当“从……到……”引导人、事、物时，他们既可以独立地担当主语义块，也可作主语义块的一部分，后者往往有逗号或破折号与其前后的成分隔开；还有一点就是若此时“从……到……”短语充当广义作用句的对象语义块，一般采用！22 或！3112a 格式，从而起到强调宾语的作用。

参考文献

[1] 苗传江．2005. HNC(概念层次网络)理论导论．北京：清华大学出版社．
[2] 王莉．2004. 从 X 到 Y 及其相关格式研究．上海师范大学．
[3] 白荃．1992. 论作主语的介词结构“从……到……”. 汉语学习(1).
[4] 潘国荣．1984.“从……到……”的句法功能和组合关系．嘉兴师专学报(1).
[5] 王元祥．1991. 也谈“从……到……”结构．贵州师范大学学报(3).

HNC与本体概念网的比较研究

胡金柱[1]　舒江波[2]　齐一真

[1]华中师范大学　计算机科学系　武　汉　430079

[2]华中师范大学　语言与语言教育研究中心　武　汉　430079

[1]jzhu@mail.ccnu.edu.cn　　[2]shujiangbo@mail.ccnu.edu.cn

摘　要： 已有的关于 HNC 的研究，都是从理论框架、技术层面对自然语言处理进行的讨论。本文认为，一个好的理论体系，如果没有一个好的世界观和方法论作为指导的话，其解释力及生命力是有限的。本文将 HNC 与本体概念网的一些思想和方法进行比较，一方面，对本体概念网作简单的介绍；另一方面，在讨论 HNC 的思想和方法的同时，也提出了 HNC 暂时无法解决的一些语言现象。

关键词： HNC，本体概念网，存在，穷尽，方法论

1　引　言

概念层次网络(以下简称 HNC)是黄曾阳先生提出的一个面向整个自然语言理解的理论框架，该框架以语义表达为基础，其特点是对语义的表达式概念化、层次化、网络化。

本体概念网(以下简称 OCN)是齐一真先生建立的一个以通用的词语所代表的概念为描述对象，以揭示概念与概念之间、概念与属性之间和属性与属性之间的关联关系为基本内容的可能世界常识知识库。它由顶层本体、知识本体、领域本体、任务本体和问题求解本体组成。其中顶层本体(又称通用本体)以时间、世界、观念、问题、事情等通用的语言学、哲学的单词和具有意义的字组成，称为元概念。知识本体(又称中层本体)以顶层本体的元概念之间匹配组成的词、词组、短句等学术学科领域概念组成，称为知识概念。领域本体以元概念、知识概念匹配组成的面向应用的概念组成，称为领域概念。任务本体以元概念、知识概念、领域概念组成的面向工作流的概念组成，称为任务概念。问题求解本体以上述概念组成的面向复杂问题求解的概念组成，称为问题概念。OCN 作为一个知识系统，名副其实是一个网而不是树。它所着力要反映的是基于人的概念的存在性(合理/过去时)、有效性(价值/现在时)和主观性(真实/将来时)。

HNC 注重自然语言理解，而 OCN 注重自然语言语句生成。虽然两者侧重点不同，但两者都着力于计算机处理自然语言。本文不讨论 HNC 和 OCN 对自然语言处理的具体技术问题，而着重于讨论两个不同的理论体系的方法论以及一些思想、观点上的异同。

2　思想和方法的异同

2.1　先有存在，后有概念

黄曾阳先生在讨论 JK 构成及其分离的时候有这样一句话：“但一个想法(概念)在脑子里已经形成的时候不一定需要相应的词汇，‘语句的物理表示式’就属于这个情况”，体现了“先有概念，后有词汇”的思想。如果把这个思想进一步往前推理，就是“先有存在，后有概念”的思想。

无独有偶，在构建 OCN 的过程中，也坚持“先有存在，后有概念”的思想。OCN 在进行层次裂变时，有如下规律 $C(n)=f(0，1，\cdots\cdots，n-1)$；即第 n 层的概念受到前面 $n-1$ 层概念的约束。也就是说，在 OCN 的第 n 层概念网中，坐标为$(x，y)$的节点是一个存在，该节点的语力 $\Phi(x，y)=\Phi_{x,y}(0，1，\cdots\cdots，n-1)$，则不管该节点用什么概念来表示，该节点都满足语力为 $\Phi(x，y)$，但一旦该位置被赋予了某个概念，则该概念的语力就为 $\Phi(x，y)$。从表面上看，是这个概念表现出语力为 $\Phi(x，y)$，而实际上是这个概念所在的位置(即存在)决定着语力 $\Phi(x，y)$。即位置(存在)是对语力、概念的规定，而对位置(存在)本身的意义的规定是后面论述的基于事情的倾向性的约定性。这样 OCN 就建立了概念从无到有或从有到无的本体论的追问机制。

2.2　概念关联性

HNC 的一个重要的机制是映射，将概念映射为由字母、数字和一些代表组合结构特征的符号组成的符号串。符号串的每一个符号基元都具有确定的意义，充当概念联想的激活因子。计算机要实现对自然语言的理解，需要的是一组能激活相应联想的符号。

例如，从词性来说，环境与景象，运动过程与轨迹，演变过程与历史，行为与威望等都是名词，但仅用“名词”这个概念，显然不能表明他们的两两差别。引入效应的类别符号 r，就能清楚指明：景象是自然环境的效应物，轨迹和历史分别是运动过程和演变过程的效应，威望是行为的一种效应，财富是人类一般专业活动的效应物，而财产是经济活动的效应物。上列两两相关的概念，其内涵相同或近似，相应的层次符号也相同或近似。这种表达方式显然有利于计算机对概念关联性的把握，从而有利于对自然语言的理解。实现这种理解的基础，就是将自然语言词汇映射成层次网络符号。

HNC 理论中概念的关联性的表达主要是通过节点的定义和运用结构符号规定节点之间的关系。具体分为三种形式：

(1)同行优先。如军方与战争，运输与空投，美国与军方。

(2)链式关联或要素约束。如总统与宣布，空投与物资，救援与受害者，弥补与不足。

(3)交式关联。如克林顿与总统。

上述概念关联是从词语入手的，是局部联想的体现。计算机要实现自然语言的句子的理解，还要从句子的整体结构和上下文语境入手，这是全局联想。全局联想的基础是黄曾阳先生提出的作用效应链的思想。HNC 认为：“作用效应链反映一切事物的最大共性。作用存在于一切事物的内部和相互之间，作用必然产生某种效应，在达到最终效应之前，必然伴随着某种过程或转移，在达到最终效应之后，必然出现新的关系或状态。过程、转移、关系和状态也是效应的一种表现形式。新的效应又会引发新的作用，如此循环往复，以至无穷，这就是宇宙间一切事物存在和发展的基本法则，也是语言表达和概念推理的基本法则。”

OCN 作为通用的顶层本体，其概念节点表现出一种意向性。跟作用效应链的六个环节相对应，OCN 认为事情都具有五个可能世界的倾向性，分别为客观性、形象性、主观性、抽象性和社会性，如图 1 所示。例如：“数量”为完整可能世界中子客观可能世界的中心元概念，它与左面的“时间”相比多了一些主观因素，与右面的“事情”相比多了一些客观因素，与上面的“物质”相比多了一些抽象因素，与下面的“方式”相比多了一些形象因素。这样“数量”的属性就有了某些时间、物质、事情、方式的性质，显然以它为核心的子客观世界比右面以“目的”为核心的子主观世界的主观倾向性距离更远等。

OCN 的概念是以事情为中心关联起来的，具体表现为两种诠释：归纳直观诠释和演绎直观诠释。归纳直观诠释一是面向可能世界内部中心元概念的收敛(从整体到局部)与绽放(从局部到整体)的直观诠释；二是面向可能世界内部各个元概念逐步可拓的、粒度细化的收敛与绽放的直观诠释；三是由此可能世界到彼可能世界的循环和交叉直观诠释，包括25个直观诠释途径。四是本体概念网上的平行、垂直、斜线等直线语义统诠释，其中平行、垂直线上均有256个元概念，其余256条交叉斜线上均有重合的128个元概念，它们从所处的可能世界向对立的可能世界自动延伸，形成了自动的语义诠释。演绎直观诠释就是按照自然语言的句子，通过COML概念本体描述语言的演绎直观诠释。

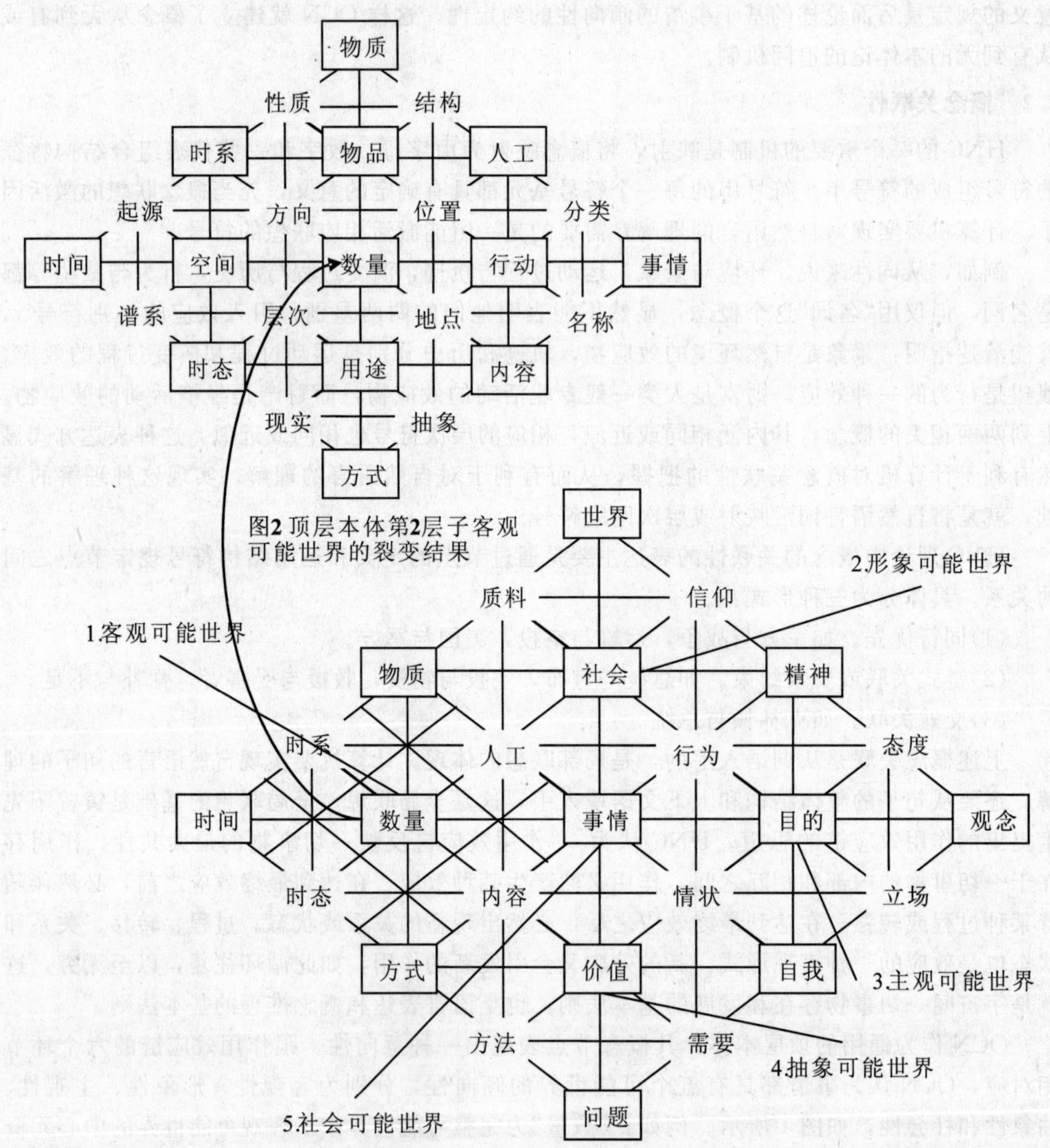

图2 顶层本体第2层子客观可能世界的裂变结果

图1 顶层本体第1层5个可能世界及其25个元概念

2.3 约定性

约定性，也就是约定俗成。自然语言符号本身就是一种约定。在文明的发展过程中，从结绳记事到发明文字到新词新语的出现等，都是人为的约定。以结绳记事为例。结绳记事是文字产生之前帮助记忆的方法之一。我国上古时期的“结绳记事”法，史书上有很多记载。战国时期的著作《周易·系辞下传》中记载：“上古结绳而治，后世圣人易之以书契。百官以治，万民以察。”汉朝郑玄的《周易注》中记载：“古者无文字，结绳为约，事大，大结其绳，事小，小结其绳。”《九家易》中也说：“古者无文字，其有约誓之事，事大，大其绳，事小，小其绳，结之多少，随物众寡，各执以相考，亦足以相治也。”如果他在绳子上打了很多结，恐怕他想记的事情也就记不住了，所以这个办法虽简单但不可靠。实际上，这是引起联想的一种方式，所结之绳本身并不代表所记之事，而只是所记之事的一个映射。HNC 的符号体系正是如此，它本身不代表概念意义，但是它关联到概念的意义。

HNC 理论有很多人为约定。例如，在讨论作用对象和效应对象时，当对象“复合”时，两类对象的区分才有确切的意义，并在一个句子的范围内不会出现模糊。当对象“单一”时，在许多情况下区分作用对象和效应对象是没有意义的，而且在一个句子的范围内会出现模糊。从字面的意义来说，把作用对象和效应对象的定义反过来亦无不可。你完全可以说，作用对象是局部和具体的，而效应对象是整体和抽象的。以“击毙”为例，枪弹的作用对象只是人体的一部分，例如脑袋，心脏等，而最终的效应却是人的整体死了。但从另一个方面来说，这个“击”所针对的对象是人的整体，而不是局部。两种说法都有道理，所以，需要给出一种人为约定的定义。

OCN 的约定性表现在两个方面：一是五个可能世界的顺序的排序，二是概念所属可能世界的箭头方向的约定。

以 OCN 的中心点为 0 点的“事情”为核心，依次以 0 点的左、上、右、下、中位置分别形成的 5 个子集分别称之为客观世界集、形象世界集、主观世界集、抽象世界集和社会世界集，其中，社会世界的四个顶点分别为前四个子世界集的中心点，社会世界集的中心点也为 OCN 的中心点。

任意一个概念，都指向它所在的最小的可能世界的中心，其层次由里到外，最后到达最大的可能世界的中心。对于一个概念属于多个可能世界的情况，选取最小的层次作为其方向的层次。

例如：图 2 中，概念“时间”，“方向”，“空间”相对于“事情”的位置如下，相对位置的方向用一组箭头表示。

(1)时间 → 事情；

(2)空间 →数量 → 事情；

方向 ↙ 空间 → 数量 → 事情；

方向 ↗ 物品 ↓ 数量 → 事情；

方向 ↘ 数量 → 事情。

那么，对于概念节点“方向”，我们取箭头层次为“方向 ↘ 数量 → 事情”，表明“方向”这个概念处于第三个层次。

2.4 穷尽的思想

黄曾阳先生在讨论 HNC 理论的术语时谈到“建立并穷尽自然语言语句物理表示式的总目标使作者不愿意借用语言学原有的术语而赋予新的含义”，这里面包含了穷尽的思想。HNC 认为：自然语言无限的语句可以用有限的句类物理表示式来表达，自然语言的物理表示式是可以穷尽的。

根据作用效应链的特性，HNC 总结出了 7 个基本句类，57 个一级子类，3192 种混合和复合句类。那么，为什么自然语言的物理表示式可以穷尽？主要原因是HNC采用的是演绎的方法，而不是归纳。

OCN的穷尽体现在概念网的层次和概念基元上。首先介绍一下OCN对世界的把握：人认识世界均是面对事情中的问题而展开和升华的，万事万物都在特定的时间和空间里运动和变化，改变着它们的属性，体现于相应的属性值。如果这一结论是正确的，那么世界就可以被清楚地把握在时间、世界、观念、问题和事情几个基本概念之中，并由相对的上述五大概念构成了可能的客观世界、可能的形象世界、可能的主观世界、可能的抽象世界、可能的社会世界等诸多子可能世界。如以下几个大类之中：观念、万物、时间、空间、能量、个体、局部、整体、属性、属性值、事情、人类，除此十一类外还需加一个类：局部。世界上有没有什么是在这十二大类之外的呢？OCN中顶层本体有16641个元概念的定义和4225个子可能世界的定义以及6个层次完整世界的时空定义，且仍可以扩展，任何概念都被这上述范畴所涵盖。

2.5 对语法的态度

HNC对语法基本持批判的态度，下面引用黄曾阳先生对传统语言学，对计算语言学研究中统计方法和语料库方法的一些看法："计算语言学必须把自己的立足点转过来，端正主攻方向。在这一转变中，西方语言学的语法传统是一块绊脚石，而所谓的语料库语言学则是一块误导的路标。""我们本世纪开始的新文化运动，基调是打倒和模仿(引进)……语言学是深受这一消极影响之害的重灾区。语法学在这个框子里脱离语义去探求语言的形式规律。对于印欧语系，这种研究方式仍有较大意义……如果说汉语也要进行语法研究的话，那本来就不应该走脱离语义的道路。"

OCN对语法的态度是从现象学的角度讨论的，OCN认为，对语句的语法分析，是主体性意识的揭示，而不是存在性意识的揭示。例如，"进行产业结构调整"，"开展政治体制改革的研究"，传统句法分析要追究这里的"调整，改革，研究"是动词还是名词，HNC的回答是：这种追究只徒具形式，没有本质意义。OCN的回答是："改革"是一种行为，其对象是"政治体制"。

但是，有很多语言现象，HNC暂时没有给出解释。例如，有下面几个语法上的复句：

(1－a)与其去上海，不如去广州。(＋)

(1－b) 与其去广州，不如去上海。(＋)

(2－a) 与其将来闹离婚，不如现在别结婚。(＋)

(2－b) 与其现在别结婚，不如将来闹离婚。(－)

(1)中前后项所说的事情可以对调，但(2)中前后项所说的事情不能对调。这可以从逻辑关系上找到原因：有"将来"就有"现在"，"现在"存在"别结婚"的选择；没有"现在"，就没有"将来"，现在没结婚，就不存在将来闹离婚这种可供选择的情况。很多情况下，这种逻辑关系的不合理，用HNC理论现有的概念关联方法和句类分析方法是无法解决的。

当然，由于OCN面向的是事情诠释和问题求解，其注重的是关于问题的自然语言规范句的生成，而不是语言本体的研究，同时，其生成的语句的阅读对象是人，生成的问题语句既要满足语义的需要，又要符合语法，所以，OCN需要表层的语法做依托。

下面以左—中—右连续统三个层次为例，说明概念到句子的生成过程。

左—中—右连续统(客—社—主)：从客观世界集到社会世界集、主观世界集。客观世界集：时间—空间—数量/质量—行动/停止—事情；社会世界集：数量/质量—行动/停止—事情—信息—目的；主观世界集：事情—信息—目的—思维—观念。其中社会世界集中的概念与客观世界集与主观世界集中的相关概念存在重叠，由于社会世界集的排序为五个可能世界中的最后一个，主要起着“谁的”真实性检验的追问机制作用，因此这种重叠存在着验证、评估、强调的作用。通过同义词与反义词选择后连起来就形成一个语义连续统，每个元概念前均有变量问题填空提示，从而形成有意义的词组或短句，在元概念前选择已有的适当的虚词填充组成自己需要的句子，即成为规范的精确的答案句。

(1)一层语义连续统粒度太粗，通常不构成语句。

(2)二层语义连续统：时间－空间－数量－行动－事情－信息－目的－思维－观念。

二层问题填空提示：何时－何地－多少事－行动－何事－领域－指标－思考－观点。

二层匹配答案：2009 年 1 月－湖北武汉武昌广埠屯商圈－一笔－采购－液晶电视机－连锁店零售－1000 台/毛利 25%－竞争对手－抢占市场先机。

生成的句子：2009 年 1 月，在湖北武汉武昌广埠屯商圈有一笔采购液晶电视机的业务，所属领域为连锁店零售，数量 1000 台，指标为毛利 25%，目的是在竞争对手之前抢占市场先机。

(3)如果一、二层语义连续统不够清晰，可以进一步展现三层的语义连续统。即：

三层语义连续统：时间－初始－空间－状态－数量－做事－行动－数据－事情－检查－信息－交流－目的－能力－思维－范畴－观念。

三层问题填空提示：何时－什么期间－何地－什么阶段－多少事－行动与否－何事－程序检查－领域信息－相关领域信息－指标－工作能力－思维－市场范畴－观点。

三层匹配答案：2009 年 1 月－春节前－湖北武汉武昌广埠屯商圈－主动进攻－一笔－采购－液晶电视机－连锁店零售－1000 台/毛利 25%－立项批准－同比/环比－竞争对手－竞争品牌等－毛利 25%－执行者业绩－你/我/他－市场份额－抢占市场先机。

生成的句子：2009 年 1 月，春节前，在湖北武汉武昌广埠屯商圈有一笔采购液晶电视机的业务，所属阶段为主动进攻阶段，所属领域为连锁店零售，数量为 1000 台，指标为毛利 25%；业务需立项批准，并需要同比/环比的竞争对手、竞争品牌等信息，需要执行者业绩，并提供你(经营者)/我(采购者)/他(所有者)三方的经营计划与管理方案，和过去三年与现在的市场份额报告，目的是抢占市场先机。

(4)还可以根据需要进一步深入到四层、五层、六层等。

3 小 结

HNC 实现从自然语言语句到深层语义的理解，OCN 实现从深层语义到自然语言语句的生成。HNC 已有十多年的研究，很多技术都很成熟，特别是句类分析技术，消解了语句的五重模糊，实现了语言理解的第一步。但是，HNC 目前的符号体系所体现的概念关联以及语句的物理表示式在处理语句内部语义理解能发挥很好的作用，而在处理句间的逻辑语义时，两种技术却表现得力不从心。这也是 HNC 需要进一步深化的地方。OCN 目前处于研究的起步阶段，其前景可观，但有大量的细节工作需要进一步完善。HNC 长于自然语言一句句的理解，以客观世界为基础；OCN 长于自然语言语句的生成，以主观世界为基础。如果能将两者的长处结合起来，一定能给计算机处理自然语言带来很大的进步。

参考文献

[1] 黄曾阳 . 1998. HNC(概念层次网络)理论 . 北京：清华大学出版社 .
[2] 缪建明，张全 . 2006. HNC理论的语句格式的新进展 . 计算机科学(33).
[3] 林杏光 . 2002. 为NLP创立模式，用HNC研究汉语 . 汉语学习(3).
[4] 朱耀平 . 2003. 海德格尔与现象学的本体论转向 . 复旦大学博士学位论文 .

面向汉语框架语义知识库的动词“感觉”分析

刘鸣洋[1]　由丽萍[2]

[1]鲁东大学汉语言文学院　烟　台　264025

[2]山西大学管理学院　太　原　030000

[1]mingyanglk@163.com [2]yoliping@163.com

摘　要：本文对动词“感觉”进行了由形式到意义的分析，认为“感觉”有自主和非自主两个义项，分属于[自主感知]和[非自主感知]两个框架，前者是持续的，后者是非持续的，二者在前加程度副词、重叠、后加“着”、动宾组合等句法性质上有很大的差别；进而，又对自主和非自主的“感觉”所支配的语义成分进行了比较细致的区分，认为二者都是二价动词，其主体都带有[人类]语义特征，但是自主的“感觉”客体是客观对象，而非自主的“感觉”的客体是主观印象。

关键词：自主，语义特征，框架，中文信息处理

1　引　言

基于国内外语义知识库构建现状的考察，在刘开瑛教授主持下，山西大学成立专门课题小组，以框架语义学为基础，以真实语料为支持，以伯克利 FrameNet 提供的数据为参照，研究构建一个汉语框架语义知识库(Chinese FrameNet，简称 CFN)。CFN 的框架库是以框架为单位，对词语进行分类描述，明确给出框架的定义和这些词语共有的语义角色(框架元素)，并进而描述该框架和其他框架之间的概念关系。本文试图通过分析“感觉”这一比较特殊的感知词语，来说明 CFN 如何对词语进行解释，如何把其归入合适的框架中。①

2　两个与感知觉有关的框架

“看，听，看见”等感知活动词语，在 CFN 中用[自主感知]和[非自主感知]两个框架加以描述，基本情况如下：

(1)自主感知

定义：感知者有意识地用感觉器官感受某实体或现象，以获取对事物的认识。

框架元素：自主感知者，现象，身体部位，方向②；形容，动作时间量，期望事件，背景，感知者位置，修饰，方法，空间，目的，时间

词元：听，看，尝，闻，看看，尝尝，观看，欣赏，偷听，凝视，观察，品尝，……

(2)非自主感知

定义：感知者通过经历某种感知活动，在大脑中形成了对事物的认识。

框架元素：非自主感知者，印象，身体部位；现象③，程度，形容，方向，背景，感知者位置，空间，修饰，方法，时间

---

①　刘开瑛、由丽萍：《汉语框架语义知识库构建工程》，载《中文信息处理前沿进展》，2006(11)。

②　如：我简直不知往哪儿看才好。

③　如：我对不同的音乐感觉完全不一样。

词元：听到，听见，听出，觉得，看到，看出，看见，闻到，尝出，瞧见，瞅见，……

与基于格语法的语义分析方法相比，CFN 提供的框架元素数量多、类型细化，并突出框架的个性。CFN 对以上两个框架所定义的框架元素都超过 10 个，其中，传统格语法的受事在[自主感知]中具体化为现象，在[非自主感知]中则为印象，现象是存在于人的意识之外的客观事物，印象则是现象在人的大脑中的表征，是认识的结果。例如“现在我们到这里看花果山，可以看见“‘花果山’三个大字”中，CFN 所定义的框架元素明确地区分了这种语义：

＜时间 现在＞ ＜自主感知者 我们＞ 到这里＜tgt=自主感知 看＞ ＜现象 花果山＞，可以＜tgt=非自主感知 看见＞ ＜印象“花果山”三个大字＞。

3 “感觉”的组合性质和语义特征

现代汉语中，“感觉”兼有动词和名词两类性质，这里，我们把动词“感觉”作为研究对象，考察其句法、语义属性。

“听，看，尝，闻”与“听到 v，听见 v，看见 v，闻见 v”等，在构词上有明显的特征，后者是述补式，在归入[自主感知]和[非自主感知]时，区别比较明显。而“感觉”一词，究竟是自主的还是非自主的，却需要进一步在形式和意义方面进行分析。

通过检索真实语料，抽取了几例含有动词“感觉”的句子，尝试在“感觉”前面加“去”，发现有些可以，有些则不可以。

(1)这个女人对潮湿有着惊人的敏感，她都可以用手感觉空气中的湿度。①

(1a)这个女人对潮湿有着惊人的敏感，她都可以用手去感觉空气中的湿度。

(2)她每次坐轮渡，都喜欢看水手挂缆绳，然后使劲感觉船与更船间的一声碰撞。

(2a)她每次坐轮渡，都喜欢看水手挂缆绳，然后使劲去感觉船与更船间的一声碰撞。

(3)在天津体育馆里采访世乒赛，感觉就像是在体育场里看足球赛。

(3a)＊在天津体育馆里采访世乒赛，去感觉就像是在体育场里看足球赛。

(4)这里远离城市的喧哗，一切都非常简陋，使人感觉是在工房车间里。

(4a)＊这里远离城市的喧哗，一切都非常简陋，使人去感觉是在工房车间里。

(5)品尝那尚温热的新鲜蜂蜜，感觉似乎渗入了养蜂人的滴滴汗水。

(5a)＊品尝那尚温热的新鲜蜂蜜，去感觉似乎渗入了养蜂人的滴滴汗水。

(6)他的右腿感觉沉重、麻木。

(6a)＊他的右腿去感觉沉重、麻木。

马庆株在《自主动词和非自主动词》一文中指出：“自主动词从语义上说是能表示有意识的或有心的动作行为的。所谓有意识的动作行为，指的是由动作发出者做主、主观决定、自由支配的动作行为。”“非自主动词表示无意识、无心的动作行为，即动作行为发出者不能自由支配的动作行为，也表示变化和属性。”他还提出了自主动词非自主动词的鉴定格式：

来/去＋V＋O＋来/去

能进入这个格式的是自主动词，否则就是非自主动词。②

① 本文例句来自“北京大学 CCL 语料库”，网址：http：//ccl.pku.edu.cn：8080/ccl_corpus/jsearch/index.jsp?dir=xiandai

② 马庆株：《自主动词和非自主动词》，载《中国语言学报》，1988(4)。

袁毓林认为："表示动作发出者有意识地发出的动作行为，可以叫做自主动词；表示动作发出者无意中发出的动作、行为，可以叫做非自主动词。"同时，他还指出自主动词和非自主动词比较突出的区别就是：V[＋自主]的前后能加"来""去"，而V[－自主]的前后不能加"来""去"。①

从这些论述中我们可以看出，自主动词与非自主动词实际上就是"有心和无心"，"可控和非可控"，"有意识和无意识"的对立。这种对立既是绝对的又是相对的，一个动词在具体的表达中涵义是固定的。但单就一个动词来说，它既可以是自主的，又可以是非自主的，这和动词的多义性有关。因此，动词"感觉"可以看成是一个多义词，它的词汇意义有两个：一是表达动作主体有意识地用感觉器官去感受某事物，自主地"感觉"某个东西，这时动作的发出是一种自主的感知活动；二是表达动作发出者无意中发出的动作，是外界事物刺激人的感官，在大脑中形成一种主观认识，这样的"感觉"就是非自主动词。为了行文方便，我们把带有[自主]语义特征的记为"感觉1"，带有[－自主]特征的记为"感觉2"，下面就继续分析二者的其他组合特点。

3.1 关于受程度副词修饰

无论是"感觉1"还是"感觉2"，一般都不受程度副词修饰，不能说"我很感觉疼"，而只能说"我感觉很疼"。但我们也能看到"感觉"之前带了表程度的副词做状语的情况，例如：

(7)我真高兴，只是多少感觉有点突然。

(8)突然说得这么一本正经的，还多少感觉有点不习惯。

需要说明的是，这里的"多少"虽然作"感觉"的状语，但这种组合是有条件限制的，即"感觉"后面必须带宾语，去掉宾语句子就不能成立。可见，"感觉"前面的程度副词是指向整个动宾结构的，而不表示"感觉"这一动作行为自身的程度。

就大的范围说，"感觉"属于心理活动动词，这一点是比较肯定的。而在心理活动动词中，"感觉"与"爱、怕、恨、喜欢"等又有很大差别，后者能够前加程度副词"很"。杨华(1994)把心理动词分化为心理行为和心理状态两类，从"感觉"一词的组合特点看，应该归入心理行为一类。② 陈昌来(2002)把心理动词分化为情绪类动词和认知类动词，前者可以进入(Np＋{很＋Vp}＋NP)框架，后者不能受程度副词"很、太"等修饰，如"看、看见、知道、感受、注意"等。③ 如果按照这种分类体系进行归类，那么动词"感觉"则属于认知类，既包括自主的"感觉"也包括非自主的"感觉"。

3.2 关于重叠

通过检索真实语料，我们得到了一些ABAB式的重叠实例：

(9)请您感觉感觉这块布。

(10)老师让我们感觉感觉这故事里的内涵。

(11)家庭旅行时最好能租到德国人住宅，这样还可以感觉感觉德国人的家庭气氛。

以上三句重叠部分变换为"去＋感觉＋一下"，仍然成立：

(9a)请您去感觉一下这块布。

(10a)老师让我们去感觉一下这故事里的内涵。

---

① 袁毓林：《祈使句式和动词的类》，载《中国语文》，1991(1)。

② 杨华：《试论心理状态动词及其宾语的类型》，载《汉语学习》，1994(3)。

③ 陈昌来：《现代汉语动词的句法语义属性研究》，见《学林出版社》，2002。

(11a)家庭旅行时最好能租到德国人住宅，这样还可以去感觉一下德国人的家庭气氛。

可见，以上能够重叠的“感觉”可以在前加“去”，都是“感觉1”，即带有[自主]语义特征的“感觉”。我们再反过来，将例(1)到例(6)非重叠形式的“感觉”变换为ABAB重叠式：

(1b)？这个女人对潮湿有着惊人的敏感，她都可以用手感觉感觉空气中的湿度。

(1c)她用手感觉感觉空气中的湿度。

(2b)？她每次坐轮渡，在船靠岸时都喜欢看水手挂缆绳，然后使劲感觉感觉船与更船间的一声碰撞。

(2c)她感觉感觉船与更船间的(一声)碰撞。

(3b) *在天津体育馆里采访世乒赛，感觉感觉就像是在体育场里看足球赛。

(4b) *这里远离城市的喧哗，没有足够的灯光照明，一切都非常简陋，使人感觉感觉是在工房车间里。

(4c) *使人感觉感觉是在工房车间里。

(5b) *品尝那尚温热的新鲜蜂蜜，感觉感觉似乎渗入了养蜂人的滴滴汗水。

(5c) *感觉感觉似乎渗入了养蜂人的滴滴汗水。

(6b) *他的右腿感觉感觉沉重、麻木。

例(1)和例(2)，如果在原句的基础上直接重叠“感觉”，得到的(1b)和(2b)可接受性比较差，但是，这种变换的失败可能受上下文中前后分句的影响，或者句中情态成分(如例(1)的“可以”)、修饰性成分(如(例(2)的使劲)等的制约，我们不能因为这些成分影响对动词自身性质的判断，因此，对原句做了简化，只保留主语、宾语等主干成分，用(序号+c)表示。结果，(1)和(2)变换成功，而(3)－(6)都不能重叠。这说明，自主的“感觉”可以重叠，非自主的“感觉”不能重叠。

3.3 关于后加“着”

以下是检索到的含有“感觉着”的几个例子：

(12)尽管如此，在田畴上行军，从山上吹下来的凉风拂在面上让人感觉着舒适。

(13)赵大妈看出了老伴的心情，心里只感觉着辛酸。

(14)陈维高心里头感觉着特别美。

(15)我呆呆地看着它，感觉着死亡。

(16)杨澜悄悄地品味着爱情的滋味：甜蜜、幸福，时刻感觉着对方的存在。

(17)我感觉着他的手，聆听着他的话语，听起来他是一个极和善的人。

(12)(13)(14)三句并不是标准的普通话的说法，在有些方言中，用“感觉着”表示“觉得”的意思，这里的“着”不是表示持续状态的。而我们讨论“感觉”后加“着”的情况，目的是探讨“感觉”的持续性，因此，将这些实例排除，不予讨论。

(15)(16)(17)三句变换如下：

(15a)去感觉死亡(去)

(16a)去感觉对方的存在(去)

(17a)去感觉他的手(去)

(15)和(16)后加“去”，可接受性差一些，如果没有后面的“去”，这三个句子则都可以被接受。尽管如此，我们还是基本上可以得出这样的结论：这三句中的“感觉”都是“感觉1”。我们再分析一下例(1)至例(6)的“感觉”。因为现代汉语中“着”的意义比较多，比如表示持续状态的助词，它对判定所附动词的持续性语义特征有重要作用，还有表示通过某种手段实现对某种性状的认识，如“吃着好吃”等，[①] 所以单用“着”无法判定“感觉”的持续性，因此，我们用扩展的“正＋v＋着＋呢”格式进行变换，可以看到，(1)和(2)可以加“着”，(4)(5)(6)不能加表示持续状态的“着”，也就是说“感觉 1”具有[持续]的语义特征，“感觉 2”则是非持续的。

3.4　关于宾语

在我们检索的语料中，“感觉 1”没有看到带谓词性宾语的实例，基本上可以认为，“感觉 1”只能带名词性宾语，如例(1)(2)所示。

而“感觉 2”主要带谓词性宾语，如例(3)至例(5)，带动词性宾语，(6)中带形容词性成分作宾语，还可以带小句宾语：

(18)在下车的刹那，我感觉秋风起了，带着瑟瑟的寒冷。

(19)相比之下，感觉克莱默在个别地方却表现得有些不自信与犹豫。

(20)离开家乡沂蒙山仅有一年，但感觉变化很大。

(21)蔬菜价格上扬，市民感觉菜篮子沉重。

和“感觉 1”不同的是，“感觉 2”不能直接带名词性宾语，只有带有趋向补语(主要是“到”“出”等)的情况下，才能支配名词性宾语，如：

(22)可当我们聆听着科学家们谈论北极时，又感觉到另一番完全不同的心境。

(23)吴金涛能感觉出教练眼光中的分量。

(24)在这部电影中，能依稀感觉到他“早春二月”般的风韵。

如果以上例句去掉“到”和“出”，那么就要把宾语变换成谓词性成分，才能成立，否则就变成了“感觉 1”，不适合原来的上下文含义。(22)(23)(24)可以在名词性宾语前加“有”；(23)的变换是将“np＋的＋v”变成主谓短语“np＋v”：

(22a) 可当我们聆听着科学家们谈论北极时，又感觉有另一番完全不同的心境。

(23a) 吴金涛能感觉教练眼光中有多少分量。

(24a) 在这部电影中，能依稀感觉他有“早春二月”般的风韵。

以上对“感觉”的组合特点和语义特征的分析，可以用下图概括：

	语义特征		句法特点					
	自　主	持　续	前加程度副词	重　叠	后加“着”	带名宾	带谓宾	带小句宾
感觉 1	＋	＋	－	＋	＋	＋	－	－
感觉 2	－	－	－	－	－	有条件	＋	＋

4　“感觉”所支配的语义角色

从上文举的例句看，“感觉 1”和“感觉 2”都带有主体、客体两个语义角色，二者在理解上也是必不可少的。有的即使在句中没有出现，但对于“感觉”的发出者来说也是很明确的，如：

---

① 宋玉柱：《助词“着”的两种用法》，载《南开学报》，1985。

(25)最后她不再用机器，亲手去感觉，然后叹了口气，扯下被单，洗净他的四肢。

这里，“感觉”的客体就被省略了，我们虽然不知道“感觉”的东西是什么，但对于动作主体“她”来说是明确的，而我们在理解上，也自然地联想到一些可能的事物，不管这些联想是否属实，我们都承认了它的存在，并能够完成对整个句子的理解。因此，可以断定，“感觉1”和“感觉2”都是二价动词。

“感觉1”和“感觉2”的主体是具有感知能力的人，我们可以称之为“感知者”。充当感知者的成分一般是体词性词语，具有[人类]的语义特征，或者具有拟人性。

“感觉1”和“感觉2”的客体有所不同。“感觉1”的客体是客观存在的实体或事物，而不是感觉者的主观意识或评价，不带有任何主观成分，我们称之为“对象”。“感觉1＋宾语”可以变换为“对＋宾语＋有所＋感觉”：

(a)感觉空气中的湿度——对空气中的湿度有所感觉

(b)感觉这幅画——对这幅画有所感觉

(c)感觉这故事里的内涵——对这故事里的内涵有所感觉

应该说，以上并不是等价变换，因为后者的“感觉”是名词，但是，仍不妨碍我们得出这样的结论，即“感觉1”的客体是动作的对象，是在动作发出前业已存在的客观事物。

“感觉2”的客体是客观事物作用于人的大脑而形成的对现象的某种认识，是客观现象在大脑中的表征，我们可以称之为“印象”，它所表达的是动作主体的一种主观感受，而并不是实实在在的客观事物。因此，“感觉2”的宾语不能变换为介词“对”的宾语，但我们可以看到介词“对”和宾语同时出现的情况：

(26) 对总理的政府工作报告，代表们普遍感觉，最突出的特点是实在。

(27) 对这次比赛，人们感觉选手们的水平都很高。

以上两例，“对”所引导的宾语正是“感觉”的对象，而“感觉”后面的宾语是这些对象作用于感知者的感官意识，而后形成的对外界事物的认识，因此是“印象”。对这一现象，我们有两点认识：一、介词“对”引介的成分和动词“感觉”的宾语互补出现，正说明了对象和印象是两个不同的语义成分，在感知活动中充当了不同的语义角色，将客观对象与主观印象区分开来，是合理的；二、“感觉2”所带的状语成分，并不是必有的语义成分，不能由此认为“感觉2”是三价动词，句子去掉状语，在语义理解上仍然是完整的。

对于“感觉2”来说，感知的对象除了能够用介词“对”引导做状语以外，还可以直接做主语，如：

(28)这部电影感觉不错。

(29)这块布在我皮肤上感觉很软。

(30)那座城堡从远处看感觉很小。

这几个句子都是对象做了“感觉”的主语，而“感觉”后面的宾语正是对这些对象的描写或评价，从语义上看，这里的“感觉”并不是自主地有意识地发出的，而是客观事物刺激人的感官并使人产生了对事物的主观认识，因此它属于非自主动词，即“感觉2”。这时，动作主体被省略了，实际上就是说话者。

对象还可以做“使令动词＋感知者＋感觉＋印象”的主语，如：

(31)在冷清的街道上踱步，人家房后的园子总让我感觉像当年我的后院。

(32)千姿百态的铅笔盒更是让人感觉奇妙。

“人家房后的园子”和“千姿百态的铅笔盒”是“感觉”的对象，它们引发了动作主体的感知活动，致使动作主体在大脑中形成了关于它们的印象。

简言之，“感觉 1”和“感觉 2”都是二价动词，其主体都带有[人类]语义特征，二者的区别在于：自主“感觉”的客体是客观对象，而非自主“感觉”的客体是主观印象。

5　总　结

本文通过对动词“感觉”的形式和意义分析，认为该词有些语境下具有自主的语义特征，而有时又是非自主的，据此，我们可以在汉语框架语义知识库中将“感觉”分化为两个义项，其中，自主的“感觉”归入[自主感知]框架，非自主的“感觉”归入[非自主感知]框架。

参考文献

[1]刘开瑛，由丽萍．2006. 汉语框架语义知识库构建工程．中文信息处理前沿进展，11.

[2]马庆株．1988. 自主动词和非自主动词．中国语言学报，4. 商务印书馆．

[3]袁毓林．1991. 祈使句式和动词的类．中国语文，1.

[4]杨　华．1994. 试论心理状态动词及其宾语的类型．汉语学习，3.

[5]陈昌来．2002. 现代汉语动词的句法语义属性研究. 学林出版社.

[6]宋玉株．1985. 助词“着”的两种用法. 南开学报.

面向自然语言处理的人机语义研究[①]

欧阳晓芳　萧国政

武汉大学文学院/武汉大学语言与信息研究中心　武　汉　430072

bbrirao@126. com　gzxiao@whu. edu. cn

摘　要：文章阐述了面向自然语言处理的人机语义研究的特点、变化、发展和类型，着力讨论了人机空间语义研究中一个很值得重视的方面，即对整个语言的语义构成及表述系统的全面研究，HowNet、ONTOL－MT 以及 HNC 是该类研究中的典型代表。

关键词：自然语言处理，语义研究，语义网

语义是语言的重要构成部分，语义研究是语言研究经久不衰的课题。但自从计算机处理语言以来，语义研究就有了面向自然语言处理的研究方向。不少人认为，自然语言处理的语义研究，就是把面向语言的语言本体语义研究成果转换成电脑能读懂的形式。这种理解实则与自然语言处理的语义研究相去甚远。因为把本体语义研究成果转化为电脑能读懂的形式，仅仅是面向自然语言处理的语义研究很小很小的一部分，并且应该转换的还只是对自然语言处理来说能用的那一部分。因此，面向自然语言处理的语义研究，还要了解不同时期、不同目标自然语言处理的现实与长远需要。

面向本体(即语言本身)的语义研究，首先是要解决语言符号(词、字)及符号串(短语、句子、句联)的意义，建立人对语言理解的原始基础和理论根据。其次是探讨符号及符号串的意义联系、意义构成原理和意义成因，以便更好地解释、理解、认识和使用语言。但是，面向本体的语义研究不论是哪一种类型和哪一层次，其最终目标都是指向语言符号本身或直接为人服务。根据萧国政(2001)，面向人际交往的研究是语言的人际研究，面向自然语言处理的研究，是为人机交互而作的研究，即语言的人机研究。人际空间是第一语言空间，人机空间是第二语言空间，两个空间的语义都包括本体和应用两部分，但空间不同，其语义研究的内容和侧面均有不同。不过语言信息处理的阶段不同，两个空间语义研究的关系也不尽一样。

早期自然语言处理的语义研究，一般只是把语言研究的词义转化成机器可阅读的数据或代码，是词典的数据化，或是用数据化的语言把面向人的语义研究成果分门别类存放在电脑里，形成一部可用键盘翻阅的电子化词典，把语义研究的纸载体替换成硬盘、软盘、光盘等。正是这种载体的不同，要求语义存放的方式和语言不同。在这个意义上的自然语言处理的语义研究，是怎么把语言学家面向人和符号系统的词义研究成果用 0 和 1 改写为机器可以读取和运算的数据。这种“改写”阶段的语义处理研究，语义处理的重点不在语义，而在怎么用一定的程序和数据代码，把第一空间的词义研究成果转化为第二空间的可用成果形式，并探讨语言语义成果的内容系统(侧重语义研究)和“实现”系统(侧重计算研究)。[②]

---

① 本文的研究得到武汉大学“985 工程”二期建设拓展项目“语言科学技术与当代社会建设跨学科创新平台”项目基金的资助。

② 这种计算研究，一方面探讨怎么轻松简洁地把语义成果放进电脑，另一方面探讨能怎么自如简便地提取出来。

但是，电子词典式的词语释义采用的仍然是自然语言，而且除了对义项进行粗略的语义分类之外，并没有将义项之间的联系显示出来，其整个词典词的义项就像千万个零散的珍珠散落在电脑庞大的硬盘里。处于这种状态的词义只是一颗颗孤立的“词颗粒”(sense grain)，不仅不可能进行词义联系操作和句义推理，也不可能让机器识别词义。因此有人设想用同义的“钱串子”，把成千上万的词按意义串成一棵棵同义的词串(sense set)或连成“词树”(sense set tree)，使词义在电脑里的存放状态由“一盘散沙”，变成一片巨大的词树构成的森林——词林(words woods)。

同义的词林，很容易让人联想到语言学界早就有的辞书《同义词词林》。语言学家很容易认为这种设想对语义本体研究没有多大的理论意义，而轻看语言处理界的努力。而对于语言信息处理来讲，这却是十分重要的一步。因为一方面对人们最大信息搜索的需求来讲，它能帮助完成非常重要的一步：从文字或词的书写形式的识别，过渡到了真正的意义识别。因为有了词语同义联系的数据后，在互联网上，只要输入一个词语，我们不仅能搜索到该词的有关信息，还能同时搜到其同义词语的有关信息，这样就大大增加了所搜对象的信息量或外延覆盖面。比如输入“自行车”，不仅能搜出“自行车”所在的句子及其文档，而且能搜出其同义词“脚踏车”“单车”所在的句子及其文档，而得到有关自行车的所有网载信息。另一方面，当生成语言或做机器翻译时，我们不仅可以得到一个词的翻译，还能完成一组同义词的翻译。同时，由于一种语言的一组同义词不能简单地用另一种语言的一组同义词翻译，在探索解决方法的过程中，还可发现和掌握不同语言同义词语的使用差异，进一步了解同义词所涉及的几种语言的词义异同，进而更深刻地认识语言。为了实现上述目的，面向语言处理的语义资源研究，必须作出相应的努力。像武汉大学语言与信息研究中心的词网Ⅰ级模型(2004)，就是服务于这种目标的语义资源库。并且其起步工作是在吸取《同义词词林》《现代汉语词典》《古代汉语词典》和有关研究成果的基础上展开的。

不过，以“词林”为纲的所谓“词网”，其罗列的词语充其量也只是“竖”起来叠成一棵棵光杆的“词树”，连分枝都没有，根本不是真正意义上的“网”。网是纵横交织形成的图形。武汉大学语言与信息研究中心的词网在研制过程中，根据建设目标和发展前景的需要，迅速将Ⅰ级模型扩建和改造为Ⅱ级模型(2005)。其具体改进是增加上下位关系的表达和整体部分语义关系的表达，同时带上反义关系，使一棵棵同义词的光杆单概念“词树”彼此相连，形成一棵棵巨大的枝繁叶茂的多概念树(上下位概念树/或同时带整体部分概念和正负概念的树)。[①]每一棵树的干和枝是必有的，其分支和树叶则因树而异：有的多，有的少；有的有，有的无。其描写和阐述的对象是一簇簇的同义词群，并且这些成簇的同义词处于树状的联系中。这种特征的词网，看起来理论上并不怎么高深，但同义词簇和上下位关系有利于语义计算，其上位概念的语义特征为下位概念所继承的逻辑原理有利于语义推理。与北京大学在英语Wordnet基础上开发的的中文概念词典(CCD)相比，词网Ⅱ级模型(2005)的最大不同是：除描写了一个个词簇的共同语义特征外，还从多个不同的维度描写或挂上了词簇内部每个词各自的区别性特征，使每个词簇形成一个个独立完整的微型词义生态系统，再通过上下位关系，所有的词簇形成一条条有层级的语义生态链，各条链之间再通过反义、部分整体等语义关系，形成了一个纵横交错、结构复杂的意义联系系统。

① Ⅱ级模型(2005)以上下位概念的关系为纲，上位概念是树干，下位概念是分支或分枝，整体部分的关系类同上下位关系，反义词视为树叶。

武大词网Ⅱ级模型(2005)和其他所谓词网(包括 wordnet)一样，也是一个以词或词簇为基点的个体词的词簇语义网状资源，还不是整个语言词的系统网。后来在词网Ⅱ级模型基础上研制的武大词网Ⅲ级模型(2006)，才真正是一个针对语言系统所有词的网络。该网不再是一个个词或词簇的语义网状树的集合，而是把现代汉语里所有的词义之树，连成一个整体的多维多向连接的立体网络。从一个角度看，抽去具体词语，该网是一个适合人类所有语言的语义概念的 ontology；在概念节点上填上具体的词及词的用法(语法特征或表现)，它又是一个地地道道的词网，因为该网上的每个概念都不是赤裸裸的意义(或思想)，而是穿了语言外衣的词和术语。有了这张网，我们既可以用它进行语言理解的语义计算和推理，也可进行语言生成的词语选择和句子组造，同时还为机器翻译、语言对比研究、知识挖掘及学习提供了一个相当便捷的平台。①

人机空间的语义研究并不止于对人际空间的研究成果进行形式化加工，也不止于对人际空间的研究成果做进一步的综合(或集大成的)工作。语言学界和计算语言学界的不少学者，很早就开始了专门面向人机空间的语义本体(即本身)的专门研究。如北京大学计算语言学研究所开发的《现代汉语语义词典》(CSD)，它不仅以数据库形式收录了6万余条汉语实词，给出了每个词语的“词类”“同形”“义项”“释义”“语义类”等信息，而且还以义项为单位，对配价信息和语义组合限制进行了新的研究。同样，武大词网Ⅲ级模型(2006)，也有相当部分面向人机空间的语义本体研究的内容。这些研究内容及成果，不仅能加深我们对语义本身的认识，弥补人际空间研究的不足，而且也能为对外汉语教学和人际空间的语义本体研究提供新的理论和思路。

人机空间的语义研究，一个很值得重视的方面，是对整个语言的语义构成及表述系统的全面研究。这一点跟人际空间的语言研究(大多对某一点研究很深，而对整个系统关注不够)的主流做法有很大不同，这是不同的研究目标和研究性质决定的，并且看到这一点十分重要。否则，就会使人际空间的语义研究成果，离面向语言信息处理的人机空间的发展需求越来越远。大多语言学家比较习惯简单地把语言处理看作是语言本体研究的“应用”，并且把这种应用的性质，看作早期语言教学与语言研究成果的“计划经济”关系：人际空间供应什么就用什么，不供应就不能用或没的用，即应用跟着(本体)理论走。但是进入20世纪90年代中期后，语言信息处理界就走向“市场经济”了：人机研究不再受人际研究传统惯性思维和当时潮流的影响和牵制，其思维模式是：国际国内市场需要什么，就研究什么，人际空间的本体研究不提供或不能提供，我自己干。因而20世纪90年代中期，很多计算语言学家自己动手，开始从信息处理的角度开展自己所需要的语义研究。② 并且这种研究根据语言处理不同阶段和目标需求，变换着重点和侧重点。大家不仅研究信息处理所需要的语义内容，还建构面向语言信息处理的语义体系，探索其研究的理论、方法以及表达。

董振东先生创建的知网 HowNet，是人机语言学家自主研究语义的代表之一。知网创立者首先确定有限的义原和基本标注集，然后“静态地、孤立地对概念(由词语表现)逐一进行义元标注，然后期待通过概念的内在联系来动态地、综合地反映它们的关系网络。”知网描述

① 该词网估计一年后可完工。

② 当然除了人机语义研究学者，其中也不乏或偏重应用、或兼及应用、或转向应用的人际语言学家，携手加盟，从事人机语义研究。人机研究是应用研究，既要理性发展，更要跟着应用的市场走。否则不仅没有经费，而且会被国际需要和时代趋势远远地抛在后面。实践是检验真理的唯一标准，市场是检验应用研究的唯一标准。

了下列16种语义关系：(1) 上下位关系；(2) 同义关系；(3) 反义关系；(4) 对义关系；(5) 部件—整体关系；(6) 属性—宿主关系；(7) 材料—成品关系；(8) 施事/经验者/关系主体—事件关系；(9) 受事/内容/领属物等—事件关系；(10) 工具—事件关系；(11) 场所—事件关系；(12) 时间—事件关系；(13) 值—属性关系；(14) 实体—值关系；(15) 事件—角色关系；(16) 相关关系。这些关系构成了知网独特的语义体系。不管这些语义关系对语言的语义知识的揭示是否系统、简洁和充分，但知网作为一个知识系统，名副其实是一个网而不是树。它不仅描述概念的共性和个性，而且也描述了概念之间和概念的属性之间的种种关系。从系统建构的方法和思路看属于自底向上的归纳，与之相对，另一种可称之自顶向下的演绎。

自顶向下演绎建构语义体系可以冯志伟先生设计的ONTOL—MT和黄曾阳先生创立的HNC语言概念基元符号体系为代表。这两项成果虽然定义不同，但共同点是其体系都侧重或体现了"知识本体"的系统。什么是知识本体？冯志伟(2006)先生说：

> 如果我们对于一个领域中的客体进行分析，找出这些客体之间的关系，获得了这个领域中不同客体的集合，这一个集合可以明确地、形式化地、可共享地描述这个领域中各个客体所代表的概念的体系，它实际上就是概念体系的规范，这样的概念体系规范就可以看成这个领域的"知识本体"(ontology)。
>
> ……
>
> 具体地说，如果我们把每一个知识领域抽象成一个概念体系，再采用一个词表来表示这个概念体系，在这个词表中，要明确地描述词的涵义、词与词之间的关系、并在该领域的专家之间达成共识，使得大家能够共享这个词表，那么，这个词表就构成了该领域的一个知识本体。知识本体已经成为了提取、理解和处理领域知识的工具，它可以被应用于任何具体的学科和专业领域，知识本体经过严格的形式化之后，借助于计算机强大的处理能力，可以对人类的全部知识进行整理和组织，使之成为一个有序的知识网络。

从目前已公开的资料来看，ONTOL-MT只提供了一个概念层次结构简表，包括6个初始概念：事物(entity)、时间(time)、空间(space)、数量(quantity)、行为状态(action—state)和属性(attribute)。[①] 在这6个初始概念之下，再分出不同层次的下位概念。也就是说，ONTOL-MT虽然构建了语义系统的上层模型，但尚未对底层的词语开展大规模描写。而HNC则既构建了概念符号体系，又建立了配套的大规模词语知识库，并在自然语言处理实践中发挥了重大作用。

HNC是"Hierarchical Network of Concepts(概念层次网络)"的简称，它以概念化、层次化、网络化的语义表达为基础，故名为概念层次网络理论。(黄曾阳，1997)

HNC认为语言表达的内容在大脑中并不是以自然符号系统的形式存在，而是以概念符号系统的形式存在，"自然语言理解是一个从自然语言空间到语言概念空间的映射过程"。(黄曾阳，2004)语言概念空间才是语言的本体，从而透过千变万化的语言层面，将研究的对象深入到相对稳定、有限的语言概念空间。这一独特而理性的定位使得HNC从一开始就摆脱了传统的束缚，显示出特有的学术张力。

根据HNC理论，语言概念空间是一个四层级的结构体：基层、第一介层、第二介层和

① 据说冯先生的ontology及其具体实现，体现在其与韩国合作研究的韩汉语义词典中。

上层。其中，与自然语言空间的词汇体系大体相对应的，是这个结构体的基层——语言概念基元符号体系，也称概念基元空间。(黄曾阳，2004)建立一个网络式概念基元符号体系，即概念表达的数学表示式，是HNC整个理论架构的基础。从概念基元符号体系的整体架构看，HNC语言概念空间的基层继承并发展了《尔雅》的基本思路，将概念分成三种基本范畴11个次类(“8-2-1”结构)，即：抽象概念(8类)、具体概念(2类)和两可概念(1类)，其范畴、次范畴及其基本特性见以下概念基元总表：

	名　称	类型符号	意　义
抽象概念	主体基元概念	φ	描述万事万物的基本规律(作用效应链)
	第一类扩展基元概念	ψ//φ	描述历时性较弱的人类活动
	第二类扩展基元概念	q//φ	描述历时性较强的人类活动
	基本概念	j	描述哲学所关注的基本课题
	语言逻辑概念	l	描述语言生成所必需的逻辑约定
	语习概念	f	描述语言生成所必需的非逻辑约定
	基本逻辑概念	jl	描述作为一切判断基本前提的逻辑
	综合概念	s	描述兼有基元概念、基本概念和逻辑概念综合特征的概念
具体概念	基本物	jw	描述宇宙构成的基本物，并以地球构成的基本物为主
	挂靠物	w//p	描述除基本物之外，能挂靠于抽象概念的具体物
两可概念	物　性	x	描述物之属性

其11类次范畴——11类概念，不仅构成了HNC语言概念基元符号体系的基本框架，而且在此基础上构建了“概念范畴－概念林－概念树－根概念”这个四层级概念的延伸结构——HNC高层概念网络。(黄曾阳，2004)以根概念为源头，向下延伸可以覆盖任何概念。写出所有根概念节点的概念延伸结构表示式，并非易事。因为概念延伸结构表示式不仅要求在其结构内部具有极强的可扩展性，而且要求在各根概念延伸结构之间保持适当平衡。但HNC做到了，这使得HNC理论研究得以顺利进行有了根本保证。

可以说，HNC语义研究的概念化、网络化、层次化，表述的形式化、数字化，体系的内外延展性，不仅使该系统能不断适应语言处理的发展需要，而且为汉语理解和有关研究开辟了一条新路。

参考文献

[1]黄曾阳.1997.HNC理论概要.中文信息学报(4).
[2]黄曾阳.1998.HNC(概念层次网络)理论.北京：清华大学出版社.
[3]萧国政.2001.汉语语法研究论.武汉：华中师范大学出版社.
[4]黄曾阳.2004.语言概念空间的基本定理和数学物理表示式.北京：海洋出版社.
[5]北京大学.2006.现代汉语综合性语言知识库.中文信息处理重大成果汇报展.
[6]冯志伟.2006.词汇语义学与词网.学术讲座讲稿.
[7]萧国政，胡惮.2007.信息处理的汉语语义资源建设现状分析与前景展望.长江学术(2).

基于HNC理论的“是……的”结构研究及教学

谭晓平[1]　王红娟[2]

[1]燕山大学国际教育学院　[2]韩国中央大学外国语学院中文系

[1]tanxiaoping82@hotmail.com　[2]wanghongjuan198110@163.com

摘　要：本文归纳分析了学者对“是……的”结构的研究成果，并从“是……的”结构的语用功能出发，用HNC理论来分析研究“是……的”结构的形式特点及在汉语教学中的运用。

关键词：HNC理论，“是”，“的”，语言教学

1　引　言

“是”和“的”两字在汉语中出现的频率较高，“是……的”结构也是汉语中的一个典型句型。据不完全统计，“是……的”句约占“是”字句的30%。（齐沪扬，张秋杭，2005）“是……的”句在现代汉语中出现频繁，很早就引起了语法学家的注意和思考，但由于“是”“的”本身的复杂性以及此句式在运用中的种种差异，使得有关“是……的”句的争论一直延续至今。

赵淑华(1979)将“是……的”句分为以下三类：

A类：这台电脑是他的。

B类：我是七九年的十二月六号走的。

C类：画面是黑白的。

她认为A类中，“是”是主要动词，“是……的”是谓语。B类中“是”表强调，“的”表时态。C类中“是”“的”都为语气词。她还就B类的形式特点作了具体的分类分析。

吕必松(1982)就“是……的”结构在句中的作用、与“了”的区别、“的”字结构作宾语等问题进行了研究。还具体分析了“是……的”结构的内部形式，并提出了留学生在习得该结构时应注意的问题。

张宝林(1994)研究了“是……的”结构产生歧义的成因。“我是西单上的。”这个句子到底是说“我是西单上的(人)”还是指“我是西单上的(车)”。

倪兰(2002)将“是……的”结构的运用分为现实性和非现实性的，而现实性内又分为已然的和惯常的，还提出“是”标记焦点，“的”表达强调语气及标记实体。

石定栩(2003)从汉语教学的角度讨论了强调句型中“是”“的”的句法地位，提出“是”不是系动词，“的”不是动词名物化标记的观点。

从以上分析，可以看出关于“是……的”结构的研究，主要基于以下几个方面：“是……的”结构的分类，“是”和“的”的词性分析，“是……的”结构的歧义分析，“是……的”句法功能及语用分析，“是……的”结构在强调句中的教学等方面。

“是……的”结构的分类存在二分法和三分法，争论的焦点在于是把赵淑华(1979)提出的A类归为“是”字句，还是纳入“是……的”结构句。A类以“的字短语”作宾语，表判断。B类、C类不以“的字短语”作宾语，表强调、描述、解释、说明等。本文仅研究B类和C类的“是……的”结构。本文采用二分法，在下文中仅论述B类和C类。

2 基于HNC理论的“是……的”结构分析

HNC理论将语句划分为作用、过程、转移、效应、关系、状态和判断七大句类。“是……的”结构属于判断句中的是否判断句类。HNC理论认为“是否判断句是万能的转换句类，也就是说，任何句类都可以向是否判断句转换。”(苗传江，2005：P240)向是否判断句的转换有四种转换形式，其中有两种属于我们讨论的“是……的”结构。

第一类：例1. 张先生对李小姐的能力是很欣赏的。

例2. 中泰友好合作的前景是十分广阔的。

例3. 江泽民是昨天上午抵达莫斯科的。

例4. 李大钊是被国民党反动派杀害的。

第二类：例5. 这部电影是张艺谋导演的。

例6. 这本书是他1998年写的。

从形式上看，第一类“是”之后可分为以下三种情况：第一，转换前句类的特征语义块或SC，如例1、例2；第二，辅块，如例3；第三，广义对象语义块标识符l0，如例4。第二类“是”之后必定出现广义对象语义块，它是转换前句类的JK1，还可能加上辅块，然后是转换前的特征语义块，“是”之前一定是一个广义对象语义块，它是转换前句类的JK2或JK3，如例5、例6。

笔者认为第一类与第二类形式上的区别便是“是”之后是否包含广义对象语义块JK1或者是否包含l0。如果“是”之后包含了广义对象语义块JK1且没有l0，那么这个句子属于第二类。

刘月华(2003)从语用角度将“是……的”结构分成两类：“①用于动作已在过去发生或已完成，而且这一动作是交际双方共知的信息。说话人要突出表达的重点即全句的焦点是与动作相关的某一方面，如时间、处所、方式、施事、受事等，而不是动作本身。②表示说话人对主语的评议、叙述、描写，用于说明情况、阐述道理、想使听话人接受或信服的肯定语气。

在HNC理论中，是否判断句的句类表示式是：jDJ＝DB＋JD＋DC。由“是……的”结构构成的是否判断句的句类表示式也是如此。如：谢云是从四川来的。DB＝谢云、JD＝是、DC＝从四川来的。在由“是……的”构成的是否判断句中，DC一般都是块扩。为了更加清楚、明确的说明“是……的”结构的形式特点，在本篇论文中，我们将DC的进一步细化，归纳“是……的”其形式特点。为此我们用JK1’、JK2’、E’、fK’来表示DC的构成，分别表示转换前的JK1、JK2、E、fK。

笔者以刘月华“是……的”结构语用分类为出发点，利用HNC理论来研究“是……的”结构的形式特点。

(1)要突出表达的重点(也就是全句的表达焦点)不是动作本身，而是与动作有关的某一方面，如时间、处所、方式、施事、受事等。HNC理论将辅语义块(fK)的语义类型归纳为7类：手段、工具、途径、比照、条件、起因、目的。fK正是“是……的”结构所要强调的内容。其形式特点如下所示：

①强调辅块：DB＋是＋fK’＋E’＋的。

例7. 谢云是这样看这个问题的。(手段)

例8. 我原来是这样设计的。(手段)

例 9. 因为搞艺术的人就是这么生活的。(手段)

例 10. 车都是找各单位赞助来的。(手段)

例 11. 我们之间的交流几乎是用手势来完成的。(手段)

例 12. 75 岁的郭催莲女士是坐着轮椅赶来的。(工具)

例 13. 白蚁是以木材为食物的。(工具)

例 14. 化学性消化是通过消化液的化学作用实现的。(途径)

例 15. 磁体之间的互相吸引是通过磁场发生的。(途径)

例 16. 我是清河毛纺厂退休的。(条件)

例 17. 谢云是四川来的。(条件)

例 18. 我是七九年的十二月六号走的。(条件)

例 19. 周恩来直接抓粮食工作，是从 1959 年开始的。(条件)

例 20. 我跟上海体委的第一份合同是 1997 年签的，第二份是 2001 夏季签的。(条件)

例 21. 他是到民族危亡、山河破碎而后来自觉参加革命的。(条件)

例 22. 夜鹰的这种休眠现象，是由于气候和食物条件的变化而产生的。(起因)

例 23. 西方国家的社会问题都是由于家庭关系薄弱引起的。(起因)

例 24. 这是为了研究相对论建造的。(目的)

例 25. 这些委员会也都是为了拉选票搞选举的。(目的)

在强调辅块的"是……的"结构中，强调条件(时空条件)的语料相对较多，强调比照的则相对较少。强调辅块时，DC 中的 E'一般不省略。

②强调受事：DB＋是＋E'＋JK2'＋的。

例 26. 他是去见女朋友的。

例 27. 我知道他是冲着我来的。

例 28. 他本来是喝白酒的。

例 29. 他们也是报考电影学院的。

例 30. 我们的一切工作都是为人民服务的。

强调受事时，DC 中的 E'一般不省略。

③强调施事：DB＋是＋JK1'＋E'＋的。

DB＋是＋被＋JK1'＋E'＋的。

例 31. 我接过电话，明白是阿咪打来的。

例 32. 不巧这时电话响了起来，好像是厅长打来的。

例 33. 我的妹妹是父母收养的。

例 34. 体形是父母给的。

例 35. 这个问题是她们怎么也想象不到的。

例 36. 故事是画家们自己编的。

例 37. 我弄不清是谁主动去这么做的。

例 38. 这是我万万没有想到的。

例 39. 当然是我求之不得的。

例 40. 这枚手雷是被他遗弃的。

例 41. 达乌德认为穆萨是被英军折磨致死的。

例 40、例 41 则含有广义对象语义块标识符 l0。强调施事时，DC 中的 E'一般不省略。

(2)用来表示说话人对主语的评议、叙述或描写，全句往往带有一种说明情况、阐述道理、想使听话人接受或信服的肯定语气。

①表叙述，说明情况。

形式1：DB＋是＋E'＋JK2'＋的。

例41. 这一带都是出租房子的。

例42. 和我住一个院的，是做装置的。

例43. 我也是搞艺术的。

例44. 这个落魄文人也是"北漂"分子，是写诗的。

例45. 他是付出了很大心血的。

例46. 爱人是做小生意的。

例47. 还是可以给我一点帮助的。

例48. 做这份工作，是需要有一些"牺牲"精神的。

例49. 他是没有机会发现我的。

一般来说，DC中的E'一般不省略。

形式2：DB＋(JK1')＋是＋E'＋的。

例50. 有些人你是见过的。

例51. 对于发生过的事情我大部分是知道的。

例52. 这是可以预料到的。

一般来说，DC中的E'一般不省略，有时候JK1'可以省略，如例52。

②表评议、描写的：DB＋是＋u＋的。

例53. 任何困难都是有益的。

例54. 在中国做一名职业画家注定是苦难的。

例55. 参加考前辅导班或许是必需的。

例56. 不会觉得自己的生活是神秘的。

例57. 精神上的折磨和煎熬才是最大的！

例58. 觉得自己还是挺幸运的。

例59. 身份等级在中国是非常重要的。

例60. 说在这儿只有冲过去或是被淹死这两条路是有道理的。

例61. 再请经纪人是行不通的。

例62. 我们之间是没有任何结果的。

例63. 是没有出头的机会的。

例64. 京城的漂泊艺人之多是全国出了名的。

例65. 那是海淀那边儿的呗。

例66. 你中学是哪个学校的？

例67. 你想像中的画家是什么样的。

例68. 画面是黑白的。

例69. 我觉得画家村的形成完全是偶然的。

例70. 尽管体操服是低胸的。

例53～例70转换前都是简明状态句，转换前形式均为SB＋是＋SC。DC大部分情况下是u概念。

从以上分析，我们可以看出在“是……的”的两种结构中，一般情况下，DC都是块扩，不可以省略E’。在“是……的”的第二种结构(评议描写类)中，一般情况下DC都是u概念。

3　“是……的”结构的教学研究

汉语学习者在习得“是……的”结构的是否判断句时，常常出现以下几种问题。

(1)回避使用“是……的”结构

在学过“是……的”这一语法以后，在对留学生语料进行考察时，我们发现“是……的”结构出现的频率并不是很高，而出现这种现象的原因大多是因为他们不了解“是……的”结构其内在的语义语用规则，因此觉得可以用其他句型代替“是……的”结构。

(2)“是……的”结构中错误地省略了“是”：

例71a. *我们采访和记事都直接的。

例72a. *他很唠叨，果然西方人非常热情的。

例73a. *找到这些问题的答案更重要的。

例74a. *一般很多人以为有双眼皮的人很漂亮的。

以上各句应改为：

例71b. 我们采访和记事都是直接的。

例72b. 他很唠叨，果然西方人是非常热情的。

例73b. 找到这些问题的答案是更重要的。

例74b. 一般很多人以为有双眼皮的人是很漂亮的。

(3)混淆了只包含“是”的是否判断句与包含“是……的”结构的判断句

留学生在使用“是……的”结构的是否判断句时，常常混淆它与只包含“是”的是否判断句。

①该用“是”的用了“是……的”：

例75a. *学校的名字是首都师范大学的。

例76a. *于老师每次邀请的时候，必不可少的阶段是喝酒的。

例77a. *我们都以为这真是太委屈的。

以上各句应改为：

例75b. 学校的名字是首都师范大学。

例76b. 于老师每次邀请的时候，必不可少的阶段是喝酒。

例77b. 我们都以为这真是太委屈了。

②该用“是……的”的用了“是”：

例78a. *钱包是黄色。

例79a. *那是我也是不知道。

例80a. *爱是什么？这个是没有回答。

以上各句应改为：

例78b. 钱包是黄色的。

例79b. 那是我也是不知道的。

例80b. 爱是什么？这个是没有回答(答案)的。

针对以上问题，我们提出了以下关于“是……的”结构的教学建议：

第一，汉语教师要明确“是……的”的语用条件。“是……的”结构主要用在要强调已然动作相关的某一方面，而非动作本身。据不完全统计，语料中强调时间条件辅块和空间条件辅块的"是……的"强调句最多。应将其作为教学的重点内容。此外，在表达肯定的语气时，特别是说话人对DB的评议、叙述或描写时，也需要用"是……的"结构的是否判断句。

第二，明确"是……的"结构中"是"省略的条件。在"是……的"的第二种结构中，特别当DC是u概念时，可以同时省略"是""的"，但省略后，就失去了表示肯定的语气的作用。所以在表示肯定语气时，要同时使用"是""的"。此外，学生在学习中，没有把"是……的"当成一个固定的结构来学习，因而在比较长的句子里，丢掉了"的"或"是"。所以教师在教授过程中，一定要明确"是……的"的语法功能，把它当成一个固定的结构输入给学生。

第三，明确"是"与"是……的"的不同。二者的语用条件不同。前者表示事物等于什么或属于什么，表示事物的特征、质料、情况，表示事物的存在。它不带有表示强调或想使听话人接受或信服的肯定语气的功能。特别是当DB和DC都是不含句蜕的简单构成时，DB和DC的核心要素的概念类别一般是一致的。比如："中国的首都是北京。"DB中国的首都和DC北京的概念是一致的。而"是……的"结构的是否判断句DB和DC之间的概念类别一般是不一致的。比如："钱包是黄色的。"DB钱包和DC黄色之间属于两类不同的概念。此外，大部分情况下，"是……的"结构的DC都是块扩，如果不是块扩，那么DC表示的也是u概念，所以，在"是……的"结构中，DB和DC在概念上往往不具有一致性。

第四，教学操作方法。"是……的"结构的教学可以采用以下两种方法：

(1)教学中教师可以用完成句子的形式给出语境，把要强调的语义块用否定的形式引导出来：

他不是去学习汉语的，他是——

他不是冲着你来的，他是——

他本来不是喝啤酒的，他是——

我是报考电影学院的，他们也是——

我们的一切不是为自己的，都是——

(2)教师还可以使用"提问—回答"的方式来操练此句型，即用疑问词代替所要强调的内容，学生在回答问题时使用"是……的"强调句，例如：

你是什么时候来中国的？——

你是怎么来中国的？——

作文是谁写的？——

可乐是被谁喝完的？——

HNC是为自然语言理解处理而建立的语言表述模式，用它的句类体系开展句子语义研究，可以使语言学的研究成果更符合自然语言理解处理的需要，事实证明，HNC理论也可以用于第二语言教学的分析和研究。这一理论的不断完善也必将带动第二语言教学理论的发展和完善。

参考文献

[1]齐沪扬，张秋杭．2005."是……的"句的研究述评．广播电视大学学报(4).

[2]赵淑华．1979.关于"是……的"句．语言教学与研究(1).

[3]吕必松．1979.关于"是……的"结构的几个问题．语言教学与研究(1).

[4]张宝林．1994."是……的"句的歧义现象分析．世界汉语教学(1).

[5]倪兰.2002.“是……的”结构话语功能.语文学刊(3).
[6]石定栩.2003.理论语法与汉语教学——从“是”的句法功能谈起.世界汉语教学(2).
[7]刘月华，潘文娱等.2005.实用现代汉语语法(增订本).北京：商务印书馆.
[8]苗传江.2006.基于 HNC 句类体系的句子语义研究.语言文字应用.
[9]黄伯荣，廖序东.2000.现代汉语.北京：高等教育出版社.

谈 HNC 的知识表示方法

王慧兰

解放军外国语学院中文系　洛　阳　471003

huilanlovelife2000@yahoo.com.cn

摘　要：本文以转换生成语法、HNC 理论以及神经认知语言学三种形式语言学理论为研究对象，在符号主义和联结主义认知观的框架下，从自然语言知识表示方法的角度对上述三种理论进行了对比研究。通过对比，本文试图确立 HNC 理论在语言学体系中的坐标：HNC 理论是涉及句法、语义以及语用三个层面的形式语言学分支，在一定程度上为我们搭建了联通句法、语义和语用三个层面的形式化平台，在知识表示方法上兼采用了符号主义与联结主义方法，取得博采众家之长之效。

关键词：HNC，知识表示，符号主义，联结主义

1　自然语言理解与形式语言学

自然语言理解的过程可以分为形式化、算法化、程序化三个步骤，语言学家关注的主要是语言知识的形式化部分。一个人的语言知识可以分为音系、词法、句法、语义和语用等不同层面，这些知识构成了一个人的语言能力。本文主要关注的是句法、语义及语用这三个层面的语言知识表示。我们可以简单地用下面的坐标系表示由形式句法学、形式语义学与形式语用学三者共同构成的广义的形式语言学体系。

以乔姆斯基为代表的形式句法学，主张整个语言中的句子虽然是无穷多的，但所有句子都是由有限的一些短语按照明确的规则投射而成的。一部语法就是一组形式规则，给每个句子指派一组结构描写就可以得到合法的句子。而广义的形式语义学主要研究句子的真值条件语义，同时也研究词义的结构、词义间关系(传统词汇语义学的研究范畴)以及推理等。形式语用学是运用形式化手段研究语用问题的学科，他们借助逻辑学以及人工智能的符号、模型和理论，用形式化的手段研究语义语用界面现象，其研究对象包括指示语、预设、焦点、语力、含义、语用推理、话语结构等。

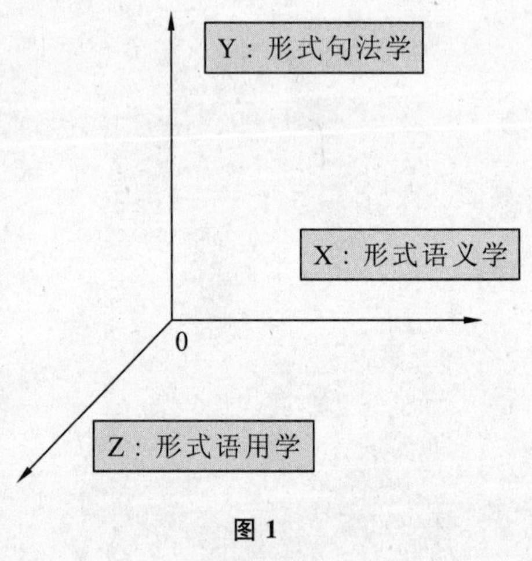

图 1

从横向角度看，有的理论学派横跨句法、语义乃至语用多个领域。蒙太格语法学派(Montague Grammar)正是这样一种横跨句法、语义及语用领域的形式化理论。蒙太格语法由美国逻辑学家蒙太格创立，属于逻辑语法各流派中最有影响的分支理论。蒙太格语法以自然语言的句法、语义乃至语用等方面的内容为研究对象，又从现代逻辑的角度把自然语言看作是可以通过构造形式句法系统及形式语义模型的方法来处理的研究对象，其理论来源包括生成语法、古典范畴语法、逻辑语义学以及内涵逻辑。其基本思想可以概括为：逻辑语言和

自然语言的通用语法；句法和语义的对应原则和意义的组合原则等。以蒙太格语法为开端，先后产生了广义量词理论(Generalized Quantifier Theory)、话语表征理论(Discourse Representation Theory)、情境语义学(Situation Semantics)、动态语义学(Dynamic Semantics)、类型—逻辑语法(Type-Logical Grammar)以及关于自然语言理解的加标演绎系统(Labelled Deductive Systems for NLU)等一系列自然语言逻辑理论。

下例用一阶谓词逻辑的方法实现自然语言的形式化表示：

设有前提：

(1)每个大学生都读过《三国演义》。

(2)小王是大学生。

令 S(x)：x 是大学生；P(x)：x 读过《三国演义》；

前提(1)是一个全称命题，其谓词公式为：$\forall x(S(x) \rightarrow P(x))$

其中，$S(x) \rightarrow P(x)$ 为 $\forall x$ 的辖域。

前提(2)的谓词公式表示为：S(a)

与蒙太格语法相比较而言，我们认为 HNC 理论与蒙太格语法的相同点在于，HNC 理论也是形式语言学的分支之一，而且同样涉及句法、语义、语用三个层面，在一定程度上为我们搭建了联通句法、语义和语用三个层面的形式化平台。两种理论的区别则存在于理论目标、语言知识表示方法等诸多层面。

2　符号主义与联结主义的自然语言知识表示方法对比

上文我们根据各种形式语言学理论所研究的语言层面不同，把形式语言学解剖为形式句法学、形式语义学以及形式语用学。下文我们将从形式语言学理论所采用的语言知识表示方法的角度，对比分析符号主义与联结主义理论在自然语言理解领域的应用。

从人工智能的角度看，虽然目前的计算机智能与图灵标准还相差甚远，但是让计算机获得部分人类的智能(尽管这种智能在本质上与人类智能有区别)，其中包括语言能力，早已不是梦想。计算机要实现智能就必须具备形式化的知识，知识的形式化主要有三种方法：符号主义、联结主义和行为主义。符号主义从人脑的宏观心理层面入手，以智能行为的心理模型为依据，将问题或知识表示成某种逻辑网络，采用符号推演的方法，模拟人脑的逻辑思维过程。联结主义从人脑的生理层面入手，以智能行为的生理模型为依据，采用数值计算的方法，模拟脑神经网络的工作过程。行为主义则主张通过模拟人和动物在与环境的交互、控制过程中的智能活动与行为特性来实现智能，提出智能只能放在环境中才是真正的智能。在自然语言理解领域，符号主义方法是目前该领域最常用的知识表示方法，其中上文的逻辑语法就是符号主义的代表方法之一。乔姆斯基的转换生成语法也是符号主义的方法。

转换生成语法提出了一个普遍语法假设：认为人类大脑中与生俱来的那部分语言知识包含有世界上所有自然语言的共同特征，这部分知识主要是语言形式结构方面的，即句法方面的知识，被称为普遍语法(Universal Grammar，UG)。而音系、词法、语义、语用等方面的知识则主要通过后天习得。生成语法的理论目标就在于证明 UG 假设。生成语言学家研究语言的一个方法论前提便是句法化(syntacticization)，句法化是指对每一个可能与句法结构有关的现象从句法的角度进行分析。

在生成语法系统(管辖与约束理论)中，一个句子的推导要经过以下四个步骤(图 2)：

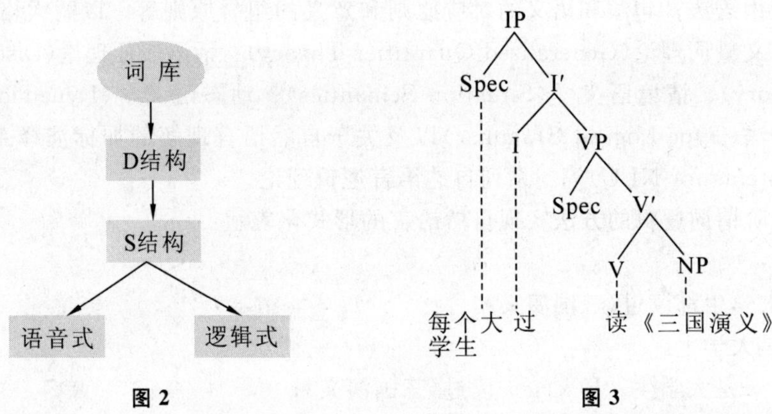

图 2　　　　图 3

图3以“每个大学生都读过《三国演义》”为例，演示转换生成语法的句处理模式。在该系统中，IP、Spec、VP、V、NP等语言符号是句处理模式的基本构成单位，被用于作为心智表征外部世界的标志。这些语言符号按照一定的语法规则(比如转换规则)与某一深层句法结构相匹配，经过一系列的转换与移位操作后形成表层句法结构，比如V to I的移位操作使得深层结构中处于低层的动词“读”提升至I(屈折)位置，形成了“读过《三国演义》”这一表层结构。语法规则在系统运作过程中始终占据了主导地位。

20世纪80年代以后，联结主义理论作为与经典符号主义观点相对立的认知观点而引起了学界关注，联结主义认为人类大脑神经网络的运行机制与现有的以冯·诺依曼架构为基础的计算机的运行机制是不同的，联结主义以类似神经元的节点(node)为基本构成部分，节点与节点之间的关系不再建立在一系列语言规则之上，而是通过激活、调整权重等操作实现节点之间的联结。

神经认知语言学就属于联结主义模式，该语言学流派以神经科学和脑科学的研究成果作为立论基点，认为语言系统的运作基于神经网络系统的工作原理，而且语言的习得和应用过程正是神经网络中的激活传递和激活扩散过程。该理论建立了与神经网络工作原理保持高度一致性的自然语言表征体系——关系网络(Relational Network)。这个关系网络是一张极为庞大的动态立体网，把大脑中的语言系统分为音系层、词汇—句法层以及语义层三个层面，自下而上共包括音位网络、词汇网络、句法网络、概念语义网络以及感知运动系统。图4(摘自刘宇红《语言的神经基础》)是语言表征的认知大拱门。

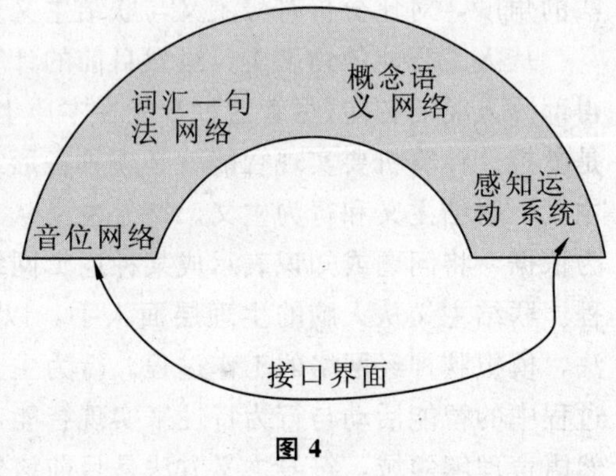

图 4

为了更好地与转换生成语法以及HNC进行比较，我们重点关注关系网络中的句法网络这一子网络的运作模式。

句法网络以基本的连元单位(nection)为基础，连元单位不是语言单位，而是大脑中基本的神经模块(basic neurological module)，是大约一百个神经细胞组成的微型六面体，由于在功能实现的过程中总是步调一致，所以把它们近似地看作一个微型单位，在图示中被表示为节点(node)。

图5是句法网络对“每个大学生都读过《三国演义》”的句法表达，三角符号表示的是合取

操作，比如最上层 CL 子句向下实现为 NP 与 VP 的有序组合，而 NP 与 VP 有序的激活信号共同向上解读为子句。图示中的空心小圆圈表示空节点，例如 Det 与空节点经过析取操作可以部分激活其上层节点 NP，接下来，NP 与 Vt 经过合取操作可以有序激活 VP 节点。

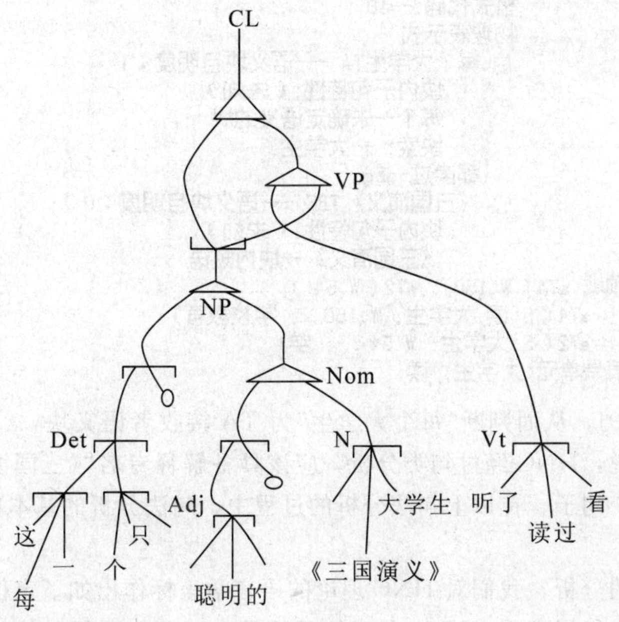

图 5

以上分析可知，在关系网络中，基本的操作单位不再是语言的各类符号，而是连元单位(连元单位包括部分在大脑中有神经基础的语言单位，比如名词、动词的区分，同时也包括非语言单位)。在关系网络中，语言规则的作用非常有限，句法结构的形成不再依靠转换规则，起主导作用的是通过激活机制实现的连元之间的合取与析取操作。

我们认为，以上讨论的转换生成语法以及神经认知语言学之间的种种差异根源于两种语言学理论在理论目标上的不同追求：转换生成语法的理论目标在于验证 UG 假说，解释有限的句法规则如何生成无限的句子，而神经认知语言学的理论目标则在于探讨语言运作的神经基础，以符合儿童语言发展规律为宗旨，以不悖于神经网络的工作原理和现代脑成像技术的可验证性为准则。二者在自然语言理解领域的地位与作用都不能忽视，符号主义方法更便于在现有计算机上实现，而联结主义方法则更贴近人脑处理语言的真相。

3　HNC 的语言知识表示方法

上文探讨了转换生成语法与神经认知语言学中关系网络理论的差异，与前二者相比较而言，HNC 理论的独特之处何在呢？我们首先利用 HNC 句类分析器的分析结果展示 HNC 在自然语言处理过程中所做的部分工作：

“每个大学生‖都读过‖《三国演义》。”

HNC 句类分析器对该句的分析结果如下：

我们获得了例句的句类表示式：！0 T19J＝TA＋T19＋TBC(针对性接收句)，以及该句的领域知识，同时还可以获取每个词的 HNC 符号。

分析的过程可以简单解释为：首先搜寻句子的主要动词，即全局特征语义块“读过”(如果一个子句中存在多个动词，还需要根据系列规则判断动词的优先级)。全局特征语义块可

```
⊟ 检验后句子结果
    语句自明度:--全局通过，局部中至少有一个块未作处理
    语句特性:未定义
    句类代码:--T19J
    格式代码:--!0
  ⊟ 物理表示式
    ⊟ 每个大学生TA ---语义块自明度：1
        块内子句特性:（未知）
        每个--未确定语义的块
        块素: --大学生
      都读过--Eg
    ⊟ 《三国演义》TBC ---语义块自明度：0
        块内子句特性:（未知）
         《三国演义》--块内短语
⊟ 领域:a74( W:150); a72( W:54 );
    a74( S:读,大学生; W:150  ; 学校教育)
    a72( S:大学生; W:54   ; 学)
  情景单元:大学生; 读;
```

以激活句类框架T19J，从而判断“每个大学生”为TA接收者语义块，《三国演义》为JK2即TBC。从理论上来说，HNC经过句类分析，应该具备解释专名“《三国演义》”的能力，从而帮助计算机理解这个句子。在以上句法分析的过程中，句法分析的基本单位是语义块，基本操作是激活和联想。

通过以上实例的分析，我们对HNC理论的语言学坐标作出如下定位：

首先，从理论目标层面看，HNC的理论目标是，以概念联想脉络为主线，建立一种模拟大脑语言感知过程的自然语言表述模式和计算机理解处理模式，使计算机获得消解模糊的能力。在知识库的建设中，可以集中并且比较具体地体现HNC理论目标的独特性。HNC在知识库建设过程中坚持三条根本原则：第一条原则是把知识分为概念、语言、常识及专业三个独立层面；第二条原则是将服务目标定位于自然语言模糊消解；第三条原则是知识库建设以句类知识为核心。基于这三条原则，HNC的知识表示以服务概念之间关联程度的计算为核心，遵循句类分析过程中“中间切入，先上后下”的原则，通过句类分析获得预期知识从而达到消解模糊的目的。

其次，从知识表示方法的角度看，由于理论目标的差异，HNC在自然语言知识表示的方法上采用了有异于逻辑语法、转换生成语法以及神经认知语言学的方法。我们认为HNC兼用了符号主义与联结主义的知识表示方法：一方面，HNC采用演绎的方法，基于现有计算机结构，通过类别符号、层次符号以及组合结构符号的组合，构建了自然语言概念空间的符号化表述体系，与此同时还实现了横跨句法和语义层面的句类表述体系以及语用层面的语境框架的符号化表述体系；另一方面，HNC构建的语义网络以概念基元为基本单位，可以实现概念之间的联想功能，可以算作是简单、部分地模拟了人脑的认知机制，并且在句法分析过程中，HNC以语义块为分析单位，以语义块为句类的函数，利用“中间切入”的激活操作来完成句类分析，从而实现自然语言理解。联想和激活，这二者作为联结主义的基本理念，在HNC理论中具有举足轻重的地位。

综上所述，HNC理论是涉及句法、语义以及语用三个层面的形式语言学分支，在一定程度上为我们搭建了联通句法、语义和语用三个层面的形式化平台，在知识表示方法上兼采用了符号主义与联结主义方法，取得博采众家之长之效。

4　余　论

本文以转换生成语法、HNC理论以及神经认知语言学三种形式语言学理论为研究对象，在符号主义和联结主义认知观的框架下，从理论目标以及自然语言知识表示方法的角度对上述三种理论进行了简要的对比研究，在对比中试图寻找HNC的语言学坐标。应该说，这种对比能够帮助我们从另一种角度来认识HNC，但同时我们也意识到这种对比是具有一定局限性的，因为本文仅仅将HNC与转换生成语法、关系网络这两种形式语言学理论进行了对比，而且仅从知识表示方法的角度我们仍无法全面地展示HNC的思想精华所在。为了更深入地探讨HNC的语言学坐标，我们需要展开更多层次与角度的对比研究，需要更多样化语言学理论的参与，才能将HNC放入一个更具有立体感的语言学坐标体系之中，从而给HNC一个更准确的定位。

参考文献

[1]黄曾阳．1998．HNC(概念层次网络)理论——计算机理解语言研究的新思路．北京：清华大学出版社．

[2]蒋严，潘海华．2005．形式语义学引论．北京：中国社会科学出版社．

[3]晋耀红．2006．HNC(概念层次网络)语言理解技术及其应用．北京：科学出版社．

[4]刘宇红．2007．语言的神经基础．北京：中国社会科学出版社．

[5]苗传江．2005．HNC(概念层次网络)理论导论．北京：清华大学出版社．

[6]温宾利．2002．当代句法学导论．北京：外语教学与研究出版社．

[7]张克亮．2007．面向机器翻译的汉英句类及句式转换．开封：河南大学出版社．

[8]张韧弦．2008．形式语用学导论．上海：复旦大学出版社．

[9]周燕．2000．符号主义与联结主义认知模式比较研究．中山大学研究生学刊(3)．

面向自然语言处理的语言本体研究[①]

姚爱钢　易绵竹

解放军外国语学院国防语言文化研究所　洛　阳　471003

yag112@126.com

摘　要：本体是人工智能、知识工程、自然语言处理等领域的研究热点之一，但目前研究主要集中于技术层面，缺乏哲学层面的思辨。本文探讨了自然语言处理需要怎样的语言本体以及如何构建这样的语言本体等问题，并尝试建立一个基于本体的俄汉语基本句库。

关键词：自然语言处理，本体，语言本体，俄汉语基本句库

本体一直是哲学研究的基本课题之一。自 20 世纪末至 21 世纪初，国际计算机科学及人工智能学界多次举办关于本体的专题研讨会，本体成为人工智能、知识工程、自然语言处理等领域的热门研究课题。同时，构建领域本体逐渐成为许多专业领域知识表示、知识管理、知识共享、知识复用的主要方式之一。

本文认为，WordNet、FrameNet、HowNet、俄罗斯学者图佐夫(В. А. Тузов)建立的语义词典、鲁巴什金和拉胡季(В. Ш. Рубашкин & Д. Г. Лахути)编纂的概念词典、HNC 理论的概念树、冯志伟先生为日汉机器翻译研究而设计的知识本体系统 ONTOL－MT 等都属于语言本体(language ontology)。俄裔美国学者 V. Raskin 与 S. Nirenburg 倡导建立本体语义学，主张以本体为核心构建静态知识源，描述人处理语言信息时所使用的各种知识。本文拟探讨自然语言处理需要怎样的语言本体以及如何构建这样的语言本体等问题，并尝试建立一个基于本体的俄汉语基本句库。

1　Ontology 研究不能缺少哲学思辨

近年来，国内计算机科学领域关于本体的研究文献日益增多，但许多研究者在指出该术语出自哲学领域之后，往往倾向于强调其引入计算机科学、信息科学后新增的特点，甚至有人认为它完全具备了新的含义。这种认识并不全面。本体被引入计算机科学之后的确具有了新的特点。但是，正如俄罗斯学者鲁巴什金(2005)所指出的，虽然表面上看使用 ontology 这一术语有一定的偶然性，但该术语在计算机科学及相关领域兴起并迅速得到广泛认可决不是偶然的。比如，如果当初有人提出使用情报学中的术语 thesaurus 来命名这个概念模型，可以想象它不会得到广泛的认可。因为 thesaurus 的概念体系形式化方法，对于基于知识的系统而言是不够的。Ontology 这一术语取自计算机科学之外的领域，一方面，它没有其他不必要的附加意义，另一方面，对于了解其哲学内涵和演变历史的人而言，它正好包含与其新用法相符的内涵，即：对现实世界的一种逻辑－系统化描写和逻辑形式化。这一术语的新用法与以前用法的本质区别在于，它不仅仅是对“存在”定义的逻辑系统化和形式分析，而且还包括对具体概念系统的逻辑分析。这样，可以说该术语的传统内容得到了扩展，不仅关注

①　基金项目：国家社会科学基金项目《俄罗斯应用语言学研究新景观》(05BYY008)。

抽象概念，而且涉及具体概念，同时，它还必须表现为形式化模型，成为可复用的计算资源。鲁巴什金据此认为，Ontology更适合被称为工程本体或计算本体。

本文认为，尽管自20世纪末起在计算机科学等领域兴起了构建本体的热潮，但对本体的研究依然存在不少问题。首先，本体构建方法还远远没有达到完善的程度，还没有一种统一的、得到普遍认可的本体表示语言。其次，目前在计算机领域常见的本体研究多为领域本体构建，由于一直缺乏统一的构建本体的标准，许多领域本体使用不同的本体表示语言和本体开发工具。构建领域本体可以充分利用领域的受限性，更易于形式化，保证其完备性和避免矛盾，但是，这种完备性仅相对于所选择的领域和要解决的任务而言，随之产生的问题是：各种本体之间的兼容性很差，各领域的知识表示相互不兼容。因此，一些学者认为，与其研制和改进各种工具来确定独立构建的本体之间的对应关系，不如构建通用的本体，构建通用本体应该成为构建本体的主要方向。最后，目前本体工程的研究成果集中于本体描述语言、实现工具等技术性问题，而对知识提取、知识分类等哲学研究中长期关注的问题较少涉及，缺乏哲学层面的思考。无论是通用本体还是领域本体，从本质上看，都是世界或现实片断的模型，究竟什么样的模型能在最大程度上逼近所要描述的客观世界呢？这才是本体构建中的本质问题。此外，不同领域本体之间的复用、映射等问题并不只涉及描述语言的统一，关键在于认识世界、划分世界的哲学基础是否一致。在本体工程研究中，需要建立统一的基元本体(或顶层通用本体)，以其为基础再建设具体的领域本体，以保证局部本体的兼容性，这应该是今后研究的方向，而这种研究恰恰需要在本体构建中加强哲学层面的思考。

2 自然语言处理需要怎样的语言本体

2.1 知识的分类表示

Ontology这一术语最初被引入计算机科学是出于知识表示的需要，因为计算机科学的发展对知识的形式化描述提出了迫切的要求。为了把知识形式化以便于计算机处理和应用，必须首先解决如何表示各种知识的问题。如果我们认为概念知识、纯语言知识和世界知识等不宜糅在一起表示，那么应该如何把它们分开表示并能相互联系呢？对于这个问题，不同的研究者会采用不同的理论和方法。

HNC理论把知识分为三类：概念层面知识、词语层面知识和常识知识(或世界知识)，并对这三类知识采取不同的知识表示策略和学习方式，建立各自的知识库系统。(晋耀红2006：37)

俄裔美国学者Sergei Nirenburg和Victor Raskin在2004年出版的专著《本体语义学》中提出建立包括本体、词库和事实数据库的静态知识源。书中指出，本体是一个建构的世界模型，它可以作为提取和表征自然语言文本意义的主要资源，使用文本中的知识进行推理。它可以充当自然语言文本意义表征和自然语言文本之间转换的工具，换言之，利用本体可以把自然语言文本转换为形式化的文本意义表征，反过来，也可以根据形式化的文本意义表征生成(转换为)自然语言文本。本体提供一套元语言，用以描述一种语言词汇单位的意义，解释形式化文本意义表征的意义。在格式上，本体表现为一组框架，或称属性－值对。事实数据库(记录世界知识)包含本体概念的实例。例如：本体中有一个概念“CITY”，事实数据库就包括London，Paris或Rome等城市名词条。这样的本体就是一种语言本体，而非领域本体。语言本体独立于具体语言或者说与语种无关(language－independent)，只有这样才可能为各种语言所共享。与具体自然语言有关的信息记录在词库中，词库和本体之间是一种映射的关系。

本体语义学还强调，在宏观上可以采取把知识分类表示的策略，但不同知识之间并非界限分明，可以根据不同任务的需要决定知识描述的广度和深度。例如，世界知识对消除词汇歧义和指称歧义很有作用，在事实数据库中关于事件和客体的知识越多，分析器就越有可能找到消歧所需的信息。不同应用系统对静态知识源的使用有所不同。机器翻译对世界知识的要求较低。信息提取则不仅要依赖对输入的分析，还要依赖存储的世界知识。在机器翻译中，分析和生成是系统处理的主要内容，其需要使用的世界知识没有信息提取或问答系统那么多。因为完全可以期待机器翻译用户自己填充输出文本中的暗示知识，这样就可以保留原文中一些模糊或歧义的表达，直接将其反映在目标文本中。

本体语义学用框架表示本体中的概念，以下是一个本体概念PAY(支付)的例子：

PAY(支付)

definition(定义)	value(值)	"to compensate somebody for goods or services rendered"(为货物或给予的服务补偿某人)
agent(施事)	sem(语义)	human(人)
	relaxable-to(可放宽至)	organization(组织)
theme(主题)	default(默认)	money(钱)
	sem(语义)	commodity(商品)
	relaxable-to(可放宽至)	event(事件)
patient(受事)	sem(语义)	human(人)
	relaxable-to(可放宽至)	organization(组织)

在上面的本体概念描述中，PAY(支付)、HUMAN(人)、COMMODITY(商品)、AGENT(施事)、THEME(主题)和PATIENT(受事)等是本体概念名称。DEFINITION(定义)、AGENT(施事)、THEME(主题)和PATIENT(受事)是属性。如果说概念是框架，属性就是框架中的槽。每个属性可能有几类填充物(filler)作为它的值，它们实际上是各种选择限制，这些限制被称为FACET(刻面)，常用的刻面有：VALUE(值，用于记录事实)，SEM(语义限制，可以是另一个概念或文字、数字、数量范围)，DEFAULT(默认，它是对某个属性最常见或最符合预期的限制，其填充物总是SEM填充物的一个子集)，RELAXABLE－TO(可放宽至，它指出在什么范围内可违反SEM中所列的选择限制)。当一个属性有多个刻面时，如果DEFAULT(默认)的填充物可用，程序首先试图匹配该选择限制。如果不能匹配，则使用SEM(语义)的限制，如果仍不能，则使用RELAXABLE-TO(可放宽至)的限制。

2.2　形式化知识表示语言

选择合适的知识表示语言对于构建本体至关重要。对于语言本体而言，由于其包含知识的复杂性，对知识表示语言的要求更高。一些研究者指出，本体构建者总是过于依赖自己的母语。因为自然语言是概念的符号化，概念必须通过某种具体语言来表达，用自己的母语表达概念是本体构建者最便捷的方式。由于自然语言的歧义性和模糊性，它不能胜任知识表示语言的角色。因此，尽管在构建本体时必然要借助某种自然语言(通常是构建者的母语)，但必须对其进行结构化和形式化，或将自然语言表示的概念转换为形式化的符号，并在两者之间建立映射关系。

HNC设计了一套便于计算机使用的符号，主要由数字、字母组成。俄罗斯学者图佐夫设计的语义元语言则是物理符号与俄语词汇的组合。图佐夫(2004)的语义语言具有如下特点：第一，它是一种与自然语言等价的、语义完全形式化的抽象语言，只有计算机可以用这种语言进行交流，它与任何一种自然语言都没有直接联系；第二，它是一种形式化的计算机语言，文本意义可以通过它表征为便于计算机理解的形式。

鲁巴什金和拉胡季(1998、2005)建立的概念词典也有自己的一套形式化表征语言，他们选择了逻辑型语言，并认为，概念词典的构造取决于语义表征语言的选择，而只有使用逻辑型语言才能对词语之间的意思联系进行充分、有序的形式化描述。他们的这一观点过于绝对。逻辑语言并非唯一适合表达语义的形式化语言，而且自然语言文本的一些要素在逻辑表达式中原则上根本不可能存在，或者不具有等价的词汇单位，但这些要素对于正确建立句子的语义表达式却是必要的。

马丁诺夫(B. B. Мартынов)自20世纪七八十年代起就致力于面向计算机运算的通用语义码(универсальный семантический код，简称УСК)的研究，并不断完善УСК编码，在2001年出版的《语义编码原理：知识表征与转化实验》中提出УСК－6。УСК的特点是：它的每一个代码组合链都具有唯一的意思；它能通过代码链的形式转换来表述新概念；它是一个演绎系统，其语义不是靠社会“契约”赋予的，而是从通用的公理集演绎而得出的，或者说是计算出来的；它具有自己的语义表征和转换手段。(B. B. Мартынов 2001：44，李锡胤2009)УСК－6采用X、Y、Z、W作为原语/概念基元(primitive)，X是主体、有目的的活动者，Y是工具，Z是客体，W是结果(B. B. Мартынов 2001：45)。举一个简单的例子：((XY)Z)((ZW)Y)表示X通过Y对Z起作用，结果创造出W，即X创造W。УСК具有一整套这样的代码链清单，并且还可以根据具体的应用领域对这些代码链进行扩充。需要指出的是，((XY)Z)((ZW)Y)实际上是((X→Y)→Z)→((Z→W)→Y)的简写。

2.3　如何构建语言本体

本体的构建是一项复杂的知识工程，知识工程或者基于知识的系统往往存在开发费用高的难题。所以，如何在知识获取、编辑整理等过程中尽可能地实行自动化，最大限度地减少人力支出等都是本体开发中不可忽视的问题。面向自然语言处理的的语言本体涉及的不仅仅是某个受限领域的知识，其知识组成不像某个学科那样相对完整和明确，因而开发语言本体比一般的领域本体更复杂。除了理论准备之外，本体构建需要各种开发工具，包括编辑界面、语料库、统计处理工具、机读词典、数据库管理系统和知识获取指南等。由于本体构建是一项大规模的知识工程，它必须由一个团队共同完成，因此还需要考虑人才培训、工作进程的统一安排、质量控制等问题。

国外不少研究者根据其工程实践经验总结了构建语言本体的方法。鲁巴什金和拉胡季(1998)指出，在建立概念词典时，需要首先解决以下几个基本的理论与方法问题：对自然语言的词汇进行功能合理且便于模拟的分类，确定词典描述项的组成；划定语义原语与具有语义派生关系的概念之间的边界，对派生术语需要进行形式化解释；确定支配语义模式的描述方式。

S. Nirenburg和V. Raskin(2004)总结了以下构建本体的步骤：在本体最顶层进行最普遍的概念分类；获取一套比较详细的属性，作为表征系统的基元(如格角色、物理客体和事件的属性)，因为在其他本体概念的分类中要使用这些属性；获取本体概念的典型实例，为其他概念的分类提供模板；获取本体概念的实例，展示在本体分类中如何使用所有的表达手段。

本体语义学采取本体和词库分开的方式，因此本体中概念的获取和词库中词汇的获取是两个分开进行而又紧密相关的工作。S. Nirenburg 和 V. Raskin(2004)列出了本体概念的获取步骤：决定是否值得为某一个意义引入一个概念；在本体中为这个概念找一个位置，即在本体已有概念中确定其父概念、兄弟概念。规定新概念的属性，保证它的属性与其父概念、子概念和兄弟概念不同。在描述一个本体概念时，编纂人员最低限度地修正已有概念，生成新的概念。这样，与父概念或兄弟概念的定义相比，新概念的定义往往只需修改一小部分属性和属性值。扩展候选概念清单的方式有两种，一种是演绎法、聚合法或领域驱动法，比如，当概念层级中添加了一个概念后，就可以收集它的兄弟概念；另一种是归纳法、组合法或语料驱动法，就是添加词汇或短语。当需要新概念来描述一些新词或新短语时，可在语料库中验证。词库中词汇的描述方法为：

多义化简：决定每个词的几个意义应被收入一个词条。阅读词库中每个词义的定义，尽可能合并意义，使剩下的意义数量最少；

句法描述：描述词汇每个意义的句法信息；

本体匹配：通过把每个词义映射到一个本体概念、一个属性、一个参数值或上述几项的任何组合来描述词义；

调整词汇的约束：如果需要，对概念属性或参数提出约束；

链接：把一个词义的句法或语义属性连接起来。

3 基于本体的俄汉语基本句库

我们以俄罗斯学者 Л. А. Бабенко 主编的《俄语动词句：实验句法词典》(以下简称《句典》)为基础，参照 HNC 句类理论和本体语义学理论，拟构建一个基于本体的基本句类体系，并以其为基础，建立一个俄汉语基本句库。HNC 句类划分的基础是主体基元概念，它是 HNC 概念树的主体部分。《句典》中则主要依据俄语动词语义场划分出俄语的句类。我们把 HNC 的主体基元概念和俄语动词语义场视为语言本体的重要核心部分，以其为基础建立基于本体的句类体系。这样，可以构建一个句类体系与语言本体、词库相互联系的语言知识资源。

这个句类体系以本体为基础，具有跨语种共性。由于各种语言具有各自的特点，所以在划分具体子类时，如果以多种语言作为参照可能更有利于寻找共性。我们从俄汉两种语言的角度，为建立和描述句类体系进行一些尝试。参考《句典》和 HNC 句类，建立句类体系及其对应的概念和常用动词等，同时以汉语为参照语，验证概念和句类体系是否具有跨语言共性，同时通过俄汉语料考察各种句类的特点。在 HNC 中，句类划分的基础是主体基元概念，在《句典》中则依据动词语义场，本质上二者都可以看作是基于本体的句类体系。《句典》的句类体系完全依据俄语动词语义场划分句类，所得出的句类体系只包含动词句。首先把动词句分为三大类：行为句、状态句和关系句。每一类再继续划分子类。除了动作作为述体形成的动词句之外，名词、形容词、副词作谓语的句子多数表示状态、性质和特征，也可归入已有的类别(大多可归入状态句的子类)。这样，我们初步建立俄汉基本句库的句类体系包括三大句类：A 行为句，取自英语 art，S 状态句，取自英语 state，R 关系句，取自英语 relation；基本句类：A1 自身转移句或者自身位移句(强调主体自主的位置变化)，A2 客体转移句或客体位移句(强调客体的位置被移动)，A3 放置句，A4 物理作用句，A5 创制活动句，A6 心智活动句，A7 言语活动句，A8 社会活动句，A9 生理机能句；S1 存在句，S2 性质状态句；R1 相互关系句，R2 领属关系句，R3 人际关系句，R4 社会关系句。在基本句类之下，进一步划分句子子类。

下面以物理作用句为例，说明俄汉基本句库中对句子子类的具体划分和描述。《句典》把对客体的物理作用分为：击打、施压、触摸、变形、清除、加工、损伤、负面影响、解脱、摆脱、使充满、联结、参合、分离、拆卸。相应地，物理作用句(行为句的一个子类)之下再划分出分别表示上述物理作用的句子。

句类描述的基本内容如下：

与句类对应的本体概念：由俄、汉单词或词组命名。

句类表示式：句子的语义结构，由语义角色组成，最终将借鉴 HNC 理论和马丁诺夫的通用语义码 УСК 等，把句子的语义结构转化为字母、数字组成的表示式，便于计算机识别和使用。

句类知识：句类中各语义成分的概念优先性知识(对各语义角色的选择限制)。根据句子语义结构各成分的区分性(即主体、谓语动词、客体、工具的分类)划分句子的子类。此句类在俄汉语中的特殊句式和翻译转换时的规律等。

篇幅所限，仅试举一例：

A44. 表示 изменение положения(改变)的句子

句类表达式：主体－改变动词－客体 A44＝S＋V＋O

基准谓词：изменять，改变

谓词列表：(略)

分为以下几个子类：

(1) 人、动物、无生命体改变客体形状，如 засучить рукава(卷起袖子)；

По грязи шёл парнишка，босой，с засученными выше колен штанами.

小伙子裤腿卷到膝盖以上，光着脚在泥里走。

(2) 人、动物、无生命体改变客体的空间状态，如 кренить(使倾斜)；

Ветер слегка кренил лодку. 风把船吹得有点倾斜。

(3) 人、动物、无生命体改变自身的空间状态，如 клониться(倾斜、下垂、下落)；

Дерево клонится земле. 树弯向地面。

Солнце клонилось к западу. 太阳偏西了。

(4) 人、动物改变身体或部分身体的状态；

Солдат вытянулся перед командиром. 战士直挺挺地站在指挥官面前。

(5) 植物改变空间状态；

Эта пшеница не полегает. 这种小麦不倒伏。

表示组合意义的句子：

(6) 人身体的某部分由于一定的生理原因而改变状态(人的身体某部分做主语)；

Ноги у меня подкосились от страха и слабости. 腿由于害怕和虚弱弯曲发软。

(7) 人因处于一定的情感状态而改变身体(头)的状态(人作主语)；

Девушка потупилась от смущения. 姑娘窘得低下头去。

目前，俄汉语基本句库的构建刚刚起步。今后，我们将借鉴 HNC 理论和马丁诺夫的通用语义码 УСК 等，用一套便于计算机运算的符号(数字、字母等)来描述概念体系，形成句类代码。

参考文献

[1]冯志伟．2005. 从知识本体谈自然语言处理的人文性．语言文字应用(4).

[2]黄曾阳．2004. 语言概念空间的基本定理和数学物理表示式．北京：海洋出版社．

[3]李锡胤．2009. 浅介(俄)В. В. Мартынов 教授《通用语义符码 УСК-3》中的基本思路．俄语语言文学研究(3).

[4]晋耀红．2006. HNC(概念层次网络)语言理解技术及其应用．北京：科学出版社．

[5]姚爱钢，武斌，易绵竹．2005. 基于语义词典的俄语语义自动分析研究．自然语言理解与大规模内容计算．北京：清华大学出版社．

[6]Nirenburg S.，and Raskin V. 2004. Ontological Semantics. Cambridge，MA：MIT Press.

[7]Бабенко Л. А. и др. 2002. Русские глагольные предложения：экспериментальный синтаксический словарь，М.，Флинта.

[8] Мартынов В. В. 2001. Основы семантического кодирования. Опыт представления и преобразования знаний. Мн.：ЕГУ.

[9]Рубашкин В. Ш.，Лахути Д. Г. 1998. Семантический（концептуальный）словарь для информационных технологий(1). НТИ，Сер. 2，(1，5，7).

[10] Рубашкин В. Ш.，Лахути Д. Г. 2005. Онтология：от натурфилософии к научному мировзрению и инженерии знаний. Вопросы философии № 1.

[11] Тузов В. А. 2004. Компьютерная семантика русского языка. СПб.：Изд-во СПбГУ.

标点句的独立性判断[①]

张瑞朋

中山大学国际汉语学院　广　州　510275

zhangrp@mail.sysu.edu.cn

摘　要：判断标点句的独立性是研究跨标点句关系的前提。标点句句首没有名词性成分时，句子常常不独立，但当句首有名词性成分时，句子有时也不独立，本文主要讨论标点句句首有名词性成分时如何判断句子的独立与否。

关键词：标点句，独立性，判断

1　引　言

本文所说的标点句，指的是现代汉语书面语篇章中近邻的两个标点之间的词串。这里所说的标点，包括逗号、句号、分号、叹号、问号、冒号[②]。其他标点符号这里暂不涉及。汉语的句法分析研究基本上以单句为对象，但在真实语料中，汉语单句边界的自动确定是很困难的。计算机处理汉语的前提是汉语的形式化，因此标点句自然而然就成了计算机处理汉语句子的基本单位。

标点句的边界是清楚的，但很多标点句的句法成分不完整，需要到上下文语境中去寻找。如果一个标点句 a 中的成分 A 和 C 有某种句法关系，A 又与另一个标点句 b 中的成分 B 有句法关系，那么 A 称为共享成分，AB 是跨标点句的句法结构，标点句 a 称作原配句，标点句 b 称作续配句。例如：

我租了一个房间，a

　打算在香港住几个月。b

b 句是一个述宾结构，描述的主体仍然是 a 句中的“我”，所以说 b 句的述宾结构共享 a 句的主语“我”，“我”和 b 句的述宾结构是主谓关系，所以 a 和 b 有跨标点句的主谓关系，其中 a 是原配句，b 是续配句，共享成分是“我”，原配成分是“租了一个房间”，续配成分是“打算在香港住几个月”。把 b 句换行排在共享成分“我”的后面，这种表示方法叫换行缩进表示法，它能清晰明了地表示出两个标点句之间的句首成分共享情况。

2　为什么要判断标点句的独立性及标点句不独立的几种情况

判断标点句的独立与否是进一步确定跨标点句关系的前提，因此它也是整个跨标点句句法共享问题的组成部分。

这里所说的标点句句法结构完整不完整，独立不独立，不是只孤立地就这一个标点句看，而是还要看它的上下文。当句首没有名词性成分时，句子常常不独立，但当句首有名词

① 本文得到中山大学2008年年度人文社会科学青年研究基金项目资助，项目号18000-3171911。

② 宋柔：《现代汉语书面语中跨小句的句法关系》，香港城市大学语言资讯中心，1999。

性成分时，句子有时也不独立，所以要判断标点句是否独立。句首有名词性成分时标点句不独立主要有以下几种情况：

(1)原配句和续配句是主谓关系

①续配句共享原配句主语。例如：

苏小姐听了他的话，①

心里直刺痛。

②续配句共享原配句宾语。例如：

鸿渐翻开其中一本，

扉页上写：

“给懿——作者。”

③续配句共享原配句定语。例如：

陆子潇的外国文虽然跟重伤风人的鼻子一样不通，

封面上的 Communism 这几个字是认识的。

(2)原配句和续配句是动宾关系，续配句共享原配句谓语动词。例如：

汪先生叹惜家里的好厨子逃难死了，

现在的用人烧的菜不能请客。

(3)原配句和续配句是定中关系，续配句共享原配句定语。例如：

鲍小姐的嘴唇暗示着，

身体依须着。

(4)原配句和续配句是状中关系，续配句共享原配句状语。例如：

他这几天吃鱼肝油丸，

身体精神好转。

其中第一种情况，两个标点句是主谓关系时，续配句不独立的情况最多，所以本章讨论标点句的独立性判断主要是针对这种情况。

跨标点句的句法分析问题尚无系统性方法，使得汉语长句分析和长句生成效果很差，并已经成为汉外机器翻译和汉语理解等深层次汉语处理应用系统的瓶颈。标点句是否独立如果判断不清，将会影响整体共享研究的效率，并且影响汉外机器翻译的效率。

3 所用到的词类及相关概念

(1)器官名词：表示人体器官部位的名词叫器官名词。如：脸、手、鼻、耳、头、身体。

(2)属性名词：表示人或事物的某种性质的名词叫属性名词。分两类：抽象情感感受类，如：思想、意见、想法等；具体属性类，如：红色、声音、规模、大小、交通等。

(3)心理名词：表示与心理有关的名词。如：心理、心头、心、心上。

(4)方位词：表示方向和相对位置关系的名称的词，语境中一般要有其参照的名词。方位词包括单纯方位词和合成方位词。单纯方位词有：东、南、西、北、上、下、前、后等。合成方位词有：以东、以南、之东、之南、东边、南边、南面、西面、上头、下头等。由于单纯方位词不常独立使用，续配句句首的方位词主要指合成方位词。

(5)狭义处所词：包括上述方位词和表示处所的名词短语，这些名词短语多由名词+某

① 文中例句划横线的是原配句中被共享成分，划波浪线的是续配句中的共享成分。

些方位词组成。如：报上、身旁、天上等。续配句句首是狭义处所词时，与原配句发生共享关系。

(6)范围代词：表示择取或范围的代词。如：有的、有些。作主语时意义经常不能自足，要依附于其他主体。

(7)派生关系：名词和名词之间有整体和部件、全体与部分、个体与属性、人与其衣着、人与其使用品以及空间参照关系、人际参照关系等。续配句句首名词是器官名词、属性名词、范围代词、狭义处所词等时，与原配句名词常有派生关系。它们在意义上不能自足，在语句中出现的时候，语义上和句法上都要依附于一个主体。其中的器官名词、属性名词也即传统语言学中所说的一价名词。例如：

他吃美国鱼肝油丸、德国维他命片，a
　身体精神好转，b
　脸也丰满起来。c

原配句 a 中的主语“他”和续配句 b 句、c 句中的句首名词“身体”“脸”有整体和部件关系，也即这些名词有派生关系。

(8)参与关系：前句主语 a 和后句主语 b 靠后句所在句的动词联系，可能 a 是施事，b 是受事，也可能 b 是施事，a 是受事、地点等。例如：

她的声音既温柔又圆滑，
　　　范文博听了以后心里很舒服。

此例中续配句“范文博”是专名，意义上自足，能独立存在，但是结合上句看，应该是“她的声音范文博听了以后心里很舒服”。“她的声音”在意义上是后句谓语动词“听”的宾语，是受事，“范文博”是施事，“她的声音”和“范文博”靠后句动词“听”联系起来，是参与关系。

续配句句首有名词性成分时，原配句与之发生关系，经常是原配句的名词成分和续配句句首的名词成分有派生关系或参与关系。派生关系的发生可以从形式上找到特征，参与关系的发生则常常要依靠具体语境来判断，很难从形式上把握。所以下面主要讨论派生关系发生的条件。主要包括续配句句首是器官名词、属性名词、狭义处所词。

4　续配句与原配句发生派生关系的条件

4.1　续配句句首是名词

4.1.1　器官名词

我们调查了《围城》20 多万字语料，以人体器官名词开头的标点句与原配句发生的共享情况，如下表：

表 1　器官名词开头的标点句独立情况

	符合条件的句数①	与原配句发生共享的句数(不独立)	不独立比例
器官名词	343	314	91.25%

例：他忽然省悟阿刘的用意，
　　脸都羞热了。

① 符合条件的句子，即标点句以左边所列词为句首，且不是独词句，且标点句的前边一般是逗号。下同。

其余不与原配句发生共享的句子共32句，有以下原因：

(1)对话中，因为双方明白所谈对象，所以上下文可以不交待。例如：

孙小姐扭头抖开他的手道：

"讨厌！

鼻子都给你拧红了。"

(2)器官名词在句中做定语、定语的定语或定语从句的主语，使器官名词所在语言成分倾向于表达通指意义。例如：

心理分析学者一听这话就知道潜意识在捣鬼。

心理名词"心理"在句中做定语，它所在的短语"心理分析学者"表示通指的一类人群"心理分析学者"。

(3)描述人物心理活动。例如：

鸿渐暗想，

为什么可爱的女孩子全有父亲呢？

她孤独的一个人可以藏匿在心里温存，

拖泥带水地牵上了父亲、叔父、兄弟之类，

这女孩子就不伶俐洒脱，

心里不便窝藏她了，

她的可爱里也就掺和渣滓了。

(4)表示一种通指。例如：

原来一般中国旅馆的壁，

又薄又漏，

身体虽住在这间房里，

耳朵像住在隔壁房里的。

在《围城》中，以器官名词开头且不与前句发生共享的共30句，上述各种原因所占句数如下表：

表2 例外情况

	句 数
(1)对 话	9
(2)作定语	5
(3)心理活动	5
(4)通 指	5
(5)省 略	6

4.1.2 属性名词

属性名词中的抽象情感感受类与前句共享和不共享的情况基本相持平，个别词与前句发生共享比率较小，倾向独立，比如下表"办法"。

大陆小说中统计结果如下表：

表 3　属性词开头的标点句独立情况

属性词	符合条件的句数	与前句发生共享的句数(不独立)	不独立比例
思　想	334	207	61.98%
意　见	233	160	68.67%
总　数	895	492	54.97%
关　系	174	93	53.45%
办　法	154	32	20.78%

这些词大多出现在评论性和赏析性文章中，所以全篇会有一个已为人知的大主题，造成这些词一部分不独立，与前句发生共享；但文中这个主题又不一定时时出现在上文中，所以又造成一部分词独立，不能与前句发生共享。

4.2　续配句句首是代词

续配句句首是范围代词

当句首是普通名词或人称代词、指示代词时，大多不与前句发生共享，但以下情况却与前句有共享关系：

(1)原配句主语和续配句主语有参与关系。例如：

她的文章很深刻，

　　　　我们看了很受启发。

续配句共享原配句“她的文章”。“我们”是施事，“她的文章”是受事。

(2)当续配句句首是范围代词时，表示前句某个主体的范围，共享原配句名词主体。

这些范围代词必须依附于某个主体而表示范围或择取。根据北大《语法信息词典》，这些范围代词有：有的、有些、前者、后者、各个、各自、彼此、自己；一大半、一少半、大多数、大部分、少数、多数、少部分、多半、少半、绝大部分、绝大多数、全部、若干、少量、少许、一多半、半数、大半、对半、一对半、好些、一部分、部分。例如：

那些学生卷子上写的外国名字很神气，

　　　　　　　　　　　　有的叫亚利山大，

　　　　　　　　　　　　有的叫伊丽莎白，

　　　　　　　　　　　　有的叫迭克。

听众大多数笑，

　　少数都张了嘴惊骇。

《围城》中以这些范围代词或数量短语开头的句子与前句共享情况如下表：

表 4　以范围代词开头的标点句独立情况

续配句句首词	符合条件的句数	与原配句发生共享的句数(不独立)	共享比例(不独立)
有　的	1	1	100%
有　些	1	1	100%
彼　此	23	16	69.57%
自　己	130	70	53.85%

续 表

续配句句首词	符合条件的句数	与原配句发生共享的句数(不独立)	共享比例(不独立)
一大半	1	1	100%
大多数	3	2	66.67%
少　数	1	1	100%
全　部	1	1	100%
大　半	1	1	100%
一部分	1	1	100%
合　计	164	95	89%

其中不与原配句发生共享的有69句，原因主要是：

(1)上述范围代词作定语，后面有名词，可以表示独立概念的，共7句。例如：

大多数学生看一看批的分数，

就把卷子扔了。

(2)叙述体中，以主人公视角叙述，由于特殊的语境条件，不用交代代词所指主体，属于省略，共58句。例如：

方鸿渐……才知道留学文凭的重要。

这一张文凭仿佛……

自己没有文凭，

好像精神上赤条条的……

总结：人称代词和指示代词为首的标点句倾向于独立存在，不与前句发生共享；范围代词倾向于与前句共享。

4.3 续配句句首是狭义处所词

狭义处所词表示参照某个事物或地理位置的处所，通常要附属于一个主体，这个主体往往是一个已知的位置，它与狭义处所词形成整体与局部的关系。所以，当续配句句首是狭义处所词时，常与原配句发生共享。

我们调查了《围城》中当续配句句首是狭义处所词中的方位词时，与原配句发生的共享情况，如下表：

表5　以方位词开头的标点句独立情况

续配句句首词	符合条件的句数	与原配句发生共享的句数(不独立)	不独立比例
方位词	227	170	74.89%

例：他拉开抽屉，

里面是排得整齐的白卡片。

其余59句因为以下原因不与前句发生共享：对话中，可以省略掉双方共知的信息；心理活动；方位词是主语的定语或定语从句的主语或主语从句的定语；泛指；由于特殊的语境环境，双方明白所指。

在《围城》中，“下面”“外面”独立存在的较多，大多都是因为在特殊语境中，双方明白所指。

(1)由于特殊的语用环境，双方明白方位词所指。例如：

吕校长鞠躬请他演讲，

下面一阵鼓掌。

(2)对话中，指称成分省略。例如：

李梅亭道：

“下面全是一样的，

没有什么可看了。”

(3)方位词作定语。例如：

早餐刚过，

下面餐室里已忙打第一圈牌。

5　小　结

综上所述，当一个标点句以非名词性成分开头时，常常不独立；当一个标点句以器官名词、属性名词、疑问代词或方位词为首时，也经常不独立存在，要与原配句发生共享，原配句某成分与这些词形成整体和部件、全体与部分、个体与属性、人与其衣着、人与其使用品以及空间参照关系、人际参照关系等。从形式上找到一些标点句独立与否的规律，能促进跨标点句句法共享问题的研究，提高机器翻译结果的正确性和流畅性。

参考文献

[1]刘月华等．2006．实用现代汉语语法．北京：商务印书馆．

[2]宋柔．1992．汉语小句前部省略现象初析．中文信息学报(3)．

[3]宋柔．1999．现代汉语书面语中跨小句的句法关系．香港城市大学语言资讯中心．

[4]张瑞朋．2007．现代汉语书面语中跨标点句句法关系约束条件的研究．北京语言大学博士学位论文．

网络流行语的叙事特点及功能①

邹春燕[1]　张茂元[2]

[1]华中师范大学外国语学院　武　汉　430079　zouchunyan@mail. ccnu. edu. cn

[2]华中师范大学计算机科学系　武　汉　430079　zhangmy@mail. ccnu. edu. cn

摘　要： 本文以《南方日报》新闻为例，引出网络流行语普遍化和复杂化的事实。而后以网络流行语为研究对象，首先从哲学、认知和语言的角度阐述了网络流行语叙事的可能性。网络流行语是“反应”世界的工具，这是它们可以叙事的哲学基础。网络流行语实际是一种以部分代整体的转喻机制在叙述一个事件，这是网络流行语可以叙事的认知基础。由于叙事文的“能指”可以有不同的层次，以词、词组或者小句为存在方式的网络流行语也是叙事文的一种，这是网络流行语可以叙事的语言基础。在证明了网络流行语具有叙事性的基础上，本文总结了网络流行语叙事的快节奏、幽默和隐喻式的特点。这些特点集中在一种语言形式上，使得网络流行语在传播速度和表达方式上都具有其他媒介语言所不能比拟的优势。本文最后从逻辑、介质和聚合三个方面细化了网络流行语的叙事功能，即网络流行语以符号逻辑的方式和隐喻式的叙事手段表达民众对某个社会事件或政治事件的态度和观点，且不仅仅局限于事件本身，而是扩展到一系列与此事件相同或相似的人和事上，从而形成聚合效应。

关键词： 网络流行语，叙事特点，叙事功能

1　引　言

7 月 25 日，“桥刚强”又粉墨登场了。四川沱江一座 40 年的老桥地震后被宣布为危桥，用了 380 公斤炸药爆破却依旧耸立。这个新角儿比“猪坚强”又多了几分威武。不知它们会不会让人类汗颜，也许“范跑跑”真该改写他的语录了。今年真是一个多事之秋，虽然政府“很好很强大”，可中学生淫亵，平民袭警，恐怖分子作乱，又实在“很黄很暴力”。民生也多艰，数着存款盼着房价跌，可房产商偏偏用高于一层楼的横幅打出标语：房价不会跳水，只是在“做俯卧撑”！沮丧之余，顿感自己“很傻很天真”。算了，还是做“杨不管”吧，顾好自家的柴米油盐，缺了就出去“打酱油”。以上这段话引自南方日报 2008 年 7 月 31 日 XB03 版《“雷词”爆炸，幽默也是一种心理养分》，其中加上引号的词都是网络上使用频率很高的流行语，即所谓的“雷词”。这些词汇最早出现在网络上，再经过报纸、电视等媒体成为大众使用的语料。本文试从叙事学的角度来分析这些“雷词”的特点及功能。

2　网络流行语叙事的可能性

美国叙事学家华莱士·马丁认为叙事“无所不在”。美国叙事学家阿瑟·阿萨·伯杰与华莱士的观点不约而同——“我们的一生都被叙事包围着，尽管我们很少想到这一点。我们听到、读到或看到(或兼而有之)各种传闻和故事，我们就在这些传闻和故事的海洋之中漂游，从生到死，日日如是。”(Berger，1997：1)。哲学家维特根斯坦认为语言的功能不在于反映世界，而是像使用工具一样对世界作出应对。因此语言的功能是“反应”而不是“反映”。(陈

①　基金项目：国家社科基金(06BYY029)，华中师范大学丹桂计划资助项目(华师行字〔2009〕513 号)。

嘉映，2003：188)网络流行语是一种特殊的语言，当然是“反应”世界的工具，这是它们可以叙事的哲学基础。

一个事件的发生，可以包含很多的行为要素和事体要素，我们仅用其中一个要素和部分要素就可以表达整个事件。(王寅，2007：247)语言是叙述事件的主要工具，而网络流行语是叙述我们身边的热点事件的工具之一。例如“拼爹游戏”这个事件中，可能会包括很多个动作，如做大生意、挣钱、开公司、有地位、有朋友、动用关系等，这个事件中也会涉及很多人物，如某某、某某的同学、某某的爸爸、某某的爸爸的朋友等。根据人们的常规体验和认识，这些动作和人物之间存在一些规律性的结合，因而构成了一些行为链，如某某有一个爸爸，某某的爸爸是做大生意的，某某的爸爸挣了很多钱，某某的爸爸开了一个大公司，某某的爸爸非常有社会地位，某某现在是大学生，某某在学校里表现平平甚至很差，某某的同学家境一般但学习刻苦，某某和某某的同学快要毕业了，某某的爸爸出动社会关系，某某的爸爸的朋友安排或接受了某某到单位工作，某某找到了一个很好的工作，某某的同学的爸爸因为没有社会关系而不能帮他找到工作等。这些行为链已经成为我们头脑中的框架知识，而网络流行语只使用了这个框架中的部分环节，如“某某的爸爸的朋友安排或接受了某某到单位工作，某某找到了一个很好的工作，某某的同学的爸爸因为没有社会关系而不能帮他找到工作”，而其他的环节就缺省了。这实际是一种以部分代整体的转喻机制在叙述一个事件。而缺省的信息与转喻机制有着共同的认知基础，因此人们可以依靠缺省信息，借用相关的要素来理解整个事件。这是网络流行语可以叙事的认知基础。

网络流行语，一般是以词、词组或者小句的方式存在。它们也是叙事文体的一种，是因为“叙事文中的能指有不同的层次，它可以是一个字，也可以是一句话或者一个段落”(胡亚敏，2004：223)。如“做人不能太 CNN”中能指与所指的吻合表现在叙述者能够直抒胸臆，直接地表述自己的观点和态度；而很“囧”不仅表述叙述者的表情，还可以暗示叙述者的心理状态；又如“打酱油”的叙述者并不是真的出门去打酱油，而是表示一种“事不关己，高高挂起”的处世原则。这是网络流行语可以叙事的语言基础。

3　网络流行语的叙事特点

网络流行语根据其来源可以分为两种，一种是直接引用事件当事人所说的话，比如“打酱油”，“很黄很暴力”；一种是网友的发挥创造，比如“囧”，“槑”，“做人不能太 CNN”，“猪坚强”，“范跑跑”等。这些语言之所以成为流行，一方面是拜互联网强大的传播功能所赐，另一方面也因为这些词汇都在以一种特殊的叙事方式完成一般词汇力不能及的对人们好恶与爱憎的表达。

网络流行语是一种快节奏的叙事手段。从“很好很强大””到“很黄很暴力”，从“虎躯一震，三分走人”到“我是出来打酱油的”，网络流行语总是你方唱罢我登场，各领风骚数十天，以最快地反应叙述热点的事件。“做俯卧撑”从一篇新闻报道中不起眼的几个字成为风靡网络的流行语，只用了几个小时的时间。这种速度是目前其他叙事方式所无法媲美的。

网络流行语也是一种幽默的叙事手段。与西方民族比较而言，中华民族在幽默感方面要含蓄和保守一些。但是互联网普及以后，这种状况在逐渐改变。有学者曾说过西方人是在危险当头幽默，而中国人是在危险过去后幽默。这些网络流行语或戏谑，或嘲讽，或借题发挥，或添油加醋，或曲径通幽，或形神兼备。无论是恶搞还是雷词，都是以一种特殊的幽默方式叙述着身边的社会大舞台上每天上演的不同剧目。这是网络流行语能迅速传播和普及的重要原因，也是叙事手段多元化的直接体现。

网络流行语还是一种隐喻式的叙事手段。在五花八门的网络流行语中，时政类词汇的喷吐量最大。隐喻式的叙事手段选择性地表达了民众对某个社会事件的观点。比如"范跑跑"一词。称之为"跑跑"并不是一种支持或反对的态度的直接体现，而是一种争议性的、分享性的态度。每个人都可以用这个词叙述不同的信息，而且这种隐喻性的信息传递会让人们联想到更多的意义。

4 网络流行语的叙事功能

叙事已不仅仅是文学理论研究的对象，而成为人们存在的一种方式了。叙事已经跨越了文学文本的范畴，而与整个历史、社会和文化联系起来。詹姆逊认为，叙事是"一种社会象征行为"，即叙事是对社会现实矛盾的反映和再现。叙事手段的多元化是人类意识形态发展到一定阶段，单一化思想体系处于逐渐消解过程后的必然产物。

语言是叙事的基本手段和形式。网络流行语则是网民乃至普通民众表达思想的基本手段和形式。这些词汇已经成为体现民众思想的一个观测点。每一个流行词汇一方面叙述着一个社会热点事件，另一方面也表达了民众关注现实，介入现实的态度和意识。例如，"打酱油"一词源自广东某市民就"艳照门"事件接受采访时说的一句："我是出来打酱油的"。片段播出后，各大网络论坛迅速出现了"酱油族"。这个词的出现，不仅叙述了这样一个社会事件，也体现了一种事不关己高高挂起的态度。而且当这个词在其他的语境中被重复使用时，所表达的还有更多的东西，比如个性、讽刺或是幽默。这是一种由这个词背后的叙事所表达出只可意会不可言传的内容。因此，网络流行语具有不同于一般词汇的叙事功能。这种功能可以细化为以下三种：

4.1 逻辑功能

叙事艺术的逻辑功能在不同的叙事作品和叙事手段中具有不同的形态。在网络流行语中所体现的逻辑主要是符号逻辑。语言本身就是用来表达思想的符号，但是，一般情况下，人们是通过语言的意义来理解思想。但是网络流行语除了这个基本的符号逻辑以外，还有一种特殊的形式。例如"囧""靐"。乍看这两个词，很难理解想表达的是什么意义。"囧"，读音jiǒng，本义是"光明"的意思。这个字的突然火爆，起源于某知名论坛里的一篇关于TVB女演员胡杏儿的讨论帖。在跟帖回复中，有人竟将胡杏儿在某部电视剧里的表情与"囧"相等同。随后，这样一个字在网络上被赋予更多的意义，并发展成为一种奇特的网络文化。因为这个字的字形像一张人脸：里面的小"八"字被视为眉眼，"口"字被视为嘴巴，所以，网友们便给这个符号赋予了新的逻辑——"尴尬""无奈""真受不了""被打败了"等。所以人们在想表达这些情绪的时候，就不需要使用大量的文字，而直接使用这样一个符号直观、形象地叙述心态。有人把它称之为"21世纪最牛的一个字"。"靐"(音"并")字更加厉害，由三个"雷"字叠加而成。《康熙字典》中这样解释"靐"：靐靐，形容雷声。网络语言里，"雷"是指看到某些事物，脑子里忽然"轰"的一声，感觉像被雷电过一样。而"靐"堪称"雷"的最高境界，这个符号所要叙述的就是像同时被三个雷劈到一样的感觉。这样的符号逻辑是以一种看似不合逻辑的符号表达一些比较抽象、不易于表达的情绪。现代社会的节奏和压力使人们压抑的情绪不容易被释放出来，这样的网络流行语，借助形象的符号，以最简洁的方式完成着叙述复杂心情的任务。这样的例子还有很多，比如"槑"(音"梅")本是古汉语中"梅"的异体字。由两个"呆"组成，被网友当作"很呆很天真"的意思使用。"ORZ"(网络上的表情符号)看起来像是一个人跪倒在地上，低着头，简单而传神。一开始用来表示悔恨、无力回天等意思，随后渐渐延伸出钦佩、崇拜、受不了、“被你打败了”等多种含义。

4.2 介质功能

前面提到，在众多的网络流行语中，涉及时政的词汇是最多的。现代社会是一个言论自由、思想开放的社会，人们对某个事件的态度可以很直接，可以很婉转，可以很讽刺，也可以很幽默。网络流行语正是在这样一种环境下以隐喻式的叙事手段表达了民众对某个社会事件或政治事件的态度和观点，从而成为大众青睐的表达介质。例如，“做人不能太 CNN”。这句话起源于美国有线电视新闻网(CNN)网站及其他一些西方媒体对西藏暴力犯罪事件的不实报道。面对错误，面对张冠李戴，面对造假，面对偏见始终不承认，让更多的中国人看到了一些西方媒体的真面目。CNN 就成为了错误、造假、张冠李戴、虚假、无知、偏见的代名词，而且这个代名词获得了很多中国人的认同。所以，“做人不能太 CNN”成功地叙述了中国人对西方媒体甚至是一切造假、虚伪现象的态度。

4.3 聚合功能

网络流行语所叙述的事件一般都具有很强的社会效应和代表性。聚合功能就是指网络流行语产生以后其叙事的功能不仅仅局限于事件本身，而是扩展到一系列与此事件相同或相似的人和事上，从而形成聚合效应。例如，“山寨””一词源于广东话，是一种由民间 IT 力量发起的产业现象。其主要特点表现为仿造性、快速化、平民化。主要表现形式为通过小作坊起步，快速模仿成名品牌，涉及手机、数码产品、游戏机等不同领域。这个词在网络上迅速流行并将一系列善打擦边球，经常行走在行业政策的边缘的现象都聚合到这个词身上，因此出现了“山寨春晚”“山寨礼服”“山寨机”“山寨明星”等“山寨文化”的词语。再如，“被就业”源于一位没有找到工作的大学生偶然发现自己在学校的就业信息上登记为已就业。“被”字迅速成为叙述“不知情”“不愿意”等情绪的重要类词缀，“被自杀”“被增长”等词汇也很快在网络上窜红。

5 结　语

随着网络流行语的迅速普及和大量使用，越来越多的学者开始担忧人们不再尊重严谨的汉字语言文化，大量的网络语言会造成语言的失范。事实上，我国的词汇量每年都以 300 字的速度递增。语言的生命是鲜活的，一样需要新陈代谢。网络流行语以其快捷、生动、叙事功能强大的优势影响着我们，但同时它也有着鲜明的阶段性，因为它所叙述的内容总是和特定时期的事件和人物相关。不断涌现出的网络新词淘汰着时过境迁的旧词，这正是语言的生命力所在。

参考文献

[1]Berger, A. A. 1997. *Narratives in Popular Culture, Media, and Everyday Life*. Newbury Park, CA: Sage.

[2]阿瑟·阿萨·伯格. 2000. 通俗文化、媒介和日常生活中的叙事. 南京：南京大学出版社.

[3]陈嘉映. 2003. 语言哲学. 北京：北京大学出版社.

[4]董小英. 1997. 叙事艺术逻辑引论. 北京：社会科学文献出版社.

[5]胡亚敏. 2001. 论詹姆逊的意识形态叙事理论. 华中师范大学学报(11).

[6]胡亚敏. 2004. 叙事学. 武汉：华中师范大学出版社.

[7]王寅. 2007. 认知语言学. 上海：上海外语教育出版社.

第二部分

知识库资源建设及其应用

语义互联网与《新编同义词词林》

冯志伟

教育部语言文字应用研究所

http：//www.lingviko.net.feng/feng.htm

摘　要：本文分析了语义互联网与《新编同义词词林》的关系，说明了《新编同义词词林》的编写工作是建立在知识本体的基础之上的，充分考虑到语义互联网建设的需要。

关键词：互联网，语义互联网，本体词汇，知识本体，新编同义词词林

最近，鲁东大学在《同义词词林》的基础上，重新编写一本同义词词林，叫做《新编同义词词林》，即将由上海辞书出版社出版。在编写过程中，他们邀请我作为他们的顾问，我根据自己在机器翻译研究中设计的ONTOL-MT本体知识体系，参考《同义词词林》的语义代码，为《新编同义词词林》设计了一个新的代码系统。

1982年7月《同义词词林》出版时，著名语言学家郭绍虞先生为《同义词词林》作序，他从修辞和文法的角度，论述了学习词汇的重要性。他引用《文心雕龙》中的“句之清英，字不妄也”来说明，“古人学文在于记住字和词的用法，这才是一个真正的难关”，他明确指出，“学中文的可以不必从文法入手，但是不能不从这些繁多的词汇入手”；他又指出，像《同义词词林》“这一类词书，看似不讲文法和修辞，但把汉语文法修辞两种学科，都包括在内，经过这具体训练，比学习语法修辞要好得多，因为就实用的意义讲，确实比空谈语法修辞之类的学者要实际”。我完全同意郭绍虞先生的这种看法。《同义词词林》是一个词汇的宝库，当我们写作时感到词穷而难以表达意思的时候，查一查《同义词词林》，我们就会豁然开朗，从中挑选到恰如其分的词语来表达我们的思想，《同义词词林》帮助我们排难解惑，常常使我们体会到“山穷水尽疑无路，柳暗花明又一村”的快乐。《同义词词林》出版25年以来，对于中文写作和外文翻译是非常有帮助的，它成为了我们写作和翻译的好助手。

近年来，语言信息处理需要进行语义的形式分析，急需一套能够反映汉语单词语义特征的代码化的语义系统，而《同义词词林》中的每一个单词都有表示语义的代码，正好是一个代码化的语义系统，因此，语言信息处理学界的专家们把《同义词词林》当作一个宝贵的语言资源，并且把它改造成为计算机可读的电子文本，有力地推动了我国语言信息处理的研究。

然而，《同义词词林》在语言信息处理中的这种作用是郭绍虞先生在他的序中没有提到的，也是《同义词词林》的梅家驹等4位编者在编写时没有料到的；《同义词词林》的初衷是为了写作和翻译而编写的，编者并没有考虑到语言信息处理的特殊要求。因此，在语言信息处理中，《同义词词林》的语义代码往往会出现左支右拙、穷于应付的局面。

在这种情况下，我们深切地感到，需要从语言信息处理的需要出发，同时又要考虑到写作和翻译的需要，在《同义词词林》的基础上，重新编写一本同义词词林。鲁东大学多年来一直进行汉语语料库的研究，他们在词语的语义分类方面做了很多有价值的工作，成绩显著，因此，上海辞书出版社委托他们编写了这部《新编同义词词林》。

我参考《同义词词林》的语义代码，为《新编同义词词林》设计了一个新的代码系统。我在

设计这个新的代码系统时提出了如下 4 个原则：

(1)普遍性原则：对于任何两个意义相同的单词，不管这两个单词属于什么语言，它们在新的代码系统中的概念只有一个。

远在 1949 年，美国洛克菲勒基金会的副总裁韦弗(W. Weaver)在讨论机器翻译的时候就提出，当机器把语言 A 翻译为语言 B 的时候，可以从语言 A 出发，通过一种中间语言(Interlingua)，然后再转换为语言 B，这种中间语言是全人类共同的。我们的代码系统中的概念结点也应当是全人类共同的，它们应当适用于不同的语言，应当具有普遍性。

在普遍性原则的前提下，在编写不同语言的代码体系时，又应当考虑不同语言的特殊性，不过，特殊性是服从于普遍性的。新的代码系统表示的是语义，具有中间语言的性质，我们要首先考虑普遍性，其次才考虑特殊性。

目前这个代码系统只在《新编同义词词林》的编写工作中使用，只局限于汉语，但是，我们在设计代码体系时，是充分地考虑到它的普遍性的，它应当是多种语言共同的、通用的。

(2)完备性原则：新的代码系统中的概念代码应当具有完备性，它们应当尽量能够覆盖人类在自然语言中表达的所有通用的基本概念。

(3)明晰性原则：新的代码系统中的概念代码之间应当是泾渭分明的，它们应当具有明晰的界限，尽量避免交叉或重叠。在使用代码来标注词典的时候，应当尽量把不同的概念明晰地区分开来。

(4)多角度原则：事物从不同的角度观察，可以具有不同的特性，因此，同一个单词也可能具有不同的代码标记，这正说明了事物本身的多义性，应该是正常的。在新的代码系统中，同一个单词可以具有不同的属性，因而可以从不同的角度标注以不同的代码。

这里的第一个原则是“普遍性原则”，我很明确地力图把《新编同义词词林》建立在具有普遍性的“知识本体”(ontology)的基础之上，以便使得《新编同义词词林》能够为新一代的语义互联网(Semantic Web)中的“知识本体”这个层次服务。

2001 年互联网之父蒂姆·伯纳斯-李(Tim Berners-Lee)提出如下的 Web 的体系结构，这样的 Web 叫做“语义互联网”：

在这个语义互联网的体系结构中，Unicode 是国际统一的编码字符集，URI 是英语 Uniform Resource Identifier 的缩写，就是“统一资源定位符”，也被称为“网页地址”(简称网址)，是互联网上标准的资源的地址，XML 是英语 Extensible Markup Language 的缩写，就是“可扩展标记语言”。

RDF 是英语 Resource Description Framework 的缩写，就是“资源描述框架”，NS 是英语 Name Space 的缩写，就是“名空间”，xmlschema 就是 XML 模式。rdfschema (RDF 模式)就是“资源描述框架模式”。

语义互联网体系结构中的 Ontology Vocabulary 就是“本体词汇”，Logic 就是“逻辑”，它使用“描述逻辑标记语言”(Description Logic Markup Language)来进行描述，Proof 就是“验证”，Trust 就是“信任”，“验证”和“信任”是网络传输不可或缺的重要因素，用户与用户之间，用户与网络服务器之间要进行验证，要保持诚信，必须要有“验证”和“信任”，用户与网络服务器之间才可以在网络上传输信息。

语义互联网体系结构左侧的 Self-desc. doc 是 Self-description document 的缩写，就是“自描述文档”，Data 是“数据”，Rule 是“规则”。

特别值得注意的是，在这个语义互联网的体系结构中，“RDF＋rdf 模式”的上面是“本

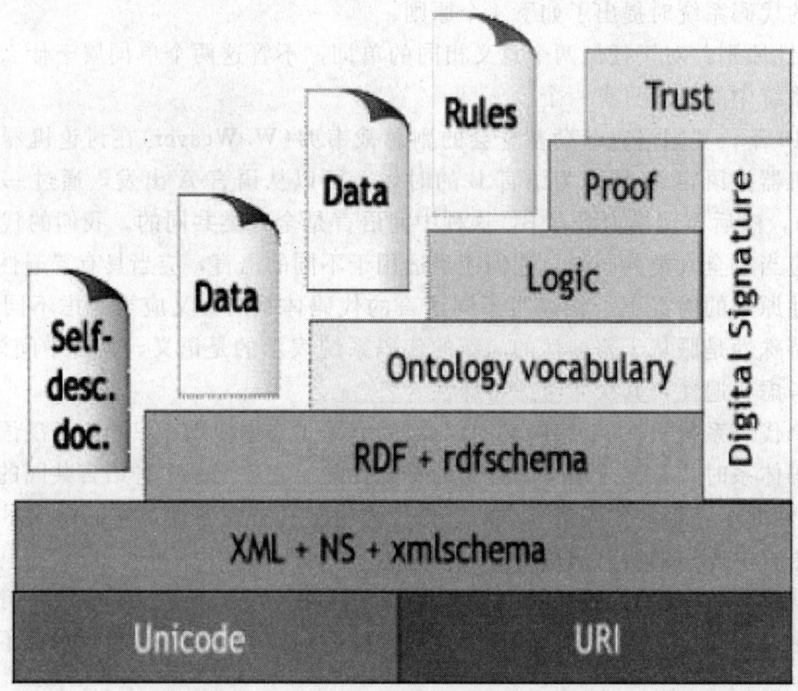

图1 语义互联网的体系结构(2001)

体词汇”(ontology vocabulary),“本体词汇”的上面是“验证”和“信任”,“本体词汇”处于语义互联网的关键层,它属于“自描述文档”,用于表示语义互联网各种信息的概念和语义。由此可见,“本体词汇”在语义互联网的整个体系结构中起着承上启下的联系作用,处于举足轻重的重要地位。采用“本体词汇”来描述语义互联网中各种资源之间的联系,可以克服目前万维网上的信息格式的异构性、信息语义的多重性以及信息关系的匮乏和非统一性等严重问题。

2006年5月蒂姆·伯纳斯-李又宣布,经过十年的努力,万维网联盟(The World Wide Web Consortium,简称W3C)已发布W3C推荐标准80余份,语义互联网已经具备了为达到成功的目标所需要的所有标准和技术,包括作为数据语言的RDF、本体语言、查询和规则语言。

蒂姆·伯纳斯-李在2006年又公布了语义互联网的新的体系结构:

在这个新的体系结构中,“逻辑”层变成了“统一逻辑”层(Unifying Logic),不再局限于使用特定的“描述逻辑标记语言”。在这个体系结构中,Ontology Vocabulary变成了Ontology OWL,我们可以把它翻译成“知识本体”,“知识本体”直接地处于Unifying Logic(统一逻辑)和RDF-S(资源描述框架模式)之间,上承“统一逻辑”,下启“资源描述框架模式”,其承上启下的作用更加明显。由此可见,在2006年新公布的语义互联网体系结构中,“知识本体”的重要性更加突出了。

知识本体是描述概念的,在自然语言中用词或词组来表示,在2001年的语义互联网体系结构中,把知识本体直接称为“本体词汇”,足以说明知识本体与自然语言词汇之间的密切关系,因此,对于语义互联网来说,词的重要性更加突出了,我们在《新编同义词词林》的代码设计中,已经充分地考虑到了词在语义互联网中的重要作用,坚持从知识本体的角度来设计我们的代码体系。我们这样做,一定会受到自然语言信息处理同行的支持。

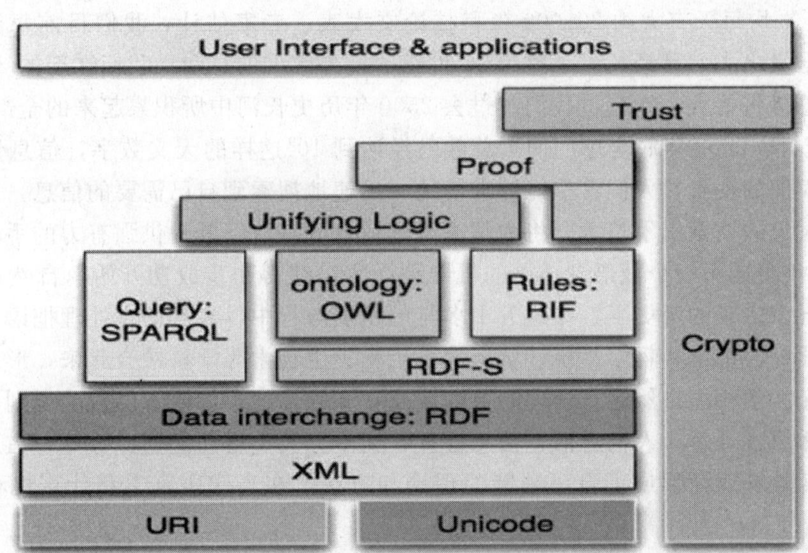

图 2　语义互联网新的体系结构(2006)

据中国互联网络信息中心(CNNIC)统计，截至 2008 年 6 月底，我国的互联网网民人数已经达到 2.53 亿，超过了美国的网民人数，成为了世界上互联网用户最多的国家，成为了首屈一指的互联网大国。

中国互联网络信息中心(CNNIC)统计数据最近又显示，截至 2008 年 12 月 31 日，我国网民数达到 2.98 亿人，互联网普及率达 22.6%。宽带网民规模达到 2.7 亿人，占网民总体的 90.6%。我国域名总数达到 16,826,198 个，其中 CN 域名数量达到 13,572,326 个，网站数约 2,878,000 个，国际出口带宽约 640,286.67Mbps。

由于互联网上使用英语之外的其他语言的人数增加得越来越多，英语在互联网上独霸天下的局面已经彻底打破，互联网确实已经变成了"多语言的网络世界"(multilingual Web)，"多语言"这个特性使得互联网变得丰富多彩，同时也造成了不同语言之间交流和沟通的困难，互联网上的语言障碍问题显得越来越突出，越来越严重。

语言是信息的最主要的负荷者，如何有效地使用现代化手段来突破人们之间的语言障碍，成为了全人类面临的共同问题。"自然语言处理"(Natural Language Processing，简称 NLP)技术包括机器翻译技术、跨语言信息检索技术、多语言问答式信息检索技术、多语言文本的自动分类技术、高效的搜索引擎技术，这些技术是解决语言障碍问题的有力手段之一。由于自然语言是人类历史长期发展的产物，带有浓厚的人文色彩，其结构极端复杂，其使用具有随机性和灵活性，在千百年数亿人的频繁使用中，由于历史长期积淀的差异和人们约定俗成方式的不同，自然语言在词汇层、句法层、语义层、语用层都充满了"歧义性"(ambiguity)，而且自然语言处理技术又往往涉及多种语言，需要语言学、计算机科学、数学等多学科联合攻关，因此就更加复杂和困难。

可以毫不夸张地说，在进入 21 世纪之后，几乎每一个生活在信息网络时代的现代人，都要直接或间接地与自然语言处理技术打交道。不论对于社会政治还是对于经济发展，自然语言处理技术都无疑是一个重要的研究领域。

在信息时代，科学技术的发展日新月异，新的信息、新的知识如雨后春笋般地不断增加，出现了"信息爆炸"(information explosion)的局面。现在，世界上出版的科技刊物达

165,000种，平均每天有大约20,000篇科技论文发表。专家估计，我们目前每天在互联网上传输的数据量之大，已经超过了整个19世纪的全部数据的总和；我们在新的21世纪所要处理的知识总量将要大大地超过我们在过去2500年历史长河中所积累起来的全部知识总量。据CNNIC统计，2002年底全球的网页总数已经达到10^9这样的天文数字，信息量的丰富大大地扩张了人们的视野，人们希望能够准确地、迅速地搜索到自己需要的信息，以自然语言为主要搜索对象的搜索引擎技术，将为解决海量信息的获取问题提供强有力的手段。

从1954年美国第一个俄语到英语的机器翻译实验获得初步成功开始，自然语言处理的研究已经有五十多年的历史了，在这五十多年的发展历程中，自然语言处理把语言学、计算机科学、数学、心理学、哲学、统计学、电子工程、生物学等学科融合起来，形成了一门独立的边缘性交叉学科。自然语言处理的范围涉及众多的部门，如语音的自动识别与合成、机器翻译、自然语言理解、人机对话、信息检索、文本分类、自动文摘，等等。在这五十多年中，自然语言处理逐渐形成了自己独特的理论和方法，在当代语言学和计算机科学中独树一帜。

目前，在自然语言处理中的主流技术，是基于词法和句法分析的技术，尽管这些技术在某些受限的“子语言”(sub-language)中也曾经获得一定程度的成功，但是，这些技术难以有效地解决自然语言中普遍存在的“歧义性”问题，因而系统的质量不高，在实际应用中有很大的局限性。为了克服这样的局限性，自然语言处理需要在理论、方法和工具等方面实行重大的革新，其中一个重要的问题，就是在各种自然语言处理系统中，引入语义和概念的信息，以便进一步提高自然语言处理系统的智能。

例如，“张三吃面包”，“张三吃大碗”，“张三吃食堂”三个句子，它们的句法结构都是“主语－谓语－宾语”的格式，“张三”是主语，“吃”是谓语，“面包、大碗、食堂”是宾语，在汉语中，它们在句法结构上是没有任何差别的。但是，这三个句子的英语译文却各不相同，“张三吃面包”的英语译文是“Zhang San eats the bread”，“张三吃大碗”的英语译文是“Zhang San eats with a big bowl”，“张三吃食堂”的英语译文是“Zhang San eats in the restaurant”。在汉英机器翻译中，如果我们只使用词法和句法信息，按照“主语－谓语－宾语”的格式来翻译，这三个句子的英语译文都是相同的“Zhang San eats the bread”，“Zhang San eats the big bowl”，“Zhang San eats the restaurant”。显而易见，只有第一个句子的英语译文是正确的，而第二个和第三个句子的英语译文都是错误的，也是难以理解的。

但是，如果我们在机器翻译系统中引入关于单词的概念类别的语义信息，比如，“面包”的概念类别是“食物”，“大碗”的概念类别是“餐具”，“食堂”的概念类别是“建筑物”，根据这些概念类别来判定“面包”的语义功能是“受事者”，“大碗”的语义功能是“工具”，“食堂”的语义功能是“地点”，从而泾渭分明地把这三个在语义上不同的句子区别开来，在机器翻译时给它们分别赋以不同的语义功能，分别翻译为不同结构的英语句子：“Zhang San eats the bread”“Zhang San eats with a big bowl”“Zhang San eats in the restaurant”。

可以看出，一旦在自然语言处理系统中引入概念语义信息，便可以进行自然语言的“歧义消解”(disambiguation)，使自然语言处理系统如虎添翼，把自然语言处理提高到一个新的水平。

近年来，国内外自然语言处理研究者已经逐渐认识到概念语义信息的重要性，开始在自然语言处理系统中引入一些概念语义信息，但是，这些概念语义信息大多数还是零零星星的、片段的、偶发性的，它们难以构成一个完整的系统。可以说，目前大多数自然语言处理系统还没有对于概念语义信息进行过全面的、科学的、系统的研究。

《新编同义词词林》的语义代码是建立在"知识本体"(ontology)的基础之上的，我们力图从知识本体的角度出发，对自然语言中的概念语义信息进行全面的、科学的、系统的研究，建立一个比较完善和全面的语义代码系统，从而为机器翻译、信息检索、搜索引擎提供强有力的概念语义信息支持，大大地提高这些系统的智能化水平，推动我国自然语言处理的发展。当然，建立在知识本体基础之上的《新编同义词词林》同时也是一部同义词词典，它同样能够丰富读者的词汇知识，帮助读者提高写作和翻译的水平。这样，《新编同义词词林》不但能够为自然语言处理服务，也能为写作和翻译服务。

可以看出，我们在《新编同义词词林》中提出的基于知识本体的语义代码体系，是有深刻的科学根据的，是人类关于知识本体的研究在信息网络时代的新发展，它的理论意义和实用价值，已经远远地超出了郭绍虞先生在二十多年前所强调的"修辞和文法"的领域，它将会在自然语言处理和网络信息处理中发挥巨大的作用，对于互联网(Web)以及语义互联网(Semantic Web)的建设也是很有帮助的。

《新编同义词词林》的语义代码体系可以提供单词的概念类别特征，这些特征有助于提高机器翻译系统的质量以及歧义消解的能力，可以作为高质量的机器翻译词典编制的基础。

在机器翻译中，如果我们根据《新编同义词词林》中具有普遍性的语义代码来标注英语机器词典中单词的固有语义特征，由于汉语和英语的词汇都使用同样的语义代码，它们彼此之间的对应关系将变得非常清晰，这是一种新型的机器翻译系统，可以从根本上改善机器翻译系统的质量。

例如，汉语的"我/用钢笔/写/信"这个句子，使用《新编同义词词林》中语义代码可以标注如下：

Ab01(人·第一人称)/Cf07(器具·文具)/Ka14(语言活动·书写)/Ck01(创作物·文书)

这个句子的英语译文为"I / write / a letter / with a pen"，使用《新编同义词词林》中语义代码体系可以标注如下：

Ab01(人·第一人称)/Ka14(语言活动·书写)/Ck01(创作物·文书)/Cf07(器具·文具)

不难看出，汉语句子和相应的英语句子在《新编同义词词林》中的语义代码完全是一样的，只是由于汉语和英语的语法结构的差异，这些标记排列的顺序不尽相同，而这种差异可以通过设计强大的句法语义自动分析软件来解决。

显而易见，在《新编同义词词林》语义代码这个层面上，同一个句子在不同语言中的标记得到了高度的统一，达到了完美的和谐，这就为多语言机器翻译系统的开发提供了有力的语言知识资源的支持。

从数学的角度来看，把A语言翻译为B语言的过程，就是把A的"显拓扑"空间(符号空间)，通过"概念"还原到A的"潜拓扑"空间(语义空间)，由于"潜拓扑"空间有一个绝对坐标系，使得A和B在"语义空间"上有统一的描述。只需把语言A的语义通过等价的变换，转成语言B的语义，再与语言B的"显拓扑"空间(符号)产生对应，就完成了翻译。传统机器翻译只注重可表达的"显拓扑"(符号)部分，"潜拓扑"(语义)部分非常薄弱，因此在逻辑上难以解决各种类型的歧义问题，很难获得精确的机器翻译效果。《新编同义词词林》中的语义代码体系，为在潜拓扑空间上表达语义提供了巨大的可能性，这是我们进一步开发机器翻译系统的重要保证。

动态的人类知识库是一种智能数据库，人们梦寐以求的智能搜索引擎离不开智能数据库，智能数据库是智能搜索引擎的基础。在搜索中，关键词越多，限制条件越多，搜索的范围越准确。但是，如果数据库没有足够的概念储备以解读所有的关键词，就难以有效地进行这样的搜索。《新编同义词词林》中的语义代码体系是在知识本体的基础上构建的，它可以通过语义空间的逻辑转换，把任何语种下的相关内容从网络中搜索出来。因此，《新编同义词词林》语义代码体系的研究成果还可以在跨语言信息检索、文本自动分类、搜索引擎等系统中得到应用，提高系统的召回率(recall)和准确率(precision)。在搜索引擎中，可以根据《新编同义词词林》中语义代码的概念关联，给用户提供智能搜索提示，从而提高搜索引擎的效率。这样的研究方向有着非常广阔的市场前景和发展潜力。

总而言之，在多语言的信息网络时代，《新编同义词词林》中语义代码体系对于机器翻译、文本处理和搜索引擎等实用系统的开发，对于语义互联网的建设，有着良好的发展趋势和广阔的市场前景。

当然，《新编同义词词林》也完全保持了传统的同义词词典的全部功能。当读者在写作和翻译中发生词穷的情况而难以恰当地表达意思的时候，《新编同义词词林》可以帮助读者从语义查询有关词汇，以便读者从中挑选恰当的词语，这对于写作和翻译仍然是很有帮助的。

参考文献

[1]冯志伟.2009.自然语言处理的形式模型//中国科学技术大学校友文库.合肥：中国科学技术大学出版社.

[2]冯志伟.2005.从知识本体谈自然语言处理的人文性.语言文字应用(4).

[3]梅家驹等.1996.同义词词林(第二版).上海：上海辞书出版社.

[4]Asuncion Gomez-Perez. 2004. Ontological Engineering with examples from the areas of Knowledge Management. Springer：e-Commerce and Semantic Web.

事件描述块句法语义标注库的构建[①]

郭嘉伟　周明海　刘金凤　亢世勇

鲁东大学中文信息处理研究所　烟　台　264025

Email：vivid841015@163.com

摘　要：事件描述块句法语义标注库，是通过真实文本句子中的事件情境内容的准确标注，在词汇层面上建立起句法关系与谓词－论元结构之间的内在联系，为进行大规模真实文本句子的事件内容信息分析提供重要的训练和测试语料库。这一语料库的构建是在一系列标注原则的指导下进行的，标注信息包括句法功能、句法成分、中心词、语义角色。在标注库的构建过程中，突出的问题及标注的难点在于语义角色的标注上，对汉语语义角色的研究任重而道远。

关键词：事件描述块，句法语义标注库，语义角色

1　事件描述块句法语义标注体系介绍

1.1　建库目标

事件描述块句法语义标注库的开发目标，是通过真实文本句子中的事件情境内容的准确标注，在词汇层面上建立起句法关系与谓词－论元结构之间的内在联系，为进行大规模真实文本句子的事件内容信息分析提供重要的训练和测试语料库。本课题作为863项目2007AA01Z173的一个子课题，将把研究的重点集中在对物质世界和人类社会中的几大类客观关系的实践内容分析和标注方面，主要包括：广义拥有关系、时空存现关系和时空变化关系等方面。

1.2　建库原则

1.2.1　句法与语义相结合

在句子层面，句法和语义是密切相关的，它们是形式和内容的关系，句法是外在表现，语义是内在逻辑，单独剥离出来一个方面进行研究往往会导致研究结果具有片面性，解释力不够。实际上从20世纪70年代末起，汉语语法学界就认识到语言研究必须将句法形式和语义关系相结合，做到既相互渗透，又相互验证。句法和语义相结合原则在语料库构建中的具体体现，就是对语料库中的每个句子同时标注句法关系和语义关系两种信息，但句法标注和语义标注互不牵连，各自独立。

1.2.2　目标动词为核心

在进行句法标注时，有两条路线可以选择：一是标注句子内部成分之间所有的句法语义关系，北大中文网库、Sinica TreeBank等采取的就是这条路线，这种标注方法能够全面反映句子内部的复杂句法语义关系；二是以句子中具有某种特征的动词(即目标动词)为核心，标注句法语义关系的成分，FrameNet、CFN、Propbank、CPB采用的是这条路线，这种标注方法能够凸显目标动词的句法语义特征。本课题中的事件描述块句法语义标注库的构建采

①　本文承国家863项目探索类课题“基于人类认知的语义知识融合、学习与计算技术”(2007AA01Z173)的资助。

用的是第二条路线。

1.3 构建方法

事件描述块句法语义标注库的构建方法类似于FrameNet，即基于人工总结的若干基本情景类，选择其覆盖的常用动词，检索真实文本语料库，得到包含这些动词的真实文本句子，在这些句子中进行两部分信息标注：(1)目标动词的义项标注，确定句子反映的基本情景内容；(2)相关事件描述块的句法语义标注，标注其他相关的情境描述体的功能组成和语义角色信息。以上两部分信息互相配合，可以形成对句子所反映的客观事件内容的完整描述。

1.4 构建流程

语料采取软件辅助的人工标注方法，开发相应的标注工具辅助人工标注。首先根据总结出的事件情境类型，确定动词词表，在真实文本语料库中进行检索，得到包含这些动词的句子，并将包含同一个动词的句子汇总为一个动词文件。每一个动词文件，先有一个标注者利用标注辅助工具进行规定信息标注，形成最初的标注结果文件，然后由另一个标注者进行校对，形成一校文件，再利用标注结果分析工具对两个文件进行格式错误检查和差异分析，根据标注结果分析工具反馈的差异，反复修改语料，达到正确率和一致率较高的标准，接下来对准确率较高的文件进行抽样校审，如果标注精度没有达到标准，则退回给标注者进行重新修改并进一步完善语料，经过层层把关，最终形成高质量的标注数据。

1.5 语料来源

1.5.1 清华树库TCT语料

对包含文学、学术、新闻和应用等体裁的汉语真实文本句子进行了完整的句法树标注，总规模为100万词，约5万句从中可以自动提取出句子层面的各个描述块的句法成分、功能标记和中心词位置信息，需要标注目标动词义项和相应的语义角色信息。

1.5.2 人民日报语料

1998年上半年的词语切分和词性标注语料，总规模约1500万个词。从中可以提取出包含各个目标动词的完整句子，需要进行全部的句法语义标注信息。

2 事件描述块句法语义标注信息

事件描述块的句法语义标注，使用清华大学开发的“事件描述块句法语义标注工具”，其目标是针对每个真实文本句子，在确定了目标动词义项描述的基础上，需要进一步确定该目标动词所反映事件情境的各个描述块，并对其进行句法语义标注。

2.1 目标动词义项

目标动词义项标注，是确定目标动词在一个完整的汉语句子中的基本情境意义，并在不同的语义词典中选择恰当的解释。

需要标注的信息如下：

2.1.1 义项标注

确定目标动词在句子中的含义，并在知网、《同义词词林》《现代汉语词典》三个语义资源中相应的义项描述。

2.1.2 选择信心

对不同语义词典相应的义项选择给出选择的信息度，选取1—5之间的一个数值，分别表示：没有信息、信心低、信心一般、信息强、完全确定。

2.1.3　义项备注

如果目标动词在句子中使用的是一个现有几部词典中都没有覆盖的新义项，除了义项标注选择“无”以外，还要在备注栏里给出适合的释义。

2.2　事件描述块句法语义信息的标注

事件描述块的句法语义标注，是针对每一个真实文本的句子，在确定了目标动词义项描述的基础上，进一步确定该目标动词所反映事件情境的各个描述块，并对其进行句法语义标注。

2.2.1　事件描述块的确定

所谓事件描述块，就是对一个事件从各方面进行描述说明的成分，如动作的发出者、承受者、动作的方式、凭借的工具、时态、情态等。事件描述块包括：语义角色和情态。事件描述块反映的是语义关系，各个描述块与目标动词一起构成一个完整的事件，语义角色和情态共同组成了事件情境的完整描述。

2.2.2　句法功能的标注

句法功能的标注集参考了清华大学汉语句法树库的标注体系，并根据我们项目的需要作了必要的调整，设计了11个句法功能标记，具体如下表：

标　记	含　义	标　记	含　义
S	主　语	J	兼　语
P	谓语/述语	H	中心语
O	宾　语	E	外部功能位置
A	定　语	R	指代主体位置
D	状　语	PS	支撑动词谓语

S、P、O、A、D、C、J、H八个为基本句法功能标记，PS、E、R三个是增加的特殊功能位置标记：“PS”用来标注支撑动词充当的谓语；“E”用来标注角色省略情况，“R”用来标注指代确定情况，是代词所指描述块的句法功能标记，以上两个特殊功能标记可以并存，必要时还可以使用序数1－3对应不同的指代或省略成分。

2.2.3　句法成分的标注

句法成分标记集同样参照清华大学汉语句法树库的标注体系，设计了10个标记，分别是名词短语np、动词短语vp、形容词短语ap、副词短语dp、介词短语pp、数量短语mp、时间短语tp、空间短语sp，单句形式dj，复句形式fj。

2.2.4　中心词的标注

确定描述块中的中心词的位置，便于与目标动词相配合，自动提取相应的词汇关联信息。在标注中使用“－@”来标示中心词的位置。

2.2.5　语义信息的标注

我们这个语义信息标注系统是在知网语义角色体系的基础上进行调整的结果。选择参照知网体系，是考虑到知网利用它确定的语义角色和义原配合描述了汉语10万义项，能够给我们提供需要的目标动词的语义框架，而且已有研究组织采用该体系标注了10万汉语句子，标注结果比较理想(董振东，2007)。我们对知网涵盖范围很广的语义角色体系进行了必要的分合调整，初步确定了48个语义角色并补充了9个情态成分。

我们在项目中采取的观点是：非核心语义角色与核心语义角色是相对的，语义角色的核心与否是针对一个个具体的动词而言的。如果站在所有动词的角度来区分核心角色和非核心角色，情况就比较复杂，很难说哪个语义角色是核心的、哪个是非核心的。某一语义角色是否是核心语义角色，取决于与其发生语义关系的目标动词的语义框架。如“打”的语义框架是{agent，patient，instrument，Part Of Touch}，而“买”的语义框架是{agent，possession，source，cost，beneficiary}，所以说“工具”是“打”的核心语义角色，是“买”的非核心语义角色。

简单地说，我们标注时是以知网提供的语义框架为基础，这个框架中出现的语义角色，就是该动词的核心语义角色，其他的则是非核心语义角色。

语义角色	标注形式	语义角色	标注形式	语义角色	标注形式
触及部件	PT	进程时段	SD	手段	MS
补充	BC	结果整体	RW	受事部件	PP
部分	BF	经验体	JY	受事	P
材料	M	来源整体	SW	范围限定	SR
程度	DG	来源	LY	受益者	B
成品受事	CS	领有者	PR	数量	Q
除了	EX	目标	MB	条件	CD
处所	L	目的	MD	通过处所	LT
存现体	E	内容	CT	学历	XL
代价	DJ	内容成品	CP	相伴体	XB
动量	TS	频率	F	原处所	LI
范围	SC	评论	CM	原因	C
方式	FS	起始时间	TI	原状态	SI
方向	D	情态	QT	占有物	PN
肯定/否定	KF	施事	A	整体	WH
根据	AT	时间	T	终处所	LF
工具	I	时距	TR	终止时间	TF
关于	GY	时态	TE	专业	ZY
后延时段	YS	事件过程	EP	终状态	SF

3 事件描述块句法语义标注总原则

3.1 标注范围

以小句为单位，标注目标动词所在的最大短语内部的各个成分。最大短语，就是由目标动词所支配的所有成分组成的短语，在这个短语内部所有成分都处于目标动词的下位，在短语外部，只有该目标动词的上位支配成分，没有它的下位从属成分。

需要注意的是，在真实语料里，与目标动词发生语义关系的成分不一定只出现在目标动词所处的小句中，也就是说最大短语只是一个基本的标注单位，标注时要将视野放大到整个例句，否则就会遗漏一些语义信息。如下例中的“人民教育出版社”虽然不是目标动词“编写”最大短语内的成分，但是也与“编写”发生语义关系，是“编写”的施事，一定也要为其进行相应的句法语义标注。

3.2 目标动词事件载体性的判定

判断在真实文本句子中的目标动词是否是事件情境的内容载体，是确定在这个句子中是否需要进行事件描述块的句法语义信息标注的先决条件。因为如果目标动词不能承载一个事件，就无事件可言，没有事件，就更谈不上事件描述块了。需要注意的是，我们的标注工作是在确定了目标动词义项的基础上进行的，确定了目标动词的义项以后才对其进行句法语义标注。标注时要先选择目标动词的义项，有时目标动词是多义动词，工具中未提供某个义项时，要选择“无”，在这种情况就不需要对其进行句法语义标注，确定为非事件载体。也就是说，目标动词有无事件载体性是建立在具体义项确定的基础上的。

3.2.1　事件载体

(1)典型的事件载体

事件往往用句子来表达，句子中的谓语动词就是这个事件的载体，具有事件载体性。在具体语料标注过程中，我们判定目标动词是否具有事件载体性依据的是其所处的最小的句法结构，所谓最小结构是指目标动词和与之发生直接句法关系的成分构成的结构，如“前天晚上我在家看电视”和“他知道我喜欢看电视”中的“看电视”就是目标动词“看”所处的最小句法结构。谓语动词所处的最小句法结构，主要是独词结构(一个光杆谓语动词)、主谓结构、动宾结构、状中结构、动补结构，兼语结构可以看成是动宾结构和主谓结构的套叠，连谓结构可以看成是几个动宾或动补结构的连用。如果目标动词所处的最小句法结构是上面提到的这些句法结构中的任何一种，那么我们可以直接判断目标动词具有事件载体性，如上例中的“看电视”是一个动宾结构，我们就可以断定在这两个例句中目标动词“看”具有事件载体性。

当目标动词出现在专有名词和术语中，我们将其看作普通的名词短语，根据相应规范判断。如“争取和平委员会”，要把该专有名词当作普通的名词短语，目标动词具有事件载体性。

(2)非典型的事件载体

目标动词充当补语时，如果与主语、宾语等存在施受关系，也可以看成事件载体，如“踢掉了鞋子”中的“掉”就具有事件载体性。目标动词有时会出现在定中结构中，如果目标动词与N之间存在施受关系，也可以看成是特殊的事件载体，如“图书的出版、他的到来、出版的图书、出口产品、接收单位、炸飞的水泥块”中的“出版、到来、出口、接收、飞”都是事件载体。

3.2.2　非事件载体

(1)目标动词单独作主语、宾语时不是事件载体，如“办厂是一件很麻烦的事”，“曝光是最有效的办法之一”，“负债高达八亿”，“做到这些就是前进”，其中的“办厂”“曝光”“负债”“前进”不具有事件载体性。

(2)目标动词单独作状语修饰动词时不是事件载体，如“在高原飞架彩虹”，“杨二嫂拿了狗气杀飞也似的走了”，其中的“飞”就不具有事件载体性。

(3)目标动词单独处于介词短语中不是事件载体，如“在关押中”。

(4)目标动词单独处于插入语中不是事件载体，如“据透露”。

(5)对于像“文化的震撼、震撼的美”等这样定中结构来说，因为目标动词与N之间只是修饰与被修饰的关系，所以不能看成是事件载体。

(6)此次标注我们只关注动词，如果抽取出来的字符是形容词、副词、名词、语素等，我们不予标注，但在义项标注备注框中标记“SC——具体原因”。如“我们不得不满世界乱转”中的“满”的意思是“全，整个”，是一个形容词，也是目标动词的错误提取。对于这种情况，要在备注栏中注明“SC-形容词”。

3.3 标注样例

标记＝1

句子序号＝2

语料来源＝TCT

来源位置＝NEWS0013-21

基本标注＝冬/t 来/v ，/，恩特玛克/nP 收到/v 杨/nP 妈妈/n 寄来/v 的/u 棉衣/n 棉鞋/n ；/；夏/t 至/v ，/，恩特玛克/nP 收到/v 杨/nP 妈妈/n 寄来/v 的/u 汗衫/n 夏/n 裤/n 。/。

目标动词＝收到

出现总数＝2

动词位置＝4

事件载体＝1

义项标注＝HN2；CL0；XHT0

选择信心＝5；5；5

义项备注＝

知网角色数＝3

知网事件框架＝{possession，possessor，source}

句法语义标注＝冬/t 来/v ，/，[S－np 恩特玛克/nP－@]PR [P－vp 收到/v－@]Tgt [O－np 杨/nP 妈妈/n 寄来/v 的/u 棉衣/n 棉鞋/n－@]PN ；/；夏/t 至/v ，/，恩特玛克/nP 收到/v 杨/nP 妈妈/n 寄来/v 的/u 汗衫/n 夏/n 裤/n 。/。

角色备注＝

4 结 语

目前我们已完成第一阶段459个单义动词，共67410个例句的标注；第二阶段119个多义动词，共28121个例句的标注。

人们对于自然语言理解的最终目标是真正的深层次的语义分析，以期进行自动的知识获取、推理等。随着研究的深入，学者们认识到进行深层的语义分析将成为未来研究的重点，为达到这一目标，我们必须进一步深入研究汉语的语义角色体系，建立性能更加卓越的语义角色标注系统。在当前的计算语言学界，各国学者对语义角色问题产生了浓厚的研究热情。在标注库的构建过程中，突出的问题及标注的难点在于语义角色的标注上，我们注意到现代汉语的语义角色标注是一个复杂的问题，目前，中文信息处理界对语义角色标注的实践和研究还不是很成熟，可供计算机处理的可利用资源还很有限，缺乏可供学习的语料库。可以说对汉语语义角色的研究任重而道远。

参考文献

[1]董振东，董强．2001．知网和汉语研究．当代语言学(1)．
[2]黄伯荣，廖序东．1991．现代汉语．北京：高等教育出版社．
[3]鲁川．2001．汉语语法的意合网络．北京：商务印书馆．
[4]陆俭明，沈阳．2004．汉语和汉语研究十五讲．北京：北京大学出版社．
[5]杨成凯．1996．汉语语法理论研究．沈阳：辽宁教育出版社．
[6]周强．2004．汉语句法树库标注体系．中文信息学报(4)．

释雅例句检索工具的需求分析[①]

雷　静

北京大正语言知识处理科技有限公司　北　京　100081

ruiyunxuan@hotmail.com

摘　要：释雅工作的主要内容是为 HNC 词语知识库中的词语(主要是动词)的用法、语法规则等信息填写例句，并修正知识库中有错误的知识项。填写释雅时需要查询大量的语料找到符合例句选取原则的例子。本文分析了释雅例句检索工具的现状，从释雅例句检索用语料需求、释雅例句检索请求表达和检索结果展示三方面对释雅例句检索工具的需求进行了分析。

关键词：释雅，例句，检索，语料

1　释雅的意义

HNC 的知识库系统由三个层面的知识库及语料库构成。这三个层面的知识库分别是概念知识库、语言知识库和世界知识库。其中语言知识库包含与语种有关的知识，是处理和理解某种自然语言时必须建立的。汉语的语言知识库主要包括字知识库和词语知识库两个部分。以词汇单位为描述对象的词语知识库是汉语语言知识库最主要的部分。HNC 的知识库建设已经超过十年，词语知识库的建设也已经具有了相当的规模，到目前为止汉语词语知识库已经填写了词语六万多个，包含义项 7 万多个。

为了给词语知识库的核心知识项提供实例说明，促进词语知识库的建设和提高，HNC 团队自 2001 年底开始在句类体系指导下，为 HNC 词语知识库中的词语(主要是动词)的用法、语法规则等信息填写例句，并修正知识库中有错误的知识项。在团队中，我们合称这两部分工作为释雅。“释”就是释例，即给词条配备各种用法的例句；“雅”就是雅正，即对该词条中前人填写的知识项进行修正。

释例的时候，例句的选用要遵循规范、真实、简明、完备的原则。规范和简明可以由填写者在主观上进行把握，但按照语感由填写者自己造的句子却不能最大程度地满足真实的原则，要描述所填词语的全部用法也需要语料的支持，因此随着填写的深入我们最终决定选用真实语料为词条配备例句。实践证明这种方法是可行的，现在库中配备的例句基本都来自 100 万篇下载的新闻语料和 2G 的小说语料以及对互联网信息的实时搜索。雅正是在释例的基础上验证库中原来所填知识项的正确性和全面性，并以此为依据修改各知识项的内容，因此释例和雅正都离不开大量语料辅助。

在浩如烟海的语料中找到合用的句子，必然需要文本检索工具。拥有一个功能强大操作简便的搜索工具，可以大大减少检索时间，提高工作效率，具有辅助作用的搜索工具更可以提高释雅的准确率。

---

① 本文得到国家科技支撑计划项目“中文信息处理应用研究与系统开发”之课题“中文智能搜索引擎核心技术和应用示范系统的研发”(编号为 2007BAH05B02)的资助。

2　例句检索工具现状

目前，我们使用的语料检索工具有两类，一种是在线公共搜索引擎，另一种是我们自己开发的针对已下载语料的内部检索工具。

2.1　公用搜索引擎

公用搜索引擎包括搜索门户网站、新闻网站搜索频道和北京大学 CCL 现代汉语语料库。

百度和 google 是常用的搜索门户网站，其优点是信息量大，搜索速度较快，但是重复的内容过多，找出的句子不太规范，搜索多个关键词组合的效果不佳，公司网络不稳定时无法访问外网会影响工作进度。

新华网和人民网都开辟有搜索频道，北大有专门的现代汉语语料库，在这里搜索出的语料比较规范；但这类网站速度较慢，显示结果偏少，而且只能做有限的关键词组合，不能满足对释雅全面性的要求。

2.2　内部搜索工具

针对公共搜索引擎的不足，我公司语言部下载了人民日报的语料，并在 2003 年请算法组开发了面向已下载的固定语料的搜索引擎——“Hncsearch”。相对网络搜索引擎来说，这个工具有不少优点，但由于几年来未曾更新也存在不少问题。从系统稳定性和界面友好度上看，服务器 IP 和搜索模式的设置没有记忆功能，每次使用都要重新设置；由于采用内部网络连接，速度较快，但五个人以上同时使用速度会变慢，有时甚至会造成服务器死机；可以实现一定的组合搜索功能，但还不够强大。从搜索效果上看，语料虽然丰富但比较陈旧，多为 2000 年到 2002 年的新闻报道，此后没有再加以扩充，因此找出的例句缺乏时效性；收录的语料只是经过机器抽取出文本信息，未进行去重等其他加工，导致搜索结果中重复的内容过多。

可见，现有的搜索方式都不能完全满足工作的需要，因此现在我们急需一款功能完善的搜索工具，弥补公共搜索引擎的不足，辅助释雅语料的查找，提高搜集和整理例句的效率。下面就从释雅例句检索用语料需求、释雅例句检索请求表达和搜索结果展示三个方面来分析释雅例句检索工具的需求。

3　释雅例句检索用语料需求

语料库是语言学研究和自然语言处理研究的基础资源，是知识库的必要支撑，可以为提炼和验证知识提供素材。释雅专用的例句检索工具应该提供语料库接口，并且提供语料管理工具。

3.1　释雅例句检索用语料

HNC 现在已经开始建立文本属性标注语料库，最终目标是建成一个 10 亿字次的现代汉语生语料库。届时其中的语料既包括平衡性较好的书籍语料，也包括报纸网络等媒体语料，且每一个文本都具有比较完备的对文本自身属性的描述。因此可以根据属性从中抽样建立平衡语料库或专门语料库供释雅例句检索使用。

文本属性标注语料库中的标注语料基本上来自于互联网，从网上按类别下载文本，包括电子版的书籍、报刊及网络新闻。语料库中各文本的构成比例参考了国家语委的现代汉语语料库的比例。库中共有标注文本语料 222095 篇，语料来自人民日报、北京日报、北京青年报、人民日报电子版等14种网络报刊资源。使用xml格式存储文本，目前只对文本外的属性进行标记，不涉及文字内容的标记，标注的内容包括文本大小、标注者、语体、体裁、领域、出版时间、出版地点、标题、副标题、作者、正文、语料类型、来源等。

3.2 语料管理工具

释雅语料管理工具应该有如下功能：1. 语料抽取功能，即可以直接抽取一定数量的语料供搜索使用，或根据文本属性标注语料库中填写的属性信息抽取特定语体或体裁的语料作为搜索素材。2. 索引功能，即可以为入库的语料建立索引，以提高检索速度，方便维护。3. 语料维护功能，即统计语料使用频率，统计的内容包含：搜索结果浏览平均数，用每次搜索的流览数量除以搜索总数量得出；搜索用时平均数；文本使用次数统计；无结果搜索明细及次数。这些数据有助于我们对搜索引擎的改进和对搜索数据库的维护。并据此调整检索时的语料使用的优先级，避免一些语料重复使用多次而另一些则从未被使用。

4 释雅例句检索请求

4.1 例句检索要求

释雅主要是在HNC句类体系思想的指导下，按照句类知识的基本内容对所要描述的词语配备详尽的例句，其中动词体现了丰富而全面的词语知识，当然也兼顾名词用法的描述。从动词来说，主要描述语句格式知识、语义块的构成知识、语义块的分离和主辅变换知识、句类转换知识和要素句蜕知识等。描述这些知识的句子很多都可以通过关键词的组合实现查找。

4.1.1 语句格式知识

语句格式是指句子中主语义块的排列顺序。句类表示式表明了一个句类应该由几个主语义块构成，这些主语义块在具体的句子中可能以不同的顺序出现，这就是语句格式不同。在HNC的句类思想中，一个句类可能采用的语句格式的数量是确定的、有限的，语句格式类型的不同只取决于句子中主语义块的数量。我们按照汉语SVO型语言的习惯把第一个广义对象语意块放在第一位，特征语义块放在第二位，其他广义对象语义块依次排在特征语义块后面的形式确定为基本格式。在非基本格式中，当两个广义对象语义块挨在一起的时候，语言的表达就需要在两个广义对象语义块之间加上语义块区分标志符，以划定它们的边界并标明各广义对象语义块的身份，汉语中的“把”和“被”就是典型的语义块区分标志符。因此在检索的时候采用语义块区分标志符与关键词组合的方式就可以基本不遗漏的找出所填词语规范格式的例句。

4.1.2 特征语义块核心的复合构成知识

特征语义块与其他语义块一样，通常由核心部分和说明部分构成，即特征语义块不仅可以是单纯的述语动词，而且也可以是一个结构体，具有复合构成。HNC的句类思想认为特征语义块核心部分的构成有五种形式，即并列式(或称并合式)构成、组合式构成、高低搭配构成、动静搭配构成和高低动静搭配构成。并列式构成和组合式构成取决于不同句子的表达，而高低搭配、动静搭配和高低动静搭配则有比较固定的组合方式。特别是高低搭配，现代汉语中表达高层概念的动词很丰富，释雅中还特别根据充当高层概念的动词类别，为高低搭配构成分出三种类型：高层概念是给予、加以、予以的标注为101；高层概念是搞、做、作的标注为102；高层概念是进行、展开、开展的标注为103。通过关键词与高层概念的组合可以充分搜索所填词语特征语义块核心的复合构成的各种情况。

4.1.3　语义块的分离知识

语义块一般是封闭的，但如果同一语义块的不同构成部分之间插入了其他的语义块或者别的成分，它们就有可能被分列在不同地方，这就称为语义块的分离。特征语义块和广义对象语义块都有可能发生分离，分离出去的部分还可能转换成其他成分(如辅块)，释雅中对这些现象都有相关的描述。

语义块分离的现象有很多种，出现语义块标志符的时候就可以通过关键词搭配的方式查找出句子。比如整个广义对象语义块变换为辅块，导致形式上少了一个广义对象语义块时，可以用辅块标志符与所填词语搭配进行搜索。特征语义块是简单构成时，一般不会发生分离，但如果是离合词，则可能会出现插入某些成分的现象，这时通过分隔开关键词的办法也能找到例句。

4.1.4　句类转换知识

在 HNC 句类体系中，某一个句类的内容用另一个句类来表达的情况被称为句类转换。由于转换后的句子多数都有新的全局特征语义块，因此查找含有这些知识点的句子时都可以采用以“转换后的全局特征语义块＋所填词语的匹配“为关键词。向作用效应句、一般承受句、被动承受句、存在句、是否判断句等的转换都符合这个规律。

4.1.5　要素句蜕知识

要素句蜕是以某个语义块要素为中心语，其他语义块为修饰语的句蜕。以广义对象语义块要素为中心语的要素句蜕称为 JK 要素句蜕，以特征语义块要素为中心语的要素句蜕称为 EK 要素句蜕。这两种要素句蜕都是我们在动词作局部特征语义块 El 时需要描述的知识。查找含有这两类知识的句子时，只需要搜索“的＋所填词语”或“所填词语＋的”即可。

综上所述，在进行释雅例句检索时，最重要的检索方法就是选用两个或多个词语匹配作为关键词，如何全面完整地表达检索请求就是释雅检索工具需要考虑的重要问题。

4.2　检索要求表达

4.2.1　查询表达式

查询表达式应该可以使用逻辑表达式和通配符。

and：表达逻辑并的关系。输入多个，检索结果中必须包含的所有关键词，但顺序可与输入的不一致。如：输入“逮捕 and 搜查”，搜索结果中下列句子都可以出现：

在美国的刑事司法体系中，公共警察的逮捕，搜查扣押权力无一例外地受宪法有关原则的制约。

以军士兵在那里展开了搜查和逮捕行动。

not：排除一个关键词，使检索结果中不包含紧跟在 not 运算符后的关键词。如：输入“逮捕 not 搜查”，搜索出的句子就只能含有关键词“逮捕”，而关键词“搜查”则肯定不会出现。

当查找过程中不确定关键词需要搭配的字符时，可以使用通配符来代替：

? 代表任意单个字符

* 代表任意多(零到无限)个字符

＞用来指定要查找对象的结尾字符串。如：搜查＞，查询以搜查作为句尾的句子。

＜用来指定要查找对象的开始字符串。如：＜搜查，查询以搜查作为句首的句子。

4.2.2 预设检索按钮

上文提到过释雅中某些知识点具有固定性，因此可以按照总结出来的搭配设置好固定的检索按钮，只需点击就可以自动匹配关键词进行检索，节省时间，也能达到全面考察所填写关键词使用方法的目的，防止遗漏。

5 检索结果展示

查询结果按文件名排列，以网页方式显示，每页显示的结果可以由用户自己设定，含有关键词的句子以红色突出显示，按大句截取，点击文件标题可以超链接到全文。

教育类软件潜在需求大

- 在未来一年内打算购买此三类软件的1242位受访者中，将近七成（69%）的人表示其打算购买教育软件，42.
- 6%的人打算购买游戏软件，打算买家庭理财软件的受访者比例为26.
- 无论是实际购买的，还是未来一年内打算购买的游戏软件，休闲益智类软件均成为各类游戏软件中，消费者最偏爱的一类游戏软件。
- 而在目标群体打算购买的游戏软件类型中，角色扮演、网络游戏分别以三成以上的提及率排在目标群体打算购买的游戏软件的第三位和第四位。
- 分析家庭现有软件类型及未来一年内打算购买的软件类型之间的相互关系，发现将近六成的游戏软件和六成以上的教育软件、理财软件的实际用户，在未来一年内均有购买教育软件的打算。...

搜索结果可以保存成网页格式或文本格式或XML格式，具体由用户自行选择，每次保存的语句数量可以自行设置。

释雅检索工具还可以与释雅填写界面结合起来，不断开发更多功能，节约工作时间，提高工作质量。

参考文献

[1]黄曾阳.1998.HNC(概念层次网络)理论.北京：清华大学出版社.

[2]苗传江.2004.HNC(概念层次网络)理论导论.北京：清华大学出版社.

[3]苗传江.2001.HNC自然语言表述模式与知识库建设//张全，萧国政主编.HNC与语言学研究.武汉：武汉理工大学出版.

[4]苗传江，杜燕玲.2004.第二届HNC与语言学研讨会论文集.北京：海洋出版社.

动词词典在汉语词汇教学中的应用①

刘宁静　翟保军　赵　星

北京师范大学中文信息处理研究所　北　京　100875

lnj2599@hotmail.com　zhaibaojun6@yahoo.cn　babla_zx@msn.com

摘　要：本文简单介绍了《现代汉语动词学习词典》的编写形式、内容和特色，具体讨论了这本词典的语法信息、释义和义项、语句模式、例证和搭配在汉语教学中的应用。本文认为，在 HNC 理论指导下编写的词典便于学习者记忆和理解，生成和表达，能很好地应用于汉语词汇教学之中。

关键词：动词词典，语句模式，汉语教学

1　引　言

《现代汉语动词学习词典》(以下简称动词词典)是一本以黄曾阳先生创立的 HNC 理论和思想为指导的学习词典。动词词典在 HNC 理论，尤其是 HNC 符号和句类体系的指导下描述动词，在词条释义、义项、例证等方面都富有特色，并首先使用了语句模式的概念，以动词构成的语句模式为纲，通过真实例句详尽展现动词的意义和用法。自 2006 年至今，收录了 1515 个词条(包括单字动词 225 条，双字及多字动词 1290 条)，基本囊括了 HSK 考试大纲中甲级和乙级词汇中的动词。

词汇教学是对外汉语教学的重要环节，没有词汇就没有语言，就无法进行交际。正如英国语言学家威尔金斯在《语言教学中的语言学》中所说："如果没有语音和语法，还可以传达一点点信息；但是如果没有词汇，那就不能传达任何信息。"由此可见词汇教学在对外汉语教学中地位的重要。动词在一个句子中起着非常重要的驱动作用，相对于其他词类而言，动词是语言学习的重点和难点。汉语动词教学的目标主要是"理解"和"表达"两个方面："理解"是指学习者可以理解某动词和以该动词为语义核心的句子；"表达"是指学习者能够运用该动词构造出正确的句子来准确表达自己的想法。

在笔者进行高级汉语的教学过程中，有意识地将 HNC 理论的思想和动词词典的内容融入到词汇教学之中，对动词词典在汉语词汇教学中的应用做了一些有益的尝试。

2　基于 HNC 的现代汉语动词学习词典

2.1　动词词典的编写形式

动词词典以 XML②(Extensible Markup Language)文档方式在计算机上编写，并且运用 XSLT③(Extensible Stylesheet Language Transformations)技术把词典的 XML 文档转换为

---

① 本文得到国家科技支撑计划项目"中文信息处理应用研究与系统开发"之课题"中文信息处理应用理论研究和知识库资源的开发"(编号为 2007BAH05B01)的资助。

② XML 指可扩展标记语言，是当前处理结构化文档信息的有力工具，是一种简单的数据存储语言，它使用一系列简单的标记描述数据。

③ XSLT 是一种将 XML 文档转换为 XHTML 或其他 XML 文档的语言。

HTML(HyperText Markup Language)文档。

2.2 动词词典的内容

动词词典XML文档正文主要包括“词条属性”和“词条义项”两部分内容。词条属性包括词形、义项号、词条等级、汉语拼音、数字拼音、编写者、词条编号7项。词条义项包括释义、语法属性、参见词条、句类动名用法5大项①。词条属性内容说明如表1所示，词条义项内容说明如表2所示。

表1 词条属性内容说明

名称	说明
词形	词形，显示②的时候可以根据需要，用XSLT技术将字、词转换成所需要的字体、字号、格式、效果等。
义项号	表示同形同音而意义不相关的不同词条，如“花[1]”“花[2]”。
词条等级	根据常用度(使用频度)而定的词条等级。
汉语拼音	词条的汉语拼音。
数字拼音	表示用数字表示声调的拼音，用于给词条自动排序，只在后台出现，不显示在界面上。
编写者	词条的编写者和修订者，只在后台出现，不显示在界面上。
词条编号	根据特定规则对词条进行编号，只在后台出现，不显示在界面上，方便根据需要提取词条。

表2 词条义项内容说明

名称		说明
释义		该词条的一级释义。
语法属性		包括能否加“着、了、过、一下”，该词条中间能否插入其他成分，该词条的重叠形式。
参见词条		包括同义词、反义词、对义词和意义相似或相关的词。
句类	二级释义	根据HNC理论判断某一个动词的用法是否属于同类句类，如果属于两类以上(含两类)句类，则认为该动词有两个以上(含两个)二级义项，并且分别给予释义。
	语句模式	包括对语句模式的描述、例句(例句中标注该词条常见搭配)、例句的常用度(用high和low标识，不在界面上显示)。
	句类代码	基于HNC理论，对该词条该义项下例句类型进行编号和标记，不在界面显示。
动名用法		包含该动词词条名物化用法的例句。

2.3 动词词典的特色

语法上，动态助词“着、了、过”的使用是外国人学习汉语的一个难点，动词词典收录了被释词条的“着、了、过”信息，凡是后面不能加“着、了、过”的动词都予以记录。动词词典还记录了被释词条后面是否可以加“一下”，中间能否插入其他成分，能否重叠，重叠形式是

① 见《〈现代汉语动词学习词典〉编写规范》。

② 这里所说的“显示”包括纸质词典和电子词典的出版，下同。

什么样子，使学习者能够在查阅的过程中熟悉词语的用法。

语义上，动词词典在 HNC 理论的指导下进行释义和义项划分，并且在 HNC 概念体系中描写被释词条的参见词条，帮助学习者在头脑中建立一个系统的汉语词汇系统。另外，动词词典还使用了“语句模式”来描述被释词条在句子中的语法和语义框架，学习者能够通过学习这个框架理解词语的语义内涵，并且构造出语法和语义都正确的句子。

语用上，动词词典通过丰富的例证和例证中的搭配信息来表现被释词在使用中的具体语言环境。此外例证还是对被释词语法语义信息的有益补充，能够帮助学习者更好地理解词义，掌握词语的用法。

3　语法信息在汉语教学中的应用

我们以离合信息为例来说明语法信息在汉语教学中的应用。

离合词是汉语一个特殊的语法现象。早从 50 年代起，就有学者对离合词进行过深入的探讨，1955 年出版的《中高级对外汉语教学等级大纲》明确地把离合词单列为一类，说明了这类词的重要性。一直到现在，离合词也是教师教学和学生学习的一大难点。在教学实践中可以看到，动词发生离合时学生用错的情况屡见不鲜。以动词“见面”为例，学习者使用错误的情况主要有：

(1)将动态助词“了、着、过”直接放在离合词之后。如：

* 我们昨天碰面过了。

(2)在插入数量补语时，“了、过”放在了数量补语后面。如：

* 我们见几次面过了。

在动词词典中，我们首先将词条“见面”标注为“可分离”，说明该词条中间可以插入其他的词，然后我们在例证中对词条“见面”的离合情况作了如下详尽描述。

梁先生和杨先生在北京见了面。|从那以后我们只见过一次面。|一直到 1945 年，相隔 15 年，他们才见第二面。|原本我今天下午要与记者们见个面。|我和弟弟两三个月都见不着面。|小两口儿一年见不了几天面。|你能不能再来一次北京，跟导演见一下面?

通过这种描述，能够让学生在具体句子中获得对词条离合情况的感性认识，从而模仿例句构造出正确的句子。

4　释义和义项在汉语教学中的应用

动词词典的释义和义项划分能够帮助学习者准确全面地理解一个词的意思。

如词条“开始”的义项一(新的一年～了)，现代汉语词典(以下简称“现汉”)的释义为：从头起，从某一点起。知道这个词的意思的人可能不用看解释就知道，不知道这个词意思的人可能看了解释还是不太理解这个词的意思。在动词词典中，我们借助 IINC 符号(其 HNC 符号为 v11eb1，代表的是一个过程的序)，将词条“开始”(新的一年～了)解释为：事情以某个时间为起点而发生。

又如词条“改变”，现汉中有两个义项，分别为：

义项一，事物发生显著的差别：山区面貌大有改变。

义项二，改换；更动：改变样式。

看到这两个释义，使用者必须结合后面的例证才能分析出这两个义项中前一个发生变化的事物为主语，后一个发生变化的事物为作用对象，是宾语。在动词词典中，我们借助HNC理论中的作用效应链和句类体系，将两个义项划分并解释为：

义项一，发生变化。如今，我已彻底地改变了。

义项二，使之发生变化。这个孩子不仅改变了他的生活，也改变了他一家。

动词词典的释义和义项划分更加清晰易懂，教师按照这种方法进行教学，能够更好地帮助学习者理解和学习。

5 语句模式在汉语教学中的应用

语句模式是对词语组成的句子的语法和语义框架的简单描述，类似于句型。语句模式包括常量部分和变量部分，常量部分包括该动词词条、不可缺省的介词和虚义动词等；变量部分一般用“某X、多少X、什么、做某事、怎么样”等来描述。比如动词“支持”的典型例句有“他们都非常支持我。”这句话的模式为“某人支持某人”。可省略的成分放在圆括号内，依赖于上下文的省略在语句模式中不予体现。语句模式根据常用度和关联度排序。

语句模式是在HNC句类体系的指导下，从大规模语料库中归纳得来。以词条“打扫”为例，该词条的语句模式如下所示。

释义：除去废弃物或脏东西等，使之清洁。

语句模式：

(1)某人打扫某物或某处

(2)某人打扫出某物或某处

(3)某人把/将某物或某处打扫(干净/好/出来)

(4)某人把/将某物或某处打扫得怎么样

(5)某物或某处被(某人)打扫得怎么样

(6)某物或某处由某人打扫

(7)某物或某处打扫(得)怎么样

(8)某物或某处打扫

由词典中的语句模式可以看到，“打扫”一词前面的主语一般是人，后面的宾语可以是对象，如“几名清洁工正在忙着打扫街上的垃圾”，也可以是结果，如“我们自己动手打扫出一块篮球场地”。这个词可以用于“把”字句和“被”字句，还可以用事物或处所当主语来描述事物或处所的状态，如“平整的庭院打扫得不留一丝纤尘”“我办公室的卫生还没打扫呢”。

将动词的用法归纳成模式便于记忆和使用，按照使用频率排序利于学习者学习常用的模式，按照相关度排序便于学习者进行类比记忆。教师在进行动词教学的时候可以适当地引入模式的概念，动词词典中的模式大都易懂且具有可读性，即使不引入模式的概念，直接使用现成的模式教学也是可行的。

6 例证和搭配在汉语教学中的应用

维特根斯坦曾经说过，词的意义就是它的用法。许嘉璐先生也曾经说过，对于真实例句的罗列有助于更好地把握一个词的意义和用法。[①] 动词词典收录了大量的例证，试图用例证来详尽地说明词语在具体语言环境中的用法。在每一语句模式下，精选能表现该模式的典

① 2009年《康熙字典》暨词典学国际研讨会大会发言。

型、规范、简明的例句。

我们以动词“赞同”为例来说明动词词典例证在汉语教学中的应用。在高级汉语教学中，“赞同”和“赞许”是一对需要进行辨析的词语，在动词词典中查阅词条“赞同”的例证如下。

某人赞同某事物　我不是很赞同这个提法。|香港大部分市民赞同政府提出的在公共场所全面禁烟的建议。**某人赞同做某事**　他并不赞同打价格战。|大约60%的民众赞同总统再延长5年任期。**某人对某事物(表示/予以)赞同**　他们对士兵们见义勇为的行为表示完全赞同。|美国竞争技术协会(ACT)对这种和解方案予以赞同。|对这一态度《观察家报》深表赞同。**某事物得到/受到/取得/被……某人赞同**　这个判决得到绝大多数法官的赞同。|他的这一想法不被大家赞同。|他的发言赢得了与会者的赞同与肯定。|他凭自己的努力取得了别人由衷的赞同。|学校的改革措施和主张得到学生的普遍赞同。|这些看法和建议受到了许多国家的欢迎和赞同。**某事物令/让/叫人赞同**　厂长的两次决定都不能令人赞同。|对孩子要进行“快乐教育”的教育方法让人赞同。

从以上例证可以清楚地看到，赞同重点在表示同意，赞同的对象多为与自己一致的看法，这一点和“赞许”有很大的区别。

此外，在例句中用粗体字标注该动词的搭配，使学习者能够由此学习该动词在汉语中的常用搭配，如“打扫卫生”“位居前列”“点名批评”等。

7　余　论

动词词典在HNC理论的指导下，模拟人类大脑学习和理解语言的过程来编写词典，详细描写了动词的语法信息，在HNC概念体系的指导下进行释义和划分义项，引入语句模式的概念描述动词在句子中的语法和语义框架，并且罗列丰富典型的例证来说明动词的用法。动词词典不仅是学习者学习汉语的好工具，同时也是进行汉语词汇教学的好帮手。

参考文献

[1]陈玮．2006．对外汉语离合词的偏误分析和教学．语文学刊(12)．

[2]黄曾阳．1998．HNC(概念层次网络)理论——计算机理解语言研究的新思路．北京：清华大学出版社．

[3]李千驹，唐兴全．2006．格关系研究成果在对外汉语述语动词教学中的应用//朱小健，张全，陈小盟主编．中文信息处理的探索与实践——第三届HNC与语言学研究学术研讨会论文集．北京：北京师范大学出版社．

[4]陆俭明．1997．配价语法理论和对外汉语教学．世界汉语教学(2)．

[5]苗传江．2005．HNC(概念层次网络)理论导论．北京：清华大学出版社．

[6]苗传江．2006．基于HNC句类体系的句子语义研究．语言文字应用(2)．

略论基于 HNC 的学习型电子词典编纂研究[①]

刘宁静

北京师范大学中文信息处理研究所 北 京 100875

lnj2599@hotmail.com

摘 要：本文结合前期现代汉语动词词典编纂的实践，简单论述了对汉语学习型词典编纂和词典编纂电子化进行的综合性研究。本文认为 HNC 理论中的概念层次网络、句类理论和语境单元理论能够指导我们全面描述词语的语义、语法和语用信息；在 HNC 理论的基础上能够更加高效地组织词典信息，对词典进行 XML 化；在 HNC 现有资源的基础上设计开发的词典编纂辅助工具可以帮助我们在词典编纂手段现代化的道路上更进一步。

关键词：学习型词典，电子词典，HNC 理论，词典电子化

1 引 言

词典编纂有着悠久的历史传统。从以往的文字记载可以推断，世界上的词典最早可以追溯到 4000 多年前的中东地区。而中国的词典编纂则源自西周(公元前 1046—公元前 771)末期的儿童识字课本。成书于公元前 2 世纪前后的《尔雅》是学术界公认的中国历史上第一部真正意义上的词典。经过长达数千年的发展，词典编纂一边继承传统，一边积极创新，取得了巨大的成就。

学习型词典(learner's dictionary)是供语言学习者使用的词典，以下也称学习词典，又叫积极型词典、学生词典或教学型词典。学习者查阅词典是以学习语言为目的，他们期望从词典中获得比较系统的语言知识，包括语义信息、语法信息和语用信息(章宜华、雍和明，2007)。20 世纪 30 年代，随着英语在全世界范围内的影响力不断扩大，越来越多的外国人开始学习英语，现代意义的学习词典在英国应运而生，至 20 世纪 90 年代达到繁荣期。

现今，中国经济迅速发展，汉语国际推广日渐深入，越来越多的外国人士开始学习汉语，他们对好用的汉语学习词典的需求也越来越迫切。有学者指出，工具书编纂不当，是汉语学习者出现某些偏误的深层次原因(杜焕君，2008)。语言学习离不开人的大脑，而语言本身又是在大脑和世界的交互过程中产生的，心理学研究表明人脑中的词汇与纸质词典中的词汇在内容、组织及提取方面都有所不同(刘春阳、杨默获，2007)。如果能够按照人脑对词汇的处理方式编写词典，无疑将有利于学习者对词汇的理解、学习和使用。

另一方面，在 HNC 理论的基础上，我们能够更好地对词典编纂进行电子化。许嘉璐教授指出[②]，要高度重视电子词典的开发，相比纸质词典，电子词典具有很大的优势，并且越来越为人们所需。许嘉璐教授还提到[③]，要用现代化的手段进行词典编纂。词典编纂电子化

① 本文得到国家科技支撑计划项目"中文信息处理应用研究与系统开发"之课题"中文信息处理应用理论研究和知识库资源的开发"(编号为 2007BAH05B01)的资助。

② 2009 年《康熙字典》，暨词典学国际研讨会大会发言。

③ 2009 年《康熙字典》，暨词典学国际研讨会大会发言。

包括对词典内容的数字化和词典编纂手段的现代化。对词典内容进行数字化处理并不是纸质词典的简单录入，还需要增加新的检索方式和新的功能，这就需要对词典信息进行有效的组织和管理。以 HNC 理论为基础，运用 XML 技术组织词典的信息，可以使词典数据信息更加便于处理和使用。另外，我们还根据词典编纂实际的需要，在已有的 HNC 知识库和语料库资源的基础上，在 HNC 理论的指导下，设计开发更加高效好用的编纂辅助工具。

2 基于 HNC 的动词词典编纂实践

在 HNC 理论指导下，北京大正语言知识处理科技有限公司和北京师范大学中文信息处理研究所合力进行词典编纂实践，以语言学习者为目标用户，编写了现代汉语动词学习词典(以下简称“动词词典”①)。自 2005 年至今，共收录了 1515 个词条(包括单字动词 225 条，双字及多字动词 1290 条)，基本囊括了 HSK 考试大纲中甲级和乙级中的动词。

截止到 2009 年 2 月 19 日，动词词典的相关数据如表 1 所示。

表 1 动词词典数据表

名 称	词 条		义 项	参见词条	语句模式	例 句
	单 字	多 字				
数 目(个)	225	1290	2321	4885	9758	42713

在词典编纂实践中，我们发现 HNC 符号和句类体系有助于更加系统、全面和恰当地描述动词的意义和用法。“动词词典”在词条释义、义项、例证等方面都富有特色，并且使用了语句模式的概念，以动词构成的语句模式为纲，通过取自大型语料库的真实例句详尽展现动词的意义和用法。

动词词典以 XML 文档方式在计算机上编写，使用 XSD 技术验证文档的合法性(well-formedness)和有效性(validation)。我们还运用 XSLT②(Extensible Stylesheet Language Transformations)技术把词典的 XML 文档转换为 HTML(HyperText Markup Language)文档，使其能够在出版的时候直观地显示词典内容。使用 XML 技术组织电子词典信息，可以方便地按需求生成各种规模各种类型的词典，并且能够将其任意扩展，供人以光盘、手持设备和上网等多种方式使用。

在动词词典编纂的基础上，我们制定了基于 HNC 的现代汉语动词词典 XML 化文档标准，规定了针对现代汉语动词的 XML 化配套文档、XML 文档结构、数据文件和 XSD 文档内容。

3 HNC 理论在词典编纂上的应用

HNC 理论由语言概念空间考察自然语言空间，模拟大脑的语言感知过程建立了概念联想脉络，并以其为主线，建立了一种表述和处理自然语言的新模式，这一模式不但能应用于自然语言的计算机理解处理，而且对自然语言研究的其他许多方面都富有启发意义。学习型词典编纂就是 HNC 理论在自然语言研究方面的一项重要应用。

---

① 感谢所有参与动词词典编写的同事。

② XSLT 是一种将 XML 文档转换为 XHTML 或其他 XML 文档的语言。

HNC理论中的概念层次网络、句类理论和语境单元理论能够指导我们全面描述词语的语义、语法和语用信息。

(1)概念层次网络。现有的词典多以字或词立目，而HNC认为自然语言理解实质上是一个从自然语言空间到语言概念空间的映射过程，语言空间符号体系千差万别，而语言概念空间符号体系只有一个。因此，从HNC的角度来看以概念立目更加符合人脑对语言的认知习惯，更加适合学习者学习语言。HNC概念联想脉络由概念的高层、中层和底层构成，整个体系遵循尔雅原则、句类原则、语境原则、关联原则和延伸原则五项，具有层次性、网络性的特点。这个概念联想脉络对于梳理词语的释义系统，体现词语之间的内在关系具有重要的指导意义。例如"开始(新的一年～了)"一词，《现代汉语词典》上的释义为"从头起；从某一点起"。当我们从HNC概念联想脉络的角度去考虑这个问题的时候，就可以看到"开始(新的一年～了)"一词的HNC符号为v11eb1，代表的是一个过程的序。我们可以将其释义纳入HNC概念体系，解释为：事情以某个时间为起点而发生。

(2)句类理论。HNC理论中的句类指的是句子的语义类型，不同于语言学中的陈述句、疑问句、祈使句和感叹句。句类理论是对概念联想脉络中的主体基元概念(也就是作用效应链)进行仔细分析后形成的。HNC将自然语言中的句子划分为57个基本语义类型，并且进一步描述了各种句类的语义构成，构造出句子的语义表示式，此外基本句类还可以进行混合形成混合句类。句类理论特别适合描写动词，比如释义、义项划分等。更为重要的是，运用句类理论能够系统地为动词配上例证，并且这样的例证能充分说明词条的意义和用法，更加适合学习者使用。

(3)语境理论。学习一个词不仅要学习其在词典中的意义，更重要的是在实际的语言生活中能够准确恰当地使用。因此语境信息对于语言学习者尤为重要。《柯林斯合作词典》就曾经将语境信息引入释义，首创了语境释义法。HNC认为语境无限而语境单元有限，语境单元是可以抽象和描写出来的。语境单元是一个三要素的结构体，三要素的名称分别是领域DOM、情景SIT和背景BAC。在这个三要素组成的三维空间里，领域是主轴，情景和背景都是领域的函数。我们可以在领域概念和领域句类代码的基础上整合词语的语用信息，便于学习者更好地学习相关知识。

4 基于HNC的词典编纂电子化

4.1 词典的XML化

XML[①](Extensible Markup Language，可扩展标记语言)技术是全球数据表示和数据交换的标准，也是最适用于电子词典开发的技术手段。与传统的关系型数据库相比，XML可以更加有效地组织和存储电子词典信息。首先，XML的树形结构更加适合描述词典的结构；其次，XML内容和显示分离的特点便于灵活使用已编写好的词典内容；最后，XML还具有良好的可扩展性和交互性，可以动态地更新数据的结构而不影响数据的有效性，并且其文档独立于计算机的软硬件平台之外，可以方便地进行数据交换和信息共享。研究词典的XML化文档的表示方法有利于更好地进行电子词典的开发。

对于电子词典而言，无论是掌上电子词典、光盘词典还是在线词典，以什么样的方式来

① XML指可扩展标记语言，是当前处理结构化文档信息的有力工具，是一种简单的数据存储语言，它使用一系列简单的标记描述数据。

组织词典信息，是它们所关注的首要问题。XML 技术是国外通行的词典信息组织技术，并且已经成为行业标准，但是国内对于将 XML 技术应用到词典编纂中的研究才刚刚起步。孙辉(2005)研究了基于 XML 的词典文档组织技术，探讨了 XML 数据库的存储方式和索引机制，设计一种存储 XML 文档的中粒度的关系数据库模式，并将这种基于 XML 的词典信息组织技术的思想在南京大学英汉语料库系统的词典编纂模块中进行应用。傅爱平等(2009)研究了语文词典的词条结构，建立了语文词典的 XML 数据结构模型，并通过人机互助的方式，对《现代汉语词典》的部分词条作了 XML 标注。这两项研究都很有意义，但是前者主要适用于双语词典编纂，后者主要针对《现代汉语词典》，适用于汉语外向型学习词典的词典 XML 化研究还是空白。

关于词典 XML 化，我们主要研究利用 XML 工具如何有效地组织基于 HNC 的词典信息。包括需要哪些配套文档，如何设计文档的数据结构，如何定义文档的数据文件，以及如何检验文档的合理性和有效性。

4.2　词典编纂辅助工具

以往的词典编纂，编纂者需要在材料的收集和资料卡片的制作上花费大量的时间和精力，而今，随着计算机和信息技术的发展，计算机可以进入词典编纂的各个环节，减少编纂者的简单重复劳动，帮助编纂者高效地进行词典编纂。1987 年出版的《柯林斯合作英语词典》(第一版)就是计算机辅助编纂的典范，这部词典在词典编纂的资料收集、词条选择和词条准备等阶段都使用了计算机技术，并且在当时首次使用了大型语料库，选取语料库中的真实例句作为词典例证。此后，国内外词典纷纷使用计算机技术，学习词典的发展进入了和计算机紧密联系的一个新阶段，计算机词典学(Computational lexicography)也日益成为近年来词典编纂领域研究的一个热点。

要使计算机能够应用到词典编纂领域，语料库资源和语料库分析处理工具是必不可少的。国外著名的语料库有 COBUILD 语料库、朗文－兰开斯特语料库(Longman－Lancaster Corpus)和 BNC 语料库(British National Corpus)，这三个语料库成为柯林斯出版社、朗文出版社、牛津大学出版社等编纂英语学习词典的重要资料来源(A. P. Cowie，2002)。我国也建立了许多自己的语料库，其中 1990 年开始建立的国家语委语料库堪称我国语料库的代表，数据量达到 1 亿字。国内外研究者也针对这些语料库开发研制了语料库分析处理工具，然而这些工具在查找例句的效果上并不尽如人意。检索出来的例句的重复率过高、典型性不足是这些工具存在的普遍问题。

在 HNC 理论的指导下，北京大正语言知识处理科技有限公司和北京师范大学中文信息处理研究所建立了 HNC 标注语料库。该语料库使用自上而下的标注方式对句子及句内子句的语义类型和它们的下一级语义构成成分进行了标注，这样就使得依据词语和句子的语义有针对性地提取例句成为了可能。在此基础之上我们可以设计开发词典例证检索工具，为词典编纂者找寻合适的例句提供方便。

另外，我们还可以在 HNC 字词知识库的基础上设计开发词典释义参考工具，并在 HNC 文本属性语料库和领域句类代码的基础上设计开发词典语境生成工具，辅助词典编纂工作。

5　结　论

基于 HNC 理论的学习型词典编纂研究，是在新时期新需求和新技术的催生下，结合前期现代汉语动词词典编纂的实践，对汉语学习型词典编纂和词典编纂电子化进行的综合性研究。HNC理论中的概念层次网络、句类理论和语境单元理论能够指导我们全面描述词语的语义、语法和语用信息；在HNC理论的基础上能够更加高效地组织词典信息，对词典进行XML化；在HNC现有资源的基础上设计开发的词典编纂辅助工具可以帮助我们在词典编纂手段现代化的道路上更进一步。

参考文献

[1]A. P. Cowie. 2002. English Dictionaries for Foreign Learners：A History. Beijing：Foreign Language Teaching and Research Press.

[2]杜焕君．2008. 留学生学习汉语名词的偏误分析及其原因探析．滨州职业学院学报(11).

[3]刘春阳，杨默莸．2007. 大脑词库的组织与词典建构．理论界(3).

[4]黄曾阳．1998. HNC(概念层次网络)理论——计算机理解语言研究的新思路．北京：清华大学出版社．

[5]黄曾阳．2004. 语言概念空间的基本定理和数学物理表示式．北京：海洋出版社．

[6]苗传江．2005. HNC(概念层次网络)理论导论．北京：清华大学出版社．

[7]苗传江，刘智颖．2003. 现代汉语语料的句子级语义标注//语言计算与基于内容的文本处理——全国第七届计算语言学联合学术会议论文集．北京：清华大学出版社．

[8]章宜华，雍和明．2007. 当代词典学．北京：商务印书馆．

HNC语义标注语料库查询工具的用户需求[①]

刘智颖

北京师范大学中文信息处理研究所　北　京　100875

liuzhy@bnu.edu.cn

摘　要：HNC句子级语义标注语料库是以HNC理论为基础对文本语料进行语义标注的语料库。为使该语料库能更好地为语言研究服务，我们需要为语料库设计一个查询工具。本文从三个方面考察了用户对查询工具的需求：快捷的查询速度，友好的查询界面和强大的查询功能。

关键词：HNC语义标注语料库，XML，句类，语义块，HNC理论

1　引　言

HNC句子级语义标注语料库是以HNC理论为基础对文本语料进行语义标注的语料库。为了使HNC语义标注语料库能为一般的语言研究服务，我们需要为HNC语义标注语料库配备一个有效的查询工具。在这个查询工具里，用户可以通过输入查询请求，找到符合自己需要的语料，这些语料都是以句子的形式反馈给用户。

HNC语义标注语料库查询工具是我们为用户所提供的对HNC语义标注语料库里标注的语义信息进行系统查询的便利和强大的工具。用户通过使用这个工具，能够充分利用HNC语义标注语料库中所蕴涵的丰富的语义信息，进一步更好地为语言研究服务。

2　HNC语义标注语料库

HNC语义标注语料库是以HNC理论的句类思想为指导而建立起来的，以句子作为标注的基本单位，对语料进行语义信息标注的语料库。语料标注采用自上而下的标注方式，先标注篇章、段落，再标注句子，然后是语义块，最后标注词语。HNC语义标注语料库选择以句子作为标注的基本单位，在句子级对语料进行语义标注。这种标注方式与自下而上的语料标注方式相辅相成，满足了语言本体研究和语言信息处理研究的不同需要。

HNC语义标注语料库采用XML作为标注形式。XML(eXtensible Markup Language)是可扩展标记语言的简称，它非常灵活，我们可以自己定义标记及语法结构。通过XML的元素和属性对语料进行标注。每个语义单位都由一个特定的元素进行标记，语义知识通过属性值对进行描述，元素内部可再嵌套元素，这就形成了一个树形结构，具有层次性特点。符合句子结构构成方式。方便易读，使句子的语义信息一目了然，一般的语言工作者也能很快理解和掌握。

HNC语义标注语料库样例：

莫斯科的夏天是一个虚幻的季节。每当莫斯科人将其冬季的忧虑和衣服搁在一边，

① 本文得到国家科技支撑计划项目“中文信息处理应用研究与系统开发”之课题“中文信息处理应用理论研究和知识库资源的开发”(编号为2007BAH05B01)的资助。

抽身来到河边戏水或到乡间别墅度假，这座城市就似乎失去其对现实的把握。

```
<para>
  <s code="jD">
    <jk type="1">莫斯科的夏天</jk>
    <ek>是</ek>
    <jk type="2">一个虚幻的季节</jk>。
  </s>
  <s code="Ya0">
    <fk type="Cn">每当<ss type="4" code="C">
     <ss type="1" code="XS021 * 322" form="! 113">
        <jk type="1" shedid="1">莫斯科人</jk>
        <jk type="2">将其冬季的忧虑和衣服</jk>
        <ek>搁在</ek>
        <jk type="3">一边</jk>
     </ss>,
     <ss type="4" code="C">
       <ss type="1" code="T2b" form="! 31" shid="q1">
         <ek>抽身来到</ek>
         <jk type="2">河边</jk>
       </ss>
       <ss type="1" code="S" form="! 31" shid="q1">
         <ek>戏水</ek>
         </ss>
     </ss>
     <correl>或</correl>
     <ss type="4" code="C">
       <ss type="1" code="T2b" form="! 31" shid="q1">
         <ek>到</ek>
         <jk type="2">乡间别墅</jk>
       </ss>
       <ss type="1" code="S" form="! 31">
         <ek>度假</ek>
         </ss>
     </ss>
    </ss>
  </fk>,
  <jk type="1">这座城市</jk>
  <ek>就似乎失去</ek>
  <jk type="2">
    <ss type="2" code="X" form="! 11">
```

```
      <jk type="1">其</jk>
      <jk type="2">对现实</jk>
      <ek>的把握</ek>
    </ss>
  </jk>。
  </s>
</para>
```

3　用户需求及解决方案

3.1　快捷的查询速度

对于用户而言，语料查询工具的反应速度很重要，用户在使用查询工具时，一定不希望把大量的时间浪费在对查询结果的等待上。所以，如何能做到快速地反馈查询结果，对查询工具而言至关重要。

为了优化系统的性能，提高对 XML 文本语料的查询速度，查询工具从两个方面作了努力：

首先，在 C++和 MFC 的编程环境下进行 HNC 语义标注语料库查询工具的开发。MFC(Microsoft Foundation Classes 微软基础类)是微软提供的用于在 C++环境下编写应用程序的一个框架和引擎。该类库提供一组通用的可重用的类库供开发人员使用，极大地优化了系统的性能。

其次，我们采用新近出现的一种数据库系统——原生 XML 数据库来操作 XML 语料文件。随着 XML 语言越来越多地用于数据交换和存储领域，传统的关系型数据库系统对处理复杂类型数据的能力有限。在原生 XML 数据库系统中，从数据库核心层到查询语言都采用与 XML 直接配套的技术。因此，使用原生 XML 数据库系统处理 XML 数据，无须进行数据转换，处理速度快，可有针对性地处理 XML 数据的检测、存储及提取。

HNC 语义标注语料库查询工具所使用的 Berkeley DB 是一个高性能的数据库系统，用于存储键/值对数据，速度非常快，可在大多数的操作系统上使用。Berkeley DB XML(BDB XML)是一个嵌入式数据库规范，用来存储和获取 XML 格式的文档，且支持用 XQuery 1.0 语言，可以有效的查询上百万的 XML 文档。

3.2　友好的查询界面

本语料库是在 HNC 理论的基础上建立的语义标注语料库，对于一般的语言研究者而言，他们希望在不需要知道 HNC 理论的专有术语的情况下就能充分利用该语料库，查询到自己想要的信息，为自己的语言研究所用。对于 HNC 理论研究者而言，同样也希望有一个方便的数据查询和展示工具。

所以，查询界面要尽量友好，使用户能够方便地设置查询条件，找到自己想要的结果。以句类查询为例，查询界面显示如下：

用户可以在“查询字符串”文本框中输入自己想要查询的句子中包含的字符串(一般为词语)，在“查询句类”文本框中输入自己想要查找的句类代码，如果用户不知道句类代码如何表示，可点击“选择”按钮，通过提示信息找到自己想要查找的句类代码以完成选择。在句类查询中，还特别设置了句子类型和句类类型两个限定条件，以约束查询结果，方便用户找到

句类查询

查询字符串： 输入待查询字符串，如：喜欢

查询句类： 输入待查询句类，如：X20 选择...

句子类型：□单句 □复句 □全部

句类类型：□基本句类 □混合句类 □转换前句类 □转换后句类 □全部

自己需要的句子。

总之，查询界面尽量考虑一般用户的需求，采用逐步引导的方式，通过简单的条件选择就能帮助用户完成自己想要设置的查询条件，避免人为的输入和过多的人工干预。

3.3 强大的查询功能

HNC语义标注语料库查询工具最重要的功能就是查询。具有强大的查询功能是用户对工具提出的最重要的需求。从语料的标注形式上看，主要有两个内容：元素和属性。我们的目标就是要通过元素和属性的各种组合表达式来检索出符合条件的句子。

3.3.1 查询语言

查询条件中所使用的查询语言主要是Xquery/Xpath。对于一般用户而言，只需使用查询工具给出的选项等信息，进行有针对性的组合查询即可。高级用户也可以自行输写查询条件，根据Xquery/Xpath语法自行组织所需规则，输入查询条件，就可以查询到用户所需要的语料。Xpath操作方便，灵活自由，具有很强的扩展性。

3.3.2 查询内容

通过对用户需求的调查和语料的分析，我们发现，用户的检索主要包括两个方面：一个是结构上的，表现为对结构信息的检索，如语义块的类型及数量等；一个是语义上的，表现为对句类信息的检索，如句子的句类代码、语句格式等。

3.3.2.1 结构的检索

结构的检索主要表现为对句子中的语义成分的检索。应该能实现如下查询请求：

(1)查询可以包含特定词的句子

这个请求可以与后面的查询请求组合使用。

(2)查询出现特定语义成分的句子

查询出现特定语义成分的句子，并在查询结果中用反色显示语义成分。这对于分析研究句子的语义结构十分有帮助。语义成分在语料库中都是用元素标注出来的，有：复句＜cs＞、句子＜s＞、广义对象语义块＜jk＞、特征语义块＜ek＞、辅语义块＜fk＞、分离语＜sep＞、子句＜ss＞、包装＜pack＞、独立语＜abs＞、EK复合构成要素＜epart＞、歧义字段＜ambi＞、未登录词＜word＞等。

按照语义成分的构成级别，可分为三个层级实现查询：句子层级、语义块层级和词语层级。

句子层级的查询主要表现在对复句的查询上。按照复句的类型进行分类检索。按照共享关系，我们把复句分为简单共享句、迭句、链句、复杂共享句和无共享句5种类型，可根据

标注的信息对不同类型的复句进行检索。

语义块层级的查询内容最为丰富。用户可以限定语义块的类型。指明要查询的语义块是广义对象语义块，特征语义块，还是辅块。可以限定语义块的构成类型。对于广义对象语义块，其构成类型分为简单构成、原型句蜕、要素句蜕、块扩、包装句蜕、复杂句蜕、分离等几种情况。对于特征语义块，其构成类型分为简单构成、并列式构成、组合式构成、高低搭配、动静搭配、高低动静搭配、分离等几种情况。对于辅块，其构成类型分为手段 Wy、工具 In、途径 Ms、参照 Re、条件 Cn、原因 Pr、目的 Rt、两可因果 ReB/ReC、两可参照 ReB/ReC 等几种情况。

词语层级的查询主要表现在未登录词和伪词的查询上。用户可以查询到标注语料中所标注的未登录词和伪词的信息。

3.3.2.2　语义的检索

语义的检索主要表现为对句类信息的检索。句类信息集中蕴涵在句子的句类代码和语句格式上。句类代码和语句格式信息在标注语料库中都是以元素的属性的形式存储的。

(1)句类代码查询

句类代码的信息我们通过在＜s＞元素和＜ss＞元素中设置 code 属性来描述。code 的属性值就是句类代码值。句类可以直接输入，在检索框中输入待检索句类，就可以找出特定句类的句子。也可以通过选择句类列表由程序引导来获得。

句类可分为基本句类和混合句类两大类。基本句类可分为七大句类 57 种基本句类。因此对于句类代码的查询可分层次进行。

①可查询七大句类

七大句类为：作用句 X，过程句 P，转移句 T，效应句 Y，关系句 R，状态句 S，判断句 D。

可查询七大句类。这里的七大句类是指包含二级子类的所有基本句类。如：查询作用句 X，实际搜索的结果应包含：X、X10、X20、X300、X4 等二级句类。也就是说查询的集合是 code 值中可以只包含特定的字母，字母后面也可以带有数字。但不包含 code 值中带 * 号的句类，因带 * 号的句类一定是复合句类，不属于基本句类的范畴了。

②可查询 57 种基本句类

可查询特定的基本句类的句子，即精确查询。如：输入“T3”，就能找到所有 code 属性值等于“T3”的句子。

③可查询混合句类

混合句类的句类代码中含有两个或两个以上的基本句类代码。可精确查询，也可以模糊查询。精确查询是指输入的句类代码与 code 属性值完全相同。模糊查询是指输入的句类代码等于或部分等于 code 属性值。如：精确查询时，输入“T3Y30 * 21”，能找到所有 code 属性值等于“T3Y30 * 21”的句子。模糊查询时，输入“T3”，能找到所有 code 属性值中包含“T3”的句子，可以包括“T3Y30 * 21”“T3XY * 322”“T31S02 * 20”等句类。

④可查询转换句类

转换句类的句子特点是＜s＞或＜ss＞元素中不仅包含 code 属性，而且必然包含 tcode 属性。其中 code 属性值对描述转换后的句类信息，tcode 属性值对描述转换前的句类信息。如果要查询发生句类转换前的句类代码，只需使输入的句类代码等于 tcode 的属性值即可。

(2)格式代码查询

格式代码是对语义块排列顺序的代码表示。可以输入具体的格式代码来查询，也可以通过描述具体的语义块的排列结构来实现查询。如可以输入格式代码“113”，也可以输入“JK1+JK3+E+JK2”来查询，以满足不同用户的使用习惯。

格式代码中不仅蕴涵了语义块的排列顺序信息，同时还描述了语义块的数量信息。通过格式代码，我们不但能查询句子的语义块排序信息，也能查询句子的语义块数量信息，还能通过省略格式，查询到省略了特定语义块的句子。

4 查询结果展示

用户可以使用Xpath语言自行来组织查询条件语句，输入到查询条件文本框中，进行查询。前提是用户要会使用Xpath语言，并且了解标注语料的结构。

比如，用户想查询所有包含辅块的句子，那么就在查询条件文本框中输入如下语句："text/ * / * / * [local-name()='s'][fk]"，查询出的句子总数及具体的句子将在下面显示出来：共找到391个句子。

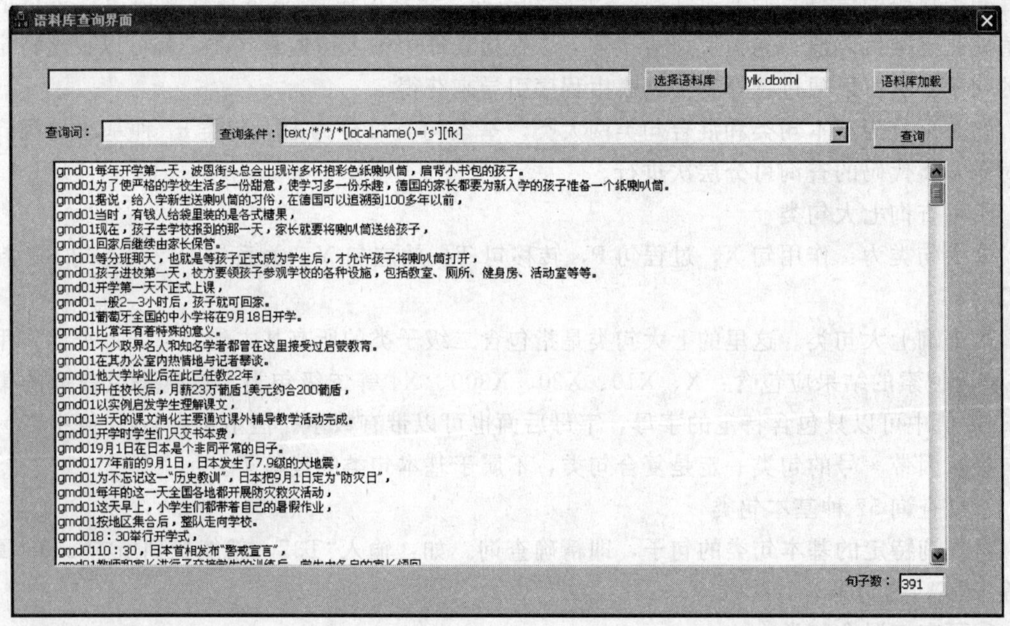

5 下一步的工作

今后将从以下两方面对语料库查询工具进行改进和完善：

扩展HNC语义标注语料库的功能。使其除了具有基本的查询功能外，还具有对语料的增删、修改、保存、检索、统计等功能，形成一个系统的语料库管理工具。

提高用户界面的友好性。现在的查询工具要求用户自己输入查询条件，且查询条件用Xpath语句完成，这就对用户的计算机水平有更高的要求。下一步将修改用户界面，更加方便用户使用，用户只需进行简单的选择就可以实现查询，找到符合自己需要的句子。

参考文献

[1]池毓焕.2002.黄曾阳先生语料库思想概述//第一届学生计算语言学研讨会论文集.

[2]何婷婷．2003. 语料库研究．华中师范大学博士论文．

[3]黄曾阳．1998. HNC(概念层次网络)理论．北京：清华大学出版社．

[4]苗传江，刘智颖．2003. 现代汉语语料的句子级语义标注//语言计算与基于内容的文本处理．北京：清华大学出版社．

[5]苗传江．2006. 基于 HNC 句类体系的句子语义研究．语言文字应用(1).

[6]刘智颖．2006. HNC 语料标注的 XML 规范//中文信息处理的探索与实践．北京：北京师范大学出版社．

句群处理突破的关键：HNC领域句类知识库①

缪建明　张　全

中国科学院声学研究所　北　京　100190

mjm@mail.ioa.ac.cn　zhq@mail.ioa.ac.cn

摘　要：知识表示是计算机进行自然语言处理的必备条件之一，不同阶段的计算机处理需要不同的知识库进行辅助。在HNC理论的知识表述框架中，领域概念在句群语义的表达中起着核心作用，其所蕴涵的知识必须在句群处理中作为基本的规则判定依据，这一知识库对句群处理系统来说不可或缺。同时，领域的知识能够验证语句句类分析的处理结果，提高语句的分析准确率，对语句句类分析具有较强的指导作用。因此计算机在处理句群时，领域句类知识库的建设问题至关重要，甚至影响到整个句群处理系统的准确率。本文针对HNC世界知识的领域分类，阐述了领域句类表示式的设计步骤及具体的结构框架，并简单介绍了整个知识库的现状和未来设想。

关键词：领域，领域句类，概念关联式

1　引　言

计算机处理自然语言需要相关知识进行辅助，这是众所周知的事实。一个自然语言系统必须使用相当多关于语言自身结构的知识，包括什么是词、词如何组成句子、词的意义是什么、词的意义对句子的意义有什么影响等。然而，如果不考虑构成人类智能的其他方面的因素(人类的一般性世界知识和人类的推理能力)，我们就不可能完全解释人类的语言行为。比如，一个人要回答问题或者参与对话，他不仅需要知道所使用的语言结构的很多知识，而且要知道关于世界的一般性知识以及了解待定的对话场景。这类其他方面的知识，我们可以归结为世界通用知识和当前情境的特定知识(缪建明，2007)。通用世界知识HNC称之为领域句类知识，主要描述的是某一类事物的信息，而不是描述某一个特定个体的信息，特定知识则是理解句子的特定场景的主要组成部分。这些知识同语言本身结构的知识一道共同辅助计算机实现对自然语言的理解。

此外，人脑与电脑对自然语言的处理具有本质的不同。人脑天生对知识具有学习的特性，对自然语言具有强大的解模糊能力，能够轻易地应付语音文本的五重模糊(发音模糊、音词转换模糊、词的多义模糊、语义块构成的分合模糊、指代冗缺模糊)(黄曾阳，1998)，正确理解自然语言的语义内容；电脑则不具有这一能力，自然语言表述的知识是无法直接提供给计算机使用的，计算机可处理的问题理论上必须满足3个条件，即这个问题必须可形式化表示、针对问题必须存在一个算法、这个算法必须是可计算的，其中的第一个条件本质上即是知识表示问题，即为了计算必须将非数值语义和语义间的关系转化为符号问题，用指称的办法来保持和恢复计算结果的语义，后两个条件都是在实现了第一个条件的基础上展开的。

---

①　本文承国家973项目“自然语言理解的交互引擎研究”(2004CB318104)、国家科技支撑计划课题“搜索引擎中的语言翻译基础研究”(2007BAH05B02－05)、中科院声学所知识创新工程项目“句群理解处理理论及其应用”(O654091431)、中国科学院声学研究所“所长择优基金”(GS13SJJ04)、中国科学院青年人才领域前沿项目(O754021432)的资助。

本文的研究对象是领域知识表示，目的是通过对领域概念所蕴涵的领域知识进行知识表示，从而形成可供计算机使用的知识。与其他学科的领域相比，HNC 的领域概念具有独特的个性。我们的领域概念来源于 HNC 理论对人类活动所属范畴的分类，依附于 HNC 概念基元符号体系而存在；而其他学科的领域则主要依据学科的门类不同进行划分，依赖于具体学科的分类系统而存在。HNC 领域概念往往又是句群的表述核心或主题，如果我们能够让计算机在处理句群时把握该领域概念所蕴涵的世界知识，则无疑会对句群的处理带来巨大的帮助。句群处理根本性的突破，关键就在于领域句类的知识表示这一问题。

HNC 理论的领域以概念基元符号体系中的扩展基元概念为主体，涵盖了整个人类活动(自然语言的主要描述对象)以及其他生命体本能活动、自然界灾祸状态的内容。这是一个假设，是 HNC 关于领域空间的第一假设。这一假设一定会引起一定的质疑，因为语言空间表述千变万化，难保不会出现新的语言描述主题(黄曾阳，2004)。而我们对领域空间第一假设的根源来自于 HNC 理论对语言概念空间中概念基元的整体把握和对语言空间真实语料的有效验证。迄今为止，我们标注、分析了大量的语料数据(共计 50 万字)，均可以找到其相对应的领域。在此假设下，HNC 理论认为领域 DOM 的类型是有限的，HNC 将其划分为十类，如表 1 所示。其主体是对人类活动所属范畴的分类，描述事件核心归属的范围，是对事件的静态描述。领域知识的提取是 HNC 语境单元萃取处理的核心工作，领域的有限性最终将导致语境单元的有限性，为语境单元的萃取提供一个封闭的领域空间。

表 1　HNC 领域分类表

<table>
<tr><th>编号</th><th>描述内容</th><th>对应的扩展基元符号</th><th>基元符号类型</th></tr>
<tr><td>1</td><td>心理活动及精神状态</td><td>71，72</td><td rowspan="4">第一类扩展基元</td></tr>
<tr><td>2</td><td>人类思维活动</td><td>8</td></tr>
<tr><td>3</td><td>专业及追求活动(第二类劳动)</td><td>a，b</td></tr>
<tr><td>4</td><td>理念活动</td><td>d</td></tr>
<tr><td>5</td><td>第一类劳动</td><td>q6</td><td rowspan="6">第二类扩展基元</td></tr>
<tr><td>6</td><td>业余活动</td><td>q7</td></tr>
<tr><td>7</td><td>信仰活动</td><td>q8</td></tr>
<tr><td>8</td><td>本能活动</td><td>6m　(m=0－5)</td></tr>
<tr><td>9</td><td>灾祸</td><td>3228α(α=8－b)</td></tr>
<tr><td>10</td><td>状态</td><td>503，50α(α=8－b)</td></tr>
</table>

在此基础上，HNC 理论提出了关于领域空间的第二假设：领域空间中的领域概念的世界知识，能够通过领域概念的各级延伸结构形式化表示出来，而不同领域概念之间的关联知识则能够通过概念关联关系得以体现。这一假设的认可来源于 HNC 理论对于语义基元的基本认识及由此形成的概念基元符号体系这一语义表述网络。这一语义网络通过高中底三层的表述符号，有效抽象提取了每一概念基元所包含的主要知识，对于领域概念基元来说，这一知识即是领域世界知识。抓住了这些知识，就是抓住了语义基元的要害知识，其他的知识都是枝节，舍弃了对概念基元符号体系影响不大。

HNC领域句类研究正是基于关于领域空间的两个假设基础上，结合句类表示式这一语句深层语义表述模式，形成了领域句类表示式及其概念关联表示式这一领域空间世界知识的表述模式。

2 领域句类知识的基本内容

领域句类知识的基本内容包括以下两个方面：(1)领域句类表示式；(2)概念关联知识。

2.1 领域句类表示式知识

领域知识表示式是以句类表示式为表述基础，融合了领域概念所蕴涵的领域知识的知识表述框架。句类表示式是HNC理论针对小句设计的数学物理表示式，由构成小句(韦向峰，2006)的多个语义块的表示式叠加在一起构成的。句类表示式表明了一个句类应该由几个主语义块构成，而语句格式表示句类表示式中这些主语义块在具体的句子中具有的不同出现顺序(苗传江，2005)，以基本作用句XJ为例，它有三个主语义块(作用者A、作用X和作用对象B)，如“张三打了李四”，作用者A为“张三”，作用X为“打了”，作用对象B为“李四”，采用的是三块句的基本格式(数学符号为！0)。

领域句类表示式则是带有领域信息的句类表示式，是HNC理论针对句群设计的数学物理表示式，由浓缩了领域知识的多个句类表示式构成。与句类表示式相比，领域句类表示式又具有如下的不同：其一，领域句类表示式表示的知识针对的是领域，对应到自然语言，往往这些知识并不是由一个小句，而是由一个或多个语句所表达的句群；其二，在语义块的表示方法上，领域句类表示式采用不同于语句的句类表示式的表示方式，在语义块的选取上可采用“()、{}、[]”符号，“()”符号用于将多于两个作用效应环节的作用效应链成分包含其内，显示这个句类有时也会以这种句类方式出现，体现这一环节的领域知识，这也打破了句类表示式中混合句类两两相混合的局限性，更有利于表示整个领域的句类知识；“[]”符号将具有“或”关系的语义块成分包含其内，显示这一句类采用其中某一个语义块的内容；“{}”符号表示这部分语义块有可能出现，也有可能不出现；其三，领域句类表示式采用对特征语义块更加严格的表示方法，在特征语义块符号后加一个“－”符号，后紧跟着该语义块对应的领域概念基元符号；第四，句类表示式具有广义作用句和广义效应句之分，而领域句类表示式则没有这一分类，领域句类表示式表达的对象是针对领域形成的句群，包含多个语句，广义效应与广义作用的分类则来源于对单个小句的分类，已不适用于句群，当出现广义效应和广义作用两可的情况时，需要给出具体的广义效应和广义作用类别；最后，领域句类表示式包含必须的辅语义块，而句类表示式中大多数情况下不会出现辅语义块。由于辅语义块弱依赖于句类，故在句类表示式的设计中不包含辅语义块，而领域信息表示中，某些辅语义块至关重要，是领域知识表示的一个必备因素，可以说辅语义块弱依赖于句类，但是辅语义块则强依赖于领域句类(缪建明，2007)。

HNC的领域是按照人类活动所属范畴进行的分类，描述事件核心归属的范围，是对事件的静态描述。领域概念蕴涵于HNC概念基元符号体系中，而该符号体系采用的是“概念林－概念树－根概念－延伸概念”的四层级的概念网络，不同级别的领域概念具有不同的领域句类知识，也就形成各自的领域句类表示式。不过，一般来说，越高层概念形成的一般是统摄的领域句类知识，具有语义块内容更抽象、更一般，关联知识的范围更广泛的特点，而越靠底层概念形成的是个性独特的领域句类知识，具有语义块内容更严格、更独特，关联知识的范围更狭窄、针对性更强的特点。当高层领域知识和低层领域知识同时具有时，应采取

"就低不就高"的领域句类选取策略，这样形成的领域知识更加具有针对性和准确性。

2.2　概念关联知识

概念关联知识主要由概念之间和语义块之间的关联知识来体现。句类表示式中，语义块关联知识具体指语义块之间的关联知识，语义块是句子的语义构成单位，分为主语义块和辅语义块两大类。主语义块有四种，分别是特征语义块 E、内容语义块 C、对象语义块 B 和作用者语义块 A；辅语义块有七种，分别是手段 Ms、工具 In、途径 Wy、比照 Re、条件 Cn、因 Pr 和果 Rt。主语义块和辅语义块分别用符号 K 和 fK 表示(黄曾阳，1998)。

主语义块简称主块，辅语义块简称辅块。A、B、C 三种语义块统称为广义对象语义块，用 GBK 表示。此外还有介于主辅之间的语义块，称为两可语义块，是在句子中可能充当主块，也可能充当辅块的语义块。两可块有因果(RtB 或 RtC)和参照(ReB 或 ReC)两种。

在句类表示式中，语义块关联知识只包含语义块之间的关联知识，这种知识分为两类：一为特征语义块与广义对象语义块之间的关联，二是广义对象语义块之间的关联。第一类关联表示出特征语义块对广义对象语义块概念优先性的预期知识，例如主动反应句中的反应者 X2A 广义对象语义块必须是人"p"(含组织机构"pe")或动物"jw62"等有生命感知的生命体或者生命体的部分"jw6m-"；第二类表示广义对象语义块之间的对仗等信息，例如关系句中的双方 RB1 和 RB2 通常具有对仗性，如果 RB1 是人，那么 RB2 也应该是人。但在领域句类表示式中，语义块关联知识除了包含语义块之间的关联知识外，还包含语义块的构成知识及领域概念之间的关联知识。

3　领域句类设计步骤

领域句类的设计过程实际上就是将领域知识具体形式化的过程。领域句类设计的最终目的是将概念延伸结构所蕴涵的领域知识抽象归纳后形成形式化的领域句类表示式及其概念关联式。其对应的领域句类设计过程可以分为以下几个主要步骤：

(1)概念节点分析。根据对应的 HNC 符号的设计定义，针对所要表达的领域概念节点符号进行分析，掌握其所表达的领域知识。

(2)领域知识归纳。在概念节点表示分析的基础上，参照概念基元符号体系中的高中底层符号的设计定义，从作用效应循环链的角度出发，归纳得到概念延伸结构所蕴涵的世界知识，同时补足该领域知识表达的作用效应链的其他环节知识。

(3)领域句类表示式设计。在归纳得到概念延伸结构所蕴涵的领域知识之后，把这一知识具体形式化。采用句类表示式这一语句深层语义结构的表述模式，给出了领域知识中对应的语义角色，根据作用效应链和语义块的定义，给出对应领域知识的领域句类代码，为对应语义角色分配语义块名称，为整个领域知识搭建一个完整的句类表示框架结构。

(4)概念关联知识的设计。概念关联知识来自于对节点本身和对领域句类各语义角色的思考。一方面，从节点本身的语义网络结构出发，获取相关联概念节点知识；另一方面，从领域句类具体语义角色的内容出发，获取其相关联概念节点知识。通过 HNC 映射符号进行形式化处理，为两方面的概念关联知识设计概念关联式。

设计策略可以概括为"以分析为主，先抽象归纳后形式设计"，即从领域节点的概念延伸结构入手，先对其领域知识进行抽象归纳，再对领域知识进行形式化处理。

4 领域句类结构

领域句类知识库由七个部分构成：

(1)节点符号：符号体系是整个 HNC 理论的核心，也是整个领域句类知识库建设的基础。通过它能够快捷地定位该节点符号在整个符号体系中的位置。

(2)自然语言描述：通过自然语言的描述，抽象概括出节点符号的整体内容，进行表述。

(3)句类代码描述：通过领域句类表示式的方式，对领域知识进行表述。句类是句子的语义类型，而领域句类代码则指出了该领域句类对作用效应链的某些环节进行表达，描述出句类所蕴涵的领域句类的基本语义信息。

(4)句类展开式：对句类代码描述进一步展开，细化句类中的各部分内容。

(5)语义块对应内容：通过领域句类的语义块对应内容，详细定义在该领域句类中各语义块的约定束约条件，并用节点符号的方式定义了语义块内容的相关概念属性。

(6)概念关联表示式：描述相关领域概念之间和语义块之间以及语义块的构成等关联知识。

(7)对应激活词语：通过给出一定的对应激活词语，能够快速地在文本中激活对应的领域，简化通过节点符号进行分析的步骤，同时也有利于提高领域判断的准确率。

为了便于了解各部分的具体描述，以下我们仅以专业活动的基本制度(a00e4n)这一领域概念节点为例，说明领域句类知识库的各部分结构。

①节点符号：a00e4n

②自然语言描述：专业活动的基本制度

③句类代码描述：

(Cn－1X10S01＊211J)＋{Cn－1X11R411－e61＊22J}

＋{(Cn－1)R610－2X10＊10J＋(Cn－1)S－99J}＋Cn－1X10P1－eb2＊11J

④句类展开表示式：

Cn－1X1B＋X10S01＋SBC＋{Cn－1X1A＋X11R411＋XBC}

＋{Cn－1X1B＋R610X10＋Cn－1SB＋S}＋Cn－1X1B＋X10P1

⑤语义块对应内容：

Cn－1：＝pj10；X1B：＝pa00e4n；SBCB：＝pea00e4n；SBCC：＝ra01＄ra019；XB-CB：＝pea00e4n；

XBCC：＝ga00e4n

⑥概念关联表示式：

pa00e4n≡p50aa(专业世界成员就是劳动者)

pa00e4n＝％p50a9(专业世界成员是生活者的一部分)

⑦对应激活词语：“上班”“下班”“退休”“失业”等。

该领域概念节点在领域句类知识库中的内容，可以详见下表2所示。

节点符号	自然语言描述	句类代码描述	句类展开式	语义块对应内容	概念关联表示式	对应激活词语
a00e4n	专业活动的基本制度	(Cn-1X10S01*211J)+{Cn-1X1	Cn-1X1B+X10S01+SBC	Cn-1:=pj10;X1B:=pa00e4n;SBCB:=pe	pa00e4n≡p50aa;pa00e4n=%p5C	上班;下班;退休;失业

表2 领域句类知识库节选

领域句类知识最终服务于句类分析系统，一方面可以提高句类分析系统的句群处理能力，同时另一方面又可帮助提高句类分析系统对新词、语义切分模糊等难点处理的能力。目前我们已经完成了专业活动领域中 a0－a3 的领域概念以及 q7 体育概念的领域句类设计，设计了 228 组相对应的领域句类表示式，配备了对应的概念关联知识，为大范围进行领域句类设计工程打下了坚实的基础，同时也可在此基础上进行对应语料的语境单元萃取技术的探索工作。未来我们将在此基础上，开展全面的大规模领域句类知识库建设工作。

5　结　语

自然语言处理中面临的一个基础难题是各级各类知识如何有效使用的问题。在句群处理过程中，领域知识的有效使用就是这其中的一个关键课题。HNC 形式化的领域知识称为领域句类知识，是自然语言处理交互引擎研究中语境单元萃取所需要的最基本、最关键的知识。领域概念所蕴涵的领域知识往往不是一条，而是多条，面对的语义角色也不是一个而是多个，同时这些知识又必须形式化表示之后提供给计算机使用。我们需要通过领域概念节点的分析归纳得到对应的领域知识并形式化处理，有了这些领域知识的帮助将有效提升自然语言处理的理解率。

领域句类表示式以句类表示式为纲，将多个语句表述的领域知识有效结合在一起，形成了自然语言句群的理解处理所需的全局性框架知识。各个领域句类所具备的框架知识就是领域句类知识的主体内容，这也是本文的研究重点。

领域句类的研究在句群处理阶段占据重要的地位。领域句类研究的目的是服务于句类分析向句群处理的提升。在后续的研究工作中，我们不仅需要通过更多的真实句群进一步完善已有的领域句类知识库的内容，还需要努力扩大领域句类知识库的范围。只有通过广度的扩大和深度的升华才能真正使扩展句类分析平台实现向句群处理的提升。

参考文献

[1]缪建明 . 2007. 专业活动领域句类的设计与知识表示 . 中科院声学所博士学位论文 .
[2]黄曾阳 . 1998. HNC(概念层次网络)理论 . 北京：清华大学出版社 .
[3]黄曾阳 . 2004. 语言概念空间的基本定理和数学物理表示式 . 北京：海洋出版社 .
[4]韦向峰 . 2006. 基于 HNC 理论的扩展句类分析平台研究 . 中国科学院声学研究所博士学位论文 .
[5]苗传江 . 2005. HNC(概念层次网络)理论导论 . 北京：清华大学出版社 .

汉英双语多元逻辑组合标注的基本内容[①]

钦丽丽

北京师范大学中文信息处理研究所　北　京　100875

qinlili126@126.com

摘　要：多元逻辑组合是指语言逻辑联结词所联结的组合单元多于两个而又不构成句蜕的语言结构体。它不同于传统语法学意义上的短语或词组。多元逻辑组合是句子语义的构成部分。作为一种重要的语义块构成方式，多元逻辑组合与句蜕等构成方式既存在明显区别又相互联系。

本文在理论学习的基础上，考察了已初步标注好的现代汉语多元逻辑组合，阐释了多元逻辑组合的形成、组合的顺序以及优先级，并重点介绍了多元逻辑组合的标志符，提出了对并联式以及串联式的多元逻辑组合的判断方法。同时，本文也重点提出了多元逻辑组合的组合关系，对串联式的多元逻辑组合进行了进一步的细化，得到简单串联关系、关涉型串联、补充式串联关系、同位型串联关系等六种串联式组合方式。

汉语和英语在多元逻辑组合的功能及构成上各具明显的语种个性。具体说来，汉语的多元逻辑组合在转换成英语后，其语序会发生变化，本文根据真实文本中的语料，总结出了从句型、动名词型等四种对应形式。此外，为了以后计算机处理的需要，也对汉英双语多元逻辑组合表达式的生成做了初步的说明。

关键词：多元逻辑组合，组合单元，组合层次及优先级，汉英差异

多元逻辑组合是指语言逻辑联结词所联结的组合单元多于两个又不构成句蜕的语言结构体。从它的定义中我们不难看出，多元逻辑组合不同于传统语法学意义上的短语或词组。多元逻辑组合是句子语义的构成部分，它排除了句蜕成分；而短语或词组则不然，短语或词组是句子的语法构成单位，它不排除句蜕形式。以“税收的增加会导致物价的上涨”一句中的“税收的增加”和“物价的上涨”为例，按照传统语法学的观点来看，它们是偏正短语。但在HNC理论看来，它们却是EK要素句蜕，并不能按多元逻辑组合来处理。但多元逻辑组合作为一种重要的语义块构成方式，与句蜕等构成方式既存在明显区别又相互联系。而汉语和英语在多元逻辑组合的功能及构成上又各具明显的语种个性。以“湖南农民运动考察报告”为例，这是一个串联型的多元逻辑组合，但是对应到英语的翻译却是“Report on an Investigation of the Peasant Movement in HUNAN”。再比如“一切别的民族的社会主义文化和新民主主义文化”这个混联型多元逻辑组合，对应成英语则是“the socialist and new-democratic cultures of all other nations。”因此，我们有必要探究汉英两种语言在多元逻辑组合问题上的对应规律。

为了更好地研究多元逻辑组合，首先要明确它的含义、特征，其次要探讨多元逻辑组合的组合单元及组合顺序、组合关系、明确多元逻辑组合的标志符，并且探讨汉英双语在多元逻辑组合问题上的差异。这样才能够为后期标注体系的开发及汉英双语多元逻辑组合标注语料库的建立提供最基本的依据。

---

①　本文得到国家科技支撑计划项目“中文信息处理应用研究与系统开发”之课题“中文信息处理应用理论研究和知识库资源的开发”(编号为2007BAH05B01)的资助。

1　多元逻辑组合

1.1　多元逻辑组合的形成

前文说过，语义块构成理论是 HNC 理论的重要组成部分。语义块构成分析历来专指广义对象语义块(JK)，而不包括特征语义块(Ek)。从理论方面来说，JK 的构成主要有两个基本方面：一是对象 B 与内容 C 的组合，它是 JK 要素 Ω 之间的串联，简称 BC 组合；一是 JK 的要素成分 Ω 及其修饰成分 Ωu 的组合，而它则是要素 Ω 与其修饰成分 Ωu 之间的串联，简称 uΩ 组合。BC 组合可以导致原型句蜕，uΩ 组合可导致要素句蜕，但“可导致”只意味着可能性，而不是必然性。不导致句蜕的复杂 BC 组合与 uΩ 组合就形成了多元逻辑组合，所谓多元逻辑组合，就是指语言逻辑联结词所联结的组合单元多于两个又不构成句蜕的语言结构体。为了更好地说明这一现象，我将举例加以说明。以《毛泽东选集》(第二卷)中《五四运动》一文中的几个句子为例：“{五四运动成为文化革新运动}，不过是[[中国[+反帝反封建]的[资产阶级民主革命]]的一种表现形式]。”在这个句子中，以{}括起来的部分，是 JK 要素句蜕，按照多元逻辑组合的定义，我们不予以处理。而以[]括起来的部分，则是一个混合型的多元逻辑组合。其中“中国反帝反封建的资产阶级民主革命”是对象 B，而“一种表现形式”则是内容 C。其中对象 B 中都包含着对象“中国”与内容“反帝反封建的资产阶级民主革命”。再如“[今天的[抗日战争]]是[其发展的[又[！一个]新的阶段]]，也是[[+最伟大、最生动、最活跃]的一个阶段]。”这一句同样也包含了三个不构成句蜕的 uΩ 组合，即多元逻辑组合。

1.2　多元逻辑组合的组合顺序及优先级

多元逻辑组合的组合单元是广义的词语，同时要根据同行修饰关系及语义距离计算进一步确定。在确定组合单元的基础上，单纯形式的各个组合单元的顺序及优先级有较强的规律性：距离描述中心越近的单元优先结合。黄先生的经典例子“湖南农民运动考察报告”就很好地证明了这一点。在这里，“考察”与“报告”先结合，然后再与已经固化为一个词的“农民运动”结合，最后再与“湖南”结合。再如“马克思主义的普遍真理”也是这种情况。英语的多元逻辑组合的情况则与汉语相反，它的核心或中心语凸显于前，那么上述两个例子对应成英语则是“Report on an Investigation of the Peasant Movement in HUNAN”和“the universal truth of Marxism”。而混合形式的多元逻辑组合，其组合的顺序和优先级的确定则要依靠对仗信息和语义距离计算。所谓混合形式的多元逻辑组合，指的就是既包括串联的方式，也包括并联的方式的多元逻辑组合。这样我们就可以借助并联关系的联结词或标点等提供的对仗信息进行组合顺序的判定。以“但这也未能改变中国半殖民地半封建的社会性质和人民的悲惨命运”一句为例，其并联标志符“和”为我们提供了宝贵的对仗信息，即“社会性质”和“悲惨命运”形成对仗，这样根据前文说的汉语的中心词凸显于后的规律，我们很容易就会判定“半殖民地半封建”与“社会性质”组合成一个单元，其中“半殖民地半封建”又构成并联关系；而“人民”与“悲惨命运”组合为一个单元，最后“半殖民地半封建的社会性质”和“人民的悲惨命运”共同与“中国”构成串联式的多元逻辑组合。其对应成英语也体现了良好的对仗性，译文如下：“Yet，it did not succeed in altering the semi-colonial and semi-feudal nature of the Chinese society and the miserable fate of the Chinese people.”

1.3　多元逻辑组合的标志符

要想建立多元逻辑组合的标注规范对多元逻辑组合加以标注，首先必须明确一个语串是否为多元逻辑组合。这时我们就要借助 HNC 理论框架中 l类即语言逻辑类概念的帮助。一般说来，我们可以通过 l0、l1、l2、l3 和 l8 类概念来进行语义块的切分，借助 l4 和 l5 及 l9 类概念进行语义块构成分析。下面我将根据并联和串联的不同类型对它们的标志符加以简单说明，而对于混合型的多元逻辑组合，则不做具体说明。

1.3.1 并联式多元逻辑组合的标志符

根据多元逻辑组合的定义，一个并联式的多元逻辑组合至少包括两个并联项，其前边界到一个 v 类概念或句首，后边界到一个非 g 类概念或并联结构后标志符。现对其标志符进行初步确定：

(1)如果语串中存在连续的顿号或逗号(顿号或逗号之间无 v 类概念)、则假设存在并联结构。例如《毛泽东选集》(第二卷)中《五四运动》一文中的句子："[今天的[抗日战争]]是[其发展的[又[！一个]新的阶段]]，也是[[＋最伟大、最生动、最活跃]的一个阶段]。"在这个句子中的"最伟大、最生动、最活跃的一个阶段" 这个语串中存在着连续的顿号，所以我们认定"最伟大、最生动、最活跃"构成并联关系，然后再与"一个阶段"构成串联，最后形成一个混联式的多元逻辑组合。

(2)如果一个语串中出现了 l43 或 l44 类概念，则假定存在并联结构。同样以《毛泽东选集》(第二卷)中《五四运动》一文中的句子为例："在[中国的民主革命运动]中]，知识分子是首先觉悟的成分。[[＊辛亥革命]和[＊五四运动]]都明显地表现了[这[一点]]。"这个句子中，"辛亥革命和五四运动"这个语串之间，有并联标志符"和"，所以我们认定其为并联结构。

(3)如果一个语串中存在并联后标志符，则假设存在并联结构。所谓并联后标志符，指的是"等"或与其功能相同的词语。我们可以看一下党的十六大报告中的句子："建设了[一大批[[[＋水利、交通、通信、能源和环保]等基础设施]工程]]。"在这个句子中，出现了并联后标志符"等"，所以我们认定[＋水利、交通、通信、能源和环保]这个语串为并联结构。

(4)出现连续的 g 类概念，尤其是属于同一概念类别的 g 类概念，则假设存在并联结构。例如，国际奥委会主席罗格在 2008 北京奥运会开幕式上的致辞中说："[[！204 个][＋国家和地区奥委会]]相聚于此，跨越了[[＋民族、性别、宗教以及政治制度]的界限]。"这个句子的第二个语串，就出现了连续的 g 类概念，因此，我们判定其为并联结构。

需要说明的是，有的并联结构同时满足多项判定条件，比如："建设了[一大批[[[＋水利、交通、通信、能源和环保]等基础设施]工程]]。"这个句子就同时满足了规则(1)(2)(3)(4)，这样，判定起来就更容易了。

1.3.2 串联式多元逻辑组合标志符

串联式的多元逻辑组合，其前边界到 v 类概念或者句首，后边界到最后一个 g 类概念(包含)或者句末标点。如前文所述，由于汉语中心语在后，且一般为 g 概念，所以组合时离中心语越近的越优先组合，而英语则反之。现简要说明一下串联式的多元逻辑组合的标志符。

(1)语串中如果出现 l41 或 l42 类概念，则假定其为串联结构。在排除句蜕的情况下，"的"字是个很好的提示词。例如朱自清的《荷塘月色》一文中有许多这样的例句："沿着荷塘，是[！一条]曲折的小煤屑路]。""虽然是满月，天上却有[[！一层]淡淡的云]，所以不能朗照。""[[弯弯的杨柳]的稀疏的倩影]，却又像是画在荷叶上。""[！荷塘四面]，长着[& 许多树，蓊蓊郁郁的]。"

(2)语串中出现 l9 类概念，则假定其存在串联结构。在 HNC 的理论框架中，语言逻辑概念即 l 类概念，对语义块的辨识、语义块的构成分析以及句间信息的表达起到了重要的作用。而经常出现在广义对象语义块(JK)开头的指代说明符(l9 类概念)则可以帮助我们确定串联式多元逻辑组合。例如，《毛泽东选集》(第二卷)中《五四运动》一文中的句子："[[这个社会]的前身]是[封建主义的社会](近百年来成为[[半殖民地半封建]的社会])，[它的后身]是[社会主义的社会]。"该句的第一个语串中存在 l91 特指概念"这个"，所以它先与"社会"组合成一个单元，再与"前身"组合成一个更大的串联式多元逻辑组合。

1.4 多元逻辑组合的组合关系

在明确了多元逻辑组合的标志符后，下一步的工作就是确定其组合后的关系。总体上来说，共存在并联、串联和混联这三种组合关系。由于并联关系有着较明确的标志符，组合的层次和关系相对简单，而所谓混联，无非是包含着并联的串联或是包含着串联的并联，所以一旦明确了串联和并联的具体类型，混联的组合关系也就一目了然了。因此，本文着重探讨串联式多元逻辑组合的详细类型。

(1)简单串联关系，即一般的偏正关系，这是文本中比较常见的类型。如朱自清的《荷塘月色》中有这样一段文字："[曲曲折折的[＊荷塘]上面]，弥望的是[[＊田田]的叶子]。叶子出水很高，像[[亭亭的舞女]的裙]。[[层层的叶子]中间]，零星地点缀着些白花，有袅娜地开着的，有羞涩地打着朵儿的；正如[[＊一粒粒]的明珠]，又如[[碧天里]的星星]，又如[刚出浴的美人]。"这段文字中的多元逻辑组合都属于简单串联关系。再如 1998 年 2 月 11 日《光明日报》中的《副县长和他的"穷亲"》一文中："王春彪帮高广全建完房，又帮他开辟脱贫致富的门路，给他家买了母猪和仔猪。[[！1997 年]春天]，王春彪花了 600 元给高广全种了[[[＊3 分]地]的地栽香菇]。[这[＊一年]]，[[[＊高广全]一家]总收入]达到七八千元，人均收入超过千元。[[[全家]人]的精神状态]也发生了[[很大]变化]。"这段文字中的多元逻辑组合也都是简单串联关系的实例。

(2)关涉型串联关系：所谓关涉型多元逻辑组合，其组合内部多含有介词及其所关联或涉及的对象。如高晓声的《陈奂生上城》一文中："果然，从此以后，[[＊陈奂生]的身份]显著提高了，不但[[村上]的人]要听他讲，连[/[大队干部]对他的态度]也友好得多。"其中"大队干部对他的态度"就属于该类型。类似的例子还有郁达夫《故都的秋》中："就觉得[/中国的文人，与秋的关系]特别深了。"以及 2000 年第九期《中国新药杂志》中《新药临床试验的原理与操作(五)》的句子："[/对[试验组]的[＊接触史]]了解得比对照组更仔细，[/对[[新药]组]的疗效]观察得比对照组更认真。"

(3)补充式串联关系：这种类型的串联式多元逻辑组合，其修饰限定成分在核心要素的后面，大体上相当于现代汉语的补充短语，如朱自清《荷塘月色》中："[！荷塘四面]，长着[& 许多树，蓊蓊郁郁的]。""树缝里也漏着[7[[！一两点]路灯光]，没精打采的]，是[渴睡人的眼]。"

(4)同位型串联关系：这种类型的多元逻辑组合也可以称为复指式多元逻辑组合，其各个组合单元的词语不同，但所指相同，使语义更加明确或丰富。例如，毛选第二卷《五四运动》中："[[中国资产阶级民主革命]的过程]，如果要从[它的准备时期]说起的话，那它就已经过了[＃[十[＊鸦片战争]〔2〕、[＊太平天国战争]〔3〕、[＊甲午中日战争]〔4〕、[＊戊戌维新]〔5〕、[＊义和团运动]〔6〕、[＊辛亥革命]〔7〕、[＊五四运动]、[＊北伐战争]、[＊土地革命战争等]][好几个发展阶段]]。"其中"好几个发展阶段"就复指了前面所说的"鸦片战争"

等各个阶段。

(5)主谓式串联关系：这里所说的主谓关系，要小于传统意义上的主谓短语，而类似HNC理论中所说的简明状态句(S04J)，这就意味着主谓式串联关系中不能包含特征语义块，即不能包含动词，否则就不符合多元逻辑组合的定义。可以参看这样一个句子："'是[[* 一夜][* 五元]]。'[[* 陈奂生]的心]，忐忑忐忑大跳。"其中"一夜五元"就是主谓式串联关系。(高晓声《陈奂生上城》)

(6)助词短语型串联关系：这种类型的多元逻辑组合，其组合的单元是现代汉语中的助词短语。常见的有"所"字短语和比况短语。这样的例子在文学作品中比较多见。如1979年7月16日的《工人日报》中张洁的一篇文章《谁生活得更美好》中："快嘴的小痞子怪模怪样地笑着，吴欢往他跟前凑了凑，对方一看见[吴欢那[<[* 运动员]似的]体魄]，立刻收敛了[脸上的[* 那副]怪相]。"其中"运动员似的体魄"就是一个比况短语。类似的例子还有"暴风雨般的掌声"，"死一般的寂静"等。

2 汉英双语在多元逻辑组合问题上的差异

前文说过，由于汉英双语有各自的语种特性，因此它们在多元逻辑组合问题上也呈现出不同的特点。总的说来，汉语的多元逻辑组合变换成英语后，其语序有了重大的变化，而且由于概念类别的转变，也会形成不同的多元逻辑组合表达式。

2.1 汉英双语多元逻辑组合在顺序上的差异

语言是线性结构，一段线性结构的凸显位置只能是两头，HNC提出了如下说法，"汉语的语义块结构一定是核心居后，而说明居前；英语恰恰相反，其核心一定居前，而说明一定居后"。而在真实文本中，具体又有如下几种形式：

(1)从句形式：根据核心凸显率，汉语的多元逻辑组合转化成英语后，会以从句的形式出现，这在真实文本中比较常见。例如，《荷塘月色》中的这句话："[没有月光的晚上]，这路上阴森森的，有些怕人。"其中的多元逻辑组合对应成英语应该是"[On nights [when there is no moon]] "。类似的例子还有很多，这里不一一列举。

(2)ing形式：汉语的多元逻辑组合转化成英语后，以动名词的形式出现。也比较好地贴合了核心凸显率。还是以文本中的例子为证：毛选第二卷《五四运动》一文中的"这就是[<[十中国的工人阶级、学生群众和新兴的民族资产阶级]所组成的阵营]"对应成英语则是"[a camp[consisting of [十the working class, the student masses andthe new national bourgeoisi]"，体现了较好的对仗性。

(3)ed形式：汉语的多元逻辑组合转化成英语后，以过去分词的形式出现。例如毛选第二卷《五四运动》中"[这种民主革命]是为了建立[♯一个[在中国历史上所没有过的社会制度]，即[民主主义的社会制度]]"的[♯一个[在中国历史上所没有过的社会制度]对应成英语则应用了过去分词形式，译文如下：[♯[[a social system] [hitherto unknown in Chinese history]。

(4)意合方式：汉语由于缺少形态变化，很多语言学家称之为意合语言。而英语虽然有着丰富的形态变化，"但英语凸显于头的原则不像汉语那样'一以贯之'，向下不完全适用于短语结构，向上不完全适用于主辅语义块的位序配置，其辅块位置可头可尾，倒是很有点'意合'的味道"(《一封未完信件的第一号快讯——致HNC团队(节选)》黄曾阳2008.5.30)，而这种意合味道在多元逻辑组合的汉英转化中就时有体现。例如黄先生的经典示例"湖南农民运动考察报告”对应成英语则是“Report on an Investigation of the Peasant Movement in HUNAN”，其中，农民运动译成了“Peasant Movement”，就可以看成意合方式。

但应该指出汉语凸显于尾和英语凸显于头的原则一般不适用于语习逻辑概念，这是唯一需要注意的例外。所以黄先生必须翻译成 Mr Huang，而不能翻译成 Huang Mr。

2.2　汉英双语多元逻辑组合表达式

黄先生指出：“语句概念空间的 B 不一定是具体概念，C 也不一定是抽象概念。但在逻辑组合自变换表示式里则约定：B 一定是具体概念，C 一定是抽象概念。汉语的 C 在形态上没有 v//g//u//r 的区分，英语一般有 v//g//u 的区分，但也没有 g//r 的区分。”并提出了运用具体概念、抽象概念、物性概念和五元组来生成汉英多元逻辑组合表达式。以“[中华民族的尊严和独立]”为例，其转化成英语为“the diginity and independence of the Chinese nation”这样就可以写出其表达式：(XB，C1＋C2)＝＞(C1g＋C2g，XuB)。在这里，体现了 3 个层次的铁定信息。第一层是核心部分的头尾换位，第二层是具体概念不变，第三层是下列必然变换：

汉语	英语
X	Xu
Cc	Cg

而为写出逻辑组合表示式需要引入一些约定的符号，这些符号无非是本体论与认识论两大类。本体论符号就是 B、C 和 X，认识论符号就是语言逻辑概念和语习逻辑概念。

前文已经指出，逻辑组合表示式里的对象 B 一定是具体概念，内容 C 一定是抽象概念，这是在逻辑组合这一语言概念空间之特定世界里的特殊约定。在一个特定的逻辑组合里，对象 B 可以出现多个，内容 C 和物性 X 都可以出现多个。多个 B、C 或 X 就用数字表示，如 B1//B2//、C1//C2//或 X1//X2//。但是对象 B 和内容 C 都有特殊情况需要赋予特殊表示，对象的特殊情况是人称代词、专名和基本专名，将分别以符号 Bl 和 B* 表示(Bl 已经用过了，B* 尚未使用)。内容 C 的特殊情况包括指代逻辑概念 l8 和基本概念短语 jP//jmP 的介入，前者已经碰到了，后者尚未遇到。这里引入了一个新符号 jP//jmP，下面可能会用到。对于充当逻辑组合核心的 B 或 C，单数情况不赋予数字下标，多数时赋予下标。

上面三段话对汉英双语多元逻辑组合表达式的生成与变换作了说明。但是，由于组合基元有限而组合形式无限，多元逻辑组合表示式的具体形式将是无穷无尽的，所以并不能进行穷尽式的描写或示例。

3　结论与展望

多元逻辑组合是广义对象语义块构成分析的一个难点，由于汉英双语有着各自不同的语种特性，因此在多元逻辑组合的表现上也有各自的特征。本文从最基础的工作做起，先明确了多元逻辑组合的定义、组合单元、组合标志符及组合关系，随后又对汉英双语在多元逻辑组合问题上的差异作了简要的说明。这样，就明确了标什么的基本问题，从而为设计标注规范和建库提供保证。

但不可否认，由于我个人的理论修养还不够，所以对多元逻辑的组合单元、组合关系的阐述还不够详细和完备，对汉英双语在多元逻辑组合问题上的差异关注也不够，而且由于篇幅所限，本文也没有阐述多元逻辑组合与句蜕之间的关系。同时也没有对如何标注加以系统的阐释，这都是在今后的工作中要逐一解决的问题。

参考文献

[1]黄曾阳 . 1998. HNC(概念层次网络)理论——计算机理解自然语言的新思路 . 北京：清华大学出版社 .
[2]黄曾阳 . 2003. 自然语言理解处理的 20 项难点及其对策 . 中国科学院声学研究所内部资料 . 见：http：//www.hncnlp.com/.
[3]黄曾阳 . 2008. 一封未完信件的第一号快讯——致 HNC 团队 .
[4]黄曾阳 . NHCMT 第二号快讯 .
[5]苗传江 . 2005. HNC(概念层次网络)理论导论 . 北京：清华大学出版社 .
[6] 张运良 . 2006. 语义块的多元逻辑组合构成研究 . 计算机应用研究(11).

法治活动的领域句类表示式和知识描述[①]

宋培彦　刘宁静　赵　星

北京师范大学中文信息处理研究所　北　京　100875

spyer2008@126.com

摘　要：以概念树"法治"a51为例，根据HNC世界知识的描述，设计了法治活动的领域句类表示式，将法治领域世界知识融入其中，从而使计算机获得先验知识。然后，结合语料实例，说明领域句类表示式对句群分析和语境单元萃取的作用，初步证明了领域句类表示式的有效性。最后，对语境形式化的某些方法进行了总结。

关键词：领域句类表示式，语境单元萃取，语境形式化，HNC理论

引　言

句群是围绕着特定主题展开的一组话语，它介于句子和篇章之间，蕴涵着重要的语境信息，这些语境信息可以分为两类：一类是言内信息，即上下文中的字面意义；一类是言外信息，即言语之外的现场信息和人类大脑中原已存储的相关信息。对当前的计算机来说，言外信息是不存在的，不具备言内信息与言外信息相互耦合的基本条件，也就不可能形成交际语境，因此必须设法把这些世界知识先验地赋予计算机，才能构造交互语境。如何把这些语境信息形式化，并先验地赋予计算机，是句群自动处理的重要任务。围绕语境形式化这一课题，语言信息处理学界开展了较为深入的研究(李德华、刘根辉，2004)，取得了重要成果。

HNC也开始了对语境形式化的探索(黄曾阳，2004)，把语境抽象为领域DOM、情景SIT和背景BAC三要素，把这三要素构成的东西命名为语境单元SGU，形成一个以领域DOM为主轴的三维空间，情景SIT和背景BAC都是领域DOM的函数，也就是说，一旦确定了领域DOM，情景SIT和背景BAC就清晰可见了。HNC认为：抓住了这三项要素就等于抓住了语境构件的牛鼻子，其他都是枝节了。虽然实际的句群几乎不可能给出语境单元的完整信息，但是一个句群总能给出语境单元的某些关键信息，通过先验地设计领域句类，把这些领域知识进行形式化，提供给计算机使用，有利于实现句群理解(黄曾阳，1998；苗传江，2005)。领域句类表示式蕴涵了丰富的世界知识，是HNC语境理论的核心内容之一，被列为八大难点之一，即"领域句类SCD认定(选定)原则(RSGU3)"。领域句类表示式的设计是实现语境形式化的重要任务。语境单元表示式(HNC3)的构成如下：

SGUD=(8y：｜DOM；SIT；BACE；BACA)　　　　(HNC3-2)

SIT=SCD(A，B，C)　　　　(HNC3a)

DOM——领域

SIT ——情景

---

① 本文得到国家科技支撑计划项目"中文信息处理应用研究与系统开发"之课题"中文信息处理应用理论研究和知识库资源的开发"(编号为2007BAH05B01)的资助。

BAC——背景

BAC[E//A]——事件//述者背景

SCD——领域句类

(HNC3-1)和(HNC3-2)表明语境单元存在两种基本类型：叙述 narrate 型和论述 Description 型，两种语境单元分别记为 SGUN 和 SGUD。

HNC团队在领域句类表示式的设计方面已经取得了重要进展，对人事管理领域(池毓焕、杜燕玲、雒自清，2006)、政治斗争领域、外交活动领域、国家治理与管理领域、"招聘与应聘"延伸领域进行了研究，设计了一些行之有效的领域句类表示式，为本文进行领域句类表示式的设计和语境单元萃取提供了重要的参考。本文的主要研究思路是：首先，人工设计领域句类表示式，将法治活动的世界知识融入其中，并先验地赋予计算机；其次，将专业领域词语映射成HNC概念基元符号，激活领域句类表示式；最后，根据领域句类表示式，计算机将获得丰富的领域世界知识，实现语境单元萃取。

本文首先对法治活动 a51 概念树中节点的设置情况进行介绍，说明其对应的世界知识。同时，尝试设计法治活动的领域句类表示式，将法治活动的世界知识融合到该表示式中，随后结合实际语料进行验证，实现语境单元萃取。最后，对语境形式化的理论和方法进行简单总结，指出下一步研究的方向。

1 法治 a51 概念树

HNC所定义的"法治"与"法制"同义，其形式化描述如下①：

a51：=((7331，l83，ra52)，l02＊01，p40\12e5m)(法治定义为全体公民依法行事)

这表明，法治用于规范人类的现实性行为7331。法治的对象不仅是公众，也包括官员。法治 a51 不仅是政府的事，而且是全体公民的事。公众不应该只是法治或法制的对象(p012)，也应该是法治或法制的参与者(p0111)；政府或官员不应该只是法治的执行者(pa018a)，也应该是法治的对象(p012)。

法治 a51 是专业活动 a 中的法律活动 a5 的一棵概念树，用来描述法治活动所需要的基本常识性知识。设置了两项延伸概念，a51e2m 表示法治的两基本侧面，即政府侧面 a51e21 和公众侧面 a51e22；a513 表示法治国际化，是后工业时代的新生事物，目前只是一种政治理念，暂不另设延伸概念。因此，下文主要讨论法治活动的两个基本侧面 a51e2m。

法治两基本侧面 a51e2m 具有下面的基本概念关联式：

a51e21：=(a5，l01，40\12e51)(法治政府侧面对应于官方的法律活动)

a51e22：=(a5，l01，40\12～e51)(法治公众侧面对应于公众的法律活动)

a51 概念树具体的节点延伸如下：

a51：(e2m，3；e21m，e22：(\k=x，c3m)；e212d01)

a51e2m	法治两基本侧面
a51e21	法治政府侧面
a51e22	法治公众侧面
a513	法治国际化
a51e21m	法治政府侧面的第一类对偶性表现

① 《HNC理论全书》，第一卷第三编第五章"法律活动 a5"，http：//www.hncnlp.com/。

a51e210　　　　“仁治”
a51e211　　　　法治主导(“法治”)
a51e212　　　　人治主导(“人治”)
a51e21e21d01　　　　独裁
a51e22\k=x　　　　法治的基本包含
a51e22\1　　　　行为法治
a51e22\2　　　　争端法治
a51e22\3　　　　权益法治
a51e22\4　　　　意愿法治
a51e22c3m　　　　法治成熟度
a51e22c31　　　　“低度”法治
a51e22c32　　　　“中度”法治
a51e22c33　　　　“高度”法治

2　法治两基本侧面 a51e2m 的世界知识

2.1　法治政府侧面 a51e21 的世界知识

法治政府侧面 a51e21 具有第一类对偶性延伸 a51e21m，a51e211 定名为法治主导，简称“法治”，a51e212 定名为人治主导，简称“人治”，a51e210 不予正式定名，简称“仁治”。“法治”a51e211 与“人治”a51e212 是互补的对偶。

2.2　法治公众侧面 a51e22 的世界知识

法治公众侧面 a51e22 配置了两项延伸概念，变量并列延伸 a51e22\k=x 描述法治的基本包含，对比性延伸 a51e22c3m 描述法治成熟度。

法治公众侧面 a51e22 描述法治 a51 的社会基础，即公民的法律意识。基本概念关联式为：

a51e22≡ra51　　　（法治公众侧面强关联于法律意识）

法治基本包含 a51e22\k=x 具有下列概念关联式：

a51e22\1：=((048，l03，7331r4075)，l83，ra52)

（行为法治对应于依据法律制约自身的现实性行为）

a51e22\2：=((3128，l03，(43~e71，l44，407m))，l83，ra52)

（争端法治对应于依据法律处理彼此之间的争端）

a51e22\3：=((3219\1，l03，a009aae21r4075)，l83，ra52)

（权益法治对应于依据法律维护自身的权益）

a51e22\4：=((3318，l03，7123r4975)，l83，ra52)

（意愿法治对应于依据法律表达自身的意愿）

一个国家的法治成熟度 a51e22c3m 决定于法治基本包含 a51e22\k 的落实程度，这一世界知识以下面概念关联式表示：

a51e22c3m：=(z013a，l03，a51e22\k)

法治成熟度具有下列基本概念关联式：

a51e22c3m：=pj1*t　　　　（三级法治成熟度对应于三个历史时代）

3 领域句类表示式设计

法治两基本侧面 a51e2m 实质上对应于法治 a51 作用效应链，法治政府侧面 a51e21 描述法治的广义作用，而法治公众侧面 a51e22 则描述法治的广义效应。因此，法治两基本侧面必然具有不同特质的概念联想脉络，需要各自设置独立的领域句类表示式。以下分别从这两方面对领域句类的设计思路进行阐述。

3.1 政府侧面 a51e21 的全局领域句类表示式

政府侧面 a51e21 的全局领域句类表示式设计如下：

SCD = SCD(a51e21) = Cn－1 | ReC(RtC)D01－42XY * 211J

SCD(a51e21)描述官方 DA 对受制者 YBCB 的判罚 YBCC。

其中，各语义块含义对应如下：

DA＝gc40e21 (官方)；YBCB＝ppj2 (受制者)

YBCC (a51e21) = v93629＋(va561；ga339)(判罚)

政府侧面体现的是官方对受制者的行为进行约束或保护。"Cn－1"用来表示时间，不同的时间所运用的法律可能有所不同；"ReC"是对法律条款或过往判例的借鉴和参照，体现了"有法可依"；"RtC"表示目的性，大多数情况下目的性可说可不说，因此用括号表示。法治和人治体现了治理的两种不同类型，产生的效果也不同。法治将使社会走上有法可依、执法必严的轨道，而人治则具有很大的随意性。

3.2 公众侧面 a51e22 的全局领域句类表示式

公众侧面 a51e22 的全局领域句类表示式设计如下：

SCD = SCD(a51e22) ＝Cn－1 | (RtC)ReBR411X * 21J

其中，各语义块含义对应如下：

ReB = a50 \3ga12a (国家法律法规)；

RB = pj2－0 | //pea110－0；(公众)

RC = a//d(公众所从事的活动)

SCD(a51e22)描述公众 RB 按照 ReB 国家的法律法规从事活动 RC，体现了各方的法律关系。

公众侧面体现的是公众对法律法规的遵守和运用情况。"Cn－1"用来表示时间，不同的时间所运用的法律可能有所不同。"ReC"是对法律条款或过往判例的借鉴和参照，体现了"有法可依"；ReB 表示所依据的具体法律法规，RB 表示公众，RC 表示公众所从事的活动内容。

4 具体示例

例 1：

山东菏泽地区中级人民法院 11 日对王文献受贿、贪污和挪用公款罪作出一审判决并进行了公开宣判：以受贿罪判处王文献死刑，剥夺政治权利终身；以贪污罪判处其有期徒刑 8 年；以挪用公款罪判处其有期徒刑 5 年，三罪并罚，决定执行死刑，缓期两年执行。

各句句类分析结果为：SC = Cn－1{XY10 * 21J} ＋＋ReC&XY ＋＋ ReC&XY ＋＋

ReC&XY ＋＋ D01

这个句群主要围绕“法院宣判”这一主题展开，体现了法治政府侧面 a51e21 这一领域句类表示式所蕴涵的是世界知识，文体属于叙述体。“判决”(va56；v813)、“宣判”(vc232 | ra56)、“判处”(va56a)、“死刑”(ga57＋v6514e66)、“缓期”(v1009e52)等词语具有很大的法治领域特点，通过计算上述 HNC 基元符号可以大致判断本句群属于“法治”；领域确定以后，计算机即可通过领域知识库激活相对应的“法治政府侧面”a51e21 的领域句类表示式 SCD(a51e21)，调用对应的领域世界知识。

SCD(a51e21)：描述官方 DA 对受制者 YBCB 的判罚 YBCC，其中：

DA＝gc40e21（官方：山东菏泽地区中级人民法院）；

YBCB＝ppj2（受制者：王文献）

YBCC (a51e21) ＝ v93629＋(va561；ga339)(判罚：三罪并罚，决定执行死刑，缓期两年执行)

Cn-1：11 日

ReC：参照法律条款中的“受贿、贪污和挪用公款罪”

RtC：未提及

虽然在具体的语句一级句类表示式与领域句类表示式并不完全对应，但领域句类表示式中的各个部分在具体句群例子中得到了展现。其对应的世界知识可以描述为：法治政府采用法治活动 a51e211，依据法律制约现实性行为，是一种行为法治 a51e22 \ 1。确定了领域 DOM，语境单元萃取就较为容易了。

HNC 语境单元表示式的构成如下：

SGUN＝(DOM；SIT；BACE；BACA)　　　　(HNC3-1)

DOM ＝ a51e21 法治活动的政府侧面

SIT＝SCD(A，B，C)；DA(山东菏泽地区中级人民法院)、YBCB(王文献)、YBCC(三罪并罚，决定执行死刑，缓期两年执行)

BAC[E//A]——(法治主导 a51e211；行为法治 a51e22 \ 1；“高度”法治 a51e22c33)

例 2：

30 岁男子孙伟铭无证、醉酒驾驶别克轿车，连撞 5 车后逃逸，酿下 4 死 1 重伤的惨剧，事发后，死者家属提出了刑事附带民事诉讼，要求肇事司机赔偿 100 万元。昨(23)日，成都中院对这起备受社会各界关注的“12·14”特大交通事故案作出一审判决，认定的行为构成以危险方法危害公共安全罪，依法对他判处死刑，剥夺政治权利终身。肇事司机孙伟铭当庭提出不服判决，要求上诉。

句群的大意是“死者家属要求判罚；肇事司机对判罚不满，提出上诉”，文体属于叙述体。双方对判罚存在争议，需要“依据法律处理彼此之间的争端”，这属于争端法治 a51e22 \ 2。按照我国现有法律规定，如果按照交通肇事罪，则判罚 3 年以下有期徒刑或拘役；如果按照危害公共安全罪，则处三年以上十年以下有期徒刑，反映了我们国家的法治成熟度 a51e22c3m 还不够健全，也体现了法制公众侧面即公众的法律意识在逐渐增强，希望借助法律维护各自权益。领域激活词汇为刑事诉讼(ga50＊1)、不服(！ v71108)、上诉(va50＊2)，据此可以判定领域为法治活动；再根据当事双方的态度，可以确定是公民侧面而非政府侧面。领域确定以后，计算机即可激活对应的“法治公民侧面”a51e22 领域句类表示式，获得领域世界知识。

SCD(a51e22)：描述公众RB按照ReB国家的法律法规从事活动RC。公众有权依法维护合法权益。其中：

ReB：特大交通事故，危害公共安全

RB1：死者家属

RB2：肇事司机孙伟铭

RB1C = a//d(提出了刑事附带民事诉讼，要求肇事司机赔偿)

RB2C = a//d(提出不服判决，要求上诉)

其对应的世界知识可以描述为：公众采用法治活动a51e22，依据法律处理彼此之间的争端，是一种争端法治a51e22\2。由此可以进入语境单元萃取。语境单元表示式的构成如下：

SGUN=(DOM；SIT；BACE；BACA)　　　　(HNC3-1)

DOM =a51e22 法治活动的公众侧面

SIT=SCD(A，B，C)；RB(死者家属、肇事司机孙伟铭)、YBCC(提出了刑事附带民事诉讼，要求肇事司机赔偿；提出不服判决，要求上诉)

BAC[E//A]——(法治主导a51e211；争端法治a51e22\2；"中度"法治a51e22c32)

5 小结

语境研究已成为语言学研究的热点(K. M. Jaszczolt，2004)，但其形式化却是一个难题，可能的原因是：(1)语境数量不定，容易陷入就事论事的泥淖；(2)缺乏明确的形式标记，常常是"可意会而不可言传"，计算机难以把握。但是，如果以领域句类和概念基元作为参照，上述难题或许可以迎刃而解，语境形式化也就有望实现。下面将分别对这两个问题进行讨论。

(1)HNC"语境无限而语境单元有限"的假设是指语境单元表示式的数量有限，而这一有限性是由领域句类SCD的有限性所决定的。对此，黄曾阳先生有过精辟而让人心潮澎湃的论述[①]：

"为了构造(HNC3)必须首先引入一个描述语境单元核心要素的东西，HNC把这个东西命名为情景，由情景就可以写出语境单元的数学表示式。再向前迈进一步，将情景与领域基元概念挂接，情景就变成了领域的函数，情景表示式就是领域句类表示式，简称领域代码，而语境单元的数学表示式也就变成语境单元的物理表示式了。于是'语境无限而语境单元有限'的基本假设也就不再是一项假设而是语言概念空间的一项可计算的物理景象了。"

领域句类SCD是世界知识的具体化和专业化，一般蕴涵在扩展基元概念符号体系中，用于对人类活动进行描述。情景SIT和事件背景BAC都是领域DOM的函数，领域句类表示式的设计蕴涵了丰富的世界知识，可以为语境单元萃取提供有力支持。显然，依靠人们(特别是计算语言学家)创造和总结出的领域句类表示式，是有望逐步穷尽语境单元的。HNC已经明确指出，语境单元少于15000个。

(2)领域词汇对语境的激活有重要作用。语言中有大量领域鲜明的词汇，把这些词汇映射为HNC的概念基元符号，可以清晰地以数字化的方式刻画出词语的领域信息，用于充当

① 黄曾阳：《一封未完信件的第一号快讯》，中科院声学所，大正公司内部资料，2008。

概念联想的激活因子，便于计算机顺利激活领域句类，从而克服所谓“缺乏形式标记”的难题。例如，法律语料文本中存在大量具有鲜明法律领域特征的词语，将其作为领域激活词，将大大有利于激活领域信息，为语境形式化提供便利。在法律文本中，从领域激活的角度可以大致分为以下几类词汇：

①法律核心词汇，如“当事人”“被告”“证人”等；这些词语最能体现法律词汇的特点，其中有不少是专业术语和行业用语，非常适合作为领域判定的激活点；

②法律一般词汇，如“虽经多次教育”“收归国库所有”“殴打致死”，这类词汇与日常词汇接近，但在语言安排上具有法律语言的特点，可以作为领域判定的辅助标准。

③日常词汇不反映法律语言的特点，如“打死”“没有意见”。一般不作为领域激活词语。

本文只是对 a51 的部分概念树进行了描述，初步研究了语境形式化的思路。通过实际语料进一步总结和验证领域句类表示式的适用性，并着手设计法律领域其他概念树的领域句类表示式，这是今后努力的方向。

参考文献

[1] 李德华，刘根辉．2004．面向信息处理的语境形式化研究．中文信息学报(3)．
[2] 黄曾阳．2004．语言概念空间的基本定理和数学物理表达式．北京：海洋出版社．
[3] 黄曾阳．1998．HNC(概念层次网络)理论——计算机理解自然语言的新思路．北京：清华大学出版社．
[4] 苗传江．2005．HNC(概念层次网络)理论导论．北京：清华大学出版社．
[5] 池毓焕，杜燕玲，雒自清．2006．人事管理的领域代码及其知识//朱小健，张全，陈小盟主编．中文信息处理的探索与实践——第三届 HNC 与语言学研究学术研讨会论文集．北京：北京师范大学出版社．
[6] Jaszczolt，K. M. 2004．语义学与语用学：语言与话语中的意义．北京：北京大学出版社．

基于本体的多媒体教学资源管理及检索研究

王 冠 张克亮

解放军外国语学院 洛 阳 471003

candygubaichuan@163.com kliang99@sina.com

摘 要：多媒体教学资源的广泛应用给教学领域带来了新的变革的同时，也带来了资源繁杂、分散、查询不便等一系列问题。针对信息化建设中教学资源建设及应用存在的问题，利用本体的理论和方法对多媒体教学资源进行分析、分类、定义属性、限定条件和建立关系等，并用本体构建工具 Protégé3.3.1 构建一个基于 OWL 语言的多媒体教学资源本体，从而实现对多媒体教学资源的高效管理和智能检索。

关键词：本体，多媒体教学资源，管理，检索，Protégé

1 引 言

伴随着电子技术、通信技术、计算机应用技术和多媒体技术的迅猛发展和广泛应用，以信息技术为主要标志的科技对全球的政治、经济、文化、军事、教育和生活等方面产生了极其深远的影响。自《2006—2020 年国家信息化发展战略》发布以来，中国信息化发展方向和目标变得更为明确和清晰。教育信息化建设是我国信息化发展战略中的主要组成部分，因此，全面加强校园信息化建设是高等院校提高教学训练水平和人才培养质量的内在需要。

教育信息化的基本特点是数字化、网络化、智能化、多媒体化和应用的综合化、多功能化。(李伟鸿，2007)而多媒体教学资源建设不仅是高等院校深入开展多媒体教学的基础，更是教育信息化的核心。随着互联网的飞速发展和普及，使人们在网络上查找获取任何信息成为可能，但孕育而生的海量信息也给使用者带来了新的不便，组织分类的一维性和语义关系的缺失造成大量相关与不相关信息均第一时间展现于教师和学生面前，导致他们的时间与精力大大浪费在对资源的提取与搜索中。从根本上来讲，传统多媒体资源库的存储和检索只是依靠单一的词条或目录，缺乏一致的知识表示结构和语义关系，即使拥有高级的硬件设备和雄厚的信息资源，没有相匹配的资源组织方法和检索技术，也无法在最短时间内准确全面地查询到所需资源。

针对目前多媒体资源组织管理中出现的分类一维性、语义关系缺失和知识表示结构不一致等问题，本文引入本体的理论、方法和技术，通过构建多媒体教学资源本体，以实现便捷高效的资源管理和智能查询。

2 本体研究概述

2.1 本体相关概念

“本体”最早出现于哲学领域，描述事物存在的规律和本质。后来引入到计算机界，从 Neches 等(1991)提出的“一个本体定义了组成主题领域的词汇的基本术语和关系，以及用于组合术语和关系以定义词汇的外延的规则”这个代表性定义开始，本体的概念逐渐深入到知识工程界。而在众多研究者所给出的定义中，被学者最为广泛接受，在界内影响力最大的则是 Gruber(1993)提出的本体含义："本体是概念化的一个明确的规格说明"。

对本体的研究已经进行了很长时间，各种各样的本体描述语言也出现了很多，基于 AI 的本体描述语言有斯坦福大学知识系统研究室开发的 KIF，基于 KIF 的 Ontolingua，Cyc 系统的描述语言 CycL，高级编程语言 Loom 等；基于 Web 的本体描述语言有由马里兰大学开发的本体扩展语言 SHOE，美国 SAR 国际人工智能中心开发的 XOL，欧洲 IST 项目 On-To-Knowledge 开发的 OIL，DARPA 定义的本体描述语言 DAML＋OIL，W3C 公布的 Web 本体语言推荐标准 OWL 等。

2.2　本体与其他知识组织工具的对比

知识组织工具是指在信息系统中任何用于知识组织的工具，也是知识管理中必不可少的工具。在信息领域最常用的知识组织工具有本体、分类法和叙词表。虽然三种知识组织工具为资源的分类及检索提供了极大的便利，但它们之间还存在着许多的不同之处。

(1)分类法和叙词表二者的结构非常稳定，但囊括概念的能力一般，通常不能够及时反映出新学科或文献的主题概念；而本体体系结构的开放性使本体能够被管理者重复利用和修改，实时动态更新，不断进行扩展和发展。

(2)从概念间语义关系来说，分类法和叙词表表达的语义关系以简单的层次关系为主；而本体拥有复杂丰富的语义关系，树型分类关系和联合关系可以游刃有余地描述概念与概念及其属性之间的关系，并能够使概念和术语形式化。

(3)从知识组织结构上来说，分类法和叙词表二者的知识结构都仅仅从线性和一维来进行分布和组织；而本体具有的概念、关系、公理和实例四类要素使本体概念趋于网状分布，知识点丰富，组织结构多维而立体，更能表达丰富的语义关系。

随着计算机和网络的发展，虽然电子版和网络版的分类法和叙词表不断推出，但其本质并没有太多变化。而本体丰富而清晰的语义关系，多维立体的知识层次结构，能够灵活运用的体系特性都让本体在领域概念化模型的构建中更胜一筹，这也是本文使用本体的原因。

2.3　基于本体的相关研究

从目前掌握的情况看，国内基于本体的教育资源管理和检索方面的研究应用已开始逐渐增多，并具有逐年上升的趋势：朱欣娟、张文宇、李显峰(2007)利用本体编辑工具 Protégé 2000 设计出基于本体的教学资源库及课件开发系统的初步框架；宋晓峰和唐发根(2007)利用本体对网络教学资源进行分析，设计出辅助教学的知识库系统；冯桂尔(2007)提出利用本体编辑器工具 Protégé3.2 构建基于 OWL 语言的本体；郁书好(2006)在其论文中描述了有关教学知识库的具体建模过程；王秀芳(2006)以本体为基础，创建出一种教学资源集成模型并提出在异构教学资源间信息集成交互的一种试验性的方法。

从以上列举出的近年我国在多媒体资源管理和本体在教学资源应用方面的一些研究中可以看出，国内关于多媒体教学资源组织和检索的具体应用还停滞在硬件建设和一维性检索上，而屈指可数的几个研究项目也仅仅处于起步阶段，理论和方法还不够成熟，构建的教学资源本体离满足实用还有不小的距离。

3　多媒体教学资源本体构建

3.1　多媒体教学资源分类标准

针对目前教育资源的复杂多样性，为了避免教育资源层次分类不清和属性标注混乱的情况，教育部制定了《教育资源建设技术规范》(CELTS-41.1)，其中对教育资源的媒体素材进行了分类：媒体素材是传播教学信息的基本材料单元，可分为文本类素材、图形(图像)类素材、音频类素材、视频类素材、动画类素材五大类。因此在之后的本体构建中，将多媒体教学资源从素材类型上划分为“文本”类、“图形图像”类、“音频”类、“视频”类、“动画”类五大类。

3.2 本体构建工具

目前出现的许多本体创建和开发的工具，其中常用并著名的有：斯坦福大学知识系统实验室开发的Ontolingua；美国南加州大学信息科学学院设计的Ontosaurus；西班牙马德里理工大学计算机学院开发的WebODE；美国斯坦福大学研制的Protégé；德国卡尔斯鲁尔大学应用信息学和形式化描述方法研究所开发的KAON等。其中使用最为简便，本体开发环境比较好的工具是Protégé。

Protégé源代码是开放的，模块划分非常清晰，提供API接口，扩展性强，方便用户学习和使用，并且在其工具站点上(http://protege.stanford.edu/)可以免费下载最新版本、插件和相关文档资料。基于上述考虑，本文拟定从本体方法论的角度入手，利用本体软件Protégé3.3.1对多媒体教学资源进行分析、分类、定义属性、注释、限定条件和建立关系等，来构建一个基于OWL语言的本体，实现对多媒体教学资源的组织、管理和初步的语义检索。

3.3 本体构建主要内容

3.3.1 概念及其关系的确定

在确定本体构建的领域范畴、获取专业知识后，需要对重点概念及其关系进行确定。

(1)本文根据资源类型、学科、适用对象、媒体格式、使用语言和存放位置将多媒体教学资源类划分为六类。

①“媒体类型”类根据《教育资源建设技术规范》分为“文本”类、“图形图像”类、“音频”类、“视频”类、“动画”类五类，之后各类再依据具体多媒体内容类型划分为子类，如“文本”类包含“人物说明”类、“教材文本”类、“教案”类和“习题”类等。

②“学科”类的划分参照各个院校的学科体系。此次构建的本体中学科分类按照学院现有的学科体系，共包括13个二级学科，42个研究方向，共50个专业。

③“适用对象”类依据学位和年级进行分类。多媒体教学资源本体主要针对各高校，因此划分为“本科阶段”类、“硕士阶段”类、“博士阶段”类和“其他”类。

④“媒体格式”类按照媒体类型进行具体编排。其中包括“文本格式”类、“图形图像格式”类、“音频格式”类、“视频格式”类和“动画格式”类五个子类。

⑤“语言”类指多媒体教学资源所使用的语言。根据学院所开设的语种专业，“语言”类不划分子类，确定为30个个体，包括英语、汉语、日语、德语、法语等。

⑥“位置”类指多媒体教学资源所在的具体位置，旗下子类于之后编码过程中添入。

(2)概念间关系的确定(即定义语义关系)是体现本体特点的一个步骤，也是其中最为复杂的工作。经过反复推敲，确定领域内重要概念间的关系有“所属学科”“适用对象”“使用语言”“所用格式”“所处位置”等。

3.3.2 定义属性

根据属性标注选定的内容，此次本体构建中教育资源属性标注分为两个部分，一部分采用 LOM 模型(学习对象元数据)必需元数据中的内容，另一部分采用《教育资源建设技术规范》中针对各类教育资源的特点而开发的分类扩展集中的属性内容。

LOM 模型必选元数据内容具体如下：

(1)标识：指多媒体教学资源的标号，在系统中应该唯一。

(2)描述：对多媒体教学资源内容的文本描述。

(3)关键字：描述多媒体教学资源的关键字。

(4)语种：多媒体教学资源所使用的语言。具体由“使用语言”属性连接语言类个体和多媒体教学资源实例。

(5)创建者：记录是谁创建了该资源。

(6)创建时间：记录创建资源的具体时间。

(7)格式：多媒体教学资源在技术上的数据类型。具体由“所用格式”属性连接格式类个体和多媒体教学资源实例。

(8)大小：多媒体教学资源的字节大小，如果经过压缩，指未压缩时的大小。

(9)位置：描述多媒体教学资源的物理位置。具体由“所处位置”属性连接位置类下个体和多媒体教学资源实例。

(10)持续时间：指连续运行多媒体教学资源所需要的时间。

(11)使用者：指使用该资源的主要用户，最重要的优先列出。具体由“适用对象”属性连接对象类下个体和多媒体教学资源实例。

(12)难度：指对于学习者学习该资源的难易程度。在此将难度分为非常简单、简单、中等、困难和非常困难五类。

(13)评注：指对多媒体教学资源在使用方面评论的内容。

(14)文献资料：对具体某个多媒体教学资源的补充，为学习者提供更多资源。

分类扩展集中的属性按照素材类型的不同进行了划分，每种属性具有各自的类型特色。《教育资源建设技术规范》中提供多媒体资源的相关扩展属性包括：素材字数、颜色、分辨率、扫描分辨率、灰阶度、采样频率、量化位数、声道数、采样格式、帧数。

3.3.3　添加实例

实例是本体领域中最精确最小的概念，是实现本体最终作用中非常重要的一步。之前的所有步骤，包括类的定义、属性的确立等，已经让本体初步成型，而实例的添加能使本体更充实饱满，也可以逐步建立领域知识框架，在此领域发挥更大的作用。因此在添加实例前要做好认真准确的个体挑选和记录，添加时选择类别进行此类的实例添加。

添加完实例后，多媒体教学资源本体已经初步构建完成。此次构建的多媒体教学资源本体共具有六个大类，四十个子类，二十个数据类型属性，五个对象类型属性，816 个实例。但由于时间有限，此本体还有很多的不足之处，在使用这个本体过程中，使用者可以根据具体实际情况进行类、属性和实例的增添等来不断地对本体进行修改、扩展，达到完善的水平，这是本体最大的特点之一，也是本体构建过程中必不可少的本体优化步骤。

4　基于本体的多媒体教学资源检索

目前常用的检索系统通常在查询后返回大量的结果，模糊或“错误理解”用户的原先意图，并不能实现真正意义上的智能检索。比如用 String Search 插件模拟传统检索机制，当查询“使用语言”为“汉语”的所有多媒体教学资源时，在关键字区域内输入“汉语”，出现的

277个查询结果却是所有包含“汉语”字符串的多媒体教学资源，包括适用于“汉语专业”的多媒体教学资源，显而易见结果的混乱违背了用户的初衷，并给用户的使用带来不便。

为了克服上述检索方法的不足，我们可以使用Queries插件，利用类的名称、属性和属性的约束条件等对多媒体教学资源进行查询。并且Queries插件提供的多个条件一同限制的功能可以让用户在返回的海量结果中进行更为精确的检索，从而实现了多媒体教学资源的智能检索，给用户的使用带来极大的便利和快捷。

如果需要在返回的大量结果中进行进一步的条件限定来精简检索结果，Queries插件提供的多个条件一同限制的功能就可以派上用场。图1展示的是“使用语言”为“汉语”、“创建者”为“王文”、“所有格式”为“text-caj”、“适用对象”为“本科一年级”和“大小”为“2.3M”五个条件的检索页面，共返回八个结果，完全满足界面左方的五个检索条件。

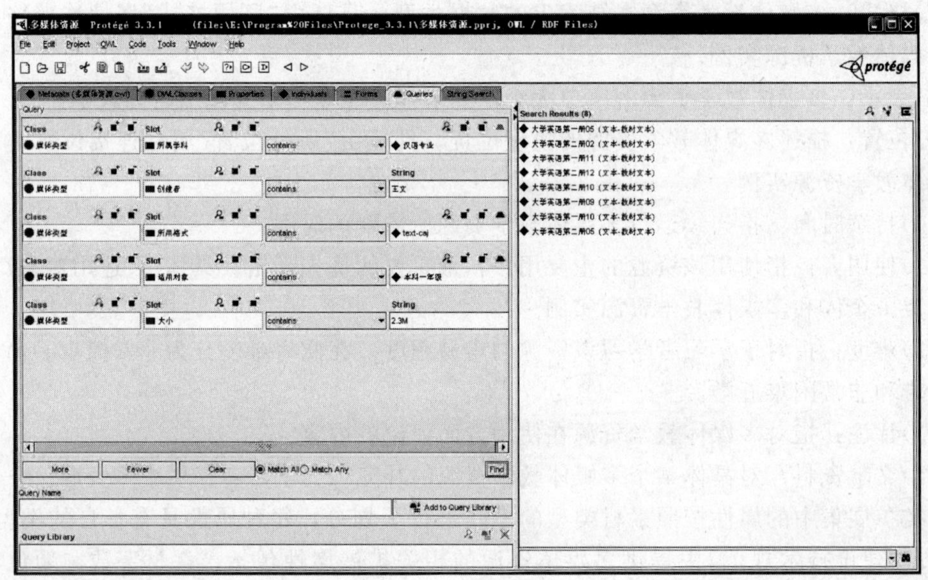

图1 Queries精确检索

检索页面下方的Match All和Match Any选项分别表示为查询结果满足限定的所有条件和查询结果仅仅满足限定条件中的任何一个，用户可以依据自己检索意图来选择是进行精确查询还是模糊查询。例如在与之前检索相同限定条件下选择Match Any后表示检索结果中的实例满足五个条件中的任何一个，即检索结果满足“使用语言”为“汉语”、“创建者”为“王文”、“所有格式”为“text-caj”、“适用对象”为“本科一年级”和“大小”为“2.3M”中任何一个条件，图2中显示共返回574个查询结果。

一个查询结束后，在下方的Query Name中输入查询的名称，点击右方Add to Query Library按键，即可把此次查询保存到检索库中，之后需要使用时，只需点击下方Query Library内的检索名称就可以很方便地调出查询。

5 结 语

本文建立的多媒体教学资源本体仅仅是一个初步的尝试，类和属性的定义还需完善，关系的确定还需精确，实例的添加仍待继续。随着本体技术的不断进步和发展，多媒体教学资源本体的建立会越来越规范、完整，它会给多媒体教学提供良好的条件，为信息化建设的一体化发展贡献一份力量。

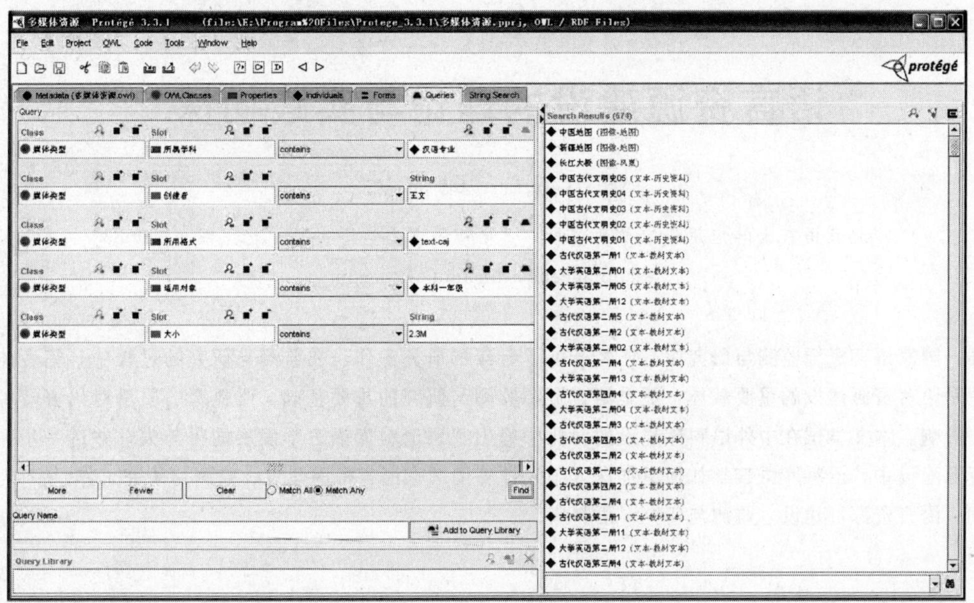

图 2　Queries 模糊检索

参考文献

[1]R. Neches, R. E. Fikes, T. Finin, T. R. Gruber, T. Senator, W. R. Swartout. 1991. Enabling Technology for Knowledge Sharing. AI Magazine (3).

[2]T. G. Gruber. 1993. Ontoligua: A Translation Approach to Portable Ontology Specifications. Knowledge Acquisition (2).

[3]OWL. http://www.w3.org/TR/owl-features/

[4]IEEE-LTCS, LOM IEEE1484.12.1－2002, Draft Standard for Learning Object Metadata, http://ltsc.ieee.org/wg12/files/LOM_1484_12_1_v1_Final_Draft.pdf, July 2002.

[5]王秀芳．2006．基于本体的教学资源集成研究．山东科技大学硕士学位论文．

[6]郁书好．2006．基于本体的教学知识库研究．河海大学硕士论文．

[7]张虎，谷创业．2006．高校多媒体教学资源的组织与管理．科技资讯(9)．

[8]中华人民共和国教育部教育信息化技术标准委员会．2002．教育资源建设技术规范 CELTS－41.1．

[9]刘凤华，朱欣娟．2003．信息系统领域的本体模型研究．西安工程科技学院学报(1)．

[10]江河．2007．基于 Ontology 的教学多媒体资源检索方法初探．教育科学(1)．

[11]丁永生，朱萍．2004．高校多媒体教学信息资源库构建路径分析．图书馆理论与实践(2)．

[12]李伟鸿．2007．校园信息化建设的探讨与研究．科技信息(11)．

[13]冯桂尔．2007．基于本体的教育资源探究．电脑知识与技术(1)．

[14]冯志勇，李文杰，李晓红．2007．本体论工程及应用．北京：清华大学出版社．

[15]黄河燕，张克亮，张孝飞．2007．基于本体的机器翻译术语词典研究．中文信息学报(1)．

[16]朱欣娟，张文宇，李显峰．2007．基于本体的教学资源库及课件开发系统设计．计算机工程与设计(6)．

[17]宋晓峰，唐发根．2007．本体在网络教学上的应用研究．计算机与信息技术(10)．

语言资源建设的理论与实践初探①

曾小兵[1]　邱丽娜[2]

[1]北京语言大学应用语言学研究所　[2]北京语言大学语言所　北　京　100083

xiaobingzeng，linaqiu@126. com

摘　要：国家语言资源监测与研究中心已经开展了五年的研究工作，在监测与研究的过程中，笔者体会到语料库是语言资源建设的重要载体，更是语言资源监测与研究的重要基础，语料库的质量对语言资源监测有重要影响。本文尝试在中外语料库建设的对比中得出我国语料库语言学发展的得与失，并进一步探讨在语言资源建设中，语料库语言学如何更加深入细致地辅助国家语言资源建设、监测与研究工作。

关键词：语言资源，建设、监测与研究，语料库

1　引　言

截至目前，国家语言资源监测与研究中心已经开展了五年的监测与研究工作，并以绿皮书的形式发布了四次《中国语言生活状况报告》，定期向社会报告中国语言国情，为国家语言政策的制定提供一定的参考与依据，并提供语言咨询服务。而语言资源的开发利用还有很大的空间，随着"语言资源观"和"语言经济观"的发展，语言资源的应用不断深入发展。如何使在建或已建的语言资源服务于语言教学与研究、语言信息处理，值得我们深思。

在国家语言监测与研究的过程中，我们越发体会到语料库是语言资源建设的重要载体，更是语言资源监测与研究的重要基础，语料库的质量对语言资源监测有重要影响。本文结合语料库语言学的相关理论与实践，尝试探讨一下语料库语言学在语言资源建设、监测与研究中的瓶颈与问题，并提出自己的看法，以就教于各位专家学者。

2　语料库及语料库语言学的发展

对于语料库及语料库语言学的发展历程，胡明扬(1992)、陈建生(1997)、冯志伟(2002)、杨惠中(2002)、王建新(1996)、黄昌宁、李涓子(2002)等都有详细的译介与论述，对语料库都有充分的了解和深刻的认识。

自20世纪60年代最早的机读语料库(美国的Brown语料库和英国LOB语料库)产生以来，语料库语言学在语言学两股思潮——理性主义与经验主义的双方博弈中，得到了自身的长足发展与进步。"语料库语言学"有两层含义：一是利用语料库对语言的某个方面进行研究，也就是说"语料库语言学"仅仅反映了一个新的研究手段。二是依据语料库反映出来的语言事实对现行语言学理论进行批判，提出新的观点或理论。只有在这个意义上"语料库语言学"才是一个新学科的名称。现在看来，属于后一类的研究还是极个别。(顾曰国，1998)

至今，语料库已经在词汇、语义、篇章分析、语言教学、方言学、文化研究、心理学等

①　本文受北京市教委项目"汉语国际推广背景下的首都留学生教育研究"(项目号：413628)的资助。修改过程中，蒙导师张普教授提出了中肯意见，谨表谢意，文责自负。

诸多领域都有突出的贡献。它将无限的自然语言近似地等于一个有限的、有代表性的语言文本(或音频、视频等)的集合(即语料库)，从而在大规模真实文本(或音频、视频等)中运用计算机可以形式化语言符号、快速批量处理的优点，得到自然语言在上述各个方面的显性或隐性特征，进而达到计算内容、分析社会的目的。采用语料库的方法和手段来进行社会舆情分析、热点发现、突发事件提取等研究，正是现阶段的重点与难点之一。

3　语料库语言学与语言资源监测与研究

众所周知，语料库语言学对语言资源监测与研究具有促进作用。语料库的研究是拓展语言学理论的一个重要途径和源泉(Halliday，1993)。语料库语言学是一门语言研究和相应的计算机技术相伴相生的产物，是语言研究中定量和定性方法相互结合的典范，为揭示语言的本质做出其应有的贡献(许家金，2003)。

(1)语料库的建设并非只是简单的语料收集过程，同时也是完善和丰富语言资源监测与研究的重要手段，通过对语料库进行各种科学的分析统计，可以深化人们对语言生活的认识。

(2)语料库语言学在语言学的理论指导下服务于语言资源监测。语料库语言学是一门跨学科的工程，涉及语言学、计算机技术、数学等多方面的知识，从多个方面，应用多种手段对语言进行研究与考察，而其中最需要的是语言学知识的指导，只有从语言知识的本身去指导语料库的调查，才能在调查的深度、广度及精确度上有所改进。而这方面正是现阶段语料库语言学(尤其是汉语)的薄弱环节。

4　中外语料库个例的对比

语料库语言学的发展是有目共睹的，但我们也应清醒地看到：语料库不论是作为一种研究工具，还是作为一门正在发展中的独立学科，在现阶段都存在不同程度的问题。本文拟对比香港城市大学的共时语料库 Linguistic Variation in Chinese Speech Communities(简称 LIVAC)和 Collins 出版社和伯明翰大学联合维护建设的 The Bank of English Corpus，又叫 COBUILD 进行介绍与对比，从中发现一些问题，可以共同探讨。

4.1　两个语料库的概况

COBUILD 的建立始于 1980 年左右，由英国伯明翰大学的 John Sinclair 教授负责并任主编，由 Collins 出版社资助，旨在编辑含五百万词的具有足够代表性的英语库，并据此为 Collins 出版社编一本国际通用的英语词典。英语语料库(The Bank of English)又叫 COBUILD，它取材广泛，包括书籍和报纸，该语料清楚地划分为不同的内容，以利于不同部分的比较，至今有 5.24 亿词次，且在不断地动态更新语料，是机器可读的、可分析的现代英语语料库。

LIVAC(Linguistic Variation in Chinese Speech Communities)共时语料库自 1995 年启动，严谨地定时分别收集来自多地的定量同类语料，甚至刻意要求内容相约。语料来源包括香港、北京、上海、澳门等多地有代表性的中文报章与传媒、电子新闻报道。选取内容包括各媒体中的社论、世界各地要闻、当地新闻、两岸报道、综合新闻，后来更扩至包括经济新闻、体育新闻、娱乐新闻以及广告等。“共时语料库跟其他平衡语料库不同之处，就是在于这种有规则性的定时、定点和定量的语料收集方式”①。

4.2 两个语料库的对比情况

下表是两个语料库的对比情况，从中可看出：在语料库的建设、设计、研究与应用方面，中外还是存在较大的差别，在语料库的规模、加工程度、进一步开发等方面，国外似乎是走在前列的，但是基于汉语的特殊性，我们在借鉴国外先进技术与丰富经验的同时，要针对性地对汉语语料库的建设提出自己的发展思路。

表1 两个语料库的情况对比一览表

	COBUILD	LIVAC
网址	http：//www.collins.co.uk/Corpus/CorpusSearch.aspx	http：//www.rcl.cityu.edu.hk/livac/search.php?lang=sc
时间	始于1991年，至今。	始于1995年，至今。
动态	是。	是，每四天定量下载一次。经机器切词标注、人工校对后，提取各地词语，加入各地词库组合为LIVAC大语料库。
目的	词典编纂、计算辅助语言本体研究、自然语言处理等。	在于探讨新语言形式的产生和发展，泛华语地区包括大陆及海外多个地区各自的语言变化及其之间的关系。特别探讨了自1995年以来涌现的汉语外来词与新兴词，以及在语法等方面的发展新趋势。
效果	可以支持不同的文本范围(文本的分类，主要是语料来源上的不同)的检索，对词语的索引及搭配等方面可以进行研究。	LIVAC所建立的是一个包括字、词、文句、全文等不同层次的语料库，可对个别字或词的使用作查询及频率统计比较。
内容	口语和书面语；书面语主要来自于报纸杂志小说和非小说性书籍、报道及网页；口语主要来自于电视、广播、会议、访谈、讨论及交谈，所有资源都来源于真实的生活。	书面语；囊括了中文新闻媒体的大多数层面，涵盖了香港、澳门、台北、新加坡、上海、北京、广州、深圳等使用中文的城市。
规模	至今有5.24亿词次，且在不断地更新语料。	自1995年7月至2006年6月，LIVAC语料库总字数已超过二亿二千万字(不包括标点符号)，并仍在不断增长。
加工程度	句法信息包括词汇的频次概况、词语不同长度的搭配、词汇的曲折变化(词首词缀等)、词条(lemma)的查询(同一词条的不同形式可以一次查询到)、带标注的文本。	经机器切词及人工校对后，分别作了初步及详细的词性标注，初步标注主要标识出人名、地名、专名、套装词和叠词等多类专用词类。详细标注则对语料所有词条作详尽语法标注，标识实词、虚词等共四十多种词类。

① 邹嘉彦，黎邦洋(2003)：《汉语共时语料库与信息开发》，载：中文信息处理若干重要问题．科学出版社。据邹教授最近统计：至2008年12月，语料库总字数已超过3亿，独立词条150多万。

续　表

	COBUILD	LIVAC
可供检索	检索关键词的索引行(key word in concordance)、通配符(wildcards)或部分带标注的文本；词语的搭配(collocation)方面：分别计算互信息(Mutual Information)和 T 分值(T-score)并按其显著性进行排列。	匹配模式、词长、词语属性，在各个地区的使用情况，重点人名地名的使用情况，对新词语的发现。
已有成果	ACL 语料成员之一，现已出版词典多部，如：Collins COBUILD English Usage，且社会反映良好。并编写多部英语教科书，成立了专门的研究团队，并为自然语言处理领域、语言学家及广大师生进行基础研究等提供相关资源。	从中提炼开发了复合词语、新概念词语、专名、专用词语、四字格词语等多个专用词库。2007 年出版的《21 世纪华语新词语词典》就是以其为基础，收录 2000 年以后京沪港台产生或流行的新词语编纂而成的(邹嘉彦、游汝杰，2007)。
主要特点	规模宏大，既有助于语言的研究与应用，也有利于计算语言学的发展。关于词汇的不同组合、不同形式的用法，都可以在语料库中找到各自的使用情况，同时支持语体的研究，这些从语料库中得到的宝贵数据，成为广大词典使用者可以信服的理由，也进一步克服了单凭词典学家"内省"的不足，注重了语料的时效性和实证性。	本语料库最大特点是采用"共时性"视窗模式，严谨地定时分别收集来自多地的定量同类语料，可供各种客观的比较研究，每年每两周有人名排行榜；适合多方面研究人员使用，包括从事语言学研究或有意对语言现象与华人社会组织、文化与动态发展作探讨者，以及从事发展资讯搜索引擎与机器翻译等语言工程的学者等。

5　对语料库建设与发展的思考

诚然，面对着诸多既方便实用又有针对性的国外语料库，我们总是会感叹：汉语的最有代表性的语料库是什么？汉语的熟语料库怎样满足使用者的需要？自 1979 年以来，我国建成的或正在建设的大规模机读语料库也不在少数，迄今为止，没有能让大家使用得称心如意的语料库在网络上共享。当然像北大的 CCL、教育部语用所的通用语料库是大家所熟知的并且建设得相当不错的，只是从某种程度上看，在国内的远程访问都会出现无法检索、速度慢、语料检索结果不全、语料标注自身不一致等各种问题，其中的原因当然是多方面的。在此我们只是想探求一下国外语料库的一些成功之处及其背后的深层原因。值得一提的是，在这些方面，大多数专家学者都有论述到，如张普教授的《关于汉语语料库的建设与发展问题思考》、俞士汶教授的《语料库与综合型语言知识库的建设》、刘开瑛教授的《基于互联网的多层次汉语语料库构建研究》、赵军的《中文语言资源联盟的建设和发展》等，他们都从不同方面对汉语语料库的建设提出弥足珍贵的建议与意见。杨惠中、卫乃兴、李文中、冯跃进等也从外国语料库的研究中提出过自己的思考。

本文并没有指望能有很多突破，只是想在上述两个语料库的对比中谈一些个人的看法：

5.1　语料库的建设应与语言资源的应用形成良性循环

从 COBUILD 的成功可以看到，从其建设的初衷到现有的成果，都离不开 Collins 出版社在资金上的强有力支持，它之所以能在这种高校研究机构与企业的合作中形成了一种促进机制，是因为COBUILD是面向实际应用的，是为外语教学及词典编纂服务的，它解决了社会或者说某一领域亟待解决的迫切问题，适应了社会的需要，经受住了社会及市场的考验，所以能得到很好的社会效益与经济效益，这在一定程度上又为其语料库的进一步建设与深入研究提供了保障。同时，在实际的应用中，可以看出语料库的某些缺陷或者说是不周之处，从而为其系统及资源的进一步完善提供了契机。这种充分发挥高校或研究所的科研能力和企业或开发商的经济实力的良性互动模式，可以说是国外大型语料库的成功经验之一。

而中国的语料库建设，多是以研究性质的居多，很少能将相应的研究应用于社会实践，所以语言学理论或计算机技术、算法的革新，并没有转化为实际的动力，而且，没有社会实践的检验，有很多的问题依然是深埋其中长期得不到解决，这最终会造成研究与实践的脱节，研究无从找到应有的角度和深度，也无法得到更高层次的完善。现阶段，越来越多的语言学家和计算语言学专家都认识到了这个问题，并在进一步进行探索性实践，如：将语料库的研究成果转化为理论资源(如语义资源、信息检索资源等)，从而将其在大型的企业中或者在对社会的监测与研究中进行广泛的应用。如北京大正语言信息处理公司的热点事件发现系统、国家语言监测与研究中心的年度流行语、语言生活状况报告发布、LAVIC的人名排行榜等，都逐渐或已经成为社会关注的焦点。这无疑是有利于语料库的问题发现和长远发展的。

5.2 语料库建设与资源系统评测要密切结合

衡量一个语料库的建设或语料库语言学的研究是否是成功的，除了上述的社会与市场认可外，业界一个重要的评估标准就是系统的评测。评测对于语料库的建设与研究是意义深远的，是可以促进技术创新和进步的重要手段，是加强交流与合作的重要枢纽。COBUILD成为LDC中资源之一，是有利于其自身发展的，可以在语料库建设的规范性、标准化、长远发展等方面得到进步与完善。纵观国外的语料库建设与研究，都在一定程度上有相似或统一的规范与标准，虽然也有些低水平的重复，但整体而言，是有章可循的。如在语言学本体研究中，多涉及关键字索引行(key word in concordances)、词语的搭配(collocation)、句法标注(syntax)、句法树库(Treebank)等方面。这正是因为LDC/ACL等大家公认的系统评测发挥作用的结果。只有在基础的层面与整体的标准和规范一致或大致相同时，才能避免众多语料库“自行其是”的无奈与尴尬，从而将资源很好地整合在一起并相互促进，共同提高。

在国内来看，我们知道，“973”计划的成果——Chinese LDC的成立与运作，在一定程度上解决了这样的问题，不管这种程度在现实中有多大，但至少是一个进步。而从现有的情况来看，“这方面还是有很多的工作要做”①。至少还有很长的路要走，最主要的是要有主管机构牵头，尽力整合现有的资源，建立全新的机制，充分发挥系统评测在语料库发展中的作用，这样我国的语料库才能真正走上自我发展与完善的道路。

5.3 语料库建设应当与技术攻关形成交互作用

每一个事物的整体发展都与其部分(或关键部分)的发展分不开。国外语料库的发展与其在语料库语言学中的理论与技术的攻关状况是分不开的，虽然汉语较英语(或者说印欧语)而言，在计算机处理方面会面临自身的各种问题，但在承认这种阻力的同时，我们也要进一步

---

① 黄萱菁等：《自然语言处理必须重视系统评测和基础建设》，见《中文信息处理若干重要问题》，北京，科学出版社，2003。

认识技术攻关的重要性和必要性，同时还要看到攻关的难点与重点在哪儿。

更为重要的一个问题是：技术攻关要与语言资源的实际结合起来，一方面，计算语言学的技术攻关很大程度是要有语料库支持的，如以概率统计为根据的自动语法分析技术，要依靠一套标注过的实际语料，从中提取词类与语法结构频率的概论统计，用其对自动系统进行训练，提高系统的分析能力。另一方面，技术攻关的成果要应用到实际的语言资源的完善上去，只发表学术文章而不对研究对象做具体的改善，结果只能是后来者的研究只能从头开始，无益于语料库语言学的长足发展。如对于分词的研究与改善，其在未登录词、命名实体识别等方面都有很好的技术或算法进行解决，国内的相关研究论文不下百篇，其实验的结果都是大快人心的，但为什么在相当长的时期内，在语料库的整体建设与研究中，类似的问题似乎还没有得到很好的解决？一个重要的原因是写完文章后，很少有人再会去做那些完善原始语料的工作。

其实只有把这些在语料库中得到的成果与技术攻关的成果应用到语料库的再次深加工中去，才能进一步完善语料库的体系与构架，才能对语料库的发展产生实质性的作用。另外，在一些普遍的基础研究方面，COBUILD 就可以提供基础的词语搭配的 MI 值(互信息)、t 分值、Z 分值的计算，方便研究者进行搜索与查找，而不需要每个使用者都自己写个程序来完成，这样就避免了低水平重复和资源的无形浪费。

5.4　汉语语料库的发展要结合自身的特点

汉语有其特殊性，这是大家的共识。那么汉语的语料库语言学应该研究一些什么样的独特的问题，或者说，要在哪些方面花更多的力气。俞士汶认为“最重要的基础工作就是语言知识库的建设”[①]。要让机器理解汉语，光靠某一种理论是行不通的，只有结合了具体的语义及语境知识，才能让计算机更准确地理解、更精确地查找与计算。

英语在句法、语义上都有不同程度的研究成果和资源，其中句法有宾夕法尼亚大学的句法树库、语义有 Wordnet 等。汉语在研究句法的同时，应该更注重汉语的语义资源。与汉语的语义相比英语要复杂得多，现有的汉语语义资源主要包括同义词词林、HNC、Hownet 等，它们在很大程度上可以解决大部分的语义问题。北京大学的汉语语法信息词典也是可用的句法语义资源。萧国政、胡惮在《信息处理的汉语语义资源建设现状分析与前景展望》一文对中文的语义资源如 Hownet、HNC、现代汉语语义词典(CSD)、北大的中文概念词典(CCD)、清华大学的现代汉语语义分类词典、台湾中央研究院的中英双语知识本体词网(SinicaBOW)、现代汉语语义分类词典、清华大学的现代汉语述语动词机器词典、现代汉语述语形容词机器词典、现代汉语名词槽关系系统和山西大学的汉语框架语义知识库(CFN)等进行了详尽的介绍与论述。同时，汉语的语言知识库也正在建设与发展过程中，詹卫东的《面向自然语言处理的大规模语义知识库研究述要》就有论述。

5.5　语料库的短期针对性研究与长期的监测性研究要紧密结合

从语料库发展的现状来看，语料库的建设与研究多为短期的、有针对性的行为，这与其需要大量的人力物力有关，因为大量的投入必然要求短期内有所产生，而有所产生的一个直接途径是满足社会或某一个领域的需要。因此，适应社会的需求是语料库建设与研究的动力。如 COBUILD 最初是用来词典编写的，LIVAC 是为了研究泛华语地区的语言使用情况的。

---

① 俞士汶：《语料库与综合型语言知识库的建设》，见《中文信息处理若干重要问题》，北京，科学出版社，2003。

这些短期的(或叫共时的)语料库无疑对语言学及语言教学研究产生了重要的推动作用。但是与此同时，在20世纪90年代后，一些语言学家认识到，自然语言是无穷尽的。语料库越大成本越高，提取信息越困难。据此，国外研究者如John Sinclair等人提出了动态的监控型(monitor)语料库的构想。The Global Language Monitor可以用来研究语言的历时性，如新词、词语新搭配、词语新用法、词语的历史变化等。目前国际互联网上，“英国COBUILD语料库每周向电子邮件用户发送一份Word Watch邮件，报告社会用语的动态变化”。(桂诗春，1998，1：11)。

在国内来看，国家语言资源监测与研究中心的大规模真实文本语料库，如北京语言大学动态流通语料库(DCC)，是一种对语言进行历时观察与监测的语料库，重在反映语言使用的“实态”，并将语言作为一种资源进行考察与研究，于2006至2009年连续四年发布年度《中国语言生活状况报告》，在海内外引起了强烈的反响。它是从长远利益充分考虑了语料库的时间性与动态变化，对语料库研究与发展提出了新的课题与研究维度，同时也有助于语料库的计算内容、反映社会的功能的发挥，是当前研究的一个重要趋势。

6 结 语

本文从语料库语言学的理论与实践中进行了一些思考，同时笔者也有幸参考了国家语言资源监测与研究中心课题组的语料库建设与报告编写工作，从中体会到语料库在语言资源建设、监测与研究的实践中有着基石的地位，语料库语言学的发展必将推动语言资源的建设、监测与研究工作。以上只是笔者的体会与思考，不当之处，请各位方家批评指正。

参考文献

[1]Halliday. 1993. Quantitative Studies and Probabilities in Grammar. 计算机与定量语言．北京：北京大学出版社．

[2]陈建生．1997. 关于语料库语言学．当代语言学(1).

[3]冯志伟．2002. 中国语料库研究的历史与现状——语料库研究回顾和问题．Journal of Chinese Language and Computing.

[4]顾曰国．1998. 语料库与语言研究——兼编者的话．当代语言学(1).

[5]桂诗春．1998. 应用语言学．长沙：湖南教育出版社．

[6]胡明扬．1992. 英语用法调查语料库及其他英语语料库(附文：英语用法调查). 当代语言学(4).

[7]黄昌宁，李涓子．2002. 语料库语言学．北京：商务印书馆．

[8]王建新．1996. 介绍当代三个英语语料库．外语教学与研究(3).

[9]许家金．2003. 语料库语言学的理论解析．外语教学(6).

[10]杨惠中．2002. 语料库语言导论．上海：上海外语教育出版社．

[11]张普．2008. 动态知识更新研究．北京：商务印书馆．

[12]邹嘉彦，游汝杰．2007. 社会语言学教程．上海：复旦大学出版社．

跨越语句理解的知识(库)建设[①]

张 全 袁 毅 缪建明 韦向峰 吴崇斌

中国科学院声学研究所 北 京 100190

Zhq@mail.ioa.ac.cn

摘 要：HNC自然语言处理已经进入句群处理阶段，如何适应这一转变首先需要在知识建设方面进行比较深入的思考。结合已经展开的研究与技术实现工作，本文重点探讨了原有知识表示的能力提升问题，涉及的内容包括：块扩句类知识的再发掘，汉语单字知识的再研究，以及综合型汉语知识库的实现。这些看似跨度很大的研究点，实际上都是跨越语句处理的基础，为实现句群处理提供了知识层面的支撑。同时本文也是从句群处理的视点重新对原有的、语句处理阶段的知识建设问题的再次审视。本文以具体示例表明，随着HNC自然语言处理进入新的阶段，需要从跨越语句理解的处理角度不断深化和发展知识建设。

关键词：HNC自然语言处理，知识表示，汉语词语知识库，汉字处理，句类知识

1 引 言

自然语言理解处理为计算机理解自然语言文本提供了基础，信息技术的迅猛发展促进了自然语言理解处理技术的不断发展。

汉语文本可以划分为字、词、短语、句子和段落直到篇章，字词可以组成短语，而句子和段落则构成篇章。汉语的分词技术已经在信息技术中得到广泛应用。但仅仅依据字形表层信息的浅层处理也注定了这种简单的自然语言处理方式难以胜任信息时代对于网络文字信息有效利用的重任。因此，如何利用文字深层的信息，从中获取语言表达的内容，已经成为自然语言处理技术关注的热点。

那么如何才能利用文字深层的信息呢？首先，需要从词汇层面上升到语句层面。因为，尽管词汇是语义内容的基本载体，但是在自然语言的表达中，往往需要语句的结构将词语的意义进行组合，才能准确地表达出语义内容来。因此，自然语言处理走向深入，首先要解决的是语句理解的问题。目前，自然语言处理已经在语句层面展开了深入的研究，例如各种句法技术的研究，句法分析的深化以及语义角色的标注研究，都是在语句层面的深入研究。然而，我们应当看到，语句的理解只是一个基础，要使计算机比较好(或者比较完整)地理解自然语言还需要面向更大的语言单位(黄曾阳，1998、2004)。

为什么呢？根据池毓焕(池毓焕，2005)的调查，以汉语中经常出现的动词兼类问题的消解来说，如果仅仅靠单个句子一级的处理，大约有20%的问题解决不了，因此需要在多个句子之间协同考察。自然语言处理需要跨越语句的处理。

另外，汉语在引入标点符号的时候，对于逗号的用法没有作太多规定，逗号的用法非常灵活，它点断的可以是一个句子，也可以是一个短语。而一个句号之内往往包括多个句子。

① 本文承国家973项目“自然语言理解的交互引擎研究”(2004CB318104)、国家科技支撑计划课题“搜索引擎中的语言翻译基础研究”(2007BAH05B02-05)、中科院声学所知识创新工程项目“句群理解处理理论及其应用”(O654091431)、中国科学院声学研究所“所长择优基金”(GS13SJJ04)、中国科学院青年人才领域前沿项目(O754021432)的资助。

实际上汉语的语句缺乏形式上的符号标记。如果按照一个句号进行语句分析处理的时候也需要具有跨语句的处理能力。所以，从实际面对的汉语自身的情况来看，也需要具备跨越语句的处理能力，而跨越语句处理的第一步在于句群－语境单元的处理。

同时，自然语言中大量存在着一个词语拥有多个义项的情况，词语义项的多义选择是自然语言理解中的一项重要研究内容。然而从另一个角度看词语义项的确定又是语句理解的一个前提。可以根据概念激活方式建立形成词语义项确定的方法，解决语句中的多义词语的排歧困扰。这种方法建立在概念层次网络(Hierarchical Network of Concepts，简称HNC)理论基础研究之上。在具体的自然语言的句子中，概念之间的关联性很容易被词语的对应概念符号发现，从而很容易激活其中对应的的词语义项，达到词义排歧的目的。

HNC以人类活动为主体划分为十大领域类：心理活动及精神状态、人类思维活动、专业及追求活动(第二类劳动)、理念活动、第一类劳动、业余活动、信仰活动、本能活动、灾祸、状态。这一分类的主体是对人类活动所属范畴的分类，描述事件核心归属的范围，是对事件的静态描述，领域的划分为分类提供了一个封闭的HNC领域类别空间。在一个对应领域概念的框架下词义消歧能够很容易地实现(缪建明、张全，2008)。

选取真实语料进行实际分析发现，根据语境激活词语义项的处理策略能够大大提高义项提取的准确率，相对于统计处理的词语义项的激活准确率(一般封闭测试准确率为83%左右)，这种方法可以把准确率提高7.3%。同时，还发现如果在进行词语义项激活之前，准确给出文章所对应的领域，则准确率在此基础上更能得到进一步的提高，可以达到将近96%，比一般统计处理方法提高了近13%，比通用文章的准确率提高了近6%。这一方面说明了篇章或语句的领域信息对词语义项确定的重要作用，另一方面也进一步说明了领域概念(领域在概念节点体系中也对应出对应的概念数字串)本身就是一个非常有效的关键性词语概念串。

句群处理已经融入现有的软件处理系统中。这一系统近期参加了由清华大学和东北大学负责主办的中文信息学会句法评测(CIPS-ParsEval-2009)。该评测包括汉语词性标注处理、汉语基本块分析、汉语功能块分析、汉语事件描述单元识别和句法结构树识别五项评测任务，有来自美国、欧洲、中国大陆和香港地区的24支队伍参加。我们参加了汉语事件描述单元识别和汉语功能块分析两项评测中的开放评测部分，尽管在语言理论体系上存在比较大的差异，但是我们还是得到了第一名和第二名的成绩。

综上，跨越单个语句的处理既是HNC自然语言处理发展的预期路线图，也是准确分析自然语言深层内容的大势所趋。我们已经在这一方向的研究中取得进展。面对这一发展，本文希望从句群处理的视角，对于HNC原有的、语句处理阶段的知识建设问题再次审视。本文涉及的内容包括：块扩句类知识的再发掘，汉语单字知识的再研究，以及综合型汉语知识库的实现。这些内容将在下述章节具体说明。

2 块扩句类知识的再发掘

HNC提出块扩的概念是为了应对汉语句子中的多动词现象(黄曾阳，1998)。

对于块扩问题已有的研究主要是将“块扩”作为一项知识融入到句类知识中，为计算机自动分析处理这一语言现象提供了先验知识；在实际处理中，则仅将块扩内容作为一个块来处理(薛侃，1999；苗传江，2001)。这样显然不能适应语句处理的需要。我们具体分析各种块扩句类的特性，针对块扩部分与块扩句类之间的主语义块共享知识进行了研究，通过演绎分析与语料调查结合的

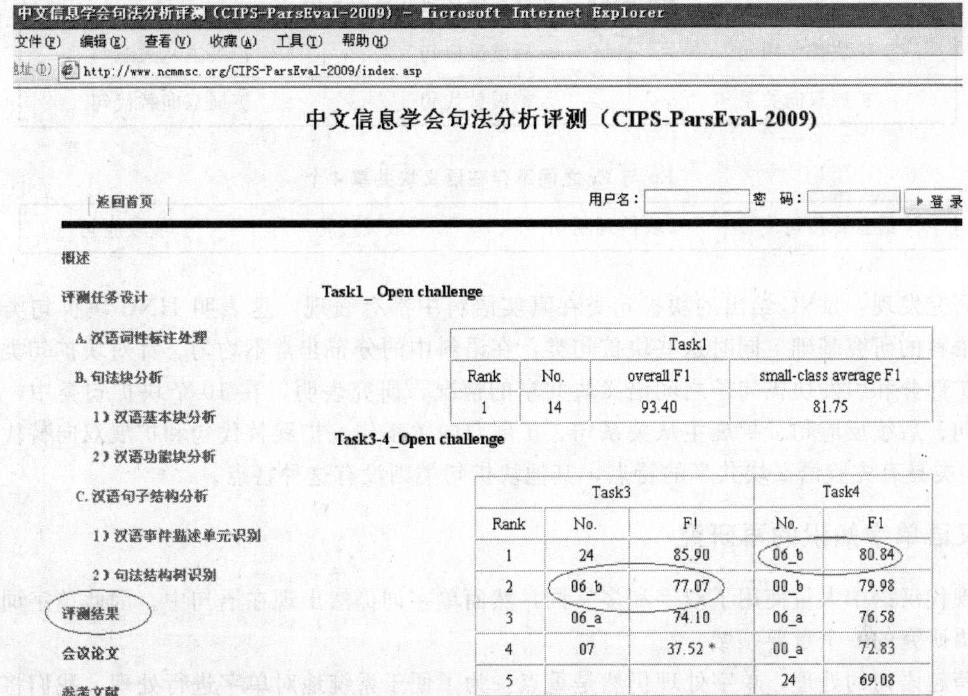

中文信息学会句法分析评测 (CIPS-ParsEval-2009) - Microsoft Internet Explorer

文件(F) 编辑(E) 查看(V) 收藏(A) 工具(T) 帮助(H)

地址(D) http://www.ncmmsc.org/CIPS-ParsEval-2009/index.asp

中文信息学会句法分析评测（CIPS-ParsEval-2009）

返回首页　　用户名：　　密　码：　　登 录

概述

评测任务设计

A. 汉语词性标注处理

B. 句法块分析

1）汉语基本块分析

2）汉语功能块分析

C. 汉语句子结构分析

1）汉语事件描述单元识别

2）句法结构树识别

评测结果

会议论文

参考文献

Task1_ Open challenge

Task1			
Rank	No.	overall F1	small-class average F1
1	14	93.40	81.75

Task3-4_Open challenge

	Task3		Task4	
Rank	No.	F1	No.	F1
1	24	85.90	06_b	80.84
2	06_b	77.07	00_b	79.98
3	06_a	74.10	06_a	76.58
4	07	37.52 *	00_a	72.83
5			24	69.08

方式，得到了各块扩句类内部语句之间语义块共享的先验知识(张全等，2006)。

8 种先验块扩

块扩作用句	信息转移句	块扩判断句	后继反应句
扩展主从关系句	扩展双向关系句	扩展替代句	扩展双向替代句

两种条件块扩

一般反应句	一般效应句
“期望(待实现的愿望)”概念节点 7121	“信息的显现”概念节点 331

上面介绍 HNC 块扩句类相关的概念。可以看到，HNC 对于块扩句类已有的研究主要立足于引发块扩的句类，即只是将块扩的句子作为一个语义块来看待。实际上块扩部分的句子也是整句内容的重要组成部分，从计算机处理的角度看，块扩的句子也需要进行相应的分析处理。因此，需要将引发块扩的句子和块扩的句子放到一起来考虑，而不是仅仅作为一个语义块。这里将具体探讨它们之间的语义块共享情况，以期丰富块扩句类的句类知识，为处理提供先验知识。

首先根据 HNC 对各种块扩句类的定义进行演绎分析，然后抽样选取各种激活块扩句类的典型词语，再以这些词语为线索从语料库中随机抽取一定数量的例句，验证演绎的结果，回到具体的语言空间，从具体语言真实语料的角度探讨块扩以及激活块扩词语的知识。

Ep与Er之间存在语义块共享的6个

块扩作用句	后续反应句	扩展主从关系句
扩展双向关系句	扩展替代句	扩展双向替代句

Ep与Er之间不存在语义块共享4个

信息转移句	块扩判断句	一般反应句	一般效应句

研究发现，HNC给出的块扩句类在真实语料中都有表现，这表明HNC块扩句类具有真实语料的研究基础。同时这些块扩句类，在语料中的分布非常不均匀。针对块扩句类组句时块扩部分和引发块扩句子之间语义块共享的情况，研究表明，在10个块扩句类中，块扩作用句、后续反应句、扩展主从关系句、扩展双向关系句、扩展替代句和扩展双向替代句等6个句类具有先验语义块共享的特点，其他块扩句类则没有这种特点。

3 汉语单字知识的再研究

现代汉语中大量使用了双字和多字词，然而单字词仍然出现在语句中。因此单字词研究是汉语研究的一个重要领域。

跨越语句的处理，单字处理仍然是重点。为了便于系统地对单字进行处理，我们将单字处理细化为五种类型(孙雄勇，2006)：语言逻辑概念的处理、单字v概念处理、基本命名处理、活跃语素处理、基本概念(时空数)处理。从概念的角度出发，针对上述五个方面提出了处理策略，特别在语言逻辑概念处理、单字v概念处理和基本命名处理等方面进行了深入的研究，归纳总结了相关处理规则。主要工作包括：

形成了单字v概念组合形成语句句类的策略和方法。研究了单字v概念与其前面或后面邻接概念组合构成新词的问题，系统地总结了单字v概念的各种构词方式以及它们形成的句类代码，为正确获得语句的句类代码提供了解决策略和处理规则。经过对1000句包含单字v概念的语句的测试，正确率达到了89.9%，召回率达到了92.4%。

系统地总结了根据词末尾单字概念处理汉语基本命名、活跃语素的策略和方法。汉语基本命名和活跃语素均具有使其前面词语属性发生变化的功能，因此，根据它们位于词语末尾的特性，总结了每一类概念的构词方式和组合特点，结果有助于语义块构成分析处理。还从特征语义块感知、识别出发，分析了单字概念对语义块感知的作用。

下面具体以语言逻辑类的汉语单字词(张全等，2009)为例进行说明。

由于单字虚词在语句中出现频繁，同时又在构成语句方面起着非常重要的作用，因此单字虚词的研究受到更多的关注。一般的语义描写系统偏向描述实词(例如WordNet[12])，但是对于服务于自然语言理解处理的语义系统而言这样是不够的。因为在真实语言环境中，语句中不可能只有实词。如果要完成对于语句的理解，也就不可能只处理实词。同时，就汉语而言一个词语往往同时具备实词和虚词的义项，如果描述系统只针对实词，那么无疑会造成词义表示不完善的问题。HNC理论已经充分认识到这些问题，对虚词的语义内容也给出概念化的描述，并设计了两个概念类型：语法类(f)和语言逻辑概念类(l)。对于虚词语义的描述主要根据虚词在语句中的作用进行，对于与语句成分直接相关的虚词，归入语言逻辑概念类(l)，表示语气感叹等的虚词归入语法类(f)。这里主要涉及的是语言逻辑概念类(l)的虚词。

62 个常用的单字词具有对应语言逻辑概念的义项(字形相同而兼有多个语言逻辑概念义项的算一个)。分析发现其中有 39 个单字词(约占这些单字词的 63%)具有属于语义块切分组合语言概念的义项，这些语义块切分组合概念包括 l0、l1、l4 和 l5 四类。

在语句分析处理中，语义块切分概念主要提供了三个方面的信息：一是提供了语义块的分界信息，标记它们的前后应该分属于不同的语义块；二是提供了语义块的类型信息，例如是广义对象语义块还是特征语义块抑或辅语义块；三是提供了基本的句类信息，用于配合特征语义块的辨识。然而这些单字 100%具有一词多义特性。

进一步研究发现当它们作为非语言逻辑概念出现时，往往会伴随有标示其概念特征的其他类概念相邻出现，利用这些信息可以对于语句中出现的单字词进行义项的初步判断。并形成处理规则。

另外，网络的发展和普及为人们的交流提供了一个便捷的平台，网络上传输的语言文字也为相关的研究提供了鲜活生动的素材(蒋原伦，2006；夏云庆等，2007)。通过观察和分析网络语言中语素组合方式形成的新词语，结合句群分析，在汉语字义研究中发现了汉字义项的拓展。

汉字是汉语特有的现象，汉字自身兼有表达语义和指示读音的作用，汉字将“音－形－义”巧妙地结合起来，集于一身。汉语具有“字义基元化、词义组合化”的特点。即使是词典没有收录的新词语，它所使用的汉字也不是新造出来的，而是既往已经存在的汉字。随着语义内容表达的丰富，汉字的数量并没有增加。换句话说，尽管现代社会的发展为汉语注入了许多新词语，但是汉字的个数没有增加，甚至还减少了。因此可以将汉语新词语的辨识和理解与汉字的语义联系起来，通过研究汉字构成新词语的特点，辨识出汉语新词语并形成对它语义的理解[15]。因此可以对汉语引入“动态词”的概念(吴崇斌、张全，2009；唐兴全，2007)——是在汉语理解处理过程中，根据语义理解需要，单字跟与其邻接的一个或多个字词按照一定组合模式临时组合而成的、需要经过辨认处理作为一个意义单位理解的语义单位。动态词概念的提出，对于解决中文信息处理中的非实体命名类新词处理提供了一条思路：可以根据汉字的字义和它的组合形式推测出现的新词语义。这也符合汉语自身的特点。

在研究中发现，“裸”字很少单独使用，经常出现在词语中，而这些词语往往是词典(词表)中没有收录的。同时在“裸”字构成的新词语中，所形成的新词语语义组合特征比较明显，可以形成相应的处理规则，服务于汉语新词语识别与理解。

特别需要强调的是，只有通过结合句群的分析，才能发现汉字义项的拓展。汉字义项拓展的研究是对汉语中动态词概念的进一步发展，这一发展更好地适应了跨越语句处理的需要。

4　词语知识库

词语知识库是处理所需知识的载体。HNC 自然语言处理需要具有 HNC 知识表述体系的词语知识库。关于这一知识库有很多问题需要具体论述。这里仅就其中的一个问题进行讨论。在开始讨论之前，先看看下面给出的词表。

阿尔巴式	埃菲尔步式	埃菲尔塔式	岸上动作	芭蕾腿姿势
鼻 夹	步 式	裁判台	裁判员	裁判长
苍鹭式	侧卧展体姿势	城堡式	池中队形	垂直冲起动作
达勒卡里亚	打蛋机式踩水	打 开	世界大学生运动会	单芭蕾腿侧滚

表中给出了20个非单字的汉语词汇。其中只有少数词语为人熟知，同时这些词语大量的是复合形式构成的，可以说是短语。是不是可以利用汉语“字义基元化、词义组合化”的思想进行处理呢？答案是肯定的。

然而问题是这些词语蕴涵着极强的领域信息——体育比赛。如果利用汉语“字义基元化、词义组合化”进行现场处理，还需要进行SGU到ABS的转化才能做到。那么在目前阶段跨越语句的处理中有没有可能处理这些词语呢？可以说需要处理，而且必须进行处理。

那么进一步的问题如何处理？也许最简单的方法最有效——直接收集并将这些词语增加到HNC的词语知识中给出相应的领域标记和词义内涵。这样问题就得到了部分解决。如果仅仅是探讨处理的策略，问题到这里就已经可以结束了。但是如果进入具体的处理环节，那么还会遇到相应的问题。

一般进行汉语自然语言处理，通用词表5万左右，还可以配置相应的专名识别、动态词处理等以应付词表中没有出现的词语。机器翻译，由于对于生成的要求比较高，需要十几到几十万的词表规模。建立这样数据量的词语知识库对于目前的计算机，甚至PC都不是什么困难的事情。然而面向跨越语句的处理，可能需要更多的词语。因此词语知识库的规模在跨越语句的处理中需要重新考虑，并且要尽可能地使知识库的检索速度不随知识内容的增加而急剧下降。根据这一设计原则，我们已经构建成功了词语容量达到2亿的综合型词语知识库，实际测试量达到1000万词语。这一系统对于软硬件平台没有特殊的要求，在高档PC上就可以运行，并具有网络远程调用的处理能力。利用这一词语知识库对海量混合型文本数据进行处理，对比利用通用数据库作为词语知识库的系统，处理速度约提高10倍，将原来需要1个月处理时间的工作在3天的时间内完成。

5 结 语

本文以具体示例表明，随着HNC自然语言处理进入新的阶段，需要从跨越语句理解的处理角度不断深化和发展知识建设。对于句类知识、汉语单字义项以及知识库实现等原有研究内容仍然需要不断发现新的研究问题，并立足于跨越语句处理进行深入研究。这样才能适应跨越语句处理的发展。这些看似跨度很大的研究点，实际上都是跨越语句处理的基础，为实现句群处理提供了知识层面的支撑。

参考文献

[1]黄曾阳.1998.HNC(概念层次网络)理论——计算机理解自然语言的新思路.清华大学出版社.

[2]黄曾阳.2004.语言概念空间的基本定理和数学物理表示式.海洋出版社.

[3]池毓焕.2005.汉语动词形态困扰的分析与处理.中国科学院声学研究所博士学位论文.

[4]韦向峰.2005.基于HNC理论的扩展句类分析平台研究.中国科学院声学研究所博士学位论文.

[5]缪建明.2007.专业活动领域句类的设计与知识表示.中国科学院声学研究所博士学位论文.

[6]缪建明，张全.2008.词语义项的概念激活确定方法.Word Meaning and Computing—Proceeding of the

9th Chinese Lexical Semantics Workshop. Singapore.

[7]薛侃．1999. 现代汉语的句蜕与块扩研究．中国人民大学硕士学位论文．

[8]苗传江．2001. HNC 句类知识研究．中国科学院声学研究所博士学位论文．

[9]张全，韦向峰，吴晨，缪建明．2006. 汉语块扩动词分析．第七届汉语词汇语义学研讨会论文集．新竹：交通大学(台湾).

[10]孙雄勇．2006. 汉语句类分析中单字处理研究．中国科学院声学研究所博士学位论文．

[11]张全，袁毅，孙雄勇，韦向峰，缪建明．2009. 利用概念基元分类体系的汉语单字虚词处理．第十届汉语词汇语义学研讨会(CLSW2009)论文集．烟台：鲁东大学．

[12]Fellbaum，C. (ed.). 1998. WordNet：An Electronic Database. MIT Press.

[13]蒋原伦．2006. 网络聊天的语用和文化．北京师范大学学报(社会科学版)(194).

[14]夏云庆等．2007. 中文网络聊天语言的奇异性与动态性研究．中文信息学报(3).

[15]Quan Zhang，Yi Yuan，Xiangfeng Wei，Jianming Miao. 2008. The Senses of Hanzi LUO (裸) in Internet Text. Journal of Chinese Language and Computing (2).

[16]唐兴全．2007. 汉语理解处理中的动态词研究．北京师范大学博士学位论文．

第三部分
基础技术研究与开发

无头迭句与花园幽径句的辨识与处理①

池哲洁[1]　李　颖[2]

[1]北京理工大学数学系　北　京　100081　[2]装甲兵工程学院信息工程系　北　京　100072

[1]chizhejie@sina. com　[2]lypublic@hotmail. com

摘　要：在大句的范围内小句的组织结构会呈现某些特定的模式，即大句范式。而范式的运用存在着语种间的有无或常用罕用之别，需要在翻译时予以变换。无头迭句与花园幽径句都是汉语的常用大句范式，而且二者容易混淆。本文着重探讨在汉英机器翻译时如何把花园幽径句从无头迭句中识别出来，给出具体的辨识算法，并提出相应的汉英转换规则，在实验结果部分分析了该算法的不足之处和改进之道。

关键词：大句范式，无头迭句，花园幽径句，HNC 机器翻译引擎，汉英机器翻译

1　引　言

2009 年 3 月，黄曾阳(1998、2004)先生引进了表征大句句式结构的“大句翻译范式”概念，文献 3 简称之为“大句范式”。例如范式一“是{！31ElJ}｜的”是汉语相当常见的大句范式之一，而英语根本不存在这种大句范式，翻译时就要进行相应的大句范式转换。本文着重探讨文献 3 提出的范式二——无头迭句与花园幽径句的辨识。

大句范式中的花园幽径句因其形式结构混同于无头迭句，而语义结构却迥异，若按普通无头迭句进行翻译将导致严重错误，故翻译前应先将其正确识别出来，翻译时进行相应的大句范式转换，以提高翻译的正确率。

对现有的基于规则的机器翻译系统进行测试可以发现，大多数系统对此类句式只能部分识别，即与“是”字句一同处理时可得到部分正确结果，单项处理正确率不及 50%。其中一个系统知道一两个花园幽径句向特殊句式转换，对再多的花园幽径句就无能为力了；另一个系统则知道在“是”前加 it，但不知道为此前的系列小句“安头”并单独成大句(即改逗号为句号，所加的 it 首字母大写)。相比之下，对无头迭句的认识比较准确，但处理不到位，绝大多数不知“安头”，或不知在最后一个小句前加 and 以接应(池毓焕、李颖，2009)。

由上述测试结果可知，现有的翻译系统并没有将此类范式作为统一的语言现象加以辨识并予以统一的处理，以致遇到该范式时错误频出，不但造成部分无头迭句的翻译结果可读性不强，而且误将花园幽径句当无头迭句翻译时歪曲原意，乃至不知所云。

本文着重探讨大句范式中花园幽径句的机器识别及算法，结合个人所用词语知识库对一些例句进行分析，给出相应测试对象的测试结果，以图对现有系统有所助益。

2　语言现象分析

先从汉语单句中的花园幽径句说起。例如：

小王研究鲁迅的文章发表了。

---

①　本文承国家科技支撑计划(NO. 2007BAH05B02-05)的资助。

该句中，“小王研究鲁迅的文章”就已经是一个完整的“主谓宾”结构，这在机器识别时就会被当成一个整体来处理，而事实上，这一部分也可作为偏正结构的名词词组。在这一小句中，“发表了”的出现也就说明“小王研究鲁迅的文章”这部分应视为后者。在整个识别过程中，起初会有捉摸不定之感，直到看完整个句子才恍然大悟。该过程有一个形象的比喻：当我们走进一个风景如画的花园，要寻找这个花园的出口，大多数人都认为出口一定应该在花园的主要路径的末端，于是我们沿着花园中的主要路径欣赏花园中的美景，突然发现这条主要路径并不通向花园的出口，而能够通向花园出口的正确的路径，却是在主要路径旁边的另一条几乎被游人遗忘的毫不起眼的荒僻的幽径。以此故，把 garden-path sentence 译作“花园幽径句”(冯志伟，2003)。

花园幽径句总是存在潜在的歧义结构，也可称为临时的歧义句，而机器所能优先识别的歧义结构往往是错误的，故机器识别发生错误的概率也较高，翻译时会因不知进行句式转换而出错。类似地，将这种结构形式推广到大句，则可得到大句范式视野中的“花园幽径句”。

我们把以句号或与其等价的问号、感叹号等为结束标志的文本片段简称语段；语段内如有逗号等分割标志，则称该语段由若干语串构成。大约 65%的语串成句(池毓焕，2005)。如果这些语句仅是语段的构件，则称之为小句；相应地，由若干小句构成的语段称作大句。

全部是！310 格式(李颖等，2009)的系列小句，如果各小句平起平坐，则为汉语常见的无头迭句，半形式化描述为$[!\ 310EgJ]_n$，省略的公共 GBK1 通常是不言自明的“我”或“我们”等。有一种！310 格式系列小句，前面的若干系列小句作为整体，是最后一个小句的 GBK1，这就是大句范式中的花园幽径句，半形式化描述为{！310ElJ}|！310EgJ。如果一系列！310 格式的小句打头阵，然后出现一个以重复指代 f84 之捆绑词语(如“这”和“那”)起头的小句，我们把这种辨识特征更突出的大句称作花园幽径句 A，其半形式化描述为{！310ElJ}|(f84)EgJ。相应地，把辨识特征也较突出的、以“是/有”为 EK 的花园幽径句称作花园幽径句 B，其半形式化描述为{！310ElJ}|！310jDJ。其他类型则称花园幽径句 C。

以下分析基于个人用词语知识库(其中将概念类别项作为词性的标记，如“v”代表动词；句类代码项用于识别广义作用句和广义效应句)，例句仅针对本范式的识别给出部分标注。

2.1　无头迭句

例 1. 坚持实施/v 可持续发展战略，正确处理/v 经济发展同人口、资源、环境的关系，改善/v 生态环境和美化生活环境，改善/v 公共设施和社会福利设施。

例 2. 坚持贯彻/v 党的富民政策，努力增加/v 城乡居民的收入，不断改善/v 人们的吃、穿、住、行、用的条件，完善/v 社会保障体系，改进/v 医疗卫生条件，提高/v 生活质量。

以上两例，各小句均以谓语结构 EK 开头，符合$[!\ 310EgJ]_n$的格式，且最后一小句的结构形式与之前各小句相同，打头动词并非为“是”或“有”，故将此类句式判为无头迭句。无头迭句是系列！310 小句构成的大句范式的基本类型，意即：除非符合花园幽径句各子类，该范式均都按无头迭句处理。对于无头迭句，汉英翻译的转换规则为：在第一小句安头，作为整个大句的主语，其余各部分无须进行特殊转换，按正常并列句翻译即可(并列句的最后一句前补 and 以接应)。对于主语不言自明的可按英语被动式翻译，参考正式译文如下：

例 1. We will adhere to the strategy of sustainable development and correctly handle the relations between economic development on the one hand and population, resources and the environment on the other, improve the eco-system and beautify the living environment, and improve public and social welfare facilities.

例 2. The Party's policy to get the population rich must be adhered to. On the basis of economic growth, efforts should be made to increase income for urban and rural residents, constantly improve their living conditions, including food, clothing, housing, transport and daily necessities, improve the social security system, and medical and health facilities, with a view to bettering their life.

2.2 花园幽径句 A

例 3. 敏锐地把握/v 我国社会生产力的发展趋势和要求，坚持/v 以经济建设为中心，不断促进/v 先进生产力的发展，这/f84 是/v 我们党始终站在时代前列、保持先进性的根本体现和根本要求。

例 4. 没有/v 共产党，就没有/v 新中国，这/f84 是/v 中国人民从长期奋斗历程中得到的最基本最重要的结论。

上例中，以"这"打头的小句之前的各小句均以谓语结构 EK 开头，最后一小句的打头词不是动词，整个大句符合"{！310ElJ}$_{n-1}$＋这/那＋是/有"的格式，故判其为花园幽径句 A。其实例 4 中{！310ElJ}$_{n-1}$之间不是并列关系而是因果关系，在引入"没有……，就没有……"范式之前尚无法辨识这一差别。本范式的转换规则为：将系列原型句蜕的 El 提升为 Eg，该安头的先安头；最后一句翻译成独立的语句。正式译文如下：

例 3. We must have a profound understanding of the development trend and requirements of our country's social productive forces, focus on economic development and formulate and implement a correct line, principles and policies and take effective steps to promote the constant development of the advanced productive forces. Only by doing so can we really ensure that our Party always stand in the forefront of the times and maintain its advanced nature.

例 4. Without the Communist Party, there would have been no New China. This is the fundamental and most important conclusion drawn by the Chinese people from their long years of struggle.

2.3 花园幽径句 B

例 5. 清理/v 古代文化的发展过程，剔除/v 其封建性的糟粕，吸收/v 其民主性的精华，是/v 发展民族新文化提高民族自信心的必要条件。

例 6. 发展/v 党内民主，充分发挥/v 广大党员和各级党组织的积极性、主动性、创造性，是/v 党的事业兴旺发达的重要保证。

上例中，各小句均以谓语结构 EK 开头，整个大句符合{！310ElJ}$_n$的格式，但最后一小句较之前几句稍为特殊，以"是"打头引领小句，整体呈现"{！310EJ}$_{n-1}$＋jDJ/jD1J"结构，故判其为花园幽径句 B。转换规则：向英语的特定句式(张克亮，2002、2007)转换，即引导词 it 作形式主语，先翻主句，按常规的原型句蜕变换规则(李颖、池毓焕，2003)处理打头的若干并列小句，并把系列不定式短语或现在分词短语后置。当然这不是唯一可行的变换方式，可参考下列正式译文：

例 5. To study the development of this old culture, to reject its feudal dross and assimilate its democratic essence is a necessary condition for developing our new national culture and increasing our national self-confidence.

例 6. It is imperative to promote inner-Party democracy and give full play to the enthusiasm, initiative and creativity of the Party members and Party organizations at all levels. This is an important guarantee for the success of the Party cause.

2.4 花园幽径句C

例7. 要/v[X]相互尊重与平等互利，不要/v[X]霸权主义和强权政治，要/v[X]对话与合作，不要/v[X]对抗与冲突，已成为/v[Y]越来越多国家的共识。

例8. 加强/v[Y]有说服力的思想政治工作，发展/v[Y]教育科技事业，繁荣/v[Y]社会主义文化，使/v[X]人人都有受教育的机会和享受文化成果的充分权利，使/v[X]人们的精神世界更加充实、文化生活更加丰富多彩。

上例中，各小句还是以谓语结构EK开头，但最后一小句的引领动词并非"是"或"有"。例7中前几个小句的打头动词均为句类代码为广义作用句的动词，最后一小句的打头动词句类代码为广义效应句，整个大句的格式(李颖、池毓焕，2006)为：$\{!\ 310E_{[X]}J\}_{n-1}+!\ 310E_{[Y]}J$；例8反之，格式为：$\{!\ 310E_{[Y]}J\}_{n-1}+!\ 310E_{[X]}J$。故判这两句均为花园幽径句C。转换规则同花园幽径B。正式译文如下：

例7. It has become the common understanding of a growing number of countries to embrace mutual respect, equality and mutual benefit and reject hegemonism and power politics, to pursue dialogue and cooperation and avoid confrontation and conflict.

例8. We should conduct effective political education, develop education, science and technology, enliven socialist culture and ensure each and every individual full access to education and cultural achievements so as to enrich their spiritual ethos and diversify their cultural life.

关于如何从无头迭句中区分出花园幽径句，黄曾阳先生曾拟了一个判别口诀："'是'字强出头，'有'字带呼应；两者不存在，'这''那'拿来顶；'这''是'若联用，Eg可铁定。"可以说辨识特征简单明了。

3 算法实现

对于花园幽径句和无头迭句的识别处理，首先要以大句作为输入单位。识别前先进行机器分词并给出相应识别单元中各词的词性标注和句类代码标注。本次的算法实现基于已分好词以及部分标记好的句式结构，且最后输出仅在文字上给出判定结果及相应处理方法，并不在机器上真正实现大句范式转换。

算法描述：

(1)判断整个大句是否为$\{!\ 310ElJ\}_{n-1}+\{?\}$格式，若是，转(2)；否则，不符合范式判断条件，结束判断，输出"非范式"的结果。其中$\{!\ 310ElJ\}_{n-1}$表示最后一小句之前部分的小句为符合！310EJ格式的小句，"{?}"表示最后一小句的形式有待识别。

(2)判断最后一小句是否为！310EJ格式，若是，转(4)，否则转(3)。

(3)若最后一小句的格式为：这/那＋是/有J，即整句的格式为：$\{!\ 310ElJ\}_{n-1}$＋这/那＋是/有J，则判定整个大句为花园幽径句A，输出判定结果和处理方法，结束判断；若不是，则输出"非范式"的结果，结束判断。

(4)此时，整个大句符合$\{!\ 310ElJ\}_{n}$格式，则判断最后一小句的打头动词是否为"是"或"有"，若是，该大句符合$\{!\ 310EJ\}_{n-1}$＋是/有J格式，则可判定该大句为花园幽径句B，输出判定结果和处理方法，结束判断；否则，转(5)。

(5)判断整个大句是否为{! $310E_{[X]}J\}_{n-1}$+! $310E_{[Y]}J$ 或{! $310E_{[Y]}J\}_{n-1}$+! $310E_{[X]}J$ 格式。若是，则判定整个大句为花园幽径句 C，输出判定结果和处理方法，结束判断；否则，判定整个大句为无头迭句，输出判定结果和处理方法，结束判断。

注：本次处理中从简将“小句的居首成分为单个动词的谓语结构 EK，EK 之后非空”作为! 310EJ 格式的判别方法。

该算法的伪代码实现如下：

```
Begin
Input(teststring);                          //输入待测试大句 teststring
Departword(teststring);                //分词过程
if(Is{! 310EJ}n-1)                           //以下为整个判别过程
{
    if( ! Is{! 310EJ}n)
    {
        if(Is{! 310EIJ}n-1+这/那+是/有 J)
            Output("花园幽径句 A");
        else Output("非范式");
    }
    else
    {
        if(Is{! 310EJ}n-1+是/有 J)
            Output("花园幽径句 B");
        else
        {
            if(Is{! 310E[X]J}n-1+! 310E[Y]J or Is{! 310E[Y]J}n-1+! 310E[X]J)
                Output("花园幽径句 C");
            else Output("无头迭句");
        }
    }
else Output("非范式");
Finish;
```

以上算法的具体实现基于个人词语知识库结构，而针对所使用的不同词语知识库，分词 Departword()、范式判别! Is{! 310EJ}$_n$ 等方法的实现会有差异，故在此不给出具体实现代码。

4 实验结果

本文测试用的语料库含 600 个大句，汉语约 2.88 万字，内容以新闻体、政论文为主。程序测试结果如下：

机器\人工	无头迭句	花园幽径句A	花园幽径句B	花园幽径句C	其 他	合 计③	准确率②
无头迭句	46		1	6	37	88	52.27%
花园幽径句A		7			4	11	63.64%
花园幽径句B	1		17		13	31	54.84%
花园幽径句C	1			6	1	8	75.00%
其 他	12	1	1	5	443	462	95.89%
合 计③	60	8	19	17	498	600	86.21%
召回率①	76.67%	87.50%	89.47%	35.29%	88.96%	86.21%	

注①：召回率＝机器判定与人工判定一致的文本数/人工判定该类文本的总数。

注②：准确率＝机器判定与人工判定一致的文本数/机器判定该类文本的总数。

注③：准确率和召回率的合计数都等于机器判定与人工判定一致的文本合计数/文本总数，故相等。

注④：表中空白处代表该统计结果为0。

首先，对于字词层面能够识别的范式，只需依赖词语知识库中的"概念类别"信息即可使识别有较高的召回率和准确率；而对于需要依赖广义作用句和广义效应句知识来辨识的范式，本文以"句类代码"中不同标号作为广义作用词和广义效应词的识别标志，却造成识别的召回率和准确率偏低。究其原因，存在一部分词语的"句类代码"同时含有两种标号，故造成识别混乱。事实上，后一范式的识别应结合"HNC符号"中的相关知识来识别，在此限于篇幅未能予以讨论。

其次，就人工分析的结果看，范式一至范式四的分布比例分别为3.83%，17%，7%和2.17%。其中范式二的比例特别高，是因为我们把无头迭句也归入范式二进行统计。如上表所示，无头迭句和花园幽径句各子类的分布比例分别为10%，1.33%，3.17%和2.83%。

最后，技术指标的进一步优化有待于：所用词语知识库的完善；因动词及格式的判断采取了简化方式，尚待实现EK复合构成的正确辨识；力争实现更多的大句范式辨识以及各范式之间的统筹兼顾。

5 结 语

初期探讨的大句范式都是从字词层面即能激活辨识的范式类型，包括无头迭句和花园幽径句，但还不够全面，如上文提及的"没有……，就没有……"。

要面向汉英机器翻译，必然关注汉英翻译之范式转换的必要性，而其必要性植根于汉英两种语言存在的本质差异：英语是形合(hypotaxis)语言，句中主、谓、宾、时态等都形式关系分明，词汇本身缺乏表意功能，长长的符号串必须依靠严格的修饰限定关系才能清楚完整地表达含义；而汉语是意合(parataxis)语言，依靠文字本身就可表达完整的意思，句子连接主要靠语义。与大句范式转换有关的汉英差异，主要是"汉语比较重视并擅长默认省略方式，而英语比较重视并擅长指代替换方式"和"汉语偏好精练的小句，无非限短语，无从句，而英语偏好冗长的句子，非限短语和从句满天飞"。

参考文献

[1]黄曾阳.1998.HNC(概念层次网络)理论.北京:清华大学出版社.

[2]黄曾阳.2004.语言概念空间的基本定理和数学物理表示式.北京:海洋出版社.

[3]池毓焕,李颖.2009.面向汉英机器翻译的大句范式初探//孙茂松,陈群秀主编.中国计算语言学研究前沿进展(2007-2009).北京:清华大学出版社.

[4]冯志伟.2003.花园幽径句的自动分析算法.当代语言学(4).

[5]池毓焕.2005.汉语动词形态困扰的分析与处理.中国科学院声学研究所博士学位论文.

[6]李颖,王侃,池毓焕.2009.面向汉英机器翻译的语义块构成变换.北京:科学出版社.

[7]张克亮.2002.汉英机器翻译中是否判断句的句类转换//黄河燕主编.机器翻译研究进展——2002年全国机器翻译研讨会论文集.北京:电子工业出版社.

[8]张克亮.2007.面向机器翻译的汉英句类及句式转换.开封:河南大学出版社.

[9]李颖,池毓焕.2003.基于机器翻译的原型句蜕及其包装研究.装甲兵工程学院学报(3).

[10]李颖,池毓焕.2006.句类的扩展表示//朱小健,张全,陈小盟主编.中文信息处理的探索与实践——第三届HNC与语言学研究学术研讨会论文集.北京:北京师范大学出版社.

英语特征语义块构成分析及计算机处理①

董凌冲[1]　李　颖[2]　池毓焕[3]

[1,2]装甲兵工程学院信息工程系　北　京　100072　[3]中国科学院声学研究所　北　京　100190

[1]dreamjing@126. com　[2]lypublic@hotmail. com　[3]chiyuhuan@hotmail. com

摘　要：本文基于 HNC 理论详细分析了在语句理解中起重要作用的英语特征语义块，分类讨论了其核心部分构成特点，并提出了相应的计算机处理算法。通过与在线机器翻译结果的比较表明，该算法能够深入分析理解源语句，能够为英汉机器翻译提供技术支持。

关键词：特征语义块构成，HNC 理论，英汉机器翻译，自然语言处理，句类分析

1　引　言

机器翻译生成准确译文的根本前提是理解(朱跃，2003；戴新宇等，2004)。当前翻译软件普遍从句法上对源语句进行分析理解(郭永辉等，2004、2005；孟遥等，2002)，没有深入到语义层面，造成当前机器翻译准确率不高(张克亮，2007)。举个例子："He agreed the plan to withdraw troops. "雅虎在线将其译为：他同意计划撤出队伍。可以看出，机器没有理解源语句的结构。HNC 理论的语言理解技术——句类分析既结合了句法，更加强了从语义层面对语言的理解。

句类分析分为三部分：语义块感知和句类假设、句类检验、语义块构成分析。语义块感知的目的是为了明确 EK，并进而确定句类。因为 EK 蕴涵了语句的语义信息，决定句类。所以，准确判断 EK 及其类型对于语句的正确理解至关重要。

2　英语 EK 构成分析

语义块构成包括核心部分和说明部分，EK 也不例外。即 EK 不仅仅是述语动词，而且具有复合构成，是一个结构体。EK 核心部分的前后都可以有说明部分。前说明部分叫作 EK 的上装，后说明部分叫作下装。进行英语 EK 构成分析的目的就在于便于计算机感知确认 EK 进行句类假设，在此基础上进行翻译时选择合理的策略。

2.1　EK 说明部分

在句类分析的语义块感知阶段，v 准则用于 EK 的感知。因为 v 型概念会形成 EK，它为 EK 感知提供信息。英语中心动词是 v 型概念，故对动词的处理成为 EK 感知中的关键。

英语 EK 的说明部分多数位于动词之前，即英语中 EK 上装普遍出现，而下装在英语中则比较少见。

2.1.1　上装 QE

HNC 理论的概念节点表的一部分逻辑概念可作 EK 上装。逻辑概念有两类，一类是语

①　本文得到国家科技支撑计划项目"中文信息处理应用研究与系统开发"之课题"HNC 机器翻译引擎变换处理研究"(编号为 2007BAH05B02-05-02)及北京大正语言知识处理科技有限公司的资助。

言逻辑概念(HNC符号是l)，一类是基本逻辑概念(HNC符号是jl)。英语EK上装分为以下几类：

(1)基本判断逻辑修饰

由基本逻辑概念$jl1$(基本判断)的u型概念充当。如：indeed(确实)，be likely to(可能)，should(应该)，have to(必须)。例句("[ ]"内是特征语义块，下同)：

They [indeed perform] very well in this competition.

He [is likely to publish] a book.

(2)时态修饰

由语言逻辑概念$l6$和$l7$充当。如：be doing(正在)，ever(曾经)，have done(已经)，is about to(即将)。英语中的这类上装通过中心动词的各种时态变化或者某些词(短)语来体现其在时间上的状态：正在进行时表示该动作正在进行，完成时则表示动作已经完成。例句：

The kids[are watching] TV in the room.

US President [is about to visit] France.

(3)语言逻辑修饰

由语言逻辑概念la充当。la概念是句类逻辑语气说明符，在语气上强调动词。如：also，all，still。例句：

I [also have read] the book.

The US [still invaded] Iraq in spite of wide criticism.

(4)属性修饰(两可说明成分)

由基本概念，基元概念或综合概念的uv型、u型或uu型概念充当。英语中这类上装也可以放在EK核心部分的后面(作下装)，是传统语法上的副词。例如：

[totally disappear]……或者[disappear totally]；

[directly participate]……或者[participate directly]；

从计算机处理的角度来看，上装位于EK核心部分之前充当EK说明符的角色，所以可以用来感知EK。在建立英语单词的概念知识库之后，计算机可根据单词的HNC符号判断上装，通过上装的提示信息确认EK。

2.1.2　下装HE

英语中心动词后不跟该动词的说明部分。所以，除2.1.1节中的第四类上装也可作下装外，英语不再有其他下装。

2.2　EK核心部分

英语EK的核心部分Ek(k取自kernel)的复合构成最为复杂。下面分析英语Ek的复合构成(本文不讨论只有一个动词的简单构成的Ek)：

2.2.1　并合式构成：$Ek=\sum E$

并合式构成，即Ek由两个或多个并列的E(E指具有作为Ek地位的动词)构成。例如：

(1)They [sang and danced] all night.

(2)We all Chinese [respect，admire and fondly remember] Premier Zhou.

此类结构的Ek的特点：

①构成Ek的E位于概念节点表的同一层。如例(2)中的"respect""admire"和"remember"在HNC概念节点表中都是位于71(心理活动)一层的概念。

②这些E可以有各自的上装。例(2)中"remember"前有"fondly"作修饰。

③构成 Ek 的各词语一定用逗号或“and”隔开，有明显的分隔标记，如例所示。

对于并合式构成 Ek，计算机按照其中任意 E 进行句类分析均可。

2.2.2　组合式构成：Ek＝EQ＋EH

例如：

(3)He [smiled，and continued] the unfinished work.

(4)She [walked into] the shop，[bought] some food，and then [left].

英语组合式构成 Ek 的特点：

①构成 Ek 的词语的 HNC 符号不是位于概念节点表的同一层。

②各动词之间会有逗号或“and”等分隔标记，是若干显式的独立的动态概念，各有其常用句类，并搭配各自的语义块。

③这些词语会共享语义块。构成 Ek 的各概念如果同时共享 GBK1(GBKn 指第 n 个 GBK)和 GBK2，则 EQ 和 EH 未出现分离。如果仅仅共享一个语义块(一般是 GBK1)，根据 HNC 理论，句子理解为复合句类中的迭句。

按照以上分析，例(3)应理解为：

He smiled.

He continued the unfinished work.

因为 smiled 与 continued 只是共享 GBK1(He)。这是根据 EQ(smile)假设的一般效应句 YJ 的句类知识(YJ 只有两个语义块)得到的结论。

例(4)应理解为：

She walked into the shop.

She bought some food.

She left.

计算机处理组合式构成 Ek 的方法是分别对其中每一个 E 进行句类分析，根据句类知识明确共享的语义块，达到理解源语句的目的。

2.2.3　动静搭配 Ek＝E＋EH

动静搭配是指 E 是动词(动态)，EH 是非动词(静态)，二者组合构成 Ek。在这种构成中，句类由 EH 决定。以下例子中，英语 Ek 都是动静搭配。汉语译文中的 Ek，例(5)、例(6)是动静搭配，例(7)、例(8)是高低搭配，例(9)、例(10)是简单构成：

(5)The American army ‖ has *interest* ‖ in the new generation stealthy technology of Israel.

美军‖对以色列的新一代隐身技术‖感兴趣。

(6)Russia ‖ exerts *pressure* ‖ to U.S.A.

俄罗斯‖向美国‖施加压力。

(7)Russia and U.S.A. ‖ hold the *negotiation* ‖ on \ the question of [#arrangement for the anti-missile systems#]/.

俄罗斯和美国‖就\＜反导系统的部署＞问题/‖举行谈判。

(8)China ‖ will not constitute a *threat* ‖ to any countries and regions.

中国‖[｜不会]对任何国家和地区‖构成威胁。

(9)China ‖ pays great *attention* ‖ to Sino-US relations.

中方‖高度重视‖中美关系。

(10) He ‖ takes *care* of ‖ the dog.

他‖照顾‖这条狗。

以上英语例句中，标斜体的单词包含了句子最重要的语义信息，句类由其决定，但在句中并不是动词。英语动静搭配结构的Ek译成中文后分为以下三种情况：

①动静搭配

例(5)、例(6)正是采用这种方法。因为汉语中存在与英语源单词对应的动态和静态概念，它们之间的关联性和英语源语句中动静态概念之间的关联性相当。例如例(5)中汉语“感”与“兴趣”和英语中的“has”与“interest”，例(6)中汉语“施加”与“压力”英语“exert”与“pressure”，它们之间的概念关联性相当。翻译结果保持动静搭配不变。

②高低搭配

例(7)、例(8)翻译为汉语后，Ek是高低搭配的原因在于汉语中存在和英语中相对应的动态概念，而英语中的静态概念翻译成汉语中则是动态的[①]，如例(7)中，英语的“negotiation”与汉语的“谈判”，例(8)中英语的“threat”与汉语的“威胁”。汉语中，“谈判”与“威胁”不是纯体词，故翻译为汉语后为高低搭配。

③约定俗成的翻译

英语动静搭配中相关联的动态概念和静态概念与汉语中相应的动态概念和静态概念的关联性不相当，例如例(10)中“pay attention”中的“pay”和“attention”的关联性与汉语中“花费”和“注意力”关联性不相当，故采用约定俗成的翻译方法，将其译为“重视”。

3 处理策略

3.1 算法描述

EK处理算法描述：利用*l*v准则进行语义块切分组合，得到各词语的位置和所属某语义块的位置信息。将句中的v概念所属语义块存入ProEK1(可能的EK)数组；将句中出现的j*l*1、*l*6、*l*7和*l*a等可能作EK上装的概念提示的语义块存入ProEK2数组。由于英语语法要求每一个句子都必须有动词，所以ProEK2中的元素都会在ProEK1中出现。对于同时出现在ProEK1和ProEK2中的语义块，优先假设ProEK2为EK进行EK核心类型判断，因为ProEK2中的元素出现上装，加强了其作为EK的可能性。

算法流程图如下：

以上算法只是从EK构成的角度提出的。在确定EK的过程中还应结合排除准则和排队准则进行，参见文献(李颖等，2009)。

引言所举的例子的错误在于将plan当成了动词，直接逐字翻译短语“the plan to withdraw troops”。而按照本算法，计算机感知到句中动态概念有agree、plan和withdraw。但利用排除准则“冠词后的动态概念不作E”可排除plan作动词，而to withdraw又是不定式形式，所以计算机判断EK为agree。根据算法，EK为agree，是简单构成。后面的“the plan to withdraw troops”整体则是一个语义块。该语义块是原型包装句蜕的结构，应被译为“撤军的计划”。相应的汉语译文为：他同意撤军的计划。这样就避免了错误的发生。

---

① 例子中“谈判”和“威胁”是动名兼类的词，也有静态的属性。但为了工程上的便利，HNC约定，动静搭配中“静”必须是纯体词，不能与动词兼类。这样，“举行谈判”和“构成威胁”就都是动静搭配了。

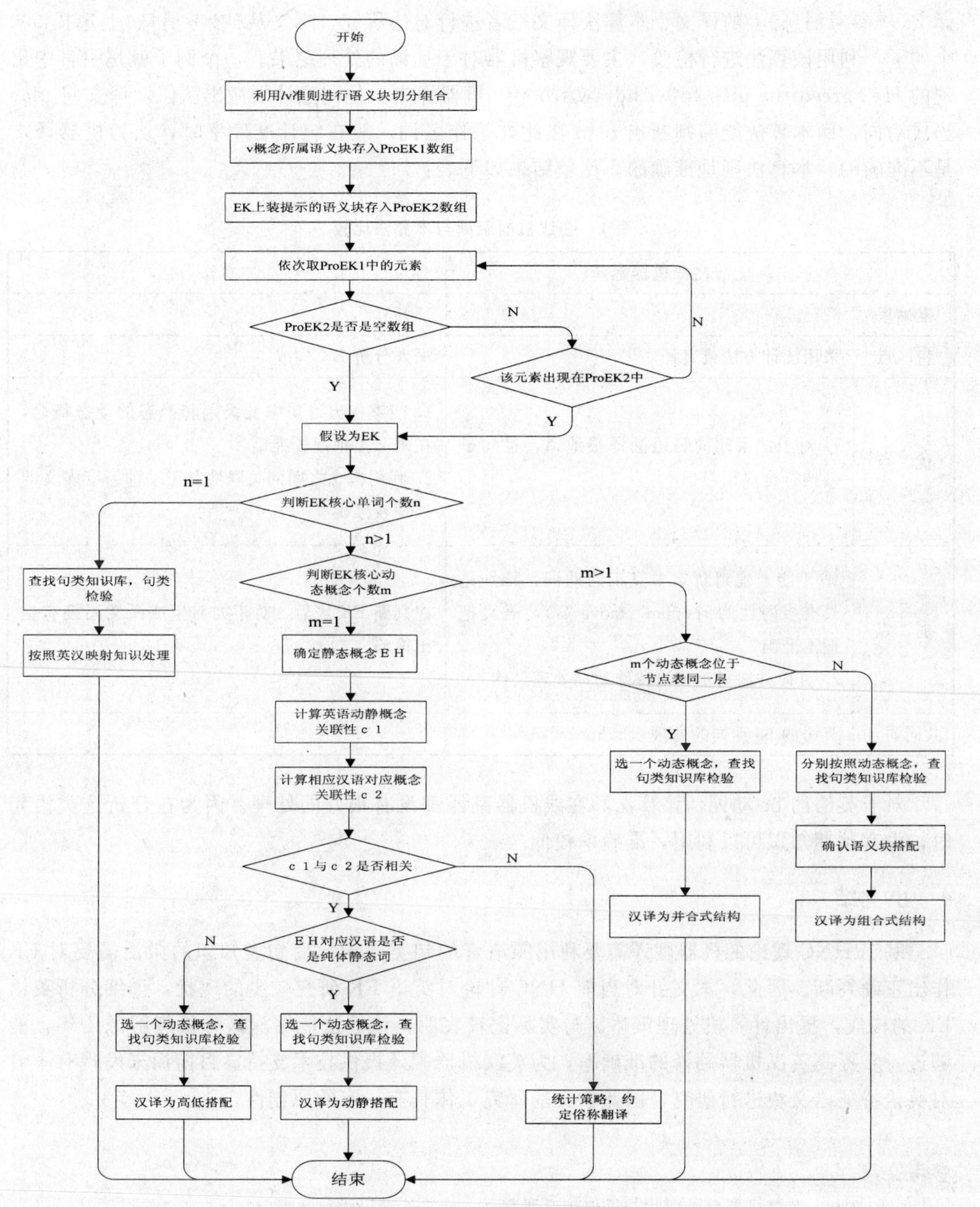

图1　英语特征语义块处理算法流程图

3.2　算法检验

对该算法的检验，由于现阶段概念知识库和句类知识库的限制，只能通过人工来进行。《参考消息》上的新闻都是从国外相关网站和报纸上翻译过来的，译文既充分体现了源语言的特点又具有权威性。作者根据《参考消息》上的网址和日期，在网络上找到原文。以在线机器译文、《参考消息》上的译文、本算法译文三者进行对比研究。本文从《参考消息》上选择500个句子，利用该算法进行检验，主要观察机器对于动词的处理结果。一个例子就是引言中出现的He agreed the plan to withdraw troops. 机器译文：他同意计划撤出队伍。译文将plan当成动词，而本算法能够判断出plan在此处是作名词。故在统计准确率时，认为机器译文是不准确的，本算法则是准确的。比较结果如下表：

表1 在线机器翻译与本算法比较

	在线机器翻译	本算法
准确率	62%	78%
特　点	采用统计方法或直译	深入分析EK构成
优　点	1. 对于常用动词短语翻译很地道，且句子结构符合汉语习惯	1. 能够找出语句中低级别和静态的动态概念，在语义上把握较准确 2. 利用概念之间的关联性对于动词一字多义的处理较准确
弱　点	1. 不能准确判断句中真正的动词，特别是具有多词性的词(plan、move等)，语义把握不准确 2. 直译方法对于英语特殊动词处理欠佳	在判断EK之后，对于如何生成译文还没有提出策略
共同弱点	英语的be动词的处理	

对于英语的be动词，该算法和在线机器翻译都没有很好的处理。因为在分析这类语句时，没有预期知识可以利用，准确率较低。

4 小 结

基于HNC理论的机器翻译需要利用源语言的句类知识，而句类知识的激活需要对EK作出正确判断。因此，本文针对当前HNC理论对英语EK研究较少的现状，详细分析英语EK的构成，提出计算机处理策略。与实际比较表明，该算法能够深入分析理解源语句，能够进一步提高英汉机器翻译的准确率，为英汉机器翻译提供技术支持。目前尚未发现有学者对英语特征语义块进行研究，因此本文的研究工作具有一定的原创性。

参考文献

[1] 朱跃．2003. 英汉机器翻译现状与可信赖机器翻译．天津外国语学院学报(4).

[2] 戴新宇，尹存燕，陈家骏等．2004. 机器翻译研究现状与展望．计算机科学(11).

[3] 郭永辉，吴保民，王炳锡．2004. 一个基于GLR算法的英汉机器翻译浅层句法分析器．计算机工程与应用(34).

[4] 郭永辉，吴保民，王炳锡．2005. 基于混合策略的英汉机器翻译系统设计与实现．信息工程大学学报(3).

[5] 孟遥，赵铁军，李生等．2002. 基于评价的英语句法结构消歧和自我评价的规则校正．计算机研究与发展(7).

[6] 张克亮 . 2007. 面向机器翻译的汉英句类及句式转换 . 开封：河南大学出版社 .
[7] 李颖，王侃，池毓焕 . 2009. 面向汉英机器翻译的语义块构成变换 . 北京：科学出版社 .
[8] 苗传江 . 2005. HNC 理论导论 . 北京：清华大学出版社 .
[9] 张全 . 2004. HNC 语料库标注体系浅识 . 第二届 HNC 与语言学研讨会论文集 . 北京：海洋出版社 .

结合领域句类知识的省略恢复方法[①]

黄　娴　张克亮

解放军外国语学院　洛　阳　471003

a77huang852yi@tom.com　keliang99@sina.com

摘　要：概念层次网络理论(HNC)可以将汉语省略现象的类型、分布及使用规律形式化地表示出来。以HNC理论中的领域句类知识、句类知识和词语概念知识对省略部分的预期作为筛选原则，结合一些优选规则，能够有效解决平常省略恢复系统忽略或者难以解决的、包括句蜕、块扩、辅块中的省略现象以及基于背景知识的省略现象在内的一系列省略问题。

关键词：省略判定，省略恢复，HNC理论，领域句类知识

1　问题的提出

汉语省略的普遍性和随意性构成了计算机理解和处理汉语的主要难点之一。判断什么情况下可以省略并找回省略的成分是人工智能(Artificial Intelligence)和自然语言理解(Natural Language Understanding)理论研究的重要内容，对机器翻译(Machine Translation)、信息抽取(Information Extraction)等自然语言处理技术水平的提高及应用系统性能的改善具有深远的意义。

本文以HNC理论为理论框架，以句群为基本单位，利用句类知识判定语句中的省略现象；然后以领域句类知识、句类知识和词语概念知识对省略部分的预期作为筛选原则，结合部分优选规则，来解决包括一般省略恢复系统忽略或者难以解决的省略现象(如句蜕、块扩、辅块中的省略现象以及基于背景知识的省略现象等)在内的省略问题。

2　省略判定及恢复的基本策略

2.1　省略恢复流程

张克亮(2004)提出了基于HNC理论的歧义消解的策略，具体体现为自上而下的消歧，由小到大的消歧，宏观和微观相结合的消歧，以及寻找最佳消歧点的思想。相似地，本文将领域句类知识、句类知识、词语概念知识对省略成分的预期知识作为筛选原则，采取从小到大、自上而下、从右至左的策略处理省略现象。图1为省略判定和恢复方法的具体流程及系统的结构图(虚线为省略判定及恢复的过程)：

从图1可以看出，系统完成句类分析后，划分句群并根据句类知识判定省略成分。语境单元萃取环节完成后，系统完成领域认定和领域句类知识提取工作，相应的领域句类知识库得到激活。系统结合领域句类知识库、句类知识库和词语概念知识库的对省略成分的预期知识进行省略恢复处理。省略处理的具体步骤为“句类分析——句群划分——省略判定——领

①　本文得到军队“2110工程”项目“汉英机器翻译中多动词语句的分析和转换”(编号：PLA0807022)和解放军外国语学院2008年度科研基金一般项目“面向语言信息处理的省略恢复研究”(编号：08XY004)的资助。

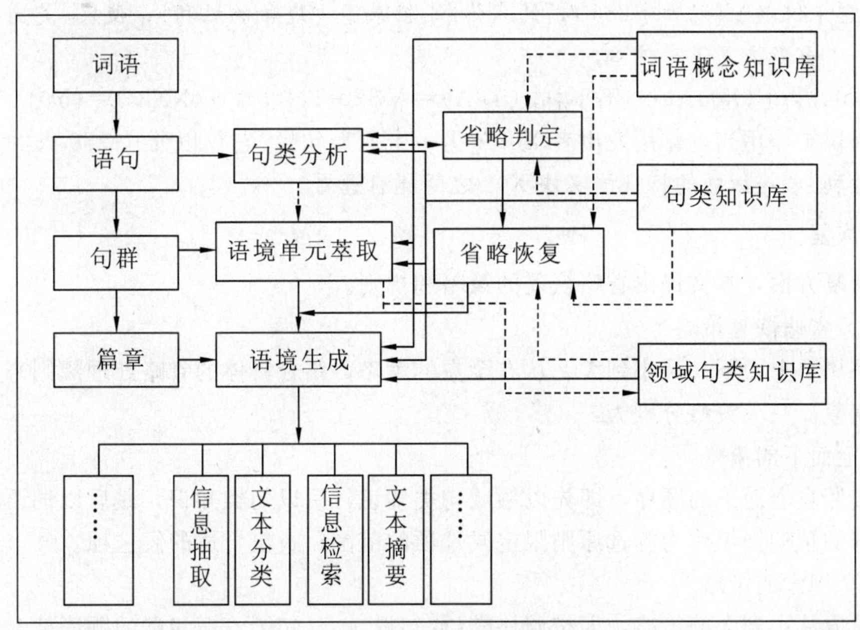

图1　省略判定和恢复

域提取—省略恢复”。句类分析、句群划分、领域提取的具体方法可见晋耀红(2006)、缪建明(2007)，以下主要讨论省略判定和省略恢复的方法。

2.2　省略判定

HNC理论的句类体系对于一种句类的句义表达需要什么样的主语义块、这些主语义块由哪些概念充当核心以及语义块如何构成等知识都给出了明确的预期。依据这些预期知识就可以明确判断语句中是否存在省略，省略内容为主语义块还是语义块的一部分。

2.2.1　主语义块省略判定方法

HNC句类及句类格式的定义对语义块的数目有明确要求，当实际分析中语义块数目不能满足句类格式的预期要求时，系统便会判定存在语义块整体省略的现象。

2.2.2　部分省略判定方法

当进行句类分析时系统发现所分析文本无法满足语义块内部属性要求时(即要求出现的块素不存在时)，便能判定存在语义块部分省略的现象。

部分省略一般有以下几种情况：

一是广义对象语义块要求一定由双方构成，但句子中只出现了一方，造成部分省略。

二是语义块只保留了由数量短语充当的修饰成分，省略了语义块的核心要素。(刘智颖、张玲，2006)

第三种部分省略的情况比较复杂，虽然语句中的GBKm是完整的，但该GBKm是前面提到的GBKn的某个部分，如当表示人体或者动物的器官或人的物理特征的词语单独出现的时候，便可以判定为该种部分省略情况，具体可见例2.5。

2.2.3　假省略判定方法

王厚峰(2000)提出了“假省略”现象的概念，即在句子中间插入标点符号导致出现的省略现象。在HNC的句类体系中，有四个句类自身形成相对完善的因果链，经常出现假省略，这四个句类是：块扩作用句、因果果因句、是否判断句以及效应句。例如：

{它 | 仅以 \ {死亡 | 286人}的代价/ | 换来了 | 战争的胜利}，使{ | 美国 | ～在军事上～ | 重新恢复了 | 信心}。

SG＝X03J＃ | (X03A)＝{T4J＃ | (T4A)＝ \ SP＊11J/}＃ | (X03C)＝{Y0J}

此例为块扩作用句，作用发出者X03A为一个原型句蜕“它仅以死亡286人的代价换来了战争的胜利”，与后面的特征语义块X03之间隔有逗号。

2.3 省略恢复

省略恢复方面，本文提出省略恢复的策略和规则。

2.3.1 省略恢复策略

我们采用自上而下、从小到大、从右至左的策略，结合具体的省略处理规则来实现对省略现象的恢复。三大策略分别为：

(1)自上而下的策略

系统按照自上而下的顺序，即先以领域句类知识，后以句类知识，最后以词语概念知识对省略内容的预期知识作为筛选原则限定候选项的范围，找出合适的候选项。

(2)从小到大的策略

系统采取从小到大的策略，即按照块扩(或句蜕)——句子——句群的顺序搜索最佳候选项。也就是说如果省略发生在句蜕或者块扩中，则在块扩或句蜕这一层级内寻找候选项；如果失败，则按照句子、句群从小到大的顺序搜索候选项。如果省略发生在非句蜕和非块扩的语句中，则按照先句子、后句群、最后相邻句群的顺序搜寻候选项。

(3)从右至左的策略

由于省略大多数为承前省略，系统采取从右至左的策略，即先按从右至左的顺序寻找候选项。如果失败，便按从左至右的顺序搜寻候选项。

2.3.2 省略恢复规则

在前人总结的省略恢复方法的基础上，我们结合一定语料，总结出14条省略恢复的规则，其中包括专门用来解决语言中较为常见，却很少被关注的省略现象的处理规则。

2.3.2.1 假省略现象处理规则

规则1：如果省略的语义块前面部分不是一个句子，而且也不是更前面句子的一部分，同时符合当前句子对省略的语义块的预期要求，此处判定为假省略，其前面的部分正是句子所缺的语义块。

规则2：如果省略的语义块前面是一个小句(或者连续几个小句)，存在省略的小句符合前面2.2.3节提到的假省略经常出现的四种情况，同时符合当前句子对语义块的预期要求，便直接判定此处为假省略，省略前面的句子正是所缺的语义块。如不符合以上提到的四种假省略情况，系统将其判定为真省略来处理。

2.3.2.2 优选规则

规则3：文本中关联词旁边出现语义块GBKi整体省略时，缺失的内容优先考虑为与该关联词搭配对应的关联词所在语句中的GBKi。系统调用相应的三大知识库[①]对省略成分的定义及要求进行核查，当存在省略小句中关联词所对应的关联词所在小句中的GBKi符合三大知识库对其的预期时，便判定其为省略恢复的内容。

① 三大知识库指领域句类知识库、句类知识库和词语概念知识库。

经统计，相同领域(同话题)的语篇中，关联词语(如：不但……而且，不仅……还……，等等)连接的小句中容易出现省略现象，而且当省略内容为主语义块 GBKi 时，该语义块通常与该小句中关联词对应的关联词所在的语句 GBKi 相同。例如：

[＊虽然]要离家‖千里，＋[＊可]出发时，＋＋刘瑞峰‖[＊却]坚定地说‖：[＃“[＊如果]可以让‖维和‖更完美，＋{付出｜这些}‖都是‖值得的！＃]”

SG=！31T2b＋XJ＋T3J[＃(T3C)＃]=[＃！31X03J＋jDJ＃|(DB)={Y0}＃]

此例中关联词“虽然”和“可”所在小句中缺失 GBK1。系统运行规则 3，优先考虑与它们对应的关联词“却”所在小句中的 GBK1“刘瑞峰”。经核查，该选项符合“三大知识库”的预期知识，作为省略恢复的内容。

规则 4：如果 S1，S2 是依次出现的两个小句，而且句类相同，那么当 S2 中的 GBKm 省略时，优先考虑 S1 中的 GBKm 作为恢复的内容，并调用三大知识库中的预期知识进行核查。

2.3.2.3　块扩、句蜕、辅块中省略现象的处理规则

规则 5：当块扩句类属于以下几种情况时，系统可以直接判定省略恢复的内容。

(1)块扩的一般反应句中块扩的 XBC 如果是！31J，那么省略的 GBK1 一定就是反应者 X2B。

(2)后续反应句是先验块扩句类，其 X2C 一定是省略了 GBK1 的！31J，它的 GBK1 就是反应者 X2B。

(3)扩展单向替代句和扩展双向替代句是先验块扩句类，其中块扩的 T4C 一定是省略了 GBK1 的！31J，省略的 GBK1 在扩展单向替代句中是 T4B1，在扩展双向替代句中是 T4B1 和 T4B2。

(4)由 v83(表策划与设计)或 v84(表评价与决策)概念形成的块扩判断句，其 DBC 优先！31J，省略的 GBK1 就是 DA。

(5)扩展单向关系句中 RC 块扩为句子或句群，块扩部分句群小句省略的 GBK1 恢复为 RB1＋RB2。扩展双向关系句中 RC 块扩为句子或句群，块扩部分小句省略的 GBK1 恢复为 RB。

遇到以上几类块扩句时，系统可以利用相应的句类知识直接找到省略恢复的内容，提高省略恢复的准确性和高效性。例如：

突然～‖，空中～‖响声‖四起，＋＋以军飞机‖闪电般袭来‖，＋＋埃及空军‖被打得‖[＃措手不及＃]，＋＋大批飞机‖还未起飞，＋就被摧毁‖～在地面‖。

SG=Y1S＊11J＋＋XJ＋＋X200J[＃(X2C)＃]=[＃！31SJ＃]＋＋SP＊11J＋X12J

此例中的第三个小句中“措手不及”为后续反应句的 X2C 并且缺少 GBK1，根据规则 5 我们可以直接判定语句中缺少的 GBK1 就是反应者 X2B“埃及空军”。

规则 6：当句蜕为句类中的广义对象语义块且存在省略时，首先判断句蜕的类型。当存在省略的句蜕为原型句蜕和原型包装句蜕时，直接转向后面的筛选规则。如果存在省略的句蜕为要素句蜕时，首先将要素句蜕还原为原型句蜕，然后转向筛选规则。

规则 7：辅块中的省略处理。辅块中的省略主要为原型句蜕或包装原型句蜕中的省略现象。当辅块中的句蜕中的 GBki 省略时，系统优先考虑辅块所在语句中的 GBKi 作为省略恢复的内容，并利用三大句类知识进行核查。同理，如果辅块所在的语句中的 GBKi 省略时，系统可以优先考虑辅块中句蜕的 GBKi 并利用三大知识库的知识进行核查。例如：

这‖是‖{继{6月1日～｜被授予｜联合国"和平勋章"}之后，该部队｜第二次受到｜联合国｜表彰}。

SG＝jDJ＃｜(DBC)＝{X10J＃｜(fK)＝%{！31X10J}}

此例为是否判断句，其中判断的内容DC为一个原型句蜕，该句蜕的时间辅块中还包含了一个二级句蜕"被授予联合国'和平勋章'"。该句蜕为原型句蜕，而且缺少GBK1。按照规则7，系统优先考虑该二级句蜕所在的一级句蜕中的GBK1"该部队"作为候选项。经核查，系统符合三大知识库对省略内容的预期，因此"该部队"便是省略恢复的内容。

2.3.2.4 筛选规则

规则8：以领域句类知识中的语义块关联知识对省略的GBK的定义作为筛选规则，寻找符合要求的候选项。如果候选项唯一，即为省略恢复的内容；不唯一则排除不符合领域预期知识的候选项，转到规则9。

规则9：在明确领域仍无法确定唯一候选项或者无法确定领域的情况下，系统结合句类知识进一步限定候选项。

规则10：经过领域知识和句类知识的限定以后如仍无法找出最优候选项，系统提取词语概念知识尤其是动词的预期知识核查剩下候选项并找出最优候选项。如果找不到符合预期知识的候选项，系统考虑为基于背景知识的省略，并进行相应处理。

筛选规则8～10为省略恢复方法的核心部分，我们通过下例来说明筛选规则的应用。

①美国‖～鉴于1973年中东战争的经验‖，于1974年～‖开始实施‖"宝石路"＜攻击｜计划＞，＋研制‖＜[｜能]｜～在敌密集防空火力圈外～｜投掷｜的GBU-15滑翔炸弹＞。②＋＋1986年～‖，GBU-15‖装备‖部队。③＋＊1984年～‖，[｜开始]‖对GBU-15‖加装‖固体火箭发动机‖，＋即研制‖AGM-130A型弹。④＋～1989年～‖装备‖部队，＋成为‖\{美军｜实施｜空中防区外打击}的主要武器/。

此例包含4个句子，领域激活词语有"炸弹"(pwa219\26～e31\2)、"装备"(pws419＋{pea45})、"武器"(pwa45a3)等。主要涉及领域概念节点武器装备(a45a3)所包含的领域知识。按照句群划分的原则，我们把它看作一个句群来处理。句群语句级别的表示式为：

SG＝PrCn－1XJ＋D0Y10＊21J＃｜(YB)＝＜XJ＞＋＋Cn-1R011X＊21J＋＊T19Y10J＋D0Y10＊21J＋～R011X＊21J＋Y02J＃｜(YC)＝\XJ/

从句群表示式可以看出，句群中存在多处省略现象。句①第二个小句"研制……滑翔炸弹"缺少GBK1。该小句属于武器研制环节的知识，系统运行规则8，发现该小句句类代码D0Y10＊21J与相应的领域句类表示式中的句类代码Cn-1Cn-2RtD0Y10-1＊21J一致，因此系统直接采用领域句类表示式中对DA的定义：DA：＝pea41//pj2//pea219/26(军队//国家//军工企业)作为筛选原则，从右至左搜索到"美军"作为省略恢复的内容。同理，句③中小句"对GBU-15加装固体火箭发动机"和小句"研制AGM-130A型弹"缺省的GBK1皆为"美军"，句④中小句"1989年装备部队"省去的GBK1为"AGM-130A型弹"。

此外，句④最后一个小句"成为美军实施空中防区外打击的主要武器"也缺少GBK1，此处没有对应的领域知识。系统运行规则9，根据句类知识，特征语义块"成为"要求GBK1符合GBK2"主要武器"的定义，系统从右至左搜索到"AGM-130A型弹"作为省略恢复的内容。

2.3.2.5 语义块部分省略处理规则

我们设计了规则11～13来实现对部分省略现象的恢复：

规则11：如果符合语义块部分省略的第一种情况，系统按照先左后右的策略找出离此句最近的、与关系的一方对仗的概念作为候选项，调用三大知识库对缺省内容的预期对其进行核查。

规则 12：如果符合部分省略的第二种情况，系统以汉语中的量词与其所修饰的名词之间存在概念上的强关联作为预期知识来搜索省略的核心部分，然后调用相应的领域知识、句类知识和词语概念知识对其进行核查。

规则 13：针对第三种部分省略的情况，系统首先搜索上下文中是否有本句中部分省略的词语所对应的高层概念节点的词语，搜索到了由该词语加上“的”完成省略恢复。下例便属于部分省略的第三种情况：

这名伤员‖～在驻地附近巡逻时～‖遭到了‖<汽车炸弹｜袭击>，＋％右腿‖已被炸断，＋％左腿多个部位‖骨折，＋％腹部等‖也多处受伤，＋由于{大量｜失血}‖已导致‖失血性休克，＋％血压‖也测量不到，＋％生命极度垂危。

SG＝Cn-1X12J＋％X12S＊21J＋％SJ＋％YS＊11J＋XYS＊32J♯｜(A)＝{YS11}＋％SJ＋％SJ

此例中“右腿”“左腿多个部位”“腹部”“血压”“生命”都是“jw62-”生命体下的概念节点。系统运行规则 13，按照从右至左的顺序向前搜索到具有“p”(人)概念的“伤员”(p509a；pa4389)作为省略恢复的内容，这几个小句中完整的语义块 GBK1 应为“伤员的右腿”，“伤员的左腿”，“伤员的血压”和“伤员的生命”。

2.3.2.6　基于背景知识的省略恢复规则

规则 14：当应用规则 1～13 都无法找到合适的候选项，而且领域知识对该语义块有定义的时候，系统通过先验的领域句类知识的定义去寻找句群附近的句群中的合适的候选项。如果仍然找不到合适的候选项，系统直接补上领域知识对该语义块的定义。当领域句类知识未对该语义块下定义的时候，省略恢复失败。

2.3.3 省略恢复算法

结合 2.3.2 节提出的省略恢复规则，我们提出省略恢复的详细算法，具体为：

a. 运行规则 1 和 2 判定句子中的省略是否是假省略现象。成功转向 k，失败转向 b。

b. 运行规则 3 和规则 4，优先考虑相关候选项，并利用三大知识库进行核查。成功转向 k，失败转向 c。

c. 判定省略的内容是整体语义块还是语义块的一部分。整体省略转向 d，部分省略转向 i。

d. 判断整体省略发生的位置，省略发生在块扩中转向 e，发生在句蜕中转向 f，发生在辅块中转向 g，语句中的广义对象语义块整体省略转向 h。

e. 省略发生在块扩中，利用规则 5 进行省略恢复；成功转向 k，失败转向 h。

f. 省略发生在句蜕中，运行规则 6，转向 h。

g. 省略发生在辅块的句蜕中，运行规则 7，成功转向 k，失败转向 h。

h. 运行筛选规则 8～10，成功转向 k，失败转向 j。

i. 出现部分省略情况，系统运行规则 11～13，成功转向 k，失败转向 l。

j. 系统运行规则 14，成功转向 k，失败转向 l。

k. 成功结束。

l. 恢复失败。

3 总 结

省略恢复是进行篇章处理时不可避免的一个问题。本文选择了以HNC理论为理论框架，在王厚峰(2000)从语句层面利用句类知识进行省略处理的基础上，以句群为分析的基本单位，增加了领域句类知识作为筛选规则，结合句类知识和词语概念知识以及其他一些规则来探讨省略恢复的方法。将来还需要进一步考察特征语义块省略、复杂省略现象以及多种类型省略现象在某个语句中同时出现问题的处理方法，并结合真实文本语料进一步测试省略恢复算法的正确率。

参考文献

[1] 晋耀红．2006. HNC(概念层次网络)语言理解技术及其应用．北京：科学出版社．
[2] 刘智颖，张玲．2006. 现代汉语句间省略考察//朱小健，张全，陈小盟主编．中文信息处理的探索与实践——第三届HNC与语言学研究学术研讨会论文集．北京：北京师范大学出版社．
[3] 缪建明．2007. 专业活动领域句类的设计与知识表示．中国科学院研究生院博士学位论文．
[4] 王厚峰．2000. 汉语指代消解与省略恢复研究．中科院声学研究所博士后研究工作报告．
[5] 张克亮．2004. 基于HNC理论的句法结构歧义消解．中文信息学报(6).

面向大句处理的句类分析系统的设计与实现①

晋耀红

中国科学院声学研究所　北　京　100190

jinyaohong@hotmail.com

摘　要： 面向大句的句类分析系统，是句类分析系统的扩展，本文从技术实现的角度，分析了大句分析的难点和亮点，给出了大句句类分析的系统架构，并对大句 Eg 假设、小句分割假设、逗号功能判定和跨逗号小句检验几个关键环节的处理思路作了详细说明，给出了相关处理规则。本文的思路，已经在专利文献检索、机器翻译中得到了一定程度的利用，取得了良好的应用效果。

关键词： 大句句类分析，全局特征语义块，逗号，语义表示式

1　引　言

句类分析系统是 HNC 在语句一级的系统实现。这里的“语句”指的是以句号(或问号、感叹号)为结束标志的文本片段。如果一个语句内部，包含有一个或多个逗号或分号分隔的文本片段(称之为语串)，我们称之为大句。如果语句中的语串能独立成句，我们称之为小句。

句类分析系统(晋耀红，1998)设计之初，为了简化处理，重点围绕小句和不包含逗号(或分号)的语句而展开，对大句处理涉及较少。但是，在真实语料中，特别是在专利文献等专业文本中，大句现象比比皆是，大句处理已无法回避。面向大句处理的句类分析系统，也正逐步展开。

句类分析的目的是得到语句的语义表示式。大句的语义表示式可以是包含多个小句的语义表示式，也可以是一个跨越了逗号的语义表示式。面向大句处理时，句类分析的基本策略依然适用，但是在处理过程中，需要考虑逗号或分号对语义表示式生成的影响。

对大句处理的相关研究，黄曾阳(2004)结合语境框架、机器翻译的研究，给出了大句处理的思路。池毓焕(2009)结合汉英机器翻译，对大句的翻译范式进行了理论探讨。晋耀红(2006)对多语串句子分析进行了设计和研究，给出了一些思路。韦向峰(2005)对非小句逗号的模糊消解处理，进行了研究。

本文将从系统实现的角度，给出大句句类分析系统的处理方案，以及系统架构。并对其中的几个模块进行详细说明。

本文结构为：第 2 节从技术实现的角度，给出大句句类分析的难点和亮点；第 3 节给出大句句类分析的策略和系统架构；第 4 节通过一个例子来说明整个处理过程；第 5 节给出了本文的不足之处和下一步的工作。

---

① 本文得到国家科技支撑计划项目“中文信息处理应用研究与系统开发”之课题“中文信息处理应用理论研究和知识库资源的开发”(编号为 2007BAH05B01)的资助。

2 大句句类分析的难点和亮点

在HNC语言理解框架下，语句理解层面的处理，被分解成20项难点，黄曾阳(1999)在《自然语言理解处理的20项难点及其对策》中，对20项难点作了很精辟的分析。20项难点中，大句处理必须解决的有以下几个：

(1)2号难点：全局语句(简记为EgJ)与局部/句蜕语句(简称句蜕，简记为ElJ)的判定。

大句中，多个动词出现的概率大大增加，因此全局语句的识别，在大句处理中难度会比小句中更大。同时，全局语句的句类，决定着整个大句的语义表示式，因此全局语句的识别是大句句类分析中最关键的一步，下文将简称大句Eg识别。

下面的例子中，共有7个动词“包括、带动、转动、固定、贯通、形成、设置”，其中“包括”是大句Eg。

它包括带动风扇转动的风扇电机；一端固定轴流风扇，中间贯通形成在风扇电机中心部位的风扇电机轴；设置在轴流风扇后端的室外热交换器。

(2)9号难点：逗号功能的判定。

汉语逗号的功能复杂多样，一个大句内部，以逗号隔开的语串之间的语义关系可以有以下几种：

①语义块的并列关系。例子中划线部分是语义块并列关系。

事实表明，不触动封建根基的自强运动和改良主义，旧式的农民战争，资产阶级革命派领导的民主革命，以及照搬西方资本主义的其他种种方案，都不能完成救亡图存的民族使命和反帝反封建的历史任务。

②辅块关系。比如例子中的“八十年后的今天”是整个大句的辅块。

八十年后的今天，我们党已成为在全国执政五十多年、拥有六千四百多万党员的大党，中国人民已拥有一个欣欣向荣的社会主义祖国。

③插入语。

总之，当前国内外形势都比较有利。

④块扩关系。上面例子中的“事实表明”和其后的语串构成块扩关系。

⑤句蜕关系。例子中，前两个语串和最后一个语串之间是句蜕关系。

要真正弄懂弄通小平同志的理论，而且要灵活运用到实际工作中，并不简单。

⑥复句关系

发展信息产业，是我们国家十五工作的重点，也是北京市十五的重点。

需要说明的是，这6种关系又可以分为几个层次，“语义块的并列关系”属于语义块的范畴，“辅块关系”和“插入语”都是整个句子的条件或附加说明，也可以说是属于语义块的范畴，“块扩关系”和“句蜕关系”属于单句的范畴，“复句关系”则理所当然属于复句的范畴，而且复句可以和块扩和句蜕嵌套，块扩和句蜕之间也可以嵌套。

所谓逗号功能的判定，就是要判断逗号隔开的语串之间的语义关系，进而对大句语义表示式的识别给出指导。

(3)3号难点：句蜕语句与复句的判定。

在多语串句子中，由于逗号功能的多样性，造成了逗号间的语串，既可以形成跨语串的原型句蜕，也可以形成复句。如：

我们完成了新民主主义革命任务，实现了民族独立和人民解放。

我们完成了新民主主义革命任务，是中华民族历史的一次大的变革。

两个例子中，都有“我们完成了新民主主义革命任务”，但是第一个例子是复句，两个分句共用了JK1“我们”，而第二个例子是单句，前一个语串整体做了后一个语串的JK1。这种由省略和指代造成的复句和单句的混淆，是大句处理的难点。

大句处理在面临诸多难点的同时，也有一些亮点可以利用：

(1)一些汉语常用的大句句式结构(简称大句范式)，是大句Eg判断的亮点。池毓焕(2009)总结了常用的4个大句范式，如下所示：

①“……是……的。”

电影《红高粱》是张艺谋导演，姜文、巩俐主演的。

②“！310格式”的小句并列。

清理古代文化的发展过程，剔除其封建性的糟粕，吸收其民主性的精华，是发展民族新文化，提高民族自信心的必要条件；但是决不能无批判地兼收并蓄。

③同一动词重复使用。

对于这些人，如果不加以惩罚，我们就是犯错误，就是纵容汉奸，就是不忠实于民族抗战，就是不忠于祖国，就是纵容坏蛋来破裂统一战线，就是违背了党的政策。

④成对的反义词。如“是……不是……”，“支持……反对……”等。

要相互尊重，不要霸权主义；要对话与合作，不要对抗与冲突，已成为越来越多国家的共识。

(2)复句关系连接词的出现。如“因为……所以……”，“……但是……”等。

(3)出现JK语串序列，需要利用语义块的并列关系，把所有的并列语串，作为一个整体和其他语串进行语义分析。

北极，雪锁冰封的混沌天地，一直以来，被人们称为“世界神秘的顶点”。

(4)出现原型句蜕与其他类型句蜕构成的混合序列。较之原型句蜕，包装句蜕和要素句蜕的句蜕特征比较明显，因此，如果连续的几个语串中，出现了包装句蜕或要素句蜕，则根据语义块并列关系，其中夹杂的其他语串优先判定为原型句蜕。因此，有其他类型句蜕出现的混合序列，是原型句蜕判断的一个明显激活信息。

领导反帝反封建的革命斗争，争取民族独立和人民解放，实现振兴中华的伟大使命，历史地落到了中国共产党的身上。

3 大句句类分析的策略和架构

大句句类分析的输入是大句文本，输出是大句的语义表示式，其系统架构如下图所示。

大句句类分析是原句类分析的扩展，系统架构中，语义块感知、句类假设、句类检验、语义块构成分析，这几个模块是句类分析已有的模块；扩展的模块共有6个：

(1)大句Eg假设；

(2)小句分割假设；

(3)逗号功能判定；

(4)跨逗号小句检验；

(5)小句间省略指代；

(6)复句关系判定。

其中，后两个模块属于大句句类分析暂时不做的：

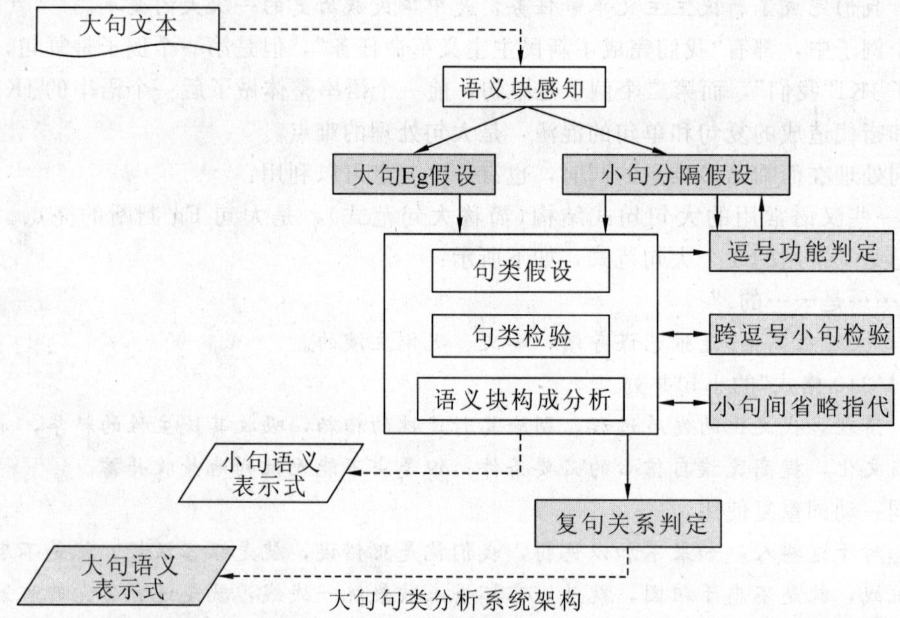

大句句类分析系统架构

(1)大句分析只完成小句切分，对大句内部的复句关系(并列、转折等)，暂时不作处理。

(2)大句内部各小句之间的省略和指代暂时不考虑。下面例子中，第一小句启后省略了JK1“党”，第三个小句承前省略了第二小句的“两千好儿女”。

为了叫井冈山变得更快，党派来了两千好儿女，同井冈山人一起开发这座万宝山。

下面对前4个模块分别说明。

3.1 大句Eg的假设

大句分析中，句子的特征语义块共有4种：

(1)大句Eg。它的管辖范围是整个大句或者至少包括一个逗号。

(2)小句Eg。它的管辖范围是一个小句，可以是一个或多个逗号。

(3)句蜕El。它的管辖范围是一个语义块，可以是一个或多个逗号。

(4)排除掉的v。它在句子中一般不做v概念使用，或者虽然是v概念，但是属于vC、Cv、Vu等短语构成。

大句Eg的假设，同句类分析的特征语义块感知一样，采取的也是排除和优先排队的方法。

大句Eg排除重点考虑的是跨逗号的排除。以下几种情况的动词将不做大句Eg的假设：

(1)跨逗号远距离搭配内部的动词。下面例子中的“一种……方法”属于远搭配，其中的动词“制备、添加、制备”三个动词都被排除。

本发明涉及一种制备以及使用啤酒香料浓缩物，通过添加苏打水和酒精制备出啤酒终产物的方法。

(2)跨逗号辅块内部的动词。

人民解放军在巩固国防、抵抗侵略，保卫社会主义制度和人民的和平劳动，参加国家社会主义建设中发挥了重大的作用。

以下情况下的动词优先作为大句Eg：

(1)特殊大句范式中的动词。比如“……是……的、包括……、由……构成(组成)”等。

一种阻聚剂，主要是为解决目前生产和贮运苯乙烯、丁二烯、异戊二烯、醋酸乙烯、丙烯腈等化学物质时用对苯二酚作阻聚剂，对苯二酚易氧化变色因而使上述物质及化学反应生成物颜色加深的问题而研究的。

本发明公开了一种电梯用多媒体组合电缆，由数据通信对称电缆，用于包装的高密度编织层，电源线和设置(安装)在所述网络线和电源线之间的加强件组成。

(2)大句第一个语串，逗号前是动词，而且这个动词激活的句类是先验块扩。比如，下面例子中的“表明、认为”。

事实表明，不触动封建根基的自强运动和改良主义，旧式的农民战争，资产阶级革命派领导的民主革命，以及照搬西方资本主义的其他种种方案，都不能完成救亡图存的民族使命和反帝反封建的历史任务。

专家认为，这是一次很大的挑战，也是一次历史的机遇。

(3)大句中，其中有一个语串整体是辅块，或者存在跨语串的辅块，其后相邻的动词优先作大句 Eg。如上面例子中的“发挥了”。

(4)大句最后一个语串，是一个完整的特征语义块，其前的一个语串的串首是语言逻辑概念 l0。最后一个语串优先作大句 Eg。

(5)每个语串中的小句 Eg，如果它有 QE 或 hv 等特征语义块构成信息辅助，则参与到大句 Eg 的优先排队中。

区别于小句 Eg 感知和假设，大句 Eg 假设除了利用上述句类知识进行优先排队之外，还可以利用语串间的格式信息。

(1) 汉语并列小句的出现。“并列小句具有句类和格式的协调性。若系列小句都属于广义作用句，格式相同，接着出现一个广义效应句——特别是基本判断句——加以总结，则此前的系列小句一同降为原型句蜕”。也就是说并列小句中的动词，都只能作为 El，而不能做大句 Eg。比如下面例子中，“是”假设为大句 Eg，“清理、剔除、吸收”等都因为并列小句而判定为 El。

清理古代文化的发展过程，剔除其封建性的糟粕，吸收其民主性的精华，是发展民族新文化、提高民族自信心的必要条件；但是决不能无批判地兼收并蓄。

要相互尊重与平等互利，不要霸权主义和强权政治；要对话与合作，不要对抗与冲突，已成为越来越多国家的共识。

(2)出现原型句蜕与其他类型句蜕构成的混合序列。较之原型句蜕，包装句蜕和要素句蜕的句蜕特征比较明显，因此，如果连续的几个语串中，出现了包装句蜕或要素句蜕，则根据语义块并列关系，其中夹杂的其他语串优先判定为原型句蜕。因此，这些语串中的动词只能做 El，而不能假设为大句 Eg。下面例子中“实现振兴中华的伟大使命”是个包装句蜕，其前的两个语串优先判定为原型句蜕，其大句 Eg 优先假设为“落到了”。

领导反帝反封建的革命斗争，争取民族独立和人民解放，实现振兴中华的伟大使命，历史地落到了中国共产党的身上。

经过以上处理，大句 Eg 的假设结果是对所有可能的大句 Eg 作了一个排队。如果排队结果只有一个大句 Eg，那么大句可能是一个单句；否则，大句可能是个复句，对这种句子，必须利用下面的小句分割假设，才能把句子结构搞清楚。

3.2　小句分割假设

小句分割的任务是确定大句中小句的个数和每个小句的管辖范围。

小句分割的依据有以下几种(例子中用“++”表示小句分割点)：

(1)复句关系词语的出现。例子中的“虽然、因为”，都对大句作了一次小句分割。

她中文说的好，++ 虽然她从未上过哪个学校的中文系。

中国现时的新政治新经济是从古代的旧政治和旧经济发展而来的，中国现时的新文化也是从古代的旧文化发展而来，因此，++ 我们必须尊重自己的历史，决不能割断历史。

(2)分号一定作为小句分割点。

方法是在上述化学物质的贮运过程中用2，2，4—三甲基—1，2—二氢化喹啉聚合体或单体作阻聚剂，在密闭容器中与上述化学物质按比例混合；++ 在化工生产过程中，与上述化学物质或化工反应的对应原料按比例混合后进行化学反应。

(3)如果大句Eg排队有多个Eg假设时，每个Eg假设的管辖范围边界，必然是小句的分割点。

本发明公开了一种电梯用多媒体组合电缆，++ 由数据通信对称电缆，用于包装的高密度编织层，电源线和设置(安装)在所述网络线和电源线之间的加强件组成。

(4)如果其中一个语串的串首是插入语或句首语，则这个语串之前一定是小句分割点。

本发明是一个电子集邮通信系统，++ 确切地说是由现代邮政、电信、移动、数据以及互联网通信技术方法相结合而开辟的一个新的集邮通信领域。

3.3 逗号功能判定

逗号功能判定，本质上就是判断逗号隔开的语串之间的语义关系。

在上述小句分割假设完成后，如果小句分割点是逗号，则这个逗号分隔的两部分之间一定是复句关系。

对于大句Eg后紧跟的逗号，如果大句Eg具有块扩属性，则此逗号分隔的两部分之间是块扩关系。

对于辅块和插入语后的逗号，因为辅块和插入语的识别都相对简单，因此，这两种逗号的判定也不难。

逗号功能判定的重点是句蜕和语义块内部关系。对它们的处理，需要和下面的跨逗号小句检验结合起来处理。

3.4 跨逗号小句检验

跨逗号小句检验就是在逗号之间进行句类检验的过程。如果说，上文中的大句Eg假设和小句分割假设是自上而下进行的，那么这里的检验则是反其道而行之，是自下而上的。也就是说，这里必须先在语串内部进行句类分析的假设检验，然后再进行跨逗号的假设检验。语串内部的假设检验，在句类分析(晋耀红，2006)中已经给出详细说明。这里只简单介绍跨逗号的假设检验。

跨逗号的假设检验是在逗号功能判定的基础上进行的，如果逗号功能是复句、辅块、插入语，则不进入跨逗号处理。因此，这里的重点是块扩关系、句蜕和语义块并列关系的判断。跨逗号假设检验，也称之为多语串单句处理。

多语串单句处理的目标是：“对一切以语串形式出现的广义对象语义块、两可语义块和辅语义块或其序列，对语义块省略的句子或其序列，都要求找到对应的句子主体或句群主体。按照省略或指代的预期要求，把句子主体与其分离的语串联系起来，形成句类表示式所

要求的完整联想脉络。"(黄曾阳，1999)

因此，多语串单句处理的关键有二：一是发现语串间省略，二是在语串间进行省略恢复，构成完整的句类表示式，恢复是以发现为前提的。

在多语串分析之前，要首先在一个语串内部进行假设检验，对语串内容作个形势判断，语串可以是一个完整的句子、句子的一部分、插入语，也可以是一个主语义块或辅语义块。在不同的形势下，需要进行不同的推理判断。下面结合一组判断规则来说明。

我们假设当前语串为 FJ0，其前一个语串为 FJ－1，后一个语串为 FJ1，依次类推，则对于多语串单句处理，可以给出如下推理规则。

(FJ－1)Form＝{JK} ＋ (FJ0)Form＝{E＋JK2}&Expect(E：JK1)＝{(FJ－1)}

　　＝> (FJ－1)Chunk＝{(FJ0)：JK1}

(FJ－1)Form＝{Sent}

(FJ0)Form＝{E＋JK2}&Attrib(JK1)＝{YUANXINGTUI}&Expect(E：JK1)＝{(FJ－1)}

　　＝> (FJ－1)Chunk＝{(FJ0)：JK1}&Form＝{YUANXINGTUI}

(FJ－1)Form＝{Sent} ＋ (FJ0)Form＝{E＋JK2}&Attrib(JK1)＝{! YUANXING-TUI}

　　＝> (FJ－1)Form＝{Sent}

这里，Form 表示语串内部的检验后语串的格式信息；Expect 表示句类知识的预期检验；Chunk 表示语义块角色的确认，Attrib 表示语义块的语义属性。

这个规则的含义是：如果当前语串 FJ0 是句子的一部分，结构上省略第一个 JK(如三主块句的"E＋JK2"结构等)，这时需要对前面语串进行省略恢复，有三种情况：

(1)如果前面的语串 FJ－1 是一个主语义块，其中可以有要素句蜕、包装句蜕，而且 FJ－1满足当前语串 FJ0 的 E 的 E～JK1 预期，则 FJ－1 作为当前语串的 JK1。

(2)如果前面语串 FJ－1 是完整的句子，而且当前语串 FJ0 的 E 的属性表示其 JK1 可以是原型句蜕，而且 FJ－1 满足当前语串 FJn 的 E 的 E～JK1 预期，则把前面语串 FJ－1 变成一个原型句蜕的语义块，作当前句子 FJ0 的 JK1。

(3)如果前面语串 FJ－1 是完整的句子，而且当前语串 FJ0 的 E 的属性表示其前不能为原型句蜕，则前面的语串 FJ－1 和当前语串 FJ0 是独立句子关系，不能进行语串间处理。

从上面的推理过程可以看出，当语串中包含有 E，但又不是一个完整句子(即无法构造出一个完整的句类表示式)时，即发现有语串间省略，启动恢复操作。省略恢复的主要依据就是当前语串中的 E 的属性以及其 E～JK 预期知识，这两项知识的使用和句类分析中的检验操作一样，只不过这里是跨语串检验。因此，上文的推论都转换为多语串单句的调度策略，从而实现在语串间对句类分析的结果进行二次拼装。

通过上面几个模块的说明，可以看出，大句处理本质上和小句处理是一样的，都是利用句类知识进行假设检验，所不同的是，大句可能是一个小句构成，也可能是多个小句构成，因此需要首先进行大句 Eg 假设和小句分割假设，它们关注的是全局的句类信息、格式信息；而跨逗号的小句检验，则是进行跨逗号的多个语串间的句类检验，它关注的是小句内部的句类信息、格式信息。

4 一个例子

下面给出一个例子的处理结果。

一种阻聚剂，涉及一种化工生产及贮运中所使用的化学阻聚剂，主要是为解决目前生产和贮运苯乙烯、丁二烯、异戊二烯、醋酸乙烯、丙烯腈等化学物质时用对苯二酚作阻聚剂，对苯二酚易氧化变色因而使上述物质及化学反应生成物颜色加深的问题而研究的。

语义块感知中概念激活的结果：

涉及 v，生产 v，及 l4，贮运 v，中 l5，主要是 v，为 l0，解决 v，生产和储运 v，时 l1，用 l1，作 v，易氧化变色 v，因而 l4，而研究 v

动词排队结果是：

Eg候选：涉及、是、使、作

相对排除：生产、贮运(被"中"相对排除)、解决(被"为"相对排除)、生产和贮运(被"时"相对排除)

"的"排除：使用、加深、研究

大句Eg假设：

涉及、是……的(大句范式)

小句分割假设：

……的化学阻聚剂，＋ 主要是为解决目前……

逗号功能判断：

一种阻聚剂，(语义块)

涉及一种化工生产及贮运中所使用的化学阻聚剂，(小句分割点)

主要是为解决目前生产和贮运苯乙烯、丁二烯、异戊二烯、醋酸乙烯、丙烯腈等化学物质时用对苯二酚作阻聚剂，(小句内)

对苯二酚易氧化变色因而使上述物质及化学反应生成物颜色加深的问题而研究的。

跨逗号检验：

一种阻聚剂，(FJ－1)

涉及一种化工生产及贮运中所使用的化学阻聚剂，(FJ0)

这两个语串符合规则，因此判断FJ－1为FJ0的JK1语义块。

(FJ－1)Form＝{JK} ＋ (FJ0)Form＝{E＋JK2}&Expect(E：JK1)＝{(FJ－1)}

＝＞(FJ－1)Chunk＝{(FJ0)：JK1}

5 结束语

本文简单说明了面向大句的句类分析系统的系统架构，对大句处理的4个环节作了简要说明，并对每个环节都给出了判断方法或规则。大句句类分析的研究工作才刚刚展开，系统实现还没有完成，因此，本文没有给出实验结果，这是本文的不足之处。

本文的大句句类分析的思路，已经在专利文献检索、机器翻译中得到一定程度的利用，在专利检索中对句群语义特征的提取，在大句句子结构的翻译转换中，都起到很好的应用效果。

本人下一步的工作，是尽快按照这个思路，完善处理策略和规则，尽快开发完成大句句类分析系统，并应用到信息检索和机器翻译中去。

参考文献

[1]晋耀红．1998. 基于 HNC 理论的句类分析系统的设计与实现．中国科学院声学所硕士学位论文．

[2]黄曾阳．2004. 语言概念空间的基本定理和数学物理表示式．北京：海洋出版社．

[3]池毓焕．2009. 面向汉英机器翻译的大句范式初探//孙茂松，陈群秀主编．中国计算语言学研究前沿进展(2007—2009). 北京：清华大学出版社．

[4]晋耀红．2006. HNC(概念层次网络)语言理解技术及其应用．北京：科学出版社．

[5]韦向峰．2005. 语段处理中非小句逗号的模糊消解//朱小健，张全，陈小盟主编．中文信息处理的探索与实践——第三届 HNC 与语言学研究学术研讨会论文集．北京：北京师范大学出版社．

[6]黄曾阳．1999. 自然语言理解处理的 20 项难点．中科院声学所内部资料．见：http：//www.hncnlp.com/.

[7]黄曾阳．1998. HNC 概念层次网络理论．北京：清华大学出版社．

[8]晋耀红．2003. 汉语理解处理中多动词难点的研究与实现．中国科学院声学所博士学位论文．

英语非限定形态动词分析处理[①]

李　颖　马海慧　董凌冲

装甲兵工程学院信息工程系　北　京　100072

lypublic@hotmail.com　mhhzgy@163.com　dreamjing@126.com

摘　要：针对计算机难以分析包含非限定形态动词的语句结构这一情况，本文在利用CLAWS词性标注结果确定语句中心动词的基础上，基于HNC理论分析了包含非限定形态动词的语句结构，并提出相应处理算法。检验表明，该算法能够较好地分析语句结构，准确率较高。

关键词：非限定形态动词，HNC理论，语句结构

1　引　言

从乔姆斯基的S＝NP＋VP表示式中可以看出，动词在英语句法构成上的重要意义。Abney(Abney，1991)也指出，动词是英语语句中最突出的词语，是语句的语义中心(semantic head)。以HNC的观点来看，特征语义块大多也是句中的动态概念，扩展句类分析通过动态概念来激活。

英语语法要求一个句中只出现一个形式上的中心动词。当句中出现多个动词时，其他动词要采用一定的形态变化(不定式形式、动名词)屈就于中心动词，即采取非限定形态。而且由于英语动词还是语义的核心，句中相应的会出现从句，HNC认为这是句蜕现象。对于包含句蜕的语句，如要深入句蜕内部进行结构分析，则必须分析非限定形态动词对语句结构的影响。

限于计算机尚不能直接判断英语单词的概念属性，本文利用现有英语词性标注器的标注结果进行分析。在确定中心动词的基础上，分析非限定形态动词，提出处理方法。

2　英语语句中的动词

动词是英语语句句法和语义上的核心，所以将S＝NP＋VP表示式中的VP中的V单独分析，则语句结构可表示为S＝NP＋V＋NP。

2.1　CLAWS词性标注工具

CLAWSPOS tagger(Constituent Likelihood Automatic Word-tagging System)是兰开斯特大学UCREL实验室开发的词性标注器，其最大特点就是结合了统计和规则的方法进行词性标注。最新版本CLAWS4标注准确率达到96％～97％。

CLAWS标注集的词类分为名词、形容词、副词、代词、冠词、连词、动词、介词、插入语标志、标点符号等。

CLAWS标注集最主要的特点是充分利用英语动词的形态变化，将动词分为原型(base

---

①　本文得到国家科技支撑计划项目“中文信息处理应用研究与系统开发”子课题“HNC机器翻译引擎变换处理研究”(编号为2007BAH05B02-05-02)及北京大正语言知识处理科技有限公司的资助。

form)，过去时(past tense)，ING 形式，不定式(to do)、过去分词(past participle)和第三人称单数六种形式。由于英语中 be，have，do 三个动词的特殊性，将这三个动词专门标记。加上助动词标记 VM0，标注集中和动词相关的标记就有 25 个，比率为 40%。

2.2　确定中心动词

非限定形态动词不能脱离于中心动词，在研究非限定形态动词之前先要确定中心动词。

2.2.1　中心动词分类

中心动词即能够在句中独立作谓语的动词(块)，从词性标记的角度来说分为以下几类：

①be，have，do 和其他动词的人称单数、过去式、进行时、完成时

am/is/are/was/were　　VBB/VBZ/VBD
have/has/had/　　VHB/VHZ/VHD
do/does/did　　VDB/VDZ/VDD
take/takes/took　　VVB/VDZ/VVD
am having/is doing/was taking　VBB/VBZ/VBD＋VHG/VDG/VVG
have/has/had ＋ been/had/done/taken VHB/VHZ /VHD ＋ VBN/VHN/VDN/VVN

②助动词＋be，have，do 和其他动词非限定形式

will be/will have/will do/will take VM0 ＋ VBI/VHI/VDI/VVI
should ＋ have ＋ been/had/done/taken VM0 ＋ VHI ＋ VBN/VHN/VDN/VVN

注意：CLAWS 将助动词后的动词标记为 VXI(X 是 B，H，D，V 之一)，是非限定形态。

③被动语态

is had by
was done by
is taken by　　VBB/VBZ/VBD＋VHN/VDN/VVN＋PRP

④其余某些复合谓语

is/am/are/was/were going to be/have/do/take
is/am/are/was/were about to have/do/take

这些都是谓语的肯定形式，还有否定的形式。

谓语①的否定形式要分为以下两种情况：

a. be 的否定形式：

are not /is not /was not VBB/VBZ/VBD ＋ XX0

b. have，do 和其他动词的否定形式：

do not have/does not have/did not have　VDB/VDZ/VDD ＋ XX0 ＋ VHI
do not do/does not do/did not do　　VDB/VDZ/VDD ＋ XX0 ＋ VDI
do not take/does not take/did not take　　VDB/VDZ/VDD ＋ XX0 ＋ VVI
am not having/is not doing/was not taking　　VBB/VBZ/VBD ＋ XX0 ＋ VHG/VDG/VVG
have/has/had not been/had/done/taken VHB/VHZ/VHD ＋ XX0 ＋ VBN/VHN/VDN/VVN

谓语②、③、④的否定形式都是在助动词或 be 之后加 not。如：will not be，was not doing，is not had by，was not about to have/do /take 等。

英语中不具备语句中心动词地位的动词(块)的形式只是有限的几种：ING形式(VBG，VDG，VHG，VVG)，不定式形式(TO0＋VBI/VDI/VHI/VVI)和无be动词的过去分词(VHN/VDN/VVN＋PRP)。以上几类非限定形态动词构成本文要研究的对象。

2.2.2　确定中心动词

将语句中的动词(块)都存入一个数组中。依次读取动词数组中的动词(块)，满足以下两个条件的动词(块)是语句的中心动词：第一，该动词(块)是前文所述能够在句中独立作谓语的动词(块)；第二，该动词(块)和前一个能够独立作谓语的动词(块)之间不出现that，which，how之类的句蜕标记，从词性标记的角度来说是CJT、DTQ、AVQ、PNQ。

通过以上方法得到的中心动词的个数可能大于1，这是由于整个语句由多个语句合并构成或省略了句蜕标记。对于语句中出现多中心动词的情况，不在本文研究范围之内。

3　非限定形态动词结构分析

下面通过具体例句分情况讨论非限定形态与中心动词之间的关系：

3.1　ING形式

1－1. {***Living*** through change}～‖，people ‖ often **stuck** ‖ with their oldest and most durable source of security：religion.

1－2. ***VVG*** PRP NN1，NN0 AV0 **VVD** PRP DPS AJS CJC AV0 AJ0 NN1 PRF NN1：NN1.

2－1. After{***touring*** | the place}～‖，he ‖ **argued** ‖{*that* America's strategy in South Vietnam | ***was*** | fatally flawed}.

2－2. PRP ***VVG*** AT0 NN1，PNP **VVD** *CJT* NP0 POS NN1 PRP NP0 NP0 ***VBD*** AV0 AJ0.

3－1. The first ‖ **is** ‖<conflict | ***arising*** from | scarcity>.

3－2. AT0 ORD **VBZ** NN1 ***VVG*** PRP NN1.

4－1. Municipal authorities ‖ **will** also **begin** ‖{***phasing out*** | hundreds of thousands of vehicles}.

4－2. AJ0 NN2 **VM0** AV0 **VVI** ***VVG AVP*** CRD PRF CRD PRF NN2.

非限定形态动词仍然具备动词的特征。所以如前将句子结构表示为S＝NP＋V＋NP，每个非限定形态动词还是有与其搭配的NP。其NP之一在整个语句层面也担任一定的成分，这是句蜕现象，也正是动词采取非限定形态的原因。如例2－1中的tour，与其搭配的NP分别是he和the place，但由于he又在整个句子中作中心动词argued的NP，所以tour变为ING形式。例3－1的conflict既是中心动词is的NP，又是arise所在句(蜕)中的NP之一。例4－1比较特别，ING形式之前就是中心动词。它们之间的关系是：ING形式和之后的NP一起作为中心动词will begin的NP。

句中除了中心动词(块)，还有ING形式的动词(块)，则必定出现句蜕。计算机处理的关键就是要找到在整句和从句层面担任双重成分的NP，即句蜕的描述中心。

处理方法：判断ING形式之前的词块类别①。若ING形式之前没有词语或其词语类别

---

①　除了动词(块)，ING形式之后如果有成分，必定是NP，所以不判断ING形式之后的词块类别。

是介词(PRP)、连词(CJS、CJC)，则 ING 形式、ING 形式之后 NP(如果存在)是省略了 GBK1 的原型句蜕，其 GBK1 就是中心动词前的 NP，如例 1－1 和 2－1；若 ING 形式之前是中心动词，则如例 3－1，ING 形式和之后的 NP 一起作为中心动词 will begin 的 NP；若 ING 形式之前是 NP，此 NP 就是句蜕的描述中心，而 ING 形式之后的 NP 是 ING 形式的 NP，是句蜕内部的 NP。ING 形式之前 NP、ING 形式、ING 形式之后 NP 构成要素句蜕，在整个语句层面构成一个语义块。

3.2　不定式形式

5－1. We ‖ **need *to realize*** ‖{that global warming | is | one of the most serious long-term threats to our national and personal security}.

5－2. PNP **VVB *TO0 VVI*** CJT AJ0 NN1 VBZ CRD PRF AT0 AV0 AJ0 AJ0 NN2 PRP DPS AJ0 CJC AJ0 NN1.

6－1. European Union ‖ ***urged*** [# both countries ‖ ***to accept*** ‖ international monitors #] ***to verify*** gas flows.

6－2. AJ0 NN1 **VVD** DT0 NN2 ***TO0 VVI*** AJ0 NN2 ***TO0 VVI*** NN1 NN2.

7－1. I ‖ **have** ‖ <a letter | ***to reply***>.

7－2. PNP **VHB** AT0 NN1 ***TO0 VVI***.

8－1. We ‖ **should redouble** ‖ \ our efforts {***to slow down*** | global warming}/.

8－2. PNP **VM0 VVI** DPS NN2 ***TO0 VVI AVP*** AJ0 NN1.

例 5－1 中的不定式 to realize 之前不是 NP，而是中心动词，中心动词和不定式合并作整句的中心动词，句类由不定式形式的动词激活。例 6－1 中有两个不定式形式。第 1 个不定式 to accept 与之前的 NP(both countries)有语义上的关系(主谓关系)，第 2 个不定式 to verify 和之前的 NP 则没有。例 7－1 中，不定式 to reply 与之前的 NP(a letter)之间是动宾关系，不定式之后没有 NP。不定式 to reply 与之前的 a letter 构成要素句蜕。语法上对于 8－1中不定式形式有两种理解。它既可以按照不定式做后置定语来理解，也可以理解为整句的目的状语。可以由其汉语译文来理解这一点。汉译 1：我们应该加倍(减缓全球变暖)的努力。汉译 2：我们应该加倍努力来减缓全球变暖(表目的)。本着充分尊重原句结构和便于处理的原则，按照第 1 种方式理解，将其理解为包装句蜕。

处理方法：判断不定式形式前后的词块类别。若不定式形式之前即中心动词，则二者合起来构成全局的中心动词，不需其他处理。若不定式形式之前是 NP，判断 NP 和不定式形式的中心动词之间的关系。主谓，则是块扩；动宾，则是要素句蜕；没有关系，则理解为包装句蜕。

3.3　无 be 动词的过去分词

有 be 动词的过去分词能够在句中独立作谓语，不是本文研究的非限定形态动词。

9－1. <***Armed with*** | helicopters and tanks>, Israeli forces ‖ **launched** ‖ attacks ‖ to Hamas group.

9－2. ***VVN PRP*** NN2 CJC NN2, AJ0 NN2 **VVD** NN2 PRP NP0 NN1.

10－1. <A confluence of factors | ***tied to*** | the global economic crisis and political uncertainty in both countries> ‖ **have altered** ‖ the dynamics of the annual dispute.

10－2. AT0 NN1 PRF NN2 ***VVN PRP*** AT0 AJ0 AJ0 NN1 CJC AJ0 NN1 PRP DT0 NN2

VHB VVN AT0 NN0 PRF AT0 AJ0 NN1.

11－1. The United States ‖ **will deepen** ‖ <the constructive ties | ***established between*** Chinese President Hu Jintao and former president George Bush>.

11－2. AT0 NP0 NP0 **AV0 VVB** AT0 AJ0 NN2 ***VVN PRP*** AJ0 NP0 NP0 NP0 CJC DT0 NN1 NP0 NP0 .

无be动词的过去分词有一种情况与例1－1的ING形式中用法类似(例9－1)，但是它前面一定不会出现介词等关系词。这是省略了GBK1的要素句蜕结构。除这种情况外，其形式比较规范，过去分词前后都有NP，也是要素句蜕的结构。过去分词之前的NP就是要素句蜕的描述中心，如10－1中的a confluence of factors和11－1中的the constructive ties。

处理方法：判定过去分词之前的词块类别。若不是NP，则过去分词、过去分词之后的NP是省略了GBK1的要素句蜕，省略的GBK1是中心动词之前的NP。若过去分词之前是NP，则过去分词之前的NP、过去分词之后的NP和过去分词三者构成要素句蜕，在语句层面构成语义块。

4 计算机处理

4.1 语法规则

本节所讲述的语法规则是指用来分析可能导致结构歧义的名词串的词性搭配原则[①]。词性搭配原则不具体分析名词串内部的结构是NP－>N，或NP－>ADJ＋N，还是NP－>N＋N。它是在名词串可能产生结构歧义的情况下，按照语法规则检查名词串的词性序列，看该词性序列是否符合词性搭配原则。若符合，则该名词串可归结为一个NP，否则是两个NP：NP1和NP2。NP划分为NP1和NP2的位置就是不符合词性搭配原则的位置。如例12－1：

12－1. He ‖ **explained** ‖ \ the main reason {auto sales | **have been** | unexpectedly strong}/.

12－2. PNP **VVD** AT0 AJ0 NN1 AJ0 NN0 **VHB VBN** AV0 AJ0.

将句中V标出后，名词串the main reason auto sales可能导致结构歧义，则分析其词性序列AT0 AJ0 **NN1 AJ0** NN0。其中粗体的AJ0(形容词)出现在NN1(名词)之后，不符合词性搭配原则。故将此序列分为NP1：AT0 AJ0 **NN1**和NP2：**AJ0** NN0，对应的源串分别为the main reason和auto sales。类似的规则还有冠词不能出现在名词之后，形容词、一般名词、冠词不能出现在人称代词之后等。

4.2 处理算法

算法描述：在建立单词数组之后，确定中心动词，判断非限定形态动词的类别，按照第2节中提出的对于各非限定形态动词的处理方法分别处理。流程图如图1所示：

为了突出本文研究的非限定形态动词，设置多中心动词处理模块处理中心动词多于一个的情况。如果多中心动词是由语句合并产生的，语句中的非限定形态动词与各中心动词仍然能按此算法处理。

① 词性搭配原则只是针对名词串的。因为根据表示式S＝NP＋V＋NP，在将各类动词标出之后，语句中其他成分都只是名词串了。

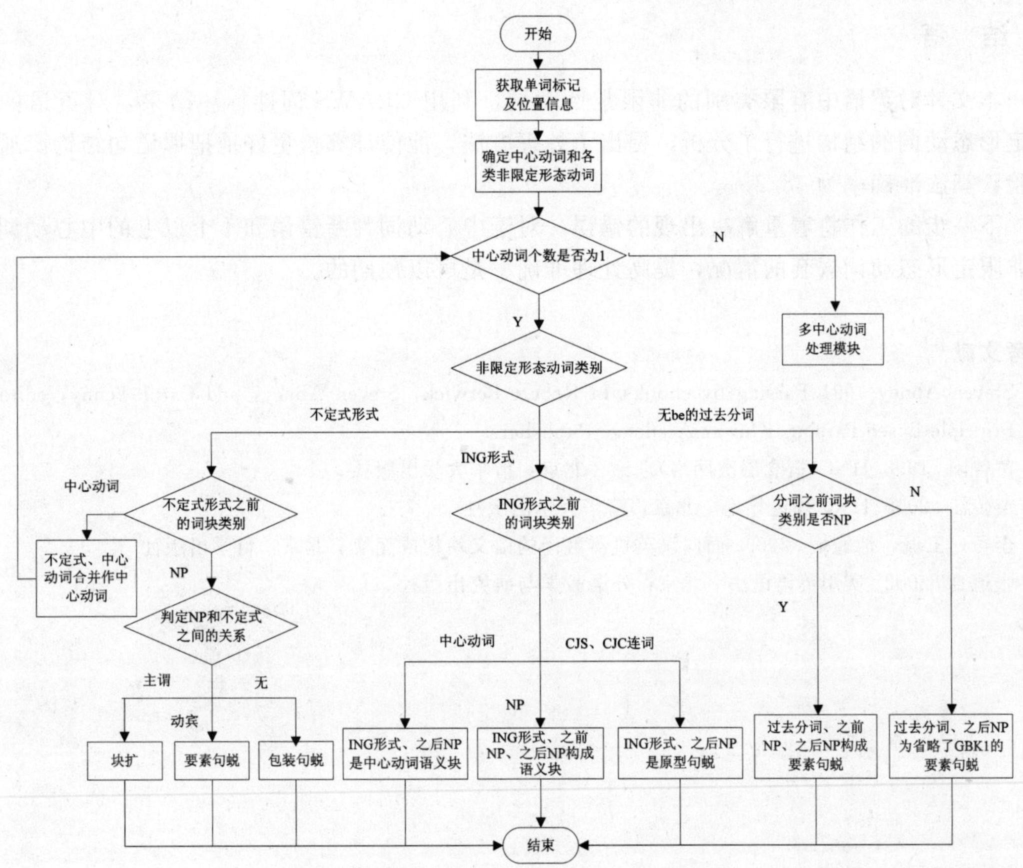

图 1　非限定形态动词处理算法流程图

4.3　算法检验

本节通过对比语料人工标注结果与算法分析结果来检验算法。语料来源都是英语网站上的原文，语句长度在 15～30 之间。首先对语句进行人工标注，而后再使用提出的算法对 CLAWS 的标注结果进行分析。检验结果如下：

非限定形态动词类别	结果正确	结果错误	准确率	语句个数/比例
ING 形式	136	46	75.3%	182/36.4%
不定式形式	137	37	78.7%	174/34.8%
无 be 动词的过去分词	74	13	85.1%	87/17.4%
无非限定动词				57/11.4%
合计	347	96	78.2%	500

选取 500 句语料中，57 句无非限定形态动词，不是本文的研究对象。其余 443 句，本算法处理正确总数为 347，准确率 78.2%。

错误原因分析：1. CLAWS 词性标注错误，7 句；2. 中心动词判断错误，9 句；3. 中心动词个数大于 1，11 句；4. 英语特殊用法，如 there be 结构，it 句型，16 句；5. 插入语，8 句；6. 非限定形态动词嵌套，45 句。

5 结 语

本文针对英语中有限类别的非限定性动词，利用CLAWS词性标注结果，对英语的非限定形态动词的结构进行了分析，提出了处理方法，能使计算机更好地把握语句结构。通过检验，算法准确率为78.2%。

下一步的工作将着重解决出现的错误。对于中心动词判断错误和1个以上的中心动词以及非限定形态动词嵌套的情况，提高处理准确率是可以预期的。

参考文献

[1] Steven Abney. 1991. Parsing by chunks. In Robert Berwick, Steven Abney, and Carol Tenny, editors, Principle-Based Parsing. Kluwer Academic Publishers.

[2] 黄曾阳. 1998. HNC(概念层次网络)理论. 北京：清华大学出版社.

[3] 苗传江. 2005. HNC理论导论. 北京：清华大学出版社.

[4] 李颖，王侃，池毓焕. 2009. 面向汉英机器翻译的语义块构成变换. 北京：科学出版社.

[5] 张道真. 2002. 实用英语语法. 北京：外语教学与研究出版社.

宪法句间回指模糊的消解研究[①]

宋培彦

北京师范大学中文信息处理研究所　北　京　100875

spyer2008@126.com

摘　要： 句间回指消解是当前中文信息处理的一个重要研究课题，本文以 HNC 概念基元、句类和语境单元萃取理论为基础，直接从语义和语用入手，以宪法为语料来源，对句间回指进行形式化描述和消解，服务于计算机句群自动理解。HNC 概念基元是"显微镜"，看清指代语与先行语的微观语义联系；句类是"放大镜"，将指代语和先行语纳入 57 组基本句类中进行关联；语境单元则是"望远镜"，为指代语和先行语提供宏观的语境知识。

关键词： 回指消解，语境形式化，语义块共享，自然语言理解

引　言

回指(Anaphora)作为指代(Reference)的一种常见形式，是实现语篇连贯的重要手段，成为语用学、话语分析等学科研究的热点。根据不同的视角，回指可以分为单文本回指和跨文本回指，单文本回指可以进一步分为句内回指和句间回指，本文主要关注单文本中的句间回指消解，包括前指和后指两种形式。

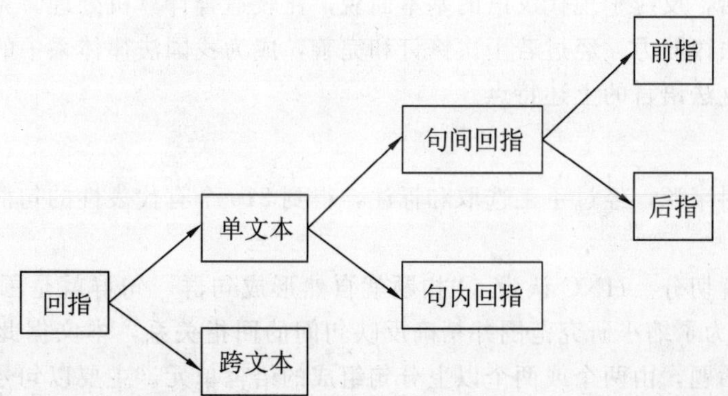

事实上，前指和后指只是语言表层结构的不同，在语义上并没有本质区别，语言学界也常从广义上将前指和后指统称为回指。本文所说的"回指"采用广义的理解，英文翻译为 G-Anaphora，是指语言结构中的某个成分指向先前表达过或随后出现的某个成分，指代语所指的内容称为先行语；把确定指代语的先行语的过程称为回指模糊消解(G-Anaphora Disambiguation)，简称回指消解。

回指反映的是概念之间的关联，对计算机来说这种关联是一种指代模糊，回指消解是使这种指代模糊关系明确化，这对于机器翻译、信息抽取、自动文摘等具有非常重要的应用价

① 本文得到国家科技支撑计划项目"中文信息处理应用研究与系统开发"之课题"中文信息处理应用理论研究和知识库资源的开发"(编号为 2007BAH05B01)的资助。

值，是近年来NLP的热点领域。MUC、ACE、TREC等一系列评测活动大大推动了这一领域的研究。

黄曾阳先生创立的概念层次网络理论(Hierarchical Network of Concepts，以下简称HNC理论)，试图以概念联想脉络为主线，深入自然语言的语义和语用层面，建立一种模拟大脑语言感知过程的自然语言表述模式和计算机理解处理模式，使计算机获得消解模糊的能力。回指现象属于HNC五重模糊中的“指代冗缺模糊”，是HNC重要的研究内容。概念基元(HNC1)、句类理论(HNC2)和语境理论(HNC3)数学表示式的提出为本文提供了良好的理论基础。HNC团队近年来在指代、省略、语义块共享、句群划分、知识库建设等领域，取得了较大的进展。本文就是在这些成果的基础上从回指的角度对句群开展研究的。

汉语“重意合、轻形合”，话题优先、对语境强烈依赖是其显著特点，在句群这一更大的视野内，以语义和语用等先验知识统摄全局，进行句间回指消解，HNC理论有着自己的独特优势。为了行文方便，本文第1部分描述“中华人民共和国宪法”(以下简称“宪法”)中的回指现象，给出统计数据并分析语言现象，第2、3部分给出了基于HNC理论的消解策略和算法模型，第4部分结合例句演示了回指消解过程，最后是对今后工作的展望。

1 宪法中的回指现象

1.1 语料来源

法律语言学将法律文本分为立法语言、司法语言和执法语言3种类型。与司法语言、执法语言相比，立法语言的表述更为严谨、规范性更强：所用词汇均属于高频词，基本上都是陈述句，不会出现疑问句和感叹句，指代明确，语义严谨，法律领域特色明显，句子表述极为严密而不失灵活，反应了现代汉语的基本面貌，比较适合计算机处理。宪法是我国的根本大法，具有最高法律效力，经过若干次修订和完善，成为我国法律体系中的最具代表性的法律，集中体现了立法语言的上述特点。

1.2 语料标注

以宪法为语料来源，经过手工选取和标注，得到210个有代表性的句群。语料标注的主要步骤和内容是：

第一步：句群切分。HNC认为，“扣题就自然形成句群，句群就是围绕着一个特定概念展开的话题”。为了缩小研究范围并精确反映句间的回指关系，本文据此将句群进一步限定为：围绕同一话题，由两个或两个以上分句组成的语言单元。主要以句号为标记切分出句群；当切分结果与语感不符时，以语感为准，力求形成较为完整、连贯的句群。

第二步：句群基本标注。对句群中的每个小句逐句标注句类、格式代码、语义块、回指、句间关联语等信息。存储为XML格式，采用XML Schema验证，用于考察和验证概念基元和句类对回指消解的作用。

第三步：语境单元信息标注。对第二步中得到的语料，抽取出若干有代表性的句群，标注语境单元知识，用于考察和验证语境对回指消解的作用。

1.3 语料分析

在收集到的210个句群中[①]，以指代语为计数依据，共出现句间回指现象612处，根据

① 句群的实际数量可能会略有变化，主要取决于划分句群的标准。

指代语的类型，可以把这些回指现象分为代词回指(人称代词和指示代词)、名词回指(主要是 p、w 具体概念和 g、z、r 抽象概念)和语义块共享三种类型。

由代词作为指代语构成的回指在语料中共出现 46 次，约占总数的 7%。人称代词一般可以独立作为指代语，而指示代词则往往作为语义块的限定成分；没有出现"那"、"某些"、"这里"等语义指向不明的代词。

g 型、z 型和 r 型概念表示抽象概念，p、w 类概念可用于对具体事物的命名，这两类概念大致相当于一般所说的"名词"，以此作为指代语构成的回指在语料中共出现 161 次，约占总数的 26%。p、w 概念包括泛指和特指两种类型，其中一些属于"未登录词"。

回指可以不出现指代语，通过语义块的共享实现补充，构成迭句、链句等句子形式，相当于语言学中所说的"零形回指"。这类回指出现次数多达 405 次，约占总数的 67%。

类　型	概念类别	出现次数	所占比例
代词性回指	pl9、lug9、lg9	46	7%
名词性回指	部分 g 型、z 型和 r 型，p、w 类概念	161	26%
语义块共享	迭句、链句等句子形式	405	67%

实现回指消解，首先要对句群中的语义块预先判断是否发生回指，称为回指判定；然后，根据某种策略，为指代语和先行语建立关联，反映实际的相互指称关系，称为回指恢复。

2　消解策略

概念基元知识 HNC1、句类知识 HNC2 和语境单元萃取 HNC3 可以为回指判定和恢复提供支持，通过"领域句类表示式＋HNC 映射符号"获得预期知识。实现回指消解，主要取决于两类函数关系和领域知识本体。

2.1　情景 SIT 和事件背景 BAC 是领域的函数

也就是说，一旦确定了领域，情景和背景就是确定的。领域信息一般蕴涵在扩展基元概念符号体系中，用于对人类活动进行描述。消解时应充分考虑概念基元所蕴涵的领域信息。

语境单元 SGU 有限性的本质在于领域 DOM 类型的有限性、领域句类 SCD 数量的有限性和背景 BAC 类型的有限性。在这个三维空间中，领域 DOM 作为主轴，其情景 SIT 和背景 BAC 都是领域的函数。"宪法"属于第二类劳动 a5，文体为论述 Description 型，记为 SGUD，语境单元知识有以下线索可资利用：

(1)背景 BAC：基本背景包括法律文本涉及的立法机关、语言风格、日期等元数据信息，为静态信息；还包括句群中的方式 Ms、途径 Wy、起因 Pr 与目的 Rt 的描述，即辅语义块 fK；领域 DOM 也蕴涵了某些特定的背景知识。

(2)领域 DOM：《HNC 理论全书》对法律领域知识设立了独立的概念节点 a5，对宪法所涉及的世界知识也进行了详尽的描述，有利于在此基础上设计独立的宪法领域句类表示式。

(3)情景 SIT：领域句类表示式以符号 SCD 表示，由 SIT＝SCD(A，B，C)可知：A，B，C 是并列关系，其出现顺序取决于具体的领域句类表示式。

领域句类表示式相当于句群的"摘要"或"模板"，它规定了该领域的句群所应有的语义块及其概念类别，通过人工总结，先验地赋予计算机，使计算机获得世界知识。

2.2 语义块是句类的函数

句类表示式提供了一个句子必须有什么的前提，它是语义块缺省和恢复判断的依据。同理，语义块构成表示式提供了语义块要素必须有什么的前提，它是语义块内部的各组成要素缺省判定和恢复的依据。

2.3 法律领域知识本体

知识本体(Ontology)是对概念体系的明确的、形式化的、可共享的规范。法律领域知识本体(domain ontology)是对法律领域中的客体进行分析，反映了这些客体之间的关系，以明确的、形式化的、可共享的方式描述各个客体所代表的概念。法律领域知识本体表现为一个相互关联的概念词表，有助于对领域知识进行系统的分析，把领域知识形式化，减少语义的模糊性，为计算机处理特定领域的知识提供便利。

总之，HNC是本研究的主要理论基础。概念基元是“显微镜”，看清指代语与先行语的微观联系；句类是“放大镜”，将指代语和先行语纳入57组基本句类中进行关联；语境单元则是“望远镜”，为指代语和先行语提供宏观的语境知识。回指消解要用这三种工具完成。

3 消解模型

对一个句子或句群的句类分析过程，HNC的相应处理策略是：

中间切入，上下并进

具体操作为：

	中(切入点)	上	下
句子	语义块感知	句类代码认定	语义块构成分析
句群	领域句类表示式认定	句间关系认定	语义块转换、并合

按照“中间切入，上下并进”的策略，从句类分析入手，底层依靠概念基元，高层依靠语境单元分，为多个阶段逐步进行，如图所示：

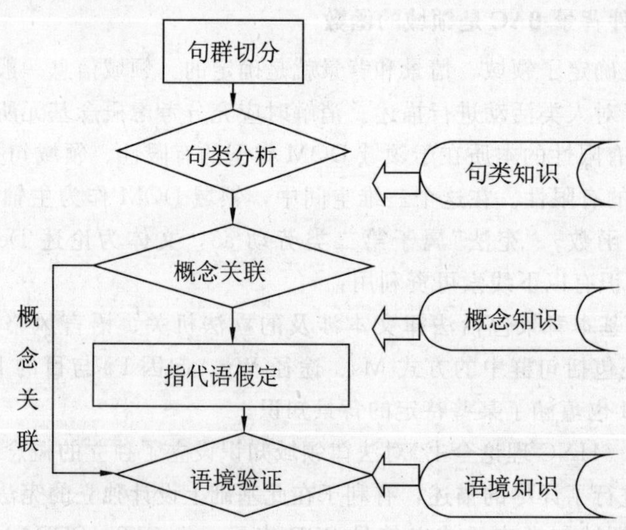

具体过程是：

(1)初始化阶段：对原始文本进行切分，以标点符号为主要依据得到若干句群，回指消解将在句群范围内部进行。

(2)句类分析阶段：获得各个小句的句类知识，如语句格式、语义块构成、句类转换和语义块变换等。对各个小句的词语序列 $w_1 \sim w_n$，搜索 HNC 词语知识库，获取词语映射符号，考察词语之间的概念关联性；并激活人工预置的领域句类表示式 SCD。

(3)语境单元萃取阶段：通过步骤(2)领域句类表示式 SCD，获得领域 DOM 信息。背景和情景除了来自于领域信息，还可以从语篇的元数据和句群中的辅块(条件、参照等)获得。语境单元知识可以对回指消解起到验证作用。

4 回指消解示例

例句：

各少数民族聚居的地方实行区域自治，设立自治机关，行使自治权。各民族自治地方都是中华人民共和国不可分离的部分。——摘自《中华人民共和国宪法》

第一步：句群切分阶段。

本句群的 4 个小句分别为：

小句 1：各少数民族聚居的地方实行区域自治，

小句 2：设立自治机关，

小句 3：行使自治权。

小句 4：各民族自治地方都是中华人民共和国不可分离的部分。

该句群有两个主要特点：(1)虽然本段语料包含了两个句号，但两个句子在语义上联系非常紧密，因此按照语感应视为一个句群。(2)存在多种类型的回指现象：小句 1 的 JK1“各少数民族聚居的地方”被小句 2 共享，构成迭句；小句 2 的 JK2“自治机关”被小句 3 共享，构成“链句”；小句 1 的 JK1“各少数民族聚居的地方”与小句 4 的 JK1“各民族自治地方”构成同指关系。

第二步：句类分析阶段。对句群中的各个小句进行句类分析，获得句类代码和句类表示式。如果句类分析已经成功，根据 HNC 的基本观点——语义块是句类的函数，那么语义块的个数、概念类别以及次序也就确定了。各小句的表示式分别为：

小句 1：XJ = A + X + B

小句 2：XJ = A + X + B

小句 3：R511 = RB1 + R + RB2

小句 4：jDJ = DB +jD + DC

根据句类表示式，写出语义块的概念类别。

小句 1：{wj2/各少数民族聚居的地方} + {va02} + {ga108}

小句 2：{ } + {va01+v311} + { px + (v44e61，l12，pw008)}

小句 3：{ } + {vc451} + { rc44e61+(ga11；ga01)}

小句 4：{wj2/各民族自治地方} + {jl11} + {jgu40－0}

此时第 2、3 小句的{ }内出现空白，表示在语言空间出现省略或语义块共享，需要进行回指消解，按照第三、四、五步顺次执行。小句 1 和小句 4 中的 JK 概念类别相同或接近，则假设其为同形回指，直接进入第五步“语境单元验证”。

第三步：激活预期知识。根据语义块的概念关联知识和同行优先性，在空缺处激活预期概念类别知识，显然，这是在概念空间的操作。

小句 2：{wj2} + {va01+v311} + { px + (v44e61，l12，pw008)} //设立

小句3：{pe；wj2}＋{vc451}＋{rc44e61＋(ga11；ga01)} //行使

第四步：获取候选指代语。从当前位置分别向前和向后紧挨的句子搜索，判断各个块是否符合第三步中的预期知识。按照符合程度进行排队，优先级高的在前，优先级低的在后，完全无关的则跳过，以便减少回溯(backtrack)，提高性能。此时，句2中的JK1只有一个候选指代语，说明匹配成功，可以直接进入第五步"语境单元验证"；句3因为有两项可能的匹配，需要依靠语境知识进一步验证。可见，候选指代语是通过向前和前后搜索获得的，是对语言空间里的符号匹配操作。

小句2：{wj2/各少数民族聚居的地方}＋{va01＋v311}＋{px＋(v44e61，l12，pw008)}

小句3：{pe/自治机关；wj2/各少数民族聚居的地方}＋{vc451}＋{rc44e61＋(ga11；ga01)} //行使

第五步：语境单元验证。通过语境单元信息，确认是否消解成功。

通过句群中的领域词汇"自治机关""设立""行使"，以及标题"中华人民共和国宪法"、发布机关"全国人民代表大会"等背景知识，可以判定句群领域为法律活动a5，进而激活法治活动的领域句类表示式：

SCD = SCD(a51e21) = Cn－1 | ReC(RtC)D01－42XY＊211J

该表示式对应的世界知识是"政府机关按照法律行使权利"，先验地赋予计算机。

SGUD=(DOM；SIT；BAC) (HNC3-2)

SIT=SCD(A，B，C) (HNC3a)

(1)领域DOM：法治政府侧面a51e21，政府依法行事。

(2)SIT=SCD(A，B，C)；A(政府机关)、C(行使权利)

(3)BAC——背景(宪法强流式关联于政治制度；宪法可以对民族关系作出规定)

根据这一预期知识，可知小句2中的候选指代语可以共享小句1的JK1，构成回指；小句4的JK1可以作为指代语，指向小句1的JK1，回指关系成立。

小句1：{wj2/各少数民族聚居的地方}＋{va02}＋{ga108}

小句2：{wj2/各少数民族聚居的地方}＋{va01＋v311}＋{px＋(v44e61，l12，pw008)}

小句4：{wj2/各民族自治地方}＋{jl11}＋{jgu40－0}

小句3有两个候选指代语，即{pe/自治机关；wj2/各少数民族聚居的地方}，在语境单元验证阶段，根据"政府机关行使权利"这一法治活动的领域句类知识，小句3中的A语义块只能是"e/自治机关"，"wj2/各少数民族聚居的地方"不符合这项领域世界知识，应予排除。消解成功。

5 小 结

句间回指消解是一个非常重要而又富有挑战性的研究课题，在HNC理论的指导下，本文对宪法句间回指的消解进行了探讨，描述了实现句间回指消解的基本思路和方法，具有较强的可行性。今后的工作重点是加强概念基元(词语级)、句类(句子级)、语境单元知识(句群级)等知识库建设，并进行上机实现，提高回指消解的准确率。

参考文献

[1]黄曾阳．1998. HNC(概念层次网络)理论——计算机理解自然语言的新思路．北京：清华大学出版社．

[2]苗传江．2005. HNC(概念层次网络)理论导论．北京：清华大学出版社．

[3]黄曾阳．2003. 自然语言理解处理的20项难点及其对策．中国科学院声学所．

[4]黄曾阳．2004. 语言概念空间的基本定理和数学物理表达式．北京：海洋出版社．

[5]张全，吴晨，韦向峰．2007. 汉语句间成分共享类型及分布研究．计算机科学(1).

[6]贾宁，张全．2008. 基于句间关系的汉语语义块省略恢复．中文信息学报(11).

[7]韦向峰，缪建明，张全．2009. 汉语句群领域的自动抽取研究．计算机工程与应用(4).

汉语理解处理中的动态词及其组合模式

唐兴全
对外经济贸易大学中国语言文学学院　北　京　100029
tang _ xq@hotmail. com

摘　要：汉语的计算机理解处理过程中，需要对分词后的部分单字进行组合，并作为一个整体的语义单位来处理。我们将其命名为动态词。本文给出了动态词的定义，分析了动态词组合模式的性质和主要的组合类型，并列示了部分组合模式。最后，说明了动态词识别在句子的语义分析、词典编纂等方面的作用。
关键词：意合模式，形合模式，组合模式，单字，动态组合，自然语言处理

1　动态词的定义

汉语理解处理需在概念层面进行。汉语理解处理系统接收一个待处理的语串，首先会逐一扫描并与词库相匹配，词库中存在的多字词将先行识别。我们先看下面几个句子的分词结果(以《现代汉语词典》(2005 年版)(以下简称《现汉》)词表为分词底表，词间用"/"标记)：

(1)上/周/艺术/界/的/同行/们/相/聚/一起/共/谋/发展。

(2)他/把/东西/搬/出/了/老/张/的/房间/。

(3)他/昨/晚/在/李/老师/家/里/大/闹/特/闹/。

可见，经与词库匹配后，语串[①]中会剩下一些孤零零的单字。HNC(概念层次网络)理论[②]将这些分词碎片的处理称为"孤魂"处理。"孤魂"处理包括"合"与"分"两类，"分"是指那些在语句中独立使用，不必与其他成分组合的单字。从概念分析的角度看，语言信息处理研究的重点在于如何从小的结构颗粒所表达的概念意义组合成更大的合成结构所表达的概念意义。上述例句切分后的单字大多需要进一步组合才能实现意义的完整。例如：

上周　艺术界　同行们　相聚　共谋　搬出

老张　昨晚　李老师　家里　大闹特闹

这些都是在汉语理解处理过程中需要动态、临时组合在一起的。我们将这类组合称为动态组合词，简称动态词。动态词是在汉语理解处理过程中，根据语义理解需要，单字跟与其邻接的两个或多个字词按照一定组合模式临时组合而成的、需要经过辨认处理作为一个意义单位理解的语义单位。

2　动态词组合模式的性质

动态词具有理解处理中的同一性(作为一个整体来理解处理)、组合构成的动态性(动态临时组合)及组合理解的可实现性(符合一定的构成模式)。动态词的这三个特点是由动态词组合模式的性质决定的，因此探索单字构成动态词的组合模式或曰规律是动态词识别的重要手段。

---

① 语串是句子的下一层次概念。当语句内包含以逗号、分号为分割标记的若干片段时，这些片段称为语串；当语句内不含语串标记时，该语段等于一个语串。语串基本上相当于一般意义的小句。

② HNC 理论是面向整个自然语言理解的理论框架，由中国科学院声学研究所黄曾阳研究员创立，以下简称 HNC。

董秀芳指出，汉语的词法具有能产性、规则性和有效性三个特点[①]。我们认为，动态词组合模式也具有能产性、规则性和有效性。能产性决定了符合某类组合模式的动态词不可能穷尽收入词库，规则性保证了动态词可以藉由系统依据既定规则自动进行组合识别与理解，有效性则使组合模式有一定的作用范围，不至于使我们在对动态词的认定中"草木皆兵"。

能产性是指该动态词组合模式应该在一定条件下普遍适用，具有构造动态词的能力，可以理解成一个特定的模式在构造动态词时被运用的可能性程度的大小。能产性保证了语言可以不通过另造词汇化的合成词而只要利用已有的组合模式就可以实现对新事物的指称。能产性不是一个非此即彼的概念，而是一个能产性大小的问题，如"××器"模式中，"××"几乎可以是任何表达人造器物的功能、特性等的词语，像"扩音""播放""听诊""显示"，这个模式可以根据新的人造器物的特征构造新的基本命名，能产性很强。

规则性是指同一组合模式下的动态词在词形与词义之间具有同样的关联关系，并且词形又都由义类相近或相同的字词组成，词义都可由相同的规则推导出来。比如"×碎"的结构是规则性的，其中的前字可以是任一表达广义作用的单音节动词，其意义可以理解为"某一作用导致某物破碎"，同时，"碎"也经常可以在前字确定的情况下替换成其他的表示损害式效应的单字，如"坏""乱""破"等。这种规则性体现在构成动态词的单字在概念内涵和组合关系上都具有确定性。

有效性是指组合模式应该具有一定的作用域。如果该组合模式下的动态词数量有限，则可以考虑将之收入词库，否则则需要描述其组合规则。比如用属相年描述时间的"×年"结构，其中的"×"是有限的，一共12个，这时可以考虑将"鼠年、牛年、虎年、兔年、龙年、蛇年、马年、羊年、猴年、鸡年、狗年、猪年"12个生肖与"年"的组合都收入词库。当然，有效性标准不是绝对地判定动态词组合模式的标准，可以依据工程需要和词库规模大小而定。

3　动态词组合模式的类型

从有无显式的识别标记的角度上看，动态词的组合模式可以分为形合模式和意合模式。

3.1　形合模式

形合模式是指在组合模式中有标志性的单字，以该字为核心，能形成一系列词内组合关系和组合整体效果(语义层面和词法层面)相同的词，而且标志性单字的左向或右向组合成分的替换率应达到一定的数量规模。一般来说，如果某字的单用系数很低，而组合能力又很强，且组合成分具有规律性，则该单字可以看作组合模式的标志性单字。如：

骤＋v：　骤临　骤落　骤灭　骤起　骤升　骤失　骤逝　骤亡
骤＋gu：　骤暗　骤多　骤紧　骤冷　骤凉　骤亮　骤乱　骤暖
逐＋zz：　逐款　逐年　逐批　逐篇　逐日　逐套　逐页　逐月
奇＋n：　奇货　奇境　奇论　奇梦　奇谋　奇女　奇情　奇人

其中的标志性单字分别为"骤""逐""奇"，v、gu、zz、n[②]都是单音节的，所形成的动态词是双音节动态词。"骤＋v"模式中，"骤"为突然、忽然的意思，后面的单音节v类别字一般为HNC基元语义网络中的效应或过程类概念。两者结合形成v类别动态词。"骤＋gu"模

① 董秀芳，2004，p32。

② HNC概念类别中，gu是u的子类，表示只能修饰g的u。这里的gu包括了HNC概念类别中描述物性的x概念类别；zz表示名量词，动量词以zzv表示。

式中，其中虽然后字为gu类别，但带有动态的意义，是有极性的gu类别概念。“逐＋zz”模式中，“逐”《现汉》的解释是“挨着(次序)”，zz为单字量词，主要是名量词，也包括少量动量词，如“次”。我们用n代表HNC概念类别中的g、w、p等类别概念。“奇＋n”模式中，“奇”的现汉解释为“罕见的、特殊的、非常的”，所形成的动态词为名词性概念，其词义核心是后字蕴涵的概念。

符合上述四个模式的组合中，《现汉》收录了“逐个”“逐年”“逐日”“奇案”“奇兵”“奇才”“奇峰”“奇功”“奇观”“奇景”“奇趣”“奇谈”“奇闻”“奇效”“奇遇”“奇想”“奇勋”。同样结构、字义间关系相同的一组词有的收有的不收，这也从一个侧面反映了《现汉》在收词单位的确定上存在的瑕疵。当然，这是可以理解的，即使有语料库的帮助，要编辑者把实际出现的所有具有词的地位的单位都收入词典是不可能完成的，也是没有必要的，因为一方面组合模式的能产性导致了动态词的不断产生，词典的编纂跟不上动态词产生的步伐，另一方面，盲目追求词语收录的全面势必造成词典规模的膨胀。

汉语中多音节动态词以名词性类别居多。名词性动态词又以定中式为最多，其最后一个名词性类别的单字往往是动态词的语义核心，由它们所构成的动态词是汉语基本命名的重要形式。大多数名词性类别的单字都可以充当动态词的后字，比如“食人鱼、切菜刀、注水肉”等，但那些不能单用的单字对构词模式的标记作用更为突出，比如“器、仪、机、阀、物、镜、费、剂、术”等。例如：

××器：	装订器	振动器	搅拌器	缓冲器	指示器	推进器
	镇压器	扩音器	滤光器	喷雾器	传感器	散热器
××仪：	测角仪	速测仪	经纬仪	应变仪	水准仪	磁倾仪
××机：	压路机	打桩机	挖泥机	抛砂机	鼓风机	淘矿机
	接收机	发射机	印刷机	模印机	原动机	粉碎机
××阀：	节流阀	计量阀	给气阀	给水阀	截流阀	供墨阀
	旋转阀	分配阀	摆动阀	手动阀	防逆阀	冲洗阀
××剂：	消光剂	防腐剂	杀菌剂	杀虫剂	去污剂	除草剂
	润滑剂	诱捕剂	稀释剂	催化剂	洗涤剂	发光剂

以上组合模式都形成pw[①]类动态词。所举的例子可以分为几种不同的类型，比如“消光剂”一行，符合“v＋B＋剂”模式，其中的B是v的作用对象，“润滑剂”一行是“v＋剂”或者“v＋v＋剂”模式。不过这些不同的类型都是以最后一个字为语义核心的，前面的两个字的字义表示最后一个字所表示物体的功能。这是一种典型的功能型偏正组合。而且，这类单字前向组合的长度不定，一般形成三音节动态词，也可能形成四音节、五音节动态词，如“超塑化剂”“热交换器”“油收集器”“液体提取剂”“流量控制阀”等。可见，该类单字起到的更多是动态词后边界和整体词义类别的确定作用，内部组合成分和组合关系则比较复杂。这应该也同动态词较长有关。而上面我们所举的“碧”“骤”“逐”“奇”等字在形成双音节动态词时对整个动态词的组合关系和词义类别有明确的限制，作为标志性单字更容易被接受。表人的“人、者、师、匠、工”等，跟“器、仪”等一样，也有确定边界的作用，但无法限定前面组合成分的语义类别与组合关系。

因此，我们所说的标志性单字有广狭之分，从狭义上说是指那些本身并不单用或很少单

① pw表示人造物。

用，对以它为核心形成的动态词在语义类别和组合关系上有明确限定的单字，它们主要形成双音节动态词；从广义上说还可以包括"白""绿""很""更"等可以构成类词组合但结构比较松散的字及"器""仪"等主要标记动态词边界而未限定内部组合关系的字。前者标记性强，后者标记性弱。

标志性单字可以根据概念类别做出简单的分类。例如：

(1)gu类别：如"爱、碧、孤、残、翠、敌、寒、荒、巨、枯、邻、妙、奇、斜、余"等，它们后接名词性单字形成偏正结构的名词性动态词，如：

残(不完整的，残缺的)＋n

残本　残骸　残货　残品　残躯　残日　残石　残月

枯(植物等失去水分或失去生机)＋jw61\jw61－[①]

枯草　枯树　枯叶　枯枝　枯木　枯茎　枯竹　枯藤

(2)uv类别：

饱　暗　暴　遍　并　惨　诚　重　大　陡　独　顿　分　飞　共　过

合　狠　横　忽　互　急　兼　渐　皆　紧　久　俱　均　苦　狂　连

屡　略　猛　频　齐　强　轻　确　深　实　首　私　速　同　痛　突

误　斜　新　续　永　勇　暂　增　骤　偏　微

它们后接动词性或形容词性单字，形成动词性或形容词性的动态词。

重(重新；再)＋v

重版　重播　重编　重报　重抄　重读　重蹈　重订

重访　重放　重构　重估　重归　重划　重回　重获

重开　重考　重看　重颏　重来　重临　重录　重拍

其中的v是HNC语义网络中的广义作用概念，主要表达作用或转移。《现汉》收录了"重版""重播""重读""重返""重逢""重申""重审""重现""重行""重修""重演""重译""重印""重张""重组"。

渐(逐步，慢慢地)＋v\gu

渐变　渐成　渐低　渐丰　渐高　渐厚　渐缓　渐开

斜(斜向的)＋v

斜穿　斜传　斜插　斜放　斜挂　斜靠　斜挎　斜畔

其中，v\gu一般表示HNC语义网络中的效应类概念或状态类概念。

陡(突然，陡然)＋v

陡升　陡降　陡增　陡减　陡变　陡现　陡转　陡生

其中的v是广义效应类概念。

(3)v类别：如"逐、备、受"等，形成vB型的动态词。如：

逐(追求，竞争)＋n

逐风　逐乐　逐美　逐梦　逐艳　逐云　逐爱　逐利

受(遭到)＋n\v

受病　受潮　受寒　受灾　受苦　受难　受刑　受罪

"受"的后字主要是表示消极意义的概念，与"受"结合后形成一般承受句[②]。

---

① jw61和jw61－分别表示植物和植物器官。

② 一般承受句的句类代码是：X10J＝X1B＋X1＋X1BC。

3.2 意合模式

意合模式是指没有标志性单字但在组成成分的概念类别和概念内涵以及内部组合关系上有规律可循的组合模式。汉语通过概念层面的组合关系来使相邻的单字结合成一个意义整体，如“水淹、土挡、火攻”等，这正体现了汉语“意合”的特点。

黄曾阳先生在《自然语言处理的20项难点》中指出，汉语对偶性概念[①]单字词可直接组合，组合后的语词默认按体词处理，若有例外，应在字知识库中说明。并举了以下一组例子：

俯仰　起止　生死　进退　买卖　显隐　增减

破立　开关　好恶　得失　爱憎　攻防　出入

这些由动词性单字直接组合后形成的双字动态词都是名词。这一规则可总结为一条动态词组合模式，描述为：两个处于对偶性概念两端的动词性单字直接组合，形成名词性动态词，其含义是该对对偶性概念的上位概念节点的含义。规则的例外可以入库处理。

再看如下两组动态词：

第一组：油箱　酒盅　水桶　酒杯　茶碗　米缸　水槽　酒坛

油罐　酒瓶　茶缸　汤碗　醋瓶　水杯　油管　酱缸

第二组：木棒　金表　铝锅　铜球　竹床　石凳　布裙

瓷碗　银币　铁锹　铜像　铅管　塑料袋　玻璃杯

这两组动态词都是表达人造具体物的、偏正式的名名组合。第一组是由某种物体名与装载该物体的容器名组合形成的，组合后表示容器名，词义为“装载××的容器”。前字一般是表液体(jw52[②])或食物(pw62221)类概念，后字是表示容器(pw54 -)概念。第二组是由某种材料名和由该材料制成的物品名组合形成的，组合后表示物品名，词义为“由××制成的物品”。前字一般是表示材料概念的单字(jw53)，后字是表人造物的概念(pw)。

“名词性单字+表方位词单字”是比较能产的无标志单字的动态词组合模式，前字主要是表示具体物概念的单字，后字是表达方位概念的单字。比如：

鼻下　额上　房前　屋后　山下　镜中

村头　校外　耳后　屋内　身旁　心中

“单音指代概念+名词性单字”是汉语中又一能产的意合模式。如“我 + pe”模式：

我校　我部　我厂　我处　我村　我党　我国　我军

我家　我局　我省　我市　我社　我司　我团　我县

“我”是自指性的指代概念，pe一般为行政区划单位、军队建制单位或机构建制单位等组织机构名称。在现代汉语中，指代性概念类型、所对应的指代性单字及所形成的动态词多在书面语中出现，而少在口语中出现，并非表示领属，而是表示指代。对指代概念整体而言，这样的组合特点并非仅限于“我”，而是大多数指代概念单字都有，因此，作为意合模式来看更为恰当[③]。

---

① 对偶性概念、对比性概念、包含性概念是HNC对于中层概念的分类。

② 括号中成分是括号前字词的概念类别或HNC符号表示。

③ 当然，意合模式和形合模式的区别更主要是为识别服务，具体归于哪一类并不重要。

4　动态词识别的作用

由于汉语本身“字义基元化、词义组合化”①的特点，汉语合成词具有强大而灵活的能产性，动态词在汉语文本中占有很高的比例。动态词是语句分析的重大障碍。动态词组合模式具有较强能产性和规则性，如果我们对动态词组合模式进行了详尽描写，就可以根据这些模式来处理在言语中随时可能出现的由这些模式所造成的组合的语义。

动态词研究将帮助提高句子语义分析技术的水平，对正处于句处理阶段的中文信息处理有重要意义。动态词的组合识别将服务于语义块感知和句类假设、语义块构成分析等句类分析的重要环节。如果动态词属于特征语义块核心部分，则会影响语义块感知和句类假设。如果动态词属于广义对象语义块的核心部分，则会影响句类检验。如果动态词属于语义块的说明部分，则会对语义块构成分析产生影响。动态词是一种依据规则自动组合而成的全新的意义单位，计算机需要在这一单位基础上进行语义块内部的构成分析，获得语义块内部的构成。因此，动态词的辨识是汉语理解处理中的必需模块。

动态词的研究对于人用或机用的各类词典的编纂也具有指导作用。各类词典首先应该全面收录那些内部不可分析或内部构成模式不具有能产性的词汇性成分。对于那些能产性较强的组合模式所造成的形式，可以根据词典规模和词典的适用对象适当收录。作为一部规范的人用词典，所收词语条目是否齐全固然极为重要，但是更为重要的是所收词语类别是否齐全。而机用词典由于计算机缺乏人的类推和概括能力，却具有较大存储能力，对动态词就可以适当多收，部分能产性弱的组合模式造成的动态词可以全部收录。

参考文献

[1]董秀芳．2004．汉语的词库与词法．北京：北京大学出版社．

[2]黄曾阳．1997．HNC 理论概要．中文信息学报(4)．

[3]黄曾阳．1998．HNC(概念层次网络)理论．北京：清华大学出版社．

[4]黄曾阳．2003．自然语言理解处理的 20 项难点及其对策．中国科学院声学研究所内部资料．见 http：//www. hncnlp. com/

[5]苗传江．2001．HNC 句类知识研究．中国科学院声学研究所博士学位论文．

[6]苗传江．2005．HNC(概念层次网络)理论导论．北京：清华大学出版社．

① 黄曾阳，1998，p25。

句处理与句群处理[①]

韦向峰

中国科学院声学所　北　京　100190

wxf@mail. ioa. ac. cn

摘　要：HNC的句处理以概念基元符号为基础，感知字词概念类别，然后假设出句子句类和语义块，依托句类知识和概念约束进行检验，最后进行语义块的内部构成分析。句群处理以包含领域概念的字词为激活信息，通过字词的语义块类型、出现频次等确定句子领域，合并相同或相似领域句子得到句群领域，根据领域的情景框架匹配语义块及其概念符号，获得句群领域句类表示式及内容。以句处理和句群处理的分析结果为基础，参加了中文信息学会句法评测(CIPS-ParsEval-2009)的汉语功能块分析和事件描述单元识别，在开放测试中分别取得了第二名和第一名的好成绩。

关键词：句类，语义块，句群，领域，情景框架

在自然语言空间，常用的处理单位从小到大依次为：字、词、短语、句、句群、段落和篇章。HNC理论在语言概念空间研究语言规律，认为要实现计算机的篇章理解必须考虑记忆和学习机制，计算机理解语言的层次依次为：概念符号→句类→语境单元→语境框架。其中，句类是句子联想脉络的基础，语境单元是理解段落篇章的记忆基础，而语境框架则是计算机经过理解学习后生成的摘要。

句子在处理单位中处于中间位置，具有十分关键的承上启下作用。句子的分析理论和方法有短语结构语法、功能合一文法、依存语法等，其分析或处理的目的都是生成句子的句法树或依存树。语料库的兴起使得更多的研究集中在如何用统计学习方法标注句子结构成分上。句群处理介于句处理和段落处理之间，研究多集中于语法或教学，其服务对象主要是人。用计算机处理句群的论文十分罕见，通常是研究复句的处理。

本文介绍了HNC的句处理和句群处理，说明了它们的理论基础、处理方法和处理实践。以HNC的句处理和句群处理为基础，我们参加了中文信息学会句法评测(CIPS-ParsEval-2009)中的任务3(汉语功能块分析)和任务4(汉语事件描述单元识别)，在开放测试中分别取得了第二名和第一名的好成绩。

1　句处理

汉语的句子处理显得纷繁复杂，影响因素甚多。从形式上看，逗号、句号、分号、冒号、问号和叹号等都可以是句子结束符，其中逗号的模糊性最大。逗号分隔的内容可以是语习概念、句间逻辑概念、辅块、主块等，不一定都是句子。再加上引号的影响，使得标点符号的处理就陷入了不确定性。从语法理论看，句子分为单句、复句，句子构成成分可分为主谓宾、定状补。但是单句和复句的区别，句子成分的界定等问题还是没有解决。连动句、兼

① 本文承国家973项目“自然语言理解的交互引擎研究”(2004CB318104)、中科院声学所知识创新工程项目“句群理解处理理论及其应用”(O654091431)、中国科学院声学研究所“所长择优基金”(GS13SJJ04)、中国科学院青年人才领域前沿项目(O754021432)的资助。

语句和流水句等使得句子的单一主谓宾结构受到困扰，主谓谓语句等使得谓语也可以很复杂。HNC从概念出发，越过自然语言空间形式上的模糊，在概念上清晰地界定了句子和句子构成。一个句类就是一个句子。句类是句子的语义概念类别，它由语义块构成，语义块可以嵌套句子。在句类确定的情况下，主语义块的个数和类型也就确定了。而自然语言空间中的句子总是可以映射到57组基本句类或3192组混合句类中的某一类。

1.1 句处理的知识基础

句子处理是从词、短语到句子，还是抓住句子的核心然后再分解分析，这是两种不同的思路。但无论是哪一种处理思路，都需要分词和建立词语知识库。如果使用单纯的统计学习方法分析句子，则需要标注好的大规模高质量的训练语料库。使用传统的语法分析方法则是先分词，标注词性，然后根据词性组合成短语，根据短语构造句子。使用统计方法一般需要建立随机数学模型，根据训练语料库中的标注概率去标注句子的构成。HNC的处理策略是从概念入手，因此最主要的是依靠概念方面的知识库。

HNC句处理所依托的知识主要有四类：(1)概念基元符号体系：依据字词的概念基元符号，可以计算词语之间的语义关系，判断两个概念是否相关。(2)字词知识库：其中最重要的是字词的概念类别、概念符号和句类代码。(3)句类知识(苗传江，2005)：它的运用贯穿于感知、假设、检验和语义块构成分析的全过程。(4)领域知识：主要用于分析句群及其构成的知识，还用于句子的检验、句类和语义块模糊消解。有关领域知识的具体描述请参见缪建明(2007)。

1.2 句处理的主要步骤

HNC句处理的主要目的就是分析出自然语言语句的句类、语义块以及语义块的内部构成，揭示出句子的语义构成和概念联想脉络。句处理就是要得到如式子1-1所示的正确句类表示式和语义块划分(其中n=2～4，m的取值不定)，对于语义块含有句子的，同样要得到类似式子1-1的具体分析结果。

$$EJ=[fKm]+GBK1+EK+GBKn \tag{1-1}$$

HNC句处理的步骤可以简单地概括为“分词分段——感知概念类别——构造EK——假设检验——语义块内部分析”。

“分段”是指把具有模糊(歧义)切分的词合成一个字段，保留所有可能的切分，其模糊的消解留到假设检验阶段。感知概念类别是指获得词语的语义概念类别，特别是有助于语义块切分的“l”和“v”类概念。构造特征语义块EK主要按其核心(Ek)的五种构成类型处理：(1)Ek＝E；(2)Ek＝EQ＋EH；(3)Ek＝EQ＋E；(4)Ek＝E＋EH；(5)Ek＝EQ＋E＋EH。对于Ek简单构成的第(1)种情况，以感知到的v概念为中心，向前寻找qv、Eu、QE类概念，合并为EK；向后寻找hv，合并为EK。对于复合构成的第(2)～(5)种情况，需要根据感知到的vv、EQ和EH的字词与v概念字词进行合并处理，得到特征语义块EK。句子中的EK形成了对句子的一个初步切分，再加上识别出的辅块fK，可以给出句子的句类表示式假设。根据自然语言空间的句子实际情况，假设句子的格式。假设的句类及其表示式需要结合句类知识、句子自然语言空间的内容进行检验。简单地说，检验就是把句子中的现场信息与知识库中的约束知识匹配，匹配成功则通过检验，否则不能通过检验。语义块的内部构成有简单构成和复杂构成。简单构成是指语义块不包含v概念，只由一个词语或几个词语组合构成。复杂构成是指语义块包含v概念，往往是一个句子或句子的变形(包括块扩和句蜕)。在语义块的构成分析中，首先需要构造出一个新句子的句类假设，即确定新句子的特征语义块 EK、句类代码、语句格式等，然后按原来的检验方法对新句子又进行假设检验，对于新句子的语义块内部仍然如此处理，在程序中是一个递归的处理过程。

1.3 句处理的实践

为了检验句处理的能力和效果，我们参加了中文信息学会句法评测(CIPS-ParsEval-2009)中的任务3和任务4，分别是汉语功能块识别和汉语事件描述单元识别。原因是 HNC 的“语义块”与语法功能块有相似之处，“小句”则与“事件描述单元”的概念类似，而其他任务如词性、句法结构等与 HNC 的体系差异很大。

在评测任务3(汉语功能块分析)中，给出的功能标记集合为：S——主语块、D——状语块、P——述语块、O——宾语块、C——补语块、J——兼语块、A——定语块、H——中心块、T——独立块、X——其他特殊块。输入为：经过正确词语切分和词性标注的汉语句子(Gold-standard 数据)；输出为：不同层次的功能块组合形成的线性序列。

通过研究句类分析与任务3的输入输出，确定功能块的标注过程如下：在词语切分和词性标注的基础上进行概念类别感知，构造特征语义块并记录内部结构，通过假设检验得到句类表示式和语义块内部构成结果，根据句类分析结果转换为功能块标注序列。具体的转换标准如表1所示。

表1 句类分析结果转换为功能块

句类分析结果	功能块	备 注
GBK1	S	第一个广义对象语义块
Ek	P	特征语义块的核心
HE	P	特征语义块的下装
GBK2	O	第二个广义对象语义块
GBK3	O	第三个广义对象语义块
QE	D	特征语义块的上装
fK	D	辅 块
HBZP	H	后包装品

从表1可以看出，句类分析结果经过简单的成分转换，已经可以标注出主要的主语块(S)、述语块(P)、宾语块(O)、状语块(D)和中心块(H)。对于其他的功能块，在分析训练语料和总结规则的基础上分别单独处理，各个击破。

从评测结果(见表2)来看，尽管 HNC 的语义块体系与句法功能块体系有很大差异，但在总成绩上还是取得了开放测试第二名的好成绩。

表2 任务3的评测结果

Label	Precision(%)	Recall(%)	F1-Measure(%)
X	93.79	90.67	92.20
P	80.28	85.20	82.67

续　表

Label	Precision(%)	Recall(%)	F1-Measure(%)
D	76.54	82.49	79.41
S	77.03	80.84	78.89
J	71.20	76.72	73.86
O	70.28	75.98	73.02
C	80.00	43.48	56.34
H	58.05	47.94	52.51
T	56.35	27.84	37.27
A	82.46	9.02	16.26
Avg.	75.94	78.24	77.07

2　句群处理

句群是围绕一个中心话题而形成的语句集群。按句号等分隔的句子称为"大句"，按逗号等分隔的句子则称为"小句"。一般而言，一个小句必对应于HNC的一个句类。句群由相互关联的、服务于中心话题的多个小句构成。当一些连续句子描述的是同一个主题时，它们就构成了一个句群。HNC为句群建立了一个由领域、情景和背景构成的三要素模型，领域对应于句群的中心话题，情景由领域知识确定的对象和对象关系等知识框架构成，背景则对应时间地点等辅助信息。因此，句群领域分析是句群分析的关键，得到了句群的领域就能指导句群情景框架的生成。

2.1　句群处理的语义模型

在文本中并没有专门用于区分句群的标志，但是不同的句群却可以根据它们的中心话题区分开来。当阅读一个段落时我们往往记住的是它的中心思想或某几个中心点，这些中心就是句群的领域。连续的几个句子谈论的是同一个话题时，它们就形成了一个句群，通过共同的中心话题联系在一起。理论上一个句群可以是一个句子、多个句子、一个段落或多个段落。典型的句群就是一个事件，事件中的要素(如人、物)以及它们之间的关系构成了事件框架，这个框架在HNC理论中称为句群的情景。而句群描述的约束限制如时间、地点等在HNC理论中被称为句群的背景。

自然语言空间中的句群，映射到语言概念空间就是语境单元的领域、情景和背景，领域是语境单元的核心，情景是语境单元的骨架，背景则是语境单元的血肉。语境单元所描述的主要是与人类相关的活动。领域就是对人类活动的分类，是事件抽象范畴的核心描述。在HNC理论中，领域被分为十个大的类别：心理活动及精神状态、人类思维活动、专业及追求活动(第二类劳动)、理念活动、第一类劳动、业余活动、信仰活动、本能活动、灾祸、状态。这十个类别中又可以进行具体细分，得到更多更细的领域及其概念符号。根据领域概念符号所处的概念节点和概念知识，可以给出领域的情景框架知识。情景框架可以依据情景框架知识用句群中的语义块核心要素表示，语义块核心要素的描述包括语义块在句类表示式中的语义角色、语义块核心词语的概念符号。背景又分为事件背景和述者背景，事件背景包括文章的基本信息(如来源、语种、写作时间等)和事件的基本信息(如时间、地点等),述者背景包括作者的基本信息(如出生日期、国籍、立场等)。

句群情景框架就是指领域句类表示式,是带有领域信息的句类表示式,是HNC理论针对句群而设计的数学物理表示式。句子在概念空间用句类表示式表示,句群则用领域句类表示式表示。与句类表示式相比,领域句类表示式具有如下不同之处:(1)领域句类表示式表示的知识针对的是领域,对应到自然语言而言,这些知识往往不是一个小句,而是一个或多个语句所表达的;(2)领域句类表示式增加了符号"()"和"[]","()"用于表示括号中的句类有时可以作为替代句类,"[]"表示其中的多个句类同时有效,多个句类之间用"//"隔开,即可形成多个领域句类表示式;(3)对特征语义块采用更为严格的表示方法,用符号"-"表示该句类的特征语义块对应的相关基元概念节点;(4)领域句类表示式中包含必须的辅语义块,而句类表示式中只表示主语义块,没有辅语义块。以领域为"a14\2(外交访问)"的句群为例,其情景框架如表3所示。

表3 领域"a14\2(外交访问)"的句群情景框架

领　域	a14\2
领域句类代码	PrCn-1T2b-e93J+Y902-e21J+T49-aJ
领域句类表示式	TA+T2b+TB2+YB1+Y02+YB2+T4B+T49+T4C
语义块内容	Cn-1:=j10
	TB2:=ppj2
	YB2:=p44e61ppj2//p44e61pea119
	TA:=p44e61ppj2//p44e61pea119
	T4C:=(a//d)ga14b

2.2 句群处理的方法

句群由句子组成,句子则由词语组成,因此一种很自然的想法就是从词语出发分析得到句群及其领域。有些词语的概念符号中直接包括了领域的概念符号,根据词语的位置、频次和所处的语义角色,可以确定句子的领域。通过合并相同或相似领域的句子,则得到了句群及其领域。得到了句群领域,就可以得到情景框架,然后从句子的分析结果中填入情景框架要求的语义块及内容。这是一种自下而上的分析方法。

一般来说,一个段落足以表达作者想叙述或论述的某个中心。因此,句群的上边界可以定为段落的边界。首先找出段落中所有可能的领域候选,然后对这些领域进行排序,根据句群中句子的实际情况进行检验。领域的情景框架中定义了语义块及优先概念符号,符合这些语义块和概念符号的句子将被合成为一个句群。在检验完所有的领域后,段落中所有句子就被划分为一个或多个句群,没有进入领域句类知识框架的句子可以合并到与之相邻的句子所在句群。这是一种自上而下的分析方法。

目前比较成熟的是自下而上的方法,本文下面介绍的就是这种自下而上的方法。词语的概念符号及相关知识都已存储在计算机中,包含有领域概念符号的词语称为激活词语。句子中激活词语的概念符号所包含的领域概念符号对应的领域就形成了句子领域的候选集合。如果一个句子含有两个或多个激活词语,如何选出句子的领域呢?先根据激活词语所在的语义块类型按 Eg>El>C>B 或 A 的顺序选取，如果语义块类型相同，那么根据激活词语在句子中的出现频次和位置选取，根据领域概念符号之间的关系、否定前缀、义项、在义项中的出现顺序等计算得到激活词语及其领域概念符号的权重，权重高的领域概念符号将作为句子的最终领域。领域相同或相似的句子可以合并为一个句群。如果句子的领域为空，那么它应该和上一个句子合并为句群，但当该句子是段落的第一个句子时，则应该和下一个句子合并。当两个相邻句子的领域相同或相似时，这两个句子显然应该合并为一个句群。当一个句子的领域是上一个句子或下一个句子的领域的延伸结构时，它们也应该合并为一个句群，且句群领域就是该句子的领域。

领域知识库是专家根据先验知识归纳总结填写的领域及其情景框架。根据句群的领域从领域知识库中得到相应的情景框架，首先把句群中句类代码一致的句子的语义块内容填充到情景框架；如果没有一致的句类代码，那么根据库中语义块的名称，把名称一致的语义块内容填充到情景框架中；如果找不到名称一致的语义块，那么分三种类型进行查找：一种是辅块，一种是特征语义块，还有一种是广义对象语义块。对于辅块，主要按照时间空间等概念进行匹配和填充情景框架；对于特征语义块，主要按广义作用句或广义效应句填充情景框架；对于广义对象语义块，按照 A、B、C 三种类型填充情景框架。如果还找不到对应的语义块，那么将按照情景框架中描述语义块内容的概念符号，在句子的词语中进行匹配，把概念符号一致的词语或短语填充到情景框架。

2.3　句群处理的实践

在由清华大学和东北大学负责主办的中文信息学会句法评测(CIPS-ParsEval-2009)中，评测任务 4(汉语事件描述单元识别)的输入是经过正确词语切分和词性标注处理的完整汉语句子，以句号、问号和叹号等分隔，而输出是句子中各个事件描述单元的左右边界。即任务是把句号、问号和叹号等分隔的句子划分为更小单位的句子。

在 HNC 理论中，以句号、问号和叹号等分隔的句子称为大句，以逗号、分号、冒号、破折号等分隔的句子称为小句。显然，由于逗号的多功能性，被逗号分隔的语串不一定是小句，即不一定成句，还可以是：(1)主块；(2)辅块；(3)句间逻辑概念(lb)；(4)语习类概念；(5)语义块的一部分；(6)其他。大句是句群的最小单位，句群的三要素是领域、情景和背景。句群的领域可以通过词语或短语的概念基元符号激活，用句类分析可以得到词语的语义角色，根据词语的语义角色、频次和位置信息可以确定句子的领域。句群领域确定之后，就可以得到句群的领域句类表示式，它通常由多个句类组合叠加构成。句群的领域句类表示式(包括情景和背景信息)又可以指导小句句类的判定和分析。

在实现评测任务 4 的过程中，首先把大句按逗号、分号、冒号、破折号等切分为“小句”，对“小句”进行句类分析可以得到如下结果：(1)完整的句类表示式；(2)省略语义块的句类表示式；(3)辅块；(4)语习概念；(5)句间逻辑概念；(6)其他。由于第(1)和第(2)种结果包含一个句类，可以作为一个事件描述单元，而后面四种结果则需要合并到下一个事件描述单元中。通过这种处理方式，事件描述单元识别的正确率达到了 75.37%，召回率达到 77.82%，F1 值为 76.58%。

经过对错误结果的分析，发现主要错误原因之一是在前面的第(2)种结果中，省略掉的语义块可能是前面或后面的小句，这在块扩句、是否判断句、因果果因句中出现较多。因此，在句群领域分析的基础上，重点改进了这些类型句子的处理，结果正确率提高到 79.80%，召回率达到 81.91%，F1 值为 80.84%，在开放测试结果中取得了第一名的好成绩。

3 结束语

汉语的句处理和句群处理都是自然语言处理中十分重要而又困难的任务。关于句子分析的理论很多，但句子全自动分析的结果至今仍难令人满意。HNC独辟蹊径，从句子的概念空间结构入手，以概念基元符号为基础，通过感知字词的概念类别，构造出句子的特征语义块、广义对象语义块和辅语义块，在句类知识和句类表示式的基础上检验假设的语义块，然后对语义块的内部进行逐级的句类分析，最后得到句子的句类和语义块内部构成结果。

句群是比句子更大的语言处理单位。HNC理论在语言概念空间研究和处理句群，提出句群由领域、情景和背景构成。由于词语的概念符号和领域的概念符号都是用概念基元符号表示的，因此句子中的某些词语的概念符号会包含有领域信息。根据词语的语义角色、频次和位置信息可以确定句子的领域。根据句子的领域概念符号和领域间关系，可以合并相同或相似领域的句子，从而得到句群及其领域。根据领域可从领域句类知识库中得到句群情景框架描述，依次匹配领域句类代码、领域句类表示式中的语义块、语义块内容的概念符号，从而得到符合概念描述的自然语言表示的句群情景框架。句群情景框架对词义模糊消解、句类和语义块类型确定都有重要的指导作用。

本文的句处理和句群处理方法参加了中文信息学会句法评测(CIPS-ParsEval-2009)中的任务3和任务4，句处理的结果大多可以转换为句法中的功能块，句群处理的结果可以给出小句的更加精确的边界，测试数据结果在开放测试中分别取得了第二名和第一名的好成绩。

参考文献

[1]黄曾阳．1998. HNC(概念层次网络)理论——计算机理解自然语言的新思路．北京：清华大学出版社．
[2]黄曾阳．2004. 语言概念空间的基本定理和数学物理表示式．北京：海洋出版社．
[3]周强．2004. 汉语句法树库标注体系．中文信息学报(4).
[4]周强．2007. 汉语基本块描述体系．中文信息学报(3).
[5]苗传江．2005. HNC(概念层次网络)理论导论．北京：清华大学出版社．
[6]晋耀红．2006. HNC(概念层次网络)语言理解技术及其应用．北京：科学出版社．
[7]韦向峰．2005. 基于HNC理论的扩展句类分析平台研究．中国科学院声学研究所博士学位论文．
[8]缪建明．2007. 专业活动领域句类的设计与知识表示．中国科学院声学研究所博士学位论文．

利用读音信息的词语切分处理[①]

吴崇斌

中国科学院声学研究所，中国科学院研究生院　北　京　100190

bearwcb007@163.com

摘　要：本文对利用读音信息的词语切分处理进行了探讨，结合当前最新研究成果，着重对利用读音中的停顿信息和字词发音信息辅助词语切分处理的可行性与有效性进行深入分析。同时，对利用读音信息的词语切分处理技术进行了总体思路的阐述。在此基础上，初步验证了利用读音信息的词语切分处理基本环节。利用读音信息进行词语切分处理，除了有助于词语的切分处理外，还有助于未登录词的识别处理。

关键词：读音停顿，字词发音，分词，歧义切分，未登录词识别

1　引　言

当前，中文信息处理界对于分词技术主要分为四类：基于字符串匹配的分词方法、基于统计的分词方法、基于理解的分词方法和基于语义的分词方法(黄昌宁、赵海，2007)。不过，总的来说，以上方法都是单一地从文字上入手。那么，在具备与文字材料对应的语音材料的情况下，如果将语音材料包含的信息结合进来，应该可以进一步提高分词精度。毕竟，语音中包含了大量文字所不具有的重要信息，如字词发音、停顿、语调等，而这些信息都可以被利用来辅助分词处理。

在分词处理过程中，歧义切分和未登录词识别是两个影响分词精度的重要因素，而利用语音停顿与字词发音的信息，则可以在一定程度上帮助解决歧义切分问题，进一步还可能辅助未登录词识别。

2　利用语音停顿信息辅助分词

文本上所包含的停顿信息是通过标点来表示的，但对于没有标点隔开的部分，则可以由对应的语音来填补停顿信息的空白。人在说话时尽管不会每个词之间都停顿，但即使是对着现成的台词进行朗读，也通常不会完全按照台词中的句读决定停顿与否。事实上，人在说话时，对于一个较长的句子，往往会把它分隔成若干短语，在短语间插入停顿(钱揖丽、荀恩东，2008；杨锦陈、杨玉芳，2004)。这些停顿在文本上大部分会以标点显式地表现，经笔者初步统计，这部分大约会占全部停顿的85%。那么，剩下的15%的停顿就是文本所不具备的信息。对这部分语音停顿信息的利用将能够提高分词精度。

2.1　对语音停顿信息的利用

要在工程上实现在分词时候对语音停顿信息的利用，事先要解决三个问题。第一个是消

---

①　本文承国家973项目“自然语言理解的交互引擎研究”(2004CB318104)、国家科技支撑计划课题“搜索引擎中的语言翻译基础研究”(2007BAH05B02-05)、中科院声学所知识创新工程项目“句群理解处理理论及其应用”(O654091431)、中国科学院声学研究所“所长择优基金”(GS13SJJ04)、中国科学院青年人才领域前沿项目(O754021432)的资助。

除或减弱噪音，第二个是语音和文本的对齐，第三个是语音停顿的识别和提取。这三个问题目前都有不少解决方法，技术也日趋成熟，处理效果日臻完善，本文不作深入讨论，而要着重讨论如何利用提取得到的语音停顿信息。

通常，在较长句子中，语音的停顿除了出现于文本上标点所在处，还可能出现于一些短语之间，但一般不会处在一个多字词内部。当然，对一些字数较多的词，特别是机构或会议的名称，人们在口头表达时有可能会产生停顿，但停顿仍然处于两个可以独立表达一定含义的词或短语之间。例如，"北京第29届奥林匹克运动会"这个词，在读的时候可能会被语音停顿切分成"北京/第29届 / 奥林匹克 / 运动会"，但一般不会有人把"北京"拆开成"北 / 京"，也不会有人把"运动会"拆成"运动 / 会"。由于语音停顿出现位置的这种特点，我们可以利用其判断初步分词时切分点位置的正确性，进而作出修改，从而提高分词精度。

将经过初步的分词处理后的结果(记为A)，和用语音材料中的停顿信息切分得到的结果(记为B)进行比较，重点比较在初步分词中有歧义切分之处。对于A中存在歧义切分的字符串，则采用B的切分结果。图1是对处理流程的大致展示。

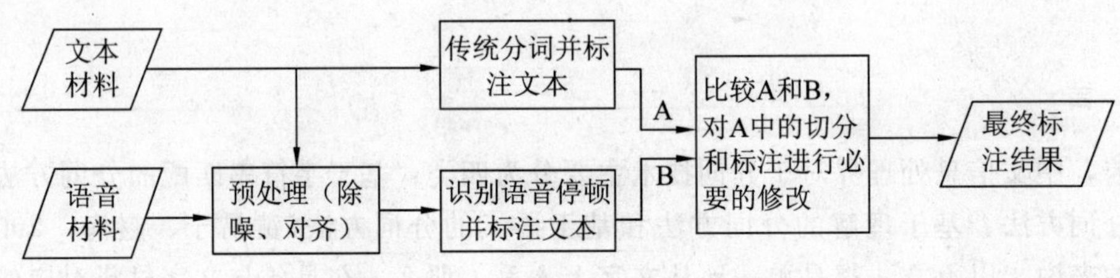

图1

另外，语音停顿信息还可以在一定程度上辅助未登录词的识别，尤其是命名实体的识别。人在说话过程中，出于强调或其他目的，可能在命名实体前后插入停顿。于是，当我们发现了此类停顿时，就能更容易、更准确地将命名实体识别出来。本文将在下面的实验中对借助语音停顿识别命名实体的可行性与效果进行探究。

2.2 初步实验的结果

为了研究语音停顿信息对分词处理的辅助效果，本文进行了初步的实验，重点考察对歧义切分正确率的提高效果。实验采用了目前分词效果较好的ICTCLAS软件最新的2009版本，对文本进行分词处理。另外，进行实验的材料分为两类，一类偏向书面语，来自三篇语文课文：《开国大典》、《林海》和《鸟的天堂》，这三篇文章共约3660字，另一类偏向口语，来自郎咸平在清华的演讲，共约16900字。至于语音停顿信息的提取，本文采用人工和机器相结合的方法，以消除音频文件中噪声带来的影响。经过实验得到以下数据：

分词对象	歧义切分数	歧义切分错误数	语音停顿信息纠正数	歧义切分初次正确率	歧义切分改进后正确率
按文章统计					
郎咸平演讲	14	5	1	62.3%	71.4%
开国大典	9	2	1	77.8%	88.9%
林　海	4	2	1	50%	75%
鸟的天堂	1	0	0	100%	100%

续　表

按类别统计					
口　语	14	5	1	62.3%	71.4%
书面语	14	4	2	71.4%	85.7%

从以上数据可以看出，不管是口语类文本还是书面语类文本，语音停顿信息的加入确实可以大幅提高歧义切分的准确性。

另外，本文也在实验中对语音停顿信息辅助命名识别可能涉及的数据进行初步统计和研究。由于在命名实体前后插入停顿的现象通常是在口语中而不是在书面语中出现，所以本文仅对口语材料进行实验。经过实验统计，本文发现，说话人在命名实体前后插入停顿时，两个停顿之间的内容可能只是命名实体的名称，也可能还包括头衔、称谓，或其他可帮助识别的名词，如“公司”“政府”等，另外还可能是一些语气词。如果将这些情况合并在一起进行统计，则说话人在命名实体前后插入停顿的次数占全部出现的命名实体总数还不到8%。而且，在这8%的命名实体中，有90%以上的命名实体被实验使用的分词系统识别出来了。以此，本文认为语音停顿信息对于命名实体识别的辅助应该是以常规的识别技术为基础，在语法和句法分析的基础上来实现。

2.3　小　结

本节通过实验，初步验证了本文提出的语音停顿信息可以辅助提高歧义切分的准确性的观点，同时也发现，要发挥语音停顿信息对命名实体的识别的辅助作用，仍需要更多更深入的研究。

3　利用字词发音信息辅助分词

不仅语音停顿信息可用于辅助分词，字词的发音也同样可以被利用。在汉语中，常用多音字就有270多个。而多音字的读音往往与字义或词义相关，不同读音对应不同含义。这些发音与含义相关联的信息在文本中根本无法体现，因此，以信息论的观点来看，利用字词发音信息后我们获得更多信息量，那么就可以提高分词的精度。

3.1　对字词发音信息的利用

前面谈到，对多音字而言，同一个字在不同的词语中可能发音不同，字本身的含义也可能不同。而当产生歧义切分的地方恰好有这么一个多音字，而且这个多音字会由于切分结果的不同而发不同的音时，字词发音的信息就对分词有辅助作用了。例如，对字符串“计划的确定”就存在歧义切分，因为“的确”和“确定”这两个词都存在，所以既可以切分成“计划/的确/定”，又可以切分成“计划/的/确定”。但从语音上分析，“的”字在两种切分结果中发音是不同的，前一种发 dí，而后一种发 de。那么，如果可以从语音信号上确定“的”的读音，就可以确定切分点的位置了。

另外，不少多音字的发音和语义是挂钩的。特别对一些多音字而言，它们的某个发音只适用于某个或某些特定情况。这样的例子在人名、地名中比较多。例如，“秘鲁”的“秘”字，只在这个词以及作为姓氏时才发 bì 音，其他情况的发音都是 mì。又如“六”字，当它发 lù 音的时候，通常出现在地名或人名中。《现代汉语词典》中对“六(lù)”只有“六安”和“六合”两个解释，二者都是地名。因此，在此类情况下，字词的发音就可以用来辅助未登录词中命名实体的识别了。

3.2 工程上的实现

要在工程上实现在分词时对字词发音信息的利用，要解决三个问题。前两个问题和利用语音停顿信息的情况一样，即消除噪音和语音文字对齐，而第三个问题则是辨识字的发音。同样，本文仅讨论发音的辨识和如何辅助分词的问题。图2是对处理流程的大致展示。

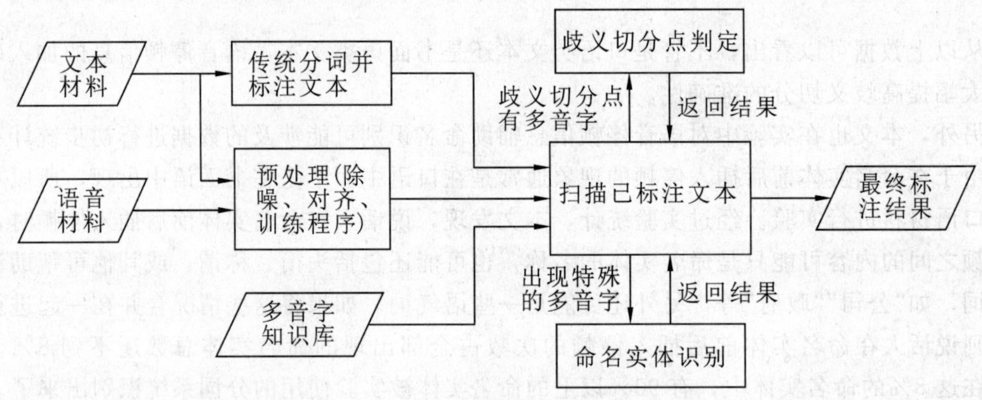

图2

要实现发音的辨识，需要建立知识库，将一个多音字在不同词语中的发音信息保存其中，同时要将多音字的读音中一些特征量和特征函数记录下来。这些特征量和特征函数应当能够区分不同的音节乃至同一音节的不同声调。这些特征量和特征函数的获取途径不是本文重点，因此不作深入论述。

另外，由于生理结构以及发音习惯，甚至语境的不同，每个人对同声同调的字的发音都会有区别。现有的听写识别系统多采用的解决方法是，在实际运用前，先由使用者对系统进行训练，使系统可以适应使用者的发音习惯和特点(郑方等，1999)。不过，在做分词处理时，我们找到语音材料中的说话人来训练系统的可能性很小，因此不可行。然而，我们却有与语音材料对应的文字材料。文字材料中有大量非多音字，用这些非多音字的“标准发音”和语音材料中的发音进行比对和运算，就可以间接得到语音材料中说话人的发音特点了。这里所说的“标准发音”是相对的，其本身与知识库中多音字的发音同源。

前面都是准备工作和预处理。我们假设预处理完成后，分词系统可以正确识别语音材料中每个音节和声调，并且能正确地将字和音节对应起来。在这个假设下，本文将阐述是对信息利用的实现，包括歧义切分和未登录词识别两部分。

对于歧义切分的情况，先将切分点附近的多音字找到，如果这个多音字的读音会因为切分结果的不同而不同，那么就从语音材料中提取并辨识其发音，据此判定应当是哪种切分结果。

另外，对于未登录词识别，字词发音信息主要可以辅助人名、地名的识别。由于人名和地名在初次分词后很可能被切分成若干单字，所以，系统可以对切分结果进行扫描，对于被切分成单字的多音字，如果识别出其读音常常或者仅仅用于人名或地名中，则调用相关的未登录词识别程序进行识别。

3.3 小　结

本节对利用字词发音信息辅助分词技术的基本原理和工程实现的思路进行了阐述，从理论上说明了该技术的有效性。但由于缺乏实验所需的大量文本和音频材料，本文未能对本节的理论观点进行实验验证。

4　总　结

本文对利用读音信息的分词技术进行了科学的展望，重点对读音信息中的语音停顿信息和字词发音信息的应用进行了比较详细的阐述，不仅从理论上阐述了新技术的可行性和有效性，而且着重对语音停顿信息辅助作用进行了实验。在实验中，本文验证了语音停顿信息对提高歧义切分准确度具有明显作用，同时也发现语音停顿信息要运用在命名实体识别方面还存在一些难点。另外，对于字词发音信息的运用，本文通过举例，说明该技术的有效性，同时还阐述了其实现的步骤。当然，今后仍需通过大量实验来对理论进行验证，并获得更准确的统计数据。同时本文也期望语音识别研究人员能不断完善语音识别技术，为本文所述技术提供语音领域可靠的技术支持。

参考文献

[1] 郑方，牟晓隆等 . 1999. 汉语语音听写机技术的研究与实现 . 软件学报(4).
[2] 黄昌宁，赵海 . 2007. 中文分词十年回顾 . 中文信息学报(3).
[3] 浦小祥，董恩清 . 2008. 基于噪声整形的语音去噪算法 . 通信技术(12).
[4] 刘志坤，唐小明，朱洪伟 . 2009. 基于改进谱减法的语音增强研究 . 计算机仿真(6).
[5] 钱揖丽，荀恩东 . 2008. 基于标点信息和统计语言模型的语音停顿预测 . 模式识别与人工智能(4).
[6] 杨锦陈，杨玉芳 . 2004. 言语产生中的韵律生成 . 心理科学进展(12).

现代汉语文本中四字语的识别[①]

武慧敏

北京师范大学中文信息处理研究所　北　京　1000875

wuhuimin841231@sina.com

摘　要：本文按照四字语的基本内部结构，根据词语的词性，设计了一个四字语模板，根据四字语模板，结合语料库方法，实现四字语的快速识别。

关键词：四字语，识别

汉语从古代典籍中的对偶、四六骈句的运用直到律诗对仗的日渐成熟，整个汉语组合都呈现出一种对立统一的精神，而平衡对称已成为汉民族组织语言的一个有力手段。四字语作为这种组句手段中极为活跃的部件之一，它的运用尤为渊源流长，直到今天，依然是人们喜用的一种格式。

1　四字语的定义

四字语也称四字格，是就词汇成分中字(音节)的构成数量归纳出来的固定格式或固定形式，指现代汉语词汇系统中由四个字(音节)构成的词汇单位。它可以是四字词，如"不随意肌""电报挂号"；也可以是四个字的固定词组，如"七上八下""聚精会神"。但它不包括四个字的自由组合，如"我的祖国""调查结果"等。该论文主要研究的四字语包括以下几类：

(1)主要取自某一专门行业或学科领域(包括少量的专用名词)，如"倍塔射线""鼻化元音"等。

(2)主要取自当代普通人的社会生活，如"黄毛丫头""总而言之"等。

(3)主要取自古今时代的文学作品，如"狐假虎威""按图索骥"等。

2　四字语识别的基本问题

正因为四字语的结构关系复杂多样，所以，许多复杂的概念，深刻的认识，完整的思想意识，几乎都可以用四字语言简意赅地表达出来。对于人脑而言，理解这些四字语并非难事，然而，对于计算机而言，理解这些四字语却困难重重，如果对这些四字语的理解分析不够充分，整个句子的理解都将成为问题。

组成四字语的单词，它们的词性往往呈现出一定的规律性，因此可以把词性组合作为规律来找出一些四字语，但这并不全面，因此还需参照其他的信息。如在考虑词性信息的基础上还参照单词本身的意义来识别四字语。

① 本文得到国家科技支撑计划项目"中文信息处理应用研究与系统开发"之课题"中文信息处理应用理论研究和知识库资源的开发"(编号为2007BAH05B01)的资助。

3　四字语识别的研究方法

3.1　基于词库的方法

这种方法又叫做机械检索方法，它是按照一定的策略将待分析的四字语与一个“充分大的”四字语词库进行匹配，若在词典中找到该四字语，则匹配成功。为了提高检索率，可以完善该词库；不足之处是检索的速度比较慢。

3.2　基于规则的方法

规则方法就是根据人工书写的或(半)自动获取的语法规则标注出四字语的边界和四字语的类型。当输入句子中的四字语满足规则时，就插入四字语边界。

首先从训练的语料中得到一组四字语的组成规则(词性组合)，然后把得到的这些规则应用到剪枝的语料中，对这些规则进行打分。比如，如果一个规则识别出一个正确的四字语得1分，识别出一个错误的四字语得－1分，根据设定的阈值和每条规则总的得分情况对规则进行删减。选出那些得分高的规则用来识别四字语，在标注四字语时，采用模式匹配方法；在遇到规则冲突时，也是采用最长匹配原则。

在该过程中，必须要有一个可以参考的模板，或者称之为标准，四字语规则表的建立就是为了解决这个问题。在现代汉语中，根据四字语直接成分之间的结构关系，可以将四字语分为15种常用四字语类型(罗新芳、赵英，1995)：

主—谓：生机勃勃、黑白分明。
定—主—谓：众目睽睽、万马奔腾。
主—状—谓：声色俱厉、猫鼠同眠。
定—主—状—谓：文人相轻、异军突起。
主—谓—宾：塞翁失马、叶公好龙。
定—主—谓—宾：鱼目混珠、众星捧月。
主—状—谓—宾：人定胜天、寡不敌众。
主—谓—定—宾：史无前例、鹤立鸡群。
状—谓：谆谆告诫、巍然屹立。
谓—补：轻如鸿毛、毁于一旦。
谓—宾：颠倒是非、蛊惑人心。
状—谓—宾：不见经传、历历在目。
状—谓—补：不齿于人、略胜一筹。
谓—宾—补：入木三分、嗤之以鼻。
状—谓—定—宾：别开生面、痛改前非。

本文主要就是针对这15类四字语，建立形式化的四字语规则，使之作为处理大多数四字语的标准。

令四字语P＝w1＋w2＋[w3]＋[w4]，其中w1、w2、w3、w4为组成短语的四个字[词]，“[]”中的内容可以省略，(如果省略的话 则w1、w2是词)。得到的基本规则如表所示。

但有时候仅仅依靠固定的词性搭配关系不足以达到理解的目的，因为这样只能在句法的层面上识别短语，而在语义上却无能为力。

四字语规则表

编 号	四字语类型	词性规则	语义描述
1	主—谓	w1：n/p+w2：v/a	w2 为 w1 的动作或状态
2	定—主—谓	w1：a+w2：n/p+w3：v/a	w1 为 w2 的修饰，w3 为 w2 的动作或状态
3	主—状—谓	w1：n/p+w2：a +w3：v/a	w2 修饰、限制 w3
4	定—主—状—谓	w1：a+w2：n/p+ w3：a +w4：v/a	w1 修饰、限制 w2
5	主—谓—宾	w1：n/p+w2：v/a+ w3：n/p	w3 是 w1 的对象
6	定—主—谓—宾	w1：a+w2：n/p+ w3：v/a +w4：n/p	
7	主—状—谓—宾	w1：n/p+w2：a +w3：v/a+w4：n/p	
8	主—谓—定—宾	w1：n/p+w2：v/a+w3：a+ w4：n/p	
9	状—谓	w1：a +w2：v/a	
10	谓—补	w1：v/a+w2：a/v	w3 补充说明 w2
11	谓—宾	w1：v/a+w2：n/p	
12	状—谓—宾	w1：a +w2：v/a+w3：n/p	
13	状—谓—补	w1：a +w2：v/a+w3：a/v	
14	谓—宾—补	w1：v/a+w2：n/p+w3：a/v	
15	状—谓—定—宾	w1：a +w2：v/a+w3：a+w4：n/p	

3.3 基于统计的方法

从形式上看，四字语是稳定的字的组合，因此在上下文中，相邻的字同时出现的次数越多，就越有可能构成一个四字语。因此字与字相邻共现的频率或概率能够较好地反映成词的可信度。可以对语料中相邻共现的各个字的组合的频度进行统计，计算四个汉字 X、Y、Z、W 的相邻共现的概率。

$$p=\frac{p(x, y, z, w)}{p(x)+p(y)+p(z)+p(w)}$$

如果该概率大于或等于某个阈值，就可以基本认定该词是四字语。

3.4 多种策略相融合的方法

规则方法与统计方法各有优缺点，因此在实际使用中，这两种方法需要结合使用，相互补充。目前多倾向于综合多种方法以及应用不同的语言模型来识别四字语。此方法组合多种知识和多种方法，可以有针对性地解决不同的问题，获得更好的精确率。

3.5 四字语识别结果的表示方式

四字语的左边界用“[”表示；四字语的右边界用“]”表示。在文本中插入代表四字语边界的符号，即识别出了四字语。

4 四字语识别评价标准以及结果

近年来，人们在四字语识别领域做了大量的研究工作，列举实验数据以证明某方法或某系统的效果优劣。为了能定量地对比和评价各种方法，人们大多采用同一训练和测试数据；本文拟采用的评价标准是：

$$精确率=\frac{正确识别的四字语个数}{正确识别的四字语个数+错误识别的四字语个数}$$

$$召回率=\frac{正确识别的四字语个数}{语料中四字语的个数}$$

5　结束语

在对词库不断维护扩充的情况下，识别的精确率会越来越高，交互识别以及人工识别都是维护词库的一种方式，将新的四字语入库，不断扩充词库，这样在下次识别的时候，就会识别出该四字语。

参考文献

[1]Voutilainen A. Nptool. 1993. A Detector of English Noun Phrases. In Proceedings of the First Workshop on Very Large Corpora.

[2]Magerman D，Marcus M. 1990. Parsing a Natural Language Using Mutual Information Statistics. In Proceedings of AAAI' 90.

[3]罗新芳，赵英 . 1995. 汉语成语四字格浅论 . 天中学刊(10).

[4]齐波 . 基于短语识别的自然语言理解搜索方法研究 .

[5]梁颖红 . 2004. 英语基本名词短语识别技术 . 信息技术(12).

英语主辅语义块辨识初探[①]

翟保军

北京师范大学中文信息处理研究所　北　京　100875

zhaibaojun6@yahoo.cn

摘　要：英语主辅块的辨识对英语语句的理解、HNC 普适性的验证以及汉英机器翻译都具有重要意义。本文总结了主辅语义块辨识的四种依据，其中句类又是最根本、最重要的。确定英语语句的句类，就必须找到决定句类的特征语义块核心部分，为此我们分析并给出了英语特征语义块核心复合构成的五种形式。在这些知识的基础上，本文对英语三种语言形式进行了主辅辨识的研究：介词短语作辅块还是主块要根据句类信息、介词的指示作用以及介词后词语的内涵；状语从句和作状语的动词非限定形式是句子的附属性成分，弱依赖于句类，要处理为辅块。

关键词：英语辅块，介词短语，副词，状语从句，动词非限定形式

1　英语主辅块辨识的意义

语义块是语句的下级语义单位，“为了建立语句的数学和物理表示式，使语言变成一个 well-defined 的东西”(黄曾阳，1998)，HNC 采取的一项重大举措就是先区分主辅两大类语义块。主语义块规定了语句意义的基本完备性，是语句必须出现的成分。句子中也可能有表示时间、地点、条件等辅助性的信息，这些信息可以出现，也可以不出现，HNC 把这部分信息定义成辅语义块，简称辅块(fK)。英语主辅语义块辨识的研究有以下几个方面的意义。

语义块的辨识是 HNC 句类分析“三部曲”第一部的一项内容。黄曾阳先生(1998)指出汉语有“把、被、向、对”之类明确的语义块指示标记，西语是不存在的；而西语有比较完备的短语指示符，如“the，a ，for，with”等，汉语没那么完备。所以汉语计算机处理应该从语义块感知入手，而西语应从短语感知入手。西语在短语感知之后，仍必须上升到语义块感知和句类分析，采取先下后上的策略。所以在西语中，语义块感知处理也是不能绕过的步骤。

HNC 是面向所有人类语言的理论，目前的研究集中在汉语。运用 HNC 理论对英语主辅块辨识的研究体现了理论创立的初衷，也可以进一步验证 HNC 的合理性和普适性，提高 HNC 的说服力。

研究和开发一种汉语和英语的双向翻译系统是 HNC 理论的一个既定的目标(黄曾阳，1999)，也是 HNC 展示其生命力的最佳场所(黄曾阳，2003)。汉英翻译过渡阶段六环节的处理研究都要以英语主辅语义块辨识为前提。

2　英语主辅块辨识的依据

对于主辅语义块辨识的策略，黄曾阳先生(1998)认为交替使用非主即辅和非辅即主的从权法。在实际的语串中，更多的情况是辅块容易辨认，因为辅块常带有标记，不带标记的主要是

①　本文得到国家科技支撑计划项目“中文信息处理应用研究与系统开发”之课题“中文信息处理应用理论研究和知识库资源的开发”(编号为 2007BAH05B01)的资助。

封闭的时间和空间概念构成的条件辅块。l类概念的研究和词语挂靠对于识别主辅语义块有着直接的效用。晋耀红(2006)认为辅块感知最基本的一条原则是标志信息与内涵信息并用。

根据已有研究和英语的特点，我们将根据以下方面对英语主辅块进行辨识：

(1)句类信息。这是辨识主辅块最根本的方法，主块是句类的函数，辅块弱依赖于句类。

(2)标志信息。英语的形态标记较为丰富，找到辅块出现的标志信息，便于软件辨识辅块。如英语语言逻辑概念：l01(by)、l11(through，by way of)、l12 (with)、l14(as if，as though，like)、l15(after，by，on，if，as long as)、l16(because (of)，from，due to，with)、l17(at，by，to)。

(3)内涵信息。一个语言形式，作主块还是辅块，又是何种类型的语义块，也要依据其内涵信息。

(4)修饰关系。英语的短语边界明显而语义块边界不明显，修饰主块的成分是主块的块饰，修饰辅块的成分则是辅块。

3 英语特征语义块核心的复合构成

英语主辅块辨识最根本的是要根据句类信息，句类信息存在于特征语义块 EK 中，所以必须确定语句的核心 v 概念，而这又必须分析英语 EK 核心的复合构成情况。

根据是否有明确的词汇意义，英语动词分为主动词和助动词。主动词单独使用或在动词短语中起主要作用，包括系动词、不及物动词、及物动词、双宾语及物动词、复合宾语及物动词；助动词不能单独作谓语，包括基本助动词、情态助动词、半助动词(何桂金，1996)。

EK 简单构成较为容易找到其他主语义块，而 EK 的复杂构成则较难处理。黄曾阳先生(2003)指出特征语义块的完整表达与单个中心动词完全是两回事，一个完整的特征语义块核心的表达有时不仅需要多个动词，而且还需要体词的配合。

汉语处理存在多动词的难点，英语的动词形态为找到主要动词提供了很好的条件。英语小句中总是有一个限定性的谓语动词，而其他动词要用非限定形式，当两个动词一起出现时，根据形式可以将二者区分开。有些主动词(如 apply，agree，know)后面接动词不定式作宾语，有些主动词(如 finish，acknowledge)后面接分词作宾语。有些主动词(attempt，bear，continue)两种都可以用，意思也同，可互换，有些则意思不同如 forget，remember。

简单动词填入词库，并注明句类信息。除了简单动词，英语还有短语动词(phrasal verb)，即由两个或更多个词构成的动词。短语动词包括以下八种类型：

(1)动词+介词：listen to(听)、look for(寻找)

(2)动词+副词：turn on(打开)、pull back(撤回)

(3)动词+副词+介词：look down on(看不起)、take up on(接受)

(4)动词+名词+介词：take part in(参加)、take care of (照顾)

(5)动词+名词：take place(发生)、lose heart(泄气)

(6)动词+形容词+介词：make sure of(弄清楚)、get rid of(改掉)

(7)动词+形容词：hold good(有效)、lay waste(摧毁)

(8)动词+动词(或介词)：let slip(放过)、heard tell of(听说过)

这些短语动词的组合较为固定，作为一个整体使用，语义上和单个动词也存在很大差异。如 sit down under 作为一个短语动词，意思是“忍受”，而 sit down under+地点则为自由动词短语，意思是坐在什么的下面。短语动词也应填入英语词库，并注明句类信息[①]，这样便于语义块的切分组合处理。

Sit down under ‖ him.(忍受他。)

Sit down ‖ under the tree.(坐在树下。)

“忍受”义的 sit down under 是一个整体，him 是 JK2，作自由短语时，sit down 是“坐下”义，under the tree 则是一个广义对象语义块。

英语语句的特征语义块的构成形式。

(1)简单构成。如：

He ‖ ate ‖ the apple.(我吃了那个苹果。)

在上面的句子中，ate 是核心 E。

(2)并列式构成。英语 EK 的并列式构成一般用并列连词连接，也可以用动词的非限定形式。如：

He ‖ might come and see ‖ it.(他可以来这看看它。)

在上面的句子中，come 和 see 两个 v 概念是并列的 E1、E2。

(3)动静搭配。有些句子的主动词(如 Have、do、make、take、give)在语义方面的作用很小，句类的主要引介者是与其有关的名词。如：

The team ‖ has the desire ‖ to sign the player.(这个队希望签下那个运动员。)

在这个句子中，the team 是 JK1，has the desire 是 EK，句类信息由作为 EH 的 desire 决定，JK2 为块扩 to sign the player。

(4)高低搭配。进入高低或者高低动静搭配的动词是半助动词(如 be able，be about，be likely，be sure，appear，fail，get，seem，tend，turn out)。如：

He ‖ fails to pass ‖ the exam.(他没通过考试。)

在上面的句子中，fail 是 EQ，pass 是 E，the exam 是 JK2。

(5)高低动静搭配。英语的半助动词一般不是特征语义块的中心，而是“中心动词”的副词性成分。如：

The food ‖ seems to have profound effects ‖ on our health.(食物对我们的健康有长远的效用。)

这是混合句类之一的效应作用句，两个广义对象语义块是 The food 和 our health，特征语义块是 seems to have profound effects，而特征语义块的 EH 是名词 effect。在这里，仅仅抓住英语形式上的中心动词 seems 对理解处理是没有意义的。

对应于汉语 EK 的组合式构成，英语里是一个主动词，另一个动词的概念用非限定形式或者介词短语等形式，两者均是辅块形式。

4 几种语言形式主辅辨识示例

句类信息是主辅块辨识最根本，也是最重要的依据，句类信息确定后，主辅辨识的问题就容易解决了，但是对实际语串的主辅辨识也要常常考虑其他三个方面的辨识依据。下面，我们将以介词短语、状语从句和作状语的动词非限定形式为例谈一下英语具体形式主辅辨识的问题。

---

① 自然语言复杂而灵活，词库中此类短语动词的信息应包括相关变形，如离合的情况。

4.1 介词短语的主辅辨识

英语的介词非常丰富，英语语句的理解和生成都要处理大量介词短语。确定了 EK 核心的 v 概念就基本确定了句类，介词短语作主块还是辅块主要根据句类信息。

并不是所有介词和它后面的成分都构成介宾短语，所以判断介词短语的主辅性，前提要解决短语边界划分的问题，即确定语串里的某一个部分构成一个介词短语。英语介词可以和其他介词、连词、动词混合构成一个复合介词，如 expect for(除了……之外)、because of (因为)、thanks to(幸亏)、in common with(和……相同)、after the manner of(照……的方式)、at the thought of(一想到……就……)。这些复合介词的搭配是固定的，不能随意增删成分，内部不用再分析，应该作为一个整体填入词库。有的介词和前面动词构成固定短语动词作 EK，这些动词短语的语义不是成分语义的简单组合，如 sit down under ‖ him(忍受他)。不及物动词加介词后才能跟名词搭配，这时动词和介词构成及物性成分作句子的 EK，后面的名词一般是 JK2，如 look at(看)、answer for(为……负责)、apply for(申请)。固定短语动词和不及物动词加介词的信息也应该填入词库。

对于介词短语在句中的功能，一般认为介词短语在句子中可以作状语、定语，表语、宾语的补足语、独立语。在 HNC 的框架下，介词短语可以有以下几种辨识结果：主块、主块核心的一部分、主块的说明部分或者辅块(的一部分)。处理策略是：要根据句类和语义块的内涵来确定介词短语的作用，先假定它们是主块，优先满足对主块的需要，然后才归入辅块。例如：

sit down ‖ under the tree(坐在树下)

sit down 是 EK，句子是换位状态句，介词短语 under the tree 是广义对象语义块 SC。

I ‖ mostly do the translation ‖ from English ‖ to Chinese.(我主要做英汉翻译。)

这个句子的 EK 是动静搭配，句类是 XT4b＊311，需要三个广义对象语义块，所以介词短语 form English 和 to Chinese 都是主块。

This is ‖ a big leap forward in China's social change and historical progress.(这是中国社会变革和历史进步的巨大飞跃。)

这个句子的句类是 jD101J，广义对象语义块是复合构成 DBC，并优先让这个 DBC 完整。所以 China's social change and historical progress 是对象，leap forward 是这个对象的表现；而不是分析为 in China's social change and historical progress 是辅块，DBC 省略了对象部分。可见，介词短语 in China's social change and historical progress 也是主块核心的一部分。

句类信息确定后，一个介词短语作主块的说明部分还是辅块也可以有两种分析，因为二者都是语句的附属性成分，弱依赖于句类，这个时候，我们把它处理为主辅两可块。例如：

Absolute equalitarianism ‖ became ‖ quite serious (‖ ～)in the Red Army at one time.(红军中的绝对平均主义，有一个时期发展得很厉害。)

介词短语 in the Red Army 可以是主块 Absolute equalitarianism 的说明部分，也可以是个条件辅块。

介词短语的主辅辨识也要参照标志信息。以复合介词 by way of 为例，它是主块标志，也是辅块标志。具体来说，这个介词在转移句中是基本对应于汉语的“经由”，引导词语构成主块，在其他句类中则多为手段或方式辅块的标记。例如：

The plane ‖ flew ‖ to the Far East ‖ by way of the polar route.(飞机经由极地航线飞往远东。)

这个句子的句类是 T2b0J，to the Far East 是 TB2，by way of the polar route 是 TB3，二者都是主块。

He ‖ made no comment ‖ ～ by way of apology.(他以道歉形式未做任何评论。)

这句的 EK 是高低搭配，comment 是 EK 的 E，它决定句类是 D01J，by way of apology 是手段辅块。

介词短语是否是辅块，还要分析介词后词语的内涵信息。例如：

She ‖ was killed ‖ ～ with a gun，‖ by her husband.(她被丈夫用枪杀害了。)

这个句子是作用句，需要两个 JK，she 是 JK2，with a gun 和 by her husband 哪个介词短语是 JK1 要考察介词后的名词性成分，可以根据概念关联知识，kill 优先 p(e)概念为作用者，pw 概念为工具辅块。

介词短语可以出现在结构"be＋adj＋prep＋phrase"中，根据一般的英语语法观点，整个句子动词是 be，后面的介词短语是状语。我们依此分析：整个结构是是否判断句，EK 是 Be，形容词是 DC，后面的介词短语是辅块。例如：

He ‖ is ‖ happy ‖ ～about his promotion.(对于自己的进步他很高兴。)

China ‖ has been ‖ famous ‖ ～for its silk trade.(中国以其丝绸贸易闻名。)

上面的两个句子中，形容词后面的介词短语都处理为辅块。

但是有少量形容词只有在与介词词组搭配时，才能作主语的补语，这样的结构应该填入词库，并注明相关句类信息。例如：

be fond of(喜欢)：I ‖ 'm very fond of ‖ pop music.(我很喜欢流行音乐。)

be subject to(受到)：The arrangements ‖ are subject to ‖ change.(安排要受到改变。)

be intent on(专心于)：He ‖ is intent on ‖ his studies.(他专心于自己的研究。)

4.2 作状语的从句和非限定性动词是辅块

西方人注重个体思维、形式逻辑，表现在语言中重形合，结构上要求严谨，运用各种有形的连接手段达到语法形式的完整，句子组织严密。所以英语的大句有一个核心主谓结构，其他语句成分以不定式、分词、从句、介词短语等形式附着在主句上，是主句的附属成分。

主句 Eg 标明句类所需的主块一般在这个主谓结构的内部，状语从句、作状语的非限定动词不是这个句类的主块，而且虽然有动词，但这样的结构不具有独立性。

Quirk 等(1985)指出，状语小句是从属小句(subordinate clauses)，不能独立使用，是主句(matrix clause)的一部分。Diessel(2004)也认为状语从句在句法上是主句的嵌入结构(embedded structure)，是句子的修饰语。另外，从人脑理解语句的过程看，一个状语从句加主句的语句，虽然有两个小句，但人脑是作为一个单位处理的。主句加状语从句的语句结构，人脑可以先处理主句，然后再处理后面的状语从句，这说明了主句语义块的自足性以及状语从句的附属性。例如：

‖ ～If I were to go，I ‖ would be ‖ late.(如果我去，我也迟到了。)

I 和 late 是主句需要的两个广义对象语义块，由此主语义块已经完整，if 引导的状语从句是主句状语性的附属成分，处理为一个条件辅块。

Pérez Quintero(2002)也认为状语从句在功能上类似于状语，是可选的，并研究了手段(Means)、时间(time)、方式(manner)、参照(comparison)、目的(purpose)等 14 种状语从句典型的连接词，这可以为英语语言逻辑概念的相关节点的词语绑定提供参考。

英语动词的限定形式和非限定形式动词的基本区别是：限定动词在句子中可以单独作谓

语，非限定性动词在句中则不能单独作谓语。英语动词有三种非限定形式：动名词、分词和不定式。动名词相当于名词性成分，可以作主语、宾语等，不能作状语，主语和宾语一般是主块。不定式和分词也不是单独的小句，可以作主句的主语、表语、宾语、宾语补足语、定语或状语等。除状语外的功能一般是主块成分，作状语时才处理为辅块。例如：

‖～To distinguish real friends from real enemies，we ‖ must make a general analysis ‖ of the economic status of the various classes.（我们要分辨真正的敌友，不可不将中国社会各阶级的经济地位及其对于革命的态度，作一个大概的分析。）

上面句子的 EK 是动静搭配，analysis 是 EH，句子的句类是 D01J，需要的两个广义对象语义块是 we 和 the economic status of the various classes，所以作状语的不定式 To distinguish real friends from real enemies 只能处理为辅块成分。

5　小　结

本文的研究总结了语义块主辅辨识的方法，其中句类信息是主辅辨识的根本依据，我们分析了英语特主语义块核心复合构成的形式，并以介词短语、状语从句和作状语的动词非限定形式为例对英语具体的语言形式的主辅辨识进行了分析。通过对英语特征语义块核心复合构成的分析、英语语言逻辑概念的词语挂靠和英语具体语言形式主辅块的辨识处理，进一步验证了 HNC 在分析汉语之外语言时的适用性；也为运用 HNC 理解英语语句和汉英、英汉机器翻译提供了知识。

同义或近义的汉英语词在表述结构方面具有一定的差异，英语主辅块的辨识也要以英语词语知识库的信息为基础。英语比汉语有更多的形态特征，所以英语主辅块的辨识也应该更多地发掘和依据这些标记形式，这是处理的捷径，也更易为计算机识别掌握，所以英语语言逻辑概念的研究和词语绑定的工作非常重要。

参考文献

[1]Diessel，Holger. 2004. The Acquisition of Complex Sentences. New York：Cambridge University Press.

[2]Ernst，Thomas. 2002. The syntax of adjuncts. Cambridge，UK. New York：Cambridge University Press.

[3]Pérez Quintero，María Jesús. 2002. Adverbial subordination in English：a functional approach. New York：Rodopi.

[4]Quirk，Randolph，Sidney Greenbaum，Geoffrey Leech，and Jan Svartvik. 1985. A Grammar of Contemporary English. London：Longman.

[5]何桂金 . 1996. 英语动词新编 . 重庆：重庆大学出版社 .

[6]黄曾阳 . 1998. HNC 概念层次网络理论 . 北京：清华大学出版社 .

[7]黄曾阳 . 1999. HNC 理论与自然语言语句的理解 . 中国基础科学(2—4).

[8]黄曾阳 . 2003. 自然语言理解处理的 20 项难点及其对策 . 中国科学院声学研究所内部资料 .

[9]黄曾阳 . 2003. 在反思中前进，在碰撞中成长//第二届 HNC 与语言学研究论文集 . 北京：海洋出版社 .

[10]蒋秉章，黎云 . 1996. 英语非谓语动词语法和应试技巧 . 上海：同济大学出版社 .

[11]晋耀红 . 2006. HNC(概念层次网络)语言理解技术及其应用 . 北京：科学出版社 .

[12]苗传江 . 2005. HNC(概念层次网络)理论导论 . 北京：清华大学出版社 .

[13]Sylvia Chalker. 2001. 连词 . 北京：外文出版社 . 香港：商务印书馆 .

[14]汤忠卫，汤文菲 . 1999. 英语介词搭配手册 . 北京：新华出版社 .

[15]田翠芸 . 2005. 通用英语副词、介词、连词教程 . 北京：对外经贸大学出版社 .

中文机构名识别需要使用的知识资源[①]

张冬梅

北京师范大学中文信息处理研究所　北　京　100875

dongmeibnu@gmail.com

摘　要：中文机构名识别是中文信息处理领域的重点和难点问题，目前的研究还没有取得令人满意的成果。本文介绍了一种从机构名自身结构和语法特点出发，制定的识别策略，重点介绍了运用这种策略需要使用的几种知识资源，特别是HNC资源，包括建设这些资源的出发点和依据、资源的创建方法和资源的使用方法。

关键词：中文机构名，识别，知识资源，HNC资源

引　言

中文机构名识别是中文信息处理领域的重要任务之一，是命名实体识别研究的一项主要内容。它不仅是影响汉语自动分词准确性的一个重要因素，同时也是信息抽取、信息检索和机器翻译的预处理模块。因此，研究中文机构名识别，提高识别的准确率和召回率具有重要的现实意义。

一直以来，中文机构名的识别都是中文信息处理领域的一个难题，从识别效果上看，对机构名的识别，远不及对人名和地名等其他命名实体的识别。这是因为：一方面，中文机构名的构成复杂，另一方面，机构名的数量庞大、并且变化快，不稳定。

从识别方法上看，目前所采用的主要是基于规则和基于统计的两大类方法。其中基于统计的方法是通过训练语料和建立统计模型来实现；基于规则的方法，主要是从语言本身出发，通过建立各种语言规则来实现。两种方法各有所长，也都存在不足之处。

本文的研究将从语法和语义两方面分析机构名的结构特征和使用特点，并据此制定出识别的基本策略和方法，采用这种策略的关键是对几种知识资源的使用，因此，本文将着重介绍这几种知识资源。

1　识别的基本策略和方法

1.1　中文机构名的结构特点

机构名识别困难的主要原因是其构成复杂，在长度上短则四五个字、长则十几个甚至是几十个字；在用字的选择上，机构名用字广泛，不像人名、地名可以归纳出一个常用字表；这两点都给识别增加了难度。但从另一个角度看，机构名的结构又有规律可循，仔细研究，可以发现几乎所有机构名都可以看作是一个偏正结构的名词性短语，在这个名词短语中，都有一个中心词，如“大学”“公司”“局”等，这些词通常是表明机构的类别，这里我们不妨把它

① 本文得到国家科技支撑计划项目“中文信息处理应用研究与系统开发”之课题“中文信息处理应用理论研究和知识库资源的开发”(编号为2007BAH05B01)的资助。

们称之为机构名的通名。

机构名的另一个组成部分是修饰语，相比于中心语，这部分要复杂许多，机构名结构的复杂性也主要体现在这部分。在数量上，修饰词可以是一个，如“北京大学”“联想集团”中都只有一个修饰词，分别是“北京”和“联想”；也可以有多个，如“北京师范大学”“北京航空航天大学”。从语法上看，这些词以名词为主、还有少量动词、形容词和数词。因为名词在修饰词中占绝大多数，所以有必要对这些名词作进一步分析，这些名词可以概括为以下几类：

(1)地名，如“山东大学”(“山东”)、“吉林大学”(“吉林”)。

(2)人名，如“宋庆龄基金会”(“宋庆龄”)、“白求恩医科大学”(“白求恩”)。

(3)领域、专业名称，如“农业部”(“农业”)、“中国科学院物理研究所”(“物理”)。

(4)生产、经营、研究的对象，如“云南红河卷烟厂”(“卷烟”)、“中国石油天然气集团公司”(“石油天然气”)。

(5)机构、组织、团体的名称，如“北京师范大学实验中学”(“北京师范大学”)、“摩托罗拉大学”(“摩托罗拉”)。

(6)创办、经营方式，如“神华集团有限责任公司”(有限责任)、“天津大沽化工股份有限公司”(“股份有限”)。

(7)专门构造的名称，如“清华大学”(“清华”)、“宇通集团”(“宇通”)。

动词、形容词和数词，因为数量非常少，甚至可以逐个列出，所以可以单列一个词表。

除了分析机构名中的常用修饰词外，还要进一步分析这些词的排列和组织顺序。在上面列举的几类词中，(1)(2)(5)(7)是必须至少出现一个的，而且位于修饰词的最前面，其他的词则是可有可无的。

还有一点需要注意的就是，不同种类的机构名在结构上也存在较大差异。有些词只出现在某一种或几种机构名中，比如“有限责任”、“股份有限”这样的词只会出现在企业名称中。

1.2　中文机构名的使用特点

从语法上看，机构名是一类特殊的名词，因此，它具有名词的语法特性。通常，它们在句子中可以作主语、宾语和定语成分，也可以作表示地点的状语。从句中的位置来看，它一般位于标点符号之后，或者是动词、介词、助词、连词和一小部分代词之后。在 HNC 句类中，机构名只能充当广义对象语义块，或者是条件辅块，有时也作块饰①。

1.3　识别的基本策略和方法

分析了机构名的结构和使用特点，就可以依此制定出基本的识别策略和方法。下面是基本识别步骤：

(1)利用通名词表，找出作为“激活点”的机构名通名，如果激活点位于句首，放弃该句，继续寻找下个激活点，如果不在句首，把它作为待识别的机构名的后边界，并判断出机构名所属的类别。

(2)对含有激活点的句子进行分词处理。利用前边界词表，找到可能的前边界，取出一段待识别的字符串。

(3)根据类别，利用构成模式库和词语知识库对这段字符串进行模式匹配。

(4)如果匹配成功，提取识别结果，否则放弃，回到(1)。

---

① 块饰是语义块的说明成分，用 Ku 表示。

下图是识别的基本流程和识别时用到的知识资源。

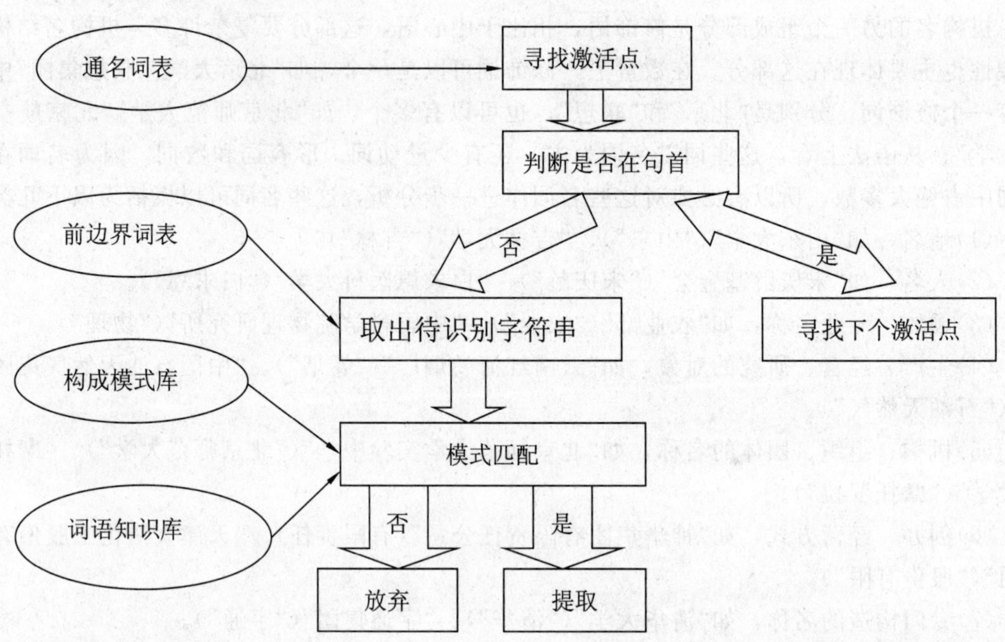

2 通名词表的建设和使用

2.1 通名词表的建设

所谓通名词表，就是把"学校""公司"等这样的机构名中的通用词，收集起来建成一个词表。虽然机构名在数量上非常巨大，但是它们都有一个通名，如"大学""厂""委员会""研究所"等。这些词数量有限，并且同一种类型的机构名，通名一般都是固定的几个，比如高校的通名绝大多数是"大学"和"学院"，研究机构的通名往往是"研究院"和"研究所"。企业的通名一般是"厂""公司""集团"等。

在HNC知识库的各种资源中，已经建有这样的词表和单字表，但要满足识别的要求，还需要进一步修改和完善。需要注意的是，这个词表里所收集的"词"和传统意义上的"词"，并不完全相同。它不仅仅包括通常意义上的词，还包括单字，如"局""处""厂"等，另外，词表中还有表示通名的短语，如"医学院""林学院"等。通名词表收"词"主要是本着通用性和便于识别的标准。

在词表中应该标明每个词对应的机构名的类别，因为如前所述，不同种类的机构名在构成模式上是存在差异的，这样的差异决定了在进一步识别中，所采用的规则也会有差异，因此有必要在一开始就对其进行区分。

2.2 通名词表的使用

通名词表的主要作用是寻找激活点，只有含有激活点的句子，才有必要进一步处理。要说明一点是，这里所指的"句子"，是"小句"，即由表示停顿的标点隔开的连续字符串，因为对于机构名来说，不存在跨标点的情况。对于包含激活点(通名)的句子，再进行下一步处理。另外，识别出来的通名还可以作为整个机构名的后边界，并且起到分类的作用。

需要注意的是，有些句子可能含有两个以上的激活点，这就需要通过进一步的分析来确定它们之间的关系，比如"北京师范大学附属实验中学"和"北京大学和清华大学"这两个字符串中都出现了两个通名，但前者是一个机构名，而后者是两个机构名。另外一种需要注意的情况是，含有激活点的句子未必就含有机构名，如“他在美国先后游历了很多大学”，在这个句子中虽然出现了通名“大学”，但却并没有机构名。当然，这是要交给后面的处理完成的事情，这里面提出来这两点，是强调使用通名词表寻找激活点时，一定要找全，以免有漏掉的情况和错误识别的情形。

3　构成模式库的建设和使用

3.1　构成模式库的建设

因为不同种类的机构名在构成模式上存在较大差异，同类机构名在构成模式上存在较大共性，因此，有必要给每类机构名都建立一个构成模式表，它们共同组成一个模式库。

事实上，这个模式库包含两方面的知识，一是哪些词是合法的，是可以出现在机构名中的，这种合法性既体现在语法上，又体现在语义上。如名词是合法的，介词是不合法的。名词中的地名、人名等是合法的，另外一些名词是不合法的。另一方面，还应该包括的内容是这些合法词的排列次序，哪些应该在前，哪些应该在后；哪些可以多次出现，哪些只能出现一次。

下面以高校名称为例，简要介绍一下模式库如何建立。

首先选取一定数量的高校名称，再对这些高校名称的构成进行分析、归纳和总结。在选取名称时，要充分考虑数量和代表性两个方面，做到二者之间的平衡。

先要对这些高校名称逐个分析，提取出其构成模式，如“北京大学”可以表示成“地名＋通名”，“北京农业大学”可以表示为“地名＋领域、专业＋通名”，“清华大学”可以表示为“专造词＋通名”，等等。

经过分析和总结，可以将高校名称的构成模式归纳为以下几种：

(1)地名＋通名

(2)方位词＋通名

(3)人名＋通名

(4)专造词＋通名

(5)机构名＋通名

(6)地名＋专业、领域词＋通名

(7)地名＋词表词＋通名

(8)地名＋“立”＋通名(如“国立”“州立”)

(9)方位词＋专业、领域词＋通名

模式提取之后，就可以存入数据表中，并且用形式化的语言将其描述出来，如用 Ad 来表示地名，用 Ar 来表示领域词，Gn 表示通名，那么就可以把“地名＋专业、领域词”表示为 AdArGn，这样做的目的是为了方便识别系统的实现。

3.2　构成模式库的使用

利用通名词表找到“激活点”，确定类别，对激活点所在的句子进行分词，并利用前边界词表(下文会介绍前边界词表)，找到前边界，提取出可能包含机构名的一段字符串，接下来就可以利用模式库，从激活点前的第一个词开始，依次向前逐一检查待选的词是否满足要求，如果满足要求，就继续向前检查，直到遇到非法词为止。最后把符合要求的连续字符串以及机构名的通名一同提取出来，就得到了要识别的机构名。

当然，模式库还必须配合词语知识库一起使用，因为模式库只是设定了一个框架，具体某个词是否符合这个框架要求，还必须另外加以判断，这就要使用下面要介绍的词语知识库。

4 词语知识库

如上所述，构成模式库只是规定了哪些词可以作为机构名的构成成分，以及这些词之间的顺序安排。但是要判定某个词是否满足要求，还需要创建另外的资源，这个资源不仅能包括词性等基本信息，还要包括更加详细和具体的内容，如哪些词是跟专业、领域有关的，哪些词是跟生产、经营方式有关的，这些是普通词表满足不了的。

相比普通词表，HNC词语知识库对词的描述要更加丰富。通常，HNC词语知识库里对词条的描述除了一般性的词汇知识，还包括概念类别、HNC符号、句类代码、格式代码，以及语义块的相关知识。其中概念类别与传统语言学上的词性概念有相似之处，但二者并非为一一对应的关系，概念类别可以看作是词性的基元。相比于普通词表，它对词的概念意义描述得更加详细和具体。比如“美丽”“基本”“迅速”这几个词，如果在普通词表中，就会只将其词性标为“形容词”，而在HNC词语知识库中会把它们的概念类别分别标为gu、ug和vu[①]。

这样的描述对于识别是非常有帮助的，因为在修饰词的选择上，除了对词性有要求外，还对词的概念意义有更深层次的要求，比如名词以外的词用在学校名称时，一般表示办学方式和学校性质，如“亚利桑那州立大学”“新加坡国立大学”“北京市私立汇才中学”“辽宁交通高等专科学校”等，其中的“州立”“国立”“私立”“高等”几个词分别表示学校的办学性质，这些词不仅是u类概念，而且是u类概念的子类ug，有了这样的限制，就可以直接淘汰掉很多不合要求的词。

在HNC词语知识库中还有词的HNC符号，它是对词语意义进行的描述，与词典中对词的意义描述不同，它不是精确的描述词义，而是主要体现词义之间的概念关联，并专门服务于语言理解处理需要的。

在机构名的构成中，经常会出现跟行业、专业和领域有关的词，这些都可以通过HNC符号体现出来，比如“北京科技大学”“辽宁省农业厅”“中国电信集团公司”，这里面的“科技”“农业”“电信”几个词都是表示行业和领域的词，对应的是HNC中的a行概念[②]，并在HNC符号的高层节点上体现出来，因为HNC符号对词语的描述是采用由高到低的方式，在高层节点上体现的是词义所关联的核心概念。这样一来，通过检验词语的HNC符号，就可以知道它是否是领域、行业词。

我们要创建的词语知识库，主要是借鉴HNC词语知识库的创建方法和思路，但并不是把HNC词语知识库完全照搬过来，而是根据需要，进行取舍。同时，还要通过标注语料，分析机构名表对词语知识库进行填写。

5 前边界词表

除了通过分析机构名的内部构成，建立和使用相关知识资源外，还可以通过研究机构名

① gu、ug和vu分别表示只描述！v的u、只作定语的u和只描述v的u。g、u、v都是HNC的五元组符号。

② a在HNC中是表示专业活动的概念。

在真实语料中的使用情况，及分析机构名自身的语法特性，创建一个前边界词表，帮助识别。

作为专有名词的一种，机构名具有一般名词的语法特征。如前所述，在句子中，机构名只能做主语、宾语、定语和地点状语。按照HNC句类理论，机构名只能充当广义对象语义块和条件辅块。这样的使用限制在识别中同样可以被利用。

通过语料标注和分析机构名的语法特点，可以归纳和总结出一个机构名的前边界词表，这一词表的建设和使用，可以帮助识别出机构名可能的前边界。词表里包括的词有介词，如“在”“从”等；连词，如“和”“及”等；助词，如“的”“了”等。这些词多是HNC中的l概念①，还有“我们”“你们”等这样的代词，当然动词中的及物动词也可以是机构名的前边界词，但由于数量太多，不能一一收到词表中来，因而只能根据词性来进行判断。另外，在前边界词表中还应该包括一些标点符号，如“《”“(”“——”等。因为这些标点符号也可以作为前边界。

6　小　结

机构名的识别难度大，主要是因为结构复杂，但是通过分析可以发现，这种复杂的结构，并非是杂乱无章的，而是有规律可循的，主要体现在它的“修饰语＋中心语”的构成模式上，几乎所有机构名都可以看作是一个以机构名通名为中心语，其他词作为修饰语的定中结构。

不仅如此，机构名的通名都是词表中的登录词，并且数量有限，因此可以创建成一个“通名词表”，将表中的词作为识别的“激活点”。机构名“修饰语”部分的用词，也有显著的语法和语义特征，通过对这些特征的分析和总结，可以创建一个“构成模式库”，在这个模式库中，明确地列出每一类机构名的用词要求和词与词之间的组合顺序。再创建一个词语知识库，对词进行比较精确的描述，来对备选词进行判断。

另外，在识别中，还可以利用机构名的语法和语义特征。作为名词，决定了机构名在句子中只能以特定的句法成分出现，并且出现在它前面的只能是特定的几类词，可以把这些词收集起来，建成前边界词表，用以确定前边界的所在②。

当然，本文目前主要讨论的还只是各个资源的建设和使用，至于如何将其整合，并最终设计出一套合理的识别方法和系统，还需要进一步工作和研究。

参考文献

[1]黄曾阳．1998. HNC(概念层次网络)理论．北京：清华大学出版社．

[2]苗传江．2004. HNC(概念层次网络)理论导论．北京：清华大学出版社．

[3]张小衡，王玲玲．1997. 中文机构名称的识别与分析．中文信息学报(4).

[4]雷静．2003. 汉语机构名的构成模式．第七届全国计算语言学会议论文．

[5]王昊．2007. 基于层次模式匹配的命名实体识别模型．现代图书情报技术(5).

① l是语言逻辑概念。

② 这里所说的边界，并不是确切的边界，而只是一个可能的边界，用它把包含机构名的一串字符串取出来。

现代汉语数量短语及其自动识别的研究[①]

张学青

北京师范大学中文信息处理研究所　北　京　1000875

zxqhenan0114@126.com

摘　要：数量信息是人类语言表达的重要内容，数量短语自动识别对于自然语言理解有重要的意义，也是现代汉语语句分析的一个局部难点。本文初步讨论了现代汉语中数量短语的特点、使用及构成的一些基本情况，对数量短语自动识别提供了一些知识库建设的基础，为进一步的研究提供了方便。本文探讨程序实现的方法，拟采用直接处理完整的文本，而不是先进行分词的方法进行识别。这一方面避免了分词错误导致识别错误的恶性循环，也提高了程序运行效率，节省了计算时间与空间。

关键词：数量短语，自动识别，中文信息处理

1　绪　论

数量短语简言之即为"数词＋量词"构成的短语。数和量是人类语言表达的一类重要信息，在人类语言发展中，数量短语应该是比较"高级"的一类短语，可能是定性的语言不能满足人类交流的需要时，数量短语才应运而生，这一需求说明了人们对世界更为精确的认识。数量短语的从无到有是人们认识世界的进步在语言发展中的表现。汉语的数量短语使用范围广泛，打开任何一本中文书籍，几乎每一页中都有数量短语的存在。这种现象与人们的认知心理有关。人们要准确认识事物，必须从动态中把握静态。把握静态的事物，人们是从事物最基本的数与量的基础上去认识的。

在 HNC 理论中"数"和"量"这两个概念对应于基本概念语义网络的第三和第四个一级节点(j3，j4)和"时""空"(j1，j2)一样，是两个重要的、基本的一级节点。HNC 理论认为，在第一层的九个一级节点中，"数"最为特殊也最为复杂。哲学史上的基本争论可以说正是由于数的参与而陷入僵局。不过语言对于"数"的理解不必达到数学专业的水平。

数量短语是现代汉语中使用频率很高的一类短语，在句子中经常作定语、状语、补语，不受整个语句的全局框架影响，具有相对封闭的特点。同时数量短语在语法结构上属于定中结构，在数量组合模式上容易给出计算机便于处理的形式化表达，因此数量短语是一种相对易于识别的短语，在处理自然语言时可以优先识别这一局部难点，从而提高语句处理的效率。

2　数量短语的功用及分类

2.1　一般的量词的分类

量词进行二分，主要是分成物量词(名量词)和动量词两类，《暂拟汉语语法教学系统》就

① 本文得到国家科技支撑计划项目"中文信息处理应用研究与系统开发"之课题"中文信息处理应用理论研究和知识库资源的开发"(编号为 2007BAH05B01)的资助。

是把量词二分的："量词有两种：计算实体事物的是物量词，计算行为动作的是动量词。"丁声树等人的《现代汉语语法讲话》差不多也是把量词二分的："量词通常用在指示代词或数词的后面，名词的前面，比如'那匹马'，'一只眼'"，"有一类数量词用在动词的后面，表示动作的次数，比如说'(睡)一觉，(走)两趟'"，虽然《暂拟汉语语法教学系统》和《现代汉语语法讲话》都是对量词进行二分，但标准并不一样，前者是拿意义做标准的，所谓计算实体事物和计算行为动作都是量词所表示的意义而言的，后者则是以分布为标准的，根据量词出现的不同位置而区分为两类，所以，同样是对量词进行了二分，但在方法论上是很不相同的。

黎锦熙、刘世儒的《汉语语法教材》是对量词进行三分的："从功能上分类，量词可分为：甲、附加于名词，就叫'名量词'，如'一个人'，'肉三斤'等，乙、附加于动词，就叫'动量词'，如'一下笑了'，'去过两次'等，丙、附加于形容词，就叫'形量词'，如'两斤重'，'一丈长'，'重两斤'，'高五尺'，'矮一截儿'，'好一点儿'等"。张斌主编的《现代汉语》是把量词分成物量词、动量词和时间量词三类的，并说明了它们不同的句法功能。对量词直接进行多分的有赵元任的《汉语口语语法》，朱德熙的《语法讲义》，吕叔湘的《现代汉语八百词》，赵元任直接把量词分成九类，朱德熙直接把量词分成七类，吕叔湘直接把量词分成个体量词、集合量词、部分量词、容器量词、临时量词、度量词、自主量词、动量词、复合量词九类，这三位的分类结果是比较接近的，所分出的各类在功能上都有一定的区别，但这些类别毕竟不是在同一层次上区分出来的。

2.2　考虑到识别的量词的分类

考虑到自动识别的方便性，我们对现代汉语的量词进行三分，类似于张斌的分法。这样现代汉语的数量短语分为名量、时量和动量短语。这里面时量短语有特殊性，一种类似名量短语如一个星期，另一种是类似"一年"这样的时量短语，这里"年"究竟是名词还是作为时间量词存在争议。但是，在自动识别时我们可以搁置这样的争议仅考虑把它识别出来的问题。

2.3　数量短语的功能

数量短语在现代汉语中是名词性短语，它的语法功能很活跃，名词能出现的位置它都能出现，不仅如此，它还能独立作谓语，即数量短语能出现在六大句法成分的任何位置。

(1)作主语、宾语。

一年有三百六十五天。一小时有六十分。

过去三年了。给他三本书。

(2)作谓语。一般为简明状态句中的JK2，有的是省略Ek的判断句。

①主语也是数量短语，谓语有解释。

一个月三十天。一年十二个月。

②谓语说明主语的各种属性。

我三十二岁。张老伯七十了。

西红柿六角，黄瓜一元。

这块表一百二十元。

(3)作定语和状语。这是数量短语最地道的作用：修饰别的名词或动词。

他那(一件)新羊皮大衣昨天卖掉了。

(五十多岁)的老刘也来参加比赛了。

(三斤)苹果(一本)书。

〔一个一个〕地走〔十二点〕下课。

(4)作补语

这项工作坚持了＜十五年＞看了＜一遍＞。

打了＜一棍＞敲了＜三下＞睡了＜八小时＞。

2.4 数量短语的作用

名词前后使用物量词，使事物数目精确、具体可感、形象生动。动词前后使用动量词、时量词，使动作具体、形象。数量词在句子中是一个重要的修饰限制成分，它对句法结构和语义表达常常有一定的制约作用。大多数情况下，数量词不是可有可无，该用时必须用，不该用时不必画蛇添足。如："我十块钱买他三斤肉。"这一句可以说，而"我十块钱买他肉。"就不能说。数量短语有时对等出现，造成间隔连用，名词前就必须有数量词作修饰语。如"工厂的围墙塌了"可以说成"工厂塌了一堵围墙"，但不能说成"工厂塌了围墙"(当然在一定的语境下可以说)。可见有的句法结构必须带数量词才能成立。数量短语作状语与句子是否是否定句有关。一般来说，数量结构作状语表达的是消极信息，如：他一次也没来过。他三个星期未洗头了。

现代汉语中，数词同量词构成的数量短语具有多方面的组合功能，在一定条件下它可以同名词、动词、形容词、代词、副词这几类实词组合形成定中、状中、动补、形补、动宾、主谓复指等多种语法关系。

3 英汉数量短语特点的比较分析

世界上任何一种语言都必须有表达数量信息的方式，这是人类认识有同一性的一个重要表现。英汉两种语言都借助数量短语这一结构来表达数量概念，但是，两种语言的数量短语在结构功能方面各有自己的特点。

3.1 量词意义上的区别

现代汉语量词丰富，复杂，用法多样，汉语缺少形态变化，表达不同数量概念的量词一般不同，如"个"是个使用广泛的量词，可以表达多种数量概念，而一"轮"明月，一"尾"鱼这种短语里的量词使用范围就很有限。现代汉语量词有时省略，如"三人都到了"主要是受古代汉语影响。而英语基本没有量词，表达可数概念主要靠形态变化，如"two books"，"several persons"等，这是英语中比较普通的表达数量的格式。英语表达集体或不可数概念要用量词，但英语中的量词更注重结构。主要是"数词＋量词＋of"结构，如："a flight of birds"，"a piece of wood"等。两种语言中动量短语的形式基本相同，但是汉语中动量词与发出动作的工具有关，如"一拳"，"一脚"等。而英语更侧重于动作行为，如"to give him a kick"。

3.2 功能意义上的区别

最重要的是英语中的数量短语不能直接作谓语，因为英语中谓语必须由动词充当，没有像汉语那样的名词谓语句，所以在翻译此类句子时要作相应的加词和结构上的转化。如：

一年有三百六十五天。There is 365 days in one year.

他二十岁了。He is 20.

4 现代汉语数量短语的复杂性

数量短语最基本的是数词和量词的直接组合，如"两个""一桶""六十岁"等。但是数量短语并不都是如此简单，主要有两个原因。

(1)数词的多样性和量词丰富复杂的用法

数词大致可分为确数词、概数词、数量词和缩略数词等。

①确数词构成：

确数一般表达比较准确的数量。

整数。如0至9的组合或其与系数词和位数词的组合，如“3”“1200”“10亿”“三百四十”等。

正数、负数、小数、分数。基本同数学上的定义，包括汉字写法，大小写，百分数等。如“－10”“负一百”“0.3”“30％”“百分之三十”等。

序数。一般是在整数前加“初”“第”等字，如“第二”“第五”等。

②概数词构成：

概数词一般是在确数词前、后或中间加上一些表示不确定范围的限定而形成的。如“上百”“好几千”“10～15万”“三百左右”“大约80”等。

③缩略数词和数量词：

这类词一般不需要和量词组合，缩略数词包括“俩”“仨”“廿”“卅”四个词语。

现代汉语中量词种类繁多，很多一般性词汇都可以临时转化为量词，基于计算机的识别，量词可大致分为单一量词和复合量词。

①单一量词由单一的计量词组成，包括度量衡单位量词、一般的量词和临时借用的量词等。如“个”“只”“米”“千克”“趟”“碗”等。

②单一量词的直接组合，或中间插入成分组合。如“人次”“米/秒”“千米每小时”等。

(2)汉语表达方式灵活且受古代汉语影响

汉语表达方式灵活多变，同一种意思可以有多种说法，比如“一斤半”“1.5斤”“一斤五两”等说的都是同一个意思。古代汉语中很少使用量词，受古代汉语的影响，现代汉语中省略量词的情况时有出现。这些都为自动识别带来了困难。

5 数量短语识别的问题

5.1 知识库建设问题

知识库是程序所需的数据资源，是语言研究和程序实现的桥梁，自然语言处理及人工智能的所有任务的实现其关键都是知识问题。因为计算机的唯一功能就是作一个01判断，而知识就是要告诉它什么是0什么是1。本文首先分析数量短语的构成模型，完成知识库建设的初步工作。

数量短语组合模型基本有以下几类：

(1)数词＋量词。最完整的组合，如“一个”“三天”“10千米/小时”“一斤多”等。

(2)量词省略。如“两百多农民”“8000人”“一针一线”等。有的是古汉语遗留。

(3)数＋度量衡量词。复杂组合，如“一米五”“五斤六两”。

(4)数量组合的重叠形式。如“一天天”“一天一天”。数词一般为“一”。

(5)形容词插入数量组合中。如“一大碗”“几小段”等。插入概念一般为U型。

(6)两个数量短语通过表起止的符号连起来表范围。如“3～5年”“四至七岁”等。

(7)省略数词。如前加指代词的“这间房”“那个人”，或数词为一时省略，如“有家店”“有个人”等。

5.2 识别基本思路

在汉语中，数词是相对封闭的词，数目相对较少，可以作为识别的激活点，这给自动识别带来了帮助；而量词是相对开放的词类，数量短语中，起主要作用的是量词，量词的形式多种多样，变化很多，无疑给自动识别带来了困难。由于数量短语活跃的语法功能，单纯基于统计及很少考虑语义的识别法都免不了遇到很大困难。

语块分析或部分语块分析的主要任务是能识别出句子中某些结构相对简单和独立组成分，例如递归或嵌套的动词短语、名词短语等，它们就是句子的语块。数量短语满足上述语块的特征，数量短语的识别也是一类语块的语别。这种识别能使句法分析在一定程度上得到简单化，我们可以将语块分析作为句法分析的前置处理部分来对待，这种观点也出现在HNC理论中："由基本概念构成的短语，特别是数量短语、时空短语等需要先行处理，不需要也不应该等到句类检验之后。"HNC的先验规定是：基本概念短语的局部处理不依赖于全局处理结果。

自动识别数量短语的基本思路是，首先取一段文本，利用设置的关键词作为激活点，找到一个具有数量短语特征的最大字符串，再利用事先建立的数量短语的模式来寻找能匹配某一模式的字符串，以此为依据判断该字符是否包含数量短语。

5.3 进一步的研究

由于时间和水平有限，本文做的仅是一些很基础的工作，如何更合理地建设知识库，在此基础上实现自动识别的程序，提高程序识别的正确率以及进一步判断数量短语所修饰的内容是以后研究的主要方向。

参考文献

[1]黄曾阳．1998. HNC(概念层次网络)理论．北京：清华大学出版社．
[2]苗传江．2005. HNC(概念层次网络)理论导论．北京：清华大学出版社．
[3]黄伯荣，廖序东．2004. 现代汉语．北京：高等教育出版社．

HNC 符号的解析及应用①

赵 星
北京师范大学汉语文化学院 北 京 100875
babla _ zx@163.com

摘 要：HNC 符号注重将概念和概念之间联想关系的脉络显性地体现在 HNC 符号串中，能将一部分语义距离的计算问题简化为对符号串的逐层比较问题。但 HNC 符号本身具有层次结构性，在利用 HNC 符号进行语义距离计算之前需对 HNC 符号进行解析，HNC 符号的解析步骤按照从组合结构符号到字母串再到数字串的顺序进行，实验结果表明，HNC 的 u 类符号对处理多义形容词的消歧是有效的。

关键词：HNC 符号，解析，多义形容词消歧

1 HNC 符号的特色和应用价值

HNC(Hierarchical Network of Concepts，概念层次网络)理论是一个关于自然语言理解处理的理论体系，由中科院声学研究所黄曾阳先生创立。HNC 理论设计了对自然语言概念体系进行总体表述的语义网络，并以语义网络为基础，设计了自然语言概念的符号化表述体系(简称 HNC 符号)。HNC 符号在整个 HNC 理论体系中处于基础地位，它是对自然语言概念的高度数字化的符号表达。HNC 符号并不以精确描述词义为目标，而是更注重将概念和概念之间联想关系的脉络显性地体现在 HNC 符号串中，这是自然语言的符号体系无法体现的。

具体来说，HNC 符号显性地表示了抽象概念的五元组特性(即抽象概念的不同侧面表现，如“思考、思维”是对同一抽象概念的动态和静态表现，大致对应于传统语法中的动词和名词)和概念的层次性(上下位关系)、对比性、对偶性(反义对义关系)、包含性(上下位关系中特殊的一种)。在 HNC 符号体系的概念矩阵中，具有上述关系的概念位于概念矩阵的同一行，称为概念同行关联，简称同行。

以下面一些词语的 HNC 符号为例：

增加 v341	教师 pa71	召开 vc39e219
减少 v342	讲课 va71	会议 gc39e219
年 wj10-	月 wj10-0	日 wj10-00
感觉 vr710	情感 g713	高兴 vu7131

“增加”与“减少”之间的反义关联体现在对偶性包含的中层节点 1 和 2 中，“教师”与“讲课”的主谓关联体现在五元组符号 p 和 v 中，“召开”与“会议”的动宾关联体现在五元组符号 v 和 g 中，“年、月、日”的包含关联体现在包含性符号“—”中，“—”后面的“0”越多包含概念的级别越低，“情感”与“高兴”的上下位关联体现在符号的一致性以及符号的长短中。

① 本文得到国家科技支撑计划项目“中文信息处理应用研究与系统开发”之课题“中文信息处理应用理论研究和知识库资源的开发”(编号为 2007BAH5B01)及北京大正语言知识处理科技有限公司的资助。

对于具有同行关联性的概念，表达它们的具体自然语言符号可以不同，但它们的内涵或内核是相同或相似的，当把它们映射为 HNC 符号时，就体现为相同或相似的层次符号，即相同或相似的数字串。这样，一部分语义距离的计算问题就简化为对数字串的逐层比较问题。

由于 HNC 符号显性表现概念同行关联，在词语和语句处理方面，HNC 符号对多义词的义项判定、语义块构成的分合判定等问题都可以起到积极作用；在句群和篇章处理方面，HNC 符号对文本领域判定、语体判定、语句缺省判定等问题可以起到积极作用。

2 HNC 符号解析的必要性

HNC 符号是描述词语意义的形式化符号，HNC 对自然语言概念的符号化表述可以一般化为：

∑{类别符号串}{层次符号串}{组合结构符号}{类别符号串}{层次符号串}

上式表示：词语意义的表达式由类别符号、层次符号和组合结构符号三类符号构成，类别符号由 j、l、p、w、x、v、g、u、z、r 等小写字母充当，也叫“字母串”，层次符号由数字 0 到 14 充当，也叫“数字串”，其中 10 到 14 分别用小写字母 a、b、c、d、e 表示(类十六进制)，组合结构符号由 #、$、&、|、/等充当。

以下是 HNC 符号示例：

词语	HNC 符号分解式					HNC 符号
	类别符	层次符	组合结构符	类别符	层次符	
迅速	u	1009c22				u1009c22
不必	jlvu	13c22	!			! jlvu13c22
年轻	zu	10bc52	(, l14,)	p		(zu10bc52, l14, p)

由 HNC 符号的一般化表述可以知道，HNC 符号本身就具有层次结构性，是字母串、数字串和组合结构符号串的拼接。在计算机对 HNC 符号加以利用之前，必须先对其进行解析，将体现概念间联想关系的字母串、数字串和结构符号根据它们的组合先后顺序一一剥离出来，构建出便于计算机处理的数据结构，根据不同的情况来进行不同的处理和应用。可以说，没有解析，就谈不上应用。举个例子：

查找和经济活动有关的词，如果只简单地匹配包含“a2”(经济)的 HNC 符号，就有可能搜出很多和经济活动并没有什么关联的词，像 HNC 符号为(v9232; vc239ea2) 的“报告”一词就会被搜出来，但实际上“报告”对应的 HNC 符号里的“a2”是和“e”连在一起的，“ea2”是中层节点，表达“下对上”的关系，和经济无关。如果事先把“报告”的 HNC 符号解析为“(v /9 /23 /2 ; v/ c /23 /9/ ea2)”之后再进行精确匹配，那么检索“a2”就不会出现“报告”一词。

再者，虽说有了 HNC 符号，词语的语义距离计算可以简化为对数字串的逐层比较问题。但对 HNC 符号串的逐层比较需要在 HNC 符号解析的基础上进行，如果只是简单地对两个 HNC 符号从头到尾进行比对，以符号相同的个数来判定它们之间的语义距离，很多情况下会得到错误的结论。以 HNC 符号“j218”(范围的起点)和“v2188”(查阅，是 φv2188 的省略形式)为例，如果只是简单地进行从头到尾的比对，这两个符号都包含“218”()，而且两个"218"在各自的 HNC 符号中所处的位置也一样，由此判定它们的语义距离相近系数为 3[①]，那就错了，因为 j218 和 φv2188 的类别符号"j"和"φ"是完全不同的，即便跟在它们后面的数字串相同，也不能再进行比对。如果把这两个符号解析成"j21/8"和"v/φ21/ 8/ 8"进行解析后再进行比对，就很容易判定 j21 和 φ21 在概念类别上的差异。

3　HNC 符号的解析步骤

HNC 符号串的具体解析过程如下：

(1)解析组合结构符号。

扫描整个 HNC 符号串，查找组合结构符号，如没有则跳过，进行下一步。如搜索到组合结构符号，则按组合结构符号的如下优先级别进行解析。解析后的组合结构符号存入变量数组 x(x0，x1……xn)。

HNC 组合结构符号的优先级：

第一级　(　)　(，l1m，){} *

第二级　!　^

第三级　#　$　&　|　‖　/

第四级　+

第五级　，　;

(2)解析类别符号串(字母串)，先检查 HNC 符号串中是否有带字母串的本体层，如有则先解析本体层，将解析出来的本体层存入变量 y。如没有则直接解析类别符号串，将解析出来的类别符号串存入变量数组 z(z0、z1……zn)。

扫描带字母串加数字串的本体层，如果一个 HNC 符号串中包含语言逻辑概念符号 l，则需将紧跟在字母串后面的数字串的前两位提取出来，和 l 并在一起。如果 HNC 符号串中包含具体概念符号 jw、jx、pw、px、w、x，则需查看紧跟在字母串后面的数字串是否是 6、61、62、63、5、9，如果紧挨着字母串的是这些数字则要提取出来，和相应的具体概念符号合并，并限定 w96、w97、w98 类的 HNC 符号串解读为：w+96、w+97、w+98。

纯字母串的本体层有：p、w、x，则和其他类别符号串一起处理，先把复合的类别符号串按字母个数从多到少的顺序提取出来，再将剩下的字母串解析成单个的字母。复合型符号有：g *、gw、gx、jgw、jl、jlu、jw、jx、pe、pf、pj、pp、pw、px、pwj、rvw、rw、w *、wj、ww。需注意的是，p、w 和 j 挂靠时形式上表现为 pj、wj，此时要注意它们和复合概念符号 pj、wj 的区分，区分的方法是看 pj、wj 后面的数字，pj、wj 后面的数字如果是 0、1 和 2，则此时的 pj、wj 是复合概念符号，不用分开，如果不是，需将 p、w 和后面的 j 分开；再者，字母 a、b、c、d 和 e 不属于类别符号串，而被借用为层次符号串。

(3)解析层次符号串(数字串)，先检查 HNC 符号串中是否有带数字串的本体层 500、52、53、60、61、62、63、64、65、9、c，如有则先解析本体层，将解析出来的本体层存入变量 u；如没有则直接解析层次符号串，将解析出来的层次符号串分别存入高、中、底层的变量数组 s(s0、s1……sn)、v(v0、v1……vn)、w(w0、w1……wn)。

扫描纯数字串的本体层，纯数字串的本体层有 500、52、53、60、61、62、63、64、

① 这里举例用的系数只是简单的按照匹配到的相同的数字和字母个数给定的，具体的对语义距离相近系数的设定要比这个复杂。

65、9、c，如果剩下的数字串中包含上列数字串，则提取出来。需要注意的是，500是和基本概念挂靠，但在实际的挂靠中基本概念的类别符号j省略了。遇到类似于“v50001”这样的HNC符号，要清楚500挂靠的实际上是j01。

如没有扫描到纯数字串的本体层，则直接解析层次符号串，HNC层次符号串的解析，需要根据概念类别确定相应的高层节点的层数，即字母个数，下面是各语义网络高层节点的层数。

j，l，jl，jw：2层

s，f：3层

φ0～5行：2层

7行：4层

8，a，b，d行：3层

y6，y7，y8行：3层(不计y)

计算机将高层节点的字母抽取出来后就进入中层和底层符号的解析。

中层和底层符号的取值范围不同，也很容易区分，将数字串中的01234567cde抽取出来放入变量，记录为中层节点，将8ab抽取出来放入变量，记录为底层节点。由于中层和底层可以循环串接，高层结束后可以进入中层，也可以进入底层，中层或底层之后都可以再进入中层或底层，因而中层符号和底层符号的变量都不能只设单个变量，要设成一组变量。需要特别注意的有两点，一是中层符号中还有一个特殊的符号“-”，是包含性概念的标志，解析的时候要特别将这个“-”记入变量；二是紧接着对偶性概念标志“e”后面的两位数字应随e一同提取，记入一个中层符号变量。

下面以“达成”一词为例讲解完整的HNC符号串的具体解析过程：

达成：vc249a$(v311|(jlv001/v810))

第一步：解析组合结构符号。

将$、()、/、|提取出来，分别存入变量数组x1、x2、x3、x4、x5；并得到一些局部：vc249a、v311、jlv001、v810。

第二步：解析类别符号串(字母串)。

检查字母串中是否有l、jw、jx、pw、px、w、x，没有查到，继续检查字母串中是否有复合类别符号串g*、gw、gx、jgw、jl、jlu、jw、jx、pe、pf、pj、pp、pw、px、pwj、rvw、rw、w*、wj、ww，查到jlv001中包含字母串jl，将jl存入变量数组z0，复合类别符号串解析完毕，之后将除了a、b、c、d和e之外的所有数字串前面的字母都拆分成单个的字母，存入数组变量z，在此例中，即是将v、c、v、v、v分别存入数组变量z1、z2、z3、z4、z5。

第三步：解析层次符号串(数字串)。

检查数字串前三位是否有500、52、53、60、61、62、63、64、65、9，没有查到。继续解析层次符号串的高层中层和底层，先解析高层节点，除了jl是基本逻辑概念，其他都是基元概念，依次查看各概念类别的高层节点层数，jl的高层节点为两层，将jlv001的00提取出来记入变量数组s2，基元概念的0～5行为2层，7行为4层，8，a，b，d行为3层，y6，y7，y8行为3层(不计y)，将vc249a和v311的24和31提取出来，分别记入变量数组s0、s1，将v810的810提取出来，记入变量数组s3。再解析中层节点和底层节点，将v311和jlv001中的1和1提取出来，记入变量数组v1、v2。将vc249a中的9和a提取出来，记入变量数组 w0。

最后得到的解析结果如下图：

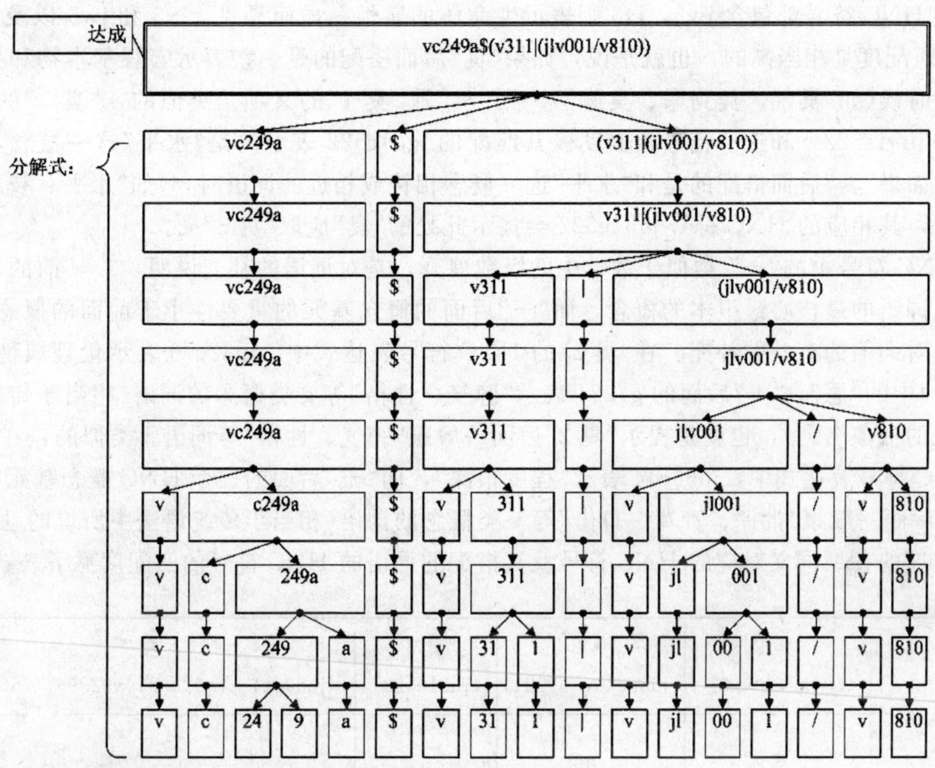

4 HNC的u类符号在多义形容词消歧问题的应用

HNC理论注重将概念和概念之间联想关系的脉络显性地体现在HNC数字符号串中，这一特点在u概念(相当于传统语法的形容词)的表达上尤为明显，如：

无私 uc3ae02　　远大 gub01　　锦绣 xj2

奉献 vc3ae02　　目标 grb01　　山河 wj2

从上面的例子可以看出，u类概念词语和其搭配词的HNC符号极其相似，三组词语的HNC符号仅一个字母有差别。

鉴于u类概念词语的HNC符号这一填写特点，可以知道，在多义形容词的词义消歧方面，HNC符号为其提供了十分便捷的判定方式，仅需比较目标词和其搭配词的HNC符号的语义相关度，即仅需比较两个词语的HNC符号的相似度即可。

以多义形容词“臭”为例，在《现代汉语词典》(1998)中，“臭”的解释如下，小括号内是对应的每个词义的HNC符号：

(1)(气味)难闻(跟“香”相对)；(jx5，jx6)

(2)惹人厌的；(ju82e76＋g7221)

(3)拙劣，不高明；(ju51e522)

(4)狠狠地；(ju60c44＋(v92399；v9239a；v65008))

(5)＜方＞(子弹)坏，失效。(HNC词语知识库未收此项词义)

在“臭1”的HNC符号表达式中，jx5是jwx5的缩写，jx6是jwx6的缩写，jw5表示的是宏观基本物概念，气态物、液态物、固态物都用jw5来表示，如“气、水、土”等词的HNC符号都包含jw5，jx5则表示宏观基本物的属性。jw6表示的是生命体，如“苹果、猫”等词的HNC符号都包含jw6，jx6则表示生命体的属性。显而易见，jx5和jw5以及jx6和jw6的匹配度是相当高的，也就是说，如果“臭”后面搭配的是一些表示宏观基本物和生命体的词的时候(如“臭气、臭狗屎、臭脚”)，则“臭”取“臭1”的义项。类似的，“臭3”的HNC符号是ju51e522，和这一符号相似度极其匹配的jg51e522表示的是“水平”这一概念，也就是说，如果“臭”后面搭配的是和“水平”这一概念相符或相近的词语时，(如“水平、技术、棋艺”等)，其相应的HNC符号jg51e522会提示此处的“臭”应取“臭3”义。

HNC符号中的“＋”类似于数学中的级数展开，是对词语的补充说明，“＋”前的概念基元是该词语的最核心最根本的概念，而“＋”后面的概念基元的重要性小于前面的概念基元，但却是对词语的有益的补充。在“臭2”的HNC符号表达式中，ju82e76表示伦理属性(含主观评价)中的“恶”，“＋”后面的g7221表示“脾气、性格”等g类概念的词语(相当于传统语法中所说的抽象名词)，也就是提示“臭2”后面一般跟“脾气、性格”等词语。类似的，在“臭4”的HNC符号表达式中，ju60c44表示“程度很深”，而“＋”后面的三个HNC概念基元则提示“臭4”后面一般跟“批评、责骂、打击”等v类概念的词语(相当于传统语法中所说的动词)。

“臭”的各项词义对应的HNC符号及其搭配的词语的HNC符号的匹配度见下表：

	臭1 (jwx5，jwx6)	臭2 (ju82e76＋u7221)	臭3 (ju51e522)	臭4 (ju60c44＋(v92399；v9239a；v65008))
气 (jw51)	3	0	0	0
脾气 (g7221)	0	4	0	0
水平 (jz51)	0	1	3	1
骂(v9239a)	0	0	0	6

注：表中的数值是根据解析后横栏和竖栏的词语的HNC符号两两互相比较，取其相同的HNC符号个数进行计算得出的，每一竖栏中取其最大值即得到相应横栏的词语对应的“臭”的义项。

为验证基于HNC理论的汉语词义消歧策略的有效性，实验选取北京大学计算语言学研究所提供的1998年1月的《PFR人民日报标注语料》作为实验语料，用C＃程序语言编定实验程序，实现基于HNC符号和基于HNC字词库的词义消歧过程，并以消歧的正确率作为检验指标。

1998年1月的《PFR人民日报标注语料》中含“臭”的句子有11句，程序对这11个句子中“臭”的义项进行了逐一判定，利用“臭”后面搭配词语的HNC符号和其相应的判定原则，词义判定的正确率能达到100%。

参考文献

[1]李生，张晶，赵铁军，姚建民．2001．词义消歧研究的现状与发展方向．计算机科学(9)．

[2]黄曾阳．2003．语义及概念体系在 NLP 中的作用//徐波，孙茂松，靳光瑾主编．中文信息处理若干重要问题．北京：科学出版社．

[3]黄曾阳．1998．HNC(概念层次网络)理论——计算机理解自然语言的新思路．北京：清华大学出版社．

[4]苗传江．2005．HNC(概念层次网络)理论导论．北京：清华大学出版社．

[5]张运良，张全．2005．基于 HNC 理论的语义相关度计算方法．计算机工程与应用(34)．

中文信息处理中兼类词研究困难的原因

周明海

鲁东大学中文信息处理研究所 烟 台 264025

freer516@163.com

摘 要：兼类词是对外汉语教学、中文信息处理的瓶颈，自《马氏文通》问世以来人们就从本体对其进行了相关研究，但总体看来成果不是很显著。在中文信息处理领域，学界对兼类词研究困难的原因已多有论述，但大都较为梗概、粗略。本文在前人研究的基础上，运用统计的方法从四个方面进一步说明中文信息处理中兼类词研究困难的原因。

关键词：中文信息处理，兼类，困难，统计

自第一部汉语语法著作《马氏文通》问世以来，对汉语兼类问题的争论就没停止过。目前人们在兼类问题上的争论渐缓，大致达成了一致的认识，并且在中文信息处理实际应用中取得了很好的效果，但我们在语料库建设过程中，发现很多兼类问题并没有处理好。是什么原因造成了中文信息处理中兼类词研究的困难？我们认为有四点：(1)对词类、兼类词本身认识不统一；(2)兼类词多为高频词，使用灵活；(3)兼类词类型繁多，很难得出类型化的规律；(4)目前的规则研究很不充分，而概率法永远都有盲区。下文分别述之。

1 对词类、兼类词本身认识不统一

1.1 对词类的认识不一

这一部分主要以实践性强、信度高的《现代汉语语法信息词典(97 版)》(下文简称《信息词典》)和《现代汉语词典(第 5 版)》(下文简称《现汉》)为研究材料，其中又特别关注它们对区别词的处理。

1.1.1 划分标准不一

《信息词典》根据词的语法功能划分词类。词的语法功能是指：(1)词在句法结构中充当句法成分的能力；(2)词与特意选择的某类词或某些词组合成短语的能力，意义只在判断词的同一性时才有用。《现汉》认为“词类是词在语法上的分类”，但在操作时，部分词类的划分却将意义提到了标准的地位，语法标准退居其次，如《现汉》认为属性词是形容词的附类，只表示人、事物的属性或特征，具有区别或分类的作用。属性词一般只能做定语，如“男学生、大型歌剧、野生动物、首要的任务”中的“男、大型、野生、首要”，少数还能做状语，如“自动控制、定期检查”中的“自动、定期”。划分标准的不同势必会造成词类数目、兼类词的类型及兼类词数量的不同。

1.1.2 划分出的词类数目不一

《信息词典》在操作层面上把词分为 18 类，且在同一层级上；《现汉》更多地考虑了教学的需要，把词分为 12 大类，在名词、动词、形容词下又各设两个小类。另外也有 9、11、12、13、14、15、17 等分类方法，精细度不同的分类方法也会影响兼类词的认定及其数量的多少。

1.1.3　划分出来的词类包含的词多少不一

《信息词典》中共有459个区别词，《现汉》有560个，这个差异还可以让人接受，但两本词典共收的区别词却只有203个，认识一致率不到45%。目前在具体实践中我们对区别词的认识也远远不够，以1998年1月份《PFR人民日报标注语料》为例，其中标注"/b"8715次，共有区别词794个，里面还有4音节、5音节的区别词，其与《信息词典》共有的只有272个，认识一致率不足50%。与《现汉》共有的只有217个，三者共有的仅154个。由此可见，在学界意见大致统一的下面却是大不一致。

1.2　对兼类词的认识不一

兼类在语法研究的初始阶段就引起了人们的关注，从"假借说""活用说""转类说""变性说""无词类说"到"名物化""名词化"说，兼类词研究贯穿了语法研究的百年历史。现在吕叔湘、朱德熙、陆俭明等先生的观点在笔者看来占了主流，并且其观点在中文信息处理领域也取得了很大的成就，但还是存在一些问题。下面用具体数据来说明。

《信息词典》中区别词兼类的有61个，占区别词总数的13.29%；《现汉》中区别词兼类的有196个，占其标注区别词总数的35%，而两本词典都标注为兼类词的只有27个，认识一致率不足45%，标注完全一致的仅有18个，且9个是兼副词的(特别指出这一点是因为《现汉》认为少数属性词可以做状语)。

为什么会出现这么大的差异呢？首先，前文所说的"词类划分标准不一"，"划分出的词类数目不一"是其中一个原因；其次，与处理兼类词的"三个原则"有关。在吕叔湘先生提出的"基本上词有定类，类有定词"，朱德熙先生提出的"词的同一性"的基础上，陆俭明先生又进一步提出处理兼类词的三个原则。从严格意义上来说，"兼类词所占比例问题"与"划分词类的相对性问题"是有冲突的，"相对"就是既可以归入这个类也可以归入那个类，这样兼类词就可多也可少；但另一方面却要求兼类词只占少数。这种自身的不相容是兼类词研究的最棘手的问题。

2　兼类词多为高频词，使用灵活

兼类词中到底有多少高频词，以前中文信息处理专家虽有论述但多是举例式，并未给出非常详细的数据。

这一部分我们用国家语言文字工作委员会发布的《现代汉语常用词表》和陈庆武的《兼类词辨析词典》对兼类词的频率做了细致分析。《现代汉语常用词表》在研制过程中参考了《现代汉语词典》、《现代汉语规范词典》和《新华词典》等权威词典，并辅以各种新的技术手段，在2.5亿字的语料基础上共收词56008个，信度很高；陈庆武的《兼类词辨析词典》在释义的基础上细致考察了每一个兼类词的语法功能，并区分了同音词及词类的先后，共收词1018个，基本上能为人们所接受。以这两样为材料进行数据统计基本上是可行的。兼类词频率分布情况见表1：

表1　兼类词频率分布情况表

词频区间	词频区间内兼类词的累加个数	占兼类词总数的累计百分比
1－500	171	16.83%
501－1000	296	29.13%

续 表

词频区间	词频区间内兼类词的累加个数	占兼类词总数的累计百分比
1001－1500	402	39.57%
1501－2500	537	52.85%
2501－3000	582	57.28%
3001－5000	706	69.49%
5001－7000	790	77.76%
7001－10000	869	85.53%
10001－15000	953	93.80%
15001－20000	983	96.75%
20001－30000	1005	98.92%
30001－	1016	100.00%

注:"一气"和"与"未被《现代汉语常用词表》收录。

表1中"词频区间"是指《现代汉语常用词表》中词频序号范围,如"1－500"是指该词表前500词。"词频区间内兼类词的累加个数"是指《兼类词辨析词典》中的兼类词坐落在该区间内的累加个数。

《兼类词辨析词典》中共有1018个兼类词,只占《现代汉语常用词表》总词数的1.82%,这个数字虽小,但39.57%的兼类词在前1500常用词,52.85%的兼类词在前2500常用词,前3000词中含的兼类词就已达到57.28%,前7000常用词中77.76%都是兼类词,图1可以更直观地看出这个变化。

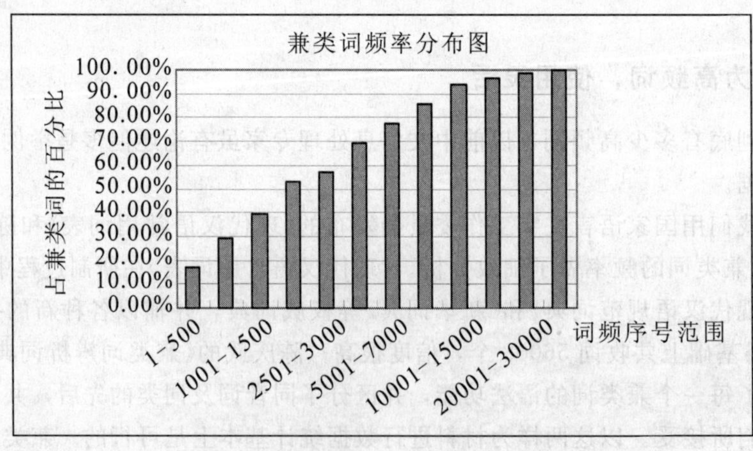

图1 兼类词频率分布图

由此可见,兼类词大多是高频词、常用词,其使用比较灵活,各有各的特点,很难在共时平面上总结出有效的规律,这加大了中文信息处理中兼类词的研究困难。

3 兼类词类型繁多,很难得出类型化的规律

据东北工学院姚天顺统计,汉语中各种兼类现象有37种;山西大学全玮统计了《现代汉

语八百词》中的兼类情况，得出该书 800 多个词中 22.5％的词有兼类现象，约有 50 种；孙茂松、黄昌宁根据《中学生词典》统计出了 27 种兼类现象。另外，他们又统计了《兼类词选释》所收的 596 个兼类词，共 33 种兼类现象，上述的统计似乎过窄。亢世勇等对《现代汉语语法信息词典》的"广义兼类词"进行了统计，结果是广义兼类词大约有 3353 个，占词语总数的 7.75％，兼类词的类型有 104 种，但其统计并不能真实反映狭义兼类词的情况，所以我们根据陈庆武的《兼类词辨析词典》进行了重新的统计分析。统计数据如下：

(1)兼 2 类的有 37 种 810 个词

编号	类别	个数	百分比	举例
1	动名	224	22.00％	把握、摆、帮凶、包裹、保管、保障、保证、报、报告等
2	形动	148	14.54％	安、安定、安慰、暗、凹、白、饱、扁、便利、不便等
3	名动	96	9.43％	霸、伴、标、标点、标志、表、病、参谋、成就、仇恨等
4	名形	66	6.48％	本分、本质、标准、策略、潮、诚心、道德、典型、封建等
5	动形	49	4.81％	保密、保守、吵闹、沉、成熟、抽象、颠倒、放纵、分散等
6	形名	35	3.44％	必要、不幸、长、错误、反动、反革命、高明、隔膜等
7	形副	30	2.95％	本来、大、大致、单、当然、非常、分明、共同、怪等
8	名量	29	2.85％	版、代、担、刀、道、等1、队、份、根、管、锅等
9	动介	20	1.96％	挨、按、按照、比、当、等2、赶、归、叫、论、拿、让等
10	动量	19	1.87％	把、抱、串、滴、发、封、挂、合、回、截、卷、刻、领等
11	动副	16	1.57％	当真、断、够、好像、尽、尽、决、恐怕、临、没、没有等
12	名副	15	1.47％	暗中、边、大半、定准、光景、好歹、极、究竟、一边等
13	副连	13	1.28％	便、不过、但、凡、果然、果真、还是、或、或者、既等
14	数副	6	0.59％	半、多半、多少、千万、万、万万
15	副形	5	0.49％	分外、临时、偶尔、一气、专门
16	动连	5	0.49％	不如、加以、接着、任凭、无奈
17	介连	5	0.49％	任2、以、因为、由于、与
18	代副	4	0.39％	各、每、有些、自
19	形连	3	0.29％	不然、随便、相反
20	动助	2	0.20％	不成、看
21	副助	2	0.20％	就是、也
22	形助	2	0.20％	一般、一样
23	介副	2	0.20％	被、从
24—37	24——37 都只含一个词，共 14 种类型，它们是：介动(经)、副名(万难)、量动(度)、动代(别)、副动(仿佛)、代形(个别)、叹动(哼)、拟动(轰)、数名(零)、副代(另)、名代(旁)、连名(所以)、名连(同时)、数形(万千)，每个类型的比例仅为 0.10％。			

(2)兼3类的有40种181个词

编号	类别	个数	百分比	举例
1	名动量	28	2.75%	笔、车、锤、点、行、号、架、肩、节、类、笼、轮、面等
2	形名动	25	2.46%	不平、错、短、反复、肥、高、公、横、红、厚、坏、骄傲等
3	名动形	21	2.06%	保险、背、冰、刺激、毒、粉、规范、糊、虎、灰、火、能等
4	形动副	11	1.08%	定、略、满、忙、猛、偏、齐、全、虚、硬、正
5	动名形	11	1.08%	独裁、概括、革命、活动、急、讲究、空、落后、矛盾、行等
6	动名量	10	0.98%	帮、包、堆、分、集、记、排、任1、团、站
7	名形副	10	0.98%	大概、大略、大体、根本、基本、实际、险、一路、早、自然
8	动形副	9	0.88%	不堪、活、绝、肯定、死、挺、透、相当、总
9	动介连	6	0.59%	等到、跟、管2、和、为、为了
10	动名副	4	0.39%	分别、过、警卫、约
11	名动副	4	0.39%	现、像、终、左右
12	动副介	3	0.29%	比较、较、在
13	名动介	3	0.29%	朝、向、由
14	动名介	3	0.29%	根据、依据、用
15	动量副	2	0.20%	重、顿
16	动形量	2	0.20%	堵、通
17	名副连	2	0.20%	故、一旦
18	动副连	2	0.20%	即、要
19	名动连	2	0.20%	结果、结尾
20	形名副	2	0.20%	深、小
21	副连助	2	0.20%	则2
22—40	22——40都只含一个词，共19种类型，它们是：名副代(本)、动名连(比方)、副名形(必然)、形动量(遍)、名形量(部分)、动形介(到)、形动数(多)、动介助(给)、动叹拟(哈)、连名动(假定)、形名动(交通)、代副连(另外)、名形动(热)、形动介(顺)、名量助(所)、动名代(所有)、数形副(一)、介名连(因)、动名数(余)，每个类型的比例仅为0.10%。			

(3)兼4类的有15种25个词

编　号	类　别	个　数	百分比	举　例
1	形名动副	6	0.59%	反、干、空、老、乱、直
2	名动形量	3	0.29%	板、名、文
3	动副介连	2	0.20%	并、随
4	名动形副	2	0.20%	光、亲
5	形名动量	2	0.20%	弯、圆
6—15	6——15都只含一个词，共10种类型，它们是：名动量副(顶)、动形量介(对)、形动副连(好)、动副介助(将)、动名形副(可能)、动名量代(列)、动名介连(凭)、数名副连(万一)、动名副介(照)、名形副介(准)，每个类型的比例仅为0.10%。			

(4)兼5类的有两种两个词

编　号	类　别	个　数	百分比	举　例
1	动名副介助	1	0.10%	连
2	形动副介连	1	0.10%	同

根据兼类词所兼类的词数可以把兼类词分为四种类型，其中兼2类的有37种，兼3类的有40种，兼4类的15种，兼5类的2种。此次统计的1018个兼类词的类型共有94种，其中最多的是动、名兼类，有224个词，但仅占全部兼类词的22%。而兼类词个数在10以下的竟有76类。即使不管词性的先后顺序，也有68种兼类词。这种多类型、高分散的情况不利于得出规律，更不利于从总体上统计出较为有效的概率，在如此多的类型基础上要分析出成因，其难处可想而知。

4　目前的规则研究很不充分，而概率法永远都有盲区

对兼类词词性的标注一般有三种方法：一是基于规则的方法，通过定性描述上下文条件，给出确定性的标注结果；二是基于统计的方法，通过定量描述上下文条件，运用各种算法、模型给出标注结果，但所给出的标注结果是概率意义上的最优，是不确定的；三是两种方法的结合。

通过上文的统计数据可知，对兼类词认识不一、兼类词类型多，而每类包含数量又很少，这很难写出效用较高的规则。基于概率的标注方法，一般需要较好的训练集，但本体研究似乎并不能给出这样的训练集，且训练集的构建需要很高的专家知识，投入较多的人力。

5　结　语

兼类词是历时因素在共时层面的表现，如果我们不搞清兼类的原因、机制，我们就很难对兼类做出更好的解释；同时科学的分类要求兼类的数目不能太大，但我们现在完全有能力看一下"不科学"的分类方法到底能有多少兼类词？这也许可以给我们另外的启示，这也是我们下一步的研究方向。同时，我们会在弄清楚这些问题的基础上进一步提出兼类词的处理策略。

参考文献

[1]陈庆武.1990.兼类词辨析词典.福州：福建人民出版社.
[2]郭锐.2002.现代汉语词类研究.北京：商务印书馆.
[3]黄得根，张丽静，张艳丽，杨元生.2003.规则与统计相结合的兼类词处理机制.小型微型计算机系统(7).
[4]亢世勇.2004.面向信息处理的现代汉语语法研究.上海：上海辞书出版社.
[5]李军，王鑫，常荣清.1999.基于机器学习的兼类词词性标注.黑龙江电子技术(12).
[6]陆俭明.1994.关于词的兼类问题.中国语文(1).
[7]吕叔湘.1954.关于汉语词类的一些原则性问题.中国语文(6).
[8]孙茂松，黄昌宁.1989.汉语中的兼类词、同形词类组及其处理策略.中文信息学报(4).
[9]《现代汉语常用词表》课题组.2008.现代汉语常用词表(草案).北京：商务印书馆.
[10]俞士汶，朱学锋等.1998.现代汉语语法信息词典详解.北京：清华大学出版社.
[11]赵铁军，毛成江，张民，李生.1993.CEMT－III系统中汉语兼类问题的处理.中文信息学报(4).
[12]中国社会科学院语言研究所词典编辑室.2002.现代汉语词典.北京：商务印书馆.
[13]朱德熙，卢甲文，马真.1961.关于动词形容词“名物化”的问题.北京大学学报(4).
[14]朱德熙.1985.语法答问.北京：商务印书馆.

HNC 理论的句类假设检验知识与现有句类分析系统 E 语义块识别的检测分析[①]

朱　筠

北京师范大学中文信息处理研究所　北　京　100875

diana _ zhupier@hotmail. com

摘　要：本文针对句类分析中 E 语义块的识别问题，分析了识别假设中遇到的困难；提炼总结了 HNC 理论中识别 E 语义块核心要素的相关知识；并选取语料，对现有句类分析系统进行检测；之后对检测结果进行了分析说明；最后进一步分析了如何加强语义块感知并对未来的研究工作进行了展望。

关键词：HNC 理论，E 语义块识别，lv 准则，排除排队准则，句类分析系统，语义块感知

句法分析一直都是信息处理中的一个重要环节，它是后续的理解及生成工作的前提与基础。而在句法分析中，对于谓语中心词的识别又是一项起着关键作用的工作。在 HNC 理论前提下，传统的句法分析被句类分析所替代，而句类是由 Ek 所决定的，Ek 的核心要素就是所谓的谓语中心词。由此可见，如何识别 E 语义块核心要素成为一个不容忽视的问题。

本文根据 HNC 理论所阐述的 lv 准则以及排除排队准则，总结了在识别 E 语义块核心要素的过程中所运用的理论知识，并对现有句类分析系统进行了测试。全文安排如下：首先将分析汉语中 E 语义块核心要素识别所遇到的困难；接下来对应对这些困难的 HNC 知识进行阐述；在文章的第三部分，主要介绍如何选择相应的语料以便检验；然后利用这些语料测试现有句类分析系统，并对测验结果进行分析；最后将进一步分析如何加强语义块的感知。

1　识别 E 语义块核心要素所面临的困难

识别 E 语义块核心要素的重要性已经得到了肯定，但具体的识别方法却还有待进一步地研究与探讨。在过去的研究工作中，北京大学的穗志方博士和俞士汶教授(1998)提出了基于双语语料库的汉语谓语中心词识别方法和基于决策树模型的汉语谓语中心词识别方法(穗志方、俞士汶，1998)。清华大学的罗振声教授等(2003)提出了一个规则和特征学习相结合的谓语识别模型。山西大学的李国臣(2005)副教授利用主语和谓语之间的句法关系来识别谓语中心词。中科院声学所的韦向峰、熊亮(2007)两位副研究员和张全研究员提出了基于 HNC 理论中对于 E 语义块核心要素排除排队的准则，自动获取核心动词的方法。

虽然提出了多种多样的识别方法，但在开放测试中，识别的正确率基本都在 80%—90%之间徘徊。正确率一直没有得到大幅提高，主要是由于汉语句子中，识别 E 语义块核心要素存在着许多困难，概括起来笔者认为主要有以下几点：

(1)充当 E 语义块核心要素的并不完全是动词。

(2)现代汉语词汇存在兼类现象。

---

①　本文得到国家科技支撑计划项目“中文信息处理应用研究与系统开发”之课题“中文信息处理应用理论研究和知识库资源的开发”(编号为 2007BAH05B01)的资助。

(3)动态概念在一个句子中多次或连续出现。

(4)汉语中的动词存在一词多义的情况。

(5)汉语中常出现省略的情况。这种情况虽然常常省略的是句中除 Ek 以外其他部分，但这些省略对 v 概念以及句类知识的运用有很大的影响。

以上问题对 E 语义块核心要素的识别产生了影响，但这些问题从理论上说，都可以运用 HNC 知识进行消解。

2 lv 准则与排除排队准则

HNC 丰富的理论知识为上述问题一一提供了解决之道。

对于问题(1)，HNC 与传统处理方法不同，利用 HNC 理论对语言进行处理时，并不关心词语的词性，而是关心词语所表达的概念涉及哪些概念类别。只要词语的概念类别涉及 v 类概念，它都会为 E 语义块核心要素的识别提供丰富的信息。

问题(2)的解决需要充分利用 HNC 的词语知识库。在词语知识库中，填写人员对词语不同义项的概念类别、概念符号表达等信息分别进行了填写。在对句子进行处理时，可将词语的不同义项概念符号全部取出，根据 lv 准则和排除排队准则进行预判，之后可运用句类知识进行检验。以此来解决词语兼类的问题。

以下重点阐释针对问题(3)(4)(5)而提出的句类假设策略(lv 准则)和 Ek 假设策略(排除排队准则)。

2.1 句类假设策略——lv 准则

HNC 的句类分析是将句子划分成语义块，而 l 概念和 v 概念可以将句子切分成多个语义块，即 lv 序列对句子产生语义块的切分(晋耀红，1998)。lv 准则中，l 准则主要用于所有主辅语义块的辨识，v 准则仅运用于 E 语义块的识别。

语言逻辑概念 l 具体可作如下分类：

l0 和 l2 是主语义块指示符，l1 和 l3 是辅语义块指示符。l0 到 l3 类可归为切分类概念。当句子偏离标准格式时，必须加入这个子类的有关词汇，对有关语义块给出标志信息。l4 是语义块组合指示符。l8 是辅语义块说明符，从语义块切分标志的意义上说，它是 l1 的补充，这就是说，由 l8 标志的概念一定是辅语义块的切分标志。l6 和 la 是 E 语义块的说明符，l6 用于时态说明，la 用于逻辑态说明，目的是为了突出 E 语义块的标志信息。lb 是句间说明符，当然也是语义块的切分标志。l9 虽不是语义块的直接指示符，但有间接指示广义对象语义块的作用，这是因为它常用于广义对象语义块的开头，而且绝不会出现在一个复杂语义块的末尾(除了头尾合一的简单语义块)，这个特性在许多情况下对于语义块的切分是一项重要的参考信息。这一特性仅为指示代词所有，而为其他代词所无。

可以看出，由 l 准则可以将句子进行切分。而对于多动词干扰，HNC 理论提供了 v 准则以及两种抗干扰方案。

解决动词多次或连续出现这个问题的关键就在于对语句总体结构知识，即句类知识的运用，这包括三项简明的、可把握的特征：C 语义块的语句扩展性，表现类词汇的语义兼备性和兼词性概念的直接组合型。这三个特征，是语义块切分处理的三把钥匙。

虽然 lv 准则是作为语义块切分策略提出的，但它也为 E 的识别提供了丰富的信息。另外，对于动词连见的抗干扰方案其实也是 lv 准则的详细阐释和补充。在识别 E 语义块核心要素的过程中，这些知识可与下面所阐述的排除排队准则联合使用。

2.2　Ek 假设策略——排除排队准则

排除排队准则其实就是先排除一批待选者。随后，要对剩余待选者进行排队，确定句类检验的顺序。先排除，后排队，这是 E 块感知的基本原则。

下面先讨论排除准则。

准则之一：紧靠“的”前面的动词一定可以排除，紧靠“的”后面的动词，除“是”和句尾(包括以“，”标记的小句)动词外，也都可以先行排除。

基于“的”排除动词的 E 块资格是就语句的全局而言的，就语句的局部来说，它可能仍然是局部的 E，即句蜕块的 E。

准则之二：l9 类概念之后的动词可以排除。单字词“这、那、哪、某、任”和它们构成的双字词“这个、这些”等属于此类概念。当初在设计语言逻辑网络概念时，正是由于指示代词这一宝贵特性而将它们独立出来构成 l9。

准则之三：“h＄g”类概念之前的动词可以排除。单字词“性”，双字词“问题、方式”等属于此类概念，其含义是：它本身充当块素 FKH，与 FKQ 一起，构成静态概念 FK，即将前面的概念 g 化，包括 v 类概念的 g 化。

准则之四：后见排除，对连续出现的两个动态概念取第一个，排除第二个。

准则之五：“是”字准则。紧靠单字词“是”的动词，不论前后，一律优先排除，将单字词“是”作为基本判断句 jD 的绝对激活因子。

排队准则可以概括为下列优先准则：

(1)带上装、下装者优先。

(2)纯 v 优先。

(3)亮点优先。(亮点有两重含义，一是指无模糊，二是指不产生游离音节。)

3　测试语料的选取

本文首先选取了网站和报纸上所刊登的新闻进行初步测试。之后根据初步测试结果，检测可能出现的错误。然后再重点选取与之前感知错误的句子相类似的句子进行进一步的集中测试。特别选取的测试语料包括以下类型：

(1)“是”字句。

(2)“有”字句。

(3)含有 l9＋动态概念组合的句子。

(4)“在”与包含方位词的动词结合的句子。

(5)多动态概念句。

4　对现有句类分析系统的测试分析

首先需要说明的是，现有的句类分析系统是以小句断句的，即不仅对以句号、问号、感叹号这类句末点号结尾的句子断句，同时对以逗号和空格结尾的句子进行断句。这样的断句会带来一些问题：如果一个完整的句子被逗号从中间断开，此时就不能对句子进行正确识别。但是如果简单地以句号这类句末点号断句，可能出现一个长句包含若干完整小句的情况，这也有碍句类的识别。所以在测试时，本文只对在断句内完整出现的句子进行测试。如何解决断句问题，本文将在下一部分进行大胆估计。另外，测试的对象主要在于 Ek 的识别，句类识别暂不考虑。测试语料主要来自《HNC(概念层次网络)理论导论》(苗传江，2005)。

4.1 "是"字句

在文章的第3部分，笔者选择了几类重点测试的句子。第一个接受测试的是"是"字句。笔者将下列一组句子输入进行分析。

北京是中国的首都。

长江是中国最长的河流。

狼窝掌是大寨最长的一条沟。

此时识别结果没有问题。接下来将一组"是"字句中出现句类转换或句蜕和块扩的句子输入进行测试。

"一国两府"是违背两岸人民的愿望和根本利益的。

你们的健康和生命是属于人民的。

有远见的美国政治家和企业家是不会放弃这个市场和难得的机遇的。

张先生对李小姐的能力是很赏识的。

我们的任务是努力提高人民的物质文化生活水平。

测试结果显示，若"是"与其后的动态概念中间出现分离的时候，系统可以正确识别。但当"是"字后紧接动态概念时，识别会出现问题。一般，句类分析系统会将"是"字与紧接其后的动态概念联合识别为句子的Ek，此时的句类代码取决于"是"后的动态概念，并非基本判断句。而这与排除准则中的准则五——"是"字前后的动态概念应该排除——发生了矛盾。

另外，对不同形式的句类转换，识别的效果是不同的。本文参照《HNC(概念层次网络)理论导论》一书，将基本判断句的句类转换分成四类。第一类是"是"与句尾的"的"相配合，只要把"是"和"的"去掉，就还原到转换前的句子。这类句子基本能够正确识别。第二类同样是"是"与句尾的"的"搭配，但"是"之后必定出现广义对象语义块，它是转换前句类的jK1，"是"之前一定是广义对象语义块，它是转换前句类的jK2或jK3。这类句子的识别正确率是几类存在句类转换的句子中最高的。第三类转换是"是"之前有"的"，二者之间只可能是有特征语义块的上装，只要把"的……是"去掉就还原到转换前的句子。最后一组也是"的……是"形式，但"的……是"前是转换前句类的E+jK2或E+jK2+jK3，"的……是"后必定是jK1。以下是存在第三、第四类句类转换的测试句子。

第三类：

张先生喜欢的一定是李小姐。

农民最关心的就是粮棉的价格。

我们最缺乏的是时间。

刘玲英保护的是正义的尊严。

集团领导首先抓的是建立一支适应对外开放的员工队伍。

我们感到欣慰的是，葡中两国在澳门问题上进行了非常好的合作。

张先生送给李小姐的是一束玫瑰花。

第四类：

喜欢李小姐的是张先生。

遭受苦难的永远是劳苦大众。

受益的是全村老少。

送给李小姐玫瑰花的是张先生。

委派李小姐接管这项工作的是张先生。

这两类的识别效果不是很理想，笔者总结分析可能有以下两个原因：第一，"是"字若与它前面的副词合并识别，如"就是""一定是"，此时无法将"是"作为基本判断句的激活点进行感知；其次，当"是"与"的"紧挨着时，"的"字准则与"是"字准则，应优先运用"是"字准则，但在句类系统中，有些句子中"的"后出现的"是"被"的"字准则排除了。

4.2　"有"字句

"有"字句的识别在检测中主要出现了一个问题，请先看下列测试句。

我们学校有两个学生考上了清华。

有三名示威者被警察打死。

我们的产品质量有了很大提高。

出席茶话会的有党和国家领导人。

心里有种说不出的滋味。

在这组句子中，句类分析系统能顺利识别前三个句子的 Ek，但后两个句子却出现了问题。经过观察分析，发现原来是"的"字准则对出现在其前后的"有"进行了排除。

4.3　含有 l9＋动态概念组合的句子

从"是"字句的检验中，笔者还发现一种特殊的情况。l9 概念＋动态概念出现按照排除准则，该动态概念应予以排除。对于"周总理说那是错误的"这样的句子，这条准则的运用没有问题，但以下情况运用该准则会出现识别错误。

这是我的书。

这能反映出张小姐的办事能力。

那是李四。

现有句类系统对这类句子的识别出现两种情况，要么识别不出 Ek，要么将 l9 概念与动态概念组合在一起识别为 Ek。

4.4　"在"与包含方位词的动词结合的句子

这是一种不太常见的情况，这类句子在识别时出现问题与词语知识库有关。请看下面一组句子。

我在五星级酒店包下套房。

他在我家下厨房。

某富翁近日在香港买下一栋楼。

李四在五道口下车。

这类句子能否识别出 Ek，完全取决于带有趋向性的动词是否填写在词语知识库中。如上述句子的最后一句，句类分析系统正确地识别出"下车"是句子的 Ek。但前三句"在……下"被整体识别为一个概念。那么解决这个问题，不仅需要扩大知识库规模，还需要对现有知识库的资源进行进一步开发利用，如动态概念的搭配信息等。

4.5　多动态概念句

有这样一种类型的句子：

我看见他在喝橙汁。

大家听到这个消息都很高兴。

我看见花落要流泪，看见月缺也会伤心。

对多动态概念句的状况识别也存在一些问题：对于后接块扩和句蜕的动态概念，但对于后接的块扩和句蜕却没有考证动态概念的搭配信息。如“我看见他在喝橙汁”这个句子没有问题,而对于“大家听到这个消息都很高兴”这个句子,现有的句类分析系统会将“听到”识别为E语义块的核心要素,而认为后面的部分是一个原型句蜕,却没有考虑“高兴”的jK1只能是人,而不能是“消息”。第三个测试句也同样是这种情况。这些主要是对v概念的句类信息利用不够全面。但这种情况比较复杂,不容易总结概括,其特性还有待进一步的研究。

5 如何进一步加强语义块的感知

从上部分对现有句类系统的检测分析不难看出,自然语言是复杂多变的。理论上,可以利用HNC所提供的丰富的知识完全消解模糊,识别句子的Ek;但实际情况却非常复杂。如何合理利用HNC的理论知识?如何将词语知识库中的知识充分利用?这些都是摆在研究者面前的问题。笔者认为,要进一步加强语义块的感知,还要进行以下研究工作:

首先是断句问题。本文之前的部分提到现在的系统中断句问题对识别的正确性有很大影响。对于不能单独成句的小句,应在句类分析前先分析其与前句和后句的关系,对它们进行适当的合并,这样才能使进一步分析顺利进行。

其次是需要研究观察更多的语料,完善和修正现有的句类假设与Ek假设的知识,并进一步研究如何合理协调运用这些知识。从之前的检测分析中可以看出,有些问题是理论知识还不够完备造成的,有些问题是理论知识的使用不够合理导致的。而完善和协调这些知识需要从大量丰富的语料中观察、总结、归纳。脱离了实际情况,单纯进行理论研究的方法对于信息处理是远远不够的。

最后应该研究的是如何进一步开发词语知识库的资源,使其物尽其用。除了已开发的知识外,动态概念的句类格式知识,广义对象语义块知识,插入和重叠的知识,上装和下装的知识等,都可以运用到句类分析系统中,为句类假设和Ek假设提供更多的信息。

6 结 语

Ek的识别对句类分析,乃至理解生成都有着至关重要的作用。本文总结归纳了HNC理论中的句类假设和Ek假设的知识,并对现有的句类分析系统进行了检测分析。希望此文能激发相关人员研究Ek识别的兴趣。由于作者能力有限,对问题的分析和表述还存在诸多问题,望前辈与同行多多赐教。

参考文献

[1]黄曾阳.1998. HNC(概念层次网络)理论.北京:清华大学出版社.

[2]苗传江.2005. HNC(概念层次网络)理论导论.北京:清华大学出版社.

[3]晋耀红.1998. 基于HNC理论的句类分析系统的设计与实现//黄曾阳.HNC(概念层次网络)理论.北京:清华大学出版社.

[4]穗志方,俞士汶.1998. 面向EBMT的汉语单句谓语中心词识别研究.中文信息学报(4).

[5]穗志方,俞士汶.1998. 汉语单句谓语中心词识别知识的获取及应用.北京大学学报(自然科学版)(2—3).

[6]龚小谨,罗振声,骆卫华.2003. 汉语句子谓语中心词的自动识别.中文信息学报(2).

[7]李国臣,孟静.2005. 利用主语和谓语的句法关系识别谓语中心词.中文信息学报(1).

[8]韦向峰,熊亮,张全.2007. 汉语语句核心动词的自动获取研究.计算机工程与应用(10).

第四部分

应用研发之一：机器翻译

形如独立小句的原型句蜕之汉英变换①

池毓焕[1]　　李　颖[2]　　连巍魏[3]

[1]中国科学院声学研究所　北　京　100190　[2]装甲兵工程学院信息工程系　北　京　100072

[3]解放军外国语学院研究生管理大队　洛　阳　471003

chiyuhuan@hotmail.com　lypublic@hotmail.com　lianweiwei@126.com

摘　要：在辨识形如独立小句的原型句蜕过程中，首先从大句范式入手，接着着眼于汉英句群句式的特点，利用语境单元知识确定辅块和核心句的作用。形如独立小句的原型句蜕汉英变换策略紧扣辨识步骤，提出较具可行性的处理思路，经人工确认，其可靠性在66%以上。

关键词：大句范式，原型句蜕，花园幽径句，汉英机器翻译

针对"汉语偏好精练的小句，格式多样，样式单调，fK一定在EK之前，而英语偏好冗长的句子，格式唯一，样式灵活，fK优先于EK之后；汉语无非限短语，无从句，而英语非限短语和从句满天飞。"(黄曾阳，2008a)这两点汉英本质差异，在思考汉英句群翻译的句式转换问题时，文献2在§3.2.2提出了若干公设，即"公设3－1：每个句群都存在一个语义核心，这个语义核心通常由一个语句来承担。公设3－2：句群中核心语句之外的语句，都可以看成原型句蜕。公设3－3：英语迭句中存在非限定形态的EK。"其核心用意在于：着眼于英语的句式特点，把汉语句群中的非核心句视为原型句蜕，按原型句蜕汉英变换规则处理。我们可简称之为"小句原蜕公设"。

在黄曾阳先生列举的汉英翻译研究课题(黄曾阳，2008b)中，与句群句式转换有关的主要是"小句多——一转换"或"小句取消"以及"小句－to化/ing化/ed化/从句/逻辑组合/辅块变换"等。在这一视野中，汉语系列小句被取消了独立地位，成为英语主句的搭架成分，其可选变换包括非限短语等六种形式。

本文主题——形如独立小句的原型句蜕——秉承上述思想，涉及两个问题：(1)如何从系列独立小句中辨识出原型句蜕；(2)这种原型句蜕如何进行汉英变换。

1　语言现象描述

小句是与大句相对而言的。我们把以句号或与其等价的问号、感叹号等为结束标志的文本片段简称语段；语段内如有逗号等分割标志，则称该语段由若干语串构成。逗号所分割的成分未必成句；经统计(池毓焕，2005)，约65%的语串成句。如果这些语句仅是语段的构件，则称之为小句；相应的，由若干小句构成的语段称作大句。文献4有关语串角色分布的统计结果如下：

---

①　本文承国家科技支撑计划(NO.2007BAH05B02－05)；国家重点基础研究发展规划(973)(No.2004CB318104)；中科院声学所知识创新工程项目(No.0654091431)；中国科学院声学研究所"所长择优基金"(No.GS13SJJ04)；中国科学院青年人才领域前沿项目(No.O754021432)的资助。

语串角色类型	fFK	fK	K	Kp	sp	S//sm
所占比例	0.84%	10.91%	5.43%	9.46%	8.85%	64.49%

说明：fFK 指句首语，fK 指辅块，K 指广义对象语义块，Kp 指块的一部分，sp 指句子的一部分，S//sm 指单句或小句。

这表明：形如独立小句的原型句蜕隐身于 5.43%的 K 或 10.91%的 fK 中，但需要从真正的独立小句角色中分辨出来，确认自身的 fK 或 K 角色。

要从系列小句中分辨出原型句蜕，需要放在大句的视野里，并且首先从大句范式(池毓焕、李颖，2009)入手。

大句范式二的半形式化描述为{！310ElJ}|！310EgJ，因而主要处理的是如何把花园幽径句从无头迭句中辨识出来(池哲洁、李颖，2009)。实际上可以扩展到{ElJ}$_n$！31EgJ，处理一般花园幽径句与迭句的辨识问题。

例 1.{新民主主义的政治、新民主主义的经济和新民主主义的文化｜相结合}，这(f84)‖就是‖新民主主义共和国，＋＋＋这(f84)‖就是‖名副其实的中华民国，＋＋＋这(f84)‖就是‖<我们｜要造成｜的新中国>。

Combine the politics, the economy and the culture of New Democracy, and you have the new-democratic republic, the Republic of China both in name and in reality, the new China we want to create.

例 2.{香港、澳门｜胜利回归｜祖国}，‖实现了‖全民族的夙愿。

The successful return of Hong Kong and Macao to the motherland has fulfilled the long-cherished wishes of the whole nation.

花园幽径句的特征可以概括为：全句是一单句，最后一个小句之前的若干独立小句实为{ElJ}$_n$。其辨识方法首先抓基本判断句和比较判断句，其中基本判断句"是/有"的特征突出，而比较判断句的汉语表达常把比较内容 C 前置，形似独立小句。"如果系列小句都属于广义作用句，格式相同，接着出现一个广义效应句——特别是基本判断句——加以总结，则此前的系列小句一同降格，成为原型句蜕；或者系列小句描述广义效应的各侧面，并且样式相同，接着来一个基本判断句，花园幽径句也。"(池毓焕、李颖，2009)

大句范式不限于主要以"是、有"为激活词语的基本类型。

多数因果果因句中各小句均为{PBC$_n$}，特别是！30P21J，其表现正是系列原型句蜕形如独立小句。其中，"没有……，就没有……"，"有了……，就……"，"要……，就要/必须……"等也应该作为范式。

例 3."{没有｜革命的理论}，‖{就不会有｜革命的运动}"，＋＋可见革命的文化运动‖～对于革命的实践运动～‖具有‖何等的重要性。

"Without revolutionary theory there can be no revolutionary movement"; one can thus see how important the cultural movement is for the practical revolutionary movement.

例 4.{有了｜共产党}，‖{中国的面貌｜就焕然一新}。

With the Communist Party, China has put on an entirely new look.

例 5.{要坚持｜党的领导}，‖{必须改善｜党的领导}。

{To uphold ｜ the Party's leadership }‖ calls for ‖{improving ｜ its leadership}.

除了从大句范式入手外，形似小句之非独立性的辨识还应从汉英在句群生成方面的不同特色着眼，即汉语偏好小句平面铺陈，仰仗时序、因果关系的意合，英语则有主干搭架一说，注重空间上的架构扩展。

方梦之(2003)提及：英语句子枝叉蔓生，呈树状结构，分叉处有介词、关系词等连接。而汉语按时间顺序或逻辑事理顺序逐层展开，节节延伸，犹如竹子。林同济(1980)认为：动词在汉语中占有极其重要的地位，而通过动词把握词序的一个规律就是按照各动作实际上或逻辑上的时间顺序来安排各动词在句子中的先后位置。因此在造句手法上汉语偏重动词着眼，运用大量的动词结集，根据时间顺序原则逐一予以安排，甚至尽量省略关系词以达到动词集中、动词突出的效果，故称编年史手法。而英语的特点则是关系词和关系手段丰富，倾向于"关系着眼"，以关系词的使用见长。因此，英语造句无疑是撇开了时间顺序而着重于空间搭架。具体而言，英语是开门见山，先搭起主语和主要动词两巨栋，然后运用各种关系词把有关的材料组成各种的关系词集结向这两巨栋前后挂钩，直接或间接地嵌扣，故称营造学手法。刘宓庆(1992)试图从解释学阐述：英语的音素分布特征使得英语具有形态发生学(包括词内和词外曲折)上的条件，其形态变化主要表现在动词上，它具有时态、语态、语气和数的四维变化。正是凭借这一优势，英语句子实际上是以动词的形态变化为主轴而展开的，谓语动词和主语的搭配，形成了英语SV提挈全句的机制；通过词缀、分词等形态手段并辅以关系代词、关系副词等形式接应手段，英语句子得以具有非常强大的右扩展机制和营造学式的句子生成机制。汉语的音位和汉字都不具备发生形态变化的条件，因而无法形成主谓提挈全句的机制，但是形态的弱化却促进了汉语的意念强势，使得汉语得以在意念主轴上加以展开，也因此汉语的各个层面以意合为主，没有核心，都是平面铺陈的样态。

因应汉英这种竹状和树状的语句生成样态差异，汉语众小句中某些小句英译时常被视作条件、工具、目的等辅块而取消独立性，含有时序、因果关系的并列句也常被译为主从结构。

例6 社会实践‖是‖不断发展的，(f14\2)++我们的思想认识‖也应不断前进，+[一应勇于和善于一]根据实践的要求～‖进行创新。

As social practice continues to develop, we should keep renewing our ideas and make innovations courageously and intelligently in light of practical needs.

例7. 人类‖即将步入‖新的纪元，++\{下个世纪～|人们|将生活在|什么样的国际秩序之中}，这一课题/‖已日益尖锐地摆在‖各国人民的面前。

With a new era quickly approaching, under what kind of an international order will people live in the next century? This question has been put before the people of all countries in all its seriousness.

以上两例的第一小句光从汉语看完全是独立小句，英译时则被视作原因和参照辅块而取消独立性，这就是汉英"小句一辅块变换"。

例8. 各级领导机关和领导干部，要特别关心那些工作和生活上暂时遇到困难的群众，把他们的事情摆上重要议事日程，重点考虑，重点解决，切实安排好他们的就业和生活。

Leading organs and leading cadres at all levels should pay particular attention to those who have encountered temporary difficulties in their work and life, and make proper arrangements for their employment and life by listing their problems on the top of the agenda for special consideration and solution.

例 9. 二十多年来，我们大胆探索，勇于实践，不断推进经济体制改革、政治体制改革和其他方面的改革，极大地解放和发展了我国社会生产力，推动我国经济发展和社会进步发生了巨大变化。

Over the past twenty－plus years，we have，through bold explorations and practice，pushed forward reforms in the economic and political structures and other areas，which has greatly released and developed the country's social productive forces，bringing about tremendous changes in the national economic development and social progress.

例 10. 要排除经济关系中的歧视性政策和做法，在平等互利基础上加强和扩大经贸、科技、人文的交流与合作，促进共同发展和繁荣。

It is imperative to eliminate discriminatory policies and practices in economic relations and to strengthen and expand，on the basis of equality and mutual benefit，exchanges and cooperation in the economic，trade，scientific，technological and cultural fields with a view to promoting common development and prosperity.

以上诸例分别把其中若干独立小句看作方式、途径、目的等辅块实行汉英"小句－辅块变换"。例 9 除了把头两句当途径辅块外，在有潜在因果关系的后三个小句中，选择第三小句作为英文的主干句，第四小句作非限定性定语从句，第五小句则采用现在分词短语作伴随状语。

说到英语的伴随状语，其特点是：它所表达的动作或状态是伴随着句子谓语动词的动作而发生或存在的。英语语法把除主干句的主谓宾之外很多成分都归结为状语，使状语成了某种大杂烩。如果采取向汉语看齐的取向，不少属于主从结构的状语应该提升为平行结构中的共享句。而如果着眼于英语的语句生成样态，汉语的不少独立小句就只好降格为原型句蜕了。

问题在于如何识别出这些小句的非独立性？我们的思路是"抓两头"，一头是确认某些小句为辅块因而证实其非独立性，另一头是确认某一小句为核心句因而证伪其他小句的独立性，而在两头之外套用"汉语重心后置而英语重心居前"的一般原则。

汉语系列小句在形式上"平起平坐"，英语则必须有一个 SV 重心，其他构件搭架其上。因此汉英转换时，首先要确定出汉语的哪个 GBKn 和 EK 可当作英语的 SV 主干，其次判定剩余小句的层次、逻辑语义关系以确定向 SV 主干搭架的类型。为此，我们首先想到：能否与 HNC 理论中的语境单元知识相结合？因为 HNC 指出：句群就是一定的"题"，既然是题必有一个语义重心，可把它确定为英语的 SV 重心，然后再根据语境单元知识将汉语句群中其他语句的语义层次关系梳理出来，向 SV 搭架。

问题转换为：如何确定一个句群所围绕的"题"？如何为不同小句赋予不同的权重？如何梳理不同小句与重心的关系？对于第一小问，黄先生一直强调由词语激活加以简单统计即可确定"题"，工程上也应该有解(韦向峰等，2009)。第二小问实为第一小问在工程上的副产品：一旦第一小问解决了，各小句在确定这个"题"的过程中的贡献自然是已知的。第三小问涉及隐知识的揭示(主要是小句间复杂因果关系的辨识)，还有句间关系标志词的利用等。而语境单元先验知识的一个重要内容是某些辅块不可或缺。如果某些领域概念配备好了相关辅块预期知识，就可应用于小句关系的辨识。对辅块的描述经常以小句的形式出现，如"基于""根据""围绕""通过""利用"等，这种辅块小句向英语的特定类型非限结构转换可以有明确的规则。辅块小句的成功辨认，有助于确定余下部分是并列小句还是隐含复杂因果的主干句结构。

汉英分属左右分枝语言(张克亮，2007)的特点则可作为确定主干句位置的一般原则。

例 11. 我们必须继续围绕在新的历史条件下建设一个什么样的党和怎样建设党这个基本问题，进一步解决提高党的执政能力和领导水平、提高拒腐防变和抵御风险能力这两大历史性课题，全面推进党的建设的新的伟大工程。

We must continue to press ahead with the new great project of all－round Party building, focusing on the basic issue of what kind of a party to build and how to build it under the new historical conditions to address the two major historic subjects of enhancing the Party's ability of exercising state power and art of leadership and resisting corruption and warding off risks.

在此例的汉英转换中，把汉语最后一个小句作为英语的SV主干，然后再把第一小句和第二小句分别作为途径和目的辅块、以现在分词短语和不定式短语的形式搭架于主干之上。

综之，形如独立小句的原型句蜕之辨识，首先要有大句的视野，从激活点比较突出的大句范式入手；其次要扣紧语境单元知识，证实与证伪并举，利用英汉重心的首尾之别作为最后的屏障。

2 汉英变换

首先考察一下一般原型句蜕汉英变换类型分布。我们所用的语料含600个大句，汉语约2.88万字，内容以新闻、政论为主，统计结果如下：

变换类型	原蜕－从句变换	原蜕-to变换	原蜕-ing变换	原蜕-ed变换	原蜕－逻辑组合变换
出现频次	26	87	150	9	113
比例	4.33%	14.50%	25.00%	1.50%	18.83%

这个结果除了表明原型句蜕汉英变换相当频繁之外，并不能直接指导我们进行类型的正确选择，因为反而是比例低的两类变换对句子总体结构影响甚巨，而比例高的两类变换为语义块内部构成的主要类型，对语句全局的影响不太大。

形如独立小句的原型句蜕主要涉及全局性的语句布局，即汉英翻译中的句群句式转换问题。为此，我们对同一批语料进行了针对性的统计。首先，把原先单从汉语看属于独立小句而着眼于英译该当形似小句原型句蜕的都视为原型句蜕，从而扩大了原型句蜕的范围；其次，600个大句中仅由单句构成的有117个，占19.5%，是不存在形似小句原型句蜕现象的；余下的大句累计含有1745个小句，其中619个小句被视为形似小句的原型句蜕，占35.5%，比例较高，说明该现象分布较广。这619个形似小句向英语变换的类型统计结果如下：

变换类型	to短语	ing短语	ed短语	独立结构	GBKn并	短语	逻组	辅块	从句	主句	同位语
分布	107	94	6	5	64	28	45	66	116	18	7
比例	17.29%	15.19%	0.97%	0.81%	10.34%	4.52%	7.27%	10.66%	18.74%	2.91%	1.13%

其中“BGKn 并”特指大句范式三英译时保留主句架构而其中一个 GBK 进行大融合的情形；“主句”特指汉语的原型句蜕英译时变成了主句，而汉语的其他系列小句进行主辅变换的情形。另有 63 例人工判别为承前省略 to 的不定式未列入上表，占 10.18％。

对比可知，形如独立小句的原型句蜕变换中 ing 短语变换和逻辑组合变换的比例大大下降了，而 to 短语变换和从句变换的比例则大幅增加，说明 to 短语和从句在句式布局方面的地位突出。

形似小句非独立性的辨识策略与步骤，下面探讨其汉英变换类型的选择：

(1)文献 5 已经给出了各大句范式的汉英转换规则。在此我们希望重申两点：一是虽然 ing 短语表过程或进行时态而 to 短语表目的或将来时态，但这种区分对于机器分析很难实现，因而原型句蜕 ing 或 to 短语变换的两可选择问题首先要考虑语习制定一些选择规则，有些动词如 mind 或动词短语如 look forward to 习惯跟名词性的 ing 短语，另一些如 want 则习惯跟不定式短语，还有一些如 forget∥stop 等二者均可，但表示不同的意思。二是上述两可选择问题一旦与其他层次的问题相交织，可能呈现出有解的景象，如与“是”字句转换联系起来就明确了：如果“是”字句不进行句类转换，而“be＋现在分词”肯定用于表示进行时态，则只好选择“be to”结构(汉语不用是字句表示进行时态)。这两点可以上升为一般性原则。

经过人工辨识，619 例形似小句的原型句蜕中有 248 例有望在大句范式范畴内解决辨识及汉英变换类型选择问题，占 40.06％。

(2)形似小句向英语辅块变换的有 66 例，向 ing 短语、逻辑组合等变换后加介词构成英语辅块的有 50 例，合计 118 例，占 19.06％。这些样例都存在比较明显的“小句－辅块变换”标记，如易与普通动词混淆的辅块前标记“在”“通过”“经过”“按照”“依照”“根据”“随着”“趁着”“本着”“基于”“结合”“代表”等，以及句间接应词“以”“以便”“使”“以使”等。原则上，当这些标记符出现于多小句的大句中，标记符所在小句优先作为辅块处理。

(3)根据句群领域确定话题所在小句作为英语主干从而证伪其他小句的独立性尚停留于思想实验阶段，目前未统计其可行性。

(4)由范式来辨识的汉语大句结构中核心小句多不在最后一句，某些辅块标记明显的大句中最后一句也常常是辅块，如“以”“以便”“使”“以使”等殿后的小句，因此，我们统计在范式和辅块辨识之后的大句重心之所在。汉语的各小句以并列关系为主，英译时 18％保留并列句，28％以汉语最后小句为核心句，如例 11；54％则反其道而行之，如例 9；有的甚至把汉语的辅块句作为主句，其他小句以非限短语形态呈现。若根据汉语重心偏好后置的原则仅可确定 36 例，占 5.8％。

(5)占 1.13％的 7 例同位语应视同特定范式加以处理，因为汉语通常会出现“这就是……”或“即……”等明显的标志。

(6)经过上述除第三阶段外的四个阶段处理，尚余 33.9％的变换超越了上述预想，其中 10.18％属于第四阶段所述英语主从颠倒的情况。这一点体现出翻译手法或风格的多样性，因为本来原型句蜕采用 to 短语、ing 短语或逻辑组合就是均可的选择，也许译者一时根据“避免雷同”的原则加以变换，一时又根据“类型一致性”的原则向前后看齐。比如同是无头迭句，有的翻译把系列小句都翻成并列句，有的则翻成“一主一从”的形式，其中的“从句”采用独立结构或者加 while 的 ing 短语形式。如果汉语的系列并列句一律译成英语并列句也不能说有错。

我们探索的目标是：促使无错的多选一方式呈现出唯一性。探索途径是：对变换类型选择问题与其他问题交织的现象进行综合研究。提出大句范式，正是基于多个机器翻译课题交织现象的综合；把变换类型选择与迭句保持现象结合起来考察也是基于同一思路。

从大句句式转换角度看，部分汉语迭句到英语保持了迭句形态。虽然有小部分英语迭句形态上与汉语基本对应，但“迭句保持转换”这一范畴下的大部分英语迭句是由一个形式上的核心谓语带系列不定式等短语构成，系列不定式中的原形动词若为同一动词还可能省略，只留一个不定式标志符 to。于是问题转化为两个次问题：一是如何寻找“共主”？有汉语的 QE 升级为英语的核心谓语 EK 的，也有在汉语系列迭句的 EK 之外另找一个共主 EK 的。二是如何在 ing-化、to-化以及从句化之间作选择？迭句保持转换通常与块扩句关系紧密，特别是与使字句和关系扩展句有关，前者有广义效应型 ErJ＝＞广义作用句、ErJ＝＞被动式和 so that 从句等变换形态，后者通常向系列不定式短语变换。这提示了迭句保持转换研究与块扩句自转换研究必然交织在一起，在块扩句类转换的视野下，非限短语类型选择不应再无解。

有关原型句蜕变换类型选择是一个普遍和抽象的问题，依赖语习即词法或句法规定能解决部分问题，关键还在于在大句范式的视野内研究解决之道，把这个问题与其他层次的问题相交织。

3 结束语

本文主要停留在理论分析上，尚未进行机器实现，这不能不说是个主要缺点。为略加弥补，兹报告一下现有基于规则的机器翻译系统在相关变换处理方面的统计结果：

转换类型	分布比例	S1 机译系统				S2 机译系统			
		完全符合	仅可接受	不可接受	总可接受度	完全符合	仅可接受	不可接受	总可接受度
to 短语	17.29%	11.21%	66.36%	22.43%	13.39%	16.82%	62.62%	20.56%	13.71%
ing 短语	15.19%	21.28%	64.89%	13.83%	13.06%	8.51%	76.60%	14.89%	12.90%
ed 短语	0.97%	33.33%	50.00%	16.67%	0.81%	16.67%	33.33%	50.00%	0.48%
独立结构	0.81%		100.00%		0.81%		100.00%		0.81%
GBKn 并	10.34%	4.69%	82.81%	12.50%	9.03%	4.69%	89.06%	6.25%	9.68%
短语	4.52%	17.86%	78.57%		4.35%	14.29%	75.00%	7.14%	4.03%
逻组	7.27%	26.67%	44.44%	28.89%	5.16%	15.56%	51.11%	33.33%	4.84%
辅块	10.66%	78.79%	18.18%	6.06%	10.32%	78.79%	12.12%	12.12%	9.68%
从句	18.74%	29.31%	53.45%	17.24%	15.48%	31.90%	47.41%	20.69%	14.84%
主句	2.91%	38.89%	55.56%	5.56%	2.74%	38.89%	55.56%	5.56%	2.74%
同位语	1.13%	28.57%	71.43%		1.13%	14.29%	71.43%	14.29%	0.97%
省 to 短语	10.18%	41.27%	46.03%	12.70%	8.71%	39.68%	39.68%	20.63%	8.06%
合计	100.00%	24.03%	52.26%	13.55%	76.29%	22.26%	52.42%	15.16%	74.68%

说明：此表所谓“可接受”，多指汉语的系列小句全译为英语的并列句；而“不可接受”则指本是主从关系如花园幽径句或宾语从句被当作并列句，或者谓语都辨认失误了。仅考察变换类型，不涉及遣词优劣。

本文研究的目标并非“尚可接受”，而是要把占半壁江山的“可接受”提升到“完全符合”，即使不能做到百分之百，也有望改善大多数。

参考文献

[1]黄曾阳．2008a. HNCMT的大场、急所和原则．中科院声学所、大正公司内部资料．

[2]黄曾阳．2008b. HNC汉英机器翻译的基本课题．中科院声学所、大正公司内部资料．

[3]李颖，王侃，池毓焕．2009. 面向汉英机器翻译的语义块构成变换．北京：科学出版社．

[4]池毓焕．2005. 汉语动词形态困扰的分析与处理．中国科学院声学研究所博士学位论文．

[5]池毓焕，李颖．2009. 面向汉英机器翻译的大句范式初探//孙茂松，陈群秀主编．中国计算语言学研究前沿进展(2007—2009)．北京：清华大学出版社．

[6]池哲洁，李颖．2009. 无头迭句与花园幽径句的辨识与处理．本届HNC与语言学研究研讨会论文．

[7]方梦之．2003. 实用文本汉译英．青岛：青岛出版社．

[8]林同济．1980. 从汉语词序看长句翻译//杨自俭，李瑞华主编．英汉对比研究论文集．上海：上海外语教育出版社．

[9]刘宓庆．1992. 汉英句子扩展机制对比研究．现代外语(1)．

[10]韦向峰，缪建明，张全．2009. 汉语句群领域的自动抽取研究．计算机工程与应用(4)．

[11]张克亮．2007. 面向机器翻译的汉英句类及句式转换．开封：河南大学出版社．

从 HNC 机器翻译评测看机器翻译发展①

丁泽亚[1,2]　张　全[2]

[1]中国科学院研究生院　北　京　100039

[2]中国科学院声学研究所　北　京　100190

zeya. ding@gmail. com

摘　要：一直以来，机器翻译评测对机器翻译有着极其重要的意义，它对翻译系统性能的提高作出了很大的贡献，同时从机器翻译评测中也可以看出机器翻译技术的发展趋势。本文首先介绍了 HNC 利用语句结构信息的机器翻译评测方法和相应的评测结果，并对评测结果作出了分析。通过对评测结果的分析和比较，本文对机器翻译提出了一些改进措施和建议，并对机器翻译的发展作出了一些展望。

关键词：机器翻译，语句结构，句类句式转换，自动评测

1　引　言

近年来机器翻译的发展使得机器翻译评测得到越来越多的重视，同时机器翻译评测也对机器翻译技术的进步起到了巨大的推动作用，它不但可以推动机器翻译系统的市场推广，并且可以帮助研究者对翻译系统的关键技术进行研究并改进，两者是相辅相成的。

20 世纪 50 年代机器翻译研究蓬勃兴起，机器翻译评估也随之诞生。1964 年，美国国家科学院成立语言自动处理咨询委员会(Automatic Language Processing Advisory Committee，简称 ALPAC 委员会)，调查机器翻译的研究情况，以便对未来的投资计划提供咨询意见。该委员会设立了机器翻译评测体系，通过人工的方式对从翻译的忠实度和流利度两个方面对机器翻译系统进行评测。两年后，委员会公布了题为《语言与机器》的评价报告(简称 ALPAC 报告)，对机器翻译采取否定的态度，报告认为当时的机器翻译系统，质量很低，修改翻译系统的输出的代价比人工翻译的代价还要大，因此建议政府不要继续投资机器翻译。报告悲观、消极主义基调给各类 MT 的研究和开发带来了不利的影响，最终导致了机器翻译的研究锐减。这也就是历史上最著名的一次机器翻译评价活动改变了机器翻译发展的事件。一直到 20 世纪 80 年代初，机器翻译在经历了一段消沉期后才又开始蓬勃发展。

国外机器翻译评测的机构主要有欧盟的 EAGLES(语言工程标准专家顾问组)、DARPA 美国国防高级研究项目局、NIST 美国国家标准与技术局等(张剑等，2003)。在国内，北京大学计算语言学研究所的俞士汶教授 20 世纪 90 年代开发的 MTE 系统被认为是世界上第一个机器翻译自动评测系统。国家 863 计划、973 计划也先后在国内进行了多次机器翻译的评价，测试结果反映了我国机器翻译发展的水平(张丽云，2006)。机器翻译评测便于研究人员了解翻译系统的核心技术，获取性能提升的方法，同时掌握机器翻译技术的发展方向。

本文首先介绍了 HNC 利用语句结构信息的机器翻译评测方法和相应的评测结果，通过

---

①　本文承国家 973 项目“自然语言理解的交互引擎研究”(2004CB318104)、国家科技支撑计划课题“搜索引擎中的语言翻译基础研究”(2007BAH05B02-05)、中科院声学所知识创新工程项目“句群理解处理理论及其应用”(O654091431)、中国科学院声学研究所“所长择优基金”(GS13SJJ04)、中国科学院青年人才领域前沿项目(O754021432)的资助。

与传统评测方法进行比较，同时和真实语料的对照，对评测结果作出了分析。基于分析的结果，本文对机器翻译提出了一些改进措施和建议，并对机器翻译的发展作出了一些展望。

2 HNC利用语句结构信息的机器翻译评测

传统的机器翻译评测方法主要有基于N－gram共现的方法，基于编辑距离的方法等。在研究HNC利用语句结构信息的评测方法之前，我们首先主要研究了三种传统的评测方法：BLEU，NIST和WER。我们发现传统的机器翻译自动评测技术都是基于词汇或者字这些表层信息进行的，而对于语言深层信息的理解和分析的结果基本上是置之不理的。对于一个语句结构不合理，但是字词翻译忠实度较高的句子，在用传统方法进行评测时，常常有可能获得较高的得分。因此，我们认为语句结构的评价在很大程度上可以非常直观地反映译文的可读性，但是目前传统的方法对于语句结构的评价并不是很直接，还仅限在多元词的匹配或字词位置匹配上。所以，我们利用语句结构信息，即HNC理论中的句类句式转换信息，对译文进行语句结构的评价，并把这种评价和传统评测得分结合起来，使得自动评测对机器译文的评价更加全面准确。

2.1 三种传统的评测方法

机器翻译评测领域目前使用最广泛的基于N－gram的评测方法主要有两种：BLEU和WER。BLEU是由IBM提出的一种评测标准，而NIST则是在BLEU基础上提出的一个改进方案，即在其基础上添加了片段信息量的计算方法。BLEU评测方法简单说来就是统计系统译文和参考译文中N元共现词汇的个数，并除以系统译文中总的N元词的数目，得到的结果就是评测的得分(Papieni等，2002)。BLEU这种评测方法虽然称不上是一种完善的评测方法，构思却很巧妙，但是作为N－gram评测方法应该同时能更好的反映信息度。NIST方法是在BLEU方法上的一种改进，它并不是简单的将N元词汇的共现次数累加起来，而是求出每个N元词汇的信息量，然后再累加起来除以整个系统译文的N元词汇的个数。NIST方法虽然添加了片段信息量，但由于信息量主要集中在1－gram上，并不能很好地反映高阶N－gram的情况，因此对译文流利度的评价并不是很好。

WER评测方法是一种基于编辑距离的评测方法。所谓编辑距离就是用来计算从一个字符串(S)转换到另一字符串(T)所需要进行的最少的插入，删除和替换的数目，在机器翻译评测中对应于机器译文到参考译文的改动数目(张丽云，2006)。WER评测的打分方法简单来说就是机器译文到参考译文的编辑距离除以参考译文的单词数。对于WER得分而言，得分越高反而译文质量越差，因为实际上WER评测方法计算的是译文的单词错误率。这种方法对于允许语序变化的机器翻译结果来讲，过于严格，不够灵活，这是一个比较大的缺陷。

2.2 利用句类信息的HNC评测方法

句类转换和句式转换是源语言和目标语之间语句结构变化信息中非常重要的两个方面，同时又是HNC机器翻译系统的重中之重，所以关于HNC机器翻译评测，我们将从句类转换和句式转换入手。

句类就是语句的语义类别。所谓句类转换就是在保持表达内容不变的前提下从一个句类向另外一个句类转换。语际句类转换分为三种类型：零转换、强制性转换和选择性转换。句式又称语句格式，是指语句中主语义块按照一定顺序形成的排列方式。语句格式有基本格式、规范格式、违例格式和省略格式四种(张克亮，2004)。

我们使用的语料是2007年863第三届统计机器翻译研讨会(SSMT2007)的评测语料库,主要为新闻语料,包括中英翻译语料5000句和英中翻译语料5000句。翻译语料的形式是一句源语对应四句参考答案。这些语料首先需要进行HNC句类标注,包括源语句和目标语句。下面的例子是一个标注以后的XML描述(谢法奎,2008):

<root><S connect="" sc="T31J" format=""><Chunk cat="0" role="TA" role_format="" red="" plug=""> The company </Chunk>……</S></root>

我们从上面标注完的XML信息中提取出句子的句类和句式信息,下面用流程图来给出具体的评测机制。

我们从SSMT语料库中随机选取了112个英文句子,作为评测试题。译文来自于Google在线翻译,华建在线翻译和HNC机器翻译系统。经过评测,我们发现Google翻译译文的传统评价得分是最高的,而HNC翻译系统的句类句式转换评价得分是最高的。在HNC翻译策略中句类句式转换是整个翻译系统非常关键的地方,经过实际语料的考察,我们也发现HNC翻译系统的句类句式转换比另外两个译文要好,同时证明了利用语句结构信息的这种评测机制是有效的。

3 从HNC译文评测看机器翻译

机器翻译评测除了客观全面反映机器翻译发展现状外,更重要的是要有助于促进机器翻译质量的提高。通过评测,对译文中的问题进行分类、归纳、总结,分析制约提高译文质量的原因,从而真正达到依评测促提高、依评测促发展的目的。

下面我们来看几个评测中的例子:

例1:The People's Bank of China, the central bank, raised interest rates on March 18.

Google译文:中国人民银行中国,中央银行调高利率,在3月18日。

HNC译文:中国人民银行,中央银行,在3月18日提高利率。

从上面的例子中我们可以发现,Google译文中字词的翻译是比较准确的,但是句子从结构上来看并不合理,而HNC译文的结构是符合正常语言习惯的。这样的结构错误在很多翻译系统的译文中是非常常见的。

例2:The motive of the gunman was still unknown.

Google:动机仍然不明枪手。

华建:持枪歹徒的动机仍然是未知的。

从例2中可以看到,华建翻译的这句译文从结构和字词翻译的忠实程度来看都是比较合理的,Google的这句译文同样在结构上是不符合语言习惯的,但是在传统评价打分中,这两句译文的得分却基本上没有差距。

例3:Roads within the 1,600—acre campus were blocked off during the confrontation between the gunman and the police.

Google:道路1600英亩的校园被封锁期间之间的对抗枪手和警察。

华建:在1600英亩的大学校园内的道路被在持枪歹徒和警察之间的对抗期间封堵。

例3中,Google这句译文语序混乱,对于用户来讲,可读性是非常差的,而华建的这句译文尽管是有错误的,但是从结构和语序上来讲都要合理得多,传统打分中Google这句译文的得分却远高于华建。

从上面的几个例子我们看到,传统评测方法对于语句结构的评价并不是很有效,而

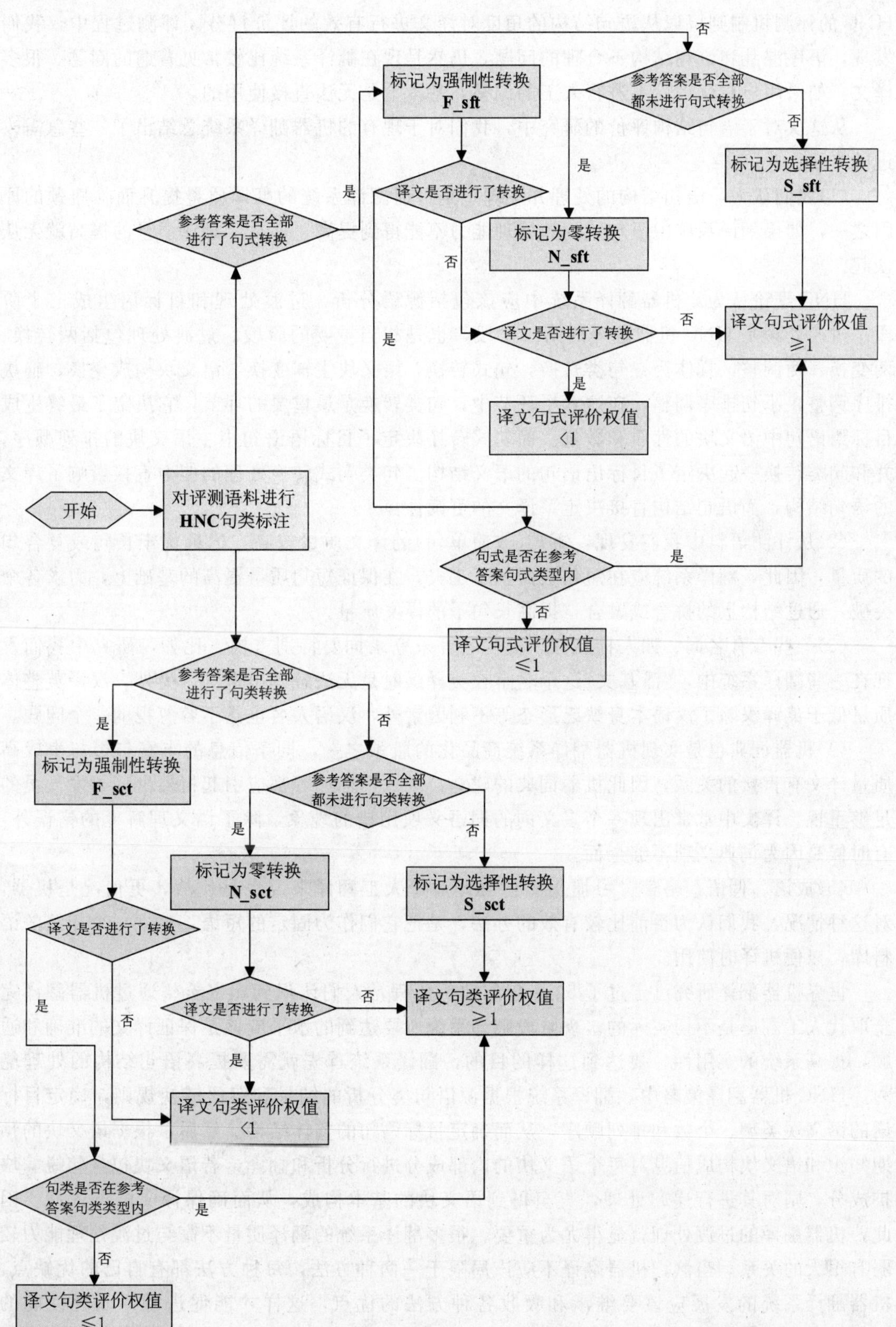
开始
对评测语料进行
HNC句类标注
参考答案是否全部
进行了句式转换
是
标记为强制性转换
F_sft
译文是否进行了转换
是
否
否
参考答案是否全部
都未进行句式转换
是
否
标记为零转换
N_sft
标记为选择性转换
S_sft
译文是否进行了转换
否
是
译文句式评价权值
≥1
译文句式评价权值
<1
句式是否在参考
答案句式类型内
是
否
译文句式评价权值
≤1
参考答案是否全部
进行了句类转换
是
否
标记为强制性转换
F_sct
参考答案是否全部
都未进行句类转换
是
否
标记为零转换
N_sct
标记为选择性转换
S_sct
译文是否进行了转换
是
否
译文是否进行了转换
否
是
译文句类评价权值
≥1
译文句类评价权值
<1
句类是否在参考
答案句类类型内
是
否
译文句类评价权值
≤1

HNC的评测机制则可以从语句结构的角度对译文进行有效的评价打分。评测过程中，我们发现，语序混乱和语句结构不合理的问题，仍然是现在翻译系统比较常见普遍的问题。很多译文，如果用户在获得后不进行人工的调整，基本上是无法直接使用的。

从这次对于语句结构评价的研究中，我们对于现有的机器翻译系统总结出了一些急需改进的方面：

(1)我们认为，语句结构的处理并不理想是目前翻译系统的翻译质量提升面临瓶颈的原因之一，如果翻译系统中语句结构的处理能力不能得到提高，那么，翻译质量的提高就无从谈起。

HNC理论认为，机器翻译系统中应该包括源语分析，过渡处理和目标语生成三个阶段。过渡处理是HNC机器翻译的第二阶段，也是相当重要的阶段。过渡处理包括两转换、两变换、两调整，具体为：句类转换，句式转换，语义块主辅变换，语义块构成变换，辅块排序调整，小句排序调整。在这六个环节中，句类转换是最重要的环节，它决定了最终生成目标语语句中语义块的性质和数量。而句式转换决定了目标语语句中主语义块的排列顺序，并和句类转换一起决定了目标语语句的语义结构。句类句式转换处理的能力直接影响了译文的语句结构，而语句结构直接决定了译文的可读性。

(2)从评测语料中我们发现，短句(或简单句)的译文质量较高，远远优于长句或复合句的质量。因此，翻译系统应在短句层面上下工夫，在保证短句质量提高的基础上，力求各个突破，通过结构上的拼合或融合，提高长句子的译文质量。

(3)一些专有名词、如人物名称、机构名等未登录词要特别重视。比如，研究中我们发现在一些翻译系统中，“潘基文”这个名字在英译汉时是无法翻译出来的。另外，汉译英整体质量低于英译汉除了汉语本身缺乏形态等不利因素外，汉语人名也是不容忽视的一个问题。

(4)机器词典也是实现机器翻译系统商品化的瓶颈之一，词条信息的丰富与否与生成高质量译文有直接的关系，因此机器词典的建立、录入、标注等都应引起机器翻译研发人员的足够重视。译文中常常出现一个多义词的词语义项用错的现象，除了语义理解上的错误外，有时候是因为词典义项不够全面。

(5)成语、俚语、格言、习惯用法的翻译对于人工翻译来说也是挑战，更何况是机器，对这种情况，我们认为目前比较有效的办法，是把它们作为固定的短语，建立一个相关的语料库，以便机译时使用。

世界机器翻译研究已走过了50多年的曲折历程，人们认识到，寄希望通过机器翻译完全取代人工翻译是不切实际的。现阶段翻译系统所要达到的水平应该是保证译文的准确和通顺，提高系统的实用性。要达到这样的目的，翻译系统首先就需要提高语句结构的处理能力。HNC机器翻译策略中，翻译系统根据源语句类分析的结果和双语转换规则，确定目标语的语义块类型、个数和排列顺序，从而确定目标语句的整体结构。然后，根据语义块的预期知识和语义块构成信息对每个语义块的内部成分进行分析和翻译，若语义块包含句蜕、块扩成分，则对其进行递归处理，直至得到语义块的基本构成，从而确保译文的可读性。因此，机器翻译的过渡处理就显得尤为重要，很多翻译系统的翻译质量不高与过渡处理能力较弱有很大的关系。当然，机器翻译不应该局限于一两种方法，每种方法都有自己的优缺点，机器翻译系统的发展应该要继承和吸收各种方法的优点，这样才能促进翻译系统性能的提升。

整个自然语言处理领域近年来的变化是巨大而且深刻的。相比较而言，机器翻译领域的变化要小一些。主要原因是机器翻译领域几乎涉及自然语言处理所有领域中最困难的问题，某些单方面或浅层次的突破都不足以对机器翻译的整体产生根本的影响，只有当整个自然语言领域的各个方面的研究工作都取得全面的突破时，才有可能导致机器翻译的巨大突破。

4　结束语

随着世界网络化的发展，信息交流日益频繁，语言交流问题日显突出。这些问题大大地刺激机器翻译需求的增长，为机器翻译的发展创造了机会，机器翻译的市场和空间是非常巨大的。但是目前的翻译系统还远远达不到不同语言交流无障碍的程度。本文首先介绍了HNC利用语句结构信息的机器翻译评测方法，这是一种全新的评测机制，可以从语句结构的角度对翻译系统的翻译质量进行评价。通过对一些现有系统的评测和分析，我们发现，首先传统评测方法对语句结构的评价并不是很有效；其次，现阶段翻译中的语句结构处理情况在很大程度决定了译文的可读性和通顺性，同时也影响了翻译系统的实用性。根据上述分析，本文对机器翻译提出了一些改进措施和建议，并对机器翻译的发展作出了一些展望。本文接下来的工作是继续完善 HNC 翻译评测方法，使这样的评测能起到推动机器翻译技术发展的作用。

我们相信，随着机器翻译研究和计算机技术的不断深入发展，终将有一天，世界上不同语种国家的人们可以借助机器翻译产品达到在各种场合自然无障碍的交流。

参考文献

[1]Kishore Papieni, Salim Roukos, Todd Ward, Wei-Jing Zhu. 2002. BLEU: a Method for Automatic Evaluation of Machine Translation. ACL.

[2]Doddington. 2002. Automatic Evaluation of Machine Translation Quality Using N-gram Co-Occurrence Statistics. NIST Research Report.

[3]张剑，吴际，周明 . 2003. 机器翻译评测的新进展 . 中文信息学报(6).

[4]张丽云 . 2006. 英汉机器翻译系统自动评测方法的研究与实现 . 北京工业大学硕士学位论文 .

[5]孙连恒，杨莹，姚天顺 . 2004. Open E：一种基于 n－gram 共现的自动机器翻译评测方法 . 中文信息学报(2).

[6]张克亮 . 2004. 面向机器翻译的汉英句类及句式转换研究 . 中科院声学研究所博士学位论文 .

[7]黄曾阳 . 1998. HNC(概念层次网络)理论 . 北京：清华大学出版社 .

[8]苗传江 . 2005. HNC(概念层次网络)理论导论 . 北京：清华大学出版社 .

[9]谢法奎 . 2008. 面向 HNC 的语料库软件设计与实现 . 中科院声学研究所硕士学位论文 .

从一项实证研究看机器翻译的路线之争①

李　青　张克亮

解放军外国语学院　洛　阳　471003

Liqing200120012001@163.com　kliang99@sina.com

摘　要：在语言信息处理领域，统计机器翻译模型自诞生之日起就受到众多学者的追捧。一些学者认为统计机器翻译系统的性能已经可以媲美经过几十年发展的基于规则的机器翻译系统，还有学者甚至认为基于规则的翻译方法走到了尽头，将让位于统计机器翻译。传统的规则机器翻译是否走到了尽头并将让位于统计机器翻译？如何看待机器翻译的路线之争？本文选取目前主流的两套英汉机器翻译系统（一个基于规则的，一个基于统计的），对其译文质量加以测评，试图通过定量分析与定性分析相结合的方法透视这一纷争背后的基本现实，并对机器翻译方法的未来走向作出预测。

关键词：规则机器翻译，统计机器翻译，翻译标准，测评

1　引　言

近年来，统计自然语言处理发展迅速，在文字识别、语音合成等领域的技术已经达到了实用化的水平。面对统计自然语言处理取得的这些成就，一些学者认为"统计语言模型已经成为当前自然语言处理技术的主流"（黄昌宁、张小凤，2002）。一些极端的学者甚至对语言学家的作用不屑一顾，如IBM公司的杰里内克（Fred Jelinek）曾说："每当我解雇一个语言学家，语音识别系统的性能就会改善一些。"

作为自然语言处理的一个重要组成部分，机器翻译领域内也出现了这种推崇统计语言模型、排斥语言规则方法的气氛。2000年，德国亚琛大学年轻的博士生奥赫（Och）曾模仿阿基米德说："只要给我充分的平行语言数据，那么，对于任何两种语言，我就可以在几小时之内构造出一个机器翻译系统。"很多人认为基于统计的机器翻译（SBMT）系统的性能已经可以媲美经过几十年发展的基于规则的机器翻译（RBMT）系统。甚至有人预测RBMT已经走到尽头，并将让位于SBMT。那么，传统的RBMT是否真的像一些学者所说的那样已经走到了尽头呢？SBMT系统的翻译输出质量究竟如何？本研究选取目前主流的两套英汉机器翻译系统（一个"基于规则"的，一个"基于统计"的），对其性能加以测评，试图寻找纷争背后的基本现实。

2　测评方法

测评对机器翻译研究来说至关重要。一套科学合理的测评体系能够促进机器翻译系统性能的提高，而不合理的测评体系则制约甚至阻碍机器翻译研究的发展。1964年，美国自然科学基金会特别成立的语言自动处理咨询委员会（Automatic Language Processing Advisory Committee），曾对当时的机器翻译系统进行过测试，并对机器翻译的发展前景进行了评估，

---

①　本研究得到军队"2110工程"项目（PLA0807022）和解放军外国语学院科研基金（08XYY004）的支持。

认为机器翻译在速度、准确性和费用支出上都无法同人工翻译相比，这便是历史上有名的ALPAC报告。ALPAC报告的结论被认为是偏颇的、不够公正和合理的。但它的发表直接导致美国机器翻译研究十多年的停滞并引发机器翻译在世界范围内陷入低潮（张克亮，2007）。因此，如何设计科学、合理的测评体系已经成为整个语言信息处理领域研究的重要内容之一。

2.1 机器翻译测评的类型与方式

广义的机器翻译测评包括：(1)系统译文质量测评；(2)系统翻译速度测评；(3)系统的健壮性测评；(4)系统界面的友好性测评。狭义的机器翻译测评仅指译文质量测评。本研究中的测评是指狭义机器翻译测评。而就测评方式来说，目前有人工测评和自动测评两类。由于本研究所选择的语料集不大，且判断标准的把握相对来说比较严，所以我们选用人工测评方式。具体到测试理论，大体可以分为三类：分离式测试、综合性测试、交际性测试（李兆君，2005）。本文的理论基础就是分离式测试，其基本思想是认为语言由不同模块构成，语言能力可以通过对不同内容的学习获得，因此逐一对多种语言技能中的各个语言单位进行测试，最后将测试结果综合起来就可以确定受测个体的总体语言水平。

在机器翻译领域，分离式测试就是用一种类似标准化考试的办法，对机器翻译的各个主要指标设计一定数量的试题进行测试，以达到对机器翻译性能总体的评价。俞士汶(1991)等人在研制机器翻译译文质量自动评估系统时就使用了这种方法，并构建了针对英汉机器翻译的测试集。高峰(2001)也根据分离式测试理论，针对汉英机器翻译构建了一定规模的测试集。分离式测试的试题量大，涉及的语言单元多，但每道试题只测试一种语言成分，因此针对性强。通过设计科学合理的测试集，分离式测试能够清楚地发现机器翻译系统对于具体测试点的翻译能力，从而揭示出不同类型机器翻译系统性能的优劣。

2.2 机器翻译系统性能测评流程

2.2.1 构造测试集

本文的目的在于比较当前主流的两套英汉机器翻译系统的译文质量，因此，测试集所选的语料应该典型、全面。为了突出测试的客观性和全面性，笔者从《大英百科全书》(电子版)和《牛津高阶英汉词典》中精心选取121个英文句子进行测试。这些句子覆盖了英文的大部分语法重点和难点，包括被动句、否定句、定语从句、副词性从句、名词从句、特殊疑问句、分词、动名词、what从句等，理论上可以反映被测试者的语言水平。

2.2.2 确定测评标准

本文的目的在于分析不同机器翻译系统译文质量的高低，因此，对译文质量应有个统一的判断标准。这里我们选取国际公认的“忠实度”和“流利度”的测评标准。

2.2.3 选择受测试的机器翻译系统

根据其运行效率、获取难易程度、用户评价水平，笔者选择了当前最为热门的两套英汉机器翻译系统进行测试，它们是谷歌翻译和华建翻译。谷歌翻译是目前最为热门的机器翻译系统之一，它是基于统计语言模型构建的。由奥赫(Och)牵头研制的谷歌翻译系统曾多次在国外的机器翻译评测中夺冠，这也是很多研究者看好统计机器翻译的原因之一。而华建翻译是由我国科技人员自主研发的基于规则的机器翻译系统，在各种评测中多次名列榜首。

2.2.4 对输入文本进行翻译

将测试集语料依次输入到两套机器翻译系统中进行翻译，记录翻译结果。

2.2.5 对翻译结果进行评判等级

为尽可能地降低主观因素对测试结果的影响，笔者邀请4名英语专业的在读研究生，对照事先选定的“忠实度”和“流利度”的标准，为每个系统的译文评判等级，处于每个等级的译文句子的数量为4名评判者评判结果的平均数。

2.2.6 对结果进行统计和分析

采取定量分析与定性分析相结合的方法，首先统计每个机器翻译系统译文质量的等级分布情况；然后，对等级分布表中的数据进行加权处理(为每个等级赋值)；最后，对各个系统的翻译性能进行总体评价。

2.3 测试语料

本研究中用到的121个英文语句选自《大英百科全书》(英文版)和《牛津高阶英汉词典》，覆盖以下主要语法形式：

表1 测试集中语句种类和数量

语法类型	数 量	语法类型	数 量
a. 否定句	11	g. 分词	11
b. 被动语态	11	h. 动名词	11
c. 定语从句	11	i. as 用法	11
d. 同位语从句	11	j. what 从句	11
e. 名词从句	11	k. with 用法	11
f. 副词性从句	11		

2.4 测评标准

本次测试，笔者选取国际著名机器翻译专家长尾真(Makoto Nagao)教授在日本科学技术厅的机器翻译系统中提出的忠实度和流利度两个标准。两项标准分别对忠实度和流利度作了分级，他们的分级系统处于不断的发展和完善之中，这里采用国际上最为常用的5级(A—E)划分标准：(冯志伟，2006)

(1)忠实度：

①译文忠实地反映了原文的内容。

②译文忠实地反映了原文的内容，文章的意义也容易理解，只需进行简单的修正。

③译文需进行词序调整、时态修正、单复数修正、副词位置调整等操作。

④部分原文没有翻译，短语、句子有丢失，但大体上还看得出是一个句子。

⑤译文完全不能反映原文的内容和结构，因为脱落了主语或谓语，成不了句子。

(2)流利度：

①文章意义明确，没有疑义，用词、语法、文体都贴切，无须修改。

②文章意义明确，可以理解。但用词、语法、文体上有些毛病。

③文章的意义基本可以理解。但由于用词、语法等原因，对有些细节的理解有疑问。

④译文用词、语法问题多，经过反复思考之后，能够在某种程度上猜想原文的意思。

⑤译文完全不可理解，必须由人重新翻译。

3 翻译系统实测举例

完成以上准备工作，就可以对两套系统进行实测。由于篇幅有限，这里只挑选两个例子加以展示。括号内的第一个字母为单个评判人员对该句译文的忠实度所评判的等级，第二个字母为该评判人员对其流利度所评判的等级。标①的为谷歌翻译的译文，标②的为华建翻译的译文。

(1)否定句：

All that glitters is not gold.

① 所有这些闪光的不都是金子。（A，C）

② 闪闪发光物，未必尽黄金。（A，A）

(2)定语从句：

I have a friend who likes listening to classical music.

① 我有一个朋友谁喜欢听古典音乐。（A，C)

② 我有一位朋友喜欢听古典音乐。（A，A）

4 统计与分析

4.1 得分统计

每个表格的第一列字母表示译文等级，其余的各列数字表示该翻译系统所产生的译文处于此等级的个数(为4名评判者评判结果的平均值)。

表2 否定句译文等级个数对比

系统/等级	谷歌翻译		华建翻译	
	忠实度	流利度	忠实度	流利度
A级	2	1	7.25	6.5
B级	1	1	1.75	2
C级	3.75	2.25	1.25	1.25
D级	3	4.75	0.75	1
E级	1.25	2	0	0.25

表3 被动语态译文等级个数对比

系统/等级	谷歌翻译		华建翻译	
	忠实度	流利度	忠实度	流利度
A级	0.75	1.25	5.25	4
B级	0.75	0	1.5	1.75
C级	3.25	2	1.25	0.75
D级	3.25	4	2	3
E级	2.5	3.75	1	1.5

表4 定语从句译文等级个数对比

系统/等级	谷歌翻译		华建翻译	
	忠实度	流利度	忠实度	流利度
A级	1.25	0	6.5	4.25
B级	2.5	0.75	2	3.5
C级	2.25	3.5	0.75	1.5
D级	3	4.25	1.75	1.5
E级	2	2.5	0	0.25

表5 同位语从句译文等级个数对比

系统/等级	谷歌翻译		华建翻译	
	忠实度	流利度	忠实度	流利度
A级	2.5	1.5	6.25	3.25
B级	1.5	2.25	1.5	2.75
C级	3	4	1.75	3
D级	3.5	2.5	1.25	1.75
E级	0.5	0.75	0.25	0.25

表 6 名词从句译文等级个数对比

系统 等级	谷歌翻译		华建翻译	
	忠实度	流利度	忠实度	流利度
A 级	5.5	4.25	7.5	5.25
B 级	1.75	2.25	2.25	3.75
C 级	1.5	1.75	0.25	1
D 级	1.25	1.25	0.25	0.25
E 级	1	1.5	0.75	0.75

表 7 副词性从句译文等级个数对比

系统 等级	谷歌翻译		华建翻译	
	忠实度	流利度	忠实度	流利度
A 级	2.75	2.25	7	5.75
B 级	2.75	3.75	2.25	3
C 级	3.75	2.5	0.75	1.25
D 级	1.25	1.75	1	0.5
E 级	0.5	0.75	0	0.5

表 8 分词译文等级个数对比

系统 等级	谷歌翻译		华建翻译	
	忠实度	流利度	忠实度	流利度
A 级	0	0.25	2	1.25
B 级	4.75	5	4	3.75
C 级	2.5	2.75	3.5	4.25
D 级	3.75	3	1	1.25
E 级	0	0	0.5	0.5

表 9 动名词译文等级个数对比

系统 等级	谷歌翻译		华建翻译	
	忠实度	流利度	忠实度	流利度
A 级	2	1.75	6.25	4
B 级	2.25	2.75	3	5.25
C 级	2	2	1	1
D 级	4.25	2.5	0.75	0.75
E 级	0.5	2	0	0

表 10 As 用法译文等级个数对比

系统 等级	谷歌翻译		华建翻译	
	忠实度	流利度	忠实度	流利度
A 级	0	0	4.5	4
B 级	0.75	0.25	3.5	4.75
C 级	2	2.75	1.25	2.25
D 级	6	6	1.5	0
E 级	2.25	2	0.25	0

表 11 What 从句译文等级个数对比

系统 等级	谷歌翻译		华建翻译	
	忠实度	流利度	忠实度	流利度
A 级	2.75	2.5	5	4
B 级	2.75	2.5	2.25	3.25
C 级	3.75	2	2.5	2
D 级	2	3.5	1	1.5
E 级	0.75	0.5	0.25	0.25

表 12 With 用法译文等级个数对比

系统 等级	谷歌翻译		华建翻译	
	忠实度	流利度	忠实度	流利度
A 级	0.75	0	5.75	4.5
B 级	0.75	2.25	2	3.75
C 级	4	4	2.25	2.25
D 级	3	2.75	1	0.5
E 级	2.5	2	0	0

根据上述统计可以得到各系统译文等级总计对比表(表格的第一列字母表示译文等级,

其余的各列数字表示该翻译系统所产生的译文处于此等级的总个数）：

表13　系统译文质量总计对比

系统 / 等级	A级数量	B级数量	C级数量	D级数量	E级数量	总计个数
谷歌翻译	35	44.25	61.25	70.5	31	242
华建翻译	110	64	37	23.75	7.25	242

为了使测试结果更加直观，我们对统计结果进行如下加权处理：译文等级为A，则加2分；译文等级为B，则加1分；译文等级为C，则加0分；译文等级为D，则减1分；译文等级为E，则减2分，初始得分都为0分，最后结果可以为负分。这样可得各系统的综合得分情况。以谷歌翻译为例，其译文句子A级的有35个，B级的有44.25个，C级的有61.25个，D级的有70.5个，E级的有31个，因此谷歌翻译总计得分为：

35×2＋44.25×1＋61.25×0－70.5×1－31×2＝－18.25分。

同理可得华建翻译系统的得分：

110×2＋64×1＋37×0－23.75×1－7.25×2＝244.75分。

从以上得分情况不难看出华建英汉机器翻译系统无论单项测试还是综合得分都超过了谷歌英汉机器翻译系统。

4.2　结果分析

测试的结果使人出乎意料。在统计机器翻译模型日益受人追捧的今天，我们发现由我国科技人员自行研制的基于“规则”的“华建”英汉机器翻译系统，其译文质量远远超过了多次在国际评测中夺冠的谷歌英汉机器翻译系统。这种成就的取得，一方面得益于华建语言工程师每天努力工作，不厌其烦地修改语言规则；另一方面，尽管理性主义方法有些不足，但与经验主义方法相比，仍有其不可替代的优势，主要包括：

(1)语言规则的形式描述能力和形式生成能力很强，在机器翻译领域有很好的应用价值。

(2)基于规则的方法可以有效处理句法分析中的长距离依存关系等困难问题。

(3)语言规则表达清晰明确，很多语言事实可以用语言模型的结构和组成成分直接表示。

(4)可以方便地对语言规则进行增加、删除等操作，因此规则可以得到及时更新和维护。

而基于概率理论的统计模型有其固有的缺陷，张克亮(2007)曾对统计机器翻译模型进行过研究，并有以下发现：

(1)统计方法适用于对随机过程的描述，而语言作为符号序列是随机性和确定性并存的过程，对此种过程中的跳变现象统计方法无能为力。

(2)统计NLP的理论本质是行为主义，认为人类通过模仿习得语言。而心理学研究已经证实儿童并不是纯粹靠模仿习得所有语句，因此统计NLP无法让机器学习所有语言。

(3)统计方法的致命弱点是无法应对小概率事件，但小概率事件在人类语言中比比皆是。

(4)统计方法强依赖于语料库，而语料库的性质和质量参差不齐。

事实说明，传统的基于规则的机器翻译的道路并没有走完，而且还有很大的提升空间；也不会像一些学者所说的那样“规则机器翻译将让位于统计机器翻译”。统计机器翻译方法的出现是机器翻译领域中一次重大突破，也必定能对机器翻译质量的提高做出重要的贡献，但应正视其作用和地位(张克亮，2006)。正如我国第一代机器翻译研究者刘涌泉教授(1997)所言："机器翻译归根结底是个语言学问题。"

5 结 语

本文选取目前主流的两套英汉机器翻译系统(谷歌和华建)，对其译文质量加以测评，并以定量分析与定性分析相结合的方法统计和分析了测评结果，发现SBMT系统的译文质量与RBMT相比还存在不小的差距，要达到实用目的还有很长的路要走。

通过本研究我们还发现：英汉机器翻译系统的性能经过几十年的发展有了很大的提高，在某些语言现象方面，尤其是当英语和汉语的结构和句序差别不大时，译文完全可以媲美人工翻译，但在处理复杂语言现象方面，无论是RBMT还是SBMT，表现都不尽如人意。

我们坚信，规则和统计相结合才是未来机器翻译发展的主趋势。具体实施上可以采用两种路线：一种是以RBMT为基础，其中大量引入统计和翻译记忆的手段，充分利用经验数据和人工翻译文本；另一种是以SBMT为基础，其中大量引入语言学知识，充分利用语言学家理性智慧的结晶。只有兼容并蓄、海纳百川，机器翻译的道路才能越走越宽广，也才有可能取得根本性突破。

参考文献

[1]黄昌宁，张小凤.2002. 自然语言处理技术的三个里程碑. 中文信息学报(3).

[2] Palmer M., Finin T.. 1990. Workshop on the evaluation of natural language processing systems. Computational Linguistics(3).

[3]宗成庆.2008. 统计自然语言处理. 北京：清华大学出版社.

[4]张克亮.2007. 面向机器翻译的汉英句类及句式转换. 开封：河南大学出版社.

[5]李兆君.2005. 现代教育技术. 北京：高等教育出版社.

[6]俞士汶.1991. 机器翻译译文质量自动评估系统. 中国中文信息学会1991年会议论文集.

[7]高峰.2001. 面向军事领域的汉英机器翻译测试研究. 解放军外国语学院硕士学位论文.

[8]冯志伟.2004. 机器翻译研究. 北京：中国对外翻译出版公司.

[9]冯志伟.2006. 自然语言翻译新论. 北京：语文出版社.

[10]张克亮.2006. 机器翻译热中的冷思考. 计算机工程与应用.(21).

[11]刘涌泉.1997. 机器翻译归根结底是个语言学问题. 语言文字应用(3).

面向汉英机器翻译的格式自转换研究[①]

连巍魏　张克亮

解放军外国语学院　洛　阳　471003

lianweiwei@126.com　kliang99@sina.com

摘　要：汉语广义作用句大量采用规范格式，但是英语却不允许规范格式的存在；因此，当采取规范格式的汉语句子在翻译为英语句子时，其规范格式必须转换成英语的基本格式，是为格式自转换，它解决的是小句或单句的主语义块排序问题。本文利用已有的句式转换研究及语句格式新方案，根据句类转换的两种类型——零转换和句类强制性转换——将格式问题分解为格式转换和格式生成两种形式，并根据汉英句类的特点及格式偏好，制定了格式转换和格式生成规则；同时，将句类转换规则分别设定为格式转换规则和格式生成规则的判断条件和激活条件，实现了格式转换规则、格式生成规则和句类转换规则的高效融合，具有非常好的规则兼容性及可操作性。

关键词：汉英机器翻译，格式转换，格式生成，句类转换

1　格式自转换的含义、原因及研究策略

格式自转换指的是采取规范格式的汉语广义作用句，在转换为英语时，必须转换为基本格式；格式自转换针对的是单句或小句的主语义块间的排序问题。汉语的规范格式必须转换为英语的基本格式，这是 HNC 理论发现的一条格式转换铁律，主要有两部分原因：一是结构不匹配。基本格式表示特征语义块在第二个语义块的位置上，在形式上正好符合英语的 SV 结构，满足英语的 SV 提挈机制；而规范格式的标志是特征语义块不在第二个语义块的位置上，使得一些汉语规范格式(如！111、！1111、！1112 等)违背了英语的 SV 结构，必然要向基本格式转换，以满足英语的 SV 提挈机制。二是汉语和英语的 l0 概念树在数量和功能上不存在对称性。汉语之所以存在着大量的规范格式[②]是因为汉语拥有完备而丰富的 l0 概念树(如把、被、向、对等)，可以灵活地移动主语义块的位置，从而打破英语的 SV 呆板模式，表现出汉语句子灵动、多样的特性；而英语的 l0 概念树却是残缺的，只有少量的存在，它虽然也能对主语义块进行移位，但是其功能却远没有汉语 l0 概念树来得强大：英语的 l0 概念树只能在 SV 模式下才能对主语义块进行移位。

张克亮(2007：90－91)指出句类描述语句的深层语义结构，句式描述语句的表层句法结构——语义块的排列顺序。因此当句类发生零转换时，格式转换实质上是在深层语义结构相同的前提下对表层句法结构的顺序进行调整，此时转换前后的语句格式具有内在的统一性。而当句类发生强制性转换时，语句格式赖以存在的深层语义结构发生了改变，转换前后的语句格式不再具有内在的统一性。转换前后的格式是否具有内在统一性对于计算机处理而言具

① 本文承国家科技支撑计划项目子课题"HNC 机器翻译转换处理研究" 项目(2007BAH05B02-05-01)本文承国家科技支撑计划项目子课题"HNC 机器翻译转换处理研究" 项目(2007BAH05B02-05-01)以及学院基金青年项目"基于 HNC 理论的歧义消解研究"(08XYQ010)资助。

② 黄曾阳(2008)经过统计得出以下数据：在汉语广义作用句中，规范格式的比例约为 40%。

有重大意义。如果具有统一性，计算机就可以根据格式转换规则，例如！111=>！0，直接将原句类的语义块由GBK1+^GBK2+EK的顺序调整为GBK1+EK+GBK2，然后对每个语义块进行翻译即可。而如果转换前后的格式不具有内在统一性，即句类发生强制性转换，这时就算制定出格式转换规则！111=>！0，对于机器翻译而言也无实际意义，因为计算机无法直接将原句类的GBK1+^GBK2+EK还原为新句类的GBK1+EK+GBK2：新句类语义块的类型甚或个数都可能发生改变，与原语义块之间不再存在对等关系。因此对于句类零转换而言，格式是转换问题；对于句类强制性转换而言，格式是生成问题。本文将采用不同的策略分别对句类零转换下的格式自转换和句类强制性转换下的格式生成进行研究，制定相应的规则。

根据张克亮(2007：183－190)对基于新闻类和政府报告类文章的研究，发现在汉语广义作用句的基本句类中，比例最大的句类为X20J、X21J、X03J、X31、D0J、X10J、XJ、T19J、T0J、DJ，它们在广义作用句的基本句类中占有91.4%的比例，在广义作用句的全部句类(基本句类和混合句类)中占的比例为48.9%；在混合句类中，作用型混合句类、关系型混合句类和转移型混合句类占有绝对优势，这三者在全部混合句类和全部句类的比率分别为72.17%和27.22%、12.03%和4.54%、10.30%和3.88%。本文的格式自转换规则主要是基于上述基本句类和混合句类加以研究和制定的。由于篇幅所限，本文只将具体规则列出来，不提供具体的实例分析。

2 句类零转换条件下的格式自转换

张克亮(2007：82－83)总结了汉语常见而英语罕见(或不存在)的规范格式：！111、！112、！1111、！1112和！1131，因此这些规范格式都是格式自转换的研究对象，本节将分别针对三主块句的规范格式(！111、！112)和四主块句的规范格式(！1111、！1112和！1131)制定相应的格式自转换规则。

本文设计了句类零转换下的格式自转换规则R1：

R1：For ！1mnp①**EJ(Condition**②**)**

If EJ=>E'J And $E_{(g)}$ =$E'_{(g)}$③ **Then**

！1mnp=>x (x ∈∑！0)④

End

在源语分析阶段(S1)，当句类和语句格式的分析结果为！1mnpEJ，激活规则R1；在过渡处理阶段(S2)，进行条件判断：调用句类转换规则，判断句类是否发生零转换；如果条件判断成功(句类零转换)，调用格式自转换规则R1。如果条件判断不成功(即$E_{(g)} \neq E'_{(g)}$)，进入句类强制性转换下的格式生成规则R2(见本文第三节)。

2.1 三主块句格式自转换

汉语典型的三主块广义作用句常用规范格式！111和！112，二者分别对应着传统语法

---

① 如果m≠0，n≠0，且p=0，为三主块句；如果m≠0，n≠0，且p≠0，为四主块句。

② (Condition)表示有时需要对原句类设置条件。

③ EJ=>E'J and $E_{(g)}=E'_{(g)}$，表示句类发生零转换，即原句类的(全局)特征语义块与转换后句类的(全局)特征语义块相同。

④ x ∈∑！0表示x是基本格式集合中的一个元素。

中的主动句和被动句。英语也存在着大量的三主块广义作用句，即英语常见的 SVO 结构，所不同的是，英语的三主块广义作用句的主动形式通常采用！0 格式，而被动形式则常采用！02 形式。因此，如果句类发生零转换，汉语规范格式！111 和！112 的转换形式就非常明确了：分别转换为！0 和！02。为此，本小节分别为！111 和！112 的转换制定了格式自转换规则 R1-1 和规则 R1-2。

2.1.1　三主块句主动形式的格式自转换

R1-1：**For！111EJ**

If EJ=>E'J And $E_{(g)}$=$E'_{(g)}$　Then

！111 =>！0

End

2.1.2　三主块句被动形式的格式自转换

R1-2：**For！112EJ**

If　EJ=>E'J And $E_{(g)}$=$E_{(g)}$'　Then

！112 =>！02

End

2.2　四主块句格式自转换

在 57 组基本句类中，共有 127 个子类，其中只有 17 个子类是四主块句：12 个转移句（其中有 2 个块扩句[①]，即信息转移句 T3J 和扩展单向替代句 T4a10J）、3 个扩展单向关系句 Rm1i0{4}J(i=0−2)、块扩作用句 X03J 和一般判断句 D0J；而在四主块广义作用句中，最常用规范格式的是基本转移句类及其混合句类，次之为基本单向关系句构成的混合句类、一般判断句及其混合句类，还有少部分的作用反应—后续反应句 X29X200＊311J 和作用—特殊承受句 XX19＊311J 等混合句类。其中块扩作用句 X03J、扩展单向替代句 T4a10J、扩展单向关系句 Rm1i0{4}J(i=0−2)都属于块扩句，通常只采取基本格式；而作用—特殊承受句 XX19＊311J 和作用反应—后续反应句 X29X200＊311J 虽然经常采取规范格式，但是其句类常做强制性转换，因此它们都不涉及句类零转换下的格式自转换问题。因此，本节将主要针对句类零转换下的基本转移句类及其混合句类、基本单向关系混合句类、一般判断句类及其混合句类研究其各自的格式转换规律。

2.2.1　基本转移句类及其混合句类的格式自转换

汉语的基本转移句类及其混合句类非常活跃，且经常采用规范格式！1111、！1112 和！1131（苗传江，2005：214−216），其中前两种规范格式的转换形式是相同的，表示四主块句的主动形式，最后一种规范格式则表示四主块句的被动形式。

英语基本转移句类主动形式主要采取的格式有！0、！0118、！002，至于具体采取何种格式，主要取决于 GBK2 的构成形式，为此我们特制定规则 R1-3、R1-4。

R1-3：**For！1111EJ Or！1112EJ And $E_{(g)} \cap \sum T$[②]$\neq 0$**

---

① 块扩是 HNC 理论的基本概念之一，指语义块在特定情况下扩展为语句的现象。块扩语义块称作块扩小句，带块扩小句的语句称作块扩句。在 HNC57 组基本句类中，共有 5 个块扩句，分别是：块扩作用句 X03J、信息转移句 T3J、扩展单向替代句 T4a10J、扩展单向关系句 Rm1i0{4}J(i=0−2)和块扩判断句 DJ。

② 基本转移句类的特征语义块集合记为∑T，该集合的真子集为{T0、T00、T01、T02、T2、T20、T21、T22、T3、T30、T31、T32}。

If　EJ=＞E'J And $E_{(g)}$=$E'_{(g)}$　Then

！1111、！1112 =＞
→①！0，GBK2 ∈ B_l
→②！0118，GBK2 ∈ TBn，＜E″J＞，{E″J}，\{E″J}H/ Or MLC
→③！002，Else

End

规则R1-3的形式化描述表示：对于采取规范格式！1111和！1113的转移句类及其混合句①，如果句类发生零转换，根据语义块GBK2的构成特点，会出现三种转换形式：①如果GBK2为人称代词(B_l)，那么规范格式！1111或！1112常转换成基本格式！0；②如果GBK2为句蜕(要素句蜕＜E"J＞、原型句蜕{E"J}、包装句蜕\{E"J}H/)、逻辑组合(MLC)等较为复杂形式或是属于转移路径TBn(n=1，2，3)，那么规范格式！1111或！1112转换为基本格式！0118；③当GBK2属于其他形式时，即通过检验发现不是代词、TBn以及句蜕、逻辑组合等复杂形式时，那么规范格式！1111或！1112转换为基本格式！002。

R1-4：**For！1131 EJ And $E_{(g)} \cap \sum T \neq 0$**

If　EJ=＞E'J And E=E' Then

！1131=＞！03278 (GBK3+^Ek+^GBK2+^GBK1)

End

本规则是针对四主块被动句制定的。规则R1－4的形式化描述表示：对于采取规范格式！1131的转移型句类，如果句类发生零转换，则规范格式！1131变为基本格式！03278。

2.2.2　基本单向关系混合句的格式自转换

汉语由基本单向关系句构成的四主块混合句类较为常见，且常利用l0概念，如“和”、“与”、“跟”、“同”等，形成规范格式！1111，破坏了英语中的SV结构，因此转换为英语句类时，格式必须转换为！0118格式。之所以采取！0118格式而非！0格式，是因为英语的四主块基本单向关系混合句类中也存在一个l0概念“with”，把GBK2移动到第四个语义块的位置上。根据这一特点我们特制定规则R1－5。

R1-5：**For！1111 EJ And $E_{(g)} \cap \sum$Rm1i②= Rm10、Rm11 Or Rm12**

If　EJ =＞E'J And $E_{(g)}$=$E'_{(g)}$ Then

！1111=＞！0118

End

规则R1-5主要针对基本单向关系句构成的四主块混合句，其形式化描述表示：对于采取了规范格式！1111的基本单向关系混合句，如果句类发生零转换，则规范格式变为基本格式！0118。

2.2.3　一般判断句及其混合句的格式自转换

R1-6：**For！1111EJ And $E_{(g)} \cap D0 \neq 0$**

If EJ=＞E'J And $E_{(g)}$=$E'_{(g)}$　Then

---

① 如果原句类的(全局)特征语义块与基本转移句类中的特征语义块集合的交集不为空，即$E_{(g)} \cap \sum T \neq 0$，则说明该句类为基本转移句类或其混合句。

② $\sum$Rm1i表示基本单向关系句基本句类的特征语义块集合，$\sum$Rm1i的真子集为{Rm10、Rm11、Rm12}。

! 1111=>
→①!09(= GBK1 + EK + GBK2 + ˜GBK3), GBK2 ∈ MLC And GBK3 ∈ MLC
→②!212/1 GBK1 + Eg + it + as + GBK3 + to + El(GBK2), GBK2 ∈ {EJ} And GBK3 ∈ MLC
→③!0902 (GBK1 + Eg + MLC(GBK2) + As + H + RP + El(GBK3) ,GBK2 ∈ {!31EJ}/MLC　And GBK3 ∈ \ {EJ}HJ/

End

四主块一般判断句(D0J)优先采用规范格式！1111(苗传江，2005：238)，根据英语一般判断句及其混合句类特点，制定了规则 R1－6，其形式化描述表示：对于采取规范格式！1111 一般判断句或其混合句类(E ∩D0≠0)，如果句类发生零转换，则格式有三种转换形式①如果 GBK2 和 GBK3 均为逻辑组合构成(GBK2∈MLC And GBK3∈MLC)，此时规范格式！1111 转换为基本格式！09，GBK3 标记符通常为"as"；②如果 GBK2 为原型句蜕且 GBK3 为逻辑组合，此时规范格式！1111 转换为英语的特殊格式！212/1；(3)如果 GBK3 为原型包装句蜕且 GBK2 为逻辑组合或包装句蜕构成，此时规范格式！1111 也转换为基本格式！0902，但是较为复杂：规则 R1－6－3 表示 GBK2 要做原型句蜕—逻辑组合转换(MLC(GBK2)，RP 表示包装品(H)的标记，属于英语的小品词，后面接 GBk3 局部特征语义块(El)的相应形式(不定式或分词)。至于 RP 小品词的具体选择，这里采用李颖的作法(2009：99)。

3　句类强制性转换条件下的格式生成

在句类强制性转换下，格式不是转换问题，而是生成问题。据此，本文设计了句类强制性转换下的格式生成规则 R2：

R2：For EJ=>E'J And $E_{(g)}$ ≠ E'$_{(g)}$

If　E'J (condition) Then

x (x ∈∑! 0)

End

本规则表示在过渡处理阶段(S2)，当句类发生强制性转换时，激活规则 R2；条件判断：当转换后的句类满足某种条件时，生成某种基本格式。

英语句类中最为普遍存在的格式是！0，其他较为常见的基本格式有！0118 和！02(张克亮，2007：81－84)。因此一般而言，当句类发生强制性转换，生成格式！0 的情况居多(SVO 结构)，属于句类强制性转换下的常态格式生成。相对于！0 而言，生成格式！0118 和！02 的情况较少，属于句类强制性转换下的非常态格式生成，因此本节主要针对句类强制性转换后生成格式！0118 和！02 的两种情况制定规则，前者(！0118)关联于英语四主块基本转移句，后者(！02)关联于英语三主块广义作用句的被动形式。这样做的好处就是如果判定格式不生成！0118 或！02 等非"常态"基本格式时，则生成缺省基本格式！0。我们将格式缺省生成规则记为 R3，它同样适用于句类零转换下原句类不采用规格格式的情况，也就是说当格式转换规则或格式生成规则无法被激活和调用时，规则 R3 将被激活和调用。

3.1　关联于英语四主块基本转移句的格式生成规则

如果句类发生强制性转换，转换后的句类为四主块基本转移句类或其混合句类，则不管原句类是什么格式，新句类的格式一律按照规则R1-3的三个子规则进行转换。根据这一条原则，我们可以制定格式生成规则R2-1：

R2-1：**For EJ=>E'J And $E_{(g)} \neq E'_{(g)}$**

If $E'_{(g)} \cap \sum T$=T0、T00、T2、T20、T3 Or T30[①] **Then**

$SF_{(E'J)}$[②] **=>**
- **→① !0，GBK2 ∈ Bl**
- **→② !0118,GBK2 ∈ TBn，<E''J>，{E''J}，\ {E"J}H/Or MLC**
- **→③ !002，Else**

End

3.2 关联于英语三主块广义作用句被动形式的格式生成规则

规则R1-2(见本文第2.1.2节)表明在句类零转换条件下，只要汉语三主块广义作用句采取！112格式，那么转换后的英语三主块广义作用句必然采取！02格式，这是汉英三主块句在被动结构上的差异。那么当句类发生强制性转换后，如何知道转换后的句类必然要采取！02的被动形式呢？这就需要根据已有的句类强制性转换研究来制定判断条件。

被动承受句X12J的特定句类知识[③]对于汉英转换具有非常重要的实际意义：在XACC没有省略情况下，X12J一定转换为英语的三主块广义作用句：XACA、XACC和X1B分别转换为英语三主块广义作用句的作用者、作用和作用对象，且转换后的英语句类优先选用基本格式！02，如果XACA省略，译文就不用出现；如果没有省略，则通过冗余标记"by"体现出来。

据此，可以制定规则R2-2

R2-2：**For X12J=>X'J**[④]

If $X'_{(g)}$=XACC Then

! 02

End

4 结 语

语序处理是目前机器翻译尚没有得到很好解决的问题，特别是当句子结构较为复杂时，语序问题更为突出。格式自转换依托HNC理论的句类和句式理论，以有限的语义块(最多为四主块句)为语序调整单位，很好地解决了语句级和块扩语义块的宏观语序问题，而语义块内部的微观语序调整则依托已有的语义块构成变换规则(句蜕和逻辑组合)可以得到综合治理。今后HNC理论语序处理需要加强的还有两项，一是语义块逻辑组合变换问题的深入研究(黄曾阳，2009)，一是大句、句群级的语句间语序调整的问题，例如迭句转换，关于后者笔者将另文介绍。

---

① 此处$\sum T$与规则R1－3中的含义一样，只是此规则中明确了基本转移句或其混合句类的(全局)特征语义块必须为或含有T0、T00等四主块句一般转移句、物转移句和信息转移句基本句类的特征语义块。规则R1－3中没有明确，是因为与！1111、！1112、！1131格式相联系，自然表明该句类为四主块句。

② $SF_{(E'J)}$表示转换后句类的语句格式。

③ 汉语的被动承受句X12J(X1B+X12+XAC)一定是由三主块广义作用句转换而来的，转换前的句类主要是基本作用句；且XAC为良性构成(EK要素句蜕)，即XACA一定在前，XACC在后，有时两者中的一个会省略，见苗传江(2005：183)。

④ X'J表示广义作用句，即X'=X、T、R、D。

参考文献

[1]黄曾阳．2007．机器翻译的 HNC 思考(讲座)．北京：大正语言知识处理科技有限公司．
[2]黄曾阳．2008．一封未完信件的第一号快讯．
[3]黄曾阳．2009．HNCMT 天翼计划第二号快讯．
[4]张克亮．2007．面向机器翻译的汉英句类及其句式转换．开封：河南大学出版社．
[5]李颖，王侃，池毓焕．2009．面向汉英机器翻译的语义块构成变换．北京：科学出版社．
[6]苗传江．2005．HNC(概念层次网络)理论导论．北京：清华大学出版社．

关联于是否判断句的迭句转换研究[①]

——以汉英机器翻译为视角

连巍魏

解放军外国语学院 洛 阳 471003

lianweiwei@126.com

摘 要：在基于 HNC 理论的机器翻译引擎的基本句式(语句格式)转换清单中，迭句转换因其高频率出现而成为核心课题。迭句转换形式灵活多样，但在是否判断句类的统摄下，汉英迭句转换呈现出明显的规律性。本文根据是否判断句 DB 和 DC 的构成特点，将迭句转换置于五个大句范式之下予以研究，并制定出各自的激活和调用规则，有助于提升以大句为翻译单位的机器翻译质量。

关键词：是否判断句，迭句转换，汉英机器翻译

1 引 言

迭句的含义是居后小句的 GBK1 共享居前小句的 GBK1，标记符号为"＋"。迭句分为标准迭句和无头迭句两种形式，其半形式化描述分别为：E1J＋！31(E2J＋……EnJ，n≥2)和！31(E1J＋E2J……EnJ，n≥2)。迭句的汉英转换具有多样性和灵活性，通常存在以下几种形式：迭句－列句转换、迭句保持直接转换(小句多一一转换)、迭句保持间接转换(迭句－ing 化转换、迭句－to 化转换、特定格式转换)等(黄曾阳，2008)。但当迭句与是否判断句、重复、特殊基元概念词等特定语言概念发生关联后，汉语迭句转换则会呈现出较为明显的规范性和一元性，便于捕捉迭句转换规律。本文主要利用关联于迭句的特定语言概念来研究和制定迭句转换的规则及其激活和调用条件。

在汉语中，是否判断句(jDJ＝DB＋jD＋DC)的语义块 DB(判断对象)和 DC(判断内容)经常出现复杂构成，如句蜕、逻辑组合或迭句等。当迭句出现在是否判断句中，不管其属于 DB 或 DC 构成，都会表现出迥异于英语表达的显著特征，而它的汉英转换也会在 DB 和 DC 的某种配位状态下呈现出非常明显的规律。本文将利用演绎的方法找出这些配位状态，并将之作为激活条件，制定出相应的迭句转换规则。关联于是否判断句的迭句在汉语官方正式文章中，特别是在新闻以及白皮书、领导讲话等政论文体中尤为多见，其汉英转换非常具有典型性和概括性。本节将借用池毓焕(2009)的大句翻译范式说，将关联于是否判断句的迭句转换置于五个大句范式之下予以研究。

2 大句范式一

大句范式一表示是否判断句的 DB 和 DC 会呈现出这样的一种配位状态：DB 为带有特定基元概念词的原型句蜕构成，而 DC 为迭句构成。下文的例子就属于大句范式一中的典型

---

① 本文承国家科技支撑计划项目子课题"HNC 机器翻译转换处理研究" 项目(2007BAH05B02－05－01)以及学院基金青年项目"基于 HNC 理论的歧义消解研究"(08XYQ010)资助。

大句：

例 1 {我们党｜要始终代表｜\－＜中国先进文化｜的前进＞方向/}‖，就是‖{党的理论Λ、路线Λ、纲领Λ、方针Λ、政策Λ和各项工作｜，必须努力体现｜\{发展｜[{面向｜现代化}Λ、{面向｜世界}Λ、{面向｜未来}]的，[民族的科学的大众]的社会主义文化}的要求/}Λ，{促进｜＜全民族[思想道德素质Λ和科学文化素质]｜的不断提高＞}Λ，{为＜－我国经济｜发展＞Λ和＜－社会｜进步＞｜提供｜精神动力Λ和智力支持}。

本类大句在语言概念空间的形式化描述(激活条件)可表示为：

DB＝{(！31)ElJ，QE∈ jl13 }｜，

jD＝QE＋jlv111，QE∈la

DC＝{ElJ1，QE($El_{(g)}$1)∈jl13 }＋！31(ElJ2＋……ElJn) Or

！31{ElJ1＋ElJ2＋……＋ElJn，QE($El_{(g)}$1)∈jl13 }

这一形式化描述表示是否判断句的 DB 为原型句蜕（或为省略格式！31，即省略“GBK1”），该原型句蜕（全局）特征语义块的上装（QE）为主观势态类概念 jl13（苗传江，2005：68－70），经常对应着汉语语言空间的“要”；是否判断句的特征语义块 jlv111 对应着语言空间的“是”，且其前面上装常为语言逻辑类概念 la，通常对应着语言空间的“就”；是否判断句的 DC 是由标准迭句构成的原型句蜕（{ElJ1＋！31(ElJ2＋……ElJn)或由无头迭句构成的原型句蜕{！31{ElJ1＋ElJ2＋……＋ElJn}，且这两类迭句第一小句的(全局)特征语义块($El_{(g)}$1)的上装通常为 jl13 类概念，对应着语言空间的“应该”“应”“必须”等。

上述形式化描述在 HNC 机器翻译引擎的源语分析阶段都能一一实现：经过语义块切分(lv 准则)、句类假设(语句格式假设、特征语义块假设)、句类检验等一系列句类分析技术，可以判定句类代码为 jDJ(苗传江，2005：127－134；晋耀红，2005：62－253)；随后根据句类检验的结果，语义块构成分析操作(李颖、王侃、池毓焕，2009)很容易将该基本判断句的 DB 构成(原型句蜕、原型包装句蜕、要素句蜕等的句类和句式)的信息激活、提取出来；而 DC 的迭句构成也可以轻松判定出来：晋耀红(2006：354－356)通过多语串句子分析和算法可将迭句和链句作为一种算法结果提取出来；而池毓焕(2005)则通过具体规则和算法可将半共享句、共享句(无头迭句、标准迭句和链句)判定出来；上装概念 jl13、和 la 则在句类分析时就被提取出来了。这些已有的研究都是上述形式化描述得以实现的理论和技术基础，而计算机一旦将上述的形式化描述判定出来，那么也就相应地激活了本大句范式的转换规则：

DB 转换规则：

规则 R1－1：若{DB}不是！31 格式，则{DB}转换为“to ensure that GBK1 should＋$El_{(g)}$＋GBK2＋(GBK3)”或“for GBK1 to＋ $El_{(g)}$＋GBK2＋(GBK3)”。该规则有以下变体：

规则 R1－1－1：若{DB}是！31 格式，那么{DB}作“to”化转换：“(in order) to＋$El_{(g)}$＋ GBK2＋(GBK3)”。

DC 转换规则：

规则 R1－2：若 DC 为标准迭句{！31ElJ1，QE∈jl13 }＋！31(ElJ2＋……ElJn)，则 DC 作特殊格式转换(！24/1)：it is imperative/necessary /essential that GBK1 should＋$El_{(g)}$1……＋ $El_{(g)}$n－1 and $El_{(g)}$n。规则说明：(1)“imperative”、“necessary”和“essential”是常选项，它们主要对应着汉语的 jl13 类概念词，如“必须”、“应该”等；(2)“GBK1”指的是迭句的共享语义块，对于标准迭句而言就是第一个小迭句的 GBK1；(3)英文“should”后面跟的

动词分别是El1J、El2J……ElnJ等各小迭句的(全局)特征语义块($El_{(g)}$);(4)迭句中的系列小句做"小句多—一"转换,即用连接词"and"将汉语多个小句转换为英语的一个独立的句子。该规则也具有以下变体:

规则R1-2-1:若DC为无头迭句!31{ElJ1+ElJ2+……+ElJn,QE($El_{(g)}1$)∈jl13},且第一个小迭句(全局)特征语义块的上装为jl13类概念,则DC作特殊格式转换(!24/1):it is imperative/necessary to +$El_{(g)}1$+……$El_{(g)}n-1$ and $El_{(g)}n$。转换说明同规则R1-2。

由此我们发现在是否判断句中,jlv111、jl13、la等语言概念与迭句共同构成了汉语中一类特定的大句结构模式,而这样的模式在英语中是不被允许的。我们将这样的大句结构模式称之为大句范式一,其转换规则R1-1、R1-1-1、R1-2和R1-2-1称为大句范式一转换规则。大句范式转换规则与HNC汉英机器翻译的中层语序处理规则和底层语序处理规则结合起来就可以完成本类大句的语序转换工作。运用规则R1-1和R1-2-1可以分别解决例1中DB和DC的翻译框架问题,我们可以通过图1来具体分析例1的大句语序处理情况:

<table>
<tr><td rowspan="3">DB</td><td>大句范式一转换规则R1-1:To ensure that GBK1+should+ $El_{(g)}$ +GBk2+(GBK3) Or For GBK1 to $El_{(g)}$ +GBK2+(GBK3)</td></tr>
<tr><td>句类转换规则:R0104T4a1J*21=＞ R0104T4a1J*21
格式缺省生成规则:!0(RB1+R0104T4a1+T4B2C)</td></tr>
<tr><td>要素包装句蜕常规转换规则:\＜P4J＞H/=＞H+RP+MLC(P4J)
逻辑组合转换规则:(RB1)l94B=＞l94uB、P4B(B,CcC=＞Bu,CuC)</td></tr>
<tr><td rowspan="3">DC</td><td>大句范式一转换规则R1-2-1:it is imperative to $El_{(g)}1$+……$El_{(g)}n-1$ and $El_{(g)}n$</td></tr>
<tr><td>各小句句类转换:零转换(XY30*21J、!31XY60*21J、!311112T0X*33J)
格式转换规则R1-3-2:!1112=＞!0118</td></tr>
<tr><td>逻辑组合转换(略):A、S3B、YB4、TC
EK要素包装句蜕常规转换(略):Y3C、Y6C、TB
原型句蜕转换常规转换(略):Y4C</td></tr>
</table>

⇩目标语生成(S3)

To ensure that our Party forever represents the orientation of the development of China's advanced culture (For our Party to forever represent the orientation of the development of China's advanced culture), **it is imperative/necessary/essential that** the Party's theories, line, program, principles, policies and all its work should reflect the requirements of developing a national, scientific and popular socialist culture that orients toward modernization, the world and the future, promote improvement of ideological and ethical standards and scientific and cultural levels of the whole nation and provide spiritual and intellectual support for the economic development and social progress.

图1　HNC汉英机器翻译的大句语序处理流程

该流程说明过渡处理阶段的汉英大句转换的一个原则是按照先宏观、后微观的顺序进行的:大句范式转换(上层处理)——句类转换、格式自转换(中层处理)——语义块构成变换(底层处理),直至迭代出整个目标语结构为止。

3　大句范式二

大句范式二的DB和DC配位状态为：DB为非EK要素句蜕或原型包装句蜕，而DC为无头迭句构成。其中原型包装句蜕的包装品(H)经常分离出去，与是否判断句的特征语义块jlv111(是)组合在一起。该类大句翻译成英文的系表结构，主语中心语为非EK要素句蜕的句蜕部分(GBKm)或原型包装句蜕的包装品(H)，其具体转换遵从语义块构成常规变换规则。DC的第一个小句作“to”化转换，其余小句作“小句多一一转换”。

大句范式二的形式化描述(激活条件)为：

DB=＜GBKm，m=1，2 or 3＞ or \{EJ}H/

DC=！31{ElJ1+ElJ2+……+ElJn，n≥2}

大句范式二的转换规则R1-3：

GBKm/H……be－finite to $El_{(g)}$1+……$El_{(g)}$n－1 and $El_{(g)}$n

例2　\＜我们党｜领导｜的新民主主义革命＞‖，[目的/是]‖{取消｜帝国主义在中国的特权}，{消灭｜地主阶级和官僚资产阶级的剥削和压迫}，{改变｜[买办的封建的]生产关系}，以及{改变｜＜建立在｜这种经济基础之上｜的腐朽的政治上层建筑＞}，{确立｜＜人民民主专政｜为核心｜的新的政治上层建筑＞}，{[从根本上]解放｜＜被束缚｜的生产力＞}。

源语分析阶段(S1)：

DB=\＜R411J＞H/

DC=！31{XY10＊21J+ XY10＊21J+ XY10＊21J+ XY0＊21J + XY10＊21 +X31J}

激活大句范式二的转换规则R1－3，与中层语序和底层语序处理规则结合，生成：

\The purpose(H) of＜the new－democratic revolution｜led｜ by our Party＞/‖was‖[{to revoke｜[the privileges of imperialists] in China}Λ，{eliminate｜exploitation Λand oppression by the landlord class Λand the bureaucrat－capitalist class}Λ，{change｜ the comprador and feudal [relations of production]Λand ＜－the rotten political superstructure｜ built on｜ such an economic base＞}Λ，{put in place｜ ＜a new political superstructure｜ based on｜ the people's democratic dictatorship＞} Λand {smash｜＜the shackles that｜ fettered｜ the productive forces＞}].

4　大句范式三

大句范式三描述的DB和DC配位状态为：DB为无头迭句，而DC为非EK要素句蜕或原型包装句蜕。该大句范式正好与大句范式二相反，其大句转换规则与大句范式二类似，但通常有两种形式：

大句范式三的形式化描述为(激活条件)：

DB=！31{ElJ1+ElJ2……+ElJn，n≥2}

DC=＜GBKm＞，\{ElJ}H/ or MLC (l42e21)

大句范式三的转换规则R1-4：

(1)To $El_{(g)}$1+GBk2+(GBK3)，$El_{(g)}$n－1+GBK2+(GBK3) and $El_{(g)}$n+GBK2+GBK3 is GBKm/H…

(2)GBKm/H be－finite to $El_{(g)}$1+GBk2+(GBK3)，$El_{(g)}$n－1+GBK2+(GBK3) and

$El_{(g)}$ n+GBK2+GBK3 is GBKm/H/C…

例3 在新的世纪～‖,{继续推进|现代化建设}Λ,{完成|祖国统一大业}Λ,{维护|世界和平}Λ与{促进|共同发展}‖,是‖<我们党|肩负|的重大历史任务>。

源语分析(S1):

DB=! 31{XY60*21+XY0*21J+XY20*21J+XY60*21J]}

DC=<X10J>

在过渡处理阶段,大句范式三转换规则 R1-4-2 中层语序和底层语序处理规则结合,生成:

In the new century‖, **the great historical tasks** shouldered by our Party‖**are**‖{**to continue with** | the modernization drive}, {**accomplish** | the great cause of national reunification}, {**safeguard** | world peace} and {**promote** | common development}.

5 大句范式四

大句范式四的形式化描述(激活条件)为:jDJ(DCm∈MLC or <EJ>)|+! 31EJ($El_{(g)}$ ∈X),表示迭句的第一个小句为是否判断句,"|"表示可以重复;其后的迭句为广义作用句。该大句范式的转换规则为 R1-5:

(1)If DC=MLC or <EK> Then

As MLC(DC), DB+! 31EJ

(2)If DC=<GBKm> Then

DB, which is <GBKm>, ! 31EJ

该转换规则表明此类迭句要作主—辅变换或从句转换:如果是否判断句的DC为逻辑组合或EK要素句蜕,则它将做辅块处理(R1-5-1),变成由英语"As"引导的参照辅块(Re),参照内容DC要做相应的逻辑组合变换或EK要素句蜕变换;如果DC为非EK要素句蜕,则jDJ要做以DB为中心语的从句转换(R1-5-2)。在本大句范式中,jDJ句类可重复出现,此时不论居后DCn(n≥2)为逻辑组合还是非EK要素句蜕构成,都要向居前DC1变换对齐(即居后DC变换依照居前DC变换进行),同时作归并处理。作为整个大句的共享语义块,DB要与后面采取省略格式! 31的广义作用句结合,以恢复广义作用句省略的GBK1。此类大句是一个充分利用"句群效应"来进行省略自动恢复的典型例子,也说明了大句视野下的"句群信息"是大有作为的。

例4 邓小平理论‖是‖[党和人民][实践经验与集体智慧]的伟大结晶,+是‖在新的历史条件下‖<对毛泽东思想|的最好继承和[创造性]发展>,+为{我们|开创|中国社会主义事业的崭新局面}‖作出了重大贡献。

本例大句的形式化描述为jDJ|+! 31111XYa0*21J,前面两个是否判断句的DC分别为逻辑组合转换和EK要素句蜕,因此激活规则R1-5-1:DC转换成以"As"引导的参照辅块,而DB("邓小平理论")则作为整个迭句共享的GBK1,转移到广义作用句! 31111XYa0*21J的前面以恢复该句省略的GBK1;在中层处理层面,该广义作用句需要做句类强制性转换(XYa0*21J=>XT0*321J),因此激活和调用格式生成规则(! 0118)。这样,按照上层、中层和底层的转换规则,生成译文:

As the great crystallization of [the practical experience Λand collective wisdom of the Party and people] Λand <the best continuation and creative development of Mao Zedong Thought> under the new historical conditions～ ‖，**Deng Xiaoping Theory（DB）** has made ‖ major contributions ‖ to {creating | a completely new situation in China's [cause of socialism]}.

6 大句范式五

在汉语中，经常会出现"标准(无头)迭句，这是……"的形式。同上述几个大句范式一样，这种形式也是汉语中非常典型的花园幽径句(garden path sentence)，唯一不同的就是jlv111 类概念("是")前有 f84 类概念("这"，重复指代)出现。如果不考虑这种花园幽径句前半部分的迭句形式，后面是否判断句的汉英转换形式非常灵活多样：特殊格式转换、从句转换、迭句—列句转换或"重复"指代恢复等，因此此种形式前半部标准(无头)迭句的转换也相应地较为灵活。

但是如果采取"广义作用型无头迭句，这是……"的形式，则整个大句的汉英转换则非常规范，因此我们将此种形式的大句定义为大句范式五，其形式化描述(激活条件)为：! 31 {EJ1}($El_{(g)} \in X$) | +jDJ(QE∈f84)。

转换规则为 R1－6：

(1)If DC(jDJ)＝ <GBKm> or \ {EJ}H/ Then

To $El_{(g)}$ | /$El_{(g)}$ －ing | be－finte GBKm/H……

(2)If DC(jDJ)＝ MLC Then

(! 24/1) It is C (MLC) to $El_{(g)}$ |

大句范式五在转换之前，需要对是否判断句的 DC 进行判定：规则 R1－6－1 说明如果 DC 属于非 EK 要素句蜕或原型包装句蜕，那么该大句范式转换为系表结构：To $El_{(g)}$ | / $El_{(g)}$ －ing be－finte GBKm/H……，其中无头迭句作"V－to"化或"V－ing"转换，表语中心语为非 EK 要素句蜕或原型包装句蜕的 GBKm 或包装品(H)。规则 R1－6－2 说明如果 DC 为逻辑组合，那么该大句范式作特殊格式转换(! 24/1)：It is C (MLC) to $El_{(g)}$ |，转换后的表语中心语 C(MLC)表示逻辑组合中位于最后一个"的"(l42e21 类概念)后面的 C(内容)。

例 5　{坚持用时代发展的要求审视自己}，{以改革的精神加强和完善自己}，‖ [这]是 ‖ \ {我们党始终保持马克思主义政党本色}、{永不脱离群众}和{具有蓬勃活力}的根本保证/。

在源语分析阶段，分析出本大句的形式化描述为：DC＝ \ { XP101 * 211J }＋{ ! 31R110J }＋{! 31 jD1J }H/，因此激活规则 R1-6-1，生成译文：

{Persisting in self－examination in compliance with the requirements of the times} and {pursuing self－improvement in a spirit of reform} ‖ are ‖ < the fundamental guarantee(H) | that our Party will always remain a Marxist party, will never be divorced from the people and will be full of vitality>.

7 结 语

是否判断句除了上述 5 个常见的大句范式外，还有非常重要的三个大句范式，黄曾阳(2009)称之为"联动三姐妹"："是……的"及其串；肯定，否定)//(否定，肯定)及其串以及"(就是，动词)"//"(是，动词)"迭句串。池毓焕、李颖(2009：395－400)对"联动三姐妹"的具体转换规则进行了总结，本文就不再赘述。关联于重复、特定概念基元词的迭句转换将有另文介绍。

最后感谢池毓焕博士在本文撰写过程中给予的热心帮助。

参考文献

[1]黄曾阳．2008．一封未完信件的第一号快讯(致HNC团队)．

[2]黄曾阳．2009．HNCMT天翼计划第二号快讯．

[3]池毓焕．2005．汉语动词形态困扰的分析与处理．中国科学院研究生院博士学位论文．

[4]池毓焕，李颖．2009．面向汉英机器翻译的大句范式初探∥孙茂松，陈群秀主编．中国计算语言学研究前沿进展(2007－2009)．北京：清华大学出版社．

[5]李颖，王侃，池毓焕．2009．面向汉英机器翻译的语义块构成变换．北京：科学出版社．

[6]晋耀红．2006．HNC语言理解技术及其应用．北京：科学出版社．

[7]苗传江．2005．HNC(概念层次网络)理论导论．北京：清华大学出版社．

[8]韦向峰．2005．句群小句的语义块共享研究∥张叔英，姚蓝主编．第八届全国人机语音通讯学术会议论文集．

英语方式动词在英汉机器翻译中的处理分析①

刘　然[1]　刘亦娴[2]

[1]北京大正语言知识处理科技有限公司　北　京　100083

[2]中国石油大学(北京)工商管理学院　北　京　102249

[1]liuran@whut. edu. cn　[2]color. dou@163. com

摘　要：英语中存在大量的方式动词，在进行英汉翻译时，汉语往往不易找到与其语义相对应的单纯词。这给英汉翻译带来了一定的困难。本文以英语“走”类动词为例，通过分析“走”类方式动词在机器翻译软件中的处理结果，总结了英语方式动词在现阶段机器翻译中的处理情况和方式动词给机器翻译带来困难的原因，并提出了改进的思路。

关键词：方式动词，英汉机器翻译，处理

从 1987 年至今，机器翻译在我国得到了繁荣的发展。与人工翻译相比，机器翻译的结果仍然存在诸多问题等待解决。各种语言在句法和语义层面上的特点，机器翻译设计系统的单向化，以及知识库设计和知识抽取的局限，均为语言间机器翻译软件在语义把握和语序排列等问题上的实现带来了障碍。要解决这些问题，我们需要为计算机找寻大量的语言规律。本文试图通过分析方式动词在翻译软件中的处理现状，总结现阶段英汉翻译系统在对方式动词的处理中存在的不足之处，并分析其中原因，研究改进方法。

1　方式动词的理论基础

1.1　什么是方式动词

美国类型学家 Talmy(2000)提出了运动事件框架的概念，并从语义角度分析运动事件中的词汇化模式，认为运动事件中的动词包含“物像、背景、运动、路径、方式、原因”六个基本义素。其中“方式”和“原因”为可选择项。例如在“A balloon flew over the house”句中，物像为 a balloon，背景为 the house，路径由介词 over 表达，而动词 flew 表示“动作＋方式”。又如“The pencil blew off The table”中，物像和场景分别为 the pencil 和 the table，off 表示运动的路径，动词 blew 则可同时表达运动的“动作＋原因”。

心理学家文旭(2007)认为，运动动词是所有动词中最具有动词特征的词，是最纯、最典型的动词。研究运动动词能使我们更好地掌握动词特性，发现双语转换时的规律。

1.2　英语中的方式动词

在英语运动动词中，存在大量的包含“方式”义素的动词(下文统称为方式动词)。尽管英语中方式动词数量庞大，但以人类的基本运动动词居多，如走，笑，哭，吃，喝。可用单纯词表达各种不同方式的“笑”：grin，chuckle，giggle，sneer，beam，chortle，titter，cackle，smile，simper，snicker，snigger，gibe，jeer，mock，guffaw；不同方式的“看”：gaze，gape，

①　本文得到国家科技支撑计划项目“中文信息处理应用研究与系统开发”之课题“中文智能搜索引擎核心技术和应用示范系统的研发”(编号为 2007BAH05B02)的资助。

glare，goggle，gawk，glance，ogle，peer，peep，stare，squint，and wink。

英语丰富的方式动词给英汉翻译带来了很大的困难和“不可译性”。一方面，汉语中的方式动词远不如英语的方式动词丰富，因此，很多运动方式的信息在汉语的翻译文本中被省略了。虽然有些译者在翻译时也使用了方式动词，但这些方式动词的描写远不及原文中的表达生动形象。另一方面，汉语的译者在翻译文本中添加了很多状语、动名词结构等表达式来描述运动方式，有时甚至需要使用一个从句来表达方式信息。这可能是出于忠实原文的考虑，但如果这种忠实过于偏离译者母语，就会使译文显得不自然、不地道。

2 方式动词的机器翻译处理实例分析

下面我们以英语“走”类动词为例，分析带有“走”类动词的句子在英汉机器翻译软件中的处理结果。本研究的英语例句语料和数据处理数据均来自COCA(美国当代英语语料库)[①]在2009年8月的在线查询结果。机器翻译软件分别选取的是IT168调研中心2008年8月的机器翻译市场调研中用户使用频率较高的两个系统，下文中分别以系统A和系统B来表示。

2.1 方式动词的统计特征

首先，我们从英语“走”类方式动词中选取了以下37个词进行测试：pace，stroll，amble，saunter，trudge，plod，stump，hobble，limp，shuffle，shamble，stagger，stumble，lurch，stomp，clump，pad，creep，tiptoe，sneak，swagger，strut，parade，roam，wander，prowl，bolt，dart，scamper，scurry，scuttle，scramble，slither，slide，sidle，slink，stride。通过词典(Oxford Advanced learner's English－Chinese Dictionary)的词义查询，这些词根据语义大致地可以分为两类，第一类词语只含有单个语义项，即该词只表示“走”的相关语义(不考虑引申或隐喻义)，包括：stroll，amble，saunter，trudge，plod，shamble，stomp，tiptoe，swagger，strut，scamper，scurry，sidle，slink，stride；第二类词语除了表示“走”的方式和动作外，还有其他语义项的表征，包括：pace，stump，hobble，limp，shuffle，stagger，stumble，lurch，clump，pad，creep，sneak，parade，roam，wander，prowl，bolt，dart，scuttle，scramble，slither，slide。下文中分别称这两类为单语义项词和多语义项词。

通过测试，以上37个英语“走”类动词作动词时在COCA语料库中出现的频率最高为slide(15857次)。15个单语义项词在该库中的平均出现频率也达到1186次，其中stroll的出现频率为3638次，stride出现频率为3265次，接近于常用动词“研究”research(7616次)的一半，及动词“处理”process(11306次)的三分之一。

2.2 机器翻译运行结果

目前，机器翻译适合翻译的文本为科技文献、文章题目和一般句子。为了降低本实验中机器翻译的处理难度，尽量将语料范围缩小为机器翻译适合处理的文本对象，我们所选择的例句大部分都来自COCA杂志、报纸和学术期刊这三大类型的语料。我们将上述37个“走”类动词输入语料库在线查询系统，每词选取10个例句，并将这些例句经过人工语义的筛选，确保各句中的动词语义表征均为“走”的动作和方式。此外，动词原形、ing形式、ed形式、第三人称单数形式四种动词变化形式也在10个例句中得到均匀分布。然后，将10个句子在系统A和系统B中分别进行处理，并记录每个句子的运行结果。示例如下：

① COCA语料在线获得网址：www.americancorpus.org

Stride：(1)the Democrats strode onto stage here on Sunday.

系统 A：民主党大步进入阶段今天在这里举行。

系统 B：在星期天，民主党大了踏步走在阶段上这里。

(2)No wonder they stride as Gods among us.

系统 A：难怪他们跨越作为神在我们中间。

系统 B：难怪他们大踏步走作为在我们之中的神。

下表从未处理句子数量、处理错误句子数量、处理不当的句子数量、处理的准确率四个方面分别统计了"走"类方式动词在系统 A 和系统 B 中的处理情况。"未处理"指该词在例句的机器翻译结果中不能识别，未能处理成英文，如"Mr. Schwarzenegger swaggered around the penthouse"在系统 A 的翻译结果为"施瓦辛格先生在顶楼 swaggered"。处理错误是指机器翻译软件将动词的语义识别错误，如"I stumped back and forth"在系统 A 中的翻译结果为"我难倒来回"。"难倒"的语义不属于运动动词的词义用法，应发生在"The question stumped me(这个问题难倒了我)"等句子中。处理不当是指机器翻译软件对动词处理的结果不够准确，或意义上发生偏差，或其他处理不当的情况，如"He would slink around the oak trees"在系统 B 中翻译为"他在橡树附近会潜逃"。"潜逃"一词与正确语义"溜走"存在语义的偏差。处理的准确率指除了未处理、处理错误、处理不当这三种情况外的相对正确的句子数量在 10 个例句中所占的百分比。此时的相对正确标准并不严格，译出基本含义，漏掉其他方式语义的词都可归于相对正确范围，如 sidle 一词在系统 B 的 10 句翻译中全部为"侧身移动"，所以可以得到 100％的正确率。实际上，该词语义可以表达的语义远不如此，包含"(因犹豫、羞怯)侧身悄悄地走，偷偷地走近"等含义。

表 1　37 个方式动词的英汉机器翻译结果分析表

动　词	义项数	系统 A				系统 B			
		未处理	处理错误	处理不当	准确率	未处理	处理错误	处理不当	准确率
slink	1	7	2	0	10％	0	0	7	30％
stride	1	0	2	2	60％	0	0	3	70％
stroll	1	0	0	0	100％	0	0	0	100％
amble	1	5	1	1	30％	0	0	0	100％
saunter	1	0	10	0	0％	0	0	0	100％
trudge	1	0	2	0	80％	0	0	0	100％
plod	1	10	0	0	0％	0	10	0	0％
shamble	1	8	2	0	0％	5	0	2	30％
stomp	1	0	4	2	40％	2	3		50％
tiptoe	1	6	0	0	40％	0	0	0	100％
swagger	1	8	2	0	0％	0	0	0	100％
strut	1	5	5	0	0％	0	9	0	10％
scamper	1	7	0	0	30％	0	0	0	100％
scurry	1	3	0	0	70％	0	0	0	100％

续 表

动 词	义项数	系统 A				系统 B			
		未处理	处理错误	处理不当	准确率	未处理	处理错误	处理不当	准确率
sidle	1	10	0	0	0%	0	0	0	100%
lurch	2	0	6	0	40%	0	0	1	90%
clump	2	0	10	0	0%	0	10	0	0%
limp	2	2	0	0	80%	0	0	0	100%
stagger	2	0	8	0	20%	0	10	0	0%
slither	2	7	0	1	20%	0	0	1	90%
roam	2	0	2	0	80%	0	0	2	80%
dart	2	0	5	0	50%	0	10	0	0%
stumble	3	0	10	0	0%	0	10	0	0%
pad	3	0	10	0	0%	0	10	0	0%
hobble	3	0	10	0	0%	0	0	10	0%
scuttle	3	0	10	0	0%	0	10	0	0%
parade	3	0	10	0	0%	0	10	0	0%
prowl	3	7	0	0	30%	0	10	0	0%
pace	3	0	9	1	0%	0	0	0	100%
stump	4	0	10	0	0%	0	10	0	0%
shuffle	4	0	10	0	0%	0	8	2	0%
sneak	4	0	0	0	100%	0	0	0	100%
slide	4	0	5	3	20%	0	0	3	70%
creep	5	0	6	0	40%	0	10	0	0%
wander	5	0	0	1	90%	0	0	0	100%
bolt	7	0	7	0	30%	0	10	0	0%
scramble	7	0	7	1	20%	0	8	1	10%
共计		78	161	10	27.3%	5	147	25	47%

2.3 运行结果分析

经过分析，导致机器处理错误和处理不当的原因大致可以总结为以下几个方面：

(1)动词的识别。从表1中可以看出，未处理(未识别)的情况占了很大一部分比例，是导致准确率低下的一个很大原因。有些词在系统词库中显然未作收录，如plod，sidle，因为它们在句子中的翻译结果分别为“他们 plodded 上一个小时(They plodded on for another hour)”和“他 sidled 走向低谷，锤手(He sidled toward the trough，hammer in hand)”。

(2)动词形态变化的识别。动词形态的变化往往是造成机器翻译软件不能识别词语的另一原因。例如，系统A可以将“prowl”一词的“prowl”和“prowling”两种形式翻译为“潜行”，对"prowled"和"prowls"却不能识别，出现"她 prowled 在家(she prowled around the house)"的情况。

(3)动词词性的识别。引起处理错误的另一个原因是系统将句子中的动词在翻译结果中处理为名词。分析中可以发现机器翻译软件将动词的第三人称单数形式处理为名词复数的情况。出现这种情况的动词除了作动词使用外，还具有名词词性。如系统 A 将"I stump around on crutches"处理为"余树桩周围拐杖"；"I slide off the chair onto the cool floor"翻译为"我幻灯片从椅子到阴凉楼"。

(4)多个语义项的处理。这个问题突出表现在 2.1 中提到的多义项词语上。该类词语作动词时除了表示行走的动作和方式，还可以表示其他义项，如"stump"除了表示"(愤怒或烦恼时)脚步重重地走"的行走方式，还有"(在选举前)巡回演说"，"把……难倒"等语义，而且这几个义项的主语可以都是人。这就为机器翻译的处理带来了很大的难度，导致了出现把"He stumped into the kitchen with his head down"处理成"把他难住他的头下厨房"的情况。

(5)语义的变换问题。通过对比系统 A 和系统 B 的分析结果，可以看出针对同一词语的不同语境，系统 A 能做出不同的翻译，如在对带有"roam"动词的 10 句例句中就出现"出没""漫步""游荡""漫游"四种不同的对应翻译。这说明，系统 A 对包含不同意义的同一动词能根据语境和词形(人称和时态变化)变换词义。从翻译质量上来说，多变的翻译形式更能适应不同的上下文语境和句子风格，翻译的句子更加自然，可读性更强。但同时，我们也发现，因为变化多，所以由此造成的出错率也比较高。与此相比，系统 B 的词义设计几近单一，少有变化，如在含有方式动词 prowl 的 10 个例句中，系统 B 全部将其处理为"四处觅食"。出现"He wanted to prowl the marketplace in search of new weaponry"一句被翻译为"他想四处觅食市场寻找新的武器装备"的情况。如何能在根据语境灵活翻译的同时降低出错率，是机器翻译需要解决的一大难题。

(6)语义成分表达的完整性。语义表达方面出现的问题表现在语义成分丢失和语义发生偏差两种情况。通过对例句处理结果的分析我们发现：一方面，很多方式动词经过机器翻译软件的处理之后常发生语义成分丢失的情况，对应的汉语翻译中只有方式，没有动作。也就是说，只有修饰"走"的状语，没有"走"这一语义成分。例如，"SPIDER starts to limp proudly back to the bar"在系统 A 中处理成"蜘蛛开始蹒跚自豪地回到酒吧"。另一方面，机器翻译的处理结果也常出现语义偏差的情况，如句子"He would slink around the oak trees"在系统 B 中的翻译为"他在橡树附近会潜逃"。

3　方式动词处理规则研究

3.1　英汉方式动词表达差异的语言学分析

"走"类动词是运动事件动词中的一个小类，与英语一样，汉语也有很多包含"走"的基本语义的动词，如"徐行""缓步""徘徊""徜徉""闲荡""跛行""踉跄""踱步""溜达"等。

通过英汉两种语言语义上对比，可以发现，英汉两种语言在表示"走"的语义上既存在语义普遍性，又存在语义特殊性[7]。英语"走"类动词包括共享核心语义成分"walk"和其他不同的外围成分，如原因、方式、处所、距离、时间、情态、姿态等。例如："stroll"除了表示"走"这一核心语义外，还表示"缓慢"的方式，"消遣、快乐"的目的，"轻松、悠闲"的情态；"amble"除了表示"走"这一核心语义外，还表示"从容""缓慢""短距离""无目的"等外围语义成分。汉语的"走"类动词也都具有"走"的核心语义成分和其他外围成分。如"彷徨"含有

"来回""小范围""紧张"等外围语义成分；"徘徊"含有"来回""小范围"等外围语义成分。但是这些词却很难与英语词语中的语义成分完全等同。人工翻译尚不能做到完全对应翻译，机器翻译的难度更大。

从词的形态上看，英语的方式动词大多数为单纯词，是形态上不可分析的、由单个语素构成的词，词汇化程度较高。英语的"动作"和"动作结果"或"动作方式"是被概念化的一个整体，在一个单纯动词中完成，体现了综合性表达。现代汉语中一个"动作"的完成情况或结果通常会从动词中分离出来，通过附加成分完成。英语的词形是抽象的，任意的，可以人为地或自由地表达较为复杂的概念。一个单纯动词不仅可以表示动作，还可以表示动作的方式、结果等。而汉语是语素文字，以形写意，由于绝大多数汉字是集音、形、义于一体，字形表音又表义。汉字顽强的表义性特点使它在用单纯词表示一个语义复杂的概念或新的概念时不如英语自由灵活，要表达较复杂的意义只能采取分析型手段，用状语＋谓语短语结构。

此外，操汉语者和操英语者在认识世界、形成认知模型过程上是有差异的。这种人类的基本认知差异也是造成方式动词翻译难点的语言学原因之一。

3.2 英汉机器翻译中可采取的方法设想

(1)对动词进行义素解析。根据运动事件理论，每个运动动词都具有4＋2个基本语义义素，即"物像、背景、运动、路径＋方式、原因"，以及其他义素。在设计词库时，如能按语义义素为单位进行英汉对应的互译，而不是以词语为对应单位，那么，译文的可读性将会大大提高。收录词库时可对运动动词的各语义义素进行罗列，再从汉语中寻找与该词义素基本对应的词语，如"amble"对应"漫步"，"stroll"对应"溜达、闲逛"。不能基本对应的语义成分设计成"××(方式)地走"或附加状语的形式。

(2)运动动词各义素的排列。根据运动事件理论，英语中的动词的词汇化模式多为运动＋方式，但也存在其他模式[2]。如"It rains cats and dogs"一句中的"rain"就同时表达"运动"和"物像"。而路径是这六个语义成分中必须存在的最重要的部分，英语动动事件中的路径有时包含在动词之中，有时用跟在动词后的介词或称小品词充当，如"I ran out(我跑出去)"和"I drove home(我开车回家)"。如果在设计词库的时候就能对动词的各个语义义素作出分析，那么机器在处理该词的翻译时，就能依据不同义素所占据的不同位置来对语义进行翻译，并对出现的各个义素进行排序。一般来说，在翻译成汉语时，我们可以将运动动词的义素排列为"方式＋运动＋路径＋背景"。六个语义义素在全句中的排列顺序可设计为"物像＋方式＋运动＋路径＋背景"，"原因"义素用来替换"方式"或用单独的原因状语引导。

(3)背景知识的设计。设计词语的背景知识库可方便计算机处理词语多义项的情况，使其能够根据上下文语境及该词语关联的背景知识识别最恰当的义项。方式动词所体现出的语境特点与词典提供的搭配知识是基本一致的，如"stumble"表示"跌跌撞撞地走"的时候，通常是不及物动词，后面通常跟副词或介词；"scamper"除了表示"走"的动作的方式，还暗示出该动作的发出者多数是儿童或小动物。

(4)与基于实例、基于统计、以及语料库的研究方法相结合。好的翻译系统应采用混合方法[6]。将上述义素分析法与其他处理方法相结合，取长补短，势必能更好地提高机器翻译系统的识别和处理能力。如通过背景知识分析，我们得到"scramble"后面常跟"tree, hill, mountain, boulder"等背景，这一结果与基于统计和实例的处理方法得到的结果是一致的。

4　结　论

本文的分析存在以下几点局限性：

(1)文中对机器翻译处理结果的分析采用的是单人人工评判方法，难免存在一些误差。

(2)本文研究的语料不够充足，得出的数据结果不可避免地带有一定的局限性。

(3)分析测试采用的机器翻译软件的在线翻译形式，由于当今计算机技术的飞速更新，数据结果和出现的问题也具有时间局限性。

然而，本文的分析真实地映射出了现阶段机器翻译软件在处理动词时存在的一些问题。只有根据语言规律认真研究这些问题，才能制订出相应的解决方法。在机器翻译系统的设计的改进工作中，我们应将基于语料库与基于统计的方法结合起来，从语言本身出发，结合语言学的理论成果，找寻研究语言内在的规律，设计出更高质量的机器翻译系统和公正合理的机器翻译评测方法。

参考文献

[1] 冯志伟 . 2007. 机器翻译与语言研究(下). 术语标准化与信息技术(4).

[2] Talmy, L. 2000. Toward a cognitive semantics (Vol. 1. Cambridge). Massachusetts: MIT Press.

[3] 文旭 . 2007. 运动动词“来/去”的语用意义及其指示条件 . 外语教学与研究(2).

[4] Ungerer, F. & Schmid, H. J. 2001. An introduction to cognitive linguistics. Beijing: Foreign Language Teaching and Research Press.

[5] Oxford Advanced learner's English－Chinese Dictionary (The 6th Edition). 2004. The commercial Press & Oxford University Press.

[6] 杨宪泽 . 2004. 机器翻译的一些处理方法探讨 . 西南民族大学学报(自然科学版)(1).

[7] 罗思明 . 2007. 英汉“缓步”类动词的语义成分及词化模式分析 . 外语研究(1).

汉英机器翻译中的辅块序位研究①

王立霞

北京师范大学中文信息处理研究所　北　京　100875

Starry7711@sina.com

摘　要：本文研究汉英机器翻译中的辅块序位问题，在总结前人规则的基础上，考察三类辅块序位变换情况：单一辅块在句子中的位置变换，多个相同类型辅块在句子中的序位变换及不同类型辅块在句子中的序位变换，并总结出13条相关辅块序位规则为汉英机器翻译系统服务。

关键词：辅块，序位，规则，汉英机器翻译

汉英机器翻译已经取得了不小的成绩，但依然面临着诸多难点和困难。语序的排列和语言习惯有很大的关系，汉语和英语尽管都是S-V-O型的语言，主要成分主语、谓语、宾语或表语的次序基本一致，但修饰语定语、状语、补语在两种语言里却有很多不同。如汉语说“明天我们去看电影”，英语则说“We will go to see a film tomorrow”；汉语说“他在家工作”，英语则说“He works at home”。可见语序的调整是汉英机器翻译不可回避的一大问题。

辅语义块简称辅块，在句子中主要充当状语。根据语义，辅语义块可分为七类：方式Ms(Means)、工具In(Instrument)、途径Wy (Way)、条件Cn(Condition)、参照Re(Refer)、起因Pr(Premise)、目的Rt(Result)。尽管辅块不决定句类，但辅块在句子中出现频繁，描述了与谓语动词相关的时间、地点、条件、目的等多种重要信息，对语义理解有巨大作用。汉英机器翻译需要认真对待辅块翻译的问题。内容翻译是一方面，辅块在句子中出现的相对顺序和位置，即辅块序位问题也是需要深入研究的内容之一。

1　辅块序位研究的几点说明

辅块出现频繁，内容重要，汉英机器翻译质量却不尽如人意，存在着内容翻译错误，在句子中位置不正确，次序不对，使用不地道等诸多问题。针对这些问题，黄曾阳先生首先提出了辅序保持和辅序换位的概念。雒自清总结了两条辅块序位规则：规则一，汉语辅块一定在特征语义块的前面，英语则在特征语义块之后(时间、目的辅块除外)；规则二，时间、目的辅块在汉语中多在句首，在英语中则多在句尾出现。

本文不考虑汉语中辅块翻译后变为英语主块及汉语中主块翻译后变为英语辅块的情况，只研究汉语中的辅块翻译成英语后仍为辅块的情况；不研究辅块如何翻译的问题，只研究汉语辅块翻译为英语辅块后所处的序位问题，即翻译后的英语辅块应处于句子的什么位置，多个辅块的序位安排，以及辅块序位与哪些因素相关。

研究中使用了黄曾阳先生在相关论述中涉及的双语语料、毛泽东选集汉英双语语料(李千驹整理)、北大双语语料库及部分网络资源，在此一并致谢。

---

①　本文得到国家科技支撑计划项目“中文信息处理应用研究与系统开发”之课题“中文信息处理应用理论研究和知识库资源的开发”(编号为2007BAH05B01)的资助。

经过初步研究发现，翻译后的英语辅块的序位主要与下列因素相关：

(1)英语传统的使用习惯。

(2)句子的核心 E，即句类。

(3)辅块本身表达的意义如：条件(时间、地点)、目的、方式等。

(4)辅块内部的构成，即辅块内部是否含有句蜕。

(5)辅块在汉语句中的位置。

(6)辅块本身的长度，即辅块所包含字数的多少。

本文从上述几个因素出发，考察了大量汉英双语语料，按单一辅块、两个辅块及多个辅块分类，总结出 13 条序位规则。

2　单一辅块的序位规则

汉语中的辅块位置比较固定，一定位于特征语义块之前，而英语则比较灵活，可前可后，通常位于句尾。英语复合句中，表示时间的从句可以放在主句之前，也可以放在主句之后，汉语中则通常先叙述先发生的事，后叙述后发生的事。以下是相关规则：

(1)规则一：条件辅块中，当辅块中含有“这”指代词时，辅块在汉语原句中位于句首的，则英语中也通常位于句首。例如：(例子中加粗斜体部分为辅块，下同)

在这种情况下，中国人民的一切抗日力量应举行全国规模的反攻，密切而有效力地配合苏联及其他同盟国作战。

In these circumstances, all the anti-Japanese forces of the Chinese people should launch a nationwide counter-offensive in close and effective co-ordination with the operations of the Soviet Union and the other allied countries.

这时候，在同一个赫尔利的嘴里，以蒋介石为代表的国民党政府变成了美人，而中共则变成了魔怪；并且他率直地宣称：美国只同蒋介石合作，不同中共合作。

In the interim, according to the selfsame Hurley, the Kuomintang government represented by Chiang Kai-shek seems to have turned into the Beauty and the Chinese Communist Party into the Beast, and he flatly declared that the United States would co-operate with Chiang Kai－shek only and not with the Chinese Communist Party.

说明：英语中时间辅块通常位于句尾，但当辅块中含有“这”指代词时，如果该辅块在汉语句子中位于句首，则英语句中也位于句首。“在这种情况下”和“这时候”包含了指代词“这”，汉语句子中位于句首，因此翻译为英语也放在句首。

(2)规则二：条件辅块中，介词短语比较复杂，包含有句蜕，有“之后”“后”等标记符，英语翻译成 after 为引导词的状语从句时，通常放在句首。例如：

在中央所在地区红军长征开始后，这种怀疑和不满更加增长，以至有些曾经犯过“左”倾错误的同志，这时也开始觉悟，站在反对“左”倾错误的立场上来了。

After the Red Army in that area set out on the Long March, this doubt and dissatisfaction grew to such an extent that some comrades who had committed “Left” errors began to awaken and take a stand against them.

说明：“在中央所在地区红军长征开始后”是个复杂的条件辅块，中间包含了句蜕“中央所在地区红军长征开始”，块前有辅块前标记符“在”，块后有辅块后标记符“后”，翻译成英语时通常是以“after”开头，放在句首。

(3)规则三：辅块比较复杂，包含句蜕时，通常保持辅块所在原句位置。例如：

除了调动有训练的军队进行运动战之外，还要在农民中组织很多的游击队。

Besides employing trained armies to carry on mobile warfare, we must organize great numbers of guerrilla units among the peasants.

在敌人数路围攻的情况之下，游击战争的方针是打破这种围攻，采取反围攻的形态。

When the enemy launches a converging attack in several columns, the guerrilla policy should be to smash it by counter-attack.

说明："除了调动有训练的军队进行运动战之外"和"在敌人数路围攻的情况之下"都是条件辅块，辅块标记符"除……之外""在……之下"包含了句蜕，在汉语句子中位于句首，则翻译成英语时也位于句首。

(4)规则四：英语中的目的辅块通常位于句尾。例如：

现在进入第三个阶段了，**为了抗日救国**，两党必须在一定纲领上进行彻底的合作。

Now the third stage has come, and the two parties must co-operate fully on a definite programme ***in order to resist Japan and save the nation***.

说明："为了抗日救国"是一个目的辅块，翻译后位于句尾。

(5)规则五：汉语中紧挨核心动词的条件辅块，在英语中也紧挨核心动词，位于核心动词之后。例如：

但同时，任何共产党员也不许可不尊重党的统一战线政策，因此，一切共产党员必须**在抗日原则下**团结一切尚能抗日的人，必须反对党内的"左"倾机会主义。

But at the same time Communists should not fail to respect the Party's united front policy and must therefore unite, ***on the principle of resistance***, with all those who are still willing to resist Japan and must oppose "Left" opportunism within the Party.

说明："在抗日原则下"是一个条件辅块，后面是核心动词"团结"，翻译成英语时，"on the principle of resistance"放在"unite"之后。

3 两个辅块的序位规则

分两类总结两个辅块的序位问题，一类是两个辅块为同一语义类型的情况，一类是两个辅块属于不同语义类型的情况。实际上，当句中辅块均为同一语义类型时，即使有多于两个以上的辅块排列，也遵从下列规则。

3.1 两个辅块为同一语义类型

(1)规则一：当句中的两个条件辅块均为地点辅块时，辅块次序在汉语中是大地点在前，小地点在后，英语则是小地点在前，大地点在后。例如：

全球核能伙伴计划**在中国北京**召开第三次执行委员会会议。

The third Global Nuclear Energy Partnership (GNEP) Executive Committee Meeting was held ***in Beijing, China***.

说明：句子中有两个地点辅块，"中国"是大地点，"北京"是小地点，汉语中"中国"在前，"北京"在后，翻译为英语，则"Beijing"在前，"China"在后。

(2)规则二：当句中的两个条件辅块均为时间辅块时，辅块次序在汉语中是大时间点在前，小时间点在后，英语则是小时间点在前，大时间点在后。例如：

到了同世纪末年和二十世纪初年，到了四十年前，中国民族资本主义便开始了初步的发展。

About forty years ago, at the turn of the century, China's national capitalism took its first steps forward.

说明："同世纪末年和二十世纪初年"是大时间点，"四十年前"是小时间点，翻译成英语时，"about forty years ago"在前，"at the turn of the century"在后。

(3)规则三：两个同类型的辅块(时间和地点辅块除外)在英语中依然保持原来的次序，可用 and 合成一个辅块。例如：

八十年前，***在中国各族人民反帝反封建的壮阔斗争中，在世界无产阶级革命的澎湃运动中***，中国共产党成立了。这是近代中国社会矛盾发展和人民斗争深入的必然结果。

Eighty years ago, the Communist Party of China was founded ***amidst the torrential anti－imperialist and anti－feudal struggle of the people of all ethnic groups of China and in the tempestuous movement of the proletarian revolution in the world.*** This was the inevitable result of the development of social contradictions and deepening struggle of the people in modern China.

为着消灭日本侵略者，为着防止内战，为着建设新中国，必须将分裂的中国变为统一的中国。

It is imperative to turn a divided China into a united China ***in order to destroy the Japanese aggressors, prevent civil war and build a new China.***

但由于同苏联对立，又由于人财先天不足，所以日本的最大的出兵数和最后的进攻点都不得不受一定的限制。

But ***because of Japan's antagonism with the Soviet Union and her inherent shortage of manpower and finances***, there are inevitable limits to the maximum number of men she can throw in and to the furthest extent of her advance.

说明：例 a 中是两个条件辅块，例 b 是三个目的辅块，例 c 是两个起因辅块，在英语译文中保持了原来的次序，两个辅块之间用"and"连接起来。

3.2　两个辅块为不同语义类型

(1)规则一：汉语时间辅块在前，地点辅块在后，英语地点辅块在前，时间辅块在后。例如：

今天下午在作战计划处的斗室里他从上级嘴里听到一个很意外的消息。

In his War Plans cubbyhole that afternoon, he had received an unexpected word from on high.

他***1970 年 5 月 20 日在北京***出生。

He was born ***in Beijing on May 20, 1970.***

说明：两个例句中，"今天下午"和"1970 年 5 月 20 日"在前，是时间辅块；"在作战计划处的斗室里"和"在北京"在后，是地点辅块。英语译文中，"In his War Plans cubbyhole"和"in Beijing"在前，"that afternoon"和"on May 20, 1970"在后。

(2)规则二：汉语中方式辅块通常在时间、地点辅块之后，英语中方式辅块通常在时间、地点辅块之前。例如：

他***明天乘飞机***回来。

He will be back ***by air tomorrow***.

说明："明天"是时间辅块，"乘飞机"可以看成是方式辅块，翻译成英语后，方式辅块"by air"位于时间辅块"tomorrow"之前。

(3)规则三：时间辅块和原因辅块都是复杂构成时，即包含句蜕时，保持原来辅块的次序。例如：

自从武汉失守以后，由于战争失败和仇视共产党这种情绪的发展，国民党就逐渐反动，反共活动逐渐积极，对日抗战逐渐消极。

After the fall of Wuhan, however, because of its defeats in the war and its increasing hostility towards the Communist Party, the Kuomintang gradually became more reactionary, more active against the Communists and more passive in the war against Japan.

说明："自从武汉失守以后"是时间辅块，"由于战争失败和仇视共产党这种情绪的发展"是起因辅块，两个辅块都包含句蜕，因此在英语译文中保持了汉语句子中辅块的序位。

4 多个辅块的序位规则

当一个句子中包含多个多种语义类型的辅块时，各类型辅块在句子中所处的位置和相对次序也遵从上述单一辅块及两个辅块序位规则，另外补充两条规则：

(1)规则一：句子中出现多个辅块，翻译为英语条件辅块通常位于句首，目的辅块通常位于句尾。

(2)规则二：句子中出现多个辅块，条件辅块包含有句蜕，以"之后""后"为结束标记的，翻译为英语一定位于句首。例如：

为着打败日本侵略者和建设新中国，为着防止内战，中国共产党***在取得了其他民主派别的同意之后，于一九四四年九月间的国民参政会上***，提出了立即废止国民党一党专政、成立民主的联合政府一项要求。

After obtaining the consent of other democratic parties, the Communist Party of China put forward the demand ***at the People's Political Council in September 1944*** that the Kuomintang one－party dictatorship be abolished immediately and a democratic coalition government be formed ***for the purpose of defeating the Japanese aggressors, building a new China and preventing civil war***.

说明：句子中包含4个辅块，"为着打败日本侵略者和建设新中国"和"为着防止内战"是两个目的辅块，"在取得了其他民主派别的同意之后"和"于一九四四年九月间的国民参政会上"是两个条件辅块。翻译成英语，"After obtaining the consent of other democratic parties"放在句首，两个目的辅块放在句尾，并且由"and"连接起来，"at the People's Political Council in September 1944"位于核心动词"put forward"之后，完全符合上述规则。

5 结 论

本文只研究了部分辅块序位规则，并没有穷尽所有语义类型的辅块序位情况，提出的规则也没有在大规模文本中加以验证，这些将是下一步工作的重点。

参考文献

[1] 黄曾阳．1998. HNC(概念层次网络)理论．北京：清华大学出版社．
[2] 苗传江．2005. HNC(概念层次网络)理论导论．北京：清华大学出版社．
[3] 雒自清，张雪荣，郝惠宁．2004. 汉英机器翻译中的辅块及多元逻辑组合问题//苗传江，杜燕玲主编．第二届 HNC 与语言学研讨会论文集．北京：海洋出版社．
[4] 黄伟红．2007. 英汉句首状语对比研究．湖南师范大学硕士论文．
[5] 沈家煊．1984. 英汉介词对比．外语教学与研究(2).

英汉机器翻译中"OF"结构的处理

杨　森[1]　胡富茂[2]

[1]解放军外国语学院研究生管理大队　洛　阳　471003

[2]洛阳理工学院　洛　阳　471003

ysforest@163. com

摘　要：OF 结构是英文中非常普遍的结构，通过对统计机器翻译系统 GOOGLE 的测试我们发现其针对 OF 结构的中英文语序差别作出相应的转换，但是由于 OF 结构的前后管辖范围确定失误，而造成大量的语序翻译错误，OF 结构中的并列结构是造成这一翻译失误的重要因素。本文通过实验分析错误原因，并引入 HNC 的概念相似度计算来确定 OF 结构的管辖范围，重点讨论了 OF 结构中并列结构的处理方法，对边界管辖范围确定作出了新的试探性研究。

关键词：OF 结构，管辖范围，并列结构，语义相似度

1　引　言

大致来讲，现行的机器翻译系统主要有基于规则和基于统计两种方法。由于无须人工编写和调试词典以及规则，节省了大量的人力，也省去了用于解决规则冲突的复杂设计，使得统计机器翻译系统在开发和应用上呈现出一些明显的特点和优势：(1)机器翻译系统开发的人工成本低、开发周期短；(2)可以迅速迁移到新的语种；(3)可以迅速迁移到新的领域。因此，统计方法为机器翻译系统开发提供了一个有利的平台(刘群，2009)。

基于统计的系统在翻译结果上往往能有较好的词汇选择(lexical choice)，但是经常选择错误的语法结构并得不到完整的译文；而基于规则的系统(RBMT)很难解决歧义问题以及选择合适的词汇和短语，但却能得到在语法结构、词汇顺序上比较完整的译文。所以，怎样在统计系统中引用丰富的语言学信息，特别是语法结构信息，是当前统计机器翻译研究的一个热点(熊得意等，2008)。在统计翻译系统中引入句法信息的方法很多，可以从预处理、语言模型、解码器以及后处理等各个环节引入形式句法知识。本文属在翻译预处理模块中引入句法知识(图 1)，Amit Sangodkar(2008)、Fei Xia 和 Michael McCord(2004)等在这个方面做出了大量工作。

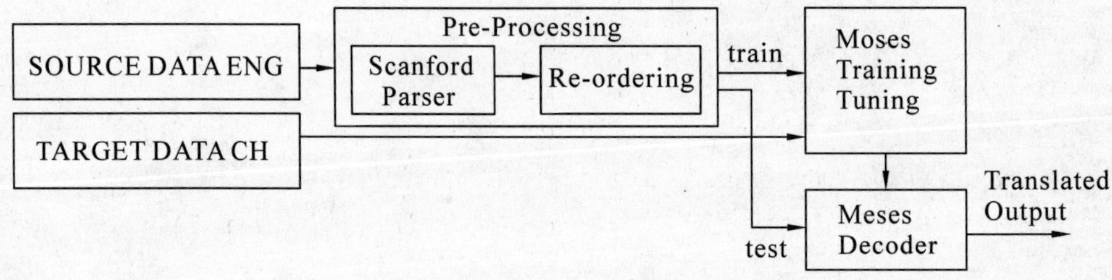

图 1　统计翻译预处理过程

英文文本中 OF 结构出现的频率非常高，经过不同语料语料库统计，OF 单词出现的排名均在前十位。所以能否正确处理 OF 结构直接影响机器翻译的质量。而目前的统计翻译系

统对 OF 结构的处理并不理想，翻译失误主要体现在语序翻译失误，管辖范围控制失误，嵌套结构逻辑错误等方面。本文首先给出了"OF"结构的范式 BNF 定义，接着通过对统计翻译系统 GOOGLE 测试结果的错误分析，利用 STSNFORD PARSER(基于统计的句法分析器)的句法分析结果和标记信息，并融入 HNC 的概念相似度计算(黄曾阳，1998；苗传江，2005)来解决 OF 结构在现有统计机器翻译中的错误，重点讨论 OF 结构中并列结构的处理方法。本研究属于在翻译预处理模块中引入知识，也是规则和统计结合的一个试探性个案研究。

2　OF 结构定义

"OF"在传统语法上定义为介词，尽管介词各有自己的词义，但极其模糊，可变性很强，往往受搭配词语之间的关系所制约。介词的搭配能力特别强，它可以联系动词与名词，可以联系形容词与名词，还可以联系名词与名词等。本文所讨论的"OF 结构"为 OF 的所有格用法，相当于汉字"的"字结构"N＋的＋N"，其在表现形式上属于"NP＋OF＋NP"结构。"NP＋OF＋NP"在语言学研究范围内可分为多种情况：

(1)逆序主谓关系：the requirements of times

(2)顺序动宾关系：loss of energy

(3)施受关系：the book of Hugo

(4)主属关系：the children of the family

(5)同格关系：the city of Rome

(6)偏正关系：a man of ability

本文屏蔽掉这些语言学的差异，将以上 OF 结构在形式上视为广义所有格用法。同时一些 OF 结构的固定搭配比如 the city of Rome、hundreds of sheep 等用法原则上不在本研究范围内。下面给出 OF"结构范式 BNF 定义。

<"OF"结构>　::＝{<名词性结构>＋OF＋<名词性结构>[＋OF＋<名词性结构>]}

<名词性结构>　::＝<名词>|<代词>|<数量词>|<偏正结构>|<并列结构>

<偏正结构>　::＝<修饰成分>＋[[<连接符号>]＋<修饰成分>]＋<名词性结构>

<并列结构>　::＝<名词性结构>＋[<连接符号>]＋<名词性结构>

<修饰成分>　::＝<形容词>|<数量词>

<名词>　::＝"apple"|"children"|"notion"|……

<代词>　::＝"him"|"all"|"this"|……

<数量词>　::＝"ten"|"five"|"first"|……

<形容词>　::＝"delicious"|"interesting"|"insulting"|……

<连接符号>　::＝"and"|"or"|","|……

3　OF 结构翻译测试

经过测试发现，现行的统计机器翻译系统已融入了转换规则，即能将 NP＋OF＋NP 中的两个 NP 互换，那么如何确定两个 NP 的左右界限成为影响翻译质量的重要因素。我们以美国每年例行出台的《中国军力报告》语料库为测试预料(语言比较正式、严谨),通过WORDSMITH5.0软件随机搜索出300个"OF"结构,人工加工后组成测试集。并将测试集送入GOOGLE翻译软件,得到结果见表1:

表1 测试结果

错误类型	错误数量	所占比率
语序翻译失误	131	43.6%
管辖范围控制	108	36%
嵌套结构	19/87	21.8%

语序翻译失误的原因是多方面的,但管辖范围控制失误可直接造成语序翻译失误,从上表数据可得,因管辖范围所造成的翻译失误约占翻译错误的36%。而在管辖范围失误的语句中,并列结构约占85%,偏正结构管辖失误约占10%。所以OF结构管辖范围的确定成为影响OF结构处理的重要因素,而OF结构的中并列结构确定失误是导致错误的主要原因。下面是一个翻译实例:

原文:…… but it does not adequately address [(the composition OF China's military forces)], or [(the purposes and desired end states)OF (China's military development)].

GOOGLE译文:但它没有充分解决中国的军队,或的宗旨和中国军事发展的期望的最终状态组成。

错误分析:第一个OF结构的后方管辖范围偏大,第二个OF结构的前方管辖范围偏小。OF嵌套结构翻译失误。

我们将原句送入统计机器翻译系统Stanford Parser,得到句法分析结果见图2:

```
(,,)
(CC but)
(S
  (NP(PRP it))
  (VP(VBZ does)(RB not)
    (ADVP(RB adequately))
    (VP(VB address)
      (NP
        (NP
          (NP
          (NP(DT the)(NN composition))
          (PP(IN of)
            (NP
              (NP(NNP China)(POS's))
              (JJ military)(NNS forces))))
        (,,)
        (CC or)
        (NP(DT the)(NNS puposes)))
      (CC and)
```

```
(NP
    (NP(VBN desired)(NN end)(NNS states))
    (PP(IN of)
      (NP
        (NP(NNP China)(POS's))
        (JJ military)(NN development)))))))
  (..)))
```

图 2 句法分析结果

从句法分析结果可以看出，句法分析器对第一个 OF 结构做出了正确的处理，但第二个却处理失误，所处理的结果和译文的错误相符合。但是，该句法分析器每个节点都给出了正确的句法标记。在进行句法分析后，我们可以直接利用句法分析结果，或者直接应用句法标记以及某些特征词(比如"the"等)来确定 OF 结构的范围，亦或在句法分析的基础上引入概念相似度计算来确定 OF 结构的范围。

4 试 OF 结构的管辖范围确定

在过去的试验中，我们通过在翻译之前进行句法分析预处理，同时配合 the 等特征词的出现特点，使得翻译结果有所提高。这里主要探讨一种基于语义距离计算的方法：在句法分析的基础上引入概念相似度计算来确定 OF 结构的范围。基本思想是首先根据句法结构标记确定 OF 结构的最大范围 F，之后通过语义距离计算去掉语义距离较远的单位，最终正确提取 OF 结构。下面首先介绍一下概念相似度计算的方法(晋耀红，2006)。

4.1 概念相似度计算

假设两个词语语义的映射符号分别是 H1、H2，其中的概念分别是 S11，S12，…，S1n，和 S21，S22，…，S2m，用 Sim 表示两个概念的相似，那么两个词语语义之间的语义距离是：

SDC(H1，H2)＝Max(Sim(S11，S21)，Sim(S11，S22)，…，
Sim(S11，S2m)，
Sim(S12，S21)，Sim(S12，S22)，…，
Sim(S12，S2m)，…，
Sim(S1n，S21)，Sim(S1n，S22)，…，
Sim(S1n，S2m))

考虑到组合符号对计算的影响，结合计算条件，Sim(S11，S21)的计算方法如下：Sim(S11，S21)＝ Sim(S11. 网络符号，S21. 网络符号)
*(Sim(S11. 五元组，S21. 五元组)
＋(Sim(S11. 本体层符号，S21. 本体层符号)
*(Sim(S11. 中层符号，S21. 中层符号)
*(Sim(S11. 高层符号，S21. 高层符号)
＋ Sim(S11. 高层符号，S21. 高层符号)*
Sim(S11. 底层符号，S21. 底层符号)))))

以上相似度计算一般不跨网络计算，本体层和中层必须匹配，本体层以下的计算遵循"相同得分，相异不计"的原则，根据以上公式定义 Sim(S11，S21)的结果为 0－7，0 为不匹

配，7为全匹配，概念之间的相似、或、包含等关系得匹配结果均为7。

4.2 OF结构提取过程

OF结构的提取过程如下：

(1)对英文原句进行自动句法分析。

(2)以OF为锚点，向前、向后进行扫描，直至遇到终止符号。

(3)将终止符号[①]内的所有英文字母串提取出来，作为OF结构初选结果F1。

(4)检查F1是否含有并列结构，若有并列结构，则送入并列结构处理模块，否则转为一般处理模块[②]。

(5)最终确定OF结构F。

根据统计经验，我们将终止符号定义为VP、S、PP等非NP符号。

4.3 并列结构处理

根据并列结构在OF结构中出现的位置，我们将OF结构中的并列结构大致分为以下几种情况(其中的W代表概念单位)：

J：W_1＋OF＋ W_2(基本类型)

Ⅰ：W_1＋AND ＋W_2＋OF＋ W_3

Ⅱ：W_1＋ W_2＋……[连接符号]＋ W_n＋OF＋ W_{n+1}

Ⅲ：W_1＋ OF＋ W_2＋ AND ＋ W_3

Ⅳ：W_1＋ OF＋ W_2＋……[连接符号]＋ W_n

Ⅴ：W_1＋AND ＋W_2＋OF＋ W_3＋ AND ＋ W_4

Ⅵ：其他复杂格式

由于Ⅲ、Ⅳ的解法和Ⅰ、Ⅱ比较相似，这里主要介绍Ⅰ、Ⅱ、Ⅴ的识别方法。

4.3.1 Ⅰ类结构的确定

知识来源：待计算的语义符号，分别来自于词语知识库中W中心词(或其译文)的HNC语义符号。

激活条件：W_1、W_2、…、W_n分别是名词结构，即其中心词类别符号中包含p，w，g，r中的一个或多个。

关键操作：

(1)计算W_1和W_2的语义相似度A1，如网络符号不匹配或中层概念和本体层符号不相匹配，则判定OF结构为W_2＋OF＋ W_3。(J)

(2)若A_1＞4，则OF结构为W_1＋AND ＋W_2＋OF＋ W_3。(Ⅰ)

(3)分别计算W_2与W_3的语义相似度A_2，W_1与W_3的语义相似度A_3。若A_2＜＝A_3，则判定OF结构为W_1＋AND ＋W_2＋OF＋ W_3。(Ⅰ)

(4)若A_2＞A_3，则判定OF结构形式为W_2＋OF＋ W_3。(J)

具体操作算法流程图如图3所示：

---

① 根据统计经验，我们将终止符号定义为VP、S、PP等非NP符号。

② 在翻译之前进行句法分析预处理，同时配合特征词the等的出现特点制定一般处理模块，主要针对不含并列结构的OF结构。

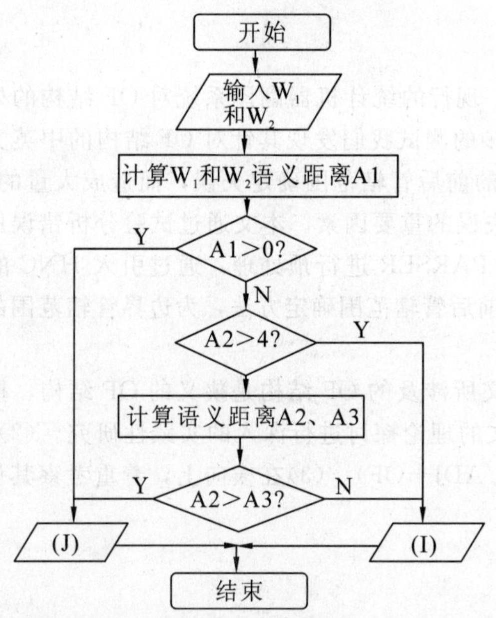

图3　Ⅰ类结构算法

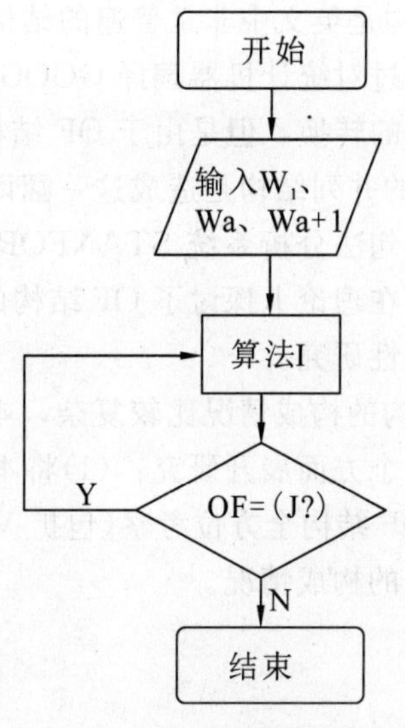

图4　Ⅱ类结构算法

4.3.2　Ⅱ类结构的确定

知识来源：待计算的语义符号，分别来自于词语知识库中W中心词(或其译文)的HNC语义符号。

激活条件：W_1、W_2、…、W_n　分别是名词结构，即其中心词类别符号中包含p，w，g，r中的一个或多个。

关键操作：(具体算法流程如图4)

(1)取W_n和W_{n+1}作为本形式，将W_1至W_{n-1}送如堆栈。

(2)取栈顶元素W_1，按照Ⅰ中的算法进行计算。若得到结果为(Ⅰ)，则退出。若得到结果为(J)，W_1出栈，取栈顶元素W_2。

(3)重复以上计算，直至算出最终结果。

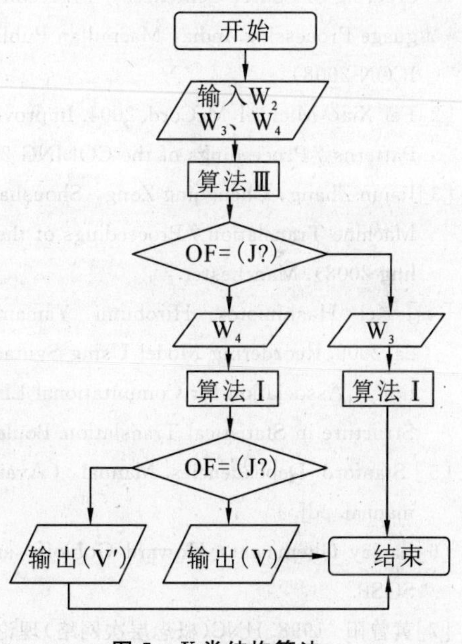

图5　Ⅴ类结构算法

4.3.3　Ⅴ类结构的确定

知识来源：待计算的语义符号，分别来自于词语知识库中W中心词(或其译文)的HNC语义符号。

激活条件：W_1、W_2、…、W_n分别是名词结构，即其中心词类别符号中包含p，w，g，r中的一个或多个。

关键操作：(具体操作流程如图5)：

(1)根据算法Ⅲ确定W_2+OF+W_3+AND+W_4的结构。

(2)若得到(J)，则转入算法Ⅰ，得出结果。

(3)否则将W_4分别代入算法Ⅰ。

(4)若结果同为(J)，则结果为W_2+OF+W_3+AND+W_4，(Ⅴ')否则结果为Ⅴ。

5 总结与展望

OF结构是英文中非常普遍的结构，现行的统计机器翻译系统对OF结构的处理存在诸多不足，通过对统计机器翻译GOOGLE的测试我们发现其针对OF结构的中英文语序差别做出了相应的转换，但是由于OF结构的前后管辖范围确定失误，而造成大量的语序错误，OF结构中的并列结构是造成这一翻译失误的重要因素。本文通过试验分析错误原因，经过基于统计的句法分析系统STANFORD PARSER进行预处理，通过引入HNC的概念相似度计算着重在理论上探讨了OF结构的前后管辖范围确定方法，为边界管辖范围的确定作出了新的试探性研究。

OF结构的构成情况比较复杂，本文所涉及的OF结构是狭义的OF结构，接下来我们要在以下几个方面展开研究：(1)将本文的理论探讨进行深入的实践性研究。(2)在纵向上，要对进行OF结构全方位考察(包扩VP/ADJ+OF)。(3)在横向上，着重考察其他介词结构中并列结构的构成情况。

参考文献

[1]Amit Sangodkar, Vasudevan N. , Om P. Damani. 2008. Statistical Machine Translation with Rule Based Reordering of Source Sentences // Proceedings of ICON-2008: 6th International Conference on Natural Language Processing. India: Macmillan Publishers. (Also accessible from http: // ltrc. iiit. ac. in/proceedings/ICON-2008)

[2]Fei Xia & Michael McCord. 2004. Improving a StatisticalMT System with Automatically Learned Rewrite Patterns // Proceedings of the COLING 2004. Geneva, Switzerland.

[3]Jiajun Zhang, Chengqing Zong, Shoushan Li. 2008. Sentence Type Based Reordering Model for Statistical Machine Translation // Proceedings of the 22nd International Conference on Computational Linguistics (Coling 2008). Manchester.

[4] Kei Hashimoto, Hirohumi Yamamoto, Hideo Okuma, Eiichiro Sumita, and Keiichi Tokuda. 2009. Reordering Model Using Syntactic Information of a Source Tree for Statistical Machine Translation // Association for Computational Linguistics. Proceedings of SSST-3, Third Workshop on Syntax and Structure in Statistical Translation. Boulder, Colorado.

[5] Stanford Dependencies Manual. (Available at http: // nlp. stanford. edu/s of tware/dependencies _ manual. pdf.)

[6]Sanjay Ghemawat, Howard Gobioff, and Shun-Tak Leung, S. -T. 2003. The Google file system // 19th SOSP.

[7]黄曾阳．1998. HNC(概念层次网络)理论：计算机理解语言研究的新思路．北京：清华大学出版社．

[8]黄曾阳．2004. 语言概念空间的基本定理和数学物理表示式．北京：海洋出版社．

[9]刘群．2009. 机器翻译研究新进展．当代语言学(2).

[10]苗传江．2005. HNC(概念层次网络)理论导论．北京：清华大学出版社．

[11]晋耀红．2006. HNC(概念层次网络)语言理解技术及应用．北京：科学出版社．

[12]熊得意，刘群，林守勋．2008. 基于句法的统计机器翻译综述．中文信息学报(2).

[13]张克亮．2007. 面向机器翻译的汉英句类及句式转换．开封：河南大学出版社．

[14]张今，姜玲．2005. 英语句型的动态研究．北京：清华大学出版社．

基于HNC理论的时间辅语义块的汉英机器翻译初探①

臧翰芬

中国科学院研究生院　中国科学院声学研究所　北　京　100190

zanghf@163.com

摘　要：汉英机器翻译的正确率始终徘徊在70%左右，目前的机器翻译系统还有许多不尽如人意的地方。本文根据HNC理论关于语义块的划分类型—主语义块和辅语义块，从小处着手来研究辅块的汉英翻译。研究了条件辅语义块中的时间辅块，给出了时间辅块的定义和分类，把时间辅块分为绝对时间辅块和"内涵+标记"辅块。通过汉英对照语料的分析，总结出隐藏在自然语言背后的时间辅块翻译规律，其中有的规律可推广到地点辅块等其他类型和语种(法语)辅块的翻译。希望这些规则能够提高时间辅块的汉英机器翻译的正确率。

关键词：机器翻译，辅块，时间辅块，翻译规则

1　引　言

随着中国加入WTO，中国和外界的交流与日俱增。中国经济实力的增强和中国文化的推广，使得汉语逐渐成为世界性的语言之一。英语是目前应用最为广泛的语种，很多国家把英语作为在商务、教育及其他很多重要活动中的第二语言，英语已成为商业交通等领域的世界通用语言。计算机网络技术迅速普及和发展，语言障碍愈加明显和严重，对机器翻译的潜在需求也越来越大。

机器翻译是当代科学技术的难题之一。虽然相似语种例如法语、英语等拉丁语言在某些领域如天气预报、产品说明书等领域的互译性很高，但在汉英机器翻译上却困难重重。原因是两种语言的差异很大：汉语是意合语言，而英语是形合语言。因此，要想提高汉英机器翻译的质量，必须逐层分解句子，找到更细致的研究内容，达到逐个攻破，准确翻译。本文就是从辅块中的时间辅块入手，研究时间辅块的构成，通过分析汉英对照语料、总结翻译规律，制定出可应用于计算机的一些翻译汉语时间辅块的规则。

2　相关工作

雒自清(2004)在博士论文中提到了汉英机器翻译中的主辅变换现象，把汉英之间的差异按照不同的辅块类型和句类进行了划分和分析。李颖(2004)在博士论文中也提到了主块分离和辅块位置的调整，认为英语辅语义块的位置相对灵活。但主要研究的还是句蜕内部构成的汉英翻译主语义块中句蜕现象的汉英翻译。张克亮(2004)在博士论文中主要研究了面向机器翻译的汉英句类及句式转换，对不同句类的汉英变化作了归纳和总结，比较了英语常用句式和汉语常用句式的区别等。

---

①　本文承国家973项目"自然语言理解的交互引擎研究"(2004CB318104)、国家科技支撑计划课题"搜索引擎中的语言翻译基础研究"(2007BAH05B02-05)、中科院声学所知识创新工程项目"句群理解处理理论及其应用"(O654091431)、"中国科学院声学研究所所长择优基金"(GS13SJJ04)、中国科学院青年人才领域前沿项目(O754021432)的资助。

胡培安(2006)从语言学的角度，把时间范畴分为呈现性时间和指称性时间：时间属性在某种场合的特定呈现叫做呈现性时间；而指称性是指被用来标度人类自身的活动。并指出呈现性时间可以通过有标和无标手段转化为指称性时间，从而形成时间短语。在现代汉语中，时间短语可以分为时点时间短语和时段时间短语(陆俭明，1991)。由于汉语篇章注重衔接与连贯，经常出现时间引用现象(需要通过上下文来确)(马红妹等，2002)。Filatova 和 Hovy 提出一个把新闻分割成一系列事件并且给这些事件指定时间的方法(赵国荣，2006)。

3 时间辅块的概念和分类

本文主要研究时间词或短语的整体作为时间辅块、或作为时间辅块核心部分的汉英翻译规律。根据 HNC 理论，时间辅块是条件辅块中的一种。本文按辅块内部构成把时间辅块分为两类：绝对时间辅块和“内涵＋标记”时间辅块。绝对时间辅块是指时间词或短语直接作为句子的辅块，没有加任何标记。对于第二种，按时间辅块内涵是否包含句蜕可分为含句蜕辅块和无句蜕辅块，如果时间辅块的标记词不是时间词，那么其核心词语一定是时间概念(j1)。根据标记的位置，“内涵＋标记”时间辅块分为四种：(1)前标记词＋内涵；(2)内涵＋后标记词；(3)内涵＋中间标记词＋内涵；(4)前标记词＋内涵＋后标记词。

标记词本身又分为纯时间标记和兼类标记。纯时间标记是指通过它可以直接认定辅块为时间辅块；而带兼类标记词的辅块不一定都是时间辅块，还可能是其他类型辅块如地点辅块。对于带兼类标记词的时间辅块，单从辅块标记上看不出它是时间辅块，必须要深入到辅块内涵内部，看其核心要素是否是时间概念，才能认定是否为时间辅块。

内涵核心的不确定性和标记的不确定性造成了时间辅块的不确定性。一些纯时间标记如“……时”，其范围确定，定义为确定型时间标记；其他如“……以后”，其范围不定，定义为非确定型时间标记。

时间辅块结构表示(Time fK structure representation)TFSR 可形式化描述如下：

TFSR：＝＜SemSymbol | nil，SemInnerContent＞，其中，SemSymbol 是时间辅块的标记词，SemInnerContent 代表时间辅块的块内内容。

SemSymbol {pure，flexible}，其中 pure 代表纯时间标记，flexible 代表兼类时间标记。

SemInnerContent：＝＜SentenceEcdysis，NonSentenceEcdysis＞，其中 SentenceEcdysis 表示句蜕，NonSentenceEcdysis 表示非句蜕。

3.1 绝对时间辅块

绝对时间辅块由时间词或短语构成，包含时点和时段。时点包括常用的日期类概念，日期按其颗粒度的大小顺序为世纪、年代、年、季、月、旬、周、日、上午、下午、晚上、时、分和秒。时点分为确定时点和不确定时点。确定时点表示确定的时间，在时间轴上有确定的取值，其确定不依赖于上下文等其他因素，如“2009 年 9 月 20 日”。不确定时点表示的时间需要根据上下文、写作时间等才能确定，如“次年 2 月”等。在汉语中，颗粒度大的日期在高位，颗粒度小的构成日期的低位，而英语次序相反。时段表示的是一段时间，即事情持续了多长时间，通常都是单纯的段时间表达，例如“18 个月”“三周”“九天”等。

3.2 内涵加标记的时间辅块

在内涵加标记的时间辅块，只要是由纯时间标记构成的辅块，不需要看内涵信息，就知道辅块是时间辅块，如表 1 所示。而由兼类标记构成的辅块，通过标记词不能知道是否是时间辅块，必须根据辅块的内涵信息才能确定。根据本文作者对语料的统计分析，纯时间标记的情况如表1所示，兼类标记的情况如表2所示。

表1 纯时间标记

汉语前标	英语前标	……之间	From……
早在……	As early as…	……来	Over…
前……	Since…ago	……时候	As soon as…
于……	In…	从……直到……	From…until…
到……	By/up to…	自打……到……	Since…to…
自……	In…	……至……	…to…
最迟到……	… at latest	在……(之)后	After
最早要到……	… at earliest	当……时候	When/while/if
……以来	Since	到……时(候)	By…
……(之)时	At/when/by…	自……以来	Since…
……(之)前	…Ago	在……的同时	While…
……(以)后	After…/since/later/when…	在……期间/时候/时期	During/in the course of…/by
……底	Towards the end of…/at the end of…	从……开始	beginning…of…
……之内	Within……	从……起	Since…/by…

表2 兼类标记表

汉语前标	英语前标		Towards(toward)/near
在……	In…/after…	接近……向，朝	In view of/considering sth…
从……	Keeping in mind…/from…	鉴于/由于/考虑到……	Within…
……里	In…	不到……	Between … and…/‘'/’
在……里(中)	In(prep)…/in the course of…/during…	……到……	From…to…/between. and…
在……(之)上	Over/on	从……到……	Between…and…alone
在……下	Against…	仅在……之间	
从……中	Through…		
在……下	Under…		
在……之上，高于	Above…		
在……影响下	Having been influence by…		
经过……	As a result of…/after…		
以……	With…		
用……	In…		

4 时间辅语义块汉英翻译

对于没有标志的时间辅语义块，汉英中相对比较简单，但是由于两种语言时间辅块的对应的位置以及有标的内部复杂性及其汉英两种语言自身的特点，在汉英翻译时会有所不同。在研究了大量的语料的基础上，现制定如下12条规则。

(1)规则1：对于纯时间，如果汉语的时间辅语义块在句首，后面有逗号，英语也通常放于句首，用不用逗号都可以(大多数没有逗号)，直接按词语进行翻译。例如：

一个晴朗的秋日～‖，广冈小姐踏上了来中国留学的征途。

One fine autumn day，～‖Miss Hirooka embarked on the journey to China｜～to further study there.

(2)规则2：如果now或presently碰到be动词，它通常出现在be动词后面，如果now碰到其他动词，常出现在该句子的句首。例如：

目前～‖已能将人送到月球上。

It is‖ ～now～‖ possible to put a man on the moon.

(3)规则3：汉语时间辅语义块在句首，且后面有逗号分开，如果其本身是纯时间词语，如年号、季节等，在翻译到英语时，要在时间词语前面加上相应的介词，如果汉语时间辅块在中间，英语辅块通常在句尾。例如：

一九二一年～‖，中国共产党‖应运而生。

In [1921]～‖，the Communist Party of China‖ merged.

在此例中，由于"一九二一年"表示在"年"时间范围内，因此，在英语是形合的语言中，要表示出时间段，所以就必须加介词"in"，因为介词"in"的含义为"during (a period of time)"，并一定要放在时间的前面，后面加或不加逗号。

(4)规则4：对于不确定的时间短语的翻译方法是翻译成表示所属关系的词语，即后面的属于前面的，中间加介词"of"，再在辅块开头加相应的介词。例如：

上月下旬～｜｜，美国助理财政部长帮办格拉泽‖前往‖北京。

During the end of last month～‖，Daniel Glaser，the US Deputy Assistant Financial Secretary，‖went ‖to Beijing

(5)规则5：如果是并列的两个时间连接词，那么第二个时间词前面的介词不要翻译出来；如果时间词语又加上一个标志词，翻译到英语时也不要把时间应翻译的标志词翻译出来。例如：

[{正在｜这时}]，一九一七年和一九一九年～‖，俄国和中国‖发生了‖两件大事。

[{It ｜so happened that}] in 1917and 1919‖，two major events‖ took place in‖[Russia and China].

(6)规则6：汉语辅语义块在句首，且英语翻译也在句首，先要加上相应的介词，在介词后排列英语的翻译，汉语的辅块块序与英语的辅块块序的位置不同，汉语是从大到小的顺序，而英语正好相反(主要是表示初、末等不确定的时间词语)。例如：

二十世纪八十年代末九十年代初～｜｜，国内‖发生‖严重政治风波。

From the late 1980s to the early 1990s～‖，there ‖occurred‖ serious political disturbances ‖～in China.

在此例中，“二十世纪八十年代末九十年代初”，并没有任何标志词语。由于汉语是意合语言，可以得出其意义是“从二十世纪八十年代末到九十年代初”，英语必须按汉语顺序，把“从……到……”直接翻译出来。而对于“……末……初”，英语的语序为“the late……the early……”，由于是专指所以前面加定冠词“the”。

(7)规则 7：如果是年和月并列，通常表示月是年的所属关系，翻译时先翻译介词“in”，后把“月”提到“年”的前面，且中间用介词“of”相连，后面可加逗号也可不加逗号。例如：

1938 年 1 月～‖，任八路军一二九师政治委员。

In January of 1938～‖，he became the political commissar of the 129th Division of the Eighth Route Army.

在此例中，“1938 年 1 月”翻译到英语是把“月”提前，加介词“in”。由于“月”是属于年的，因此月和年之间加上“of”。

(8)规则 8：如果汉英辅语义块翻译位置未变，并且汉语存在原型句蜕，通常翻译到英语转换成 of 结构，动词变为动名词或者名词＋of＋GBK1。但是，如果碰到不同的英语标志词如 when、while 等，要给其以相应的知识，因为这些词后面跟句子等。在句蜕中又有纯时间辅块如年、月等时间辅块放在动词后面并加介词进行翻译。例如：

{新中国|成立}后～‖，我们党创造性地完成‖由新民主主义到社会主义的过渡。

After the founding of New China～ ‖，our Party‖ creatively completed‖ he transition from New Democracy to socialism.

(9)规则 9：对于汉语辅块内是以“的”为分界线，“的”两边的语义块汉英顺序相反。例如：

在[社会主义社会的各个历史阶段]～‖，[|都][|需要]根据\＜一经济社会|发展＞的要求/‖，[|适时地]通过[改革]‖不断推进‖＜一社会主义制度|自我完善和发展＞。

In [all historical stages of the socialist society], the socialist system ‖ needs to improve and develop‖ itself through reforms‖ in response to[the demand of the [economic and social]development.

(10)规则 10：在碰到季节等词语时，把表四季的词语放在时间前面且加上介词“of”，辅块位置与汉语的位置相同，后面加上逗号。例如：

从 1948 年春起～‖，中原野战军与华东野战军协同作战，相继发起洛阳、宛西、宛东、豫东、襄樊等战役，粉碎了中原国民党军队的防御体系。

Since the spring of 1948～‖，the Central China Plains Field Army cooperated with the East China Field Army to fight a series of battles at Luoyang，Wanxi，Wandong，Yudong，Xiangfan and other places，smashing Kuomintang's defensive system in the Central China Plains.

(11)规则 11：如果汉语翻译到英语时出现了辅语义块位置的变化，英语一律放到开头翻译，汉语的前后标志词变成英语的前标志词，动名词前要加逻辑主语。例如：

党‖～从成立那一天起～‖，就是‖中国工人阶级的先锋队。

Since the very day of its founding～‖，it‖has been‖the vanguard of the Chinese working class.

(12)规则 12：中心词语是时间短语，汉语的块内部是多元逻辑组合，由于英语的形合特性，必须把“j1”的时间跨度翻译出来变为动词，时间作为宾语。因此，辅块就变成了原型句蜕。例如：

在70多年波澜壮阔的革命生涯中～‖，他建立了永不磨灭的功勋。

In<his magnificent revolutionary career | spanning | more than seven decades> ～‖ he made indelible contributions.

在此例中，英语中辅块的句类代码是效应过程句，是个混合句类的要素句蜕。一般过程句(PB＋P0＋PC)是由三个块组成的，这个混合句类取的是PC，PC是表示抽象概念，而“70多年”正是抽象概念。汉语辅块的前后边界是“在……中”，对应的是英语的“in……”，“70多年”对应的是“more than seven decades”，英语的语序为“多＋70年”并且汉语把时间“70多年”放到了句首，而英语把它放到了末尾。由于英语的形合性，且“career”是人的一种属性，因此在辅块中加入了人称代词“his”。汉语在辅块中没有用“他的”，但是在主块中用到了“他”。由于“生涯”有时间跨度，因此英语用“spanning”动名词，表示非谓语，以“时间”为分界线。

5 算法和步骤

下面给出汉语时间辅块分析算法(Time fK Parsing Algorithm，TfPA)。在进行算法之前，我们对双语语料进行了句子对齐(机器辅助加人工校对)，通过汉英句子对照来研究汉英机器翻译的方法和步骤。

Step1：首先根据时间辅块的标记到汉英对照前后标记介词、副词库中进行匹配；如果是时间标志词，就把辅块的前面加上相应的英语介词，看辅块内涵是否是专有名词，如果是，直接到词语知识库中进行匹配，匹配成功，跳转step14；如果不是时间标志词，跳到step3，否则跳转到step4；

Step2：如果有时间标记的辅块内不是专有名词，且是含有季节、月的纯时间，跳转step10；否则，按照汉语正常语序，依次翻译成英语，跳转step14；

Step3：到辅语义块标记库中去匹配时间辅块的标志词，找到对应的英语辅块标记作为英文辅块前标记。再看其块内部是否是多元逻辑组合，如果是，那么英文按与汉语相反的顺序，即从后到前逐个翻译“元”，中间接“of”或者“and”，跳转step14；

Step4：如果是“日期＋后标记”，日期对应的介词要去掉，直接在前面加上标记，转到step14；

Step5：如果辅块是纯时间词语(绝对时间词语)，除了后面提到的情况外，大多数绝对时间词语都放在句首；如果“纯时间词语”放到了GBK1和EK之间，那么翻译成英语时多放于小句的句尾；如果遇到“be”系动词，now就放在be后，跳转step 14；

Step6：如果标记是兼类标记，内涵出现的核心词语，如果有复杂的修饰语，如果修饰语是个时段，就可以翻译成要素句蜕，句蜕中的特征语义块翻译成有跨越时间的动名词，跳转step14；

Step7：如果句子中有与时间辅块并列的地点辅块，那么时间辅块放在地点辅块后，跳转step14；

Step8：如果是日期类，要加相应的介词；

Step9：如果是并列的时间短语，只保留第一个日期前的介词；

Step10：如果是“时间＋季节”变为英语为“in＋ seasons＋ Of＋ year”；

Step11：如果汉语是"的"字结构，可以翻译成与英语的结构相同加"of"的情况，也可以翻译成汉英语序相反的动名词或者名词加介词"of"的情况，跳转 step14；

Step12：如果地名＋动词＋名词＋时间后标志词，那么翻译到英语时是介词＋地名后加's＋名词＋动词变换为名词形式，跳转 step14；

Step13：如果碰到的英语的辅块的边界词是 when、while、as soon as 等后接复句的词语，那么英语仍然翻译成原型句蜕，跳转 step14；

Step14：翻译完毕。

6 结　论

本文从《十六大报告》《七一讲话》和《邓小平光辉伟大的一生》的汉英对照语料中，挑出时间辅语义块并进行分析整理，总结规则。本文界定了时间辅语义块的概念，即包括纯粹的时间辅块和"内涵＋标记词"的时间辅块。后者又进一步细分为四类，并统计了对应的时间标志和兼类标志，以及这些标志的英语翻译。通过语料的分析和归纳，制定出了一些计算机可操作的规则。这些规则可以进一步应用到地点概念辅块中以及其他语种(如法语)中去，如加标记词时只加前标记词、地点辅块的内涵也可分为句蜕、多元逻辑组合、核心地点词和修饰地点词、有标记和纯地点词等。下一步是继续扩大语料的整理和标注，研究更多的时间辅语义块的复杂变换，如时间短语的主辅变换等，以及其他类型的辅语义块的汉英翻译；并不断完善块内的规则的制定，以便提高时间辅语义块的机器翻译的正确率。

参考文献

[1]雒自清．2004．语义块类型、构成及变换的分析与处理．中国科学院声学研究所博士学位论文．

[2]李颖．2004．句蜕构成及汉英变换处理．中国科学院声学研究所博士学位论文．

[3]张克亮．2004．面向机器翻译的汉英句类及句式转换研究．中国科学院声学所博士学位论文．

[4]胡培安．2006．时间词语的内部组构与表达功能研究．长春：吉林人民出版社．

[5]陆俭明．1991．现代汉语时间说略．语言教学与研究(1)．

[6]马红妹，王挺，陈火旺．2002．汉语篇章时间短语的分析与时制验算．计算机研究与发展(10)．

[7]赵国荣．2006．中文新闻语料中的时间短语识别方法研究．山西大学硕士学位论文．

[8]韦向峰．2005．基于 HNC 理论的扩展聚类分析平台研究．中国科学院声学研究所博士学位论文．

[9]牛津高阶英汉双解词典(第四版增补版)．2002．北京：商务印书馆．

块扩句的汉英句类及句式转换①

曾 维[1] 张克亮[2]

[1]总后勤科学研究所 北 京 100071 [2]解放军外国语学院 洛 阳 471003

[1]zengwei840113@163.com [2]kliang99@sina.com

摘 要：多动词现象一直是困扰着自然语言处理，特别是汉英机器翻译的一大难题。HNC 理论将语句中动词与动词之间的关系分为四类：全局与局部关系、前因与后果关系、并列关系和 Ek 核心复合构成。出现有前因与后果关系的两个动词的语句是块扩句，即后果动词所在的语义块扩展为句子。块扩句是特定知识的赋予，HNC 理论定义了五个无条件块扩句：块扩作用句、信息转移句、扩展单项替代句、扩展主从关系句和块扩判断句。本文根据汉英句类及句式转换原则，分析块扩句汉英句类及句式转换的规律，并为 HNC 机器翻译引擎制定相应的转换规则。

关键词：多动词语句，HNC 理论，块扩，句类转换，句式转换

1 引 言

机器翻译已经过了半个多世纪的发展，取得了一定的成果。大量实用的机器翻译系统出现在实验室和市场里，其研究方法也呈现了多样化的格局，出现了基于规则的机器翻译(Rule－based machine translation)、基于语料库的机器翻译(Corpus－based machine translation)和基于知识的机器翻译(Knowledge－based machine translation)三种主流研究方向。但是机器翻译研究和开发的热潮并不能掩盖它目前存在着的一些致命问题。从译文质量来看，机器翻译的结果还必须经过大量的译后编辑才能够“拿上台面”。当前的机器翻译译文的准确率还无法超过 70%，这就是所谓机器翻译的“雪线”现象。从总体上说，机器翻译的“雪线”现象是伴随着自然语言处理的一些难点而出现的，正是因为目前无法或没有较好的办法克服这些难点导致了“雪线”的出现。在这些难点中，多动词现象一直是困扰着自然语言处理，特别是机器翻译的巨大难题。多动词难点指的是一个语句中出现多个动词，或者是一个动词有多个语义引起的语句分析的困难(晋耀红，2006：305)。

HNC 理论将多动词现象分为句蜕、块扩、复合句、特征语义块核心复杂构成等四种情况。句蜕指的是句子蜕化成语义块，成为另一个语句的一部分，但它仍然保留着句子的特点；块扩指的是语义块扩展成语句，它在形式上是语句，但实际上是另一个语句的语义块；复合句指的是有两个平行关系特征语义块的句子，这两个特征语义块形成的句子接合在一起成为一个复合的句子，并且这两个句子有共用的语义块；特征语义块核心复杂构成可以分为六种形式：(1)Ek＝E；(2)Ek＝∑E；(3)Ek＝EQ＋EH；(4)Ek＝EQ＋E；(5)Ek＝E＋EH；(6)Ek＝EQ＋E＋EH。其中，Ek 表示特征语义块的核心，E 是 Ek 中的动词，EQ 和 EH 分别是 Ek 的前半部分和后半部分。

---

① 本文得到军队“2110”工程项目(编号：PLA0807022)的资助。

2 块　扩

多动词语句中有两个动词，如果前一个动词是后一个动词的因，后一个动词是前一个动词的果，HNC 就将这种结构定义为块扩，两个动词之间的关系为 Ep－Er，“p”表示 premise，“r”表示 result。块扩和原型句蜕在形式上是一样的，但是原型句蜕可以变换为要素句蜕，而块扩只能变换为包装句蜕。句蜕既存在改变描述中心的情况(要素句蜕)，也存在不改变描述中心的情况(原型句蜕)，而块扩一定不改变描述中心(张克亮，2007)。其实，块扩就是原型句蜕在特定句类中的表现。

黄曾阳(1998b)指出，“连动句和兼语句是复合句类中两种常见的复合句类。复合句类的特征是：E1 和 E2 共用一个甚至两个广义对象语义块。当 E1 和 E2 共用 JK1 时叫连动句，当 E1 的 JK2 充当 E2 的 JK1 时叫兼语句”。兼语句讨论的是两个句子之间的复合关系，即 E1 和 E2 是一般的顺序关系。当语句出现两个表现时，不一定要用两个 EK 来表达，也可以用一个 EK 和一个 C 来表达，此时，EK 作为语句的因表现，而 C 作为语句的果表现。果表现就意味着“C 语义块可扩展为另一语义块，或简称 C 的语句扩展性”(黄曾阳，1998a)。果表现就是“新的效应会引发新的作用”这一基本概念的具体体现，新的作用需要新的语句来表示，因此，承担了再循环的 C 语义块就必然要用一个语句来表达。作为因表现的 EK 和果表现 C 中的 EK 是因果关系，分别用 EpK 和 ErK 来表示，其中 p 是英语 premise 的缩写，r 是英语 result 的缩写。C 语义块扩展为句子的情况称为块扩，是 HNC 理论的基本概念之一。带有块扩的句子称为块扩句。块扩句中包含了两个作为 EK 的动词，形式上与传统语言学中的兼语句相似，属于多动词现象中的一种。

具有块扩特性的句类称为块扩句类，分为先验块扩句和条件块扩句两种。先验块扩句在基本句类中有 5 个，分别是：块扩作用句 X03J、信息转移句 T3J、扩展单项替代句 T4a10J、扩展主从关系句 Rm1k0{4}J 和块扩判断句 DJ。这五个句类的 C 语义块必然扩展为语句，这是 HNC 定义的先验句类知识，标记为[＃C＃]。它们的句类表示式及例句如下：

X03J＝X03A＋X03＋X03B＋[＃X03C＃]

我们不能强迫他们[＃接受马克思主义思想＃]。

T3J＝T3A＋T3＋T3B＋[＃T3C＃]

他确实告诉我[＃他要参加我们的工作＃]。

T4a10J＝T4B1＋T4a＋T4B2＋[＃T4C＃]

黑客用钓鱼网站假冒募捐账号[＃进行敛财＃]。

Rm1k0{4}J＝RB1/2＋Rm1k0＋RB1/2＋[＃RC＃]　(k＝0－2，m＝0－7)

四川省长陪同温总理[＃来到灾区＃]。

DJ＝DA＋D＋[＃DBC＃]

我认为[＃你不应该过来＃]。

条件块扩句有两个，一个是一般反应句 X20J，一个是后续反应句 X200J。句类表示式如下：

X20J＝X2B＋X20＋[＃XBC＃]

X200J＝X2B＋X200＋[＃X2C＃]

对于 X20J，当它的特征语义块 X20 的核心表达 7121 行概念“待实现的愿望”(如：希望、祝愿、幻想等)时，XBC 必然块扩；对于 X200J 来说，当它的特征语义块 X200 表示 a02 行

(“实施”类)概念时，X2C必然块扩。例如：

我们希望[#拥有和平的国际环境#]。X20J

他痛苦得[#大叫起来#]。X200J

3 块扩句的汉英句类及句式转换

句类及句式转换分为三种类型：零转换、强制性转换和选择性转换，其中零转换表示语句在转换时句类或句式不发生改变，强制性转换表示语句在转换时句类或句式必须改变，而选择性转换表示语句在转换时句类或句式可以发生改变，也可以不发生改变。选择性转换实际上是多个选择的优劣问题。判断优劣的方法有很多，可以通过大规模的汉英对照语料库来检验，也可以对以目标语言为母语的人进行调查，选出最优选项输入系统规则中。如果受条件限制无法判断优劣，则选择一个正确的选项即可。本节将按照转换的三种类型介绍五个块扩句类的汉英转换情况。

块扩句分为块扩作用句、信息转移句、扩展单项替代句、扩展主从关系句和块扩判断句五类，其中块扩作用句的汉英句类及句式转换在张克亮(2007)的文章中已经有了详细的论述，信息转移句的汉英表达方式较为接近，在绝大部分情况下都采取零转换的方式，因此本节只对后三个句类的汉英句类及句式转换进行分析。

3.1 扩展单项替代句(T4a10J)

第一，替代类动词所属的概念节点都是24a，或者是被24a影响(如：“代理”的节点是v92099+v24a)，此类概念不局限于对人类活动的描述。在转换时，24a/1、24a/21节点下的词语形成的块扩句一般都是单值强制性转换。也就是说在转换中句类确定地发生变化。24a/1下的词语形成的单项替代句一般转换为基本替代句(T4a1)，而句式则是从四块句的基本格式(！0J)转换为三块句的基本格式(！0J)。例如：

S400防空系统将逐步替代S300系统在俄军中服役。(T4a10J，T4C=[#！31SP*11#])

The S400 anti－air system will gradually replace the S300 system in the active service of the Russian Army. (T4a1J)

转换框架 TransFrame＝[(T4a10J，T4a1J)：(！0，！0)；(T4B1，T4B1)，(T4a10，T4a1)，(T4B2＋T4C，T4B2C)]。T4B2＋T4C虽然能形成完整的语句，但是并不是原文语句的意思。24a是指向T4B1的替代概念，因此，真正符合原文语句意思的应该是T4B1＋T4C，T4B1正是T4C这个省略格式块扩小句中所省略掉的GBK1。这在省略恢复中是一项十分重要的先验知识，但不属于本文讨论范围，因此不再详述。

第二，指向T4B1的替代概念有一类是局限于对人类活动的特殊描述的，包括挂靠6m节点的v6524a(与人类特有的本能活动有关的替代)和挂靠9节点的v924a(理智活动有关的替代)。这类概念形成的块扩句可以使用选择性转换，如下面的例句在汉英转换可以不转换：

张恩亮代表共青团黑龙江省第十一届委员会作工作报告。

Zhang EnLiang represents the 11th committee of the Heilongjiang CYL to make Work Report.

转换框架缺省为 TransFrame＝[(T4a10J，T4a10J)]，虽然这样的转换能够生成可读懂的句子，而且转换规则也比较简单。但是，这样生成的句子并不是地道的英文句子。因此，可以使用另一套转换规则，即把块扩小句中的ErK提取出来，作为目标语句中的EK(即

EpK)，源语句中的EK(即EpK)则变换为辅语义块。这样，目标语句的句类则采取源语句中块扩小句的句类。在句式转换中，仍然是四块句的基本格式(！0)向三块句的基本格式(！0)转换。这样上面的句子就可转换为：

Zhang EnLiang makes work report on behalf of the11th committee of the Heilongjiang CYL.

转换框架 TransFrame=[(T4a10J，Er'J)：(！0，！0)；(T4B1，GBK1//Er'J)，(T4a10＋T4B2，fK)，(T4C，EK＋GBK2//Er'J)]。这是一个比较抽象的转换框架，它不是针对某一个特定的句子，而是某种特定类型的句子的转换规则。ErJ代表原语句的块扩小句的句类，ErJ的GBK1正好是省略了的原语句的T4B1，所以(T4B1，GBK1//ErJ)表示没有发生变化；转换后块扩小句的对应译文提升成了主句，于是主句中的EK和T4B2转换成辅块。下面的例子属于可以进行选择性转换的一类，第一句译文是零转换，第二句译文是转换成源语句块扩小句的句类：

有人假冒诺基亚客服进行诈骗。

Someone pretended to be Nokia client service to deceive people.

Someone deceived people in the name of Nokia client service.

24a/21下面的词语形成的扩展单项替代句的转换也属于这种块扩小句句类提升的情况。例如：

我‖代表‖中共中央、国务院、中央军委，‖[#向在座各位，向各民主党派、无党派人士，|表示|良好的祝愿#]！

I would like to express good wishes to everybody present，all the democratic parties and nonparty personage on behalf of the Central Committee of the Communist Party of China，the State Council and the military Commission of the Central committee of the CPC.

另外，满足以下条件的扩展单项替代句在汉英句类句式转换中是不发生变化的。

转换条件：替代方向指向T4B2，且语句是！0格式。(说明：T4a10J的块扩小句省略的语义块不一定是T4B1，这涉及替代的方向性问题，如果替代方向指向T4B1，那么T4C中省略的GBK1就是T4B1；如果替代方向指向T4B2，那么T4C中省略的GBK1就是T4B2。)

转换规则：TransFrame=[(T4a10J，T4a10J)]。例如：

她授权同伴为她的利益谈判。(T4a10J@T4C=[#！31T49J#])

She authorized her partner to negotiate on her behalf.

3.2 扩展主从关系句(Rm1k0{4}J)

第一，当块扩小句是自身转移句T2bJ时，特别是表示22be90"回"、22be91"来"、22be92"去"这类概念时，汉语的扩展主从关系句要转换成英语的单项关系句。块扩小句在转换成英语后通常成为一个介词短语。语句格式一般不转换。看下面例子：

他们40年前追随王震将军[#来到这荒凉的地方#]。(R4120J@RC=[#！31T2bJ#])

40 years ago，they follow General Wang Zhen [to this desolate place].(R412J@RC=PP)

例句中的块扩小句是！31T2bJ=T2b+TB2，省略的TA是块扩小句的主语，而英文语句是必须要有主语的，因此，翻译时要将块扩小句转换成一个表示位置转移的地点状语，形式上体现为一个介词短语，而不能译成一个句子。转换框架可以表示为：TransFrame＝[(R4120J，R412J)：(！0，！0)；(RB2，RB2)，(R4120，R412)，(RB1，RB1)，(RC，PP)]。

第二，当源语句是Rm120J，且块扩小句是双对象效应句Y02J时，汉语的扩展主从关系句中的ErK转换成英语时要提升成全句的EK，也就是说，语句跟着块扩小句转换成双对象效应句Y02J。原语句的GBK1在转换中将不改变；EK与GBK2在转换中将蜕化成辅语义块；GBK3转换成英语语句的GBK2。举例说明：

语句跟着块扩小句[♯转换成双对象效应句♯]。(R4120J@RC＝[♯Y02J♯])

The sentence will transfer to bi－object effect sentence according to the chunk extension clause. (Y02J)

3098节点的“变化”是形成双对象效应句的基本概念，“转变”“转换”“转化”“变为”“变成”“成为”等，都是可以形成双对象效应句Y02J的词语，英文中的词语有“transfer”“transform”“change”“become”“transmute”“turn into”等。转换框架为：TransFrame＝[(R4120J，Y02J)：(！0，！0)；(RB2，YB1)，(R4120＋RB1，PP)，(RC，Y02＋YB2)。例如：

日本依赖美国，成为了经济大国。(R4120J@RC＝[♯！31Y02J♯])

Relying on the US, Japan has become an economic power. (Y02J)

第三，当源语句是Rm110J，且块扩小句是双对象效应句Y02J时，语句可以转换成双对象效应句，也可以不转换。转换时，原语句的GBK1在转换中将不改变；ErK提升成全句的EK。

美国扶持日本[♯成为经济大国♯]。(R3110J@RC＝[♯！31Y02J♯])

The US had turned Japan into an economic power by supporting it. (Y02J)

转换框架可以描述为：TransFrame＝[(R3110J，Y02J)：(！0，！0)；(RB1，YB1)，(R3110＋RB2，PP)，(RC，Y02＋YB2)]。当然，这个语句在翻译时也可以不转换。

美国扶持日本[♯成为经济大国♯]。(R3110J@RC＝[♯！31Y02J♯])

The US had propped up Japan to become an economic power. (R3110J@RC＝[♯！31Y02J♯])

第四，R21k0J(k＝0，1，2)表示的是“依存与排斥”概念的语句，该类语句在进行汉英转换时，源语句的ErK要提升到目标语句的EpK位置，把源语句的EpK变成辅块(通常是动名词结构(GP)或者是介词短语(PP))。看下面例子：

美国依靠先进的武器赢得了伊拉克战争的胜利。(R2120J@RC＝[♯！31Ya0J♯])

The US had won the Iraqi War relying on advanced weapons. (Ya0J)

The US had won the Iraqi War by advanced weapons. (Ya0J)

源语句的RB2“美国”转换成目标语句的YaB“The US”；源语句的R2120“依靠”和RB1“先进的武器”在合并起来转换成目标语句的辅块，表现为动名词结构“relying on advanced weapons”或介词短语“by advanced weapons”；源语句的RC“赢得了伊拉克战争的胜利”转换成目标语句的Ya0“won”加上YaC“the Iraqi war”。转换框架TransFrame＝[(R2120J，Ya0J)：(！0，！0)；(RB2，YaB)，(R2120＋RB1，GP/PP)，(RC，Ya0＋YaC)]。

也可以不转换：

The US relied on advanced weapons to win the Iraqi War. (R2120J@RC＝[♯！31Ya0J♯])

转换框架可以采取缺省形式：TransFrame＝[(R2120J，R2120J)]。

但是，这个规则必须依从于上述的第二种情况，也就是说，当源语句是 R2120J，且块扩小句是双对象效应句 Y02J 时，倾向于采取强制性转换。例如：

日本依赖美国，[#成为了经济大国#]。(R2120J@RC＝[#！31Y02J#])

Relying on the US，Japan has become an economic power.(Y02J)

另外，满足以下条件的扩展主从关系句在汉英句类及句式转换中是不发生变化的。

转换条件：RC 是！31 格式的一般作用句 XJ 或一般效应句 Y0J。

转换规则：TransFrame＝[(Rm1k0{4}J，Rm1k0{4}J)]。例如：

成员国应该配合联合国[#维护世界和平与稳定#]。(R4120J@RC＝[#！31XJ#])

The members should cooperate with the UN [#to maintain peace and stability in the world#].

3.3　块扩判断句(DJ)

第一，在块扩判断句中，当源语句的 DA 与 D 挂靠同行时，在转换中应采取强制性转换。看一下下面的例子：

命运‖注定‖[#他们永不再相逢#]。(DJ@DBC＝R04Y9＊11J)

They ‖ were destined ‖ {[never] to meet | again}.(D01S＊22J@DBC＝{！31R04Y9＊11J})

虽然汉语源语句是块扩判断句，但是，destine 并不能形成先验的块扩句类，而是属于混合句类，因此，这是一个块扩句向简单句的转换，记作：DJ ＝＞ D01S＊22J。其中，“命运”作为 DJ 的 DA 在转换中消失了，EpK 和 ErK 没有发生较大的变化，DBC 中的 RB 在转换中变成了 D01S＊22J 的 DA，D01S＊22J 的 DBC 成为了！31 的省略格式的原型句蜕。转换框架可以描述为：TransFrame＝[(DJ，D01S＊22J)：(！0，！0)；(DA，None)，(D，D01S＊22)，(DBC＝R04Y9＊11，DBC'＝！31R04Y9＊11)，(RB// R04Y9＊11，DA')]。DA'和 DBC'是 D01S＊22J 的广义对象语义块。

第二，84 节点概念形成的块扩判断句，如果块扩小句不能是！31 格式，那么块扩判断句在转换时可以不发生变化或者变成 as 引导的非限制性定语从句。例如：

法院裁定，[#这笔财产归长子所有#]。(DJ@DBC＝R412T0b＊22J)

①The court judged [#that the property belonged to the elder son#].(DJ@DBC＝[#R412T0b＊22J#])

转换框架缺省表示为 TransFrame＝[(DJ，DJ)]。

②The property belonged to the elder son，as the court judged. As－Clause＝[As＋SUB＋PRE]

TransFrame＝[(DJ，R412T0b＊22J)，(DA＋D，As－Clause)，(DBC，RB2＋R412T0b＊22＋ RB1)]

第三，满足以下条件的块扩判断句在汉英句类及句式转换中不发生变化。

转换条件：DBC 是！0 语句，且 DA 和 D 不挂靠同行。

转换规则：TransFrame＝[(DJ，DJ)]。例如：

俄认为苏-35 性能超过美制 F-18。(DJ@DBC＝[#jD00J#])

Russia considers that Su-35 is better than F-18 made by the US in its performance.

4 结 语

块扩句类是HNC理论定义的先验句类，具有确定的句类知识，这对于计算机的处理的重要性是不言而喻的。本研究是基于HNC理论的汉英机器翻译引擎研究的一部分，通过分析汉语块扩句在翻译成英文时句类及句式转换的规律，并使用转换框架描述出这些转换规律，以便于转换规则的形式化研究。

参考文献

[1]冯志伟．2004. 机器翻译研究．北京：中国对外翻译出版公司．

[2]郝惠宁，雒自清，杜燕玲．2004. 浅析"得"字句的HNC理解//苗传江，杜燕玲．第二届HNC与语言学研讨会论文集．北京：海洋出版社．

[3]黄曾阳．1998a. HNC(概念层次网络)理论．北京：清华大学出版社．

[4]黄曾阳．1998b. 52个论题之17：论连动句和兼语句．http：//www. hncnlp. com.

[5]黄曾阳．2000. 句类分析的二十项难点．http：//www. hncnlp. com.

[6]黄曾阳．2004. 语言概念空间的基本定理和数学物理表示式．北京：海洋出版社．

[7]黄曾阳，池毓焕．2007. HNC概念基元符号体系概览．内部资料．

[8]晋耀红．2006. HNC(概念层次网络)语言理解技术及其应用．北京：科学出版社．

[9]晋耀红．2001. 汉语的多动词难点处理//张全，萧国正．HNC与语言学研究．武汉：武汉理工大学出版社．

[10]刘志文．2001. 语句格式的形式表示//张全，萧国政．HNC与语言学研究．武汉：武汉理工大学出版社．

[11]苗传江．2005. HNC(概念层次网络)理论导论．北京：清华大学出版社．

[12]唐兴全．2004."得"字结构的语义类型及特点//苗传江，杜燕玲．第二届HNC与语言学研讨会论文集．北京：海洋出版社．

[13]邢欣．2004. 现代汉语兼语式．北京：北京广播学院出版社．

[14]张克亮．2001. HNC语句格式表示//张全，萧国政．HNC与语言学研究．武汉：武汉理工大学出版社．

[15]张克亮．2004. HNC承受句的汉英聚类转换//苗传江，杜燕玲．第二届HNC与语言学研讨会论文集．北京：海洋出版社．

[16]张克亮．2007. 面向机器翻译的汉英句类及句式转换．开封：河南大学出版社．

汉语小句向英语辅块的变换研究①

翟保军　宋培彦　赵　星

北京师范大学中文信息处理研究所　北　京　100875

zhaibaojun6@yahoo.cn　spyer2008@126.com　babla _ zx@msn.com

摘　要：汉英机器翻译应该以大句为翻译单位，而汉英大句构成的差异导致翻译时要处理大量汉语小句向英语辅块的变换。由汉语小句变换的英语辅块有五种形式，表达了状语和主句间不同类型的语义关系。本文根据汉语语义重心分布的特点，确定汉语大句内的主次成分，然后根据汉语表达句间关系的词语、“作用效应链”的思想和语境单元知识确定了次要小句和主句间的语义关系，进而为选择汉语小句变换的英语辅块形式提供了知识。

关键词：汉语小句，英语辅块形式，小句间语义关系

1　引　言

翻译单位是“在译文中能够找到对应物的原文单位，但它的组成部分单独地在译文中并没有对应物。换言之，翻译单位就是原语在译语中具备对应物的最小(最低限度)的语言单位”(巴尔胡达罗夫，1985)。早期的机器翻译系统多以查词典的方法实现词与词的对译，未考虑语言在句法语义方面的差异，结果是译文的可读性很差，机器翻译的研究也陷入低潮。目前多以小句为翻译单位的机器翻译系统并没有取得实质性进展。② 这些都说明选择一种合适的翻译单位的重要性。

翻译的最基本要求是译文和原文表达相同的意思，人们总是以话题为单位组织语句的。无论形式上有什么差异，在话题这个层面上原语和译文是对应的。所以应该以话题来框定翻译的单位，这就是句群。吴为章和田小琳(1984)、邢福义(1997)、黄曾阳(2003)均认为句群介于段落和句子之间，要围绕一个共同的话题，内部有语义关联。从语言表达来看，句群表意具有完整性和独立性、封闭性。以句群为汉英翻译单位，其优势表现在能够体现句间的连贯③，反映主题的层次，便于按照译语思维习惯安排语序，还利于突出信息中心。

黄曾阳(2008)建议增加小句与大句的概念，小句是由逗号和分号分隔的语句，大句是由句号、叹号、问号分隔的语句；并指出机器翻译必须至少以大句为翻译单元，绝不能以小句为翻译单元，否则不可能突破机器翻译的雪线现象。大句作为翻译单位，便于机器识别其边界，更为重要的是大句实际常常和句群相对应。张全(2005)对语料的统计数据是，平均一个句群有 1.6 个句号，没有达到或超过 2，所以一个句号经常可以切分一个句群。

---

①　本文得到国家科技支撑计划项目“中文信息处理应用研究与系统开发”之课题“中文信息处理应用理论研究和知识库资源的开发”(编号为 2007BAH05B01)的资助。

②　著名机译评论家 Hutchins 在机器翻译峰会对机器翻译现状的评价。见侯敏、孙建军(2002)。

③　冯志伟(2003)认为机器翻译研究不成熟的原因之一是机器翻译的文本分析，目前只是针对一个单一的句子来进行，还没有考虑句子与句子之间的关系。

下面看一个翻译实例[①]。

例1. 我们要分辨真正的敌友，不可不将中国社会各阶级的经济地位及其对于革命的态度，作一个大概的分析。

《毛选》译文：To distinguish real friends from real enemies, we must make a general analysis of the economic status of the various classes in Chinese society and of their respective attitudes towards the revolution.

机器译文1：We want, distinguish real enemy and friend, must every class of economic status and their attitudes in the revolution, society of Chinese, do a general analysis.

机器译文2：We must distinguish the genuine enemy friend, may not the Chinese society various social classes' economic status and regarding the revolutionary manner, makes a general analysis.

我们关注机译系统处理汉英大句结构的性能，上面的机器译文均存在下面两个问题：

(1)英语的树状语句结构特点未能把握，译文与英语表达习惯存在较大差异，译文还带有很重的“机器味儿”。

(2)译文还是独立的小句，没有关联词，说明在汉语源语言分析时，句间关系未能把握，译文的可读性有待提高。

本文基于汉英大句构造的差异，研究翻译中需要进行的变换操作，以期机器翻译系统的译文更加符合英语的表达习惯。

2 汉英大句构成的差异

以大句作为机器翻译的单位，便应该探讨汉英大句构成的异同，在此基础上得出相关变换项目，给出汉英机器翻译的研究清单。

不同的民族有不同的思维方式，语言体现该民族的思维特点。我们注重辩证思维，语句理解往往依靠认知环境，凭着对语义逻辑关系的敏感性和上下文语境做出合理的判断。西方人注重个体思维、形式逻辑，表现在语言中重形合，结构上要求严谨，运用各种有形的连接手段达到语法形式的完整，句子组织严密。

于是，汉英两种语言在大句构成方面的差异表现在：汉语的大句多由若干个独立性的小句构成，而英语的大句有一个核心的主谓结构，其他语句成分以不定式、分词、从句、介词短语等形式附着在主句上。

不定式和分词都是英语的非限定动词，可以作句子的主语、宾语、定语、补语、状语等。(李维庆、张维，1990；蒋秉章、黎云，1996)当英语主句的主要成分完整时，不定式和分词一般作状语和定语。作状语便是语句的辅块成分。Quirk等(1985)指出状语从句是主句的一部分，而非独立的小句，是可选性的，这也是传统英语语法的观点。我们将状语从句也处理为辅块成分。英语的介词常连接名词性成分，对主句进行补充说明，可以作定语和状语，作状语的情况应处理为语句的辅块。

本文研究汉语小句翻译成英语辅块的现象。具体来说，以下内容应该进入汉英机器翻译的研究清单：

---

① 本文所举汉语对照例句除特殊说明，均来自《毛泽东选集》汉英版本。

表 1　汉语小句向英语辅块变换清单

	英语的 to 短语
	英语的 ing 短语
汉语小句	英语的 ed 短语
	英语的连词＋小句
	英语的介词短语

3　汉语小句向英语辅块的变换

3.1　英语五种辅块形式的特点分析

根据表 1，汉语小句向英语辅块的变换是个五选一的问题，应该分析这些形式的特点，找出异同，为具体的翻译操作提供知识。

学界对状语从句基本是从语义角度进行分类研究的。Nilsen(1972)研究了原因(reason)，方式(manner)，比照(reference)，处所(place)，时间(time)等类型的状语。Pérez Quintero(2002)研究了英语 14 种状语从句，包括手段(means)，时间(time)，方式(manner)，目的(purpose)等，并说明了各类状语从句典型连接词的特点。

不定式和分词在句中作状语，区别在于状语的种类不同。(李维庆、张维 1990，蒋秉章、黎云 1996)不定式一般作目的、原因或结果状语，作目的状语时多放在句首，常用逗号与句子其他成分隔开，作结果状语时常放在句末，用不用逗号均可。分词作状语有两种情况：(1)分词在句首时，往往用逗号分开，常表示时间、原因、条件或让步。(2)分词在句末时，表示方式、手段、结果、伴随、补足说明情况，用逗号与其他成分分开。

英语介词非常丰富，介词短语可以与主句构成各种语义关系。

于是，可以将五种辅块形式根据所作状语的语义类别分为四种情况。

表 2　状语类别与英语五种辅块形式的关系

状语类别	语言表达形式		
原因、结果	不定式	连词＋小句	介词短语
时间、原因、条件或让步、结果、伴随、补足说明	分词	连词＋小句	介词短语
手段、方式	一般用介词短语，也可以用分词		
目的	一般用不定式，也可以用连词＋小句和介词短语		

根据表 2 的信息，在动词的非限定形式中，目的状语一般用不定式，表示手段和方式一般用介词短语，表示时间、让步、伴随等一般用分词。不定式和分词都可以表示原因和结果，二者的区别是：分词表示自然的因果关系，不定式表示出乎意料之外；不定式常在表心情的动词(如“smile”)后，分词相当于一个原因状语从句。

英语的五种辅块形式都是语句的附属性成分，表示与主句的各种语义关系。所以需要确定翻译成英语主句的汉语小句及其与次要小句间的语义关系，进而为翻译时选择具体的英语辅块形式提供知识。

3.2 翻译成英语主句的汉语小句Cn的确定

东方民族"从众归一"的思维方式往往将句子的次要语义部分放在句首，而将语义重心放在句子的末尾，在做了充分的铺垫后，才说出要表达的主要意思。也可以说，汉语一般按照逻辑和时间顺序，将主要部分放在句尾，从而形成后重心。英语的表达常常开门见山，先说出表达的主要意思，然后再说次要信息，所以重心是在前。

这种语义重心常常是英语的主句，具有完整的主谓结构。汉译英时根据两种语言语义重心的差异，确定翻译成英语主句的汉语小句Cn，并前移句子重心，居前的汉语小句附加上一定的形式后，附着在核心的主谓结构上，这种译文更符合英语的表达习惯。这与汉语辅块必在EK前和英语辅块常在EK后的知识也具有一致性。

3.3 汉语其他小句与Cn语义关系的确定

一般认为，汉语重意合，英语重形合。这种观点也要辩证地看，汉语重意合，但也存在"形"。如"因为""由于"表示因果关系，"要""以"表示目的关系，"如果""便""就""将(使)""一(经)"表示条件关系，"(使)用……方式(方法)"表示方式或手段，"到了＋时间"表示时间，等等。确定汉语小句间语义关系首先要依靠这些词语。

例2. 我们要分辨真正的敌友，不可不将中国社会各阶级的经济地位及其对于革命的态度，作一个大概的分析。

To distinguish real friends from real enemies, we must make a general analysis of the economic status of the various classes in Chinese society and of their respective attitudes towards the revolution.

上面的例子中，汉语第一个小句出现了"要"，可以判断这个小句与后面的主句形成目的关系，翻译成不定式，变换为一个目的辅块。

HNC为确定汉语小句之间隐形的语义关系提供了线索。

(1)"作用效应链"的思想。"作用效应链"是一切事物发生、发展和消亡的6个基本环节，作用存在于一切事物内部和相互之间，作用必然产生某种效应。达到最终效应之前必然伴随某种过程或转移，达到最终效应之后，必然出现新的关系和状态。过程、转移、关系和状态也是效应的一种表现。新的效应又会诱发新的作用，如此循环往复以至无穷(黄曾阳，1998)。

基于"作用效应链＋判断"，HNC穷尽了汉语的句类。大句记录了一个主题内的作用效应。居前的小句常是后面小句的原因、条件。此外，同一句类的小句一般是并列关系，同属广义作用句或广义效应句的小句也多是并列关系，它们同为主要成分或次要成分。

例3. 突击点选在左翼，恰当敌之弱点，容易取胜；选在右翼，碰在敌人的钉子上，不能奏效。

If we select a point of assault on the left flank which actually turns out to be the enemy's weak point, victory will be easy; but if we select the right flank and hit a snag, nothing will be achieved.

"突击点选在左翼"是作用句，"容易取胜"是个效应句，前面的作用是后面效应的条件，在翻译成英语时增加了连词if，将汉语隐含的条件关系补了出来。"选在右翼"和"碰在敌人的钉子上"都是广义作用句，"不能奏效"是效应句，所以前二者是大句内的次要成分，构成并列关系，作最后一个小句的条件。

(2)语境单元知识。汉语大句中的隐性语义信息，可以显性地放置在语境单元的框架中。(李颖 2004)穷尽构建每个领域的语境单元知识，并先验地交给计算机，进而可以判断大句内各小句之间的语义关系。

例 4. 我这回到湖南，实地考察了湘潭、湘乡、衡山、醴陵、长沙五县的情况。

During my recent visit to Hunan, I made a first－hand investigation of conditions in the five counties of Hsiangtan, Hsianghsiang, Hengshan, Liling and Changsha.

v概念“考察”提示这是一个对社会针对性接收的活动，要有考察者、考察的对象，活动的背景信息包括在何时何地考察，为了什么目的等。第一个小句是自身转移句 T2bJ，表示到了一个新的地方，这为考察活动提供了时间地点方面的背景信息。在翻译成英语时，“我这回到湖南”变换成英语表时间的条件辅块“During my recent visit to Hunan”。

3.4 英语辅块形式的选择

确定语义重心，分清了主次，就找到了核心主谓结构；确定了次要成分与主句的语义关系，就可以将汉语次要的分句按英语的各种形式手段有机地挂连在主干上，完成全句空间的构架。

表 2 对五种英语辅块形式进行了分类，在确定了小句间关系的条件下，汉语小句向英语辅块的变换便成了三选一的问题。如表示目的，用不定式、连词＋小句还是介词短语的形式；表示时间，用分词、连词＋小句还是介词短语的形式。

3.4.1 动词非限定形式和连词＋从句、介词短语的翻译选择

不定式和分词虽然可以表示时间、目的等语义关系，但与连词＋从句和介词短语两种形式比较，可以说近于隐性形式。连词和介词往往是语义关系的标记词，它们对语义关系的表述更加明确。当汉语大句内存在诸如“才能”、“如果”、“但是”这样具有关系说明的词语时，一般是用连词＋小句和介词短语的形式。

例 5. 红军必须在边界这等地方，下斗争的决心，有耐战的勇气，才能增加武器，练出好兵。

Only through the determination to fight and stamina in fighting in places such as the border area can the Red Army add to its arms and train up good men.

汉语的小句内出现了“才能”，表示并强调了上文是下文的条件、方式或手段，翻译成英语时选用了相关的介词“through”，介词短语是途径辅块。

我们统计了《毛泽东选集》英语译文中的前 100 个含有 if 从句的大句，它们对应的 100 个汉语大句中有 85 个含有“如果”、“若”、“便”、“要”等表示条件关系的词语。[①]

某些具体的语义关系类型对选用动词的非限定形式还是连词、介词引导的成分有一定的倾向性。Pérez Quintero(2000)基于 LOB 语料库的统计数据显示：

(1)表示目的常用不定式，在 605 例表目的的附属成分中，556 例用了动词的非限定形式，占了 91.9%，其中 97.85%的为不定式，分词只占了 2.15%。

(2)表示原因的，184 例，只有 3 分词，占 1.6%。

(3)表示条件，401 例，只有 1 例非限定形式(不定式)。

此外，动词的非限定形式和从句的不同主要体现在语体色彩上：在表达相同语义时，口

① 15 个没有关系标示词的汉语大句，又有 4 个是紧缩句、惯用句或者古文。如“信八字望走好运，信风水望坟山贯气”，“人而无信，不知其可”。

语中更多使用各类从句；分词大多出现在书面语中，特别是现在分析的完成式、完成被动式之类，结构比较复杂，带有较重的书卷气，在口语中听起来不那么自然。

3.4.2 状语从句和介词短语的翻译选择

介词后面一般接名词性成分，也可以接非限定动词(以分词为主)。汉语小句变换成英语的介词短语，小句中v概念有三种变化形式：丢失、分词、名词化。连词后接成分也可以省略主语，简缩成连词＋分词的形式。而有的连词接限定动词和非限定动词的比例差不多。如根据 Pérez Quintero(2000)的统计，表示参照的状语从句由 as though 引导的有8例，这个连词后接动词的非限定形式和主语＋动词的限定形式各有4例。所以连词和介词在用法上有重合，介词和连词的选择很多时候不具有强制性。

但是，有些情况一般要使用介词：

(1)表示方式的状语，一般用介词短语。Pérez Quintero(2000)的统计的113例方式状语全是介词引导的，如"by""through""by way of"。

(2)小句是次要成分，前面有辅块且翻译成英语时使用了介词，这个次要小句变成分词形式共用前面辅块中的介词很自然、简洁。如果这个次要小句翻译成英语的小句，则它和前面辅块的语义并列关系被破坏，辅块的修饰范围也会改变。

(3)很多复合的英语介词与汉语的连词表达相同的语义关系。如"instead of"对应于汉语连词"不是……而是……"和"不但没有……反(而)"的前半部分。一些英语介词表达的意思在汉语中一般要使用v概念。如"regardless of"在汉语中用说"不顾"，"in search of"对应于汉语的"寻求"等。当上述汉语词语出现在次要的小句时，该小句往往要翻译成介词短语。

4 结 语

本文研究了汉英机器翻译中小句向辅块的变换现象。因为汉英语句构造的差异，汉译英时这种变换处理的量是客观的，所以应该翻译研究的重点内容之一。本文通过确定语义重心、小句句间关系以及分析英语五种辅块形式的特点，为相关的变换提供了依据和知识。但同一思想内容，可以用不同的语言形式来表达，实际的语言现象非常复杂而且灵活多样，文中对英语辅块形式选择的研究结果，在一定程度上是一种倾向性，而非绝对。但也应该指出，我们给出的变换方向是较优的选择，对提高译文质量有直接的帮助。

参考文献

[1]Nilsen, Don Lee Fred. 1972. English adverbials. Paris: The Hague, Mouton.

[2]Pérez Quintero, María Jesús. 2002. Adverbial subordination in English: a functional approach. New York, NY: Rodopi.

[3]Quirk, Randolph, Sidney Greenbaum, Geoffrey Leech, and Jan Svartvik. 1985. A Grammar of Contemporary English. London: Longman.

[4]巴尔胡达罗夫.1985. 语言与翻译.北京：中国对外翻译出版公司.

[5]冯志伟.2003. 机器翻译的现状和问题//徐波，孙茂松，靳光瑾.中文信息处理若干重要问题.北京：科学出版社.

[6]侯敏，孙建军.2002. 面向汉英机器翻译的句组研究//黄河燕.机器翻译研究进展.北京：电子工业出版社.

[7]黄曾阳.1998. HNC概念层次网络理论.北京：清华大学出版社.

[8]黄曾阳.2003. 在反思中前进，在碰撞中成长//苗传江，杜燕玲.第二届HNC与语言学研究论文集.北京：海洋出版社.

[9]黄曾阳．2008．北京师范大学中文信息处理研究所沙龙报告．
[10]蒋秉章，黎云．1996．英语非谓语动词语法和应试技巧．上海：同济大学出版社．
[11]李维庆，张维．1990．英语非谓语动词疑难问题详解．成都：四川教育出版社．
[12]李颖．2004．句蜕构成及汉英变换处理．中国科学院声学研究所博士学位论文．
[13]苗传江．2005．HNC(概念层次网络)理论导论．北京：清华大学出版社．
[14]吴为章，田小琳．1984．句群．上海：上海教育出版社．
[15]邢福义．1997．汉语语法学．沈阳：东北师范大学出版社．
[16]张全．2006．汉语句群中的语义块共享//朱小健，张全，陈小盟．中文信息处理的探索与实践：第三届HNC与语言学研究学术研讨会论文集．北京：北京师范大学出版社．

汉英机器翻译中“以……为……”句式的理解处理[①]

张　玲　刘建勇

北京大正语言知识处理科技有限公司　北　京　100081

xzhangling@hotmail. com　liujy@ustc. edu. cn

摘　要：在现代汉语中“以……为”这一搭配所形成的句式十分复杂，但是这一句式又具有很强的语义块激活信息，是语句处理的难点和亮点之一。本文在考察大规模现代汉语语料库的基础上分析了“以……为……”句式的句类类别，并给出了这一句式翻译成英语的处理策略，希望能有效提高汉英机器翻译中“以……为……”句式翻译的准确率。

关键词：搭配，激活，句类，处理

1　引　言

在现代汉语的单句或小句中，独立成词的“以”和“为”可以处在两个不相邻位置搭配起来参与句子的语义表示，形成频率很高的“以……为……”句式，这类句式的语句结构复杂，语义也有多种，是汉英机器翻译的一个难点。这类句子中的“以”只能作为 l(语言逻辑)类概念，但“为”既可以作为 v(动词)类概念，也可以作为 l(语言逻辑)类概念。l 类概念服务于广义对象语义块的切分组合，v 类概念服务于特征语义块的复合构成。当“以”作为 l(语言逻辑)类概念而“为”作为 v(动词)类概念时，“以……为……”自身可以进行 lv 激活，形成一个 lv 序列，在进行语义块感知和句类假设时就可以产生一种语句类型；当“以”和“为”都充当 l(语言逻辑)类概念时，也可以为语义块感知提供激活信息。但由于句子中有两个 l(语言逻辑)类概念，同时 l(语言逻辑)类概念的种类也会不同，这样“以……为……”句式的语义块的数量以及语义块的排序就会有多种，可形成多个 lv 序列，在语义块感知、句类假设和句类检验时会出现多种语句类型。由此可知，“以……为……”句式的语句结构非常复杂，是语句分析处理的一个难点。但是句中“以……为……”的搭配知识又可以为语义块感知、句类假设、句类检验提供动态联想知识以及联想知识所指示的调度操作。因此，如果能够有效提取“以……为……”的搭配知识及其所生成句式的句类知识，形成对“以……为……”句式的有效处理，就可以提高“以……为……”句式的句类分析结果，从而有利于提高汉英机器翻译中“以……为……”句式的理解处理。

对于句内两个不相邻字词之间形成的搭配现象，晋耀红(2006)在探讨句类分析策略时指出：处在句内不相邻位置的字词搭配起来参与语句的语义表示是语句预处理的难点，同时又是语义块感知的亮点，他在讨论汉语字小专家处理时指出：“以……为……”这样的远搭配知识可以提供感知和假设的关键信息。孙雄勇(2006)在《汉语句类分析中单字处理研究》中对搭配型语义块切分概念进行探讨，并且宏观分析了“以”和“为”形成的固定搭配的类型和分布情

---

①　本文得到国家科技支撑计划项目“中文信息处理应用研究与系统开发”之课题“中文智能搜索引擎核心技术和应用示范系统的研发”(编号为 2007BAH05B02)的资助。

况。冯霞(2003)具体分析了“以……为……”句式的分类以及多种搭配类型的语句的句类，但是她没有对“以……为……”句式中“以”和“为”的语义角色进行分类，同时也没有探讨这一句式的处理策略。因而这些研究与计算机可自动识别该句式仍存在一定的距离。

本文从机器翻译的角度来探讨现代汉语“以……为……”句式的理解处理。首先根据HNC的句类知识来对这一句式进行分类，然后分析在机器翻译系统中这一句式的不同类型在翻译成英语的各种情况，最后讨论在HNC汉英机器翻译系统中这一句式的处理策略。

2　现代汉语“以……为……”句式的分类

现代汉语“以……为……”句式可分为“以……为……”真搭配和伪搭配两种情况。所谓“以……为……”真搭配，是指“以”作主块标识符，“为”作特征语义块或特征语义块标识符，“以……为……”可以搭配起来生成多种句类。所谓“以……为……”伪搭配，是指“以”和“为”各作为一个单字在句子中出现，但是“以”是辅块标识符，“为”可以是主块标识符，也可以是辅块标识符，还可以是特征语义块。现代汉语中，这一句式的具体分类情况如下：

2.1　“以……为……”真搭配

2.1.1　“以”是GBK的标志符，“为”是EK

这类语句的数学表示式为GBK1＋“以”＋GBK2＋EK(“为”)＋GBK3，形成句子的格式代码是！113。

(1)如果GBK1处的词语的概念类别为pp(广义的人)类或者jw6(生命体)类，其句类为D0。规范格式的句子的句类表示式为！113D0＝DA＋^DB＋D0＋DC。出现在DC处的词语一般为名词，概念类别通常为g(静态概念)、r(效应概念)、w(具体物)等。此时DB和DC在意义上应是特指和泛指(具体和抽象)的关系。DB可能是一个词语，也可能是一个句蜕，例如：

海象‖以一种苔类‖为‖食物。

一些上市公司‖以圈钱‖为‖目的。

我们[｜要]以先贤‖为‖榜样，在实践中不断进步。

我们[｜应该]以兴国安邦‖为‖己任。

(2)如果GBK1的词语的概念类别不是pp(广义的人)类或者jw6(生命体)类，或者出现在GBK1处的是一个句蜕，则整个语句的句类为R010jD＊322。规范格式的句子的句类表示式为！113R010jD＊322＝RB1＋^RB2＋ R010jD＋DC。此时出现在DC处的词语概念类别通常为g(静态概念)、r(效应概念)，u(属性概念)。此时DB和DC在意义上应是特指和泛指(具体和抽象)的关系。DB可能是一个词语，也可能是一个句蜕，例如：

经济发展‖[｜不能]以牺牲环境‖为‖代价。

普通话‖以北京音‖为‖标准音。

很多亚非国家的经济基本‖[｜都]以农业‖为‖基础。

敌占区‖[｜应]以非法斗争‖为‖主。

(3)如果“以”前面没有出现词语，此时句子的句类为D0，格式代码为！31113。例如：

以乡为分配土地的单位。

以生产力为标准。

(4)如果“为”后面的GBK3后面还出现动词，整个语句是D0与其他句类组合成的复合句，例如：

荆轲‖以献图‖为‖名＋去见‖秦王。

个别旅游景点‖以举办各类活动‖为‖名＋提高‖门票价格。

我‖以第六期‖为‖例＋告诉‖大家‖一些购买足彩的基本技巧。

我们‖以雷锋‖为‖榜样＋好好学习。

需要注意的是，在这类句子中，做EK的v概念的词语要排除v12概念。因为v12概念做EK(特征语义块)时，整个句子是一个因果果因句。因果果因句的两个广义对象语义块都由B、C复合构成，它们都蕴涵着句蜕。在语义块感知上"为"会被处理为El(局部特征语义块)，例如"该片以手枪为名是因为在这部电影中还有一个传说。"这句中"该片以手枪为名"以原型句蜕的形式充当因果句P21句类的广义对象语义块PBC1。

2.1.2 "以"是GBK的标志符，"为"是EK的标志符

(1)如果GBK1处的词语的概念类别为pp(广义的人)类或者jw6(生命体)类，并且"为"后面的词语的概念节点属于71(心理活动)、72(精神状态)或02(生命体对作用的反应)，那么不论在"为"后面的概念节点为71、72或02的词语的概念类别是什么，这些节点的词语都被看作EK，语句的句类为X20，规范格式的句类表示式为！11X20＝X2B＋"以"＋XBC＋"为"＋X20，例如：

我们‖[｜应]以身为中国人‖为荣。

他‖[｜经常]以孩子成绩优异‖为自豪。

他‖以读书‖为乐。

他‖以揭疮疤‖为乐趣，所以大家都很讨厌他。

(2)如果"为"后面紧邻的词语的概念类别为v，并且概念节点不属于71(心理活动)、72(精神状态)或02(生命体对作用的反应)，那么语句的句类为R010X＊21。规范格式的语句结构表示式为！11R010X＊21＝RB1＋"以"＋B＋"为"＋R010X，例如：

这个结果‖不以李嘉图为了证明自己的论点而采用的特定数字‖为转移。

工人‖[｜主要地]以出卖劳动力‖为生。

岛上人民‖[｜主要]以牧业‖为生。

这些鸡‖以柏树籽、昆虫、灌木果‖为食。

2.2 "以……为……"伪搭配

2.2.1 "以"充当fk(辅块)的标志符，"为"充当GBK的标志符

这类句子数学表示式为GBK1＋fk("以"……)＋"为"＋GBK2＋EK，句子的句类由句中做EK的词语的句类知识来判断。此时出现在GBK1处的只能是概念类别为pp(广义的人)类的词语，而出现在GBK2处的可以是原型句蜕或者要素句蜕或者名词短语，特征语义块可以是仅有一个动词的简单构成，也可以是由高层概念的动词和底层概念的动词组合起来形成的EK的高低搭配，例如：

我们‖[｜要]～以实际行动‖为祖国发展‖出力。

各有关方面‖～以饱满的热情、强有力的措施‖为全国"两会"的召开‖做好准备。

社会各阶层‖[｜都]～以实际行动‖为维护社会治安‖做贡献。

他‖～以自己的一技之长‖为社会‖做出贡献。

2.2.2 "以"和"为"充当不同fk(辅块)的标志符

此类句子的数学表示式为GBK1＋fk("以"……)＋fk("为"……)＋EK＋GBK2，句子的句类由句中做EK的词语的句类知识来判断，例如：

以前的家长‖[｜要]～以新布‖～为刚入学的孩子‖准备‖一个书包。

他‖～以自己的生命‖～为我们‖排除了‖所有的障碍。

他‖～以血肉之躯‖～为胜利‖扫清了‖障碍。

上述三个句子都是作用句。"以新布"，"以自己的生命"以及"以血肉之躯"都是工具辅块；"为刚入学的孩子"，"为我们"以及"为胜利"都是目的辅块。

2.2.3　"以……为例"放在句首，且以逗号与句子的其他成分隔开

"以……为例"作为一个参照辅块，句子的句类由句子的全局特征语义块决定，例如：

～以海尔彩电为例，‖其在1至9月份的累计维修率为0.055%。

～以冰箱为例，‖仅2001年1—11月，新产品销售占有率达70%以上。

～以《长江三峡工程建设移民条例》第34条规定为依据，‖把是否安置招收库区……

但是，当"以……为……"前面有句内逻辑语气说明符或句间语气说明符时，"以"看作主块标志符，"为"看作EK，例如：

[｜就]以去年的甲B联赛‖为‖例，超过70%的比赛里都充斥着黑哨和假球。

[｜如]以1月18日的收盘价‖为‖例，任选两例。

3　现代汉语"以……为……"句式翻译成英语的情况

现代汉语"以……为……"句式有真搭配和伪搭配两种类型。在翻译成英语时，对于真搭配的情况，我们可以对每一种真搭配情况给出一种翻译模型，有利于在汉英机器翻译中对真搭配的句式进行专门处理；对于伪搭配的情况，除了放在句首的"'以……为例'这样的搭配辅块"有固定的翻译模型外，一般情况下可直接按照HNC汉英机器翻译的一般流程对语句直接进行处理。因此，现代汉语"以……为……"句式翻译成英语的处理需要重点探讨的是真搭配的"以……为……"语句在转换成英语句子时的句类和句式变化情况，具体分析如下：

(1)汉语中"D0"句类的这一句式句子在GBK1出现时，可以转换为英语的固定搭配take…as…所构成的句型，句类保持不变，句式由！113格式转变为基本格式，例如：

中国人多以大米为主食。(！113D0J)

The Chinese take rice as the staple food. (D0J)

我们必须以开拓市场为目标。(！113D0J)

We should take the exploiting of markets as our target. (D0J)

而对于GBK1省略的D0句类的该句式的句子，在翻译成英语时，翻译成固定搭配take…as…的被动句形式，例如：

以乡为分配土地的单位。(！31113D0)

The township is taken as the unit for land distribution. (！31123a)

以生产力为标准。(！31113D0)

Productive capacity should be taken as the criterion. (！31123a)

(2)汉语中R010jD＊322句类的这一句式的句子在译成英语时通常是转换为be动句。汉语中的RB1在翻译之后的英语中变换为辅块，句类转换为是否判断句jD，例如：

考试自然以课本为准。(！113 R010jD＊322J)

For the examination textbook is standard naturally. (jD)

那个地区主要以季风气候为主要气候类型。(！113 R010jD＊322J)

The main climate type in that region is monsoon. (jD)

(3)汉语“以……为……”真搭配的句式中 X20 句类的句子，在翻译成英语时，句类不变，但是语句格式要变为基本格式，例如：

我们‖[｜应]以身为中国人‖为荣。(！11X20)

We should be proud of being a Chinese. (X20)

他‖[｜经常]以孩子成绩优异‖为自豪。(！11X20)

He is proud of his children's perfect grade. (X20)

他‖以读书‖为乐。(！11X20)

He is fond of reading. (X20)

通过上述例句的汉英对照，可以看出对于“为荣”“为自豪”“为乐”“为乐趣”等“为”+概念节点属于71(心理活动)、72(精神状态)或02(生命体对作用的反应)的词语，需要建立一个专门的汉英对照模型库，这有利于这一类型的特征语义块的理解处理。例如，“为荣”“为自豪”对应“be proud of”，“为乐”“为乐趣”对应“be fond of”或“take delight in”等。

(4)汉语“以……为……”真搭配的句式中 R010X＊21 句类的句子，在翻译成英语时，句类不变，但语句格式要变为基本格式，例如：

工人主要地以出卖劳动力为生。

Workers make their living mainly by selling their labour power.

这些鸡以柏树籽、昆虫、灌木果为食。

Those chicken eat cypress seeds, insects and shrub fruits.

一切以时间、地点和条件为转移。

Everything is changed with time, place and condition.

通过上述例句的汉英对照，可以看出“为”后面紧邻的词语的概念类别为 v，并且概念节点不属于71(心理活动)、72(精神状态)或02(生命体对作用的反应)时，也需要专门建立一个汉英对照的模型库，这有利于这一类型的特征语义块的理解处理。例如：“为生”译成“make their living by”，“为食”译成“eat”，“为转移”译成“be changed with”。

(5)对于“以……为例”放在句首且与句子的其他成分之间以逗号分隔开的句子，“以……为例”这样的搭配辅块可直接翻译成“for example”或“for instance”，“以”和“为”中的词语，在翻译成英语时，直接译成整个句子的GBK1，例如：

以香港为例，对我们就是有益处的。

For example, Hong Kong is of benefit to us.

以汉族的历史为例，可以证明中国人民是不能忍受黑暗势力的统治的，他们每次都用革命的手段达到推翻和改造这种统治的目的。

The history of the Han people, for instance, demonstrates that the Chinese never submit to tyrannical rule but invariably use revolutionary means to overthrow or change it.

4 “以……为……”句式的处理策略

要实现汉英机器翻译中“以……为……”句式的理解处理，首先要能够正确理解现代汉语“以……为……”句式的句子的句类和语句格式，然后在此基础上将其转换成相应的英语的句子。

在对现代汉语“以……为……”句式进行理解处理时，lv 激活起到非常重要的作用，但是经过预处理分词之后的“以……为……”句式在进行 lv 激活时句子不仅涉及语义块的确定，而且涉及语义块标识符的确定，所以这一句式中“以”和“为”语义角色的确定，句子lv序列的判断和句子句类的判断都比一般的句子要复杂。通过对“以……为……”句式的分类得知，对这一句式进行处理时，需要判断3个地方：GBK1、“以”后面的成分、“为”后面的成分。具体处理策略如下：

(1)如果“为”的后面出现心理活动或反应类的词语，可以判断句类为X20，“为”是EK的标志符，“以”是GBK的标志符。在翻译成英语时，句类保持不变，汉语中的规范格式！11在转换成英语时变为基本格式！0。

(2)如果“为”的后面出现一个非心理活动或非反应类的动词，可以判断R010X＊21，“为”是EK的标志符，“以”是GBK的标志符。在翻译成英语时，句类保持不变，汉语中的规范格式！11在转换成英语时变为基本格式！0。

(3)如果“为”的后面出现是非上述两种情况，就再作如下判断：

①当“为”后面的词串没有动词时，“为”是整个句子的E块。句子的句类根据GBK1的特征来判断。

a. 当GBK1是有生命的，或者GBK1省略时，这一句式的句类判断为D0，语句格式为！113或！31113。这样的句子在翻译成英语时，句类保持不变，GBK1出现的句式在翻译成英语时是“take … as … ”的基本格式，而GBK1不出现的句子，在翻译成英语变为“take…as…”的被动句，语句格式是！31123。

b. 如果GBK1是无生命的，这一句式的句类判断为R010jD＊322，在翻译成英语时，整个句子变成“be”动句，句子的句类变换为jD。汉语中这一搭配的语句的句类表示式中的GBK1所对应的RB1变换为辅块，RB2变换为英语句式中的DB，DC保持不变。

②如果“为”后面的间隔词串中出现动词，就需要作如下判断：

a. 如果“以”后的成分和“为”后的成分是泛指和特指的关系，整个句子视为复合句。

b. 如果“以”后的成分和“为”后的成分不是泛指和特指的关系，那么要进行如下判断：

如果“为”后面的间隔词串中出现动词，而且动词后面有配对的广义对象语义块时，“以”后的成分和“为”后的成分分别是两个不同的辅块，此时“以……为……”属于伪搭配。

如果“为”后面的间隔词串中出现动词，而且动词后面没有配对的广义对象语义块，往前寻找，“为”后面的名词在句类知识上是满足“为”后面的动词的语义块预期知识的，那么“以”是辅块标识符，“为”是主块标识符，此时“以……为……”属于伪搭配。

对于“以……为……”伪搭配的情况，按照HNC机器翻译系统的一般流程来处理，不需要作单独的处理。

③对于“以……为例”这样的搭配辅块，直接翻译成“for example”或“for instance”，“以”和“为”中的词语，在翻译成英语时，直接译成整个句子的GBK1。

5 总 结

“以……为”这一句式作为特殊的搭配句式，具有很强的语义块激活信息，是语句处理的难点和亮点之一。研究好该句式的句类知识对提高机器翻译系统的准确率具有一定的指导意义。本文研究了“以……为……”作为一个搭配形式参与语句的语义表示的不同语句类型及其各语义块的预期知识，探讨了这一句式处理的难点和亮点，并最终给出了具体的语句翻译处理策略。未来我们将把这些研究成果具体应用到机器翻译系统中，通过试验来进一步检验和完善该处理策略。

参考文献

[1]黄曾阳．1998. HNC(概念层次网络)理论．北京：清华大学出版社．

[2]黄曾阳．2004. 语言概念空间的基本定理和数学物理表示式．北京：海洋出版社．

[3]苗传江．2005. HNC(概念层次网络)理论导论．北京：清华大学出版社．

[4]晋耀红．2006. HNC(概念层次网络)语言理解技术及其应用．北京：科学出版社．

[5]孙雄勇．2006. 汉语句类分析中单字处理研究．中国科学院声学研究所博士学位论文．

[6]王素格，由丽萍，刘开瑛．2003. 动词与动词搭配自动获取方法．Advances in Computation of Oriental Languages—Proceedings of the 20th International Conference on Computer Processing of Oriental Languages. 北京：清华大学出版社．

[7]冯霞．2003. 现代汉语“以A为B”格式的理解//苗传江，杜燕玲主编．第二届HNC与语言学研究论文集．北京：海洋出版社．

[8]刘智颖，张玲．2006. 现代汉语句间省略现象考察//朱小健，张全，陈小盟主编．中文信息处理的探索与实践——第三届HNC与语言学研究学术研讨会论文集．北京：北京师范大学出版社．

[9]贾宁，张全．2008. 基于句间关系的汉语语义块省略恢复．中文信息学报(6)．

[10]缪建明，张全．2007. 基于HNC语境理论的句群处理研究//孙茂松，陈群秀主编．内容计算的研究与应用前沿——第九届全国计算语言学学术会议论文集．北京：清华大学出版社．

[11]苗传江．2005. 是否判断句和句类转换//孙茂松，陈群秀主编．全国第八届计算语言学联合学术会议论文集．北京：清华大学出版社．

统计机器翻译的句法调序与 HNC 句式转换①

张霄军

陕西师范大学外国语学院　西　安　710062

Andy_zxj@126.com

摘　要：统计机器翻译是目前机器翻译的主流。从基于词的翻译模型到基于短语的翻译模型再到基于句法的翻译模型，统计机器翻译在不断的进步和发展之中。句法调序是基于句法的统计机器翻译系统的难点，也是提高机译质量的关键。在句法调序过程中，语法知识和语义知识都是不可缺少的语言学基础知识。HNC 的句式转换理论为统计机器翻译句法调序提供了这一资源，其形式化实现也是机器翻译中间语言形成的必经之路。

关键词：统计机器翻译，句法调序，HNC 句式转换

1　机器翻译研究进展

目前的机器翻译研究以统计机器翻译为主。在统计机器翻译中，"翻译"被理解为一个随机事件，任意目标语言的句子 S_T 都可以是任意源语言句子 S_S 的译文，只是概率不同而已。因此，统计机器翻译模型就是一个将 S_S 翻译成 S_T 的概率 P(S_T | S-S)。基于句法的统计机器翻译系统所采用的统计模型，到目前为止，已经经历了基于词的模型、基于短语的模型和基于句法的模型三个阶段。目前基于短语的模型是最为成熟的模型，而基于句法的模型是现在的研究热点。(刘群，2009)统计机器翻译模型可以表示为一个类似金字塔的形式，如图 1 所示：

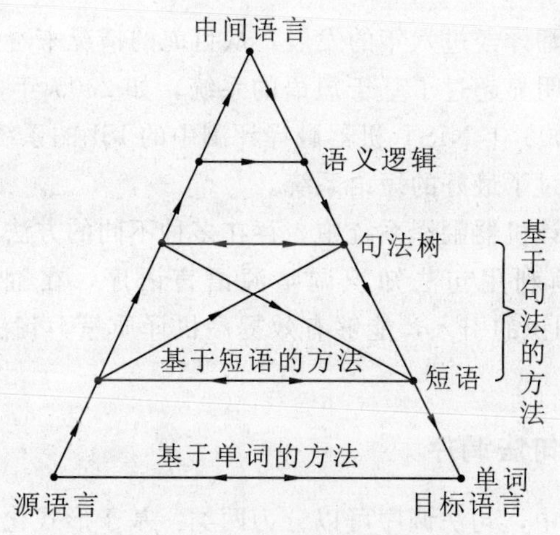

图 1　统计机器翻译模型示意图

统计机器翻译的思想，最早是 IBM 的研究人员在 20 世纪 80 年代末和 90 年代初提出来

①　本文得到陕西师范大学人文社科重点资助项目"基于语义的翻译译文质量评价研究"的资助。

的。1999年在美国约翰·霍普金斯大学的夏季机器翻译研讨班上，一些对统计机器翻译感兴趣的研究人员成功重复了IBM的工作，并且将有关开发工具以开放源代码的形式公布了出来，由此引发了统计机器翻译的一个热潮。在业已公布的开源代码中，Moses和Joshua是两个最为出名的统计机器翻译系统。前者是当前最流行也是最稳定的基于短语的统计机器翻译模型。该系统利用log－liner模型(对数线性)将多个翻译特征融合。它采用了MSD(Monotone，Swap，Discontinuous)词汇化的调序模型。详见http：//www.statmt.org/moses/。后者Joshua是一个开源的基于层次短语的统计机器翻译系统。该系统实现了上下文无关文法所需的所有算法，并采用了基于后缀词组的文法规则抽取算法。它使得层次短语模型能够工作在大规模训练语料上。详见http：//sourceforge.net/projects/joshua/。

调序，即根据需要调整句子的语序(词语的顺序、语块的顺序或者语句的顺序)。自从有统计机器翻译模型，调序问题就存在。早在1993年IBM发布基于信源信道模型的统计机器翻译系统时，就用到了基于距离移位的词语调序方法，后来，调序方法的研究逐渐成为统计机器翻译研究的一项重要内容，各种调序模型及调序模型的融合研究日渐成为机译研究的热点。

基于句法的统计机器翻译模型对句法调序提出了很高的要求，本文就HNC句式理论对统计机器翻译句法调序模型的贡献作出探讨。

2 句法信息在统计机器翻译模型中的作用

现在，许多研究者对基于句法的统计机器翻译仍然持观望态度，主要是因为基于短语的统计机翻译仍然方兴未艾，最初的基于句法的统计机器翻译系统在性能上与基于短语的统计机器翻译系统相差甚远，再加上2003年由Och等人组织的约翰·霍普金斯大学(JHU)夏季研讨班"Syntax for Statistical Machine Translation"经过6个星期的努力之后发现"引进诸多与句法结构相关的特征并不能显著改善翻译质量"。这些使得人们对基于句法的统计机器翻译产生了怀疑。

基于句法的统计机器翻译经过六年的发展，从目前的情况来看，有些基于句法的统计机器翻译系统在性能上已经明显超过了基于短语的系统，如2005年NIST机器翻译评测中的Chiang的Hiero系统；2006年NIST机器翻译评测中的ISI的系统和中科院计算所的系统，在性能上它们接近甚至超过了最好的短语系统。

将句法知识引入到统计机器翻译系统中，存在多种不同的方法，如在单词对齐模型中引入句法知识，在翻译之前利用句法知识调整源语言语序，在翻译之后利用句法知识做reranking等。这些句法知识的引入，能够有效提高机译质量，句法信息在统计机器翻译模型中的作用日益突出。

3 统计机器翻译中的句法调序

在统计机器翻译模型中，句法调序可以分为两类：基于形式化语法的句法调序和基于语言学语法的句法调序。在基于形式化语法的句法调序模型中，翻译模型建立在形式化语法的基础上，但并不包含人类语言学知识，如短语标记、词与词之间的依赖关系等；在基于语言学语法的句法调序模型中，翻译模型建立在语言学语法基础上，将人类语言学知识包含到模型中。根据所采用的结构树形式的不同，又可以将它分为以下两类：基于短语结构树的调序模型和基于依存树的调序模型。前者通过短语结构树，将短语的句法标记及标记之间的依赖关系等语言学知识引入到翻译过程中；后者通过依存树，将词与词之间的依赖约束关系等语言学知识引入到翻译过程中。

基于形式化句法的调序是目前研究的主要方向。其调序方法主要有两类：采用模板方法和采用概率统计方法。前者将目标语言分解为固定的句子类型，而将源语言的调序直接固定在模板上；后者通过不同的文法或句法理论在源语言和目标语言的短语或句子之间建立一个独立的调序概率来实现调序。

目前，句法调序存在的难点问题有：(1)调序方法的普适性问题；(2)调序方法的评测问题；(3)大范围长距离调序问题。闫英杰等(2009)提出了解决这三类问题的两种途径：(1)发掘特定源语言和目标语言之间语序对应规律；(2)在统计机器翻译中引入语义学知识。但他们并没有给出具体的问题解决方案，也缺乏相应的底层研究。针对上述问题，本文认为HNC理论的句式理论与句式转换方法能够现实地解决句法调序中存在的问题。

4　HNC句式理论与句式转换①

HNC理论的句式(或语句格式)指的是语句中主语义块(简称“主块”)按照一定顺序形成的排列方式，也就是语句的一种具体实现形式。HNC理论的句类指的是句子的语义类别。而句类和句式的关系是：句类决定语句中的主块的性质和数量，句式决定这些语义块的排列方式，不同的排列方式形成不同的句式。(张克亮，2007)

在HNC理论中，句式有四种格式类型：

(1)基本格式：主块的排列顺序为“第一对象语义块＋特征语义块＋第二对象语义块＋内容语义块”，即“GBK1＋EK(＋GBK2)(＋GBK3)”。基本格式可用于两块句、三块句或四块句。例如：

大家都叫她活菩萨。(GBK1＋EK＋GBK2＋GBK3)

(2)规范格式：主块的排列顺序不同于基本格式，其排列原则为“广义对象语义块相邻且相邻对象语义块之间存在语义块标记”，即“GBK*N*1＋^GBK*N*2＋EK”或“GBK*N*1＋EK＋GBK*N*2＋^GBK*N*3”。规范格式用于三块句和四块句。例如：

我送了一件小礼物给他。(GBK1＋EK＋GBK3＋^GBK2)

(3)违例格式：主块的排列顺序不同于基本格式，其排列原则为“广义对象语义块相邻且相邻对象语义块之间不存在语义块标记”，即“GBK*N*1＋GBK*N*2＋EK”或“GBK*N*1＋EK＋GBK*N*2＋GBK*N*3”。违例格式用于三块句和四块句。例如：

发射能否获得圆满成功我也说不上来。(GBK3＋GBK1 ＋EK)

(4)省略格式：省略了物理表示式中某个或某些应有的主块的语句格式。省略格式是相对于完整格式而言的，因此其本身又有基本、规范与违例之分。例如：

走吧？(EK)

对翻译而言，需要把源语言与目标语言之间的句式格式对应关系理清楚，建立相应的句式转换规则，这样才能总结句法调序的规律，形式化句法调序规则并将其应用到统计机器翻译模型中去。张克亮(2007)、池毓焕(2004)等应用HNC理论专门就汉英之间的句式转换规律做出了总结。例如：

(1)规律1：通常情况下，汉语的基本格式通常转换成英语的基本格式。

① 本节例句出自张克亮(2007)，部分例句有改动。

中国足球队‖又一次失败了。(! 0J)

The Chinese football team ‖ failed again. (! 0J)

我妹妹‖买了‖一辆新车。(! 0J)

My sister ‖ bought ‖ a new car. (! 0J)

人们‖叫‖他‖“活雷锋”。(! 0J)

People ‖ call ‖ him ‖ “Living Lei Feng”. (! 0J)

(2)规律2：汉语的规范格式可以转换成为英语的基本格式或规范格式。

中央‖对你们的工作‖很满意。(! 11J)

The central government ‖ is satisfied with ‖ your work. (! 0J)

那个老科学家被一辆卡车撞了。(! 12J)

The old scientist ‖ was knocked down ‖ by a truck. (! 10J)

(3)规律3：汉语的违例格式可以转换成为英语的基本格式、规范格式和违例格式。

在这次多年未见的特大水灾中‖死了‖32个人。(! 2J)

Thirty-two people ‖ died ‖ in the worst flood ever in many years. (! 0J)

那些冬衣‖我们‖已经捐给了‖灾区。(! 233J)

We ‖ have already donated ‖ those winter clothes ‖ to the flooded areas. (! 112J)

“我们抓到他了!”‖布雷默‖说。(! 22J)

“We got him!” ‖ said ‖ Bremer. (! 22J)

上述HNC有关语义块和语句格式的思想，以及现代汉语对应于英语语句格式转换的探讨，对其进行的具有确定性和穷尽性的编码处理，可以使计算机透过语言复杂多变的表象，达到“有限驾驭无限”的目的，为统计机器翻译句法调序提供理想的语言资源。

5 HNC理论对调序模型的启示

再如图1所示，统计机器翻译目前研究的重心已渐渐从String这一层上升到Tree这一层，以及这两层之间的互相转换上。在这两层之中，各种方法及其融合情况正在得到不断的尝试和验证。HNC句式转换理论为统计机器翻译句法调序提供了完备扎实的语言学基础，其形式化实现也使统计机器翻译中的中间语言得以实现。在将HNC理论完全应用到机器翻译系统中去之前，还需要对以下难点予以关注和研究：

(1)语义块的深入研究。

我‖是‖陕西师范大学的一名教师。

I ‖ am ‖ a teacher of Shanxi Normal University.

本句源语和目标语均为基本格式三块句，然而语义块GBK2在汉语和英语中表达的次序是不同的——表达带有“的”字所属关系的名词词组，在英语中至少有三种表达形式：“名词修饰语＋名词”，“名词＋of＋名词修饰语”和“名词修饰语 's＋名词”。在具体的语境中，应该采用何种翻译形式是有规律可循的。因此，HNC理论有必要对语义块内部(或曰“辅块”?)进行深入研究。

(2)源语与目标语句式转换规律的深层挖掘。

上节所述的有关汉英句式转换的三条规律只是汉英语句式转换的几条基本规律。鉴于语言的复杂性，应该加强对源语和目标语句式转换规律的深层挖掘，使之更加细化和实用，能够确确实实成为“创造无限”的有限规则。

参考文献

[1]池毓焕．2004．多元逻辑组合的汉英对比初探//苗传江，杜燕玲主编．第二届 HNC 与语言学研讨学术研讨会论文集．北京：海洋出版社．

[2]刘群．2009．机器翻译研究新进展．当代语言学(2)．

[3]熊德意，刘群，林守勋．2008．基于句法的统计机器翻译综述．中文信息学报(2)．

[4]闫英杰，易绵竹，李峰．2009．统计机器翻译的调序方法和模型//孙乐主编．机器翻译研究进展——第五届全国机器翻译研讨会论文集．

[5]张克亮．2007．面向机器翻译的汉英语句类及句式转换．开封：河南大学出版社．

简析机器翻译软件的需求[①]

张玉玺

北京大正语言知识处理科技有限公司　北　京　100081

xyzbeijing@126. com

摘　要：随着科学技术的发展以及市场竞争的加剧，目前市场上出现了许多种机器翻译系统及软件。本文主要就什么类型的客户用什么种类的翻译软件做了详细的调查，介绍了目前市场上一些机器翻译系统，以及刚面世的大正语言翻译系统，并进行了简单的分析，从而突出了目前我们对翻译软件的需求。

关键词：机器翻译，市场价值，社会需求，市场份额

1　机器翻译的现状

机器翻译(machine translation)，又称机译(MT)，是利用计算机把一种自然语言转变成另一种自然语言的过程。用以完成这一过程的软件叫做机器翻译系统。

现在市场上能见到的英汉全文翻译软件有：V4 英译中、译经翻译系统、译星翻译系统、译林全文翻译系统、汉神全文翻译系统等。目前，这些英译翻译系统在翻译简单句和简单从句时，在语法上可达到很高的准确度(约 90%)，但用词上不一定很准确。对于多个从句、多重从句、多状语、多定语等复杂句，语法准确度就比较低了。

普遍认为，要提高机器翻译的准确性，使之能有效地应用于日常翻译工作，首先要进一步提高翻译软件的性能，比如翻译软件对原文的识别能力，词库的容量，以及提高翻译软件的智能化程度，比如学习功能等。这些都是软件开发商的工作。其次，从用户角度出发，必须对原文进行处理，使之更规范，更适合翻译软件的特点。可先对原文进行分析、综合、归类和比较等，然后再进行处理和翻译，从而达到智能化的机器翻译效果。

世界上许多国家长期以来都一直在从事这项研究。虽然目前机器翻译的正确率不能达到人所要求的程度，但是机器翻译却已给人们的学习与工作带来很大便利，对人们的工作与学习产生了重大影响。

20 世纪 90 年代末至今，机器翻译系统有了很大的发展，已有不同种类的翻译系统面世。

2　现有机器翻译系统简介

无论是我们平时浏览网页还是阅读文献都会或多或少遇到几个难懂的英文词汇，这时我们就不免要翻词典了。网上的词典工具大概可以分为两种：(1)离线词典，不用联网，只要下载安装并运行就可以方便取词；(2)在线翻译词典，它需要我们访问一个网站，而后输入要查找的词汇等。现在我们就来总结一下线上线下比较优秀的英汉词典。

---

①　本文得到国家科技支撑计划项目"中文信息处理应用研究与系统开发"之课题"中文智能搜索引擎核心技术和应用示范系统的研发"(编号为 2007BAH05B02)的资助。

2.1　在线翻译词典

例如：

(1)金山词霸(http：//www. iciba. com/)。适用于个人用户的免费翻译软件。软件支持中、日、英三语查询，有取词、查词、查句、全文翻译、网页翻译等功能。

(2)海词在线翻译词典(http：//www. dict. cn/)。海词网免费提供超过500万不重复词条的海量专业词库和智能查词服务、背单词服务，每日更新快乐英语、海词课堂等学习栏目，创造全新在线英语学习平台。

(3)译典通(http：//www. dreye. com. cn/)。具有全文翻译、网页翻译、文件翻译、界面翻译、选中翻译等功能。

(4)雅虎字典(http：//zidian. cn. yahoo. com/)。支持英汉字典、英英字典和汉英字典。不过有一点不太完善的是，汉英字典中的英文没有音标标识和相关解释。

(5)有道词典(http：//dict. yodao. com/)。具有在线翻译、网络释义、海量例句、屏幕取词、单词发音、网络单词本等功能。

(6)百度词典(http：//dict. yodao. com/)。速度快，单词全，可以单个查询，也可以整句查询。

2.2　线下词典、在线翻译软件

例如：

(1)金山词霸(http：//cp. iciba. com/index. shtml)。

(2)灵格斯词霸(http：//www. lingoes. cn/)。

(3)有道桌面词典(http：//cidian. yodao. com/)。

(4)星际译王(http：//stardict. sourceforge. net/)。

这些软件的共同点就是可以单机操作，给用户带来很大的便利。

2.3　常用的在线翻译网站

例如：

(1)Google在线翻译(http：//www. google. cn/language _ tools? hl＝zh－CN)。

(2)Yahoo！在线翻译(http：//fanyi. cn. yahoo. com/)。

(3)百度在线翻译(http：//site. baidu. com/list/104fy. htm)。

(4)爱词霸在线翻译(http：//fy. iciba. com/)。

(5)微软 Windows Live 在线翻译(http：//www. windowslivetranslator. com/Default. aspx)。

(6)华译网在线翻译(http：//www. readworld. com/)。

(7)金桥在线翻译中心(http：//www. netat. net/)。

(8)联通华建(http：//www. 165net. com/)。

(9)freetranslation(http：//www. freetranslation. com/)。

3　机器翻译系统的市场调查

3.1　从用户需求看市场规模

一般来说，翻译软件大致分为三个领域：全文翻译、汉化翻译(全屏翻译)和词典工具。全文翻译类软件具有代表性的产品主要有中软的“译星”、天津大通的“通译”以及创新公司的

“汉神英汉翻译系统”等；汉化翻译类软件主要以北京铭泰公司的“东方快车”和南京月亮公司的“即时汉化专家”为典型代表；词典工具则以金山的“金山词霸”、特科能公司的“网际金典”、英业达公司的“译典通”、创新公司的“汉神电子词典”为主要代表。据联邦的数据统计，2008年翻译软件年销售额超过12800万元，占所有套装软件市场的17%左右。在今天软件正版率不高的情况下，翻译软件套装市场能有如此大的规模，主要原因在于用户英语水平不高。目前大多数流行的软件是西文软件，网上英文信息更是浩如烟海，英语水平不高会严重影响用户使用计算机的效率，这导致翻译软件市场需求旺盛。

如今我国PC机用户已近1.1亿，且每年以30%的速度递增，上网人数更多，而且每年还以5%的速度在递增。从实际需求来看，几乎每台PC机都需要一套词典工具软件，因为英语再好的中国人，总有不明白或不能准确掌握含义的词汇。以现有的1亿台PC机为基数，要把其中一半装上词典工具软件，按每套80元的较低价格计算，其市场容量即达40亿元人民币；只要其中1/4装上汉化翻译软件，按每套160元的较低价计算，其市场容量可达约40亿元人民币。不算全文翻译软件市场，其市场规模即有10亿元人民币。

3.2 从用户要求看细分市场

根据统计表明，在翻译软件的三个细分市场中，汉化翻译软件市场占有量最大，估计2008年营业额达23000万元；其次是词典工具类，估计2009年销售额达29000万元；全文翻译软件市场最小，估计只有约8000万元。

由于人工智能技术的局限，软件的翻译质量仍不尽如人意。乍一看，在翻译软件市场中，当然是词典工具市场最大，因为词典肯定最准确，完全能满足用户查询词汇的要求。而事实上，汉化翻译软件市场超过了词典工具类市场，这让人不免有些意外。对于那些英语水平较差甚至完全不懂英语的用户，汉化翻译软件颇受他们的青睐。尽管全屏汉化翻译的效果还不尽如人意，但这类用户对译文质量并不是很在意，只要能帮助他们了解大致的中文意思就可以了。如东方快车，能做到该汉化的就汉化，智能处理汉化后不清晰的字，即改即现词义智能处理、双语菜单、支持IE4.0的动态汉化，凭借如此“超乎意料”的功能，迅速占领了不少市场份额。另一个比较著名的软件，即时汉化专家，开发的时间较早，其操作简单快捷，使用方便，加之厂商铺天盖地的广告宣传：“不懂英语，也能用好电脑!”在此迷人的诱惑下，自然也赢得了不少用户的心。

当然，翻译软件的价格也是影响用户购买的一个重要因素。汉化翻译软件价格适中，如东方快车160元，即时汉化专家经济版89元、标准版160元、增强版260元。在目前中国套装软件市场中，这种价位和微软公司几千元甚至上万元的产品相比，的确是物美价廉。词典工具也有较大的市场，对于那些有些英语基础，但词汇量不大的用户，词典是他们的首选。如金山词霸目前市场零售价78元，低价位加上丰富的词汇、强大的功能自然吸引了不少消费者。金山词霸即点即译的灵活方式给用户带来了极大的方便，用户可以只了解自己不懂的词汇，节省了时间。据金山公司介绍，国内不少外企，如惠普、微软的员工都纷纷在计算机里装上了金山词霸。金山词霸具有英汉、汉英、汉汉(汉字解释)三向互译功能，词汇量大，共计22万条英汉互译词汇，8万多条汉英词汇，词典由梁氏辞书编辑室编校，具有很高的准确性和权威性。金山词霸的英文单词除了详细的解释外，还配有详细的例句解释，并提供了50多种不同专业的分类词表供查询检索。支持Internet，可在IE4.0上任意取词。

随着知识经济概念的不断深入人心，计算机技术的不断创新，越来越多的企事业和家庭开始使用计算机，并且上网的人数也在不断增加，在这些新用户里翻译软件的需求是巨大的。翻译软件市场的发展趋势应该是朝多平台、多语种、网络化方向发展。厂商应该根据用户实际的需求，以需求为市场向导，针对每一个细分市场，从产品、渠道、价格、促销等方面全面制定相应的策略。

4　翻译系统的分类

根据用户的要求，机器翻译系统大致可分为两类。

4.1　专业性

如果是一个翻译公司或一个专业情报所，如果你的翻译任务是较稳定的，长期的，专业单一的，翻译结果要达到出版水平的，那么你可以选择配有大规模相应领域的专业词典的，并且经得起大批量、长时间翻译运行的系统(有的系统会死机的)。更理想的是，你可以同时配备一个"翻译记忆"系统，它可以帮助你处理文本格式问题(如字体、图表、脚注等)，而且可以把经过你修改的正确译文保存起来供以后翻译时再利用。

4.2　便捷临时性

如果你的翻译任务是临时性的，专业不单一，无须达到出版水平的，那么你可以选择配有多个领域的专业词典的，但也要经得起大批量、长时间翻译运行的系统。如果你是为了浏览网上而需要翻译，那么你一定要选择可以在网上运行的系统。如果你的外语水平还可以但词汇量有限，那么还可以选择一种只有大规模词典但可随点随译的系统。

5　用户的需求分析

5.1　要求专业性强

翻译公司以及从事翻译工作的专业人士，其中也包括从事语言学研究的机构及人员，这样的用户群体对机器翻译系统的准确性要求极高。目前这样的翻译软件是急需开发的，市场几乎没有一种翻译软件能达到如此效果。虽然现在有一些翻译软件内置各专业翻译，但还是很不成熟的。绝大多数的翻译软件都在横向发展，从两种语言发展到几十种语言互译，这样的翻译软件，翻译的正确率很低，更谈不上专业性了。目前市场需要的翻译软件不仅要求多种语言间的互译，更需要某两种语言间的专业性互译，如英汉互译软件应该内设经济方面、政治方面、文学方面、化工方面、生物方面等，要能实现这些专业领域的互译功能。目前市场上这样的翻译软件仅有的几种，如金山、百度等词典里含有各个行业的词汇，如输入"algorithm"会告诉我们是数学词汇，输入"pneumonia"会告诉我们是医学词汇。

5.2　要求便捷性强

这一类客户虽然对专业要求并不高，但群体很大，从小学生到大学生，从老师到大学教授，以及喜欢浏览外文网页的上班族，等等．这种翻译系统它需要有一个相当大的知识库来作后盾。它的用户群体层次不一，要求翻译的内容可能涉及方方面面。所以这类翻译软件中的词汇量一定足够大。这是此类软件的最显著的特点。

6　大正语言机器翻译系统

大正语言机器翻译系统是北京大正语言知识处理科技有限公司基于 HNC 技术与现有机器翻译系统相结合开发出来的。翻译的过程主要进行的是语义结构在不同语言中的转换，这种转换能最大程度地保证源文和译文之间语义的一致性，提高翻译的可读性。

6.1　主要特点与优势

6.1.1　先理解后翻译

通过语义分析，可正确理解复杂句，即处理复杂句"句蜕"；能够生成文章的"语境"，帮助理解内容；可处理歧义句，揭示隐知识，使翻译内容准确。

6.1.2　多种策略综合运用

三种翻译策略相结合，扬长避短，综合运用，发挥最大优势：HNC翻译(句子结构翻译，保证语义框架正确性)；统计翻译(常用语、特殊用法的翻译，充分利用语料库的优势)；翻译记忆(重复翻译、相似翻译，减少翻译人工)。翻译记忆具有短时记忆和长时记忆功能，帮助理解上下文；进退有度，自知之明；力求不误译，不乱译。"宁可不译，不可误译"。对翻译的结果，哪些是很有把握的，哪些把握不大，哪些不会译，都给出明确的指示。

6.2　不足之处

在汉译英方面，尤其对一些含有句蜕的复句翻译方面，大正语言机器翻译系统很准确、很到位，但是也存在一些不足。例如：在处理英语的复句时不能像英译汉那样的准确，单词的单义性(一个单词有许多种意思，但是此系统只能翻译出一种)，页面的单一性，词语广泛性等。这些都是我们大正需要攻克的问题。目前，大正语言机器翻译系统还没有正式面世，我相信到大正语言机器翻译系统问世的那一天，它将是市场上最受欢迎的一款翻译系统之一。

参考文献

[1]冯梅等编．2000．英汉科技翻译/机器翻译技术丛书．哈尔滨：哈尔滨工业大学出版社．
[2]冯志伟．1995．自然语言机器翻译新论．北京：语文出版社．
[3]崔希亮．1992．汉语三字格惯用语考察//陈肇雄．机器翻译研究进展．北京：电子工业出版社．
[4]陈力为．1995．计算语言学进展与应用．北京：清华大学出版社．
[5]黄河燕主编．2002．机器翻译研究进展：2002年全国机器翻译研讨会论文集．北京：电子工业出版社．

第五部分

应用研发之二：信息检索和抽取

中文文本中企业并购信息的自动抽取[①]

韩伟峰

北京师范大学中文信息处理研究所　北　京　100875

weifenghan04@163.com

摘　要：本文基于黄曾阳先生的 HNC(概念层次网络)理论结合基于规则的模式匹配法，提出了实现中文文本中企业并购信息抽取系统的构想。本文主要内容有：本文的研究意义及任务；语料库资源的建设，为分析文本、总结表达模式进一步制定抽取模式奠定基础；企业并购的信息模式分析，基于 HNC 理论重点进行语义上的分析；服务于文本抽取任务的知识库建设；分析文本系统的设计和难点。

关键词：企业并购，HNC 理论，信息抽取，中文信息处理

信息抽取(Information Extraction，IE)是指从一个给定的文档集合中自动识别出预先设定的实体、关系和事件等类型的信息，并将这些信息结构化存储的过程。其中句子及句群的语义关系的识别与抽取是该领域的关键。本文正是基于 HNC 理论，建立匹配模式，对企业并购文本进行语义关系的识别并抽取，该理论的实现建立在大量语料分析提取和知识库建设的基础上。

1　本文研究意义及任务

按照抽取任务的不同层次，信息抽取大体可分为命名实体的识别、关系的信息抽取和事件的信息抽取。事件信息抽取是指从文档中识别出某个事件发生的时间、地点、事件的参与者、造成的后果等信息。中文文本企业并购信息的抽取就是一个典型的事件信息抽取，这里面包含几个必要的实体：并购类型、主动方、被动方、并购金额，以及一些限制的实体信息：并购结果、并购性质等。

并购是指一个企业购买其他企业的全部或部分资产或股权，从而影响、控制其他企业的经营管理，其他企业保留或者消灭法人资格。人们一般习惯把收购、兼并和合并统称为“并购”。所以本文信息抽取的任务之一(并购类型)就包含这三种类型：收购、兼并和合并。

在经济学中，企业并购是优化资源配置的重要途径，也是财务理财的难点。了解及研究企业集团间企业并购信息会给企业决策者提供有效的帮助，帮助他们在商业兼并收购浪潮中乘风破浪。同时每次大型的收购、兼并和合并活动都会给股市带来影响和震荡，所以识别企业并购信息实体关系进而帮助语义理解成为必需。但是目前网络上的信息检索系统并不能满足这方面的需求，此种技术只考虑了从语形上匹配关键词，缺乏对语义的理解，这样会返回大量与检索需求无关的结果。本文考虑基于 HNC 句类和大量语料建立知识库来实现企业并购信息的形式化表示。所以中文文本企业并购信息的自动抽取的研究是信息抽取在经济和金融领域的探索实践和应用，具有重要的研究意义。

---

①　本文得到国家科技支撑计划项目“中文信息处理应用研究与系统开发”之课题“中文信息处理应用理论研究和知识库资源的开发”(编号为 2007BAH05B01)的资助。

2 语料库的建设

语料库的收集和整理是本文研究很重要的前期准备工作，每个信息抽取系统都需要一个抽取规则库，在使用抽取规则之前，首先需要对自然文本进行一些词性标注和名词短语的识别。这些工作都必须是在语料的分析和加工基础上的。为了更好地服务于本文的抽取任务，本文所选取的语料为企业并购信息的新闻事件语料，排除一些针对企业并购话题进行的评论性和分析性语料，本文语料来源为中国并购网。

整理语料完毕后，下一步就是对语料的预分析，包括根据抽取的原则和任务指定语料的标注规范及通过分析企业并购信息的表达模式进一步总结抽取规则。制定语料标注规则的原则是为程序自动抽取信息所需要的知识服务，因为识别不是本文研究范围，所以一些公司企业名、人名、交易金额等需要先行标注。下面是一则语料标注的范例：

[北京时间 10 月 27 日/T]早间消息，据国外媒体报道，[北电/Corp2]周一宣布，已经与[日立/Corp1]达成合作协议，由[日立/Corp1][出资/Vm][1000 万美元/Mb][购买/Vc][北电/Corp][下一代分组核心网络部件业务/Cont]。

这段标注中，T 表示时间，Corp1 表示主动方，Corp2 表示被动方，Vm 表示后接金钱块的 Verb，Vc 表示后接购买内容语义块的 Verb，Cont 表示并购(这里是“收购”)内容。

3 企业并购信息抽取的基本问题

3.1 企业并购信息的表达模式及激活点

3.1.1 企业并购信息的表达模式

分析方法为以相关句子或者句群的动词为中心，结合 HNC 句类知识，考察前后以及相邻语义块成分。分析内容主要有：中心动词及动词前语义块的搭配、中心动词后语义块的搭配、适用的并购类型等。例如：

“转让”，中心动词前语义块搭配为：主动方；中心动词后语义块搭配为：并购内容(资产、股权、债务等)；并购类型为“收购”。

HNC 理论的句类知识为我们提供了很好的理论基础。根据企业并购文本信息的表达方式我们不难发现，其中大多数的句子类型为 HNC 句类中的转移句和关系句。下面的这些句类都可以为本文所借鉴：

一般转移句 T0 ＝ TA＋T0＋TB＋TC

物转移句 T2 ＝ TA＋T2＋TB ＋T2C

T21 ＝ TA＋T2＋T2C

关系句 Rm4 ＝ RB＋R

Rm04 ＝ RB＋R＋RC

等……

3.1.2 企业并购信息的激活点

本文选取 EK 中心动词作为企业并购信息的激活点，同时本文采用 HNC 理论概念类别知识库作为激活词的资源平台。企业并购信息 EK 中心动词主要是表示转移和关系的节点。转移和关系动词是对并购中的所有关系的建立、解除和变化等的不同侧面的表达。下面简单介绍与本文相关的概念节点：

HNC 语义网络节点的 2 号类节点表示转移—状态时空序列的空间描写，其中：20，转移基本特征(209a9，所有权的转移；209aa，使用权的转移)；21，接收；22，物的转移；24，交换、替代及变换。

HNC语义网络节点的4号类节点表示关系，其中：40，关系的基本特征；44，主宰与从属；46，拥有与失去(461e25，全部拥有；461e26，部分拥有)。

HNC网络概念节点的a2节点表示经济，其下面的一些节点可以用来进一步确定激活点的领域。a20e21，企业主的经济活动；a20a，合同合约；a20b，股份；a228，交易；a24，金融。HNC理论概念节点中一般逻辑组合l10表示关于……内容，其中词语概念类别表示式(F1，l10，F2)可以很好地表示词语领域，其中F1表示转移和关系类节点，F2表示限制领域(经济金融)。

3.1.3 企业并购信息的结构类型总结(以"收购"为例)

以下是从企业并购中的"收购"文本中总结出来的结构类型：

(1) TA + Verb + TB 引申加上收购内容为：TA + Verb + TB + TC

Verb	Verb
收购	收购
买进	买进
拥有	拥有
签下	持有
并购	获得
……	……

该结构类型的例子：

苏宁电器成功收购Laox公司。 苏宁电器成功持有Laox公司27.36%的股权。

(2)TB + 被 + TA +Verb 引申加上收购内容：TB + 被 + TA +Verb + TC

Verb	Verb
收购	收购
买进	买进
拥有	拥有
签下	持有
并购	获得
……	……

该结构类型的例子：

Laox公司被苏宁电器承购收购。Laox公司被苏宁电器成功收购27.36%的股权。

(3)TB + Verb + TA + TC

转让给
受让
交易给
……

该结构类型的例子：

Laox公司转让给苏宁电器27.36%的股权。

(4)TB + 将/把+ TC + Verb + TA

转让给
交易给
受让
……

该结构类型的例子：

Laox公司把27.36％的股权转让给苏宁电器。

(5)TA ＋ Verb2 ＋ TB ＋(TC)＋ Verb		TA ＋ Verb2 ＋ Verb ＋TB ＋(TC)＋N	
完成	收购	完成	程序
实现	控股	实现	交易
……	……	……	……

该结构类型的例子：

苏宁电器完成对Laox公司27.36％的企业并购。

苏宁电器完成收购Laox公司27.36％股权的交易。

(6)TA ＋ TB ＋ Clause

该结构类型的例子：

苏宁电器和Laox公司27.36％的企业并购交易完成。

苏宁电器和Laox公司27.36％股权的交易计划达成。

总结结构模式类型笔者依据的是领域性和语用性两大原则。笔者把以上列举的结构类型称为“显性结构”，因为这些结构之中都显含企业并购信息的固定表达模式。还有一些不显含企业并购信息激活点或者表达模式的“隐性结构”，笔者将会继续探索。

3.2　知识库资源的建立

3.2.1　核心动词知识库

企业并购动词词典主要用于企业并购文本中转移关系抽取任务，且主要用于对以转移动词为中心、表达所属关系变动的句子或句群进行信息抽取。转移动词是对并购中所有关系的建立、解除和变化等的不同侧面的表达，可以从现代汉语语料中尽量穷尽，并根据可以形成的句子类型划分类别。核心动词知识库的建立依据动词自身的特点来进行，鉴于这种思想，笔者设计的企业并购核心动词词典的建立模式是：

词典中的字段包括：核心动词(Verb)、动词前语义块(Chunk)、类型(Type)、句类(Sen)。

其中，“核心动词”字段收录语料中出现的相关句子的核心动词。“动词前语义块”表示与转移或者关系动词搭配的前语义块的类型，分为施事者(Agent)和受事者(Patient)两类，像Verb“购得”的Chunk属性为"a"(表示Verb前语义块的类型为“施事者”)，Verb“受让”的Chunk属性为"p"(表示Verb前语义块的类型为“受事者”)；而有些动词类型可以兼顾(a/p)，说明该动词的前语义块类型可以为施事者，也可以为受事者，比如动词“收购”。“类型Type”表示动词的“纯度”，即该动词只是出现在企业并购的某一类的信息中，则纯度为.T.，否则则为.F.，该字段设计目的是方便语料的预处理。“句类”字段取自HNC句类知识，表示该核心动词可以使用的句类类型。

以下以“收购”类为例的词典模式的构想：

Verb	Chunk (动词前语义块)	Type(类型)	Sen (句类)
收购	a/p	.F.	T21，T20
并购	a/p	.T.	T21
认购	a	.T.	T21
受让	p	.T.	T0，T2
转让	p	.F.	T0，T2

3.2.2 并购结果知识库的建设

并购信息中，并购结果的抽取是抽取的重要任务之一，表示结果的词语和表达很多，也可以尽可能穷尽。除了结果动词，还有一些表示结果的成分位于核心动词的前面、后面，或者是隐含在另一句子中的固定结构。

V：中止、完成、继续、失败、成功等

V前：成功、圆满、顺利/没有、中断等

V后：了、完、成功、结束/失败、终止、失效等

隐含：不欢而散、功亏一篑、皆大欢喜等

固定表达模式：完成了……/实现了……/获得了……等

3.2.3 排除知识库的建设

文本中的有些信息是与我们所抽取的任务无关的，但是其存在干扰了我们抽取的准确性。所以需要将干扰信息或者激活点分类放入排除知识库中。比如，我们抽取的企业并购事件是已经发生的，所以那些表示希望发生或者未发生的事件就是排除的抽取点。HNC理论的概念网络为本文提供了很好的语义分析资源。概念节点jl类是基本逻辑概念；j类是基本概念；71类表示心理活动，这里我们用jl1、j、71类的部分节点作为资源。

本文认为排除激活点可分为以下几类：

意愿类(71类节点)：希望、要、愿意、谋求、承诺……

判断类：应该(jl13c21)、应当(jl13c21)、可能(jl12c31)、一定(jl12c33)……

时态类：曾经(j11e51)、曾(j11e51)、将(j11e52)、将要(j11e52)、快……

否定类：不(jl112)、没有(jl112)、未(jl12e22)……

另外，还有一些干扰点隐含在主语义块里的修饰成分中，需要再进行总结研究。比如，中心名词定语中的排除信息：

去年成功收购骑士队的黄建华有意收购吉林东北虎。

这句话中“收购骑士队”只是“收购者黄建华”的修饰成分，虽然里面含有抽取任务的激活点，但是这部分信息不符合抽取的要求，需要排除。

4 本文研究的难点探讨

4.1 企业并购信息中的实体信息，如：主动方或者被动方，发生省略或者向前、向后分离的情况

在大多数文本中，实体信息在句子或者句群中出现的位置发生了分离，需要我们按照句子的格式去找到分离的实体信息这样才能确保信息抽取的准确性，比如下面的这个例子：

首钢董事会在24小时内作出决断：与香港巨富李嘉诚联手收购了香港东荣集团；接着，又连续收购了宝佳、三泰、开达、海成4个上市公司。

本例文中，收购者这一实体信息发生了分离，收购者不仅仅是“香港巨富李嘉诚”，还有向前分离的“首钢”，在文本信息中如何完整不疏漏地找到这一实体信息是一个难点。再看最后一句话“又连续收购了宝佳、三泰、开达、海成4个上市公司。”收购者是“首钢”呢，还是“首钢和香港巨富李嘉诚”呢？

4.2 文本中的指代消解问题

文本中大量代词和同位语的出现会影响信息抽取工作的准确性，怎样很好地进行代词回

指和处理指代歧义问题需要更深入的研究。本文中不会过多讨论那些跨段跨领域的指代问题，因为这不是本文的研究重点，重点是通过处理指代问题很好地抽取信息中的各个实体以及实体之间的关系。看下面的例子：

在万向集团与美国 AI 公司多方谈判后，这家中国民营企业最终收购了海外上市公司，开创了中国民营企业收购的先河。

这段文本中通过本文总结的表达股票收购信息的结构类型模式，我们可以很容易得到各个实体块。收购者是“中国民营企业”；被收购者是“海外上市公司”，但是这种抽取是不准确的。这里“中国民营企业”与“万向集团”同指，“海外上市公司”就是“美国 AI 公司”。所以要抽取到恰当的信息，还需要对指代不明的语料进行再加工。

4.3　句子辅语义块和句蜕、块扩中信息的抽取

HNC 理论中“辅语义块”的定义为：句子语义的可选的、次要的成分。HNC 把辅语义块的语义类型归纳为 7 类：手段 Ms；工具 In；途径 Wy；比照 Re；条件 Cn；起因 Pr；目的 Rt。“句蜕”是指一个句子蜕化为语义块或语义块的一部分。“块扩”是指语义块扩展为句子。联系到本文企业并购信息抽取上，句子中的辅语义块、句蜕和块扩中蕴涵了一些隐含、限制的语义关系，这些语义关系有时是我们抽取中必备的元素，进行预料加工时应该分析这块，今后笔者将继续进行深入研究。

5　总　结

本文的很多思考建立在 HNC 理论关于语义和句类问题的论述的基础上，本文阐述了实现中文文本中企业并购信息抽取的基本问题，包括知识库资源的建设，重点探讨了相关文本句子的模式匹配，还把本文遇到的一些难点拿出来讨论。这些工作为以后的论文和相关研究的进一步进行打下了基础。相信有 HNC 理论作为坚强的知识后盾，信息抽取领域的研究一定会有新的发展。

参考文献

[1]黄曾阳．1997. HNC 理论概要．中文信息学报(4).

[2]黄曾阳．1998. HNC(概念层次网络)理论．北京：清华大学出版社．

[3]刘迁，焦慧，贾惠波．2007. 信息抽取技术的发展现状及建构方法．计算机应用研究(7).

[4]苗传江．2005. HNC(概念层次网络)理论导论．北京：清华大学出版社．

[5]语言文字应用研究所．2006. 国家语委语料库．http：//124.207.106.21：8080/.

[6]袁毓林．2002. 信息抽取的语义知识资源研究．中文信息学报(5).

农业信息检索中含单动词和双名词的词语串之语义理解策略①

刘鹏元[1]　杨建艳[2]

[1]北京大正语言知识处理科技有限公司　北　京　100081

[2]北京师范大学中文信息处理研究所　北　京　100875

[1]liupengy0723@sina.com　[2]yangjianyan77@hotmail.com

摘　要：由多个词语组成的词语串是目前农业信息检索中最常使用的检索请求形式，而含单动词和双名词的词语串因其表达语义的相对完整性，又是最常使用的词语串。含单动词和双名词的词语串是指含一个 V、两个 N、V 和 N 顺序不固定的词语串，即其可以是 N＋V＋N、V＋N＋N 或 N＋N＋V。根据 HNC（概念层次网络）理论的概念联想脉络、句类知识等现有资源，我们提出如下策略对含单动词和双名词的词语串进行语义理解：首先以 V 为中心，确定两个 N 何者与 V 存在施事或受事关系，然后将另一 N 作为词语串的信息焦点进行处理。

关键词：农业信息检索，HNC 理论，词语串，语义理解

1　含单动词和双名词的词语串

这里的“词语串”是指由两个及两个以上词语组成的用于提交检索请求的文字串。词语串的表现形式主要有两种：一种是短语（如：西红柿种植），另一种是词语与词语中间加空格（如：西红柿 种植）。在此我们只研究后者，因为前者通过分词程序处理后，其实质等同于后者。

词语串是当前用户检索请求的主要形式。陆汝占先生曾通过统计 sougou 的用户使用日志，得出了这一结论。我们进一步认为，含单动词和双名词的词语串，因其能基本表达相对完整的语义，又是检索请求中最常使用的形式，在农业信息检索这样的垂直检索中尤为常见，如：西红柿栽培技术、苹果批发价格等。

含单动词和双名词的词语串，按照其中词语顺序不同，可以有以下三种模式：N＋V＋N、V＋N＋N 和 N＋N＋V。以检索栽培西红柿方面的技术为例，表达此检索请求的词语串可能是：

（1）N＋V＋N 模式，即：“西红柿 栽培 技术”或“技术 栽培 西红柿”等；

（2）V＋N＋N 模式，即：“栽培 西红柿 技术”或“栽培 技术 西红柿”等；

（3）N＋N＋V 模式，即：“西红柿 技术 栽培”或“技术 西红柿 栽培”等。

当前的信息检索系统大都不能实现对这种含单动词和双名词的词语串的语义解析，不能够理解词语串内部各词语间的语义关系，多数仍仅依靠关键词匹配，导致检索结果的准确率和召回率偏低，可能给用户返回大量不相关信息，或者真正相关的信息可能被漏检。只有在

①　本文受北京大正语言知识处理科技有限公司承担的国家高技术研究发展计划（863 计划）课题“农业知识语义检索系统”（课题编号：2007AA10Z242）资助。

理解该词语串内部各词语间的语义关系的基础上，才可能进一步改善信息检索系统的性能。接下来，我们就以农业信息检索为例，探讨如何对含单动词和双名词的词语串进行语义解析。

2　可资利用的知识资源

我们认为，利用 HNC 现有的资源，计算机可以基本解析出这种含单动词和双名词的词语串的语义关系。当然，这种语义解析是在 HNC 现有知识资源基础上进行的，主要包括概念层次网络、HNC 农业词语知识库等。

2.1　概念层次网络

与农业领域强关联的概念在 HNC 概念联想脉络上有着集中式分布。其概念基本对应于第一类劳动范畴中的概念林 q60①(第一类劳动的基本内涵)、概念林 q61(基本劳作)以及基本物概念范畴中的 jw6(生命体)。其中，q61 下又有 10 棵概念树，其概念树下又有延伸概念，而 jw6 下又有 4 棵概念树。从范畴到延伸概念，主要表达的是概念之间的层次性，而不同的延伸概念主要表达的是概念之间的联想性。

下表为 q60 和 q61 两个概念林的节点表，我们从中可以看出与农业强关联的概念呈集中式分布，并且这些概念有很好的层次性，这些都是计算机解析词语之间的语义关系的基础知识。

第二类扩展基元概念
q6 :: 蓝领专业活动
　q60 :: 一般劳作
　　q601 :: 以手为主的劳作
　　q602 :: 以肩为主的劳作
　q61 :: 基本劳作
　　q610 :: 测量(取得各种性能的数据)
　　q611 :: 耕 开荒(面向土地的劳作)
　　q61y :: (y=2—4)面向植物
　　　q612 :: 种 栽 插(秧)
　　　　q612*1 :: 林业取材
　　　　q612*2 :: 果林
　　　　q612*3 :: 药
　　　　q612*4 :: 观赏植物
　　　q613 :: 养
　　　q614 :: 收
　　　　q6149 :: 收割
　　　　q614a :: 打场 脱粒
　　　　q614b :: 储藏

① 对于某个词语的 HNC 符号来说，q 要相应地替换为 6、9 或者 c。

2.2 HNC农业知识库①

在HNC通用词语知识库的基础上，我们建设了HNC农业词语知识库。同时，我们还针对农业领域信息常出现的重点农业动词词语而建设了HNC农业动词词语知识库。

在HNC农业词语知识库中，我们收录了三万余条农业词语，对其概念类别、HNC符号、语义类别及其关联性进行描述。而HNC农业动词词语知识库中共收录了两千多个常见的农业动词，除对其概念类别、HNC符号等进行描写外，还对其语义块构成、句类表示式、句类格式代码、句类转换等多个知识项进行了详细描述。这些句类知识提供了丰富的语义、语法、语用层面的知识，也是计算机解析词语串内词语间语义关系的直接知识来源。

在解析词语串的过程中，通过激活其中的农业词语来调用HNC农业词语知识库及HNC农业动词词语知识库，就可以得到这些宝贵的知识，从而我们可对词语间的语义关系进行确认，进而理解词语之间的语义关系。

3 语义理解策略

对于解析含单动词和双名词的词语串，我们的语义理解策略可总结如图1：

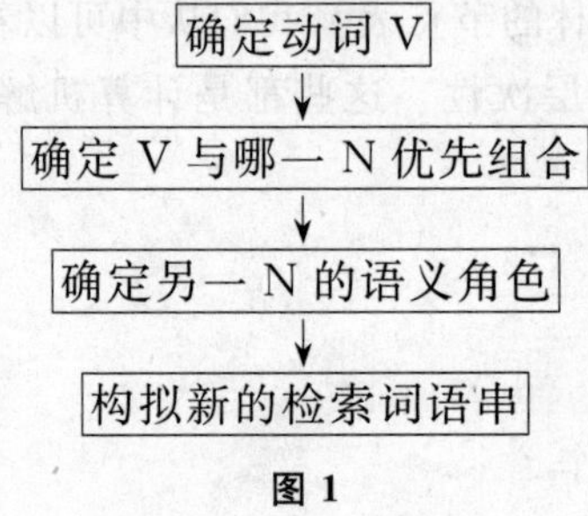
确定动词V
确定V与哪一N优先组合
确定另一N的语义角色
构拟新的检索词语串

图1

首先，确定V。先调用HNC农业词语知识库，然后分析词语串内各词语的概念类别及其HNC符号，最后确定动词。

其次，确定两个N中，孰与V优先组合。调用HNC农业动词词语知识库，根据该农业动词的句类知识，在词语串中寻找能够充当这一句类的广义对象语义块的N，将之与该农业动词组合，可以看成语义上相对完整的“句蜕”。

再次，确定另一N的语义角色。

最后，确定规则构拟出新的检索词语串，完成语义解析。确定不允许“句蜕”中的词语单个溢出与“信息焦点”组合成检索词语串。

下面将结合“西红柿 栽培 技术”这一含单动词和双名词的词语串来说明详细解析过程。

3.1 确定动词

在此步骤中，我们归纳解析规则为：“不管兼类，y61无疑”。根据可能出现的兼类情况及其概念语义含义，在确定动词过程中，可能有以下几种情况：

(1)纯V概念的词就是动词(如果这个动词有多个义项，则哪个义项中含y61类概念，就把哪个义项确定为这个动词在该词语串的义项)。

(2)如果除了一个纯V概念的动词外，另有兼类的动词(即这个词语的HNC符号显示，

---

① HNC农业知识库是在苗传江老师的指导下、在北京大正语言知识处理研究院语言知识部所有同事的通力合作下完成的，特此注明。

它还有 V 之外的其他概念类别），则这个兼类的动词不作为该词语串的动词。

(3)若这两个有 V 概念的动词均是兼类动词，则含 y61 概念的动词为该词串的动词。

(4)若这两个有 V 概念的动词均是兼类动词，且没有含 y61 概念的动词，则优先假设顺序上第一的兼类动词为该词语串的动词。

我们以“西红柿 栽培 技术”这一词串为例说明这个过程。

通过调用 HNC 农业词语知识库，分别检索“西红柿”“栽培”“技术”这三个词语的概念类别及 HNC 符号，发现：“西红柿”的 HNC 符号为 jw61；“栽培”有两个义项，分别是栽培 1：(V9612；V6612)和栽培 2：(V9311，l10，rp7210)；“技术”的 HNC 符号为：ga62。其中，只有“栽培”有 V 类概念，那么就确定“栽培”为该词语串中的动词。

那么，在这里，“栽培 1”还是“栽培 2”是该词串中“栽培”的真正所指呢？通过解析二者的 HNC 符号，发现“栽培 1”的 HNC 符号和第一类劳动中的概念林“基本劳作”q61 强关联，就可以将“栽培 1”确定为该词串中“栽培”的真正所指。

3.2　确定两个 N 中，孰与 V 先组合

在此步骤中，我们根据第一步骤中确定的动词，调用 HNC 农业动词词语知识库，获得其句类知识，在词语串中寻找能够成为其广义对象语义块的 N，把 N 和 V 看成语义上相对完整的表达。在此过程中，总体规则可以归纳为：“先前再后，jw6 无疑”。

具体来说，在完成步骤一后，我们首先根据两个 N 的概念类别及 HNC 符号，看有没有含 jw6 概念的 N。如果有，就认为是与 V 优先组合的 N；如果无，则按 N 的先后顺序假设第一个 N 为优先组合的 N，然后调用知识库中的句类知识进行验证，如果假设不符合验证，则另一 N 与 V 优先组合。

我们认为，V 与优先组合的 N 的语义关系常见的有：

(1)N 是 V 的施事，概念类别常为 p、jw62 或 jw63 等。

(2)N 是 V 的受事，概念类别常为 jw61、jw62、pw 等。

仍以“西红柿 栽培 技术”这一词串为例说明这个过程。

在完成步骤一后，我们根据“西红柿”“技术”的概念类别和 HNC 符号，发现“西红柿”的概念类别为 jw61，那么我们就将“西红柿”假设为与 V 优先组合的 N，然后调用 HNC 农业动词词语知识库中 V 的句类知识进行验证。

在 HNC 农业动词词语知识库中，“栽培 1”的句类为“X”；广义对象语义块知识(即该词语的施事和受事知识，在知识库中用符号“S”表示)为“XA：p XB：jw{jw61}”。首先根据“栽培 1”的句类代码为 X，调出作用句表示式“XJ＝XA＋X＋XB”。接着，我们发现“栽培 1”的广义对象语义块知识中表明了“栽培”作用的对象(XB)常为符号为“jw61”的词语，而检索词语串中的“西红柿”其符号恰恰为“jw61”，就可以判定：“西红柿”为“栽培”作用的对象，即受事。

因此，“栽培”和“西红柿”就优先组合，构成语义相对完整的“句蜕”。

3.3　确定另一 N 的语义角色

根据 N 的概念类别及其 HNC 符号来确定另一 N 的语义角色：

(1)若为与优先搭配的 N 概念类别相同，则此 N 与优先搭配的 N 可能同为施事或受事，比如：“玉米 水稻 套种”中“玉米”和“水稻”同为受事。

(2)若为 s2、j、g 类，则假设为信息焦点。

在“西红柿 栽培 技术”词语串中，“技术”的概念类别为 g，则自动假设为信息焦点。

对于“技术”是否确定为信息焦点，我们还可根据 HNC 动词词语知识库做进一步的验证。根据知识库中的广义对象语义块知识，“栽培”动作的施事者应该是概念类别为 p 的词，而检索词语串中没有符合要求的词语；又根据联想知识，“栽培”后面恰恰常常跟着“技术”一词，则“技术”必定不是施事，而应是信息焦点。因此，“技术”确定为该词语串的信息焦点。

3.4 构拟新的检索词语串

完成以上三个步骤后，我们就可以重新构拟新的检索词语串。在此，我们遵循以下规则：“句蜕”中的词语不允许单个溢出与“信息焦点”组合。如在“西红柿 栽培 技术”例中，“西红柿”与“技术”，“栽培”与“技术”都不可单独组成检索词语串。

至此，我们就基本解析出了含单动词和双名词的词语串的语义关系，并据此给出了构拟检索词语串的规则，构拟出新的检索词语串，通过算法，检索系统就可以根据新的检索词语串权值的不同，对相关文档进行匹配、排序，从而提高检索的准确率和召回率。

4 余　语

为了更好更高效地实现对含单动词和双名词的词语串的语义解析，有必要专门建设针对性知识库——焦点信息知识库。对于农业信息检索来说，表达焦点信息的词语其实非常有限，多为抽象概念，主要有以下语义类别：时间、空间、方式、方法、条件、原因、性质、状态、种类、数量等，每一类别的 HNC 符号均有共性。因此，我们可以为这些表达信息焦点的词语建立一个专门的知识库。在解析含单动词和双名词的词语串的语义时(尤其在步骤二和步骤三)，调用这个知识库，能够更快、更准确地解析出词语串的含义。

我们认为，在 HNC 概念联想脉络和 HNC 农业词语知识库基础上可以基本解析出含单动词和双名词的词语串的语义关系。对该词语串的语义理解将有助于基于语义的智能农业信息检索的实现，将能够为农业信息检索的用户提供更多更具相关性的农业信息。

参考文献

[1] 黄曾阳. 2004. 语言概念空间的基本定理和数学物理表示式. 北京：海洋出版社.
[2] 苗传江. 2005. HNC(概念层次网络)理论导论. 北京：清华大学出版社.

针对 HNC 理论的特殊语序结构的抽取策略[①]

——基于足球比赛报道新闻文本的抽取任务

罗雯涛

北京师范大学中文信息处理研究所　北　京　100875

lwtmusou@126.com

摘　要：本文讨论了针对足球比赛报道文本自动抽取任务中对特殊语序格式的处理方法。本方法从激活模式和分析模式两方面对特殊语序情况下的抽取任务进行了分析研究。同时本方法可以方便地为高度模式化动词中心抽取所使用。

关键词：动词分类，JK 要素句蜕，EK 要素句蜕，信息抽取

1　特殊语序结构

本文的基本抽取策略采用从右向左的顺序，基于每一个动词事件为中心驱动的方法。整个过程将被简化为具体每一个动词关联的语义论元结构的分析和抽取。这样做最大的好处是整个抽取过程高度模块化。但与此同时，语序结构对于信息抽取的影响很大。同样的动词表述同一事件，不同的语序带给抽取任务更大的难度。

例 1.[克里希\PER][拉倒\Vfoul][罗西\PER]，[裁判\PER][出示\Vcard]了黄牌。[②]

[罗西\PER][被\12J][克里希\PER][拉倒\Vfoul]，[裁判\PER][出示\Vcard]了黄牌。

如例 1，先分析“出示黄牌”的语义关系，如果采用和正常语序一样的处理，我们无法找到抽取所关注的宾语——领牌人。领牌人应由前面相关的犯规事件的分析来补充。本例中犯规事件可以有不同的表达形式，单一的分析策略显然无法满足要求。因此，我们就有必要仔细地讨论在同样语义不同语序下的抽取策略。而想要正确抽取出相关信息，我们要建立起一套完整的基于 HNC 理论的每一具体语序结构的分析策略。在本研究中，只要不是 HNC 所定义的！0 基本格式，其余的语序上的变化均算作本文要研究的“特殊语序结构”。

笔者目前所关注的要抽取的事件主要是进球事件、替换事件、红黄牌事件，但分析策略却不止局限于这几个事件。在具体文本中，这些事件常与其他事件互相牵连，只关注这三个事件本身，将不能彻底解决这个问题。正如前面例句所示，红黄牌事件的宾语是我们所关心的，需要抽取的，但是由于句子中各个事件的信息是交织在一起的，我们必须要解决前面犯规事件的分析，才能为抽取需要的红黄牌事件提供足够的信息。也就是说，我们应该先从全局来考虑，反而更好把握。这样总结出的规则，在具体每一事件信息抽取中也同样适用。

---

①　本文得到国家科技支撑计划项目“中文信息处理应用与系统开发”之课题“中文信息处理应用理论研究和知识库资源的开发”(编号为 2007BAH05B01)的资助。

②　为方便说明，我们对抽取中运用到的一些要素进行了标注说明，实际抽取任务是针对原始文本。

2 抽取策略中的特殊要素

在本次抽取任务中，存在一系列关键的特殊要素。(1)动词的分类：动词的分类是我们在进行抽取任务之前，由知识库提供的内容。足球领域的动词虽然众多，但是就具体描述的时间来分，我们可以把他们大体分成①传球类、②突破类、③防守类、④犯规类、⑤射门类(不含结果)、⑥进球结果类、⑦罚球类、⑧接球类、⑨争抢类。动词的种类是我们研究的重点，不同的种类都对应不同的特性和规则。在解决语序问题方面，其中的②③⑤⑥⑦⑧类动词事件论元关系上看只存在主语，HNC的角度来讲也就是存在两主块。①④⑨类动词事件则存在主语和宾语，即存在三主块。(因足球领域抽取任务实际需要，本文中所关注的能成为JK的成分仅限于人名)三主块和两主块的区别对于我们采取具体的策略有影响。(2)格式标志词：格式标志词代表有“被、遭、受、把、将”。这些词分别对应语句格式代码！11J或！12J，决定了语义关系语序排列的变化，是我们在特殊分析策略中的重要激活点。同时，出现标志词也预示了存在三主块的情况。(3)句蜕：句蜕在足球文本中经常出现，常含有标志词“的”。句蜕的情况可以分为EK要素句蜕和JK要素句蜕。句蜕的语义关系更为复杂，还常与！11J、！12J结构联合出现，增加了分析的难度。(4)联合词：以“和与同”为标志词，有真假联合之分。真联合体现为两个人名联合做一个成分。假联合多体现为有主次之分的！11J的格式。(5)否定词起否定该动作或表明该动作没有发生的标志词。

3 针对五大特殊语序结构的抽取策略

3.1 ！11J结构的抽取策略

例2.[比基\PER]首次触球就近距离[将\11J]皮球打入空门。

在进行分析之前，我们首先要识别什么是！11J结构，该如何激活。虽然例2有“将”，但是“打入空门”属于进球结果或者是“射门”动作，因此，其语义关系只存在两主块。而！11J的结构不会出现两主块动词，该分析策略不应被激活。激活此分析策略的正确激活模式是“存在‘把、将’等标志词以及三主块动词”。

例3.回追的[乔尔卢卡\PER]从背后[将\11J][埃夫拉\PER][铲倒\Vfoul]。

例3为典型！11J结构。中心动词“铲倒”属于犯规类，符合三主块动词的要求，其前面有两个人名，一个为语义关系的主语，一个为语义关系的宾语。结构模式表达为“主语＋标志词＋宾语＋动词”。不考虑其他事件的情况下，我们独立对这一类结构的分析应当如下：以从右向左的顺序，首先遇到“铲倒”，那么确立分析“铲倒”的语义关系。“铲倒”属于犯规类，有三个语义块，正常情况下应该在其前后各有一个人名。但是由于后边有句号作为边界，则实质上已经不满足“铲倒”的正常语序分析策略的激活。继续向前寻找，在不超越标点边界的前提下，能找到“人名＋！11的标志词＋人名＋动词”的结构时，我们就应该激活！11J结构对应的抽取策略。也就是将“将”前面的人名认定为语义关系的主语，“将”后面的人名认定为语义关系的宾语。

例4.第73分钟，刚刚替补出场不到1分钟的[基特森\PER][飞铲\Vfoul][埃弗拉\PER]，[斯代尔斯\PER]将其红牌[罚下\Vcard]。

例4是一个稍微复杂的，与其他事件联合作用的情况。在这里红黄牌事件的表述中出现了！11J结构的激活条件，可以激活其对应的分析策略。而标志词“将”字后并没有人名，也就是缺宾语，也是抽取中最为关注的领牌的人。这个时候，作为抽取要求的信息是不能缺省的，我们需要向前分析。以标点为边界，当前的动词语义分析转换到对"飞铲"的语义关系的分析。通过对"飞铲"的分析，然后根据知识库中个事件间的联系，犯规类事件中的主语提供给红黄牌事件做宾语。

3.2　！12J 结构的抽取策略

例 5. 第 60 分钟，[纽金特＼PER][传球＼Vpass]，[乌塔卡＼PER]的[远射＼Vshoot][被＼12J][范德萨＼PER][没收＼Vdef]。

同样是激活的问题，在例 5 中，虽然含有"被"，格式也不是规范格式，但是"被"统领的动词"没收"为两主块动词。具体的动词和动词发出者的关系却仍旧是人名在前，动词紧接在后的正常顺序。在整个事件框架中，语义关系是明晰的。"远射"是"乌塔卡"发出，"没收"由"范德萨"发出。"没收"这一类动词在足球比赛中的特殊属性决定了其没收的是皮球，而在信息抽取中又不需要人名以外的 JK，所以使用正常语序的分析策略就可以了。也就是说，本句并不存在激活！12J 结构的激活策略也就跟！11J 结构一样，我们同样给！12J 设定激活条件："存在"被"等标志词，以及三主块动词"。

例 6. 第 66 分钟，[赫莱布＼PER]高速[突入＼Vbt]禁区[被＼12J][理查兹＼PER][铲倒＼Vfoul]，点球！

例 6 是一个典型的！12J 结构。中心动词"铲倒"属于犯规类，符合三主块动词的要求，其前面有两个人名，一个为语义关系的主语，一个为语义关系的宾语。结构模式表达为"宾语＋ 标志词＋主语 ＋ 动词"。我们对于这一类结构的分析如下：以从右向左的顺序，首先遇到"铲倒"，那么确立分析"铲倒"的语义关系。"铲倒"属于犯规类，有三个语义块，正常情况下应该在其前后各有一个人名。但是由于后边有逗号作为边界，则实质上已经不满足"铲倒"的正常语序分析策略的激活。继续向前寻找，在不超越标点边界的前提下，能找到"人名＋动词"的结构，但是这时出现了一个特殊状况，出现了动词"突入"。而对于"铲倒"宾语的寻找就不能直接通过我们先前既定的"宾语＋ 标志词＋主语 ＋ 动词"来直接定位，需要别的策略。目前"铲倒"语义关系的分析尚未完成，我们先将其压入栈中，先行处理"突入"的语义关系。"突入"属于突破类，只有两个语义块，也就是主语。在本句中"突入"为正常语序，所以得到"突入"的主语是"赫莱布"。并将其返回给"铲倒"的分析，最后完成。也就是将"被"后面的人名认定为语义关系的主语，"被"前面的人名(同时由"突入"返回的人名)认定为语义关系的宾语。

例 7. 第 13 分钟，[隆格＼PER]对[费雷拉＼PER][犯规＼Vfoul][被＼12J][黄牌警告＼Vcard]。

例 7 是一个！12J 与！11J 结合的例子。其中方式词＋动词："黄牌"＋"警告"的主语并没有出现。本句的 HNC 格式代码为！3112J。"黄牌"＋"警告"可以定义为犯规事件中的特殊类红黄牌事件。在激活！12J 的分析策略后，我们可以看到对于被字句，动词主语的寻找不能超过"被"字之前，那么主语就被认定为缺省。但"黄牌警告"也有着特殊属性，能直接告诉我们语义关系的主语是裁判。接下来的步骤跟例 6 相似，在未完成"黄牌警告"的结构模式匹配的情况下，遇到动词"犯规"，我们就先考虑"犯规"的语义关系，并把"黄牌警告"的处理先压入栈中。同时，我们又在分析"犯规"时激活了！11J 对应的分析策略。最后根据犯规类事件和红黄牌事件的关系，将犯规类事件的主语返回给红黄牌事件做宾语。

3.3　JK 要素句蜕和 EK 要素句蜕的抽取策略

在足球比赛新闻文本中，句蜕中的动词常常会成为我们分析中的障碍。因此，在制定分析策略时，我们必须解决句蜕的语序问题。以“的”为标志的句蜕有EK要素句蜕和JK要素句蜕。加上两主块和三主块的不同，那么还可以具体分为四种情况。

例8.[小施梅切尔\PER]及时[出击\Vdef]脚下[扑球\Vdef]，他[的\de]脸部[被\S12]范佩西脚尖挂了一下，好在没怎么[受伤\Vinj]。

我们仍旧要注意激活的情况。首先，我们需要排除不相干的表示所属关系的“的”，如例8。可以看到，激活“的”字句蜕的分析处理办法的条件是“一定要出现动词”。

例9.[彼得罗夫\PER][传中\Vpass]，但第50次出战英超[的\de][爱尔兰\PER][没有\DIS][停好\Vget]。

对于“的”字的激活还有一种情况。如例9，在“出战”不符合收入动词知识库的条件下，那么该“的”字句蜕自动到了标点的边界处，就跳出对该句蜕的语义关系分析。在动词知识库对所要关注的抽取事件进行完整归纳的前提下，不存在于动词知识库中的动词，那么其所表达的事件不会是抽取任务所关注的。对这种情况的忽视不会造成抽取任务的错误。

3.3.1 两主块EK要素句蜕和JK要素句蜕的抽取策略

例10.第2分钟，[西塞\PER]禁区外[的\de][射门\Vshoot][被\S12][封堵\Vdef]。

例10为两主块EK要素句蜕结构。在整个句子的分析中，首先是“封堵”属于两主块动词，!12J结构的分析策略没有被激活。然后遇到动词“射门”，再遇到“的”。因而两主块EK要素句蜕对应的激活条件是“在不超越标点边界的情况下，(的)＋两主块动词”。结构模式：“人名(主语)＋标志词(‘的’)＋两主块动词”。虽然是“的”形成的句蜕，但分析策略应等同于正常语序下的基本分析策略。

两主块JK句蜕则相对复杂一些。由于其语义关系中的主语必然会在另一个动词的分析中，做主语或宾语，那么其激活条件实际有两种情况。

例11.[亨特\PER][铲倒\Vfoul]了[跟进\Vbt]的[特维斯\PER]。

在例11中，我们可以看到激活条件为“两主块动词＋标志词(‘的’)＋人名(主语)”。从本句我们看到，JK句蜕还有一个特点就是对他的分析后得到的结果，必然会在分析别的动词时被用到。此例中，我们就要在结束“跟进”的分析后，将“特维斯”返回给下一个动词的分析。

例12.[跟进\Vbt]的[特维斯\PER][捅出\Vget]皮球。

相应的，例12中，JK句蜕作为整体，成为别的动词的主语。从右向左分析，由于中心动词“跟进”的前移，前面有一个动词“捅出”的语义分析，已经使用了人名“特维斯”。接下来再遇到“跟进”后，由于“捅出”的分析已经先行完成，我们无法判断要将哪一个或是否要将本分析中的人名留给下一阶段的分析。这时“的”的标志作用就凸显了出来。这时的激活条件就应是“两主块动词＋‘的’”。具体分析时，向后最近的动词索取一个人名来补足语义关系。“捅出”只有主语“特维斯”，因此返回“特维斯”完成分析。

例13.[理查兹\PER][对\S11][突入\Vbt]禁区[的\de][圣克鲁斯\PER][犯规\Vfoul]。

[迪亚比\PER][被\S12][回追\Vdef][的\de][弗雷\PER][拉倒\Vfoul]。

例13是更为复杂的!11、!12结构与“的”的两主块JK句蜕的结合情况。但是我们可以同样按照上面的方式处理。“犯规”“拉倒”均为三主块的犯规类动词，缺少成分。这时候继续向前遇到激活条件“两主块动词＋‘的’”，将之前的动词分析压入栈中，先行处理两主块JK

句蜕，最后返回人名给之前的动词分析。其中值得注意的是“对”字句，在完成句蜕的处理后，重新处理“犯规”时，要将“圣克鲁斯”置于宾语，而非第一次处理时默认的主语。

3.3.2　三主块 EK 要素句蜕和 JK 要素句蜕的抽取策略

例 14.[克里希\PER][对\S11][本特利\PER][的\de][犯规\Vfoul][被\S12]黄牌[警告\Vcard]。

在足球新闻文本中三主块的句蜕几乎都含有一个格式标志词。例 14 中，三主块 EK 要素句蜕结构为“语义主语＋标志词(‘对’)＋语义宾语＋标志词(“的”)＋动词”。这同时也是其激活条件。这种情况中只会出现表示联合的标志词“和”及！11J 结构的标志词“把，对，将”等。！12J 结构的标志词“被”则没有出现。这种情况下的抽取策略与单独出现“对”的情况在语序上并无区别。“[克里希\PER][对\S11][本特利\PER][犯规\Vfoul]”，我们可以套用前面！11J 结构的分析策略。

例 15.[将\11J][安德森\PER][铲倒\Vfoul]在地的[德尼尔森\PER][吃到\Vcard]了本场比赛的第二张黄牌。

[被\12J]队友[弗拉米尼\PER][撞倒\Vfoul]的[萨尼亚\PER]不能坚持比赛，[被\12J][德尼尔森\PER]换下场。

例 15 中，三主块 JK 要素句蜕则较为特殊，通常呈现出与！11J、！12J 结构结合的形式。根据标志词的不同分为两类。我们可以看到其语序与“把”“被”的！11J、！12J 结构的语序并不一致。而且这类句蜕中既含有“把”或“被”，又含有“的”，如何与单纯的“把”“被”区别开呢？如何激活正确的分析策略就成了重点。

其中，例 15 第一句中，三主块 JK 句蜕和！11J 结构结合。激活条件为“把、将＋(人名)＋三主块动词＋的＋人名”(“的”后必须存在人名)。同时，句蜕中的语序和正常语序完全颠倒，因此，分析策略也是完全不同于之前提到的各种形式。“吃到”在足球场上特指吃牌，而且是一个特殊的三主块动词。因此在激活对句蜕的分析前，“吃到”的分析已经完成。之后激活句蜕，将“德尼尔森”返回给句蜕分析使用。在分析中，将动词前的人名视为宾语，动词后的人名视为主语。其结构模式为：“标志词(‘将’)＋语义宾语＋动词＋的＋语义主语”。①

例 15 的第二句我们可以看到，三主块 JK 句蜕和！12J 结构结合。结构为“标志词(‘被’)＋语义主语＋动词＋的＋语义宾语”，语序跟最基本的三主块语序是一致的。我们可以套用最基本的三主块分析策略。但是，激活的条件跟基本三主块是不一样的。激活模式为“被＋(人名)＋三主块动词＋的＋人名”(“的”后必须存在人名)，而且这个激活模式肯定不能超越标点边界。

从上述我们可以看到，“的”字句蜕中存在三主块和两主块由动词的分类决定，而与！11J、！12J 结构的结合也会影响分析策略。总的来说“的”字句蜕的四种形式各有激活策略，激活后再按照相应的分析办法进行分析。

3.4　含有否定词的结构的抽取策略

例 16.[法布雷加斯\PER]底线[低传\Vpss]进来，[本特纳\PER][没有\DIS][碰到\Vget]皮球。

[特维斯\PER][没有\DIS][射门\Vshoot]，而是[假动作\][扣过\Vbt]对方

① 在实际抽取中，完成了对红黄牌事件的分析，就将跳出程序，不会对接下来的句蜕进行处理。

后卫[查韦斯\PER],[带球\Vbt]入禁区,[抽射\Vshoot]得分。

否定词对于抽取的影响主要是对于动词的否定。例16中否定词起的作用还有不同,区别在于否定一个动词之后,该动词主语还是否对球有控制权。这很大程度上影响对整个句子语义关系的判断。第一个例子之中,“没有”的否定词仅仅限于“本特纳”没碰到皮球,也就没有关于他的后续动作。第二个例子,否定了一个动作,但是其主语还有后续动作。

在单独处理否定词时,两个例子的处理方法是一样的。都是按照正常的情况处理,否定词仅仅作为附加成分否定整个动作。而针对后一个例子的后续动作,在这种情况下,从右向左的分析顺序就比较容易处理。我们可以看到第二类有后续动作的文本一个特点,被否定的动作和后续动作为紧密衔接的关系,所以通常后一动作会省略主语,在“扣过”的分析缺少主语,跳到“没有射门”的分析时,其主语“特维斯”会自动返回给前面的分析,补足其缺省部分。

例17.[加拉\PER]禁区内[放倒\Vfoul]了对方前锋[亨特\PER],但裁判[拒绝\DIS]判罚点球。

[沃尔科特\PER]起不擅长的右脚打门,球偏出左门柱。

否定词另一大难点是识别困难。否定的形式很多,难以穷举。加之有时可以为否定,有时则不是。例17中,“拒绝”虽然是动词,但在足球比赛领域却经常要充当否定词。第二个例子可以说明了“不”字不否定动词的情况。所以正确的关于“否定词”分析的激活应该遵循一个模式:“否定词+动词”。虽然在对进球信息抽取时,遇到的否定词特殊情况不多,但如果想要解决足球比赛其他事件的抽取,这是今后分析的一个难点。

3.5 含有联合词的结构的抽取策略

联合词主要是指在形式上将两个人名联系在一起作为一个整体看待的特殊标志词。其典型标志是“和”“同”“与”。含有这些标志的结构,语义上可细分为真联合、假联合。

例18.[阿德巴约\PER]和[纳斯里\PER]打出[二过一配合\Vbt],[带球\Vbt]进入禁区,[低射\Vshoot]打入球门右下角。

例18是一个假联合的例子,虽然有“和”,但事实上语义关系却有着主次之分。我们可以把“和”字两边的两个人名看作动作的主语和宾语。不是真正意义上的联合词。

例19.[梅西\PER]连续[晃过\Vbt][斯科尔斯\PER][和\COM][费迪南德\PER],起左脚[射门\Vshoot]得分。

例19中,“和”才是真正的联合词。“斯科尔斯和费迪南德”联合起来作为一个宾语。我们还可以看到,这种情况的出现,是由于动词为三主块。而两主块则不会出现分歧,是真正的联合。

如何区分真假联合?在新闻文本中有一个特殊的现象,不是联合的“和”字出现在动词前;是联合的“和”字出现在动词后。这是由于在叙述中,作者更加偏向于突出进攻一方(同时也是抽取事件关注的对象),而且伪联合中不太可能出现其他格式(如!11、!12)来干扰语序。因此,我们的激活条件是:“含有联合词的结构中,出现三主块动词,其左边不存在联合主语。右边的是联合。出现两主块动词则一定是联合。”

假联合中,“阿德巴约”“纳斯里”分别为“二过一配合”语义上的主语宾语,整个结构即是!11J结构。真联合中“斯科尔斯和费迪南德”则总体作为一个宾语存在。整个句子为正常语序,按照一般三主块句分析。

参考文献

[1] 黄曾阳 . 1998. HNC(概念层次网络)理论——计算机理解语言研究的新思路 . 北京：清华大学出版社 .

[2] 苗传江 . 2005. HNC(概念层次网络)理论导论 . 北京：清华大学出版社 .

[3] 奚斌，钱龙华，周国栋，朱巧明，钱培德 . 2008. 语言学组合特征在语义关系抽取中的应用 . 中文信息学报(3).

[4] 赵妍妍，秦兵，车万翔，刘挺 . 2008. 中文事件抽取技术研究 . 中文信息学报(1).

求职简历信息的自动抽取[①]

任　宁

北京大正语言知识处理科技有限公司　北　京　100081

reana@163.com

摘　要：本文研究了在求职简历文本中人物简历信息的提取方法和规则，并以 50 份简历文本为封闭测试对象，检验了提取方法的准确率和召回率。本文提出了利用求职简历的模式特征抽取简历信息的思路，本文的研究方法对其他半结构文本中的信息抽取研究也有一定借鉴意义。

关键词：求职简历，简历信息，自动抽取

1　前　言

大型公司的人力资源部门常常收到求职者投递的简历，尤其在招聘期间，往往更是求职者集中投递简历的时间。如何对这些简历进行规范化和结构化，提取相关信息，实现人力资源库的动态更新，以便及时、准确地招聘到合适的人才，是需要认真考虑的问题之一。

猎头公司要掌握招聘公司和求职者两方面的信息。这些公司既需要了解公司招聘的职位，又要了解求职者能力、求职意向、受教育程度、工作经历等信息。因此猎头公司也需要对所掌握的简历进行规范化和结构化。如果猎头公司建立了及时更新的人力资源库，那么当招聘公司提供招聘岗位的时候，猎头公司就能迅速而及时地找到适合的人才。除此之外，猎头公司还需要在网上搜索招聘公司所需要的合适人选。如果有相关软件可以自动搜索满足条件的求职者的简历，猎头公司也会领先一步，这样就可能在与其他猎头公司的竞争中取得优势。

51job、智联招聘等招聘网站都需要用户一条条填写各项信息。作为求职的人，固然有耐心填写，但这种做法是跟服务性网站的便利性原则相悖的。如果能自动抽取简历中的信息，就可以节约用户时间，也就有可能获得更多用户。中华英才网引入了中文附件简历助手功能，部分实现了简历信息的自动提取，但效果并不十分理想。

另外，网上进行的各种认证、报名等也需要对人物信息进行自动提取和处理。

2　求职简历的特点和构成

求职简历顾名思义就是应聘者以求职为目的，向招聘公司投递的对个人信息、过去的工作经历、教育背景等情况的简要介绍。

2.1　求职简历的特点

求职简历有比较固定规整的格式，图 1 是一份求职简历文本的例子。（为保护个人隐私，例中人物真实姓名、联系方式等已被修改）

---

①　本文得到国家科技支撑计划项目“中文信息处理应用研究与系统开发”之课题“中文智能搜索引擎核心技术和应用示范系统的研发”(编号为 2007BAH05B02)的资助。

· 个人资料

姓　　名：林林	学　　历：本科
性　　别：男	政治面貌：群众
出生年月：1981 年 10 月 5 日	家庭住址：北京市西城区
籍　　贯：北京	电　　话：010－12345678　　13812345678
身　　高：171CM	OICQ：83346971
体　　重：63KG	MSN：linlin@hotmail.com
毕业院校：北京联合大学师范学院	

· 工作经验

- 2004 年 8 月至 2004 年 12 月

  为北京十月文艺出版社出版《青涩时光》一书做美术编辑工作。其中插图创意均为与本书作者交流并仔细阅读全书文字后而得，以摄影，手绘，雕塑等多种手法独立制作完成。

- 2006 年 5 月至 2006 年 10 月　北京骑行者山河好大自行车生活馆担当技师

  再次参与创业团队，从选址、装修到渠道，人脉以及教授学徒，事无巨细，倾尽我 10 年自行车运动经验，为看一个梦想变成现实。

图 1　求职简历例图

在图 1 中我们可以看到。求职简历文本求职简历被小标题分成几个部分。通过对标题的识别就可以很容易的把这几个部分区别出来。同时，各个部分内部也有一定格式特征。如基本信息的形式是“项：值”，前面是简历项名称，后面是简历项内容，中间用“:”隔开。

求职简历文本属于半结构化文本(Semi-structured Text)。这种文本介于结构化文本和非结构化文本之间，具有一定格式标记，但不严格。如电报报文、分析报表、简短广告文等应用文。在形式上，半结构化文本比数据库或具有严格格式标志的结构化文本灵活；比起语言和格式灵活的非结构化文本(Unstructured Text)，半结构化文本显得更为规整。图 2 和图 3 分别是结构化文本和非结构化文本的示例。

表1 : 表

	人名	年龄	职衔
	陈柄煌	88	农民
✎	魏巧娘	90	农民

图 2　结构化文本例图

88 岁新郎“迎娶”90 岁新娘

本报讯　据《海峡都市报》报道，2 日，福建泉州真武庙广场，88 岁的新郎陈大伯，用三轮车载着 90 岁的新娘参加集体婚礼！陈大伯叫柄煌，新娘叫魏巧娘。“我们是来庆祝金婚的，68 年前结婚时，什么仪式也没办，现在算是补过吧！”陈大伯和魏大娘都是南安人，现住丰泽区，他俩的子孙有 50 多人，最大的曾孙子已经 20 岁了。

图 3　非结构化文本例图

2.2　求职简历的构成与分析

求职简历文本一般由个人信息、教育背景、实践经历、个人评价、联系信息五部分组成，另外根据求职意向、工作要求和个人情况不同，还可能有求职意向、所得奖励等其他项目。如表 1 所示。

表1 求职简历构成项目表

简历构成	具体内容
个人信息	姓名、性别、年龄、婚否、民族、政治面貌、籍贯
教育背景	所学课程、学历、毕业院校、专业、受过何种培训
实践经历	参与工作或实习的时间、工作岗位、工作单位、具体工作任务和完成情况
个人评价	个人性格特点、特长等。
联系信息	联系电话、手机、联系地址、邮编、E-mail、QQ号码、个人主页
其他信息	求职意向、希望薪酬、各种证书、外语水平、计算机水平、所得奖励、发表论文或文章的情况

在对大量求职简历文本进行研究和分析的基础上，我们发现，基本上所有的求职简历格式都可以用“A+B+1”结构模式概括。这里所谓的A部分其主要内容是个人信息，很多情况下联系信息也包括在内。另外，教育背景、实践经历、个人评价还有其他信息的部分内容也出现在这一部分。这里所谓的B部分则主要包括教育背景、实践经历和个人评价，此外可能含有其他信息和联系信息中的部分内容。这里所谓的“1”指的是联系信息。联系信息既可能出现在A部分，也可能出现在B部分的末尾。

之所以把求职简历的格式以“A+B+1”的模式来描述是基于这样的观察：在A部分，各简历信息基本是以“项：值”格式存在的。即前面是简历项名称，后面是简历项内容，中间用分隔符(可能是“:”、制表符或空格)隔开。值的部分是表达单纯概念的简单信息，往往是一个短语。而在B部分，各简历信息的值相对复杂，为组合概念，项、值之间多以换行分隔。如图4所示。

个人评定
人际关系广泛，与众多行业交流甚密，眼界开阔，思维灵活，社会认知清晰，能力全面，各方面经验技术灵活交织，能纵横把握大局
自信、乐观、富有创造力、善于发明、发现、勇于钻研

图4 B部分简历项示例

我们表述为“1”的联系信息有时出现在A部分，有时出现在B部分之后(即文本末尾)。

“A+B+1”的具体构成如表2所示。

表2 “A+B+1”的具体构成

	具体内容
A	姓名、出生年月(年龄)、民族、籍贯、性别、爱好、健康状况、身高、体重、政治面貌、身份证号码、婚姻状况、毕业时间、专业、系别、学历(学位)、英语水平、毕业院校、培养类型、第二外语、计算机水平、求职意向、工作经验、工作年限、现任职务、曾任职务、薪资要求、从事行业
B	教育背景、特长、兴趣爱好、工作经历、自我评价、能力、语言能力、计算机水平、求职意向、社会实践经验、荣誉、现就职行业、成果展示、职业生涯规划、其他信息
1	联系电话、手机、联系地址、邮编、E-mail、QQ号码、个人主页

3　求职简历信息的抽取方法

基于对求职简历“A＋B＋1”结构的观察和分析，我们认为A部分与B部分以及联系信息部分应使用不同的处理策略。而正确识别A和B的分界以及定位联系信息是提高求职简历信息自动抽取的正确率和召回率的关键。

3.1　求职简历A部分简历信息的抽取方法

A部分的简历信息“值”的部分为单一概念，“项”和“值”之间一般不换行。但是这一部分为了美观起见，经常在内部出现空格。如图5所示：

姓　　名：林林
性　　别：男
出生年月：1981年10月5日
籍　　贯：北京

图5　A部分简历信息示例1

另外，同样的，有些简历的作者为了美观考虑，会把两项简历项放在同一行。如图6所示：

姓　　名：梅兰	性　　别：女
出生年月：1982年1月26日	健康状况：良好
年　　龄：27岁	婚姻状况：未婚
毕业院校：中南财经大学	学　　历：本科
工作年限：5年	专　　业：财务会计

图6　A部分简历信息示例2

考虑到A部分的以上两个特征，我们使用的提取策略是：(1)按顺序一行行读入文本；(2)去掉每行空格；(3)以A部分简历信息中常见的简历项名称做触发词语，遇到触发词语则替换成“换行符＋触发词语”的格式；(4)对A部分每一行进行处理，提取触发词语作为简历项名称，后面的部分作为简历项的“值”。

3.2　求职简历B部分简历信息的抽取方法

B部分的简历信息“值”的部分为组合概念，“项”和“值”之间一般会换行。对于这一部分，我们的基本提取策略是：(1)按顺序一行行读入文本，去掉“【”“】”“—”等修饰成分。(2)以B部分简历信息中常见的简历项名称做触发词语，遇到触发词语则以触发词语作为“项”，后面的部分作为“值”，直到遇到下一个触发词语为止。如图7所示：

教育背景
1997.9—2000.7 北京市财政学校
2000.9—2003.7 中央广播电视大学
2002.6—2004.7 华东师范大学
业务特长
*拥有会计资格证书，熟悉国家财经制度和相关政策法规，能熟练使用财务软件
*头脑灵活，善于分析，具有现代财务管理理念

图7　求职简历B部分简历信息示例

教育背景和业务特长是简历项名称，则其中间的部分就是教育背景的“值”。

3.3 识别求职简历A部分与B部分的分界

顺序遍历文本，搜索第一个B部分触发词语的位置，判断此触发词语与其“值”之间是否有换行符分割。若有，则认为此处是A与B的分界。否则，继续向后遍历，寻找下一个B部分触发词语。

3.4 “1”的定位和处理

“1”联系信息有时出现在A部分，有时出现在B部分之后(即文本末尾)。对这部分信息的处理方法是：(1)利用联系信息触发词表定位联系信息；(2)对于联系信息部分以与A部分相同的方法进行处理。

4 抽取结果

本研究以网上下载的50份简历为研究对象，对其中的简历信息进行抽取，抽取结果如表3所示：

表3 求职简历信息自动抽取结果

简历项	准确率	召回率	简历项	准确率	召回率
姓　名	100%	100%	曾任职务	100%	100%
出生年月(年龄)	100%	100%	薪资要求	87.50%	93.75%
民　族	100%	100%	从事行业	100%	100%
籍　贯	100%	100%	联系电话	100%	97.92%
性　别	100%	100%	手机	100%	100%
爱　好	100%	100%	联系地址	100%	100%
健康状况	100%	100%	邮编	100%	100%
身　高	100%	100%	E-mail	100%	100%
体　重	100%	100%	QQ号码	100%	100%
政治面貌	100%	100%	个人主页	100%	100%
身份证号码	100%	100%	教育背景	98.00%	98.00%
婚姻状况	100%	100%	特长	97.50%	93.75%
毕业时间	100%	100%	兴趣爱好	100%	100%
专　业	100%	100%	工作经历	100%	100%
系　别	100%	100%	自我评价	100%	100%
学历(学位)	100%	100%	能力	100%	100%
英语水平	100%	100%	语言能力	100%	100%
毕业院校	100%	100%	计算机水平	100%	100%

续　表

简历项	准确率	召回率	简历项	准确率	召回率
培养类型	100%	100%	求职意向	100%	100%
第二外语	100%	100%	社会实践经验	93.53%	95.23%
计算机水平	93.75%	93.75%	荣誉	95.00%	95.00%
求职意向	100%	100%	现就职行业	100%	100%
工作经验	100%	95.23%	成果展示	100%	100%
工作年限	100%	100%	职业生涯规划	100%	100%
现任职务	100%	100%	其他信息	100%	100%

我们将表 3 中的抽取结果与图 8 周明(2006)的研究结果做对比，很明显各项数据要更好一些。说明本研究采取的提取方法有一定的优势。

Field	Word+NE(%)	Word(%)
Name	90.22	3.11
Birthday	87.31	84.82
Address	67.76	49.16
Phone	81.57	75.31
Mobile	70.64	58.01
E-mail	88.76	85.96
Registered Residence	75.97	72.73
Residence	51.61	42.86
Graduation School	40.96	15.38
Degree	73.20	63.16
Major	63.09	43.24

图 8　周明(2006)中的处理结果

5　结论及未来工作展望

由于时间有限，作者的水平也有限，本研究还存在很多不足，在未来的工作中，希望能尽量减少这些不足：(1)本研究的测试结果是建立在封闭测试基础上的，开放测试缺乏。(2)本研究还没有对组合信息内部进行分析和处理。比如工作经验信息，只是将应聘者的工作经历作为一个整体提取出来，没有对其工作年限、任职部门、担任职务和所负责的主要内容作进一步的分析和处理。(3)本研究未进行简历项名称的识别。

参考文献

[1] 于琨，管刚，周明，王煦法，蔡庆生.2006. 基于双层级联文本分类的简历信息抽取. 中文信息学报(1).

[2] 于满泉.2006. 面向人物追踪的知识挖掘研究. 中国科学院计算技术研究所博士学位论文.

[3] 张普.2000. 信息处理用动态语言知识更新的总体思考. 语言文字应用(2).

[4] 张普.1999. 关于语感和流通度的思考. 语言教学与研究(2).

[5] 杨尔弘.2005. 突发事件提取研究. 北京语言大学博士学位论文.

[6] 黄曾阳.1998. HNC(概念层次网络)理论——计算机理解语言研究的新思路. 北京：清华大学出版社.

[7] 苗传江.2005. HNC(概念层次网络)理论导论. 北京：清华大学出版社.

基于规则的人物关系抽取所需的语言知识研究[①]

佟佳丽

北京师范大学中文信息处理研究所　北　京　100875

t_jiali@126.com

摘　要：本文从词汇层面和句子层面讨论了基于规则的人物关系抽取所需的语言知识。人物关系抽取需要的词汇知识主要有人名、人称代词、关系词以及辅助性的词语；句子层面的知识主要是人物关系的表达模式，包括句类知识、语句格式知识等。这些语言知识，将用来构建人物关系自动抽取知识库，是实现人物关系自动抽取的基础。

关键词：人物关系抽取，语言知识，表达模式

人物关系的自动抽取是信息抽取领域研究的一个重要问题，其主要任务是从真实文本中提取出人与人之间的关系，如师生关系、朋友关系、亲属关系等。

人物关系抽取研究具有重要的应用价值，可广泛用于信息检索、情报挖掘等领域。我们进行人物搜索的目的是了解一个人的信息，有时不仅需要了解这个人自身的信息，还需要了解与他相关的人的信息，这样才能全面地了解这个人。有些人之间从表面上看没有关系，但可能通过关系网联系起来，即他们之间存在间接关系。发现这种关系是情报挖掘的工作，需要以信息抽取为基础。

用基于规则的方法进行人物关系自动抽取，其前提是告诉计算机：自然语言中用哪些词表达人物关系，人物关系有哪些表达模式。这些都是语言知识。总结出人物关系表达的常用词语、句子模式等关系识别所需的语言知识，才能建立服务于人物关系抽取的知识库，这是编制人物关系自动抽取程序的基础。

1　人物关系抽取所需的语言知识概述

人物关系是指人物由于其特定的社会存在而产生的与其他人之间的关系。人物的社会关系有很多种，例如父子关系、朋友关系等。一般来说，只要一句话中出现两个人或以上，那么他们之间就存在关系。一篇文章或者一个段落中的几个人，往往也是存在关系的。

要实现人物关系的自动抽取，首先就要找到文本中的激活点。激活点可以分为两类，一类是以词为激活点的，即用人名、人称代词、关系词等词汇层面的知识就可以激活含人物关系信息的语句或段落；另一类是不以词为激活点的，即文本中可能有隐含或间接的人物关系，经过推理才能获得，例如：

张三和李四在一个班级学习。

这个句子表示“张三”与“李四”是同学关系，但并没出现“同学”这一词语激活点。这句中的人物关系是隐性的，需要借助推理才能判断。

①　本文得到国家科技支撑计划项目“中文信息处理应用研究与系统开发”之课题“中文信息处理应用理论研究和知识库资源的开发”(编号为2007BAH05B01)的资助。

本文主要研究具有明显标志的人物关系，即以词为激活点的人物关系，这种关系是显式的或确定的。本文以句为单位进行研究，暂不涉及段落或篇章层面人物关系的演绎与推理。做好单句中人物关系的检测，可以在此基础上拓展段落或篇章的人物关系。

找到激活点后，下一步的任务是发现人物关系语句的表达模式。因为只利用词汇这一项知识是不足以提取出人物关系的，同样出现人名和关系词的句子，表示的关系可能不同。例如：

张三是李四的朋友。

这个句子表示“张三”与“李四”是朋友关系。

张三的朋友打了李四。

显然，“张三”和“李四”不是朋友关系。在这种情况下，归纳句子的表达模式就十分重要。

综上，人物关系抽取所需的语言知识可归为两类：词汇层面的知识和句子层面的知识。下文分别讨论。

2　词汇层面的知识

2.1　人　名

人名是人物关系抽取的第一个激活点。抽取的预处理阶段首先要在待处理文本中找到含有人名的句子，把它们放入下一步程序中。总体来说，人名识别技术主要利用两方面信息：(1)中文人名自身具有一定的构成特征与统计特征。例如：汉族姓名＝姓氏＋名字，并且姓氏用字相对比较集中，据统计常见的前100个姓氏占姓氏总数的80.010％(刘开瑛，2000)；(2)人名作为一种专有名词，其上下文环境具有一定的特征信息。例如：经常与身份词(“总理”“老师”等)、具有指示作用的动词(“说”“指出”等)或是副词(“已经”“也”等)接连出现。(朱丽丽、郑家恒，2006)

这两方面的信息是识别人名的关键资源，尽可能全面地总结语言规律，是实现人名自动识别的前提条件。

2.2　人称代词

含人物关系的文本中指代现象很常见，最典型的是代词指代。用于指向的语言单位，称为指代语(Anaphor)，被指向的语言单位称为先行语(Antecedent)。只有确定指代语和先行语的关系，才能明确指代语所指对象是什么，才能确定关系主体，也就是找到代词所指的人名。确定指代语相关联的先行语的过程称为指代消解(Anaphora Resolution)(梅铮、王厚峰，2005)。例如：

背背篼的是母亲文其珍，今年65岁。坐在背篼里的，是她的大儿子熊明强。

这两句说明“文其珍”与“熊明强”是母子关系，后一句中出现了一个人称代词“她”，如果我们忽略这个代词，即不进行指代消解，就不知道“她”指的是谁，与“熊明强”构成母子关系的另一方也就无法抽取出来，这必然会影响关系抽取的准确性。

指代消解首先要确定先行语。人称代词的先行语主要包括指人、地点、机构的专有名词和指称人的普通名词。然后从中找出哪个是与该指代语一致的。指代消解涉及多方面的知识，特别要分析指代语和先行语之间的性别属性、单复数属性、语法角色等。性别属性和单复数属性对过滤与指代语不一致性的先行语具有特别重要的作用，语法角色则有助于选择到最可能的先行语(梅铮、王厚峰，2005)。这些知识的归纳是指代消解所必需的。

2.3　关系词

关系词是人物关系抽取的又一个激活点。在文本中找到人名以后，就要判断这几个人之间是否存在关系，关系词是判断的主要依据。根据汉语的表达特点，关系信息的表达一般是以动词为中心的。例如：

张三和李四结婚了。

“结婚”一词是表达关系的关键信息。关系动词是 HNC 理论特征语义块的主要部分，可以为人物关系抽取程序提供句类信息(见本文第 3 节)。因此，总结关系动词并收入词表，从而形成关系动词词表，这是一项重要的语言知识。表达广义的人物关系的动词很多，不可能全部收入词库，我们可以根据词语的常用度、表达关系的明确性以及具体研究所关注的角度等，选择合适的动词。此外，由于动词存在离合现象，例如：

10 多年前，同在一个村长大的谢林玉和瞿春阶结了婚。

“结婚”一词在这里以分离形式出现。离合词的分离形式会给关系词的识别造成困难，所以，关系动词还需要配备是否离合这一信息。

除关系动词外，另一种表示关系的词类是关系名词。关系名词即表示人物关系的名词。关系名词一般能表达确切的关系，如“朋友”“好友”“母亲”等。相对关系动词而言，关系名词的数量较少，较容易穷尽。我们需要而且可以建立一个关系名词词表，作为人物关系抽取的基础资源。

2.4　辅助性词语

要实现人物关系的自动抽取，除上文所述的几种词汇知识外，还需要一些辅助的词汇知识，本文把它们称为辅助词。这类词虽不直接说明人物之间的关系，却是抽取中不可缺少的信息。这类词主要包括两种：表示判断意义的词和表示排除意义的词。表示判断意义的词(如“是”“叫”“成为”等)，本身不表示人物关系，但它是判断句的一个标志，是确定句类所需要的知识。例如：

张三是李四的朋友。

由判断动词“是”，我们可以初步判定这是一个判断句，“张三”和“李四”是朋友关系。当然，这种判定是不够准确的，对于更复杂的句子，还需要其他的信息才能确定，但这至少提供了一项知识，对于抽取规则的制定是有益的。如果没有这层判定，识别的错误可能更多。例如：

张三喜欢李四的朋友。

这句中，“张三”喜欢的对象并没有明确出现。如果不用判断动词加以判定，关系抽取的结果很可能变成“张三”与“李四”是喜欢关系。显然，这是一个识别错误，造成错误的原因就是没有利用判断动词。

关系抽取需要的另一项辅助词汇知识是表排除意义的词。因为有些句子虽然出现了两个人名和关系词，但表示的是否定意义，例如：

张三没有和李四成为朋友。

这个例子说明“张三”与“李四”之间并不存在关系，在抽取过程中是要排除的。这个信息需要利用否定词“没有”进行判断。所以把否定词收集起来建立词表是必要的。此外，有些句子里不出现否定词，而是出现表示人的主观意愿的词语(如“希望”“想要”等)、表示将来意义的词语(如“将要”“即将”等)、表示可能性的词语(如“可能”“可以”等)和表示假设的词语(如“假如”“如果”等)。这类词的出现表示句子所表述的人物关系不是一种既成关系，而是一种可能关系或是不存在关系，这些都是人物关系抽取中应该排除的关系。因此，我们需要建立包含这些词语的排除词词表，以排除出现关系词、但不存在关系的情况。

3 句子层面的知识

关系抽取只有词汇层面的语言知识是不够的。汉语是重意合的语言，句子形式复杂多样，因此，句子层面的语言知识也是人物关系抽取的重要依据。

出现同样的关系词的两个句子，表达的人物关系可能是不同的，例如：

张三和李四结婚了。

张三和李四都结婚了。

这两个句子中的人名和关系词都是相同的，只是后一句出现了副词“都”，表达的意思就完全不同：前者说的是一种关系，而后者说的是一种结果。这种差别要利用语句表达模式才能区分。

有时一个句子中出现两种关系，例如：

1995年，苇沙河镇错草村居民郑金山因生意纠纷，被同村人孙守和杀死。

这个句子中，“孙守和”与“郑金山”是“同村人”关系，同时又是“杀死”关系，要准确识别出文本中所含的人物关系，还需要进一步获得句子层面的知识，总结人物关系的表达模式。处理这个句子，我们可以先去掉与关系识别无关的辅语义块(黄曾阳，1998；苗传江，2005)“1995年”和“因生意纠纷”，经人名识别和关系词识别提取出有用信息：郑金山，被同村人孙守和杀死。分析这个句子可知，表达“同村人”关系的是一个同位结构，表达“杀死”关系的是一个关系句的被动形式。这时，我们需要知道的就是同位结构的表达模式和关系句(黄曾阳，1998；苗传江，2005)的表达模式。我们可以利用语句表达模式知识，把这句话分解，变成两个小句：(1)郑金山，同村人孙守和；(2)郑金山，被孙守和杀死。再利用关系句的格式知识，可以对句(2)进一步分析，得到结果：孙守和，杀死郑金山。

语句格式知识主要用于判断关系的指向，即关系是谁对谁的。如上句的格式代码是!12，即第一个广义对象语义块位于第二个广义对象语义块和特征语义块之间，说明是“孙守和”杀死“郑金山”，而不是相反。再如：

1994年，在临江市苇沙河镇，时年18岁的刘金波将丛大伟刺死，案发后逃跑，没有任何线索。

这个句子的格式代码是!11，即第二个广义对象语义块位于第一个广义对象语义块和特征语义块之间，说明是“刘金波”刺死“丛大伟”，而不是相反。

可见，句子层面的知识对于人物关系抽取有重要的指导作用。研究人物关系抽取，需要总结相关句子的表达模式知识。句子模式归纳得是否准确和全面，是影响抽取结果的一个重要因素。

4 结 语

本文初步研究了人物关系抽取所需的语言知识，包括词汇层面和句子层面的知识，为人物关系的自动抽取研究提供借鉴。所述内容中仍有不够全面和详细之处，笔者将在今后的研究中继续补充。

参考文献

[1] 黄曾阳．1998. HNC(概念层次网络)理论．北京：清华大学出版社．

[2] 刘开瑛．2000. 中文文本自动分词和标注．北京：商务印书馆．

[3] 梅铮，王厚峰．2005. 汉语人称代词消解的前端处理//全国第八届计算语言学联合学术会议(JSCL－2005)论文集．

[4] 苗传江．2005. HNC(概念层次网络)理论导论．北京：清华大学出版社．

[5] 朱丽丽，郑家恒．2006. 一种基于实例学习的人名识别方法//中文信息处理前沿进展——中国中文信息学会二十五周年学术会议论文集．北京：清华大学出版社．

搜索引擎的个性化和智能化[①]

吴 艳

北京大正语言知识处理科技有限公司 北 京 100081

ayahnc@yahoo.com.cn

摘 要：本文对当今搜索引擎的个性化和智能化趋势进行了详细论述。围绕用户需求，阐述了现有主流搜索引擎的不足之处和人们已经做出的努力，并展望了搜索引擎的未来发展方向。

关键词：搜索，个性化，智能化，用户需求

1 引 言

搜索引擎是伴随着互联网的发展而不断发展的。如今互联网已经成为人们工作、学习和生活中不可缺少的平台，围绕搜索已经形成一个重要的产业链，与搜索引擎相关的产品营销竞争也越来越激烈。搜索产品也在不断的提高检索技术，力图让用户获得最佳的搜索体验，以创造更好的效益。

2 搜索引擎的起源和发展

搜索引擎实际上就是在用户和互联网资源两者之间建立起一个联系，将用户真正想的内容呈现给用户，同时舍去用户不需要的内容。

人们对检索、交流文件信息的需求早已有之。在互联网发展早期，信息量较少，用户多为专业人士，查找信息要相对容易。但伴随互联网爆炸性的发展，普通网络用户想找到所需的资料简直如同大海捞针，这时为满足大众信息检索需求的搜索引擎便应运而生了。

最初的搜索引擎是一个可以在局域网中查询文件的系统，人们可以利用文件名来查找相关文件。万维网发明以后，便出现了可以查询网页的工具。接着就是超级目录索引 Yahoo 的出现，使搜索引擎的概念深入人心。从此搜索引擎进入了高速发展时期。然后就是众所周知的谷歌和百度。“有问题百度一下”已经成为中国网络流行语之一。

3 搜索引擎目前存在的问题

近 20 年来，搜索引擎得到蓬勃发展，但它完全满足了人们对信息索取的需求吗？答案是否定的。2006 年，中科院曾经发布的《基于客户体验的搜索引擎相关性改进报告》指出：百度、谷歌和雅虎三家搜索引擎在用户体验方面，还没有一家能够完全满足用户的完整搜索需求。网上庞大的数字化信息和人们获取所需信息能力之间的矛盾日益突出。而且用户的需求正在变得多元化、个性化，对信息精准的要求也越来越高。搜索引擎越来越不能满足挑剔的网民们的各种信息需求。

---

① 本文得到国家科技支撑计划项目“中文信息处理应用研究与系统开发”之课题“中文智能搜索引擎核心技术和应用示范系统的研发”(编号为 2007BAH05B02)的资助。

3.1　现有的搜索引擎不能满足用户的多元化和个性化需求

在日前召开的“2009技术创新大会”上，百度CTO李一男提到，网民的搜索请求正在变得多元化、个性化，甚至到了稀奇古怪的地步。根据百度对搜索关键词的监测发现，来自网民的“唯一检索请求”已经累计高达1亿，而在2003年的时候，这个数字只有几百万。也就是说，以往网民的需求往往“同质化”，倾向于了解“是什么”“什么样”这样的问题。而现在，网民的需求越来越倾向于“异质化”，期望通过搜索引擎帮助他做决策。

3.2　搜索引擎对自然语言的理解有限，造成提供的信息有缺失

用户的搜索目的大概分两种，一是查找相关资讯的关键词搜索，一是想知道答案的句子请求。用户正在变得越来越“懒惰”，他们希望得到直接的答案，而非一堆链接。但无论用户输入关键词还是输入句子，搜索引擎都是按照关键词来处理。这样的话，在下列情况下，用户很难找到想要的信息。

(1)寻找特定行业的信息。通用搜索引擎的方式是通过关键字的方式实现的，返回的结果倾向于相关新闻和文章等。比如搜索某一产品的人，可能更多的是想要得到该产品的供求信息，而非相关文章和新闻。

(2)需要对信息进行加工和判断推理的。比如我想知道“甲型流感死亡人数最多的是哪个国家”，“做无线搜索的公司有哪些”，“200元左右的男衬衣”，“手续费便宜的证券公司”等，搜索引擎依然是提取关键词，所以很难直接找到想要的准确答案。

(3)寻找和关键词相关的内容，而非包含关键词的内容。比如用户在找“最新”的时候实际上是希望获取其他词汇的最新相关内容，而不一定是需要含有“最新”这两个词汇的。输入“某某公司 电话”，是希望找到联系方式，不一定必须出现“电话”这个关键词。但是现阶段的搜索引擎是很难判断出这样的逻辑关系的。

(4)寻找和输入的关键词有潜在相关性的内容。比如搜索“新疆恐怖事件”，希望出现“打砸抢”事件相关报道。

(5)信息的取舍和排序。比如用户在搜索“申花”，那他有可能有几个需求：足球相关、电器相关或其他。能否返回相对全面的信息并进行合理排序，决定着用户能否得到较好的搜索体验。

3.3　返回信息的冗余，即重复信息过多

用户在搜索引擎上进行信息查询时，并不十分关注返回结果的多少，而是看结果是否和自己的需求吻合。传统的搜索引擎动辄返回几十万、几百万篇文档，用户不得不费时费力地在结果中筛选。

3.4　返回信息的单一，即对多媒体内容的处理尚不成熟

对多媒体内容的处理尚不成熟。迄今为止，搜索对象主要是文本。搜索图片时还只能通过周围相关的文字进行判断，而无法根据图片本身的信息提供检索。多媒体技术的发展，对搜索引擎提出了更多的要求。人们期望引擎不仅能挑出自己需要的文章，还能挑出自己所关心的图片、声音、视频等。

3.5　离实时搜索还有距离

尽管搜索引擎公司的网络蜘蛛都会定期对一定IP范围内的互联网站进行检索，但其搜集的网页数量和其数据库的更新速度存在着不可调和的矛盾。网络信息时刻变动，实时搜索

几乎不可能。即使是刚刚浏览过的网页，也随时都有更新、过期、删除的可能。目前网络带宽不足，网络速度不够理想，遍历如此庞杂的网络时间花费是非常庞大的，这就是不能实时搜索的原因。

4 当前搜索引擎的个性化和智能化努力

搜索引擎竞争的核心就是吸引并留住自己的忠实用户，因此改进的方向就是提升用户的搜索体验。如今的搜索引擎正在朝以下的方向做出自己的努力。

4.1 垂直化满足行业个性化需求

通用搜索引擎的性质，决定了其不能满足特殊领域、特殊人群的精准化信息需求服务。市场需求多元化决定了搜索引擎的服务模式必将出现细分，针对不同行业提供更加精确的行业服务模式。垂直搜索引擎其实就是搜索引擎领域的行业化分工，对网页信息进行结构化信息抽取，也就是将网页的非结构化数据抽取成特定的结构化信息数据，然后将这些数据存储到数据库，进行进一步的加工处理，如去重、分类等，最后分词、索引再以搜索的方式满足用户的需求。现在垂直搜索引擎做的比较成熟的有购物搜索、房产搜索、人才搜索、地图搜索、mp3 搜索等。几乎各行各业各类信息都可以进步细化成各类的垂直搜索引擎。

4.2 特色搜索引擎满足人们的多样化和个性化需求

在网络信息多样化和网络用户多样化的呼唤下，人们希望在网络上找到更丰富更实用的资源，不再漫无目的地查找，特色搜索引擎便应运而生了。

寻人搜索引擎。有代表性的是 yahoo 的全球搜索 http://people.yahoo.com。用户提供的资料可繁可简，即使只有姓名的一部分，也能返回相应的信息。如果想要搜索全球华人，可以使用 http://www.look4u.com/gb，用户可以使用搜索对象的中文姓名或拼音、英文名、网名等资料进行搜索。

图像搜索引擎。http://tineye.com 现阶段的图像搜索几乎还都是依靠分析页面上图像附近的文字、图像标题以及许多其他元素来确定图像的内容，并进行搜索。但 tineye 搜索引擎却可以不再使用关键词文本进行搜索，而是运用图像识别技术，直接使用图像进行搜索。比如你拿到一张图片但是分辨率很低，那么你可以利用它来寻找较高分辨率的(前提是网上存在和已被 tineye 数据库收录)；你也可以利用它找到一张图片的出处等。当然，它更主要的作用应该是在生物学和医学等领域，比如你想知道一种植物的名称，或者想根据医学影像寻找相似的病例等。

音频搜索。www.midomi.com 是一个依靠哼唱歌曲旋律来搜索歌曲信息的搜索引擎。任何种类的声音都是很多复杂信号的集合，很难用计算机进行分解和归类。但是随着个人和商业数字音乐图书馆的兴起，对音乐搜索的需求也在增长，即使没有办法对所有种类的音乐进行分析，人们也在努力地尝试着音乐搜索的商业化操作。

多媒体搜索引擎。FAST(http://multimedia.alltheweb.com)是国外著名的多媒体搜索引擎。在 FAST 搜索多媒体文件，可以同时搜索图像、音频、视频等多种格式的多媒体文件。FAST 为每一个搜索结果提供预览和说明，同时还有可供下载的直接链接，以及该文件所在网站的地址。

4.3 对检索结果深加工，解决信息过于庞杂的问题

目前的搜索引擎使用起来其实并不“方便”。用户想要寻找想要的内容，必须访问大量网

页，检索大量资料数据。解决检索结果过多过杂的问题，目前有多种方法。一是通过各种方法获得用户没有在检索式表达出来的真正目的，包括智能代理跟踪用户检索行为、分析用户操作模型、使用相关反馈机制、确定文档和用户需求的相关性等。二是用文本分类技术，将结果分类，使用可视化技术显示分类结构，用户只浏览自己感兴趣的类别。三是进行站点聚类或内容聚类，减少信息的总量，从而有利于从大量返回结果中找到用户所需要的信息。将来也许可以将搜索结果以目录表格形式进行整理，比如说将一大堆网页中的有关信息以目录表格的形式放在一个单一网页上，那么，像“手续费便宜的证券公司”这样的问题就可以迎刃而解了。

4.4　搜索引擎社会化，力图解决信息的取舍和排序问题

以关键词、链接为核心的搜索引擎面对用户的多样化需求已经力不从心，海量信息的简单罗列最终只会归于平庸和同质化，因为对于用户而言，只要一个最好的答案。那么，基于计算机算法搜索技术对应的人机互动的社会化搜索，大大提高了用户对搜索引擎的满意度和忠诚度。

领先的三大搜索引擎企业都呈现了不同程度的社区化特征。而百度社区社区化步伐较快，贴吧已经成为百度最大的社区，而“百科”“知道”“空间”等具有社区特征的百度系列产品已经聚合了大量的内容和人气。

社会化搜索要实现利用用户的社会关系而推出不同的个性搜索，还有很长的路要走，但是对于搜索引擎发展的趋势，社会化搜索是一个明确的指向。

5　未来趋势

搜索引擎技术是在力求满足用户需求的基础上不断往前发展。

用户对网络的信息体验是从分类检索体验开始的，第一代搜索引擎的特征是目录搜索。而且目录的分类体系是由文献管理者人为给出来的，用户不一定清楚，所以人们很快就对这样的访问方式不满意了。第二代搜索引擎创新性地提出了页面重要性分析技术和超链分析技术等，将最重要的页面优先呈现给用户。第二代搜索引擎不再对文献进行分类，而是从文献中识别出“关键字”来，然后建立索引。这一过程都由计算机自动完成，无须人工干预，这使得大规模的搜索成为可能。而且用户不需要额外的负担，只需要敲入适当的关键字就可以了。用户获得了前所未有的信息体验，因此，基于关键字的搜索引擎很快得到了蓬勃的发展。

那么，第三代搜索引擎应该具有哪些特征呢?

5.1　真正的智能化，应该可以理解自然语言

搜索引擎的智能化方向发展是毫无疑问的。未来搜索引擎应该能够理解用户请求的潜在含义，并对搜索结果进行推理，直接将答案呈现给用户。

5.2　跨媒体

通过统一的界面和单一的提问，就能够获得以各种媒体形式存在的语义相似的结果。

5.3　深层搜索

目前的搜索引擎主要处理普通的浅层网页，对于深层网页的信息难以搜索，而这样的信息要比普通网页庞大的多。显然，如何能够将搜索引擎的触角深入到数据库里去，是下一代搜索引擎所关心的。

5.4 社会化搜索将成为主流

搜索引擎注重用户体验、提升服务质量，用户才会埋单。社会化搜索发展的最终方向是提供为个人搜索结果量身定做的答案，显示的排序结果与使用者直接相关。

6 小 结

综合上述，搜索引擎是为了满足用户需求应运而生的，将来的发展，也注定会不断地提高用户体验。网上信息检索，将会越来越便捷。

参考文献

[1] 中国科学院 . 2006. 基于客户体验的搜索引擎相关性改进报告 .
[2] http：//people. yahoo. com
[3] http：//tineye. com
[4] www. midomi. com
[5] http：//multimedia. alltheweb. com
[6] http：//www. ssoooo. com/

农业信息智能检索的知识需求分析[①]

杨建艳

北京师范大学中文信息处理研究所　北　京　100875

yangjianyan77@hotmail.com

摘　要：本文主要就实现农业信息智能检索需要哪些知识展开分析。分别从提高查全率和查准率两个角度出发，就检索请求的语义扩展和检索结果再分类所需的知识加以阐述。同时，还围绕需提供哪些农业专业知识作为智能专家基础进行了探讨。

关键词：农业智能检索，知识

1　关于农业信息智能检索

智能化是信息检索的发展趋势，然而对于智能的界定，众说纷纭，难以把握。归根结底，智能化信息检索仍要以查全率和查准率为技术指标，以对检索文本和检索请求的理解为基础。而要实现对检索文本和检索请求的理解，必须以知识为依托。没有较为完备的知识作为资源支撑，智能化的信息检索是难以真正实现的。

农业信息检索，作为垂直搜索，是信息检索在农业领域的延伸和细化，由于专业知识较为有限，语义关系较为单一，智能化应更易实现。下面我们就探讨一下农业信息智能检索应有的智能化表现，并由此分析其需要哪些知识。

2　检索请求的语义扩展

对检索请求进行语义扩展能够有效减少漏检，是提高农业信息检索查全率的必要手段之一，也是理解检索请求的直接表现。

2.1　同义(近义)关系扩展

同一事物，用于指称它的词语可能不止一个，这些词语词形不同，然而所指相同，存在同义或近义关系。在农业领域的专业词汇中也存在着这种同义或近义关系。

如动植物名称，有诸多别名、方言指称，这些词语间便具有同义关系，例如“土豆”“马铃薯”“洋山芋”“洋芋”“土豆疙瘩”“山药蛋”等；而农业劳作，例如“种植”“栽培”“栽种”等词语则具有近义关系。提供具有同义(近义)关系的词语作为检索请求的语义扩展，是理解检索请求的最基本表现。

如在检索框内输入“种植土豆”，农业信息智能检索不仅可以检索到“种植土豆”“种植马铃薯”“种植洋芋”等相关信息，还能返回“栽培土豆”“种洋芋”“栽种山药蛋”等相关结果。

2.2　上下位关系扩展

在专业领域内，上下位关系是专业词语间最基本、最重要的深层语义关系，也是专业词

① 本文得到国家科技支撑计划项目“中文信息处理应用研究与系统开发”之课题“中文信息处理应用理论研究和知识库资源的开发”(编号为 2007BAH05B01)的资助。

语间层次性的体现。在农业领域中，动植物、农产品、农用物资等语义类都有较多上下位关系的词语，在检索结果中显示这些词语间的上下位关系的相关性正是理解检索请求的基本表现之一。

如在检索框内输入“绿叶菜”，农业信息智能检索的结果不仅能提供包含“绿叶菜”的信息，还能根据语境的权重，提供“菠菜”“芹菜”“莴笋”“莴苣”等相关信息提示。

2.3 整体－部分关系扩展

整体－部分关系也是词语间很重要的深层语义关系。如根、茎、叶、花、果、种与植物之间，便是部分－整体关系，这类知识也是对检索请求语义理解的基础。

如在检索框中输入“白果增产”，那么在“白果是银杏树的果实”这一部分－整体语义关系知识的基础上，才能够在检索结果中给用户关于“银杏树增产”的相关提示信息。

3 检索结果的再分类

由于检索文本数量越来越多，再加上内容庞杂，用户在诸多检索结果中越来越难以精准定位自己所需求的信息。比如：在百度检索框中键入“西红柿加工”，第一页检索结果中会出现标题为“皮革加工，西红柿皮具厂”的信息，这显然并不是用户想要的。而有关“西红柿酱制作”“番茄汁制作”等相关信息并未出现在检索结果中。此外，在检索结果中，有关西红柿加工产业、西红柿加工设备、西红柿加工技术等内容混杂。这些表明，目前多数信息检索系统远不够智能化，仍难令用户完全满意，而这正是缺乏对检索文本的语义理解造成的。检索结果的再分类正是农业智能检索为提高查准率、使检索趋于精细化而做出的努力。

3.1 关于对象内容二分

对检索结果的再分类要以对检索文本的语义理解为基础。为实现这一目标，我们以句群为单位，针对农业信息文本进行标注，重点分析句群的农业对象和内容，这样就对农业信息文本有了较为深入的分析，从而可以研究如何在用户搜索请求和农业信息文本之间建立更为细致而准确的语义联系，提高农业信息搜索的正确率和召回率。

从进一步语义分析的角度出发，我们以句群为单位，对农业信息文本的主题信息进行对象、内容二分。一般情况下，作为农业信息的句群，其主题基本可以概括为“B的C”，例如：西红柿的加工技术、大白菜的病虫害、小麦的产量等。根据主题，在句群中标出农业对象B和农业内容C，本质上对句群信息进行了更为细致深入的语义分析，便于搜索结果的再分类。比如，两个句群虽然都以“西红柿”为对象，但内容不同，一个讲“种植”，一个讲“加工”，那么农业对象加农业内容便可概括其主题分别为“西红柿种植”和“西红柿加工”，这样便对句群主题信息有了更为深入的理解。

3.2 农业信息中的对象与内容分析

对农业信息中常出现的农业对象B、内容C及其组合情况进行分析、总结，见表1，这些知识是对农业信息文本进行语义理解的前提，更是对农业信息文本进行再分类的基础知识。

表 1

可能涉及的对象 B	可能涉及的内容 C
动植物（如：三黄鸡、西红柿）	①农业劳作各环节（如：育种、播种、种植、管理、施肥、除草、饲养、配种、繁殖、病虫害防治、贮藏、运输、收获、加工、销售） ②动植物活动状态（如：打蔫、落花、缺肥、无力、红肿、脱毛） ③其他抽象概念（如：产量、产地、分类、品种、生物学特性、习性、物候期、营养价值、价格、行情）
农用物资（如：地膜、种苗、肥料、饲料、插秧机）	①农业劳作各环节中的相关环节（如：培育、混施、使用、维修、销售） ②其他抽象概念（如：价格、行情、质量、特色、剂量、成分、配方、分类、作用、效果）
农产品（如：玉米秸秆、葡萄干、猪肉）	①农业劳作各环节中的加工、贮藏、运输、销售等概念（如：加工、制作、保鲜、批发、上市、使用） ②其他抽象概念（如：用处、价格、行情、质量、特色、营养价值、发展前景）
病虫害（如：蓝耳病、叶斑病）	①农业劳作中病虫害防治相关概念（如：防治、治疗、预防） ②害虫活动状态（如：生长、习性） ③其他抽象概念（如：分类、介绍、危害、症状、克星）

4　智能专家的基础——农业专业知识

专业知识是专业领域信息检索智能化的基础，没有专业知识的支撑，专业领域信息检索难以实现真正的智能化。对于农业信息智能检索来说，需要以下几类较为完备的农业专业知识。这些农业专业知识主要体现在各类农业语义类之间的关联性，以农业劳作为纲，以动植物为主线，同一动植物在不同的农业劳作环节涉及的农用物资等客观要素也都在农业知识范畴之内。

4.1　农业劳作专业知识

农业劳作是表达农业领域信息的基本概念和核心概念，因此也是农业专业知识的基础。农业劳作，作为基本劳作之一，在黄先生设计的 HNC 概念节点表中已有设定（最新版见附录）。然而从实际应用来看，该部分概念节点的设置仍不够完整、不够细致，仍需在其基础上进一步细化、完善。

4.2　动植物专业知识

动植物是农业劳作的重要劳作对象，因此动植物名称是农业专业知识的重点。如土豆是块茎类蔬菜，其根、茎、叶、花、果的颜色、形状是什么样的，在生物学上属于什么科什么属，这些都是应给予描述的专业知识。

如用户发现一个植物品种，描述其根、茎、叶、花、果，便可以在农业信息智能检索的检索结果中找到该植物品种的名称及其他相关信息。

4.3　病虫害专业知识

病虫害也是农业劳作环节中重要劳作对象，同时也是动植物的重要表现，需要对其配置相应的农业专业知识，如：棉铃虫，是棉花蕾铃期重要钻蛀性害虫，主要蛀食蕾、花、铃，也取食嫩叶，可在成虫盛期，用高压汞灯诱杀。

如用户检索“棉花害虫”，“棉铃虫”的相关信息也会出现在农业信息智能检索的检索结果中。

4.4 农用物资专业知识

农用物资包括种苗、药剂、农机、农膜等，作为农业领域的重要要素，也是农业劳作的对象之一，也需要对其配置相应的农业专业知识。如插秧机，要在水稻等农作物的播种环节使用，是对种苗进行操作；而高压汞灯，可用于诱杀棉铃虫，需在棉花蕾铃期使用。

有了这类专业知识，那么检索用户在检索框键入“棉铃虫防治”，农业信息智能检索的检索结果中便可提示“高压汞灯”；检索“土豆收获”，农业信息智能检索的检索结果中可提示“土豆收获机”的相关信息。

4.5 农产品专业知识

农产品是农业劳作环节中加工、检验等的重要对象之一，因此也是农业专业知识的重点。如番茄汁，作为农产品，其加工原料为西红柿的果实，需要使用榨汁机、灌装机等加工设备。

在这类知识的基础上，要检索“西红柿加工”，农业信息智能检索的检索结果便可能提供“番茄汁”之类的相关信息。

5 小结

在以上知识资源的支撑下，农业信息智能检索应会有较为出色的智能化表现。当然，要实现真正的信息智能检索仍有一段距离，如何使信息检索更加智能化仍是我们要不断探讨的课题。

参考文献

[1] 黄曾阳．1998. HNC(概念层次网络)理论．北京：清华大学出版社．
[2] 苗传江．2005. HNC(概念层次网络)理论导论．北京：清华大学出版社．

基于 HNC 理论的精确检索方法的设计与实现[①]

袁 毅 张 全

中国科学院声学研究所 北 京 100190

yuan@mail. ioa. ac. cn zhq@mail. ioa. ac. cn

摘 要：搜索引擎提供的信息检索服务为用户在网络海量信息中寻找所需的信息提供了方便。然而搜索结果中存在着大量的无效检索结果。如何提升检索结果的精准程度，是目前信息检索中的热点研究问题。本文结合已有的网络处理技术，利用 HNC 概念语义表示的唯一性，设计并实现了基于 HNC 概念表示的精确检索处理系统，探索了面向信息检索的精确检索处理模式。这一信息检索系统的优点在于检索信息准确，速度快，不同于通常的基于关键字的检索出现的大量的无用信息。同时由于目前自动标注水平的限制，这一精确检索方法的应用也存在一些障碍。针对这种情况，本文通过研究指出，这种检索方法并不适合于类似搜索引擎的通用网络检索，而更适合于专有知识库的检索。这类知识库一经建设就很少进行修改，数据具有权威性，检索的结果也要求准确。

关键词：HNC 自然语言处理，语义表示，信息搜索与服务，搜索引擎，精确检索

随着网络技术的迅猛发展，互联网信息量的爆炸式增长，用户要在信息海洋里查找信息，就像大海捞针一样，这时出现了为用户提供信息检索服务搜索引擎技术，极大方便了用户对信息的检索。

根据信息搜集方法和服务提供方式的不同，搜索引擎系统可以分为三大类：

(1)目录式搜索引擎。以人工方式或半自动方式搜集整理信息，提供目录浏览服务和直接检索服务。这类搜索引擎的代表有 Yahoo 等。

(2)爬虫式搜索引擎。由一个称为爬虫程序以某种策略自动地在互联网中搜集和发现信息，由索引器为搜集到的信息建立索引，由检索器根据用户的查询输入检索索引库，并将查询结果返回给用户。这类搜索引擎的代表有 Google、百度等网站。

(3)元搜索引擎。这类搜索引擎没有自己的数据，而是将用户的查询请求同时向多个搜索引擎递交，将返回的结果进行重复排除、重新排序等处理后，作为自己的结果返回给用户。这类搜索引擎的代表有 WebCrawler、InfoMarket 等。

第一种搜索引擎由于进行了人工干预，检索的结果准确率高，但由于需要人工的介入，造成系统维护量大、信息量少、信息更新不及时等问题，现在使用的人越来越少了。第三种搜索引擎技术由于不算是真正的搜索技术，不在本文的讨论范围之内。

以 Google、百度为代表的爬虫式搜索引擎，牢牢地占据了互联网搜索 60%以上的份额，该类搜索引擎的优点是信息量大、更新及时、无须人工干预。但也出现了一些问题，返回的结果过多，经常是一个查询返回成千上万个结果。据统计，用户通过搜索引擎搜索的 100 篇文章中，能符合用户需要的文章平均只有 1.24 篇，在某些专业领域上，甚至达不到 1 篇，

① 本文承国家 973 项目“自然语言理解的交互引擎研究”(2004CB318104)、国家科技支撑计划课题“搜索引擎中的语言翻译基础研究”(2007BAH05B02-05)、中科院声学所知识创新工程项目“句群理解处理理论及其应用”(O654091431)、中国科学院声学研究所“所长择优基金”(GS13SJJ04)、中国科学院青年人才领域前沿项目(O754021432)的资助。

这样造成用户在搜索过程中80%的时间用于搜寻和筛查信息，只有20%的时间用于分析和使用信息(吴晨，2007)。

造成以上问题的主要原因是人理解自然语言，需要利用上下文和语境信息。自然语言进入计算机，主要难点在于孤立地处理自然语言符号时，这些符号表示内容的多义性，或者说自然语言本身存在的模糊性，使得计算机这种精确处理信息的工具遇到了难以逾越的困难。就自然语言知识处理而言，如果能够将自然语言符号蕴涵的内容信息明确指示出来，那么计算机快速运算，海量存储的优势就可以发挥出来了。

中国科学院声学研究所黄曾阳研究员创立的概念层次网络(简称HNC)理论(黄曾阳，1998、2004)将人们对于语言的理解方法及概念符号化，使计算机能够模拟人脑的语言智能进行进入语义深层处理自然语言的内容，从而真正"理解"人的语言(黄曾阳，2003)。这一理论体系已经形成了中文信息处理重要流派之一。

通俗地说，HNC理论中的语言理解就是把语言文字的意思转化为唯一的计算机可以"理解"的符号串(见图1)。显而易见，如果对这个唯一符号串进行检索，就可以避免语言理解中出现二义性，那么计算机准确、快速的优势就可以充分发挥出来了。

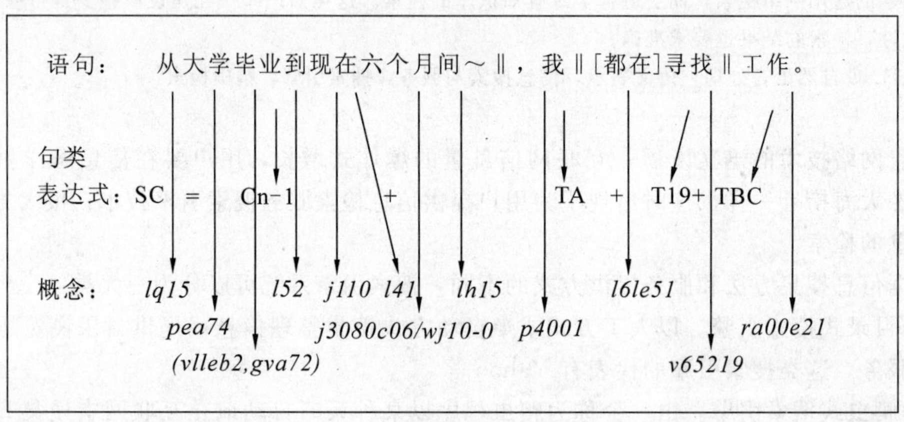

图1

基于HNC理论的信息检索系统由三部分组成：信息收集、信息整理、查询服务(见图2)。信息收集的任务是将各类数据搜集并保存到本地，形成原始数据，以便对其进行加工处理。信息整理的任务则是对原始数据按照一定的规则进行编排：搜索引擎整理信息的过程称为"建立索引"。信息查询的任务是当用户向检索系统发出查询请求时，系统接受查询并向用户返回相关资料。检索系统按照每个用户的要求检查自己的索引，在极短时间内找到用户需要的资料，并返回给用户。

信息收集部分是采用传统的技术手段来实现的，如利用称为网络蜘蛛(spider)的自动搜索机器人程序来获取每一个网页上的超链接，并下载超链接所对应的网页数据。

我们的检索系统与传统的信息检索系统最大的不同在于信息整理阶段的索引的生成，索引数据库中存储的不是普通的文字，而是经过处理的HNC概念符号，正是HNC概念符号具有的唯一性，解决了传统信息检索系统中经常出现的重名和二义性的问题。

"字、词语知识库"中的知识是与语种有关的，它以特定语种的语言单位和语言现象为描述对象，因此要处理一种语言，就要建立关于该语言的相应的知识库，以汉语为例，其基本的语言知识库包括单字知识库和词语知识库(黄曾阳，2003)。图3是词语知识库的一个工程实例。

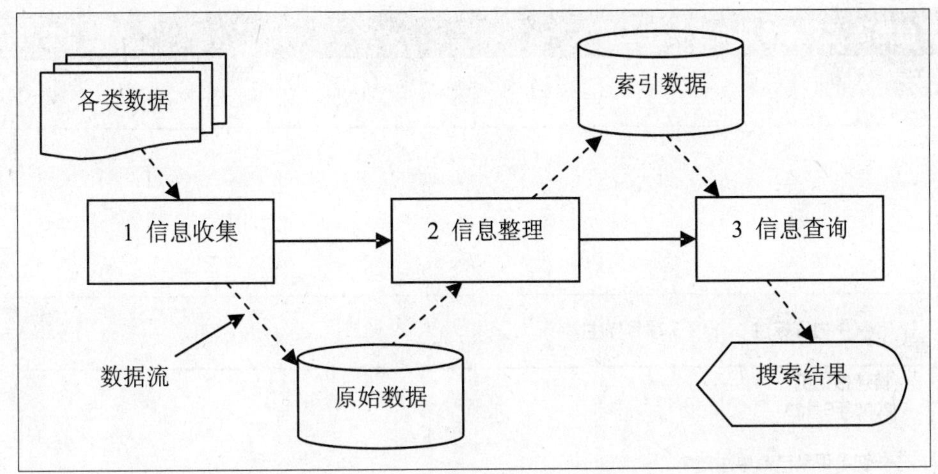

图 2

Cyzk - Microsoft Visual FoxPro

File Edit View Tools Program Table Window Help

词形	音调	义项数	义项号	义况	组合代码	概念类别	Hnc符号
哀愁	ai1,chou2			1	1	v;g	v7132+v7200e72
哀悼	ai1,dao4			1	1	v;g	(v714,v9841)
哀求	ai1,qiu2			1	2	v;r	v9239ea3a+v7111]1
哀伤	ai1,shang1			1	1	v+g	v7132+v7200e72
哀思	ai1,si1			1	1	r	r9803+r7132
哀痛	ai1,tong4			1	1	v;u;g	(ju60c43/v7132)
爱国	ai4,guo2			0	6	ug;vB	v7135&(r400e35/pj2)
爱好	ai4,hao4			0	1	v;r;l51	vr7135
爱恋	ai4,lian4			1	1	v;g;l0	v71359
爱慕	ai4,mu4			1	1	v	(v71359,v7121)
安插	an1,cha1			1	4	v	vc39e619$v5002
安顿	an1,dun4	2	1	1	4	v;l61	v6500$v5002
安顿	an1,dun4	2	2	3	1	v	v5092
安放	an1,fang4			1	4	v	v65220
安分	an1,fen4			1	3	u	v50a+j815
安家	an1,jia1			1	6	v;ug	v93518&pe5002

图 3

信息整理的过程就是把文本资料转换成 HNC 概念符号的过程。目前，完全依靠计算机单独完成对自然语言符号(包括词汇)全自动的语义内容标注还存在一定的困难，如分词错误、词语内容多义性的问题。其实，其他的搜索引擎如 Google、百度也会出现同样的问题。我们提出的方案是采用计算机自动处理文本资料，然后人工进行检查和校对的办法来解决这个问题，随着计算机分词和句法分析系统的更加完善，人工辅助检查和校对的工作量也会越来越少。我们开发了一个半自动的加工软件《HNC 概念符号标注工具》，使资料的加工工作能够按照统一的标准规格进行加工，适应计算机知识内容管理的需要。

信息查询时，将用户输入的查询文本转换为 HNC 概念符号，如果出现多个义项，系统会给出提示，让用户选择正确义项的概念符号，通过概念符号在索引数据库中检索，就会得出没有二义性的正确结果。例如，报话机的 HNC 概念符号是“q648”，利用 HNC 符号“q648”在资料中进行检索，就可以得到精确的结果。(见图 4)

本信息检索系统的优点是，检索的信息准确，速度快，不同于通常的基于关键字的检索出现的大量的无用信息。由于进行了人工干预，在提高检索准确性的同时，也带来了一些问

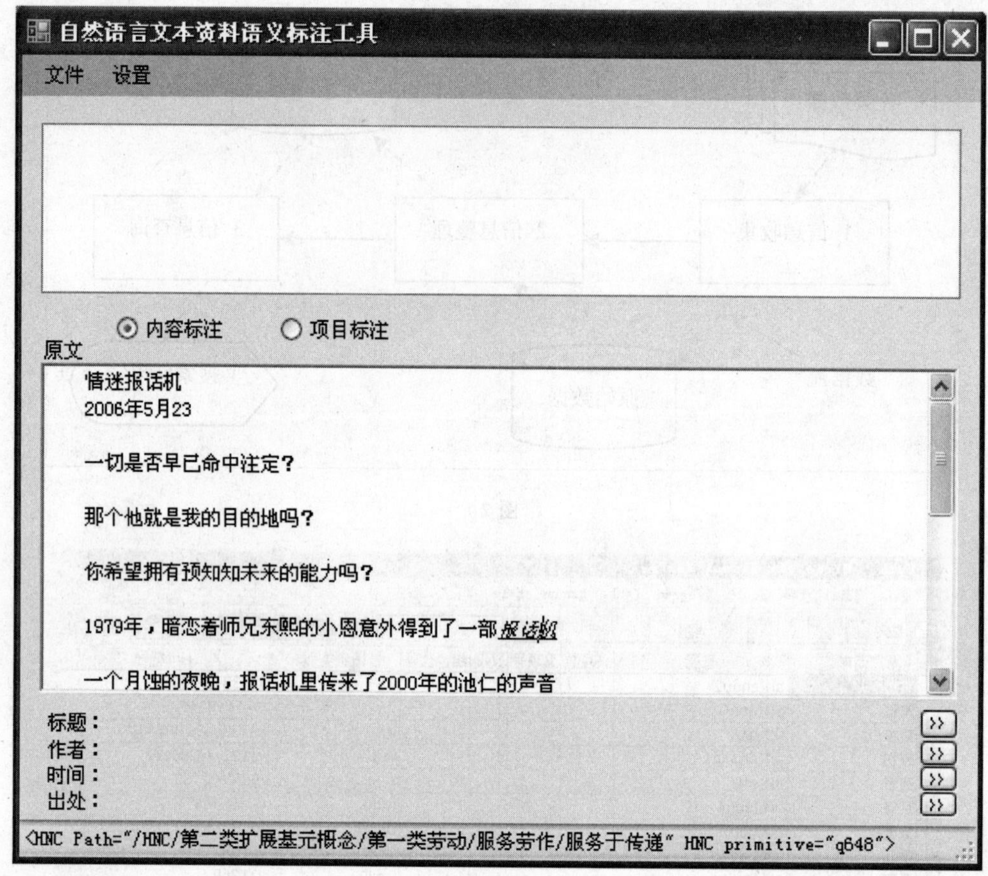
自然语言文本资料语义标注工具
文件 设置
内容标注
项目标注
原文
情迷报话机
2006年5月23
一切是否早已命中注定？
那个他就是我的目的地吗？
你希望拥有预知知未来的能力吗？
1979年，暗恋着师兄东熙的小恩意外得到了一部报话机
一个月蚀的夜晚，报话机里传来了2000年的池仁的声音
标题：
作者：
时间：
出处：
<HNC Path="/HNC/第二类扩展基元概念/第一类劳动/服务劳作/服务于传递" HNC primitive="q648">

图 4

题，如检索信息时效性问题，大幅提高人工成本问题。造成了这种检索技术并不适合于类似搜索引擎的通用网络检索，这种技术更适合于专有知识库的建设，这种知识库一经建设就很少进行修改，数据具有权威性，检索的结果也要求准确。如教材、历史文献、文化知识的检索。另一个问题是只在索引中引入了 HNC 的概念符号，没有加入 HNC 的句法信息，造成检索结果并不完美，如检索"张三请李四吃饭"这段文字，本文提出的检索技术并不能准确地区分出是"李四请张三"还是"张三请李四"，只能检索出张三、李四和他们俩之间有人请吃饭。

今后我们系统要进一步完善，主要方向是提高分词系统和句法分析的准确度，尽量减少人工干预的工作量。在检索索引中加入句类和领域信息，能够正确地区分主动性事件和被动性事件，使检索结果更加准确。

参考文献

[1]A. Berger, J. Lafferty. 1999. Information retrieval as statistical translation. The 22nd Annual Int'l ACM SIGIR Conf. Research and Development in Information Retrieval, Berkeley.

[2]Atanas Kiryakov, Borislav Popov, Ivan Terziev, Dimitar Manov and Damyan Ognyanoff. 2004. Semantic annotation, indexing, and retrieval. Web Semantics: Science, Services and Agents on the World Wide Web (1).

[3]吴晨 . 2007. 面向内容的信息检索模型研究 . 中国科学院声学研究所博士学位论文 .

[4]黄曾阳 . 1998. HNC(概念层次网络)理论——计算机理解自然语言的新思路 . 北京：清华大学出版社 .

[5]黄曾阳．2004. 语言概念空间的基本定理和数学物理表示式．北京：海洋出版社．
[6]黄曾阳．2003. 语义及概念体系在 NLP 中的作用//徐波，孙茂松，靳光瑾主编．中文信息处理若干重要问题．北京：科学出版社．
[7]许嘉璐．2000. 现状和设想——试论中文信息处理与现代汉语研究．中国语文(6).
[8]张全．1996. 基于 HNC 理论的语义块感知处理．中国科学院声学研究所博士学位论文．

中国奥运冠军动态信息抽取技术研究①

张　芳

北京师范大学中文信息处理研究所　北　京　100875

zhang2008@mail.bnu.edu.cn

摘　要：本文拟采取从语料库中总结模式的方法，运用 HNC 符号描写体育赛事报道中奥运冠军赛事动态信息的中心动词，并总结表达动态信息的句类基本模式及其变化模式，据此运用 C#语言 Microsoft.NET 框架类库的正则表达式对基本模式进行匹配，以实现奥运冠军赛事动态信息的自动抽取。

关键词：信息抽取，语料库，HNC 句类知识，模式匹配

1　绪　论

信息抽取是自然语言处理的一个重要应用领域，其目标为依据特定的模式和规则，通过语义知识库与信息抽取平台的构建，实现目标用户结构化信息的自动抽取。

由中国科学院声学研究所黄曾阳先生创立的 HNC(Hierarchical Network of Concepts，概念层次网络)理论是一个关于自然语言理解处理的理论体系。其目标是，以概念联想脉络为主线，建立一种模拟大脑语言感知过程的自然语言表述模式和计算机理解处理模式，使计算机获得消解模糊的能力。目前以 HNC 理论为基础的自然语言处理技术是中文文本信息自动抽取的一种有效的手段。

虽然在运用 HNC 理论和信息抽取技术实现特定的研究任务方面前人已有不少探索。然而，如何将 HNC 理论和信息抽取技术应用于体育领域动态信息抽取方面的研究成果尚不多见，特别是如何将该理论与信息抽取技术体系运用于奥运冠军动态信息抽取，还是中文信息处理研究方法上的一个有益尝试。本文构想了奥运冠军动态信息抽取技术的实现，尝试运用 HNC 理论的语义表述和分析模式，结合信息抽取技术来实现一个从奥运会赛事报道中抽取奥运冠军赛事信息的系统。

2　本文的研究意义

2.1　任务本身的实用价值和方法论意义

2008 年的北京奥运会闭幕后，越来越多的人们开始关注体育赛事，因此建立一个奥运冠军动态信息抽取系统有助于用户全面了解奥运冠军的动态信息，为以后体育赛事的赛况动态信息库的建设提供借鉴；同时实现体育赛事信息的自动抽取，对于赛事管理效率的提高有着重要的现实意义。

从方法上来看，在信息抽取研究领域乃至自然语言处理界，基于统计的机器学习方法居于主流地位。HNC 理论以意义表达和语言理解为主线，建立了一种模拟大脑语言感知过程

---

①　本文得到国家科技支撑计划项目“中文信息处理应用研究与系统开发”之课题“中文信息处理应用理论研究和知识库资源的开发”(编号为 2007BAH05B01)的资助。

的自然语言表述模式和计算机理解处理模式，成为自然语言理解处理领域中具有鲜明汉语特色、富含中国传统底蕴的理论。目前在中文信息处理领域中结合运用 HNC 理论和信息抽取的关键技术实现一定的研究任务是一个比较新鲜的尝试，本文利用 HNC 句类知识对人名与体育项目比赛表达关系这一个具体任务中抽取模式的分析和总结，正是一点小小的努力。

2.2　增强命名实体识别的实用性

命名实体识别是关系信息抽取和事件信息抽取的基础，如对人名和体育项目名等实体的识别就是本论文研究的前提条件。但显然关系和事件的信息抽取更有价值。本论文所定义的"关系"抽取任务则对命名实体的识别具有重要的意义，利用 HNC 理论效应概念节点"39 合分与聚散(关系效应之三)"，"3a 获得与付出(关系和转移)"对动态信息中的关系做出合适的判断。

3　本文的研究任务

笔者的主要目标是设计实现一种针对纯文本的奥运冠军动态信息抽取系统，它不仅可以抽取冠军的基本信息，如姓名、性别、生日、籍贯、身高、体重以及重要的奥运赛事信息，同时能链接奥运冠军的生活信息，如婚恋状况、伤病信息、广告效应、走进大学深造和退役信息等。

为了实现这一目标，笔者综合体育领域方面的知识，主要搜集奥运会期间网络媒体的新闻报道语料以及主流报纸对赛事的报道信息，运用 XML 技术构建一个小规模语料库，并标注出时间、地点、人物、事件以及特定的上下文信息。在此基础上，运用 HNC 的概念知识和句类知识，对语料库中的知识实现自动抽取，建立起知识资源。

HNC 符号以及标注好的语料库是抽取技术实现的基础，HNC 理论中的效应句句类知识为本文信息抽取的模式匹配分析提供了一个崭新的思路。

下面将结合奥运冠军郭晶晶的例子加以分析：

(1)先标注一段新闻语料，标注的主要信息包括比赛时间、人物、项目及中心动词。例如：

北京时间<date>2008 年 8 月 17 日</date>，中国跳水队员<per>郭晶晶</per>在北京奥运会<suj type="y735">女子三米板跳水比赛项目</suj>中<verb role="E">获得</verb><prize role="jk">冠军</prize>。

(2)主要运用句类知识分析中心动词，研究信息表达方式。

2004 年郭晶晶在女子三米板个人赛和双人赛中<u>折桂</u>。

句类表示式：Y1J＝YB＋Y

2008 年郭晶晶<u>获得</u>跳水冠军。

句类表示式：Ya0J＝YB＋Y＋YC

(3)制定抽取模板，确定需要抽取的内容元素，如时间、地点、人物等，完成具体的抽取模板。例如：

<time>2008 年 8 月 17 日</time><per>郭晶晶</per><fk type="suj">在女子三米板跳水比赛中</fk><verb>获得</verb><jk>冠军</jk>。

(4)建立基于 HNC 理论句类知识的语义知识库：归纳总结出激活词表，并构架激活词的语义模式，描述模式所需要的表达方式。

(5)系统的设计和实现：运用 C＃语言设计相应的算法，实现信息抽取。

(6)将抽取的信息填入设计好的存储结构，输出结构化信息。

(7)将抽取结果与人工标注结果进行比较，分析原因，完善系统。

4 本文拟采用的研究方法和策略

本文的研究主要采取从语料库中总结模式的方法。在选取语料时，笔者从“量”和“质”两方面进行考虑：量指语料的数量；质主要指选取语料的来源。

本文的工作以人名、地名、时间名词等命名实体已经识别为前提，以人名和表示动态信息的关键动词等词典资源的建设为基础，在对人名进行现场识别后，根据人名、时间名词和表达动态信息的关键动词在句子或句群中的表述模式进行关系抽取。总体来说，本文的工作包括以下两个方面：

(1)知识资源的建设。本文重点建立了奥运冠军基本信息库和动态信息关键动词库。奥运冠军基本信息库以关键词的形式建立。对动态信息关键动词库，我们以领域和语用为原则收录词语，重点描写了与人名和动态关系抽取相关的关键动词的信息。

(2)动态关系的抽取。通过对语料的分析，把动态关系的表达模式分为两类：一是不含动态信息动词的，二是以动态信息动词为中心的。我们研究总结了动态信息关系表达的基本模式及其变化模式，据此实现动态信息的信息抽取。

本文以C#语言实现了动态信息抽取系统，其中对动态信息关系模式的表示和匹配是以Microsoft.NET框架类库的正则表达式类为基础来实现的。在信息抽取方法上，本文以模式匹配为基本方法。在模式的获取和表示方法上，我们侧重于语义知识的利用，借鉴HNC理论的概念和句类思想，并通过对语言形式和内容的细致考察来定义抽取模式。

5 结语和以后的工作

本文构想了奥运冠军动态信息抽取技术的实现，对奥运冠军与体育项目之间的关系进行抽取，并力图完善奥运冠军的全面动态信息，阐述了系统实现的关键技术，为用户尽可能提供全面而详实的信息。

由于目前只是一个构想，还需要更多更深入的研究，想必在以后的研究工作中会遇到不少难题，这就需要我们更深入地理解HNC理论，将这一理论知识与具体技术的实现很好地结合起来。

参考文献

[1]黄曾阳.1998.HNC(概念层次网络)理论.北京：清华大学出版社.

[2]苗传江.2001.HNC句类知识研究.中国科学院声学研究所博士学位论文.

[3]许嘉璐.2000.现状和设想——试论中文信息处理与现代汉语研究.中国语文(6).

[4]袁毓林.2002.信息抽取的语义知识资源研究.中文信息学报(5).

[5]董静，孙乐等.2007.中文实体关系抽取中的特征选择研究.中文信息学报(4).

专利文献检索再分类的语言知识①

郑　婧

北京师范大学中文信息处理研究所　北　京　100875

zjcq2003@163. com

摘　要：目前广泛使用的专利信息检索服务主要采用关键词匹配方法，由同一个关键词检索到的大量专利文献，其内容常常有很大差异，其中有很多并非用户需要的资料。因此，需要对检索出来的专利文献按内容进行再分类，以帮助研究人员尽快准确找到自己想要的专利信息。目前国内外在文本自动分类方面的研究主要是基于统计方法的，然而对于专利文献检索再分类而言，基于统计方法的分类精确度较低，需要利用语言知识来进行分类。本文以专利摘要这一文本信息为研究对象，在分析专利自身的特点和应用需求的基础上，探讨了服务于专利文献检索再分类的语言知识。

关键词：自动分类，专利文献，语言知识，知识要素

专利信息是各国发展经济技术不可缺少的重要信息资源，它蕴含着巨大的知识存量。充分挖掘与利用专利信息，可以得到一系列有用的竞争情报。目前广泛使用的专利信息检索服务主要应用关键词匹配方式，用户通过在专利检索系统中输入关键词来查找自己需要的专利信息，但是同一个关键词检索得到的大量专利文献，其内容也有相当的差异性。需要对检索出来的专利文献按内容的不同进行再分类，以帮助研究人员迅速准确查找到自己所关注的专利信息。目前国内外在文本自动分类方面的研究主要是基于统计方法的，然而对于本文的研究而言，基于统计方法的分类精确度较低，需要利用专利文本的语言知识来进行分类。

1　专利文献检索再分类的用户需求

1.1　专利文献检索再分类的必要性

近几十年来，专利数据数量急剧增长。面对海量而繁杂的数据信息，已有部分研究机构在该领域进行了研究，也得到了很多研究成果，提供了专利的分类、检索、管理等功能，目前广泛使用的专利信息检索服务主要应用关键词匹配方式，用户通过在专利检索系统中输入关键词来查找自己需要的专利信息，但是同一个关键词检索得到的大量专利文献内容也有相当的差异性。例如，在中华人民共和国国家知识产权局专利检索系统 SIPO 数据库中，输入关键词“碳纳米管”检索得到的专利共有 1804 件。这些专利的侧重点是不同的，有的关注材料，有的关注设备，有的关注制造工艺等。研究人员要找到自己所关注内容的专利信息，只能通过对这些专利数据的名称和摘要文本逐条进行阅读来获取，这是相当费时费力的。因此，需要对检索出来的专利文献按内容的不同进行再分类，以帮助研究人员迅速查找到自己所关注的专利信息。

1.2　专利文献检索再分类的具体要求

专利文献检索再分类的具体要求有两点：

①　本文得到国家科技支撑计划项目“中文信息处理应用研究与系统开发”之课题“中文信息处理应用理论研究和知识库资源的开发”(编号为 2007BAH05B01)的资助。

1.2.1 按内容分类，反映技术特征

在本文的分类设置中，首先确认该专利所涉及的主要技术特征，即该专利主要的创新点在何处。例如：通过关键词“轴承”检索得到的专利文献，首先判断，其技术特征是轴承本身，或是轴承特殊的用途，或是轴承的制造工艺，技术特征不同，则分类位置不同。

1.2.2 便于检索

分类的主要目的是为了便于技术主题的检索，因此，在本文的分类设置中，分类位置应是该文献在二次检索中最有可能被检索到的位置。

1.3 专利文献检索再分类的分类类别

当前的IPC分类体系是由高到低依次排列的等级结构，它的分类原则是将同一技术主题归在同一分类位置，使之具有同一个分类号。因此，同一个IPC分类号下的文献差异很大，分类角度不够全面，有的分类号下文献量过大，不利于检索。例如：在EPODOC库中，H04N7/15(会议系统)下的文献量约为8838篇。目前，尽管大多数国家都采用IPC分类体系，但是为了提高检索工作的有效性，有些国家仍然采用本国的内部分类系统，或是不断地研究、发展IPC分类。例如：日本的F－term分类系统，它从技术主题的多个角度考虑分类类目，如使用目的、特殊用途、结构、材料、制造方法、设备装置等，是对IPC分类的进一步细化。

本文根据上文所述的分类要求，参照日本F－term系统的分类思想，从专利文献主要体现的技术特征来设置再分类的分类类别。本文将同一个关键词检索得到的专利文献再分为如下六个类别：

(1)材料：该专利的主要技术特征在于使用的材料，例如，专利号为“CN00100505.7”的专利“储氢合金/碳纳米管复合储氢材料”，其主要创新点为使用了新的材料。

(2)结构：该专利的主要技术特征在于改变了原有材料的结构，例如，专利号为“CN00130370.8”的专利“采用垂直排列的碳纳米管”，其主要创新点为改变了碳纳米管的排列结构。

(3)制造工艺：该专利的主要技术特征在于如何进行制造，例如，专利号为“CN00112788.8”的专利“一种制备碳纳米管的方法”，其主要创新点在于制造碳纳米管的工艺方法。

(4)加工工艺：该专利的主要技术特征在于如何进行加工，例如，专利号为“CN00109207.3”的专利“大规模净化碳纳米管的方法”，其主要创新点为加工碳纳米管的工艺方法。

(5)用途：该专利的主要技术特征在于有了新的用途，例如，专利号为“CN00109268.5”的专利“使用碳纳米管的白光源”，其主要创新点为如何使用碳纳米管。

(6)设备：该专利的主要技术特征在于制造或使用了新的设备，例如，专利号为“CN02113678.5”的专利“一种连续制备碳纳米管的反应装置”，其主要创新点为在制造碳纳米管的过程中使用了新的设备。

2 专利文献检索再分类的研究现状

传统的专利分类方式是手工分类，然而，由于专利数量激增，庞大的专利数目使得人工分类和索引的成本增高，并带来了很多麻烦。各国专利局和商业信息公司为了检索的方便，都已经使用了自动分类软件。自动分类软件减少了分类的步骤，提高了分类的速度。

为了构建一个专利预分类工具，欧洲专利局(European Patent Office，EPO)尝试将各种分类工具运用于专利的分类任务，提出了一种性能优越的分类算法 Winnow。美国方面，IBM 的研究人员构建了一个关于通讯和电子的层次结构的美国专利分类系统，该系统使用贝叶斯(Bayes)算法，得到了较好的分类结果。此外，Leah Larkey 基于美国的专利分类体系，也开发了一个专利分类系统。该系统使用了禁词处理和取词根方法，并将 KNN 算法和贝叶斯算法相结合，取得了更好的性能。日本专利局(JPO)也构建了一个基于关键词的分类系统，取得了 96%的分类准确率。

目前的专利分类系统已经取得了比较高的准确率，然而，由于现有的专利分类技术大多依赖于定量的统计算法，对定性的专利自然语言文本特征研究不足，分类颗粒度过大，无法实现同一关键词下专利文献的细分。而要达到较高的分类准确度，就需要对语言知识进行研究。

3　专利文献检索再分类需要语言知识

目前国内外在文本自动分类方面的研究主要是基于统计方法的。这类方法从文本中抽取特征词，构造特征向量，通过对这些特征向量进行计算来判断某一专利文献的类别，其主要算法有：K 邻近算法、支持向量机算法、朴素贝叶斯法、神经网络算法等。基于统计的方法在文本分类研究方面取得了可喜的成绩，然而，它的主要缺点是当类别之间特征交叉大时分类精确度较低。对于本文的研究而言，同一个关键词检索出来的专利文本，再分类的类别间交叉更大，如果采用统计方法，再分类的分类精确度会降低，因此本文利用语言知识来进行分类，以期达到较高的分类精确度。本文对语言知识研究分为三个层面来进行：词语层面、语句层面以及篇章层面。

4　专利文献检索再分类的词语层面知识

人工进行分类，人在给出某一文本的类别时，需要利用语义及背景知识理解文本的内容，而这种理解是建立在出现在文本中的某种语言单位(字、词、短语……)的基础之上的，对文本分类起作用的主要是与该类有关的一些关键词，本文称为类别关键词。利用这些类别关键词进行分类，分类误差小。

本文将类别关键词定义为：在同一关键词检索得到的一批专利数据的文摘中，能够表示其再分类类别信息的词或词组。它包含的内容有三：一是领域的限定。这是从专利数据特点出发的，将我们的研究范围限定在文摘文本中。二是类别关键词要反映类别信息。所以其构成要从能反映专利检索再分类类别的语料中获取。三是类别关键词可以是词或词组。这里的类别关键词应该是能反映类别信息的实词，包括名词、动词、名词性词组等。不纯粹是从真实文本中直接选取的自然用语，它要求对词形、词义做规范化处理。

根据本文所建立的再分类体系，相应的将类别关键词也分为如下六个类别：

(1)材料类别，如“材料”“催化剂”等。

(2)结构类别，如“排列”“平行”等。

(3)制造工艺类别，如“制备”“生成”等。

(4)加工工艺类别，如“加工”“净化”等。

(5)用途类别，如“使用碳纳米管”等。

(6)设备类别，如“装置”“器件”等。

类别关键词的构成有多种途径，总结起来可分为以下四类：(1)类别名本身。例如“材料”“加工”“制造”等词，其本身构成类别关键词。(2)由类别名的同义或近义词构成。例如“制备”是“制造”的同义词，它也构成类别关键词。(3)由一些短语词组构成。例如用途类的一个类别关键词“使用碳纳米管”就是由“使用”与“碳纳米管”两个词组合而成的。(4)通过该类别的描述构成。例如加工工艺类别，其类别关键词也可以从加工工艺的描述“使得成品更加完美、精致、干净……”中获取。

通过对类别关键词的构成方式进行分析，笔者发现，材料类、设备类的类别关键词多为名词或名词性词组，制造、加工、结构类的类别关键词多为动词或动名词词组，用途类的类别关键词多为短语。具体来讲，类别关键词可分为词和短语两类，短语又分为单音节后缀、多音节后缀以及动、名词组合而成的短语。

词以双音节词为主。材料类、设备类以名词为主，如“设备”“装置”“材料”“物质”“原料”等。制造、加工类以动词为主，如“净化”“修饰”“加工”“制备”“合成”“制造”“生产”等。这些双音节词形式的类别关键词大多是类别名本身或类别名的同义、近义词。

单音节后缀型类别关键词多为设备类和材料类，加工类也有少许采用单音节后缀的。常见的单音节后缀有：

(1)“器”：设备类常用单音节后缀，表示该设备为一种器件，如“电容器”“反应器”“发生器”“合成器”“传感器”等。

(2)“管”：设备类常用单音节后缀，表示该设备为一种管状装置，如“二极管”“晶体管”“发光管”等。

(3)“物”：材料类常用单音节后缀，表示一种材料，如“氧化物”“组合物”“复合物”等。

(4)“化”：加工类常用单音节后缀，表示对物质的加工，如“纯化”“图形化”等。

双音节后缀型的类别关键词出现较少，主要的双音节后缀有：

(1)“器件”：设备类双音节后缀，表示该设备为一种器件，如“存储器件”等。

(2)“材料”：材料类双音节后缀，表示一种材料，如“复合材料”“液态材料”“机体材料”等。

后缀型的类别关键词，其后缀前的词语长度一般不超过两个字。

用途类的类别关键词多为动词和名词组合而成的短语，如“使用碳纳米管”“采用碳纳米管”等。

无论类别关键词的构成途径和方式如何，关键是能够构建词语知识库，为类别关键词的识别和进行文本再分类做准备。

5 专利文献检索再分类的语句层面知识

句子承载着传递语言信息的使命，人们在判断某一文本的类别时，除了利用文本中字、词、短语这些语言单位来理解文本的内容外，也需要将这些语言单位通过句子串联起来，考虑词语排列、次序以及词间语义关系等的影响。不同的句子中出现相同的类别关键词，其所反映的文本类别不一定相同，例如：

本发明涉及一种制备碳纳米管的催化剂。

本发明提供了一种利用沸腾床催化裂解批量制备碳纳米管的方法。

这两个句子都出现了类别关键词“制备”，但是很明显，两个句子反映的文本类别并不一致：第一句属于材料类别，第二句属于制造工艺类别。可见，类别关键词所属的类别是单一的，但是其在自然语言中的表达却是多种多样的，这表现在句子结构的不同上。本论文关注了这一表达的多样性，分析、总结出了专利文本里提供类别信息的如下结构模式：

(1)句子中只出现一个类别关键词，例如：

利用酸性气体的热解气相净化碳纳米管的方法。

本发明公开了一种镍催化裂解甲烷制备碳纳米管的方法。

这是最为简单的一种情况，第一句中出现的类别关键词为“净化”，第二句中为“制备”。此时，这个唯一出现的关键词的类别信息即为整个句子所反映的类别信息。第一句为加工工艺类别，而第二句为制造工艺类别。

(2)句子中出现两个同类别的关键词，例如：

本发明涉及一种加工和净化碳纳米管的方法。

本发明提供一种在室温下合成碳纳米管以及在大气压下制备碳纳米管的方法。

以上两个句子均出现了两个类别关键词，第一句为加工工艺类别的“加工”和“净化”，第二句为制造工艺类别的“合成”和“制备”。同样的，关键词的类别信息即为整个句子所反映的类别信息。第一句为加工工艺类别，而第二句为制造工艺类别。

(3)句子中出现两个不同类别的关键词，没有出现连接词，例如：

本发明属于碳纳米材料的制备领域。

本发明公开了一种制备碳纳米管的反应装置。

这种情况下，出现了两个类别关键词，并且这两个关键词的类别信息是不一致的。第一句中先后出现了属于材料类别的“材料”和属于制造工艺类别的“制备”，然而，这是一个定中结构，“材料”是修饰语，“制备”是中心语，因此，“制备”才是语义中心，该句应为制造工艺类别。同理，第二句为设备类别。可见，这类结构句子的语义中心大多为结构上靠后的关键词，其类别应由最后出现的类别关键词来决定。

(4)句中出现两个不同类别的关键词以及一个连接词，例如：

本发明公开了一种单电子动态随机存储器件及其制备方法。

一种碳纳米管高储能电池负极材料及其制备方法。

这种句子结构下，类别的判断显得比较复杂。以第一句为例，句中先后出现了属于设备类别的“器件”和属于制造工艺类别的“制备”，二者以连接词“及”相连，话题既涉及设备又涉及制造。然而，本文认为，这里所谈论的制造工艺是如何制造这一设备，该专利的主要技术特征在于制造了新的设备，应该归属设备类别。同样的，第二句应归入材料类别。因此，这类结构的句子，其类别应由出现在连接词前的类别关键词来决定。还有一些特殊情况，例如：

本发明公开了一种制备乙炔和碳纳米管的装置。

该句出现了属于制造工艺类别的“制备”和属于设备类别的“装置”以及连接词“和”，然而由于宾语部分是一个定中结构，语义中心靠后，该句的类别由出现在连接词后的类别关键词决定。在分析服务于再分类技术的句法语义模式时，需要对这样的特殊情况予以充分的考察。

6　专利文献检索再分类的篇章层面知识

上文分析了服务于专利文献检索再分类的词语及语句层面的知识，然而，只有深入到篇章层面，才能更好的完成文本分类工作。

一个语段中的几个句子，在意义上都是共同阐述一个话题的。因此，组成语段的所有句子都跟话题有关，都是为阐述话题服务的。但是在阐述话题时，并非每一个句子所起到的作用都相同，而是有着相当大的差异。例如：

本发明公开了一种镍催化裂解甲烷制备碳纳米管的方法。该方法是以氧化镍为催化剂母体，将定量的氧化镍置于反应器内，加热至一定温度后，用氢气还原反应一定时间，然后通入反应气体，使其裂解制备碳纳米管。本发明的特征在于，反应气体是含有甲烷的混合气体，混合气体是指甲烷与氢气混合，或者是甲烷与氢气及包括氩气的不活泼气体的混合。本发明具有收率高，工艺过程简单，反应稳定，成本低的特点。

这个语段由四个句子构成，第一句属于全局判断的内容，提出所讨论的问题，即一种制备碳纳米管的方法。第二句、第三句属于工作原理的内容，都是讲该制造方法的细则。最后一句属于评价内容，是对该方法的评价。这三类句子都与语段的话题有关，但从明确揭示话题这一角度来看，全局判断内容的句子可以直接表现语段的话题，使我们了解语段所要阐明的中心内容。

而话题的具体安排，通过本文对标注文本的考察和分析，都出现在首句。这种表现形式也符合表达和理解的基本规律，无论是表达还是理解，其实都是一个信息传递的过程，话题正是叙述的起点，是所要描述的对象，其他句子是对叙述对象的扩展和说明。因此，首句是话题最主要的表现形式，对于判断专利文本的类别起着相当重要的作用。

对通过关键词检索得到的专利文献进行再分类具有巨大的应用价值，这一再分类技术的研究与实现需要利用语言知识。本文从词语、语句、篇章三个层面分析了服务于再分类技术的语言知识。如何利用这些语言知识较好地实现专利文献检索再分类技术，则是下一步需要探讨的问题。

参考文献

[1]陈燕，黄迎燕等 . 2006. 专利信息采集与分析 . 北京：清华大学出版社 .
[2]郝敏 . 2007. 日本专利战略发展评析 . 国际技术经济研究(10).
[3]缪涵琴 . 2007. 融合本体和用户信息的专利信息检索系统的研究与实现 . 苏州大学硕士学位论文 .
[4]宋锦玉 . 2007. 网上日本专利文献的概要及使用 . 科技情报开发与经济(10).
[5]左晶 . 2007. IPC和USC分类体系下专利检索的对比分析 . 现代情报(1).

网络文本中对企业产品和服务评价倾向的表达方式分析①

周静静

北京师范大学中文信息处理研究所 北 京 100875

04zhoujingjing@163.com

摘 要：文本倾向性识别是近年来语言信息处理领域研究的热点。本文以互联网上对企业的产品和服务的评价文本为对象，借鉴 HNC 的句类知识，总结了评价倾向的表达方式，并且对影响评价倾向的其他因素进行了探讨。

关键词：文本倾向识别，企业评价，HNC 句类知识

互联网技术的迅猛发展给企业的经营模式和业务流程带来了巨大的变革，也对消费者的行为模式产生了深刻的影响。消费者在购买前根据网上对企业和产品的评价来做出决策，企业也迫切想了解用户对他们的评价，以便改进产品，改善服务，获得竞争优势。但是，面对互联网上浩如烟海的评价信息，企业和消费者往往感到无从下手，于是，文本倾向性识别就成为语言信息处理领域研究的热点。

目前，一些研究者已经开始对英文客户的评论进行了褒贬倾向分类的研究，并取得了成果。但由于语言的差异，这些成果无法直接应用于对中文客户评价的研究中。还需要进一步针对中文的特点探索发现中文特有的倾向表达方式，以提高文本倾向识别的准确性。

本文以互联网上对一些知名家电企业的产品和服务的评价文本为研究对象，探讨识别倾向的基本问题，分析评价倾向的表达方式，以期为文本倾向性识别找到新的思路。

1 评价倾向识别的基本问题

判断文本对一个企业的产品和服务评价的倾向，我们需要解决以下几个问题。

(1)评价什么，即评价的对象。在文本中，要出现评价的对象，也就是企业或者产品的名称。这是识别的第一个激活点。

(2)怎么评价，即评价的表达方式。文本中要出现表达倾向的词语或者模式，这是识别的第二个激活点。并且要分析这些词语或模式的表达方式以及它们与评价对象之间的关系，即这些评价是否针对文本中出现的评价对象。这也是本文要研究的重点问题。

(3)影响评价的其他因素。比如，否定词的出现以及反讽的运用，都会使评价的倾向发生变化。

因此，本文将就这几个问题分别展开论述。

2 评价对象的识别

评价对象是我们识别的第一个激活点。

---

① 本文得到国家科技支撑计划项目“中文信息处理应用研究与系统开发”之课题“中文信息处理应用理论研究和知识库资源的开发”(编号为 2007BAH05B01)的资助。

在本文中，讨论的是对企业的产品和服务评价倾向的识别。比如：

A. 海尔这个品牌做得不错。

B. 海尔的电视值得表扬。

C. 海尔的服务现在确实很差。

我们可以看出，A句是对海尔这个企业整体的评价，B句是对海尔旗下一种产品的评价，C句是对海尔服务的评价。句中的“海尔”“海尔的电视”“海尔的服务”是倾向识别的第一个激活点。

企业的名称属于专名识别的范畴，不在本文讨论的范围，可以在语料中直接标注。对于产品和服务，我们需要建立知识库，将产品名称诸如“洗衣机”“冰箱”“热水器”等和服务的名称诸如“售后”“售后服务”分别收入知识库。通过分析语料，我们发现，评价对象中的产品和服务通常表现为以下几种表达方式。

(1)企业名称＋产品名称/服务。例如：

TCL节能电冰箱非常好。

我们这海尔售后服务还是不错的。

(2)企业名称＋的＋产品名称/服务。例如：

TCL的彩电质量太差。

海尔的售后服务可能好一点。

(3)企业名称和产品/服务没有紧挨在一起，而是跨句出现。例如：

海信是唯一一个参与测试的国产品牌，其自主研发的LED液晶电视在各项关键指标的测试中表现卓越。

在研究的语料中，第三种表达方式跟前两种相比，并不常见。

(4)两个企业名称＋产品名称/服务。例如：

海信和海尔的电视都不错。

(5)没有出现企业的名称，只出现企业旗下某品牌的名称。例如：

小神童洗衣机很实用。

在实际识别时，利用知识库识别出企业、产品或服务的词语，找到这个激活点，然后再针对其所在的句子进行倾向分析。激活了评论对象，下一步要做的就是找到并且分析句中表达倾向的词语或者模式。

3 企业的产品和服务评价倾向的表达方式分析

通过分析文本，我们发现，在一些句子中评价人表达倾向的词语(本文中称为倾向激活词)决定了评价的倾向，还有一些句子是通过某种模式来表达评价的倾向。通过这些倾向激活词和倾向激活模式来判断倾向是不够的，还必须分析它们和评价对象的关系，并且总结出倾向的一般表达方式。

3.1 倾向激活词

提到表示倾向的词语，我们最先想到的是形容词。比如“好”“美丽”“卓越”是正面评价，“差”“破败”“烂”是负面评价。例如：

海信质量极差。

应该承认海尔的售后很好。

这里的形容词“差”和“好”鲜明地表达了评价倾向。除此之外，我们这里针对的是一些家电企业的评价，所以，一些在家电领域的词比如“省电”“节能”等也应该被列入表示倾向的词语中。

另外，一些动词，通常是表达情感、态度的动词也可以作为倾向激活词。例如：

我们全家对海尔产品很信任。

真后悔买了 TCL 的冰箱。

康佳电视的售后服务真令人失望！

可以看出“信任”表达的是正面评价，而“后悔”“失望”则是负面评价。还有诸如“喜爱”“热爱”“支持”表达的都是正面评价。而“憎恨”“鄙视”“失望”都是负面评价。

还有一些名词也具有倾向性。例如：

海尔冰箱存在严重的设计缺陷。

我家的康佳电视就从没出现故障。

这里的“缺陷”“故障”都代表评论者对评价对象的一种否定态度。

由此可见，可以充当倾向激活词的主要有形容词、动词和名词三类。有了评价对象，有了激活词，我们再来看评价对象和激活词的关系。

3.2　评价倾向的表达方式

确定了倾向激活词的倾向，接下来是不是只要孤立地看倾向激活词就可以确定评价的倾向了呢？我们看下面这个例子：

海尔空调帮我赶走讨厌的酷热。

这里出现了评价对象“海尔空调”，还出现了倾向激活词“讨厌”。但是如果就此判断对海尔空调的评价是负面的话就错了。所以，我们不光要看评价对象和倾向激活词，还必须对句子的语义结构进行分析。HNC 的句类知识对我们判断倾向也有一定的帮助。

3.2.1　形容词充当倾向激活词的表达方式

在一个句子中，由形容词来充当倾向激活词，主要有以下几种表达方式。

(1)评价对象＋倾向激活形容词。这是最常见的一种形式。例如：

海信空调超烂。

我买的美的热水器质量很好。

“海信空调”和“烂”构成了对海信的负面评价。“美的热水器”和“很好”构成了对美的的正面评价。

(2)评价对象＋是＋倾向激活形容词＋名词。例如：

海尔是个优秀企业。

“是”表达判断，后面的倾向激活词“优秀”表达了对海尔的正面评价。

3.2.2　名词充当倾向激活词的表达方式

(1)评价对象＋是＋倾向激活名词。例如，

TCL 彩电就是垃圾。

海信质量还是有点问题的。

这里的“是”表达的是一种判断，对评价对象的判断。“是”和名词组合表达了对评价对象的倾向。这让我们联想到 HNC 句类中的是否判断句(jDJ＝DB＋jD＋DC)：这里的评价对象相当于语义块 DB，“是”是核心语义块 jD，而倾向激活名词相当于 DC。

(2)评论对象＋倾向激活名词。例如：

海尔冰箱存在严重的设计缺陷。

海信生产垃圾。

这里的"缺陷"和"垃圾"都是表负面评价的名词，在这个结构中，它们和评价对象构成了负面评价。

3.2.3 动词充当倾向激活词的表达方式

(1)倾向激活动词＋评价对象；"对"＋评价对象＋倾向激活动词。也就是说，倾向激活动词和评价对象之间形成了动宾短语。例如：

我一直支持海尔。

我对康佳的售后服务很气愤。

第一句和第二句由"讨厌海信""支持海尔"这两个动宾短语可以看出评价的倾向。第三句形成了一个特殊的形式，即："对"＋评价对象＋倾向激活动词，并且动词后面不再接宾语。HNC句类中的反应句与此有共通之处(X20J＝X2B＋X20＋XBC)：X20可以是HNC的v71概念，表达对事物的态度，相当于倾向激活动词，XBC相当于评价对象。而反应句规范格式(！11X20＝X2B＋^XBC＋X20)相当于这里的"对"＋评价对象＋倾向激活动词。

(2)评价对象＋受＋倾向激活动词。例如：

康佳电视深受消费者喜爱。

TCL彩电的质量受到批评。

这里的评价对象实际上充当的是后面倾向激活动词的宾语。这让我们想到HNC句类知识中的一般承受句(X10J＝X1B＋X10＋XBC)：评价对象相当于X1B，倾向激活动词充当XBC部分。

(3)评价对象＋倾向激活动词形成的动宾短语；评价对象＋"把"＋倾向激活动词；"被"＋评价对象＋倾向激活动词。例如：

海尔欺骗消费者。

我家的海尔空调把我害惨了。

被康佳彩电的售后气死了。

"欺骗消费者"是一个由贬义动词"欺骗"构成的动宾短语，由"欺骗"我们可以判断出对"海尔"的否定态度。而"害"和"气"很明显也是贬义词，它们和评价对象，以及介词"把"和"被"共同构成了负面评价的表达方式。

(4)评价对象＋使/令/让/叫/＋倾向激活动词/形容词。例如：

康佳电视的售后服务真令人失望！

HNC的作用效应句与此类似(XYJ＝A＋XY＋＋B＋YC)：评价对象相当于A块，"使/令/让/叫"相当于特征语义块XY，而倾向激活动词或形容词就包含在块扩YC之中。

3.2.4 倾向激活模式

在这种倾向表达方式中，可能没有出现倾向激活词，但是通过某种模式，我们仍然能够判断出文本的倾向。

(1)否定词＋买(用)＋评价对象。这是一类很有意思的表达方式，在这种表达方式中没有出现倾向激活词，但是我们仍然能清楚地判断出评价的倾向。例如：

我决定以后不买海尔产品。

千万不要购买TCL产品。

很显然，建议别人不要买，就是对这种产品持否定态度了。

(2)评价对象＋夺得/荣获/获得/被评为＋(称号/奖)。这类表达方式比较好判断，因为大凡称号或者奖励、奖赏，一定是一种荣誉，荣誉肯定为正面评价。在称号或者奖励之前通常会有“荣获”或者“夺得”。例如：

海尔空调在 2003～2004 制冷年度中服务满意率高出第二名 58 个百分点，一举夺得服务满意率最高的空调品牌称号。

海信荣获“2008 中国消费电子技术进步大奖”等三项大奖。

(3)评价对象＋位居/名列。“位居”和“名列”虽然不是倾向激活词，但通常表示评价对象的地位很高，所以表达的是正面评价。例如：

康佳位居“中国企业自主创新百强”前列。

3.3　小　结

以上我们主要是针对有评价对象出现的单句来总结的。有些时候会出现一些评价对象和倾向激活词跨句的情况，例如：

我家 94 年购买了一台康佳彩电。这台电视从来没有出现问题。

这里评价对象“康佳彩电”出现在第一个单句中，但这句中并未出现表达倾向的模式。在第二句中“这台彩电”指康佳彩电，这涉及指代的问题，要让计算机识别出“这台电视”指代的对象。这种情况在已有的文本中占很小部分，不在本文的讨论范围内。

这些总结出来的表达方式揭示了倾向激活词和评价对象的关系，是判断倾向的依据。需要注意的是，“＋”前后的词语不一定是紧挨着，但顺序通常是一定的。

4　影响评价的其他因素

除了上文总结的表达方式外，还有一些其他因素，影响着对评价倾向的判断。

4.1　相对评价

有些时候，我们不能简单地说某个评价绝对是正面的或是负面的，比如以下两种情况：

(1)评价对象 1＋不如＋评价对象 2＋(倾向激活形容词)。这是两个对象之间的比较，在评价对象 2 的后边可以有倾向激活词也可以没有，但通常都是跟表示正面评价的形容词。只要有“不如”出现的时候，我们很容易判断出作者认为评价对象 2 比评价对象 1 要好。例如：

TCL 还不如神舟呢。

但也许评价人认为对象 1 和对象 2 都好，仅就二者比较来说对象 2 要更好，所以我们不能简单地说评价对象 1 就一定不好。

(2)评价对象 1＋比＋评价对象 2＋倾向激活词。这一类评价方式与(1)类似，都是表示两个对象的比较，但是这类表达方式中必然会出现“比”字以及倾向激活词。这让我们想到 HNC 句类中的参照比较判断句(jD021J＝DB1＋lj1v＋DB2＋jDC)：评价对象 1 相当于 DB1，评价对象 2 相当于 DB2，而倾向激活词相当于 jDC。例如：

美的比格力好。

海信就比海尔差那么一点儿。

同样地，如第一个句子，也许美的和格力都差，但两者相比，美的要好。

所以，对这种相对评价的句子，我们不能简单地判断正面或负面评价。

4.2　否定词的运用

在汉语中，除了倾向激活词之外，我们还喜欢用否定词来表达自己的喜好。在文本中，如果否定词和倾向激活词连用，则评价倾向就会发生逆转。例如：

海尔的质量绝对不太好。

我不会支持康佳彩电的。

第一句属于我们上文提到的第一种表达方式：评价对象+倾向激活形容词。“好”本来是表示正面评价，但和否定词“不”组合起来，评价倾向发生了逆转，变成了一个负面评价。第二句属于倾向激活动词+评价对象的表达方式，“支持”表示正面评价，但有了“不会”，这句就变成了一个负面评价。

但汉语中如果出现双重否定的话，则表示强烈地肯定。例如：

我不能不支持海尔！

双重否定“不能不”实际表达的是肯定的意思。因此，如果出现了双重否定“不+不”这样的形式，则评价的倾向不变。

4.3 反语的运用

除此之外，汉语中还会用反语的修辞方法。反语是运用与本意相反的词语来表达本意，含有嘲弄、讽刺的意思。例如：

TCL手机就是好!!! 真的是太好了!!! 一用就死机。

单看“好”好像这句是一个正面评价，由后文的“一用就死机”可见，这句其实是汉语中反语的修辞方法，本意是表达对TCL手机的贬义，却用“好”这个词来表示。但对于这种修辞手法，目前还没有行之有效的方法，而且这种手法在实际语料中占有的比例也很小，暂时不予考虑。

5 总 结

本文以互联网上对家电企业的评价文本为研究对象，对句子的语义结构进行分析，借鉴了HNC的句类知识，总结了评价倾向的表达方式，并且对影响判断的因素进行了探讨。但是，自然语言十分丰富，本文的研究结果可能并不能穷尽所有的表达方式，只是为文本的评价倾向提供了一个研究的思路。而且，本文只是以句号结束的句子为研究对象，对于句群以及整篇文本的处理还没有涉及，这也是下一步的研究任务。

参考文献

[1] 李智超，马少平．2008. 针对搜索引擎的媒体倾向性研究．江西师范大学学报(自然科学版)(32).

[2] 苗传江．2005. HNC(概念层次网络)理论导论．北京：清华大学出版社．

[3] 徐琳宏，林鸿飞，杨志豪．2007. 基于语义理解的文本倾向性识别机制．中文信息学报(1).

[4] 叶强，张紫琼，罗振雄．2007. 面向互联网评论情感分析的中文主观胜自动判别方法研究．信息系统学报(1).

第六部分
其他应用技术和系统研发

基于 HNC 的网络信息舆情分析系统应用①

陈威烈

北京大正语言知识处理科技有限公司　北　京　100081

chenweilie@gmail.com

摘　要：本文讨论了基于 HNC 理论的网络信息舆情处理方法，并成功建立了一套应用系统。它有两个特点，一是基于语义的信息分析；二是引入了信息中的褒贬判断识别，赋予了信息单元感情倾向。此系统根据应用单位的要求，可以灵活配置监测范围，现已经正式交付使用。

关键词：舆情，褒贬判断，概念识别，HNC

1　引　言

“舆情”一词最早出现在《旧唐书》中，唐昭宗在乾宁四年(公元 897 年)的一封诏书中称：“朕采于群议，询彼舆情，有冀小康，遂登大用。”

对于舆情概念的认识，有狭义和广义之分。在狭义上，舆情是指作为主体的民众对作为客体的国家管理者产生和持有的社会政治态度。在广义上，舆情是指国家管理者在决策活动中必然涉及的，关乎民众利益的民众生活(民情)、社会生产(民力)、民众中蕴涵的知识和智力(民智)等社会客观情况，以及民众在认知、情感和意志基础上，对社会客观情况以及国家决策产生的主观社会政治态度(民意)。

网络舆情是指通过互联网表达和传播的各种不同情绪、态度和意见交错的总和。网络舆情形成迅速，对社会影响巨大，不仅需要各级党政干部密切关注，也需要社会各界高度重视。

随着因特网在全球范围内的飞速发展，网络媒体已被公认为是继报纸、广播、电视之后的“第四媒体”，网络成为反映社会舆情的主要载体之一。网络环境下的舆情信息的主要来源有：新闻评论、BBS、聊天室、博客、聚合新闻(RSS)。网络舆情表达快捷、信息多元，方式互动，具备传统媒体无法比拟的优势。

网络的开放性和虚拟性，决定了网络舆情具有以下特点：(1)直接性，通过 BBS，新闻点评和博客网站，网民可以立即发表意见，下情直接上达，民意表达更加畅通；(2)突发性，网络舆论的形成往往非常迅速，一个热点事件的存在加上一种情绪化的意见，就可以成为点燃一片舆论的导火索；(3)偏差性，由于发言者身份隐蔽，并且缺少规则限制和有效监督，网络自然成为一些网民发泄情绪的空间。在现实生活中遇到挫折，对社会问题片面认识等，都会利用网络宣泄。因此在网络上更容易出现庸俗、灰色的言论。

对于网络舆情的这些特点，社会管理者应当了然于心。对现实中出现的各种网络舆论，社会管理者应能作出及时反馈，防微杜渐，防患于未然。因此，必须利用现代信息技术对网

①　本文受北京大正语言知识处理科技有限公司承担国家科技支撑计划课题“中文智能搜索引擎核心技术和应用示范系统的研发”(课题编号：2007BAH05B02)资助。

络舆情予以分析，从而进行控制和引导。

由于网上的信息量十分巨大，仅依靠人工的方法难以应对网上海量信息的收集和处理，需要加强相关信息技术的研究，形成一套自动化的网络舆情分析系统，及时应对网络舆情，由被动防堵，化为主动梳理、引导。

针对以上的实际情况，结合 HNC 中文语义处理技术，本文提出了一种基于语义识别的舆情分析系统。

2　基于 HNC 语义的信息处理过程

2.1　设计思想

基于 HNC 语义处理的舆情系统的设计思想是：在不影响信息内容完整性的基础上，将信息划分为统一大小的信息基元。通过对信息基本单元的属性进行处理和识别，得到各种预先定义好的属性结构。在识别属性的过程中，采用了 HNC 知识库的“领域”“语境”和最终的句式计算结果。将结构化的属性表赋以不同的权重后，系统对结构化数据进行数据挖掘，从而提供后期分析结果的数据基础。

2.2　设计框架

根据上述的设计思想，给出了如图 1 所示的基于 HNC 语义处理的舆情系统结构模型。该模型包括了五个大模块和 9 个子模块。9 个子模块包括：信息采集模块、信息分类模块、信息聚焦模块、知识处理模块、BI 中间件、数据信息处理模块、褒贬判断模块、RIA 表现模块、专家系统模块。

图 1

主要模块的功能如下：

(1)ETL：采集 Internet 上的海量网页，通过一定的策略将网页上的内容进行净化，去掉无用的链接、图片、广告以及干扰代码，对信息进行自学习的自动分类，将最终结果以标准化的格式存入到统一的数据表中；

(2)知识处理模块：知识处理模块包括对知识处理和信息聚焦，知识处理将信息分解成为可单独表述意义的基元，对信息基元进行语义上的判别，包括所属领域、引申对象、作用强度等多维信息；信息聚焦则是在海量的信息中找出宏观上表现出来特点的信息，包括热点信息、重点信息、焦点信息、敏感信息、频度信息、信息拐点、疑点信息、粘度信息和散点信息等。

(3)智能处理模块：智能处理模块是在前期信息处理的基础上，对信息整体进行褒贬义识别，根据前期定义的数学模型进行数据挖掘。

(4)RIA表现模块：RIA(Rich Internet Applications)富互联网应用，RIA具有桌面应用程序的特点。包括在消息确认和格式编排方面提供互动用户界面；在无刷新页面之下提供快捷的界面响应时间；提供通用的用户界面特性如拖放式(drag and drop)以及在线和离线操作能力。RIA具有的Web应用程序的特点，包括立即部署、跨平台、采用逐步下载来检索内容和数据以及可以充分利用被广泛采纳的互联网标准。因此，在舆情平台中采用RIA表现，将极大提高用户的体验质量。

(5)辅助决策模块：通过信息包含对象的关联计算，将某一事件的应对措施或过程进行建议，以辅助当前决策；另外，在系统进行决策过程中，也提供当前应对措施的记录，此措施将作为专家意见库进行积累。

3 舆情系统中的关键技术

3.1 自动分类

自动分类在处理海量信息过程中，具有不可替代的作用。基于HNC的自动分类技术，以HNC知识库为基础，提供了智能的处理方式。主要特点有：

3.1.1 先进的体系结构

HNC自动分类系统有着良好的体系结构。分类模块和服务器、应用层接口、所需要的资源等是相互分离的，模块之间的耦合性极低。有利于系统的构架、部署、维护和升级。

3.1.2 灵活的类别定制方案

HNC自动分类系统的类别信息由配置文件定义，用户可以根据自己的需求，任意定制类别个数、类别名称以及指定该类别的学习语料，从而达到分类标准自定义的目的。

3.1.3 智能和基于知识的分类引擎

HNC自动分类系统内嵌HNC句类分析系统、文本语境分析系统等。有庞大完备的HNC知识库资源作支撑。是一款先进的基于知识的分类引擎。

3.1.4 高速的分类性能

HNC自动分类系统的分类有着1M/S的速度，与同类产品相比，有着良好的性能指标，使得HNC自动分类系统能更好地处理大批量数据。

3.1.5 多层次树状分类结构

HNC自动分类系统可以支持多层嵌套的分类需求，能够给出多层级的树状分类结构。

3.2 热点发现

HNC话题发现系统的核心功能是对每天发生的重大新闻按照不同的话题进行自动聚类，为每个话题提供简洁的描述，同时根据话题的热度进行排序，并对话题的后续报道进行跟踪，帮助用户更快更全面地理解和分析新闻。其功能特点有：

3.2.1 新闻事件的自动组织

HNC话题发现系统能够将当天分散在不同媒体的新闻报道根据其内容，将关于同一话题的报道自动聚集在一起，为用户提供关于该话题的全面详实的报道，方便用户浏览。

3.2.2 事件内容的自动描述

用户在浏览文章的时候，有时只需要了解自己关心的某些类别的报道，HNC话题发现系统能够自动为每类话题提供描述其简要内容的标签，用户根据每类的标记就可以选择自己感兴趣的话题。

3.2.3　相关事件的自动跟踪

一个新闻话题往往是由一系列有着相互关系的事件组成的，用户有时候希望及时跟踪和了解某些事件发展的最新情况，HNC话题发现系统能够持续跟踪互联网上关于某个事件的报道，将其自动组织在一起。

3.2.4　热点事件的及时发现

HNC话题发现系统能够对每天发生的事件根据其内容的关注度，自动发现当天的热点话题，并根据其热度排序，然后展示给用户。

3.3　概念识别

概念识别在舆情分析中起到非常大的作用，同一概念(事件)的不同表述方式，在引入概念识别前后有着巨大的差别。如对于热点事件来说，同一概念如果以不同的表述方式分散到信息中，将不会作为热点信息识别出来。

在本文的舆情系统中，通过HNC对相同概念的不同表述方式进行转换处理，提高了热点事件的识别能力。结合自动分类，对于窄分类热点事件的识别，通过对事件变化率进行求导，大大提高了识别精度。

3.4　褒贬判断

HNC褒贬判断技术，是基于信息语义中对象的相互关系来识别的。以某一特点对象为基准，系统通过信息中对作用对象的态度和语气，得出信息作者对系统关注主体的态度。目前分为两类，一是固定主体的褒贬识别——如主体为“中国政府”；二是无固定主体的褒贬识别——如产品评价。

4　舆情系统实际应用

基于HNC的网络信息舆情分析系统，已经成功地应用在了国内某科技园区管理委员会，进入政府采购目录。系统以数十个主要网站、40多家报刊及杂志作为监测范围，对所管辖范围内的对象以及相关的行业、国家、国际上的信息进行监测和分析，提供全面的舆情分析服务。系统运行以来协助管委会增强了对所属企业的信息掌控，更为客观精确地掌握了行业运行态势。不仅提高了管理效率，还衍生出了新型的决策参考模式，得到用户的好评。

5　结束语

本文介绍了基于HNC概念识别技术的舆情分析系统，以自然语言语义识别为核心的信息处理过程，在应对基于互联网的海量信息中，得到了很好的应用。

系统由信息采集、信息梳理、信息属性发现、结构化元信息生成、信息褒贬判断、信息挖掘、舆情展示以及辅助决策等功能模块构成。通过对各大门户网站、新闻网站近200万条信息的分析，验证了该系统的稳定性。

参考文献

[1]黄曾阳．1998. HNC(概念层次网络)理论．北京：清华大学出版社．

[2]黄曾阳．2003. 语义及概念体系在NLP中的作用．北京：科学出版社．

[3]苗传江．2005. HNC(概念层次网络)理论导论．北京：清华大学出版社．

[4]晋耀红.2006.HNC(概念层次网络)语言理解技术及其应用.北京：科学出版社.
[5]邬郑，晋耀红.2004.HNC领域分类系统的设计思想与工程实现.北京：科学出版社.
[6]刘毅.2007.网络舆情研究概论.天津：天津人民出版社.
[7]中共中央宣传部舆情信息局，天津社会科学院舆情研究所.2006.舆情信息汇集分析机制研究.北京：学习出版社.
[8]程世寿.2003.公共舆论学.武汉：华中科技大学出版社.

HNC 知识检索系统在专利文献检索中的应用[①]

李长宏　刘　庆

北京大正语言知识处理科技有限公司　北　京　100081

chhonglee@hotmail. com　china _ digital@sina. com

摘　要： 知识检索系统是拥有自主知识产权的智能检索引擎，是以黄曾阳先生提出的 HNC 理论为基础研发而成，它是建立在对“句子”理解上的检索方式。本文简单介绍了传统检索技术，对应用于专利文献检索的知识检索系统的基本系统框架作了较为细致的描述，并给出了系统样机的实验结果。实验表明，以 HNC 语义分析为基础的专利文献知识检索系统有很好的检索能力，使计算机真正“理解”了使用者的检索需求，做到了“所答即所问”。

关键词： 语义分析，知识检索，专利文献检索，智能检索引擎

1　引　言

当代的电子信息，可以说达到了“爆炸”的程度，专利文献亦是如此。在浩如烟海的专利文献中，要想获取需要的专利文献信息，检索是必经之路。

世界上有 150 多个国家实行专利制度，54 个国家出版专利说明书，70 个国家出版专利公报，每年申请专利 1300 多万件，批准并出版的专利说明书达 100 万件以上，现累计总数已过 2700 万件。专利信息的合理利用对国家和企业的发展有着不可估量的作用。有数据表明，善于利用专利文献可以减少 60％的研发时间和 40％的科研经费。随着专利文献数据库不断加大，知识产权保护和使用越来越受到公众、企业、政府的重视，专利检索量不断攀升。在如此海量的信息中如何准确、有效地找出我们所需的信息和知识，方法是非常重要的。

2　传统检索技术概况

目前常用的检索方式主要有以下三种：

2.1　分类检索

即从分类的角度进行检索，多用于目录检索引擎、网址导航等方面。无须输入任何文字，只要根据目录检索引擎提供的主题分类目录，层层点击进入，便会查找到所需的网络信息资源。例如，如果想查找“首都之窗”的网址，您可以在 hao123(http：//www. hao123. com/)中按照网站分类点击“地方网站”大类下的“北京”，再点击“首都之窗”，便可链接到“首都之窗”的相关网站。

2.2　关键词检索

此种检索方式也是目前最常用的检索方式。当您想快速查找所需的网络资源，或者您无

①　本文受北京大正语言知识处理科技有限公司承担国家科技支撑计划课题“中文智能搜索引擎核心技术和应用示范系统的研发”(课题编号：2007BAH05B02)资助。

法确定所要搜索的网络资源的类别时，您可以使用此种检索方法。只需在检索引擎的提问框中输入合适的提问关键词，按回车键之后，检索引擎便会将与该提问关键词匹配的结果检索出来。几乎所有的检索引擎都采用这种检索功能。

2.3 布尔逻辑检索

布尔逻辑检索一般指用“与”“或”“非”三种运算模式来进行文献查询的方式，它实际上是多种方法的整合。每项检索请求之间通常采用“AND”“NOT”“OR”运算符，有的大小写通用，有的可支持“&”“|”“!”符号操作，有的不支持或仅支持其中的一个。

以上三种检索方式是最常用的方法，目前的专利检索除了采用关键词检索和分类检索的方法以外，还结合了布尔逻辑检索。虽然上述方法在一定程度上提高了检索结果的准确性，但还不能解决由于自然语言理解处理的五重模糊引起的检索结果不精确的问题。

3 专利文献检索目前使用的检索方式

专利文献信息的规范有其特殊之处。通常而言，专利文献分为发明专利、实用新型专利、外观设计专利三种，每项专利又包括申请(专利)号、名称、摘要、申请日、公开日、公开号、主分类号、申请人、发明人、地址、国际公布、办证日、专利代理机构、代理人、优先权等16个义项。检索者可以选择其中一个或多个检索字段输入相应的检索内容，有些检索字段还允许进行复杂的逻辑运算。各检索字段之间全部为逻辑“与”运算。逻辑运算提高了检索结果的准确率。

专利文献检索引擎的使用者必须至少要知道16个义项中的一个，但有时用户可能根本不了解要查找的专利文献的任何信息，也就无法使用“关键词”或“分类”的检索方法。有没有一种办法解决这一问题，如何让机器来真正理解检索者的意图，提高检索的精确率，HNC知识检索在这方面做了较为深入的研究。

4 以HNC语义分析为基础的知识检索系统

HNC知识检索系统提供了一种以学习为目的的检索方式，即检索对话框允许用户按照平时说话的方式，向对话框直接输入问题，得到问题的真正答案，而不是仅排列出与关键词有关的信息。为了实现这种真正的“所答即所问”，HNC知识检索系统在具体的检索方法上也有了很大的突破，具体表现如下：

(1)同义检索。中文的表达方式多样，一个概念可以由几个不同的词来表达，我们称之为同义词。当用户提出检索引擎时将返回关键词所代表的概念的所有结果，比如，在检索引擎的对话框中输入“马铃薯”将得到“马铃薯”“土豆”“洋芋”“薯仔”“爱尔兰豆薯”等代表马铃薯概念的所有关键词的检索结果，当然用户也可以根据需要对结果进行优先级调整和筛选；

(2)倒检索技术。倒检索是指通过句子描述一个概念并返回检索结果，比如，在检索引擎的对话框中输入“一种用于预防甲型H1N1病毒的疫苗”之类的描述性语言，就可以得到“盼尔来福.1”这种药物的名称或者是返回可以预防H1N1病毒的其他药物的信息(关键条件会自动放宽)。使用尽量准确的语言去描述一个事物就能得到一个词语，并得到该名词的检索结果；

(3)询问检索。询问检索即通过输入问句得到答案，比如，在检索引擎的对话框中输入“什么药可以预防甲型H1N1流感”将得到“盼尔来福.1”这种药物的名称以及使用说明等其他信息，而不仅仅是网页信息。

HNC知识检索系统能“理解”用户问题的关键在于它能对用户提出的问题做出准确的语义分析。结合句类及领域知识，信息与询问式检索请求进行匹配，将句类、句式不同而语义相同、相似的信息找到并赋予相似问句对应的答案较高的权重，以提高答案抽取的效率和准确度。

4.1 HNC理论

经过十几年的发展，HNC理论研究取得巨大的进展，其应用也越来越广泛。HNC理论认为：自然语言理解的本质是概念联想脉络激活、扩展、浓缩、转换与存储的全过程运作。激活运作的要点是语句的理解；扩展与浓缩运作的要点是段落与篇章的理解，转换与存储的要点是记忆与学习。语句的理解必须定位于概念联想脉络运作全过程的激活。并且建立了自然语言的概念空间。语句及自然语言的理解，就是从语言空间向语言概念空间的映射过程。这一处理方案，使计算机能够进入自然语言的语义深层，在“懂”的基础上完成对自然语言的各种处理。

4.2 知识检索系统框架

系统由六个子系统构成。图中的箭头表明了数据的流向。

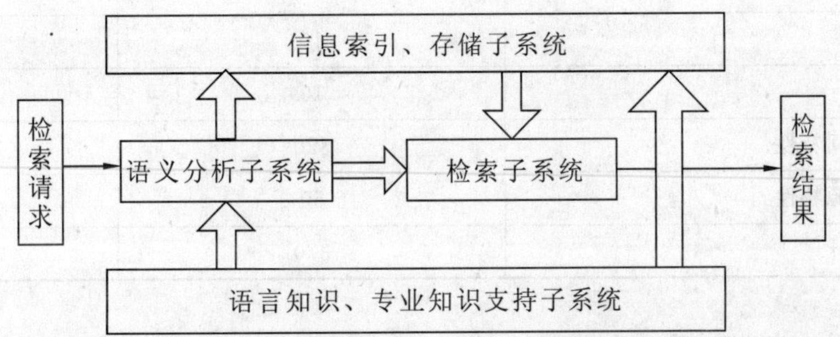

(1)语言知识、专业知识支持子系统(简称知识子系统)：它为系统的其他部分提供了知识上的支撑，是系统运转的基础。它包括：语言概念知识、句类知识、语境框架知识等通用语言知识，也包括部分专业领域中的一些专业知识。知识子系统提供了元知识集合来指导对文本语义要素的提取、对检索信息的索引与存储。

(2)语义分析子系统：它在知识子系统的支持下，负责对输入的文本进行分析和理解，形成形式化的语义要素表述框架。笼统的来说，就是要将文本中完全非结构化的数据形式转换成基于语义框架的完全结构化形式。

(3)存储子系统和信息索引(简称信息子系统)：它是一个重要的数据管理系统，分为用户信息存储部分和索引部分。

①用户信息包括全部的专利文献、用户权限信息，这部分信息的存储、管理、基于结构化数据的查找(如专利号、提交人、提交时间)可以交给成熟的数据库管理系统管理。

②索引部分包括基于专利文献内容的语义要素索引和关键词索引。语义要素索引的建立、维护是研发的核心。语义要素索引是在语义分析子系统所生成的语义要素框架的基础上构建的。

(4)检索子系统：从分析子系统获得检索要求的语义要素框架后，将框架在语义要素索引中进行匹配，再将结果按照语义相似度进行排序，最终得到检索结果。

5　系统评测和性能指标

以下数据是针对某一封闭专利文献语料库(30万)进行测试的实验数据：

5.1　系统评测

测试方面		标准分值	系统得分
用户文档		10	7.5
功能性	界面功能	180＋10	148＋10
	查全率测试	50	47.6
	查准率测试	50	46.9
	对逻辑算符的支持	50	44
	总计	330＋10	254.8＋10
可靠性		16	12
易用性		20	18
客户端的使用		10	8
多语言支持		10	8
效率	时间特性	320	286.5
	资源特性	50	50
	总计	370	336.5

5.2　性能指标

项　目	性能指标	备　注
数据加载和索引速度	每小时250M	运行环境：Pentium Ⅳ 1.5G，512M内存，7200转硬盘，MS Windows 2000
支持的字符集	简体中文(GB2312、GBK) 繁体中文(BIG5) 纯英文 Unicode	支持中英文混合
数据库大小	可加载42亿条记录，能够容纳4G到6G字节的原始数据(即支持NT下的4G文件)	
支持的数据库数	多达十亿个数据库	
字段类型	DATE日期型字段 NUMBER数值型字段 CHAR字符串型字段 PHRASE短语型字段 DOCUMENT全文型字段 BIT二进制型字段	

6 结束语

知识检索系统依赖以句类和领域知识为核心的语义分析技术，在专利文献检索和农业信息检索等领域取得了初步的成效。基于语义分析技术开发的"华农在线"农业信息垂直搜索引擎，目前已经得到农业用户的广泛应用。但我们还需要继续完善句类和领域知识的理论研究。也只有夯实了这个基础，我们才能让知识检索系统在智能检索领域发挥更大的作用。数字图书馆、资讯类网站、数据库型平台等领域的行业需求和知识结构与专利文献检索领域近似，HNC语义分析检索系统也将涉足这些行业，让基于语义分析的知识检索系统得到更好的应用和提升。

参考文献

[1]朱德熙．1982. 语法讲义．北京：商务印书馆．

[2]黄曾阳．1998. HNC(概念层次网络)理论．北京：清华大学出版社．

[3]邬郑，晋耀红．2004. HNC领域分类系统的设计思想与工程实现．北京：科学出版社．

[4]李国新．2004. 中国文献信息资源与检索利用．北京：北京大学出版社．

[5]晋耀红．2006. HNC(概念层次网络)语言理解技术及其应用．北京：科学出版社．

[6]骆云中，陈蔚杰，徐晓琳．2007. 专利情报分析与利用．上海：华东理工大学出版社．

[7]江镇华．2007. 怎样检索中外专利信息．北京：水利水电出版社．

[8]花芳．2009. 文献检索与利用．北京：清华大学出版社．

HNC在农业垂直搜索中的应用[①]

刘秋明

北京大正华农网络技术有限公司　北　京　100081

liuming _ 99@sina. com

摘　要：在农业信息检索过程中，传统的关键词搜索技术因其固有的检索模式，让用户找到真正需要的信息尤为困难，直接影响了信息服务应用的效果。HNC智能搜索技术，从语义理解出发，把用户提交的关键词进行语言模糊处理和逻辑关系分析，反馈给用户更专业、更精准的信息结果。为涉农领域用户全面整合行业资讯、生产技术信息，把信息服务与用户需求相结合，把市场与基层相对接，发挥农业垂直搜索产业最大化价值。

关键词：农业信息化，垂直搜索，HNC，信息关联，信息匹配，属性挖掘

1　引　言

我国农业网站数量即将突破3万大关，几乎涉及了农业各生产结构，虽然信息资源库非常庞大，但重复、分散、标准不一的现状，通过传统的搜索引擎，也很难直接获得有价值的信息，这种困境已经严重影响了我国信息化水平的发展。北京大正研究院将HNC技术与农业相结合，投入建设了“华农在线”农业信息垂直搜索平台，使涉农用户通过互联网轻松获得最直接、最有效的农业信息，从而带动搜索技术向智能化发展。

华农在线通过HNC语义分析处理技术，信息搜索召回率已达到90%以上，正确率高于60%(此数据依据100万字的精细测试样本集，15个主题的平均结果)，较关键词搜索技术，用户对信息结果的满意度有了大幅的提高。

2　HNC在农业领域中的应用

为了把HNC的技术优势更好的体现在信息服务中，针对农业行业需求和技术发展趋势，华农在线进行了相关的应用开发。

2.1　农业技术互享

农业技术多种多样，不同地区之间人们的语言表述方式也不尽相同，造成了一种农业技术可能有很多种表达方式，比如：“栽培技术”和“种植技术”一般都是指同一类事物，为了避免关键词检索造成的检索结果不完全，因此采用同义词扩展的方式是非常必要的。

例如，用户通过关键词搜索技术，提交“栽培技术”或“种植技术”关键词，搜索结果是完全不同的信息集合，用户很可能从中丢失掉很有价值的信息。通过HNC智能搜索技术，系统将为用户提供所有关于栽培和种植技术的信息整合，通过知识库调取，系统能够轻松识别用户意图，是在查询关于相关生产技术的信息。

①　本文受北京大正语言知识处理科技有限公司承担的国家高技术研究发展计划(863计划)课题“农业知识语义检索系统”(课题编号：2007AA10Z242)资助。

2.2　市场信息互通

市场信息的关键是区域性和时效性，没有时效性的信息就是失去作用的垃圾信息，用户在检索市场信息时，系统将自动将时间、地区、道路以及交通便利情况最优的信息提供给用户，让用户得到真正有用的信息。

现在网络上的供求信息并不缺乏，几乎涉农类网站都会开设一个供求频道，但是，大量的信息并不能有效的对接。HNC智能分类检索技术，在整合分散信息时，首先将已经过期的信息剔除，再依据平台专业的分类，用户就可以按时间、区域筛选符合要求的目标客户集群。平台为客户提供方便、快捷的搜索服务时，以锁定交易类型、减少交易成本、加快交易过程为信息基准，让供与求不再是制约农产品流通的瓶颈。

2.3　农技人员互动

农技人员的检索不仅要提前对人员的工作种类(比如：农、林、牧、副、渔等)进行分类，还要自动匹配地区信息，利用定位技术采用地图显示的方法，便于检索者了解农技人员的地理位置，做综合评判。

如今的农民对于农业科技的渴求，一如干涸的土地对于雨水的向往。为了打通“最后一公里”的瓶颈制约，把新型的实用的农业科技及时送到农民手中，全国有近百万农技员奔走在田间地头，手把手的交流效果虽然好，但传播速度及时间性受到很多制约。平台特设农技人员注册接口，一是便于日常开展工作，传播生产技术信息；二是利于用户在线求助生产过程中遇到的问题。

2.4　农业企业互联

网站会员检索企业用户时，系统将根据其注册时提供的信息自动关联行业和地区，使检索结果更加符合用户的情况，提升检索的准确率。

例如用户检索“大豆”的信息时，系统会把关联区域内有关大豆种子、大豆加工、甚至大豆求购等信息进行匹配，最大化囊括用户需求，同时挖掘出企业的潜在用户。此技术也是HNC的优势所在。

2.5　农村劳动力就业与培训

农村劳动力外出务工的数量与日俱增，为他们建立一个既有保障，又符合其工作能力的职业提供平台和就业技能培训平台甚为重要。

HNC职位检索系统是多种条件的检索服务，系统采用布尔逻辑检索中的“与”检索方法，允许用户选择多项或者任意一项，同时以技术职能为核心，对检索的结果进行优化。检索需求越详细，得到的信息结果越符合用户的要求。

2.6　休闲旅游农家乐

农家乐信息的检索可以采用按照地区的分类检索，也能对其他的属性进行深度挖掘，用户可依靠多种条件的检索方式，例如按“名”(名气)、“新”(成立时间晚)、“奇”、“特”(有特点)找到自己真正需要的农家乐信息。

综上所述，华农在线利用领先的语义检索技术，让用户通过简单、快捷的垂直搜索引擎平台获得更广泛的农业资讯、生产技术、市场行情等信息。华农在线秉承专业、权威、全面的信息服务原则，让用户切实享受到智能化、人性化的信息服务体验。它提升了农民用户计算机操作水平，提高了基层信息服务建设，推动了我国农村数字化建设，以农业信息化带动农业现代化，全面实现农业增效和农民增收。

3 网站平台基础建设

华农在线已经成功的把HNC语义理解技术与HNC知识库相对接，面向广大涉农用户推出了一个专业的农业垂直搜索引擎平台，通过对农业信息的采集、整合、深加工、分析、转化等，为用户提供专业的农业信息一站式检索服务。

3.1 信息采集

从互联网上自动收集符合农业信息要求的数据源，利用HNC过滤技术先对信息源进行分析，筛查，分类，把合格的信息网页收集到服务器中。

3.2 信息结构化处理

通过索引系统程序，把采集来的信息进行分析，提取网页内容提要，根据相关度算法进行大量复杂的计算过程，建立网页主要内容及超链接中每一个关键词的相关度或重要性数据，将结果建立成网站索引数据库。

HNC建立了以句群为单位的自然语言文本的语义框架的自动抽取系统，实现了句群的自动划分，包括时间的识别、语义框架与事件背景的相互转换及作者立场的识别等。现已标注农业类文章的句群10000个；形成了能够满足农业类文章抽取的知识库，词语规模达到了20000个。利用文本语义分析技术实现的自然语言文本自动标注，使得准确率能达到80%以上。

传统的搜索引擎，文章提要内容多是以第一小节为概括，首先是技术水平不能实现，其次是简单的关键词技术也不能完成这样的处理结果，只有通过语义分析技术才能真正概括出文章主旨内容。

3.3 索引搜索

当用户输入搜索关键词后，系统通过HNC语料库识别用户意图，由搜索系统程序从网页索引数据库中寻找符合用户需求的相关网页及信息。在60亿字规模的语料集上，问询系统平均响应时间(从用户提出检索关键词到系统给出第一页结果)小于1秒；字串索引建立速度大于100兆字节/小时；语义索引建立速度大于10兆字节/小时。检索正确率大于60%，召回率大于90%。

3.4 搜索结果

所有用户提交的关键词生成的相关信息在索引库中都有记录，HNC会综合相关信息和网页级别形成相关度数值，然后进行排序，相关度越高，排名越靠前。最后由页面生成系统将搜索结果的链接地址和页面内容摘要等内容组织起来返回给用户。

目前针对农业行业的搜索引擎平台有三家，华农在线、搜农和农搜。农搜的核心技术是SDD算法，和搜农一样，还是没有从根本上脱离关键词的搜索。华农在线采用HNC语义理解技术，从语言的理解处理出发，让搜索过程不单是算法与公式，更多的是让信息处理过程变得智能，让用户得到满意的信息结果。

HNC智能搜索结果比传统的关键词搜索结果更接近于用户需求，是因为HNC分类技术与农业专业知识库充分结合，对农业信息进行了精准的分类。建立了包括粮油、农资、禽畜、饲料、果蔬、花木、特养、农机、水产等11个子项知识库。另外，整合农业词语库3万余条；农业语料库3万余篇；农业动词库农业信息模式库1万余条；农业问句例句库

5000 多句；农业问句模式库 1000 余条。

截止到 2008 年 7 月底，华农在线资讯信息数据总量已达到 269 万多条，包括新闻、技术、行情信息等；有 66 万多条的供应与求购信息；有 470 多种农产品，1200 多万条全国各地农产品报价。

下面介绍一下通过 HNC 实现的几大查询功能：

(1)同义识别。用户输入“西红柿”，系统接到指令后，通过知识库识别，发现“西红柿”属于多名词，“番茄”与“西红柿”指同一事物。在为用户反馈信息结果时，关于“番茄”的相关信息会一并提供给用户，这是只有语义搜索才能实现的。在 HNC 知识库里这种情况属于同物异形，对于这类事物，知识库都给予了特殊标注。还有“土豆”也是多名词事物，“马铃薯”“洋山芋”“洋芋”都是它的别名，HNC 都能识别出他们的相关性。

(2)上下位识别。当用户搜索“绿叶蔬菜”，系统不仅能提供有关“绿叶蔬菜”的资讯，还能根据语境的权重高低，提供“菠菜”“芹菜”“莴笋”等信息。此外，还可以以再分类标签的形式提示出“绿叶蔬菜”的下位概念：菠菜、莴苣、莴笋、芹菜、蕨菜、茼蒿等，让用户再次精确查询范围。在农业专业领域内，上下位关系是专业词语间最基本的深层语义关系。深入挖掘并提供农业词语的上下位关系，对输入请求的下位概念进行分类标签提示，以便更精准地定位用户的搜索意图，这也是语义搜索智能化的重要表现。

(3)同形异义识别。在农业词语中也存在着一些同形异义词，一词多义。例如：“鸡毛菜”既是上海地区小白菜的商品名，也是一种亚热带性海藻，属石花菜科。这种词语本身的多义模糊更加模糊了用户搜索的意图，一定程度上干扰了搜索结果，需要对这种多义模糊进行消解、做出排歧处理。当用户提交“鸡毛菜”这样的搜索请求后，可提供给用户“小白菜”和“石花菜科”(或者“海藻类”)这样两个提示标签，由用户作二次选择，从而消解模糊，明确其搜索意图。

(4)关联词识别。用户输入“西红柿品种”，系统不但能够提供关于“西红柿品种”的信息，还可以检索出“西红柿”相关下位概念的信息。像有关“粉红西红柿”“黄西红柿”“梨形番茄”“秘鲁番茄”等内容都能为用户检索到。

用户输入“西红柿加工”，通过语义分析，明确“加工”的对象是“西红柿”，从而检索出“西红柿的加工技术”，“西红柿的加工产品(如西红柿酱、西红柿干)”等相关信息。如果利用关键词搜索技术，相信这些信息结果要通过用户多次变化检索关键词才能得到，如果用户表达不清，有价值的信息就失之交臂了。

(5)疑问句查询。这个优势是 HNC 技术独有的，关键词搜索是绝对实现不了的。农业信息搜索有其特殊性，部分用户因缺乏计算机操作经验，农业专业知识不多，在面临信息检索时，可能更习惯于以“问询”的方式提出搜索请求，因此，我们需要照顾到他们的查询方式，使他们不必为“怎么输入”而发愁，能够轻松找到需要的信息。

例如：农业技术中，关于农产品的品种和病虫害知识，大部分用户并不知道具体技术名称，但想了解相关类型、功能等，就可能输入类似“棉花长虫如何防治”“怎样防治棉花长虫”等搜索请求。使用关键词搜索技术很难查询出相匹配的结果，而通过 HNC 语义检索则会根据用户提出的问题，提供用于棉虫害的农药、防治棉花病虫害的技术等信息，不受疑问句所干扰。

HNC 通过智能化的语义理解，做到了为用户提供的，就是用户最需要的，让人机交互中垂直搜索引擎越来越聪明。

4 结束语

相关数据表明，目前习惯使用垂直搜索的互联网用户比重已经高达88.2%，其中72.2%的用户会选择专业垂直搜索引擎。我国农村网民数量近1亿，对农业信息服务的需求也在急剧扩大。HNC技术作为新一代智能语义搜索的领跑者，无论是成熟的语言处理技术，还是专业的农业信息服务体系，都具备了做好农业领域垂直搜索服务的先决条件。HNC农业信息垂直搜索的市场前景广阔，这一新产业的兴起和深入应用将给农业信息化的发展注入新的活力，进一步服务三农事业，为农村经济及整个国家经济和社会发展带来不可估量的作用。

参考文献

[1] 苗传江．2005. HNC(概念层次网络)理论导论．北京：清华大学出版社．
[2] 黄曾阳．1998. HNC(概念层次网络)理论．北京：清华大学出版社．
[3] 中国互联网络信息中心．2008. 中国互联网络发展状况统计报告．
[4] 李道亮主编．2008. 中国农村信息化发展报告．北京：中国农业科学技术出版社．

HNC在Web日志管理中的应用探讨[①]

龙华仁

汉语之声国际网络技术(北京)有限公司　北　京　100037

hrlong@126.com

摘　要：本文探讨了HNC在Web日志管理中的应用，以求解决目前各类网站Web日志管理系统中重要的两个问题：一是对内部用户在访问外网、浏览网站，进行智能监控并对错误行为实时提醒；二是对外部网络用户进行实时智能监控，并对恶意行为强迫其下线。对于这两个问题，关键是利用基于HNC的语义处理技术对用户行为作出正确判断，从而作出正确的处理。

关键词：Web日志管理，智能监控，语义处理，句类分析

Web日志管理系统是各类应用网站中的一个重要组成部分，特别是对安全、保密、舆论动向要求较高的网站。现有的网站对内部用户进行系统后台管理工作时的监控是停留在操作日志上，仅仅是记录其操作日志，作为事后跟踪、追究责任的一个辅助工具与手段。对外部用户的恶意行为，仍旧停留在人工监控上，需要大量的管理人员对用户的行为进行人工分析、判断，然后采取行动。这些做法是事后行为，往往在采取行动时，已经造成不良的后果。本文将就如何利用HNC语义处理技术，实现Web日志管理智能化等问题进行讨论，以HNC语义处理技术为Web日志智能化研究等问题提供解决方案，顺利地推广使用。

1　传统Web日志管理系统功能及其应用

从传统Web日志管理系统的功能来看，在商业应用上对外部用户的分析模型可以分四个部分：需求提出、业务数据采集、数据分析、结果评估。用户行为分析可以有用户特征分析、关联分析、分类与预测、异常分析、排行榜分析等。这些分析模型与分析方法大量应用于各大网站，效果还是比较明显。例如：电子商务的用户通过对各种的消费用户使用特征的比较，获得高资费用户上网的特征，找到目标用户，通过业务引导、消费策略等方式使用户向高资费转移；再例如，通过对政企客户使用业务种类的特征分析，向大客户提供增值服务。

Web日志管理系统对内部用户的功能有用户登录、日常操作、越权操作、信息录入、发布等都将以日志方式进行记录，方便管理员进行查询。管理员可以随时通过日志分析发现问题原因。例如：一旦发现网站出现不良内容、异常现象，通过现场记录，备份数据和日志，暂停系统工作，并报主管领导与相关部门。

2　Web日志管理系统在应用中的缺陷

上文中提到在商业网站上对外部网络用户的分析方法中有用户特征分析、关联分析、分

①　本文受北京大正语言知识处理科技有限公司承担国家科技支撑计划课题“中文智能搜索引擎核心技术和应用示范系统的研发”(课题编号：2007BAH05B02)资助。

类与预测、异常分析、排行榜分析；其中用户特征分析是指找出各类用户的行为特点；关联分析发现关联规则，如年龄、性别、职业与使用网络习惯进行关联分析；分类与预测是利用分类技术，将用户归属为一个特定的类；异常分析是对IP网络用户的一种异常行为如：黑客攻击、网络病毒、垃圾邮件等不正常的网络流量的分析；排行榜分析是分析不同排行榜用户的特性，并采取相应的策略措施。

在对内部用户日志管理的产品中，以百络网警(上海百络信息技术有限公司)为例，其日志备份管理功能，能够完整保存90天的上网日志。通过查看日志备份记录看到哪台机器访问过哪些网站等上网行为。

通过对日志管理系统中的特点分析与研究，我们知道，核心就是监控异常行为。

2.1 内部用户智能监控

现在大多数企、事业单位都要依托互联网进行信息沟通。没有企业离开互联网能够正常的运营，随着互联网的普及以及员工文化层次的提高，使用互联网已经变得相当普遍，员工在上班时间上网聊天，玩游戏，看电影的网络行为十分普遍。这种行为对工作效率有很大的影响；对企业信息安全构成相当大的隐患。

以百络网警的日志管理功能为例，其过程就是内置数量庞大的URL库，过滤色情、反动、暴力及非法论坛，彻底屏蔽非法网站，过滤向公网发布的言论，全面管控QQ、MSN、飞信等IM聊天软件，BT、电骡、PPLive等P2P软件，大智慧炒股等各种网络访问行为。

其实，百络网警的核心就是：(1)建立URL库，进行网站过滤、屏蔽；(2)监控公网发布言论，进行记录。以上方法都是传统方法，对于用户的言论发布，只能做到事后监控，不能做到即时提醒。

2.2 外部网络用户智能监控

对于外部网络用户监控，首先从用户的行为分析来说，包含以下元素与项目：(1)用户群(用户者主要所在区域)；(2)访问者(访问主要来源哪个区域，如国家、省份、城市)；(3)访问量(分析网站月访问，日访问，时访问，来确定网站的高峰是在是何月何日何时)；(4)浏览量(访客在一定时间内所浏览内容，日最大浏览量多少，日最小浏览量多少)；(5)流量来源(分析网站是从哪方面来的流量)；(6)流量页面(哪些页面主要引来的流量)；(7)访问者分析(在24小时的回访次数，访客浏览多少页面，在网站中逗留多长时间)；(8)访问者系统环境分析(用户电脑所采用的系统语言，所使用的浏览器，屏幕尺寸，屏幕颜色位数)；(9)搜索引擎(搜索引擎是提供信息查询的工具，通过分析网站来源关键词，来确定搜索引擎用户主要关注网站哪些方面)。

以上的分析与智能处理，主要是对外部用户进行日志记录备份功能，在分析用户的商业价值并提供增值服务上作用还是比较明显，然而对于一些恶意用户行为分析，如涉及色情、反动等违规内容，则只能通过关键字、关键词来进行智能监控，然而汉语的表达多样性使得监控既不能作出即时、准确的判断；也不能得到即时的提醒信息。

纵观上述两个智能监控，不管是内部用户，还是外部用户，对于一些关键的提醒、监控都是根据关键字进行搜索，根据搜索的结果，进行提醒、回复。然而汉语对同一个事物、事件等描述的多样性，注定了通过关键字进行搜索的应用局限性，从而造成了很多运营网站的日志管理系统不得不投入大量的人力、物力进行人工干预；而且效果并不明显。

3 HNC在Web日志管理系统中的应用探讨

HNC经过多年的理论研究与技术研发，在理论上已经建立了自然语言概念体系的理论模式和自然语言语义块和语句的理论模式；并在工程项目中进行了实践和检验，实现了技术化。

北京大正语言知识处理科技有限公司开发了过滤产品体系：从技术上可以支持和建立比较完整的过滤系统，其产业化实现的目标是建立高性能的三级过滤体系：(1)网络进出口过滤：并联多个高速服务器，用IP地址划分流量，实时监控网络流通，对有害信息过滤，并建成有害信息标记库。(2)局域网网关过滤：门户网站、网吧、局域网上安装服务器，对其发布或访问的信息、BBS、聊天室的内容，实时监控，并实施过滤。(3)个人终端：配合精神文明建设以及政府电子政务工程，OEM给联想、方正、同方、IBM、DELL等大型计算机厂商，对进入家庭和政府部门的计算机全部预装过滤器。

过滤产品特点：(1)可扩展性好，立场过滤是一个通用技术，可以根据国家需要，随时更换、改进、扩充知识库，即可应用到台独、藏独、人权等其他意识形态过滤上。(2)产品采用的HNC专利技术，是中国人具有自主知识产权的，因此符合国家安全产品应用需要，更安全、更可靠。(3)产品维护方便，即使受到黑客攻击，也很容易恢复。(4)产品过滤速度快，不影响用户的视觉。(5)这一技术拥有完全的自主知识产权。

在任何网站的日志管理系统的智能监控中，都能根据过滤产品的特点，应用敏感词知识库技术、句类分析技术、句蜕语序处理技术、语境提取技术、消解语言模糊技术、内容相似度语言计算技术等核心技术，通过信息内容分析引擎，判别多种格式传输的信息(包括各种文档、表格、符号、代码及各种电子文件)是否为异常信息，然后根据系统定制的规则进行决策，从而作出让计算机是否能够访问网络、是否可以发出信息的决策，这样就实现了实时监控并主动防御的功能，有效提高了对计算机数据安全、信息安全的防护能力。

4 HNC在Web日志管理系统中应用的意义

HNC语义处理技术在网站客服系统中的应用，是真正的从语义的识别上着手进行的，避免了语言处理上的歧义、模糊问题，从而实现真正的语言识别。在这种技术的支持与处理上，我们只要做好相应I/O接口，便能广泛地应用于各种网站的日志管理系统中的智能处理平台。并且在该处理平台可以催生出用户分类、商品关注度、用户日志分析等更为深入的分析与研究，从而可以改善现有服务的不足，也可以为用户提供更为人性化的增值服务。

当然，本文仅仅是对采用HNC技术的过滤产品在日志管理上的应用进行探讨，该产品在其他方面，如应对黑客攻击等方面的功能，是我们下一步网站规划与运营中要先考虑的。

参考文献

[1]黄曾阳．1998. HNC(概念层次网络)理论．北京：清华大学出版社．

[2]黄曾阳．2004. 语言概念空间的基本定理和数学物理表达式．北京：海洋出版社．

[3]王学军．2004. 网站建设与规划．武汉：武汉理工大学出版社．

[4] Peter Morville, Louis Rosenfeld. 2008. Information Architecture for the World Wide Web: Designing Large-Scale Web Sites. O'Reilly Media, Inc.

HNC在网站客服系统中的应用探讨

龙华仁
汉语之声国际网络技术(北京)有限公司　北　京　100037
hrlong@126.com

摘　要：本文探讨了HNC在网站客服系统中的应用，以求实现目前各类网站客服系统中急需的两个功能：一是对用户的在线提问，进行实时人机智能应答；二是对用户的反馈意见，进行自动智能回复。对于这两个问题，若是合理利用基于HNC的语义处理技术，则可以顺利地解决。

关键词：客服系统，人机智能应答，自动智能回复，语义处理，句类分析

网站客服系统是各类商业网站中的一个重要组成部分，任何一个正常运营的网站都脱离不了客户服务。然而传统的客服系统，大部分工作仍旧停留在人工解答客户问题，处理客户留言的阶段。这种逐条处理、逐个回答的方式严重增加了网站的运营成本，降低了客服部的工作效率和服务质量。本文将就如何利用HNC语义处理技术，实现客服系统智能化等问题进行讨论，以求为HNC语义处理技术的应用和网站客服系统智能化研究等问题提供参考，拓展思路。

1　传统客服系统功能及其应用

从传统客服系统的功能来看，大致可分为：网页对话，聊天记录，访客留言，访问统计，主动邀请访客，多人群聊对话，自定义设置，文件传输等。其中网页对话，一般采用纯网页式的技术在服务端与客户端进行聊天过程处理，一般包括即时聊天、设置对话常用语、客户名片等操作；主动邀请访客是通过访客实时监测，一旦发现访客进站，进行主动提示，然后跟踪访客浏览轨迹，主动发起对话邀请；自定义设置包括自定义客服图标、自定义LOGO图标、自定义广告设置等，实现个性化的一些设置。

上述的功能是一个专业做客服系统的软件产品的主要功能，代表产品主要有53KF(杭州六度信息科技有限公司的客服产品)、商务精灵(www.35tool.com是基于WEB下开发的在线客服系统，为CallSun逐日网络公司旗下产品)等。当然，每个产品都有自己的特点与特色，在本文的后续部分还会提到。

此外，一些大型商业网站也会开发自己的客服系统；如网易助手小易等。

2　客服系统在应用中的瓶颈

在上文中提到的53KF产品中有个智能机器人功能，该功能的使用方法是在管理中心的客服管理里面，找到智能机器人设置功能：(1)设置知识库类别(比如功能使用、收费标准、常用问题等)。(2)在知识库管理里面选择对应的类别添加问题。(3)在机器人客服选项里面添加机器人，进行编辑设置。如机器人名称“长江二号”。上线设置：自动上线或手动上线，设置为手动上线的机器人，可在列表中即时修改其上下线状态，自动上线的机器人永远在线，无法删除修改。客服转接状态为接受转接，同时设置好问候语，再在知识库类别里面选

择类别，点击记忆到机器人内存，并保存。智能知识库后台的问题和答案都是用户自己设置的，客户的提问后，计算机根据这些问题中的关键字搜索，搜索到关键字就会弹出答案。

以网易助手小易(网易助手小易是广州网易计算机系统有限公司在网易上使用的客户服务系统)为例，它的客服工作分三个步骤：(1)选择问题类型；(2)发送您的疑问；(3)获得小易解答。

通过对不同的客户服务产品与定制(或专门)的客服系统的分析与研究得到，客服系统有两个非常重要的功能：(1)实时人机智能应答；(2)自动智能回复。

2.1　实时人机智能应答

以53KF的智能机器人为例，其过程就是先建立知识库，待用户输入提问后，计算机根据在这些问题中的关键字搜索，有关键字搜索到就会弹出答案。核心就是知识库与关键字。例如，以下是53KF在一个电子商务网站的具体应用，问题与答复(详细省略)如下：

(1)LG KT878的详细参数是什么？(基本参数、基本功能、主要功能、数据应用功能、拍照功能、多媒体娱乐功能)

(2)联系方式是什么？(联系人、联系地址、邮编、联系电话)

(3)如何进行结算？(支付方式、配送方式、送货地址、收货人)

从上面的问题，可以看出，这里智能机器人能够解决一些简单问题，但是对于相同问题的不同描述，如果关键字缺失，则难以进行智能判断，并予以正确解答。如：

(1)LG KT878的配置及性能怎么样？

(2)如何与你们进行洽谈？

(3)怎样埋单？

其实，从问题的答复来说，与上述的(1)(2)(3)问题，完全可以一致，但是在53KF中，则不能给予正确的答复。

2.2　自动智能回复

以网易助手小易的功能为例，其过程有三步：(1)选择问题类型，如网易邮箱、密保产品、印象派、网易博客、修复密码。大类下面有小类，网易邮箱有“@163. com”“vip. 163@com”“126. com”“188. com”“yeah@net”等，此处假设我们选择“yeah@net”。(2)输入问题，假设输入“如何注册邮箱”并发送。(3)获取回复：

想拥有Yeah邮箱吗？申请步骤很简单，只需要短短4步：

1. 在Yeah邮箱http://www. yeah. net首页点击“注册”，进入申请页面。

2. 填写用户名并检验是否已被占用。

3. 填写个人资料。

4. 直接“点击此处直接登录”。

好了，您已经拥有可以正常收发邮件的Yeah邮箱了。就是这么简单！

以上是正常回复的流程。当用户提问为“怎样才能有个邮箱?”时，计算机的回复同上。若用户提问为“获得邮箱的流程怎样?”时，在我们的理解看来，该问题的回复与上一个问题的回复可以相同，但是在小易却不能得到该回复，而是“我不明白哦，或者您再重新描述下问题……”

综观上述两个功能，人机智能应答、自动智能回复都是根据关键字进行搜索，根据搜索的结果，进行应答、回复。然而汉语对同一个事物、事件等描述的多样性，可以同一答案的问题，则不能识别；注定了通过关键字进行搜索的应用局限性，从而造成了很多运营网站的客服系统不得不投入大量的人力、物力进行人工服务的现状。

3 HNC在客服系统中的应用探索

HNC经过多年的理论研究与技术研发，在理论上已经建立了自然语言概念体系的理论模式和自然语言语义块和语句的理论模式；并在工程项目中进行了实践和检验，实现了技术化。北京大正IM智能客服系统就利用HNC技术，顺利地解决了上述的问题。

北京大正语言知识处理科技有限公司利用HNC理论技术而推出的基于FAQ自动客户服务系统(IM智能客服)，主要针对目前客户服务系统培训任务压力大、重复性工作繁重、有价值的用户信息不能及时处理等情况而提出的，旨在自动精准识别客服问题，提高客户服务质量和工作效率。当前版本的自动客服系统包括常问问题自动回答子模块、自学习添加语料子模块和资料检索子模块三个部分。这三个子模块的有机结合，可以缓解重复性问题回答的繁重劳动，自动发掘用户常问问题，辅助客服工作人员回答用户问题。而且该系统还可以给出一些统计信息，比如显示一段时间内的热点问题、客服工作回答用户情况等。证明该系统有效地改善客户服务质量。

体系结构：IM智能系统包括常问问题自动回答子模块、自学习添加语料子模块和资料检索子模块三个部分。IM智能客服系统不包括前台的页面，所有的服务器程序都在后台运行。服务器程序支持并发处理。

IM智能客服流程图如下：

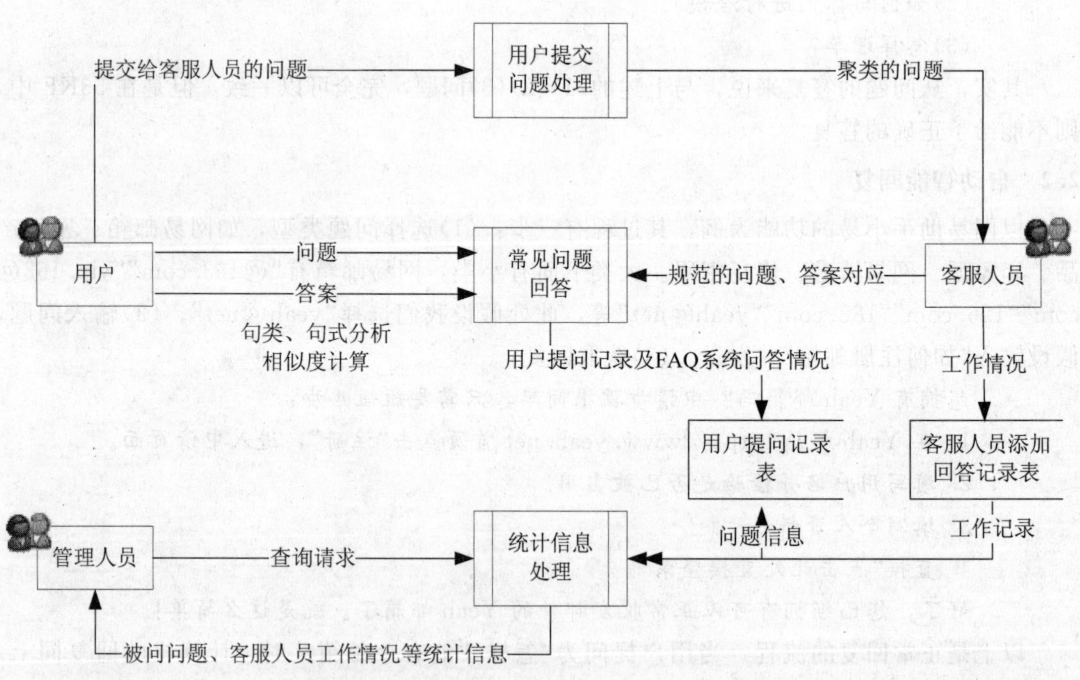

系统特点：(1)IM智能客服系统的第一个特色是将自然语言处理技术应用在检索技术中。与传统的自动回答系统不同，该系统不是简单的基于数据库的查询。本系统采用了结合自然语言处理的中文语句相似性计算技术，被检索到的句子允许与原句有些变化，但是语义却非常相似，运用相似度匹配出最佳答案，适时、适度。(2)IM智能客服系统的第二个特色是能够对用户向客服人员提交的问题进行动态聚类。动态聚类是将相似的用户问题聚集，一方面能够体现一段时间内的用户关注的热点，另一方面通过自学习功能，可以自动更新添加 FAQ 数据库，进而遇到用户类似的问题可以由自动回答子模块答复。(3)IM 智能客服系统的第三个特色是提供文本资料的段落检索。当客服工作需要人工参与的时候，可以使用检索系统迅速在实现存储好的产品文档、使用手册等资料中检索出最相关的段落，供工作人员解答问题参考。这样能够减轻培训客服人员的人力、财力的投入，节省服务成本。

在任何网站中的客服系统完全可以采用 IM 智能客服进行接口开发，结合问题数据库(FAQ)自动回答用户问题、动态添加常问问题、对 FAQ 不能回答用户的问题按照内容相似进行动态聚类、方便统计用户提交问题及系统自动回答的情况、快速检索用户关注的热点问题等功能进行技术整合。

在实际的整合与接口开发中，建议接口分数据接口、调用程序接口整合，完成紧密、快速接口开发。在具体的功能操作上，可以考虑应用项目自定义、用参数配置的方法，顺利实现推广应用。

4　HNC 在客服系统中应用的意义

基于 HNC 语义处理技术的 IM 智能客服系统可以应用在大公司、各种机构、企事业单位的客户服务系统中，作为一种辅助的手段，解答用户频繁的、共性的问题。

此外 IM 智能客服系统也可以应用在即时通信为平台的服务领域，甚至可以作为聊天机器人使用(需要增加大量的聊天用语)。

网站的建设与发展，是随着各种学科的技术进步，不断发展的。本文在语言学的发展成果上，提出了如何解决现有网站存在的问题；希望通过 HNC 的语言知识处理提高网站在实际工作中的服务水平与运营能力。

参考文献

[1]黄曾阳．1998. HNC(概念层次网络)理论．北京：清华大学出版社．

[2]黄曾阳．2004. 语言概念空间的基本定理和数学物理表达式．北京：海洋出版社．

[3]王学军主编．2004. 网站建设与规划．武汉：武汉理工大学出版社．

[4] Peter Morville, Louis Rosenfeld. 2008. Information Architecture for the World Wide Web: Designing Large-Scale Web Sites. O'Reilly Media, Inc.

基于向量空间模型的话题主动发现和跟踪[①]

王智超　晋耀红　张　舵

北京大正语言知识处理科技有限公司　北　京　100081

wzcczwang@gmail.com　jinyaohong@hotmail.com　zhangduo100@hotmail.com

摘　要：本文提出了一种基于向量空间模型的话题主动发现和跟踪的方法，针对话题跟踪中话题漂移的特点，提出采用基于互信息的特征选取方法，为每个话题选取合适的特征，构建话题模型。结合 HNC 知识库，采用基于语义理解的方法，为每个话题生成富有描述力的标题。实验表明，该方法能取得更好的话题跟踪结果。

关键词：向量空间模型，HNC，话题跟踪，互信息

1　引　言

作为一种识别话题和完整描述话题发展脉络的手段，话题检测和跟踪（Topic Detection andtracking，简称 TDT）已越来越引起研究者的关注，在许多网站的新闻报道中也依稀可见这项技术的应用。从众多的网络信息源中识别出当天的主要话题并跟踪话题的发展，对于全面了解事情的详细情况，发现并监控某段时间内社会关注的焦点话题和动态，及时发现社会舆情，把握事情发展的方向，并研究针对特定事件的对策具有重要的意义。

话题是由一个种子事件以及后续直接相关的事件或活动组成，子话题是针对其中某一事件的相关描述，事件则定义为发生于特定时间和特定地点的事情。新事件检测是 TDT 的一项重要子任务，其定义为检测时序新闻流中对某一话题的首次报道，即识别新话题。话题跟踪是 TDT 的另一重要任务，该研究着眼于针对已有的话题，发现后续报道中与其相关的事件，从而帮助人们把分散的信息组织成一个完整的话题。事实上，从每天发生的新闻中挖掘社会广为关注的事件，跟踪这些事件的后续发展，自动发现有影响力的话题，已经成为一个重要的课题。

本文将话题检测和跟踪技术应用于对互联网新闻研究之中，提出一种基于文本聚类技术的话题主动识别方法，从每天的新闻报道中挖掘出当天为媒体比较关注的新闻，自动形成一个个新事件，即子话题，并生成对子话题的描述，然后采用基于特征选取的话题模型构建方法，跟踪每个事件的后续报道，使之形成完整的报道序列。

论文组织如下：第二节概述话题检测与跟踪的相关研究进展；第三节介绍话题的主动发现；第四节介绍子话题跟踪策略和基于 HNC 语义理解的话题描述；第五节介绍实验及结果分析；最后是总结与展望。

2　相关研究

话题跟踪的难点在于随着时间的推移，媒体报道的侧重点在发生变化，人们对话题的关

① 本文受北京大正语言知识处理科技有限公司承担国家科技支撑计划课题“中文智能搜索引擎核心技术和应用示范系统的研发”（课题编号：2007BAH05B02）资助。

注点也在发生转移。例如：某话题描述酒后醉驾。对于这种突发事件，开始媒体是描述酒后驾车撞人的经过和初步的伤亡情况，事情发生之后，媒体报道集中于对驾驶员的处置和对伤者的救治上；当最终的伤亡情况确定后，媒体聚焦于对驾驶人员是否追究法律责任以及何种法律责任上。这些报道都与话题相关，因此话题存在随时间逐渐漂移的现象，而原始话题模型无法跟踪到漂移现象，需要利用后续报道不断检测相关而新颖的信息对话题模型进行调整，同时屏蔽话题模型更新过程中引入的噪声。王会珍等(2006)提出根据时间差对新的相关报道实行权重衰减，将新报道与旧报道融合的方法；郑伟等(2007)将相关性模型应用于话题跟踪中，采用话题核心与新颖部分相分离的策略，利用伪相关反馈中对话题漂移有益的新颖信息进行屏蔽噪声。张晓艳等(2008)提出采用多向量表示话题模型，将文本按照词性构造不同的向量空间模型，通过对不同的模型计算相似度和整合来实现关联话题的识别。本文在话题主动发现的基础上，提出基于HNC语义理解的话题描述方法和基于特征选取的话题模型构建方法，为每个话题选择合适的描述并自动跟踪话题的后续报道。

3　话题的主动发现

本文选取了人民日报、北京晚报等媒体作为网页素材的来源，将这些媒体每天的新闻网页下载下来根据时间存放，抽取出各个网页中的正文，以文本的方式进行存储，首先对文档做预处理，将每篇文档向量化表示，然后对每天的文本做层次聚类，得到每天的事件列表，同时对每个单独的事件添加能揭示其主题的描述。经过这个步骤，就得到每天新闻媒体共同关注的话题。

3.1　文档的向量表示

本文采用向量空间模型来表示每篇文本，向量中的每一维表示文档中一个特征的权重，特征的权重计算按照TF-IDF公式。

针对文本聚类阶段和事件描述阶段的不同要求，本文对每篇文本同时采用两种不同的表示方式，一种是使用向量空间模型(Vector Space Model，VSM)表示文本；另一种方式是将文本根据句子分开。在这两种不同的表示方式中，都对文本做分词和过滤停用词处理。

聚类处理阶段，特征项权重用TF-IDF来衡量，公式如下(Manning等，2005)：

$$w(i,j)=\begin{cases}(1+\log(tf_{i,j}))\log(N/df_i) & tf_{i,j}\geq 1\\ 0 & tf_{i,j}=0\end{cases} \tag{1}$$

其中，$w(i,j)$表示特征t_i在第j篇文本中的权重，$tf_{i,j}$表示特征t_i在第j篇文本中的出现次数，即特征频度，$tf_{i,j}$越高，表明该特征对文本的描述程度越高。$tf_{i,j}$即文档频度，表示出现特征t_i的文本数，N为文本集中的总文本数。

3.2　子话题的生成

从网络下载的新闻报道是关于各个方面的，没有一个统一的主题，需要经过处理，将讨论同一主题的报道组织在一起，聚类的方法就是一种很好的组织方式。

层次聚类算法是比较常用的一种聚类方法，其主要思想是初始时将每篇文档作为一个单独的类，然后逐步合并相似度比较大的两个类成为一个新的类簇，循环迭代，直到最终的类簇数满足指定的数量或者类之间的相似度值满足某个阈值时迭代终止。不同的层次聚类算法区别之处在于簇间距离计算方法，文章在计算簇间距离时采用基于高斯分布的方法(季铎，

2008)，指定相似度阈值作为迭代终止的条件。

3.3 子话题描述的生成

经过层次聚类后，当天的新闻报道就聚合成一个个的类，每个类中都包含内容相关的多篇报道，系统认为同一个类中的新闻都是关于同一个事件的报道，这些报道将组成话题的不同侧面，称为子话题。

聚类描述是一项具有重要意义的研究工作，良好的聚类描述能帮助用户迅速了解生成的文档类别所讲述的内容，本文将聚类描述作为子话题的主题。

聚类描述的研究近来也逐渐引起研究者的兴趣。在这些方法中，有利用词语作为聚类描述的，如Cutting等(1992)在Scatter/Gather系统中，选取频率较大的词语组成列表作为类别描述。有以短语作为聚类描述的，Anton等(1996)用关键短语作为类别描述。Zamir等(1998)以类簇的文档集中出现频次高的最长短语作为聚类描述。章成志(2008)详细比较了不同的特征权重计算方法对聚类描述词语正确率和召回率的影响，文中同时采用了名词和名词短语这两种表示方式。一般来说，采用词语做类别的描述，比较简洁，容易计算，但是可读性和可区分性不强，采用短语作为类别描述，易于理解，但是计算量大。从话题的特点出发，本文采用连续词语组成的短语作为对每个话题的描述。

为了方便自动生成每个话题的描述，在预处理阶段，同时将文本根据句子分开，判断句子的主要依据是标点符号，主要有句号，分号，问号，叹号和省略号。考虑到处理的方便，每篇文本只保留标题和正文前面的5个句子，每个句子经分词和词性标注后，只保留名词和动词。

短语的重要程度的衡量采用下述公式(Zamir，1999)：

$$S(m) = |m| * f(|m_p|) * \sum tfidf(w_i) \tag{2}$$

式中，$S(m)$表示短语簇的最终评分，$|m|$是短语簇的文档频度，即包含该短语簇的文档数量，w_i是短语簇中的词语，$tfidf(w_i)$是短语簇中每个词语的$tfidf$值，$|m_p|$是短语簇中词语的数量，函数f表示对不同长度的短语簇给予不同的惩罚系数。本文约定最终的描述短语最大长度为6，最小长度为1，即短语最多由6个连续词语组成，最少为1个词语。

3.4 事件重要度的评估

每天的新闻报道很多，得到的子话题也很多，需要对这些子话题做出适当的衡量，选取那些比较重要的子话题作为一天中的主要话题。对于一个子话题而言，其包含的报道数量越多，说明该话题越重要；相关事件被不同媒体报道的次数越多，说明媒体对于该事件的关注程度就越高，则该话题在当天的新闻中就越显得重要。由此，本文提出了如下衡量子话题重要程度的公式：

$$D(T_i) = (|T_i| / \sum_{i=1}^{n} |T_i|) * (|m_i| / |M|) \tag{3}$$

式中，$D(T_i)$表示子话题T_i的重要程度，$|T_i|$表示子话题T_i中包含的报道数量，$\sum_{i=1}^{n}|T_i|$表示该天全部子话题新闻报道的总数，$|m_i|$表示报道子话题T_i的媒体数量，$|M|$表示全部报道涉及的媒体数量，在本文中这个值为8。

4 基于特征选择的话题跟踪

话题跟踪作为话题检测与跟踪的重要子课题。任务是跟踪预先给定的话题相关的后续报道，从而帮助人们把分散的信息按照话题组织起来。

对每天的报道做上述处理后，就得到当天的话题列表，话题跟踪的任务就是发现两个话题之间是否相关，从而将子话题组成有机的整体。话题跟踪的特殊性在于，随着时间的推移和事情的发展，话题报道的侧重点会逐渐发生变化，如何捕捉话题的这种偏移，识别出其与原有话题的联系，成为话题跟踪的难点。

4.1　基于特征选择的话题模型构建

向量空间模型和相关性模型是目前采用比较多的构建话题模型的方法。相关性模型最初用来估计文档与查询相关的概率，在 TDT 的链接检测任务中用来比较两篇报道是否讨论相同的主题。这种方法为报道中每个故事构建一个相关性模型，每个模型都尽力捕获故事的主题，通过直接比较两个故事的模型来决定它们是否讨论相同的主题(Lavrenko 等，2001)。

由于本文所处理的每个话题都包括多篇报道，话题之间的相关判断比较复杂，系统采用基于互信息的特征抽取方法，为每个话题选取与其互信息较高的前 K 个词，用这 K 个词构成向量空间模型来表示话题模型，通过计算两个子话题模型之间的相关度，来判断它们是否相关，经过反复试验，最终 K 取值为 50。

对于话题集合 $A=\{a_1,a_2,\ldots,a_i,\ldots,a_n\}$ 和 $B=\{b_1,b_2,\ldots,b_j,\ldots,b_m\}$，$a_i$ 和 b_j 分别代表集合中的子话题。话题跟踪具体算法如下：

(1)从每个子话题中选取能代表该子话题的特征；

(2)对于集合 B 中的每个子话题 b_j，计算其和集合 A 中每个子话题 a_i 之间的相关度；

(3)如果这个两个话题的相关度值大于指定的阈值，就认为这两个话题相关，将话题 b_j 合并到话题 a_i 中，更新话题 a_i 的表示模型；

(4)否则，将该新的子话题作为一个独立的话题 a_{n+1}，保存到话题集合 A 中，$n=n+1$；

(5)重复步骤(2)至(4)，直到所有话题 b_j 都并入到话题集 A 中。

4.2　话题相关性度量

系统采用 Jaccard 距离来衡量两个话题的相关性。二元 Jaccard 系数，是用来度量两个集合重叠程度的标准，它是通过计算两个二元文本对象的布尔向量中共现词语的数目和非共现词的数目的比得到的。计算公式如下：

$$S(a,b)=|a\cap b|/(|a\cup b|) \tag{4}$$

a 和 b 分别表示两个子话题，$|a\cap b|$ 表示子话题 a 和 b 的表示模型中都出现的词语数目，$|a\cup b|$ 表示两个话题中全部的词语数目。

两个话题是否相关根据如下公式来判断：

$$R(a,b)=\begin{cases}1 & if \quad S(a,b)>=\lambda \\ 0 & if \quad S(a,b)<\lambda\end{cases} \tag{5}$$

式中，$R(a,b)=1$ 表示子话题 a 和 b 相关，$R(a,b)=0$ 表示话题 a 和 b 相关不相关。λ 的值根据实验来选取。

4.3　基于 HNC 语义理解的话题描述

话题跟踪得到的每个话题通常都包含许多子话题，每个子话题都有描述性的短语，从众多的子话题短语中选择或者重新生成合适的短语作为该话题的描述是本任务面临的又一个难题。如话题“山西襄汾溃坝事故”包括“山西襄汾溃坝”“尾矿库溃坝事故”“溃坝事故”“山西襄汾溃坝事故伤残人员”“襄汾县委书记亢海银县长李学俊停职”等子话题，这些子话题分别描述了襄汾溃坝经过、溃坝原因、事故中受伤致残和死亡人员情况，以及对相关责任人的处理。如何从这些子话题中选取合适的标题作为话题的最终描述呢？实验借鉴HNC语义知识库(苗传江，2005)，对上述子话题的描述短语做如下处理：

(1)通过检索HNC知识库，得出部分词语对应的符号分别是：

山西：fpj2 * 101/fpj2－0；事故：(r322，l15，gv930)；伤残：r509a；停职：(va01，v362)；书记：pea11a/pc44e61；县长：(pj2－00/pea119)/p44e61。

(2)经过多元逻辑组合处理，得出各个短语的语义块构成如下：

[[山西 襄汾]溃坝]；[尾矿库[溃坝 事故]]；[溃坝 事故]；

[[山西 襄汾][溃坝 事故]伤残人员]；[[襄汾县[书记 县长 李学俊]]停职]

(3)对上述各个语义块分析，发现前面4个短语包含相同的语义内容，经过同义合并，最终得出用"山西襄汾溃坝事故"作为话题的标题。

5 实验结果及分析

5.1 实验语料及评测

实验使用从新闻网站上下载的2008年9月的网页内容，采用层次聚类的方法得到每天的事件列表，对每天的事件评分，根据分值得出每天媒体关注的主要事件，即子话题。然后采用话题跟踪方法，得出与每个子话题相关的后续报道。

话题检测与跟踪通常采用NIST针对TDT发布的评测标准。由于话题跟踪可以看做将后续子话题划分到不同的已有话题中，因而实验借鉴文本分类的评价方法，采用准确率、召回率和F值作为评价标准。

给定的话题集合$D=\{L_1, \Lambda, L_i, \Lambda, L_p\}$，第$i$个话题包含的子话题数目记为$|L_i|=n_i$，子话题的数目即该话题的时间跨度，经过话题跟踪后，得到一个结果，即话题的集合$CS=\{C_1, \Lambda, C_j, \Lambda, C_p\}$，其中第$j$个话题中子话题的数目记为$|C_j|=n_i$。在跟踪结果中，话题$L_i$中被划分到话题$C_j$中的数据对象的数目记为$|L_i \cap C_j|=n_{ij}$。*F-Measure*的准确率(precision)和召回率(recall)的定义，如下：

$$precision(i,j)=\frac{n_{ij}}{n_i},\quad recall(i,j)=\frac{n_{ij}}{n_j} \tag{6}$$

由此，可以定义*F-Measure*为：

$$F(i,j)=\frac{2*recall(i,j)*precision(i,j)}{recall(i,j)+precision(i,j)} \tag{7}$$

对准确率、召回率和F值的计算有微平均和宏平均两种，微平均是将所有子话题分到不同的话题中计算，宏平均是对每一个话题做计算。对于一个话题跟踪结果CS，每个话题的*F-Measure*是该话题在所有话题中获得的最大的值，根据每个话题的*F-Measure*，话题跟踪宏平均$MacroF1$的定义为：

$$MacroF1=\sum_i \frac{n_j}{n}\max\{F(i,j)\} \tag{8}$$

5.2 实验结果分析

实验从2227篇报道中得到43个话题，228个子话题，其中话题报道时间最短的是2天，报道时间最长的是18天，共有1696篇报道是关于这些话题的正确报道，各个话题包含的子话题数目和报道数目如表1所示。表中的话题除开带*的部分，其余的话题描述短语都是采用4.3的方法得到的。可以得出，子话题聚类的微平均准确率和宏平均准确率分别是76.1563%和71.6301%；话题跟踪的微平均准确率、召回率和F值分别是89.8785%、97.3684%和93.4737%，宏平均准确率、召回率和F值分别是90.6672%、96.783%和92.3796%。

表1　话题包含的子话题及报道(The distriton of the topics and stories)

话　题	子话题数	报道数目	话　题	子话题数	报道数目
残奥会火炬传递	6	103	中国网球公开赛	10	109
残奥会门票销售	5	33	北京网球中心(中网*)	7	51
相约北京(2008)奥运文化活动	6	37	台风黑格比	4	24
北京奥运会残奥会总结表彰	4	54	达沃斯论坛	3	18
泰国局势*	5	40	汇源收购案*	5	79
东北亚博览会	4	53	国际福祉博览会	3	16
飓风古斯塔夫	4	45	舞王俱乐部火灾	4	43
国际图书博览会	4	24	联合海军演习	3	17
纪念海峡两岸出版交流	3	13	抗震救灾主题展览	4	29
中国工程师巴基斯坦失踪	3	17	学习实践科学发展观	10	140
国际煤炭与能源新产业博览会	2	25	强子对撞机	6	44
三鹿牌婴幼儿配方奶粉	18	245	山西襄汾溃坝事故	5	28
结石患儿免费医疗	8	55	载人航天飞行	11	164
退市问题奶粉	11	127	翟志刚太空行走*	6	75
美玻委互逐大使*	4	22	航天员选拔训练	5	46
攀枝花地震	5	48	神舟飞天技术*	6	79
杨佳不服一审*	2	8	交会对接技术	3	18
美国列车相撞事故	3	16	儿科新生儿患者死亡	2	10
泰国总理颂猜	8	58	金融救援计划	10	93
新德里连环爆炸案	3	27	三峡水库蓄水	2	6
芭蕾女孩李月	2	19	万豪酒店爆炸	4	31
福田康夫辞职	5	38			

从表中可以看出，采用本文提出的方法能够抓住当月新闻报道的主要话题，如“残奥会火炬传递”“山西襄汾溃坝”“三鹿奶粉事件”“载人航天飞行”等话题都是当月为社会广为关注的事件。另一方面，话题主动发现的方法能够将同一话题的不同侧面揭示出来，主要表现为同一个话题被分散为多个不同的话题呈现，如“三鹿奶粉事件”的相关报道被聚合成为“三鹿牌婴幼儿配方奶粉”“结石患儿免费医疗”和“退市问题奶粉”三个不同的话题；而“航天员选拔训练”“载人航天飞行”“翟志刚太空行走”“神舟飞天技术”“交会对接技术”则描述了航天飞行的不同方面。此外，本文提出的话题模型构建方法，能通过关键特征的选取，及时捕捉话题

的变化，同时适当保持原有话题模型的特点，因而取得了较好的话题跟踪效果。

6 结论和展望

网络话题的主动发现和跟踪有助于把握当前社会的热点事情，及时了解社会舆情。本文对话题的主动发现和描述做了探讨，提出基于HNC语义理解的话题描述生成方法，并提出了话题跟踪中一种新的话题模型的表示方法。初步试验结果表明，基于语义理解的方法能充分把握话题内容，生成有描述力的短语标题；采用基于特征选取的方法，能较好地为话题构建模型，取得了较好的试验效果。未来考虑将HNC进一步应用到话题发现中，研究语义理解对话题发现的作用。

参考文献

[1] 王会珍，朱靖波，季铎.2006. 基于反馈学习自适应的中文话题追踪. 中文信息学报(3).

[2] 郑伟，张宇宙，邹博伟.2007. 基于相关性模型的中文话题跟踪研究//内容计算的研究与应用前沿. 北京：清华大学出版社.

[3] 张晓艳，王挺，陈火旺.2008. 基于多向量和实体模糊匹配的话题关联识别//第三届全国信息检索与内容安全学术会议论文集.

[4] Christopher D. Manning，Hinrich Schütze. 2005. 统计自然语言处理基础. 北京：电子工业出版社.

[5] 季铎，王智超，蔡东风.2008. 基于高斯分布的簇间距离计算方法. 中文信息学报(3).

[6] Douglass Cutting，David Karger，Jan Pedersen，and John W. Tukey. 1992. Scatter/Gather：A Cluster-based Approach to Browsing Large Document Collections，Proceedings of the 15th Annual International ACM/SIGIR Conference.

[7] Anton V L，Croft W B. 1996. An Evaluation of Techniques for Clustering Search Result. Technical Report IR-76，Department of Computer Science，University of Massachusetts，Amherst.

[8] Oren Zamir，Oren Etzioni. 1998. Web document clustering：a feasibility demonstration，Proceedings of the 21st annual international ACM SIGIR conference on Research and development in information retrieval.

[9] 章成志.2008. 基于机器学习的文本聚类描述算法研究//第三届全国信息检索与内容安全学术会议论文集.

[10] Oren Zamir. 1999. Clustering Web Documents：Phrase-Based Method for Groupint Search Engine Results.

[11] Victor Lavrenko，W. Bruce Croft. 2001. Relevance-Based Language Models. Proceedings of the 24th annual international ACM SIGIR conference on Research and development in information retrieval.

[12] 苗传江.2005. HNC(概念层次网络)理论导论. 北京：清华大学出版社.

[13] Karypis G，Zhao Y. 2002. Evaluation of hierarchical clustering algorithms for document datasets//Proc of the International Conference on Information and Knowledge Management.

[14] D Michael Steinbach et al. 2000. A Comparison of Document Clustering techniques. Technical report of University of Minnesota，KDD'2000.

汉语网络词典的现状和发展方向浅析①

望小玲

北京大正语言知识处理科技有限公司　北　京　100081

sunshine2938@sina.com

摘　要：本文从网络词典的特点入手，对汉语网络词典的现状进行了简要概述，并选取有代表性的汉语网络词典进行对比分析，归纳出汉语网络词典的大致特点，并揭示出目前汉语网络词典所存在的问题。在此基础之上，本文论述了汉语网络词典的发展方向，认为运用多种技术、更商业化的汉语网络词典平台是大势所趋。

关键词：网络词典，汉语网络词典，释义，用户友好性，网络词典平台

词典是人们日常工作和生活中非常重要的工具。随着科学技术的日益进步，互联网的迅速发展以及数字化信息时代的不断推进，词典的发展正发生着相当大的变革。词典不再只是传统的印刷文本一统天下的单一形式，而是进入了印刷词典、袖珍电子词典、光盘词典和网络词典等多元化时代。

1　网络词典的特点

网络词典又称在线词典，是指通过使用某种计算机语言将机器可读的词典文本转为可在网络中查阅的词典，用户可以借助网络在线使用。与传统的纸质词典相比较．在线词典在语料实时性、文本互动性和使用便捷性等方面拥有巨大的优势。具体来说，目前的网络词典呈现以下特点：

第一，词典数量增长迅速、覆盖面广。

网络词典数量增长非常迅速。据统计，1996年网络词典仅100多部，而现在仅在线词典门户网站Onelook dictionaries（http：//www.onelook.com），就已集成了1024部词典。同时，词典覆盖面广，专科词典，语言词典，综合词典，双语词典，多语言词典，几乎应有尽有。

第二，检索功能强大，提供全方位信息。

强大的检索功能是网络词典有别于印刷词典的最大优势之一。其检索功能的强大主要表现在，一是检索途径增多；二是全文检索功能使所有有意义的词汇都成了可检点。另外在查询技术上，也实现了多窗口操作、多入口检索、多层次显示、多角度参见等功能。

另外，网络词典为词条提供全方位的信息，这种信息不仅包括释义、语法、例句、词源、参见等，还包括对因特网资源的利用。与因特网资源的链接是延伸拓展、补充更新其内容的一种重要和必要的手段。而对多媒体因素的集成，如音频、视频及互动技术的集成，可以为使用者提供直观、感性、丰富的获取知识的途径。

---

①　本文得到国家科技支撑计划项目“中文信息处理应用研究与系统开发”之课题“中文智能搜索引擎核心技术和应用示范系统的研发”(编号为2007BAH05B02)的资助。

第三，查全率高但查准率、稳定性和安全性不足。

与印刷词典相比较，网络词典具有很高的查全率。但是随着网络词典容量和覆盖面的扩大，检索中查准率有所不足。主要表现在检索结果中可能会夹杂大量关联程度不高的信息。

另外，网络词典的特点是在线查询，因此，检索过程必然受到网络带宽以及网络词典提供者服务质量的限制，稳定性受到挑战。同时由于网络技术还不完善，网络词典有可能受到黑客和病毒的袭击，安全性尤为重要。

2 汉语网络词典现状及对比分析

2.1 汉语网络词典现状

当今出现在中国市场上的各类网络词典种类繁多，琳琅满目，经不完全统计，其数量达到一百种之多。汉语网络词典，是国内网络词典非常重要的组成部分，其发展也呈现出了百花争艳的局面，占到了近四十种。

从发展形式来看，目前的汉语网络词典大致分为两种：一是传统纸质词典网络化的汉语网络词典，如《汉语大词典》网络版、重编国语词典修订本网络版等。这类网络词典一般以纸质词典的内容为主要内容，但多有发展，在功能上也具有自己的特色。二是以某一专业、专题为切入点，进行名称、术语、词条、图片、图表、音频、视频等信息集成的网络词典化数据库系统。这类网络词典既可能是多部纸质词典的集成，也可能是多人自行开发制作的数据库系统，在容量上会更大，功能上也会更丰富，但在正确性和专业性上和第一类比起来，则有可能略显逊色。

在统计出来的近四十种汉语网络词典中，既有综合型的网络词典，也有单一型和专业型的网络词典。综合型的汉语网络词典涉及各个领域，词条量巨大，内容极其丰富，有可能是上千部工具书内容的集合，面向的用户群也更广泛，与其说是汉语网络词典，倒不如说是汉语网络百科全书。如知网工具书系统(http://gongjushu.cnki.net/kns50/crfd/index.aspx)有词条1000多万个，涵盖了各个学科，词条来源于2000多部工具书，均为权威专家撰写，并且有明确的来源和出处。单一型的汉语网络词典则只收录特定某一类的词，如成语、缩略语、新词新语、近义词反义词等，如国语小字典(http://dict.mini.moe.edu.tw/)、在线成语词典(http://cy.5156edu.com/)，这类网络词典多为学习者提供，如中小学生、中外汉语学习者等，因此在内容编写和功能设计上，则会更偏向满足学习者的需求。专业型的汉语网络词典是指某专业领域内的网络词典，其用户群多为各个行业的专业技术人员，如IT领域的IT用语词典(http://e-words.cn/)，汽车领域的汽车词典(http://www.cardict.com/)等。

2.2 汉语网络词典对比分析

以下将选取其中有代表性的六部汉语网络词典作对比分析，具体对比结果见表1、表2、表3。

表 1　汉语网络词典的开发单位及主要特点

名　称	网　址	单位性质	资料来源	服务方式	同步发行
国语小字典	http：//dict. mini. moe. edu. tw/cgi-bin/gdic/gsweb. cgi？ o＝ddictionary	台湾“教育部”	国语小字典纸质版	免费	书
汉　典	http：//www. zdic. net/	公司	龙维基网站	免费	无
C　书	http：//www. cshu. org/	公司	新华字典、新华词典	免费	无
中华在线词典	http：//www. ourdict. cn/	公司	各种字词典纸质版	免费	无
中文助手	http：//www. chinesehelper. cn/	公司	网络资源、网友建议	免费	无
爱词霸汉语	http：//hanyu. iciba. com/	金山公司	未知	免费	无

表 2　汉语网络词典的检索方式和检索信息对比

名　称	检索方式									检索信息							
	语　言		关键词		拼音	部首	笔画	图片	编码	注音	释　义					音频	Flash动画
	中文	英文	精确	模糊							基本释义	例句	图片	词源	参见		
国语小字典	√	×	√	×	√	√	√	√	×	√	√	√	√	×	×	×	×
汉　典	√	×	√	√	√	√	×	×	√	√	√	√	×	√	×	×	×
C　书	√	×	√	√	×	×	×	×	×	√	√	×	×	×	×	×	×
中华在线词典	√	×	√	×	√	√	√	×	×	√	√	×	×	×	×	×	×
中文助手	√	×	√	×	√	×	√	×	×	√	√	√	√	√	×	√	×
爱词霸汉语	√	×	√	×	×	×	×	×	×	√	√	√	×	×	×	√	√

表 3　汉语网络词典检索信息和知识导航

名　称	功能模块				特色服务		
	用户修改提交	用户添加词条	论坛贴吧	网上资源超链接	桌面版	手机版	RSS 订阅
国语小字典	√	×	×	√	×	×	×
汉　典	√	×	√	√	√	×	×
C　书	×	×	×	√	×	√	√
中华在线词典	×	×	√	√	√	×	×
中文助手	×	×	×	√	×	×	×
爱词霸汉语	√	√	×	√	×	×	×

从以上三表中，我们可以看出目前汉语网络词典的大致状况：

第一，汉语网络词典的开发单位。

目前汉语网络词典开发的主要力量为汉语词典出版社和软件公司。首先是因为汉语词典的印刷版一向由词典专业出版机构完成。在汉语网络词典的开发中，各大词典出版机构在人才和信息资源上具有相当的优势。与此同时，一些软件公司或网络公司也加入了汉语网络词典的开发队伍，由于其资金和网络技术、软件开发上的优势，在汉语网络词典的开发中渐渐成为主要力量，本文所提到的近四十部网络词典中，绝大部分都是由软件公司开发出来的。如金山公司通过自己软件开发上的优势，积极开发网络版汉语词典，不仅为网民提供了一个查找汉字的便利工具，在弘扬中华文化、推广汉语学习、规范汉字使用上，也起到了积极的作用。

第二，汉语网络词典的资料来源。

对于汉语网络词典，开发单位为词典出版机构的，均会以其印刷文本作为条目来源，而软件公司除了直接购买印刷或光盘版的版权来开发，还会借助网络的强大力量，吸引用户参与到资料的采集和编写当中。这一做法虽然增加了与用户的互动，节省了自己编写的人力财力，但用户自行编写的正确性和专业性则有待商榷。因此，要真正利用好广大网民的力量，必须首先制定出统一的规范和准入标准，同时发动网民对词典进行纠错并给予适应奖励，以保证词典内容的正确率。

第三，汉语网络词典的检索方式。

查询是汉语网络词典最基本最重要的功能，检索方式是否能适应不同用户的需求，也是体现其友好性的一项非常重要的内容。与其他网络词典相比，汉语网络词典最主要的检索方式仍然是关键词检索，但也有一些词典在其他检索方式上作了一些有益的尝试，如C书的模糊搜词，汉典的编码搜索，包括五笔编码检索、仓颉编码检索、四角号码检索、笔顺编码检索、以及Unicode编码检索，还有国语小字典的图片搜索，中文助手的拼音和笔画搜索等。

第四，汉语网络词典检索信息的全面性。

在这一点上，不同的汉语网络词典既有共性也有差异。释义是词典的基本内容，汉语网络词典同样也遵循了这一原则。各个汉语网络词典都有对词条的基本释义，但好的汉语网络词典除了基本释义外，还会为词条提供全方位的信息，这种信息不仅包括释义、语法、例句、词源、参见等，还包括对因特网资源的利用。在检索语言的选择上，基本都只能用中文进行检索。但值得一提的是台湾“教育部”成语典在检索语言上设置了用英文检索成语，对母语是非汉语的学习者大有裨益，值得学习和借鉴。

除此之外，一些网络词典也会根据自己用户群的特点，增加一些有特色的内容。如国语小字典的网络版在检索信息中还特别设置了对应的图片，不仅增加了中小学生学习汉字的趣味性，对教师的教学，也会有积极的帮助。

另外，只有极少数的汉语网络词典配有汉字的flash动画，如爱词霸汉语。不过flash动画仅限于简体字的笔画顺序，只是一种非常简单的浅显的尝试。中国汉字文化博大精深，汉字的写法是汉字最基础的内容。除此之外，汉语网络词典应充分利用flash动画形象生动和网络传播方便快捷的特点，把中国汉字的起源和流变做成生动活泼的flash动画，这不仅有利于调动学习者特别是母语是非汉语的学习者学习中国汉字的积极性，更有利于中国汉字文化的对外传播。

第五，汉语网络词典的功能模块和特色服务。

汉语网络词典在功能上比较强调开放性和交互性，一些汉语网络词典除了有管理、浏览模块外，还有评论、修改和提交等模块，从而为相关人员探讨条目释义、交流研究成果、上传各自资料等提供了便捷的通道。而对于特色服务，则只有少数的汉语网络词典在这方面作了简单的尝试，是目前汉语网络词典十分重要却又急需加强的内容。

3 汉语网络词典存在的问题

国内汉语网络词典所取得的成绩有目共睹，然而所存在的问题同样不容忽视。清楚地认识到这些问题是汉语网络词典近一步发展的必然要求。下面就存在的四大问题作具体分析：

第一，纸质汉语词典网络化程度低。

传统纸质汉语词典不仅携带起来十分不便，价格也不便宜。但即使是这样，目前推出网络版的纸质词典只有屈指可数的几部，如大陆出版的《汉语大词典》网络版以及台湾“教育部”出版的重编国语词典修订本网络版和成语词典网络版等，数量甚少，根本无法满足用户的需求。

需要注意的是，汉语网络词典绝不是印刷版汉语词典的简单电子复制，而是在计算机网络平台上，运用网络技术、数据库技术和现代检索技术进行重新加工和组合后形成的网络工具书。因此，一部好的汉语网络词典，不仅需要耗费大量的人力物力财力，还需要解决知识产权保护，网络技术处理等一系列问题，这也是纸质汉语词典网络化程度低的一个非常重要的原因。

第二，词条不全，释义雷同。

网络词典本身具有容量巨大、查询方便、更新简单迅速等优势，对于这些优势，应该充分加以利用，但汉语网络词典在这一点上还做得十分不够。除了像百度百科等互动性特别强的百科类词典外，很多汉语网络词典的词条仍然仅仅是传统汉语词典的复制，传统汉语词典上没有的新词条，如“海选”“村官”等随着时代发展而不断涌现的新词新语，很多汉语网络词典上并没有收录。因此，目前汉语网络词典的资源更新亟待加强。

另外目前的汉语网络词典在释义上也普遍存在问题，主要表现在释义内容和模式雷同，基本都是直接取自有限的几部传统纸质汉语词典。从这些可以看出，很多汉语网络词典虽然在网上存在，但并没有真正实现网络化，而只是简单的数字化之后在互联网上供人们使用，而作为网络词典本身的诸多优势，都没有充分发挥出来。

第三，用户友好性不足。

目前很多汉语网络词典由于定位不清、特色不明，没有系统了解用户的知识结构和查阅词典的需求。造成了用户友好性不足。如词典特色不鲜明，查询方式上大同小异，基本都是只能用中文进行精确的关键词查询，具有很大的局限性。除了查询方式外，目前的汉语网络词典在特色服务上也表现得比较逊色，只有极少能同时推出桌面版和手机版。

第四，商业化实现程度不够。

商业化运作可以为网站的正常运转和词典更新提供资金支持，而且有助于促进各汉语网络词典的公平竞争和优胜劣汰，是汉语网络词典向前发展非常重要的一环。国内汉语网络虽然有一些实现了初步的商业化运作，但只是局限在提供少量的广告服务，商业化实现程度远远不够，需要进一步探索。

4 汉语网络词典的发展方向

目前汉语网络词典的现状为其进一步发展打下了良好的基础。在此基础上，我们应不断借鉴国内外相关系统在开发中的经验，开发一个词条、图片、音频、视频等多种信息集成以及具有多种功能和特色服务的汉语网络词典平台。同时，应积极探索适合汉语网络词典发展的运营模式，走出一条良性发展的商业化运作之路。

第一，纸质汉语词典网络化开发力度会逐步增强，印刷版、光盘版、网络版应同步开发。

传统汉语词典网络化是大势所趋，我们应该充分利用它，在好的技术支持下顺应它。可以预见的是，随着网络技术的逐步增强和用户需求的增多，纸质汉语词典网络化开发力度一定会越来越大。另外，在汉语网络词典的开发过程中，需要分阶段、分层次同步开发各种版本的印刷版和光盘版词典，这样不仅可以满足不同用户的需要，同时印刷版和光盘版词典的收入也可以为汉语网络词典的开发提供更充足的资金支持。

第二，以词典内容为本体、多种技术为依托来开发汉语网络词典。

以词典内容为本体来开发电子词典，开发者就会把开发的中心放在汉语网络词典所提供的词汇信息上，注重词典知识的系统性、正确性和检索性。这样词典信息丰富、可靠，检索途径多，用户就可以很方便地检索到词典中的各类信息。

汉语网络词典要继续向前发展，除了以词典内容为本体外，还需要以多种技术作为依托，如XML数据查询技术、网页萃取技术、语料库处理技术、语音技术等。

XML技术。运用XML(eXtensible Markup Language，可扩展置标语言)后，我们可以以一种开放的自我描述方式定义汉语网络词典的数据结构，在描述数据内容的同时能突出对结构的描述，从而体现出数据之间的关系，使所组织的汉语网络词典的数据对于应用程序和用户都是友好的、可操作的。另外，运用XML技术能够更准确地表达汉语网络词典每个词条所有信息的真实内容，其严格的语法降低了应用程序的负担，也使智能工具的开发更为便捷。而且来自不同应用程序的数据也能够转化到XML这个统一的框架中，进行交互、转化和进一步的加工，这对于把很多汉语网络词典的内容集成到一起，具有非常重要的作用。

网页萃取技术。在搜索引擎抓取的数十亿海量网页中找到互为解释关系或包含某个词、短语的文字，再根据它们在不同网页中出现的频次多寡来对搜索到的结果进行分析取舍排列，从而查询到词和短语在网络上的最新解释和最好语料，使上述问题得到很好的改善。

语料库技术。汉语网络词典可以说是一种新型的汉语词典编纂模式，而语料库则是汉语网络词典最重要的基础资源。语料库的建设水平，是汉语网络词典能否胜出和向前发展的非常关键的一环。语料库技术包含很多，在这里主要从宏观上介绍既能保证专业性又兼顾到开放性的语料库分级技术。如把语料库分为两级，一级语料库可以包括字库、词库、句库等，主要由人工完成，并进行了较好的校订，保证了语料库的正确性和专业性。二级语料库则可以包括用户自行填充自行管理的辞典以及未经编辑部仔细审核的初级语料等，并且对用户进行全面开放，以供用户深挖和再加工，保证了语料库的互动性和开放性。

语音技术。运用互联网，词典从无声走向了有声。但目前的汉语网络词典运用发音技术的并不多。合成发音虽然在技术上难度不大，但准确性、清晰度等都没有真人发音高，因此用户接受度低。而真人发音虽然广受用户的欢迎，技术难度却要比合成发音大很多。因此汉语网络词典在语音技术的运用上，也需要多做尝试，下大工夫。

第三，多种力量联合起来，建立资料来源集成化、搜索引擎式的网络词典平台。

汉语网络词典的发展与完善，需要词典学专家、自然语言处理专家及编程人员密切合作，需要多种力量联合起来。充分利用现有的研究成果，把不同版本和不同来源的传统汉语词典组合起来，构筑一个通用的汉语网络词典数据库平台，建立一个资料来源集成化、搜索引擎式的网络词典平台，是汉语网络词典发展的一大趋势。当然这种集成并不是不同纸质词典间简单的超文本链接，而是同一系统中的有机整合。网络词典平台除了是查询的平台外，还应该是学习的平台、交流的平台，因此应不断完善其多种功能和特色服务。

第四，汉语网络词典将向更广泛的商业化运作发展。

目前汉语网络词典的商业化运作基本还处于初级阶段，盈利模式比较单一，主要是提供少量的广告服务；甚至有一些汉语网络词典并没有明显的盈利模式，有可能是政府拨款；而对于汉语网络词典目前的用户，基本都是提供的免费查询服务。因此汉语网络词典的商业化运作有广泛的发展空间。

要想走出一条以盈利和发展为目的的商业化运作模式，首要的是在保证汉语网络词典质量的前提下培育一个忠诚、活跃的社区。社区培育的方法多种多样，如线上设论坛、开贴吧等，提供一些大家所感兴趣的共同话题，即使是和词典本身无关的话题也未尝不可；另外提供一些免费功能让用户自我发掘，如可以提交自己新修改的词条或者新增加的词条，从而获得积分等，增加产品本身的易用性和功能的可操作性。所有这些做法都是为了留住老用户、吸引新用户，增加用户对网络词典本身的忠诚度，从而提升产品的人气。

高质量的产品和超高的人气是汉语网络词典进行成功的商业化运作的最重要基础。有了这个基础，接下来要做的是寻求可能的合作，开发高附加值的功能和产品，从而实现盈利，比如汉语网络词典完整版的注册收费使用服务、手机查询版、广告合作等。总之，汉语网络词典的发展既要立足当前，又要着眼未来，需要长远规划和长线投入。

国内的汉语网络词典行业虽然已经在规模化、用户友好性和商业化等方面做出了一些尝试，也取得了一些成绩，但是仍需要积极调整自己的发展策略，不仅立足于词典本身，不断扩展语料库，提高词典质量，还要不断开拓适合自己的商业化运作模式，使自己获得长远发展。

参考文献

[1] 章宜华.2004.计算词典学与新型词典.上海：上海辞书出版社.

[2] 刘奇惕.2000.《汉语大词典》(网络版 V.2)的特色.上海世纪出版集团易文网站.

[3] 高永伟，李洁.2000.因特网与词典编纂.辞书研究(4).